Markus Widl

Microsoft Teams

Planung, Change Management, Deployment

Liebe Leserin, lieber Leser,

die Einführung von Microsoft Teams in Ihrem Unternehmen ist nicht frei von Herausforderungen, die es zunächst zu meistern gilt: von den ersten technischen und organisatorischen Vorbereitungen, der genau abgestimmten Planung und der richtigen Umsetzung bis zum ersten Pilotbetrieb und der angestrebten unternehmensweiten Einführung. Das ist kein Selbstläufer und erfordert das nötige Know-how.

Dieser Guide begleitet Sie bei allen Fragen rund um die Implementierung von Teams und sorgt dafür, dass das Deployment reibungslos gelingt. So finden Sie die für Sie passende Lizenz, und Sie sind in der Lage Sicherheit, Compliance, Datenschutz und Governance richtig ein- bzw. umzusetzen. Markus Widl hilft Ihnen nicht nur beim Rollout von Microsoft Teams im Unternehmen, sondern er zeigt Ihnen sogleich die vielfältigen Möglichkeiten der Software: bessere und schnellere Kommunikation der Mitarbeiter, optimiertes Teamwork, Modern Workplace und Homeoffice. Mit diesem Wissen können Sie erfolgreich gegen Vorbehalte und Widerstände argumentieren und alle Mitarbeiter von den Vorteilen überzeugen.

Und noch ein nützlicher Hinweis: Auf der Webseite zum Buch (*www.rheinwerk-verlag.de/5080*) können Sie sich das beigefügte Poster mit einer detaillierten Checkliste zum richtigen Rollout von Microsoft Teams auch als PDF herunterladen. Es wird Ihnen sicherlich bei der täglichen Arbeit helfen. So verlieren Sie nicht den Überblick.

Dieses Buch wurde mit größter Sorgfalt geschrieben und hergestellt. Sollten Sie dennoch Fragen, Kritik oder inhaltliche Anregungen haben, freue ich mich, wenn Sie mit mir in Kontakt treten.

Nun wünsche ich Ihnen aber viel Erfolg mit diesem Buch und mit Microsoft Teams!

Ihr Erik Lipperts
Lektorat Rheinwerk Computing

erik.lipperts@rheinwerk-verlag.de
www.rheinwerk-verlag.de
Rheinwerk Verlag · Rheinwerkallee 4 · 53227 Bonn

Auf einen Blick

TEIL I Microsoft Teams-Grundlagen

TEIL II Unverzichtbare Komponenten

TEIL III Einführung im Unternehmen

Wir hoffen, dass Sie Freude an diesem Buch haben und sich Ihre Erwartungen erfüllen. Ihre Anregungen und Kommentare sind uns jederzeit willkommen. Bitte bewerten Sie doch das Buch auf unserer Website unter **www.rheinwerk-verlag.de/feedback**.

An diesem Buch haben viele mitgewirkt, insbesondere:

Lektorat Christoph Meister, Erik Lipperts
Korrektorat Angelika Glock, Ennepetal
Gutachterin Jesselit Jimenez
Herstellung Nadine Preyl
Typografie und Layout Vera Brauner
Einbandgestaltung Bastian Illerhaus
Coverbild iStock: 861260818 © simonkr, 637205004 © PeopleImages
Satz III-Satz, Husby
Druck Beltz Grafische Betriebe, Bad Langensalza

Dieses Buch wurde gesetzt aus der TheAntiquaB (9,35/13,7 pt) in FrameMaker.
Gedruckt wurde es auf chlorfrei gebleichtem Offsetpapier (90 g/m²).
Hergestellt in Deutschland.

Bibliografische Information der Deutschen Nationalbibliothek:
Die Deutsche Nationalbibliothek verzeichnet diese Publikation in der Deutschen Nationalbibliografie; detaillierte bibliografische Daten sind im Internet über *http://dnb.dnb.de* abrufbar.

ISBN 978-3-8362-7554-5

1. Auflage 2021

Informationen zu unserem Verlag und Kontaktmöglichkeiten finden Sie auf unserer Verlagswebsite **www.rheinwerk-verlag.de**. Dort können Sie sich auch umfassend über unser aktuelles Programm informieren und unsere Bücher und E-Books bestellen.

Inhalt

TEIL III Einführung im Unternehmen

Für mein Patenkind Felicitas

Geleitwort

In Zeiten von Covid-19 und den daraus resultierenden wirtschaftlichen Folgen und mit der zunehmenden Anforderung an Mitarbeiter, vom Homeoffice aus zu arbeiten, wächst zugleich auch der Bedarf an Diensten für den digitalen Arbeitsplatz. Eine sichere und schnelle Lösung muss her, um Störungen des Geschäftsbetriebs weitestmöglich zu minimieren. Häufig werden aufgrund der besonderen Dringlichkeit Projektlaufzeiten und -budgets gekürzt. Als IT-Projektleiterin beziehungsweise IT-Projektleiter steht man dabei wohl oder übel unter Druck, wenn es darum geht, eine praktikable Lösung für alle Mitarbeiter schnellstmöglich bereitzustellen. Microsoft Teams bietet einen derartigen Dienst an. Daher meine Gratulation, dass Sie sich für diese Lösung entschieden haben! Gleichzeitig stellen sich jedoch auch mehrere grundlegende Fragen: Wo fange ich an? Worauf muss ich achten? Wie gehe ich am besten vor? Was sind die Erfolgsfaktoren? Was ist konkret zu tun? Wer muss einbezogen werden?

Wie schön ist es da, ein Buch wie dieses als Unterstützung zur Hand zu haben. Markus Widls Buch ist ein lesenswertes, praxisnahes Handbuch mit einfachen Schritten zur Planung und Durchführung einer unternehmensweiten Einführung von Microsoft Teams. Das Besondere an der Struktur dieses Buches ist, dass es nicht nur die technischen Arbeitsschritte professionell, versiert und leicht verständlich aufbereitet, sondern auch die »soften« Themen abdeckt, wie beispielsweise den Umgang mit der Organisation, deren Stakeholdern und möglichen Stolpersteinen, denen man neben technischen Herausforderungen in der Praxis begegnet. Als Fachgutachterin habe ich mein besonderes Augenmerk auf die Inhalte gelegt, die einen Bezug zum Veränderungsmanagement haben. Dies beinhaltet unter anderem Überlegungen zur Begleitung und Befähigung von Anwendern, Implikationen für Unternehmenskommunikation und -kultur, die besondere Rolle der Unternehmensführung und eine möglichst nahtlose Einbettung von einem neuen Arbeitsmittel wie Microsoft Teams in den Alltag der Mitarbeiter. Als erfahrene Expertin, mit über 15 Jahren Erfahrung im Bereich digitaler Transformation, ist es meine Überzeugung, dass die technische Neuheit und die menschliche Verhaltensänderung Hand in Hand gehen müssen, um ein Projekt dieser Art zum Erfolg zu bringen. Es freut mich daher sehr, meine Erfahrungen und Erkenntnisse im Rahmen dieses Buches mit Ihnen zu teilen.

Für Ihre eigene unternehmensweite Einführung von Microsoft Teams wünsche ich Ihnen alles Gute und viel Erfolg!

Jesselit Jimenez

Senior Change Manager, Microsoft

Vorwort

Gleich geht es los. Doch vorher möchte ich Ihnen noch ein paar einleitende Sätze zum Inhalt dieses Buches mit auf den Weg geben.

So manches Unternehmen steht aktuell vor der Herausforderung, Microsoft Teams einzuführen. Andere Unternehmen haben Microsoft Teams bereits eingeführt, berichten aber von einer geringeren Akzeptanz bei der Belegschaft, als dies erwartet wurde. In nicht wenigen Fällen wird und wurde dabei ein wichtiger Aspekt nicht ausreichend berücksichtigt: Die Einführung von Microsoft Teams sollte nicht über die gleichen Prozesse durchgeführt werden wie etwa eine neue Version des Office-Pakets oder von Exchange.

Wieder andere Unternehmen wurden durch die Auswirkungen der Pandemie gezwungen, fast buchstäblich über Nacht eine Arbeitsmöglichkeit für die Belegschaft von den Heimarbeitsplätzen aus zu schaffen. Da war oft Microsoft Teams naheliegend, und die Bereitstellung wurde möglichst schnell und aufgrund des großen Zeitdrucks ohne detailliertere Planung durchgeführt. Das Ziel war eine schnelle und nicht eine besonders elegante Lösung. Doch im Laufe der Zeit traten die damit in Kauf genommenen Nachteile zunehmend in den Vordergrund, und es stellt sich die Frage, wie denn solche schnellen Lösungen auf ein stabiles Fundament gestellt werden können.

Warum ein Buch zu Microsoft Teams?

Bei der Bereitstellung von Microsoft Teams im Unternehmen ist neben der Betrachtung von technischen Aspekten auch die Berücksichtigung der bisherigen internen Kommunikationsprozesse und Arbeitsweisen essenziell. Ebenso ist eine konkrete Zielsetzung hilfreich, was mit der Einführung von Microsoft Teams im Unternehmen eigentlich erreicht werden soll. Die Belegschaft sollte behutsam auf den neuen Dienst vorbereitet und bei ihren ersten Schritten begleitet werden. Der Umgang mit dem Teams-Client ist an vielen Stellen grundlegend unterschiedlich zu der vielfach typischen Nutzung eines E-Mail-Clients, zu Ordnerfreigaben etc. Doch diese neue Arbeitsweise ist nicht immer für jeden Anwender offensichtlich. Wird dann keine geeignete Begleitung durch das Unternehmen bereitgestellt, ist oftmals die Ablehnung oder ein Zurückfallen in die Verwendung altbekannter Werkzeuge die Folge.

Das Potenzial und die vielen Vorteile bei der alltäglichen Zusammenarbeit mit Microsoft Teams bleiben damit auf der Strecke.

Die erfolgreiche Einführung von Microsoft Teams hängt also sowohl von technischen als auch organisatorischen Aspekten ab. Mit diesem Buch gebe ich Ihnen für die Einführung und den laufenden Betrieb des Dienstes in Ihrem Unternehmen einen Leitfaden an die Hand, der Ihnen helfen soll, Fallstricke möglichst früh zu erkennen und diese zu umgehen. Ich berichte auch an einigen Stellen aus konkreten Praxisszenarien und zeige auf, was dort gut und was weniger gut funktioniert hat. Mit diesen Erfahrungen hoffe ich, Ihnen die optimale Anwendung von Microsoft Teams in Ihrem Unternehmen zu erleichtern.

Für wen ist das Buch gedacht?

Dieses Buch richtet sich an alle, die in Ihrem Unternehmen Microsoft Teams einführen oder betreiben wollen, insbesondere an die Mitglieder eines Einführungsprojekts. Aber auch wenn Sie Microsoft Teams bereits in Ihrem Unternehmen eingeführt haben, liefert Ihnen der Inhalt wichtige Kenntnisse zu einem empfehlenswerten Betrieb und einer optimalen Unterstützung Ihrer Anwender. Die enthaltenen Informationen eignen sich gleichermaßen beispielsweise für Projektmanagerinnen und Projektmanager sowie für alle Mitarbeiter der Kommunikationsabteilung und natürlich auch der IT – wobei Letztere nicht allein im Fokus stehen.

Die Einführung von Microsoft Teams beinhaltet bezüglich der Art und Größe von Unternehmen unterschiedliche Herausforderungen. So werden Sie bei einer kleinen Agentur sicher anders vorgehen als bei einem weltweit agierenden Unternehmen mit über 100.000 Mitarbeitern. Ich habe bei den Beschreibungen und Beispielen versucht, einen guten Querschnitt aller Anforderungen zu vermitteln. Nutzen Sie dabei die Vorschläge, die sich auf Ihr Unternehmen übertragen lassen.

Und für wen ist das Buch nicht gedacht?

Sind Sie auf der Suche nach einem reinen Administrationshandbuch, das Ihnen die zur Konfiguration erforderlichen Schritte detailliert erläutert oder schlaue PowerShell-Skripte zur automatisierten Administration liefert, dann greifen Sie besser zu einem anderen Buch. Hier finden Sie keine Schritt-für-Schritt-Anleitungen und keine ausführliche Beschreibung der diversen Administrationsoberflächen. An einigen Stellen erläutere ich dennoch kurz Zusammenhänge aus dem Verwaltungsbereich – jedoch ist das nur zum besseren Verständnis der jeweiligen Sachverhalte gedacht.

Sind Sie auf der Suche nach einem Anwenderhandbuch, das den Umgang mit dem Teams-Client beschreibt und die Funktionen rein aus Endanwendersicht beleuchtet, sind Sie mit diesem Buch auch nicht optimal bedient. Wie zuvor schon angesprochen, geht es hier nicht um die Konfiguration selbst, sondern um die Überlegungen und Fragestellungen, die für die Einführung und den laufenden Betrieb wichtig sind.

Dennoch verlinke ich in den einzelnen Abschnitten jeweils auf die offizielle Dokumentation, um die Nachvollziehbarkeit zu erhöhen und für die interessierten Leserinnen und Leser entsprechende Recherchemöglichkeiten zu bieten. Wenn Sie ein Buch suchen, das die administrativen Schritte beschreibt, lohnt es sich für Sie vielleicht, mein Buch zu Office 365 in Betracht zu ziehen:

Microsoft Office 365
Das umfassende Handbuch
1.235 Seiten, 5., aktualisierte und erweiterte Auflage 2019
Rheinwerk Computing, ISBN 978-3-8362-6923-0

Welche Vorkenntnisse werden vorausgesetzt?

Spezielle Vorkenntnisse sind nicht erforderlich. Allerdings ist es hilfreich, wenn Sie über Erfahrungen im Umgang mit der Microsoft-Produktpalette verfügen, insbesondere der Office-Anwendungen und der zugehörigen Server-Produkte beziehungsweise der Pendants aus Office 365 und Microsoft 365.

Und der Inhalt?

Der Inhalt dieses Buches ist aufgeteilt in drei Teile. Der erste Teil »Microsoft Teams-Grundlagen« widmet sich dem grundsätzlichen Wissen rund um Microsoft Teams.

- Es geht los mit **Kapitel 1**, »Weshalb gerade Microsoft Teams?«, in dem es vorrangig um die Diskussion geht, welche Vorteile Microsoft Teams bei der alltäglichen Zusammenarbeit im Unternehmen bringt. Auch finden Sie dort einen hilfreichen Funktionsüberblick.
- In **Kapitel 2**, »Architektur«, beschäftigen wir uns dann mit dem Aufbau von Microsoft Teams. Auch wenn dieses Kapitel etwas technischer ausfällt, ist das hier vermittelte Wissen um den Aufbau und den technischen Hintergrund für die weiteren Überlegungen sehr hilfreich.
- Weiter geht es in **Kapitel 3**, »Nutzungsszenarien«, mit einigen konkreten Anwendungsfällen eines fiktiven Unternehmens. Dieses Kapitel soll Ihnen als Ideenlieferant dienen, wie Sie Microsoft Teams auch neben Chat, Dateiablage und Konferenzen im Unternehmen einsetzen können.
- Microsoft Teams ist ein Evergreen-Dienst. Das heißt, Sie erhalten laufend neue Funktionen und Anpassungen. Da damit natürlich auch neue Herausforderungen für den Betrieb gegeben sind, widmen wir uns diesen näher in **Kapitel 4**, »Evergreen«.

Nun folgt der zweite Teil »Unverzichtbare Komponenten«, der eine ganze Reihe zusätzlicher Dienste zum Thema hat, auf die Sie in vielen Fällen nicht verzichten möchten oder dürfen.

- Dazu gehören auch zunächst einige Funktionen und Dienste aus Office 365 und Microsoft 365, die Ihnen bei der Absicherung der Identitäten, Daten und Geräte zur Seite stehen. Diese betrachten wir in **Kapitel 5**, »Sicherheit«, genauer.
- **Kapitel 6**, »Compliance und Datenschutz«, beleuchtet, wie Sie Anforderungen aus diesen beiden Bereichen in Microsoft Teams erfüllen können.
- In **Kapitel 7**, »Governance«, geht es um Regeln und Konfigurationen, mit denen Sie Ihre Microsoft Teams-Umgebung so aufbauen, dass damit bestimmte Funktionen optimal an die Anforderungen Ihres Unternehmens angepasst werden.
- Dieser Teil schließt mit **Kapitel 8**, »Lizenzen«, das einen Überblick über die vielfältigen Lizenzierungen der in diesem Buch beschriebenen Funktionen und Dienste enthält.

»Einführung im Unternehmen« lautet der dritte und letzte Teil dieses Buches. Hier wird es nun richtig ernst: Auf Basis des bis dahin gewonnenen Wissens diskutieren wir, wie Microsoft Teams in die konkrete Nutzung überführt werden kann.

- Zunächst einmal starten wir dazu in **Kapitel 9**, »Vorbereitungen«, mit wichtigen technischen und organisatorischen Vorarbeiten. Auch finden Sie in diesem Kapitel eine umfangreiche Checkliste zu unterschiedlichen Fragestellungen.
- In **Kapitel 10**, »Pilotbetrieb«, beginnen Sie mit einem überschaubaren Teilnehmerkreis erste produktive Erfahrungen beim Einsatz von Microsoft Teams in Ihrem Unternehmen zu sammeln. Die hier gewonnenen Erkenntnisse sind nützlich und hilfreich für das folgende Kapitel.
- Mit **Kapitel 11**, »Unternehmensweite Einführung«, wird Microsoft Teams dann zu guter Letzt der gesamten Belegschaft bereitgestellt.

Ich habe die Informationen in diesem Buch allesamt sehr sorgfältig recherchiert und zusammengestellt. Dennoch ist es nicht auszuschließen, dass sich doch der eine oder andere Fehler eingeschlichen hat. Außerdem ändern sich nicht selten bestimmte Gegebenheiten und Zustände, beispielsweise bei den Limitierungen. Fragen Sie im Zweifelsfall daher bitte bei Ihren Microsoft-Ansprechpartnern nach.

An dieser Stelle noch ein wichtiger Hinweis: Zur besseren Lesbarkeit verwende ich in diesem Buch bei sehr häufig vorkommenden Begriffen wie *Anwendern, Benutzern* und *Mitarbeitern* ausnahmsweise das generische Maskulinum. Sehen Sie es mir daher also bitte nach, wenn ich etwa von »Anwendern«, »Benutzern« und »Mitarbeitern« spreche und nicht von »Anwenderinnen und Anwendern«, »Benutzerinnen und Benutzern« sowie »Mitarbeiterinnen und Mitarbeitern« – es mögen sich stets generell Personen aller Geschlechter gleichermaßen von Herzen angesprochen fühlen.

Manche Absätze sind mit diesem Symbol gekennzeichnet. Diese Absätze enthalten zusätzliche oder besonders beachtenswerte Informationen.

Wie gehe ich vor, wenn mein Unternehmen besonders groß beziehungsweise eher klein ist?

Je nach Unternehmensgröße und interner Struktur werden Sie bei der Einführung von Microsoft Teams unterschiedlich vorgehen. Bei einem kleinen Unternehmen liegt vielleicht alles in Ihrer Hand, wohingegen Sie bei einem großen Unternehmen möglicherweise auf ein Dutzend (oder noch mehr) Projektmitglieder zurückgreifen können. Nehmen Sie die in diesem Buch beschriebenen Vorgehensweisen als Anregung und passen diese an Ihre konkrete Unternehmenssituation an.

Was ist die Beispiel AG?

Im Buch verwende ich zur Verdeutlichung der angesprochenen Szenarien und Sachverhalte an einigen Stellen das fiktive Unternehmen *Beispiel AG*. Der primäre Protagonist ist dabei *Robin*, der die Aufgabe übertragen bekommen hat, Microsoft Teams in seinem Unternehmen einzuführen. Somit muss Robin nun ein Projektteam leiten und für einen möglichst reibungslosen Ablauf sorgen.

Was ist mit neuen Funktionen?

Microsoft Teams ist ein lebendiges Produkt. Neue Funktionen werden nicht wie früher bei klassischen Anwendungen und Server-Produkten im Dreijahresrhythmus veröffentlicht, sondern regelmäßig in kurzen Abständen. Dieses Prinzip sorgt dafür, dass Sie mit Ihrem Unternehmen möglichst frühzeitig mit immer moderneren und zusätzlichen Funktionen ausgestattet werden. Das heißt allerdings auch, dass zu dem Zeitpunkt, zu dem Sie dieses Buch lesen, sicher so manche spannende Funktion zusätzlich verfügbar ist, so manche Einschränkungen nicht mehr existieren oder die Oberfläche angepasst wurde. Ich bitte dies zu berücksichtigen. Wie Sie sich auf dem Laufenden halten, erkläre ich insbesondere in Kapitel 4, »Evergreen«.

Danke schön!

Das Vorwort ist ein guter Platz, um allen zu danken, die zum Gelingen dieses Buches beigetragen haben. Da wäre zunächst einmal mein Lektor *Christoph Meister* zu nennen, der mich zu jeder Zeit unterstützt und stets ein offenes Ohr für mich hatte – und dabei Ihre Ansprüche als Leserinnen und Leser nie aus dem Blick verloren hat.

Dank gebührt auch den vielen anderen *Rheinwerkern*, die im Hintergrund während der Entstehungsphase, bei der Veröffentlichung und auch später für eine hohe Qualität des Buches gesorgt haben beziehungsweise sorgen.

Eine wichtige Rolle spielte auch meine Fachgutachterin und sehr geschätzte Kollegin *Jesselit Jimenez*. Ihre Expertise, Professionalität und strukturierte Vorgehensweise beeindruckt mich jedes Mal aufs Neue. Jesselit hat in hohem Maße dazu beigetragen, eine inhaltlich hochwertige Qualität dieses Buches zu erzielen. Auch stammen viele der im Buch verwendeten Beispiele aus der Praxis von Jesselit.

Im Vergleich zu meinen anderen Büchern enthält dieses deutlich mehr Illustrationen. Ich hoffe, Sie finden diese genauso gelungen wie ich. Gestaltet wurden sie von meiner Schwester und Design Directorin *Angelika Widl*. Insbesondere die Protagonisten aus der Beispiel AG stammen von ihr.

Die Sprachkorrektur wurde von *Angelika Glock* durchgeführt. Sie hat bereits einer ganzen Reihe meiner Bücher den letzten sprachlichen Schliff verliehen und auch dieses Mal verdanken wir ihr einen lesefreundlichen und sprachlich korrekten Text.

Ein herzliches Dankeschön auch an die Setzer von *III-Satz*, durch deren professionelle Arbeit das relativ trockene Themengebiet ein ansprechendes Äußeres erhalten hat.

Zu guter Letzt sei hier natürlich auch meine *Familie* erwähnt, die, wenn auch nicht direkt, zumindest indirekt ihren Anteil an diesem Buch hat – sei es durch stetige moralische Unterstützung oder die mir eingeräumte Freiheit, ein solch zeitintensives Projekt neben dem Familienleben und der »normalen« Arbeit anzugehen.

Ihnen und euch allen ein herzliches Dankeschön!

Fragen, Wünsche, Anregungen?

Sollten bei Ihnen Fragen zum Inhalt des Buches aufkommen oder haben Sie Wünsche oder Anregungen für eine eventuelle Neuauflage, sind Sie herzlich eingeladen, sich mit mir in Verbindung zu setzen. Ich bin beruflich zwar sehr eingespannt, und es kann ein paar Tage dauern, bis Sie eine Antwort von mir bekommen, aber ich werde mich melden.

Nun aber genug der Vorrede. Ich wünsche Ihnen viele neue Erkenntnisse und Erfolg mit Ihren Microsoft Teams-Projekten!

Schömberg, im Oktober 2020

Markus Widl

markus@widl.de

TEIL I

Microsoft Teams-Grundlagen

Kapitel 1
Weshalb gerade Microsoft Teams?

Im ersten Kapitel gehen wir der Frage nach, inwiefern der Einsatz von Microsoft Teams viele Vorteile mit sich bringt. Darüber hinaus lernen Sie hier viele wichtige Funktionen kennen.

New York, 14.03.2017: Microsoft Teams wurde nach einer Vorschauphase in den regulären Betrieb überführt. Da haben wir also jetzt einen neuen Dienst im Microsoft-Universum, der vom Hersteller als zentraler Hub für die Zusammenarbeit vermarktet wird. Aber zusammengearbeitet haben wir doch früher auch schon. Warum also sollten wir diesen neuen Dienst überhaupt benötigen? Was hätten wir davon, ihn in unserem Unternehmen einzuführen? Bekommen wir da nicht nur noch ein weiteres Datensilo neben dem Postfach, unzähligen SharePoint-Webseiten, dem Dateiserver und zig anderen Anwendungen? Führt das nicht nur zu zusätzlicher Arbeit für die Anwender, die dann neben dem Postfach auch noch einen weiteren Client im Blick behalten müssen?

Vielleicht haben Sie sich selbst schon einmal derartige Fragen gestellt, oder Sie selbst wurden danach gefragt. In diesem Kapitel gehen wir den Hintergründen von Microsoft Teams nach und versuchen zu klären, warum dieser Dienst in vielen Unternehmen eine zentrale Rolle einnehmen sollte. Dabei geht es um den Wandel unserer Arbeitswelt (nicht nur, aber auch um die neuen Herausforderungen, die Covid-19 mit sich brachte) und um Problemstellungen, denen sich viele Unternehmen heute gegenübergestellt sehen. Außerdem erhalten Sie einen ersten Überblick über die Funktionen, die Microsoft Teams beinhaltet.

[+] Doch bevor es losgeht, vorab gleich noch zwei Begrifflichkeiten: Wenn ich in diesem Buch von *Microsoft Teams* schreibe, meine ich den gesamten Cloud-Dienst. Ein *Team* ist ein gemeinsamer Arbeitsbereich für eine bestimmte Benutzergruppe, und *Teams* sind mehrere davon.

1.1 Arbeitswelt im Wandel

Unsere Arbeitswelt unterliegt einem ständigen Wandel. Änderungen mit gravierenden Auswirkungen auf den Arbeitsalltag sind historisch gesehen nichts Ungewöhnliches – denken Sie an einschneidende technische Erfindungen wie etwa die Dampfmaschine, das Automobil, das Fließband, das Telefon, die Schreibmaschine, das

Faxgerät, den Computer, das Internet und das Smartphone. Solche Erfindungen sorgten schon immer kontinuierlich für Änderungen bezüglich der bisherigen Arbeitsweise, und schon bald nach deren Einführung war es nur schwer vorstellbar, wie man in der Vergangenheit jemals ohne diese Dinge ausgekommen sein konnte. (Mir ist es beispielsweise ein absolutes Rätsel, wie man früher als Berater ohne Navigationssystem im Auto rechtzeitig und ohne große Sucherei Kundentermine wahrnehmen konnte.) Mit der zunehmenden Digitalisierung unseres Privat- und Arbeitslebens erleben wir hautnah eine ebenso großen Einfluss nehmende Entwicklung.

Spannend ist hier auch zu beobachten, dass die Digitalisierung manchmal im Privatleben schneller voranschreitet als in so manchem Unternehmen. Nicht selten nutzen Mitarbeiter privat modernere Anwendungen und Geräte, als diese vom Unternehmen bereitgestellt werden. Denken Sie dabei an die unkomplizierte Kommunikation über Apps wie *WhatsApp* oder den *Facebook Messenger* – wie einfach dort die Kommunikation ermöglicht wird und im Bedarfsfall Gruppen zusammengestellt werden, während im Unternehmen vergleichsweise schwerfällig mit E-Mails und E-Mail-Verteilerlisten hantiert wird.

Diese Entwicklung im Privatleben wirkt sich auch auf die Ansprüche der Mitarbeiter in den Unternehmen aus. Dort werden immer wieder Stimmen laut nach Funktionen, die im Privaten längst zum Alltag gehören, und das Unverständnis und der Unmut darüber, dass diese im beruflichen Umfeld nicht auch vorhanden sind, wachsen zunehmend. Hier ein einfaches Beispiel: Während im Privaten über einfach einzusetzende Tools reibungslos Dateien im Familien- und Freundeskreis ausgetauscht und auf unterschiedlichen Geräten synchronisiert werden können, bleibt manchen Unternehmen nichts anderes übrig, als die Dateien per E-Mail-Anhang zu versenden – oder bei der IT-Abteilung eine Projektwebsite zu beantragen, die man dann nach einer gefühlten Wartezeit von einem Monat auch »gleich« nutzen kann. Das Ergebnis sieht dann häufig so aus, dass sich Mitarbeiter einen alternativen Weg suchen, der besser zu ihren Arbeitsabläufen passt. Und so werden gerne statt der vom Unternehmen bereitgestellten Dienste und Anwendungen eben die Werkzeuge aus dem privaten Umfeld genutzt. Dabei wächst die Gefahr, dass ehemalige Mitarbeiter Unternehmensdaten über diese Kanäle zweckentfremden. Somit entsteht eine Art Schatten-IT, bei der das Unternehmen oft keine Kontrolle mehr darüber hat, wie und wohin Informationen verteilt werden. Hier wird auch deutlich, dass es nicht ausreichend ist, moderne Dienste bereitzustellen, sondern es bedarf auch geeigneter Kontroll- und Sicherheitsmechanismen. Mehr Informationen dazu erhalten Sie in Abschnitt 1.2, »Problemstellungen heute«.

In Gesprächen mit den verschiedenen Personalabteilungen wird auch immer häufiger davon berichtet, dass vor allem junge Talente ein besonderes Augenmerk auf die vom potenziellen neuen Arbeitgeber bereitgestellten Werkzeuge legen und dabei die Nennung von E-Mail als wichtigstem Kommunikationsmittel allenfalls mit einem Hochziehen der Augenbrauen quittieren. Sie reagieren dabei oft mit unverhohlenem

Missmut und haben kein Verständnis dafür, dass keine zeitgerechten Arbeitsmittel zur Verfügung gestellt werden. Fragen Sie bei Gelegenheit einmal im Familien-, Freundes- oder Bekanntenkreis die jüngeren Vertreter, welchen Stellenwert die Kommunikation über E-Mails für sie hat. Für meine beiden 15 und zwölf Jahre alten Kinder war sozusagen die erste Nutzung von E-Mails mit dem durch Covid-19 verursachten Lockdown verbunden, obwohl beide schon lange über eine eigene E-Mail-Adresse verfügen – manche ihrer Lehrer bestanden auf den Austausch per E-Mail. Davor war die Nutzung von E-Mails für sie eher bedeutungslos. Das heißt nicht, dass sie davor nicht digital kommuniziert hätten – ganz im Gegenteil. Nur kam und kommt eine Kommunikation per E-Mail in ihrem Familien- und Freundeskreis quasi nicht vor. (Auch wenn die Nutzung der von Jugendlichen präferierten Dienste in Deutschland meist erst ab 16 Jahren angedacht ist – wir Eltern sind da einigermaßen pragmatisch und versuchen ihnen einen verantwortungsvollen Umgang mit den Diensten zu vermitteln, statt auf unrealistische Verbote zu setzen ...)

Auch lässt sich im privaten Umfeld die Akzeptanz eines schnellen Wandels aufgrund der laufenden Weiterentwicklung der dort eingesetzten Anwendungen und Dienste beobachten. Ein Grund dafür ist sicher die automatische Aktualisierung der Apps auf Smartphones. Dort ist es normal und es wird meist auch erwartet, dass die installierten Apps laufend erneuert werden. Bei Webdiensten sowieso – vermutlich wurden Sie noch nie gefragt, welche Version von *Instagram* (oder einem anderen Webdienst) Sie persönlich eigentlich nutzen. Dass der Dienst auch einer ständigen Evolution unterliegt, wird meist nicht hinterfragt. Im beruflichen Umfeld müssen wir dabei aber auch mit Widerstand rechnen, weil erfahrungsgemäß nicht jede Änderung von jeder Mitarbeiterin und jedem Mitarbeiter kommentarlos hingenommen wird. Vor einiger Zeit hat mich ein Kunde einmal sinngemäß gefragt: »Wieso schon wieder ein neues Office-Paket? Wir haben es doch erst vor zehn Jahren aktualisiert!« Klar, für die meisten Unternehmen ist der Einsatz der jeweils aktuellsten Office-Version nicht Kernbestandteil des Geschäftsbetriebs, und da stellt sich dann mitunter schon die Frage, warum eine bekannte Anwendung oder gar die Arbeitsweise der letzten Jahre oder Jahrzehnte aufgegeben werden sollte. Wichtig ist es also offenbar, die Mitarbeiter bei wesentlichen Änderungen wie der Einführung von Microsoft Teams individuell mit einzubinden und ihnen auch eine verständliche Antwort auf die Frage »Warum diese Änderung?« zu geben. Und das ist mit deutlich mehr Aufwand und Fingerspitzengefühl verbunden, als eine E-Mail mit folgendem Inhalt an alle Beschäftigten des Unternehmens zu versenden: »Wir verwenden ab heute Microsoft Teams und sind damit modern. Schreiben Sie also keine E-Mails mehr, sondern nutzen Sie bitte das Team, das ich soeben erstellt habe.« So wird eine Einführung von Microsoft Teams sicher kein Erfolg. Wie es besser geht, lesen Sie insbesondere im dritten Teil dieses Buches, der mit »Einführung im Unternehmen« betitelt ist.

Bevor wir uns gleich mit einigen Problemstellungen beschäftigen, die heute die Arbeit von Anwendern, aber auch die der Mitarbeiter in den IT-Abteilungen beeinflussen, hier noch aktuelle Trends, die aufgrund des Wandels der bisherigen Arbeitswelt in vielen Unternehmen anzutreffen sind:

- **Immer mehr Zusammenarbeit in Teams**

  Im Vergleich zu früher ist eine deutlich häufigere Zusammenarbeit in Teams (im Sinne von Arbeitsgruppen) zu beobachten. Dabei sind diese Teams häufig nicht starr und über einen langen Zeitraum zusammengestellt. Mitarbeiter sind oft auch nicht nur Bestandteil eines einzelnen Teams, sondern sind in mehreren eingebunden. Die Mitglieder solcher Teams stammen häufig aus unterschiedlichen Abteilungen. Nicht selten gehören auch unternehmensexterne Personen dazu wie Dienstleister, Berater etc.

- **Agile Arbeitsmethoden**

  Viele Unternehmen haben erkannt, dass die Einführung agiler Arbeitsmethoden die Zusammenarbeit im Betrieb und im Team deutlich verbessern kann. Doch erfordern diese Methoden auch neue Werkzeuge, mit denen sie sich auf geeignete Weise umsetzen lassen.

- **Homeoffice und Remote-Arbeit**

  Nicht erst seit dem durch die Pandemie bedingten Lockdown ist die Arbeit im Homeoffice beziehungsweise die Remote-Arbeit von quasi beliebigen Orten aus in vielen Unternehmensbereichen auf dem Vormarsch.

- **Mitarbeiter ohne eigenen Office-Arbeitsplatz sollen an der IT beteiligt werden**

  Beispiele für solche Mitarbeiter sind Personen aus der Produktion, Verkäuferinnen und Verkäufer im Handel, Pflegekräfte im Krankenhaus etc. All diese Personen haben oftmals keinen eigenen IT-Arbeitsplatz, sondern nutzen abwechselnd zentral aufgestellte Geräte. Dennoch sollen sie in vielen Unternehmen verstärkt mit IT-Funktionen ausgestattet werden, sei es hinsichtlich spezifischer Anwendungen, direkter Kommunikationsmittel, der Schichtplanung etc.

All diese Trends verlangen nach geeigneten Werkzeugen für die Anwender und nach leistungsfähigen Verwaltungsfunktionen für die IT.

1.2 Problemstellungen heute

Unternehmen sehen sich heute vor einer ganzen Reihe von Problemstellungen, die nicht zuletzt durch die fortschreitende Digitalisierung und die für die heutige Zeit typischen Anforderungen an einen modernen Arbeitsplatz verursacht werden. In diesem Abschnitt diskutieren wir einige klassische Problemstellungen.

1.2.1 Zusammenarbeit und Dateiaustausch

Natürlich haben die Mitarbeiter in der Vergangenheit auch zusammengearbeitet und Dateien untereinander ausgetauscht. Jedoch sind die damit im Zusammenhang stehenden Anforderungen gestiegen, und alte Prozesse wirken sich zunehmend negativ auf aktuelle Prozesse aus. So mag es in der Vergangenheit möglicherweise akzeptabel gewesen sein, Dateien per E-Mail-Anhang zu verschicken, heute ist das hingegen in vielen Fällen obsolet. Der Versand von Dateikopien, die häufig auch mit kleinen Änderungen versehen hin- und hergeschickt werden, macht es den Anwendern oftmals schwer, eine konsolidierte Datei zu erstellen. Es fehlt dabei oft auch der Überblick, wer Zugriff auf welchen Stand einer Datei hat. Schön wäre hier eine zentrale Ablage von Dateien an einem fest definierten, leicht zugänglichen und allgemein bekannten Ort. Auch ist es hilfreich, wenn Dateien von mehr als einer Person zu demselben Zeitpunkt bearbeitet werden können, um mehr Effizienz als bei einer sequenziellen Bearbeitung zu erreichen. So können in einem Word-Dokument gleichzeitig unterschiedliche Stellen mit Informationen gefüllt werden und, während ein PowerPoint-Foliendeck noch im Entstehen ist, bereits von einer anderen Person korrigiert werden. Wie das aussehen könnte, sehen Sie in Abbildung 1.1.

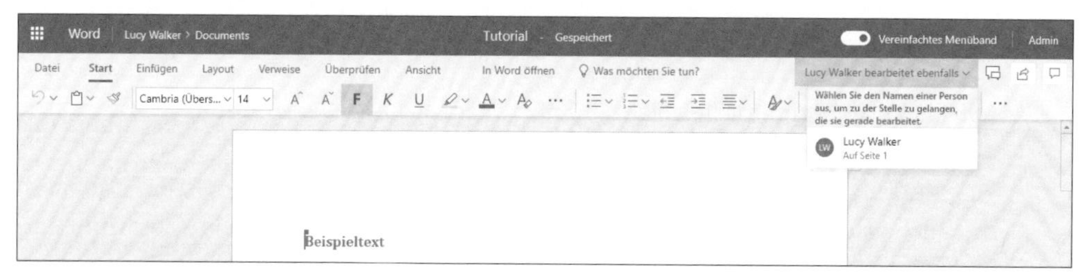

Abbildung 1.1 Gemeinsame, gleichzeitige Bearbeitung eines Word-Dokuments

Zentrale Ablageorte sollten auch über eine integrierte und zuverlässige Versionskontrolle verfügen, mit der die Anwender selbst auf ältere Inhaltsstände zurückgreifen können. Damit sollte dann ein in der Vergangenheit typisches Vorgehensmodell, wie es Abbildung 1.2 zeigt, obsolet geworden sein.

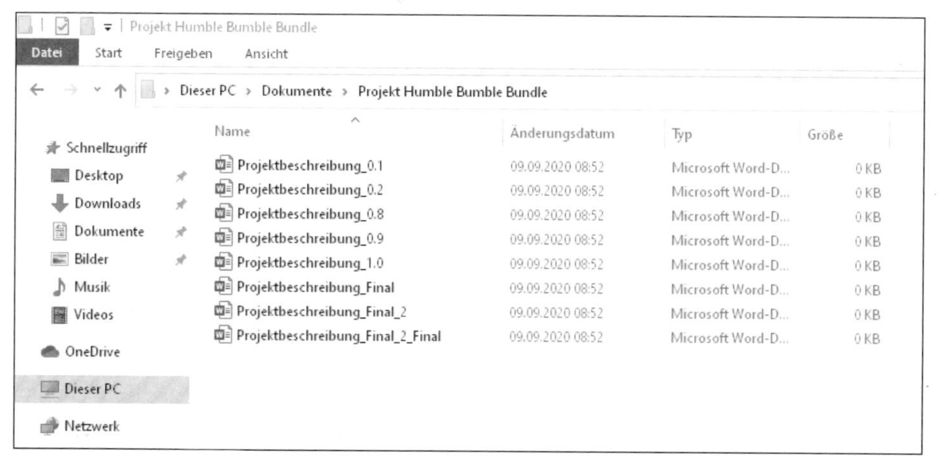

Abbildung 1.2 Versionierung von Hand

Abbildung 1.3 zeigt die zentrale Dateiablage inklusive einer integrierten Versionierung der Dateien im Teams-Client.

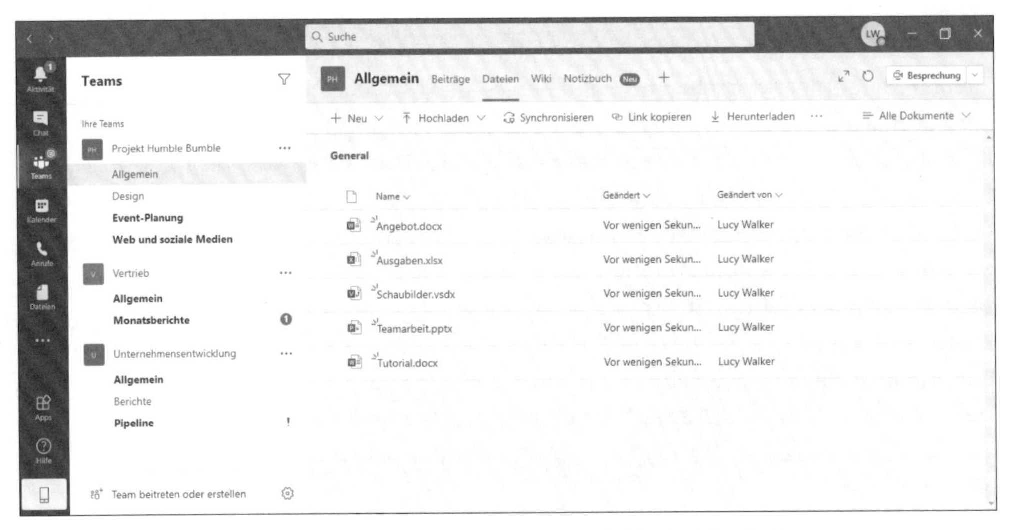

Abbildung 1.3 Zentrale Dateiablage in einem Team inklusive Versionierung

Zu guter Letzt sollte es durchführbar sein, externe Personen unkompliziert und rasch mit allen erforderlichen Informationen zu versorgen, um eine direkte Zusammenarbeit zu ermöglichen. Der Austausch von Dateien per E-Mail gehört nicht dazu, wohingegen externe Personen durchaus auch Zugang zu einem gemeinsamen Kalender, einer Aufgabenliste etc. haben sollten.

1.2.2 Verteilte Ressourcen

Zur Erledigung ihrer Arbeit und zur Erreichung ihrer Ziele benötigen Mitarbeiter in den meisten Fällen eine ganze Palette unterschiedlicher Funktionen und Dienste. Damit einher geht demzufolge eine häufig inkonsistente Arbeitsweise hinsichtlich der erforderlichen Werkzeuge. Dies führt in der Praxis dazu, dass die nötigen Informationen an unterschiedlichen Stellen verwaltet werden und die Mitarbeiter gezwungen sind, mit einer Vielzahl von Anwendungsfenstern und Browser-Tabs zu arbeiten. Dies wiederum sorgt typischerweise für eine lange Einarbeitungszeit neuer Mitarbeiter und einen hohen Supportaufwand. Idealerweise finden die Mitarbeiter alle erforderlichen Informationen an einem konsolidierten Ort, einer Art Hub oder auch Cockpit, von dem aus sie einen Großteil ihrer Arbeit erledigen können.

Abbildung 1.4 zeigt, wie die Daten aus unterschiedlichen Anwendungen und Diensten in einem themenspezifischen Kanal innerhalb eines Teams über mehrere Registerkarten eingebunden werden können.

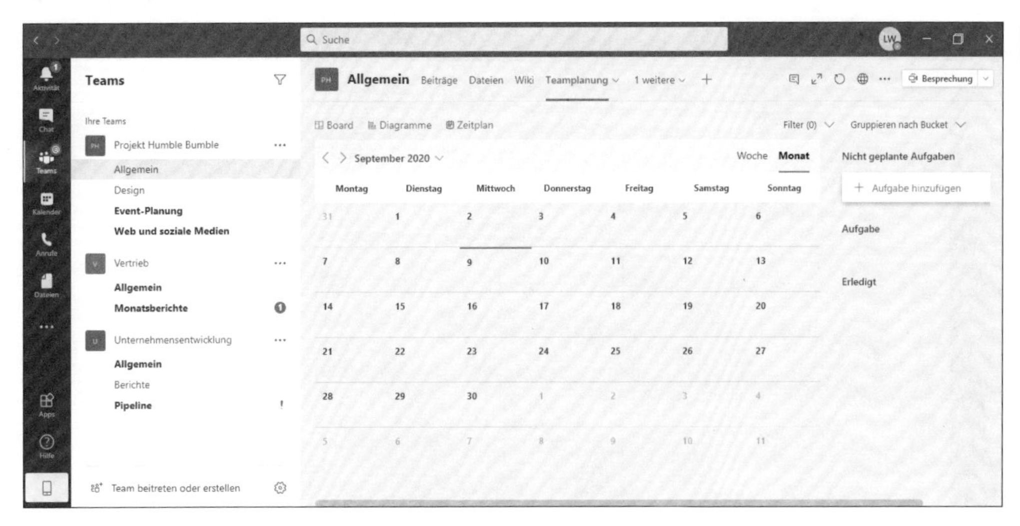

Abbildung 1.4 Einbindung externer Informationen im Teams-Client

1.2.3 Mobiles Arbeiten

Da Mitarbeiter in vielen Unternehmensbereichen zunehmend nicht von ihrem festen Schreibtisch im Firmengebäude aus arbeiten, sind Lösungen für ein mobiles Arbeiten essenziell. Dabei geht es hier nicht nur darum, auch während der Reisezeit produktiv sein zu können, sondern auch von frei wählbaren Orten aus, wie etwa dem Heimarbeitsplatz. Der durch das Aufkommen von Covid-19 erforderliche Lockdown hat dabei vielen Unternehmen die Grenzen der vorhandenen Netzwerkinfrastruktur aufgezeigt, als über Nacht die komplette Belegschaft über VPN-Verbindungen auf Ressourcen im unternehmenseigenen Rechenzentrum zugreifen oder gar im großen Stil Audio- und Videokonferenzen durchführen wollten.

In so manchem Szenario rund um das mobile Arbeiten wird auch die Diskussion um *Bring Your Own Device (BYOD)* geführt. Dabei geht es um die Frage, ob Mitarbeiter für die Ausübung ihrer beruflichen Tätigkeit auch private Geräte nutzen dürfen. Diese Diskussion wirft eine ganze Reihe weiterer Fragestellungen auf, wie beispielsweise die nach einem finanziellen Ausgleich, der Arbeitsplatzergonomie, der Sicherung geschäftlicher Daten auf beruflich genutzten privaten Geräten etc. Damit einher geht auch die Erfordernis einer einfachen plattform- und geräteübergreifenden Zugriffsmöglichkeit auf alle erforderlichen Daten. Der letzte Punkt gilt dabei nicht nur für die eigenen Mitarbeiter selbst, sondern in besonderem Maße auch für unternehmensfremde externe Personen wie Dienstleister, Berater etc., die mit denselben Daten arbeiten können sollen.

In Abbildung 1.5 und Abbildung 1.6 sehen Sie die gleichen Daten – einmal im Desktop-Client und einmal im mobilen Client auf einem Smartphone.

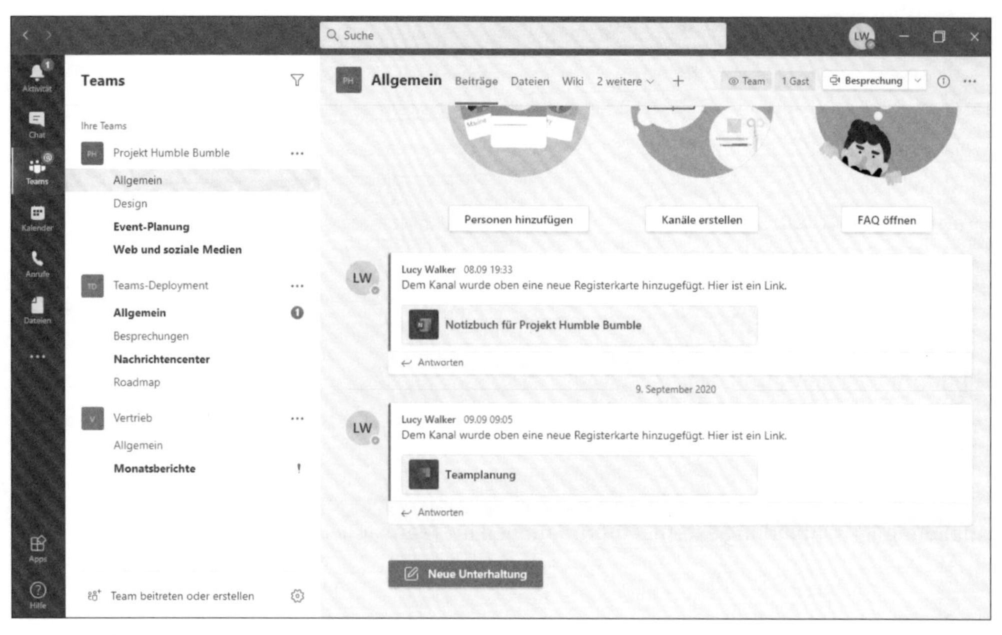

Abbildung 1.5 Teams-Client auf dem Desktop

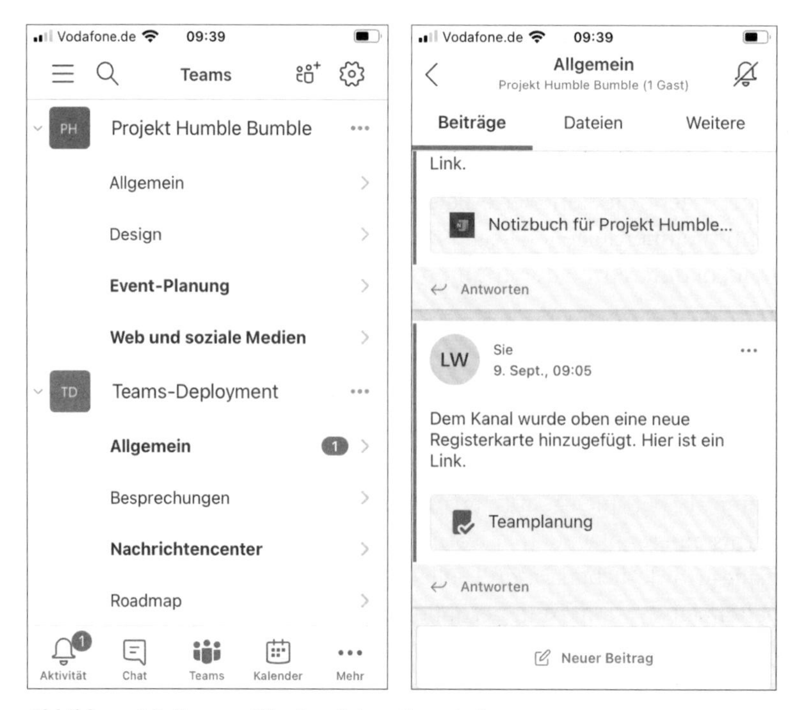

Abbildung 1.6 Teams-Client auf dem Smartphone

1.2.4 Sicherheitsbedenken

Nicht erst infolge des zunehmenden Einsatzes von Cloud-Diensten müssen vorhandene Sicherheitskonzepte neu überdacht werden. So gilt es, Angriffe abzuwehren – und zwar nicht nur in Form von gezielten Hacker-Angriffen oder Schadcode, der es auf Ihre Datenbestände abgesehen hat. Auch ist ein Schutz vor böswilligen Administratoren im eigenen Unternehmen und dem Cloud-Betreiber erforderlich, ebenso der vorsätzliche wie auch der versehentliche Verlust von Daten durch Aktionen der Mitarbeiter. Es gilt außerdem, unternehmenseigene Daten vor einer unkontrollierten Weitergabe an externe Personen oder Unternehmen zu schützen.

Abbildung 1.7 zeigt ein Beispiel, wie sensible Daten in Microsoft Teams sogar innerhalb des Chats zum Schutz vor einer Weitergabe an unternehmensexterne Personen ausgeblendet werden.

Abbildung 1.7 Sensible Daten und interne Informationen werden ausgeblendet.

Bei den hier aufgeführten Problemstellungen handelt es sich natürlich nicht um eine vollständige Liste der aktuellen Herausforderungen, denen sich Unternehmen heutzutage ausgesetzt sehen. Doch geben sie einen wichtigen Überblick darüber, welche Fragen im Einzelnen beantwortet werden müssen. All diese Problemstellungen werden von Microsoft Teams und den angrenzenden Diensten aus Microsoft 365 auf die eine oder andere Art adressiert. In den noch folgenden Kapiteln des Buches werde ich näher auf sie eingehen.

1.3 Ist Ihr Unternehmen bereit für Microsoft Teams?

Diese Frage haben Sie sich in der Vergangenheit vermutlich selten vor der Einführung eines neuen Dienstes oder einer neuen Anwendung gestellt. Wieso sollte das Unternehmen denn nicht bereit sein? Wichtig ist hierbei zu beachten, dass die Einführung von Microsoft Teams nicht vergleichbar ist mit der Bereitstellung einer neuen Version von Exchange, dem Office-Paket oder Ähnlichem. Microsoft Teams ist auch nicht einfach nur die nächste Version von Skype for Business. Es ist hier in der Praxis nicht ausreichend, den Dienst samt den Clients bereitzustellen, die Mitarbeiter darüber zu informieren und dann davon auszugehen, dass sie das neue Werkzeug schon irgendwie sinnvoll nutzen werden. Microsoft Teams ermöglicht mit seinen Funktionen den Weg zu einem modernen Arbeitsplatz, der aber in den meisten Fällen auch eine Verhaltensänderung der Mitarbeiterinnen und Mitarbeiter erfordert. Nicht selten führt die erfolgreiche Einführung von Microsoft Teams sogar zu einer Änderung der bisher gelebten Kommunikationskultur – mitunter sogar bis hin zu einem Wandel der Unternehmenskultur.

Um das zu verdeutlichen, erläutere ich im Folgenden einige alterprobte Arbeitsweisen und wie sich diese durch Microsoft Teams ändern können:

- **Von E-Mail-Kommunikation zu chatbasierter Kommunikation**

  Um gleich eines vorwegzunehmen: Auch nach der Einführung von Microsoft Teams werden Sie noch E-Mails schreiben und empfangen. Die Anzahl der E-Mails wird aber höchstwahrscheinlich rapide abnehmen. Dies gilt insbesondere für die unternehmensinterne Kommunikation im Rahmen von Diskussionen, Projekten, Produkten, Kunden und Arbeitsgruppen. Derartige Kommunikation werden Sie mit Microsoft Teams eher in 1:1- und Gruppen-Chats oder in Team-Strukturen durchführen, als dafür Ihr E-Mail-Programm zu bemühen. Ein entsprechendes Beispiel sehen Sie in Abbildung 1.8.

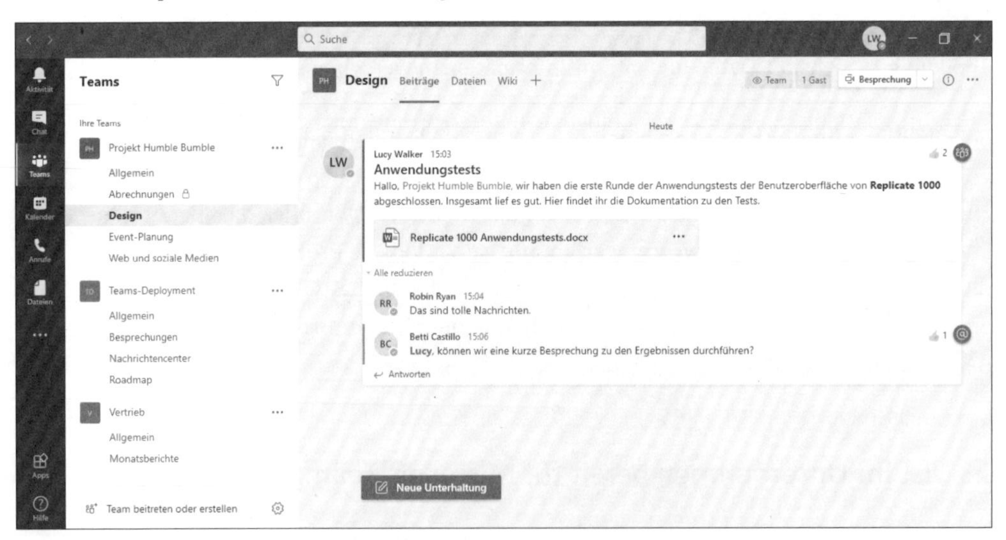

Abbildung 1.8 Diskussion im Teams-Client statt per E-Mail

  E-Mails können auch weiterhin für formale Ankündigungen im Unternehmen und Ähnliches eingesetzt werden, aber die alltägliche Kommunikation verlagert sich mehr und mehr in Richtung Microsoft Teams. Auch die unternehmensexterne Kommunikation wird wohl in den meisten Fällen weiterhin über E-Mail stattfinden. In Unternehmen, die schon länger Microsoft Teams eingeführt haben, lässt sich beobachten, dass Mitarbeiter zum Arbeitsbeginn inzwischen zuerst den Teams-Client starten und erst danach den Outlook-Client – in der Vergangenheit war Outlook das führende Tool. Microsoft Teams hat hier vielfach Outlook den Rang abgelaufen. Die Situation ist auch ein wenig vergleichbar mit dem Briefkasten zu Hause: Den Briefkasten überprüfen Sie natürlich auf neue Inhalte – aber Sie machen das nicht alle fünf Minuten. Ähnlich verhält es sich in manchen Unternehmen mit Microsoft Teams und dem E-Mail-Client – E-Mails sind durchaus wichtig, haben aber heute nicht mehr den Stellenwert wie noch in der Vergangenheit. Wie umfangreich die E-Mail-Kommunikation jedes Einzelnen nach der Einführung von Microsoft Teams noch sein wird, hängt natürlich auch von den jeweiligen Tätigkeiten ab. Wenn Kunden primär über E-Mails kommunizieren, wird es schwer sein, dies kurzfristig abzuschaffen.

- **Von E-Mail-Dateianhängen zu zentralen Dateiablagen**

  Statt im eigenen Unternehmen Dateien per E-Mail-Anhänge auszutauschen und damit eine Flut von Duplikaten zu erzeugen, legen die Anwender Dateien an zentralen Stellen innerhalb von Teams-Strukturen oder in Chat-Verläufen ab. Von dort aus können sie von allen berechtigten Anwendern geöffnet und gegebenenfalls bearbeitet werden. Durch die Team-Strukturen ist der Ablageort einfach aufzufinden, und er ist geräte- und plattformübergreifend aufrufbar. So bleibt der Zugriff auf die Dateien beispielsweise selbst vom Smartphone aus nicht verwehrt. Durch die integrierte automatische Versionierung sind auch versehentliche Änderungen schnell rückgängig gemacht, und ein Papierkorb sorgt dafür, dass der Anwender versehentlich gelöschte Dateien selbst wiederherstellen kann. Die IT kann bei Bedarf auch dauerhafte Dateiaufbewahrungen und altersbasierte Löschungen konfigurieren, um Compliance-Vorgaben zu erfüllen. Bei Bedarf ist auch eine manuelle oder automatische Klassifizierung der Dateien möglich, anhand derer Dokumente beispielsweise verschlüsselt und nur einem gewissen Personenkreis zugänglich gemacht werden.

  Durch die Möglichkeit, den Teams auch unternehmensexterne Personen hinzuzufügen, können auch diese von der zentralen Dateispeicherung profitieren, und für die externe Verbreitung von Dateien sind ebenfalls keine E-Mail-Dateianhänge mehr erforderlich. Soll eine externe Person nicht direkt Mitglied eines Teams werden, können einzelne Dateien per Link in einer E-Mail verschickt werden. Die Empfänger greifen dann über den Link auf die zentral gespeicherte Datei zu. Auch hier sind keine klassischen Dateianhänge erforderlich. Ein Beispiel für einen solchen per E-Mail verschickten Link sehen Sie in Abbildung 1.9. Microsoft spricht hier von *Modern Attachments*.

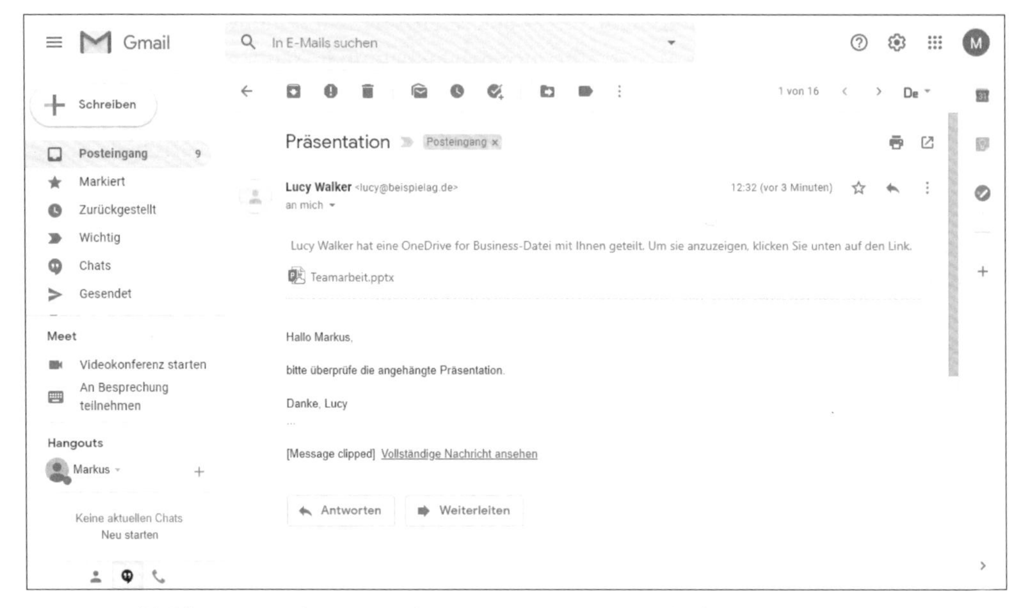

Abbildung 1.9 Link per E-Mail statt in Form eines Dateianhangs

- **Von Informationssilos zu zusammengefassten Ansichten**

  Die Informationen, die Mitarbeiter zur Erledigung ihrer Aufgaben benötigen, erstrecken sich vielfach über die unterschiedlichsten Dienste und Anwendungen. Nicht selten haben Anwender deshalb viele Anwendungsfenster parallel geöffnet, um alle Informationshäppchen zusammenzutragen. In Microsoft Teams ist es grundsätzlich möglich, externe Anwendungen als Apps oder andere Anwendungen innerhalb von Teams-Strukturen über zusätzliche Registerkarten mit einzubinden. Somit können verteilte Informationen zunehmend zentral für die Anwender bereitgestellt werden, beispielsweise in einem projekt- oder produktspezifischen Team, in dem die Projektplanung aus einem anderen Dienst genauso eingebunden wird wie Daten aus einer CRM-Anwendung. Der ständige Wechsel zwischen Anwendungen wird für die Anwender somit vermieden.

- **Von einer Matrixorganisation hin zu einer flachen Organisation**

  Innerhalb von Microsoft Teams werden Informationen auf einer Ebene miteinander geteilt (natürlich im Rahmen der eingerichteten Berechtigungsstruktur). Kommunikationshierarchien über das Organisationsdiagramm, wie sie in manchen Unternehmen vorzufinden sind, sind nicht vorhanden. So gibt es beispielsweise innerhalb von Team-Strukturen auch nur ein sehr einfaches Berechtigungsmodell – im Wesentlichen wird dort lediglich zwischen dem Besitzer des Teams und dem Mitglied unterschieden (gegebenenfalls noch zusätzlich unternehmensexterne Gäste). Alle Mitglieder haben dabei innerhalb eines Teams dieselben Rechte und können gleichberechtigt miteinander und mit den Informationen arbeiten. Im Bedarfsfall kann in der Standardkonfiguration jeder Anwender jeden kontaktieren und muss dabei keine Organisationsdiagramme berücksichtigen.

Abbildung 1.10 zeigt die Rollen innerhalb eines Teams.

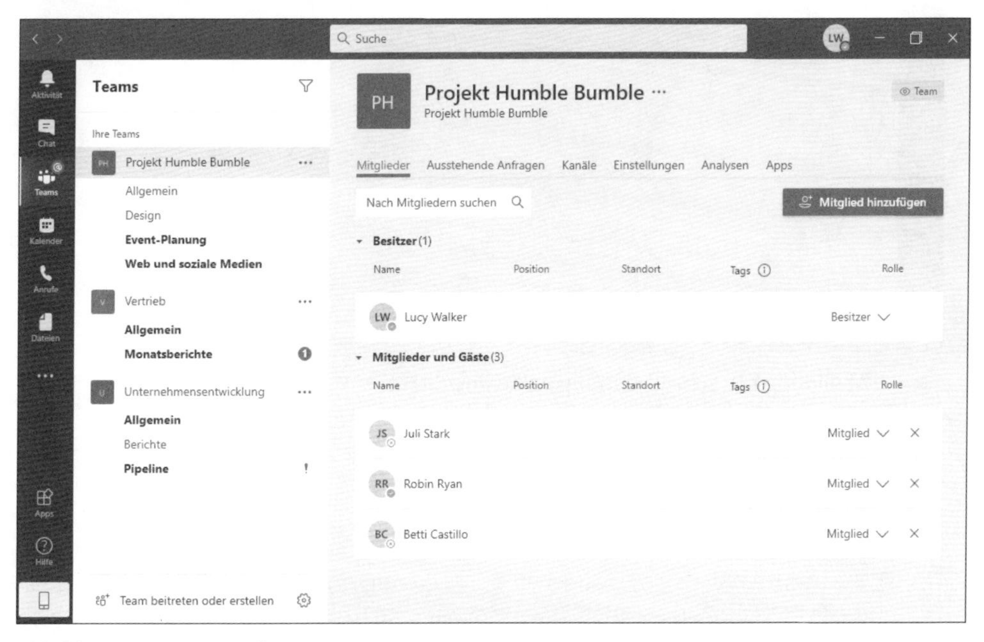

Abbildung 1.10 Zwei Rollen im Team

- **Von der Nutzung unterschiedlicher Plattformen zu einer gemeinsamen Plattform**

In vielen Unternehmen haben unterschiedliche Mitarbeitergruppen aufgrund ihrer Rolle bislang meist mit verschiedenen, nicht miteinander verbundenen Plattformen gearbeitet. Auch die Situation, dass Mitarbeitergruppen vonseiten der IT gar nicht mit eingebunden werden, wie beispielsweise Mitarbeiter in der Produktion, die nicht selten noch über Papier organisiert werden, ist noch vielfach anzutreffen. Mit Microsoft Teams dagegen nutzen Sie eine Plattform, die für sämtliche Mitarbeitergruppen gedacht ist – von der Geschäftsführung beziehungsweise dem Vorstand bis hin zu den Mitarbeitern in der Produktion. Alle erhalten ein gemeinsames Kommunikationswerkzeug und den Zugriff auf für sie relevante Dienste und Anwendungen. Während für den Produktionsmitarbeiter die Schichtplanung ein zentrales Werkzeug darstellt (siehe Abbildung 1.11), muss die Geschäftsführung die Unternehmenszahlen ständig im Blick behalten (siehe Abbildung 1.12) – beides ist über den Teams-Client machbar, und dennoch nutzen die Mitarbeiter dieselben Funktionen zur Kommunikation.

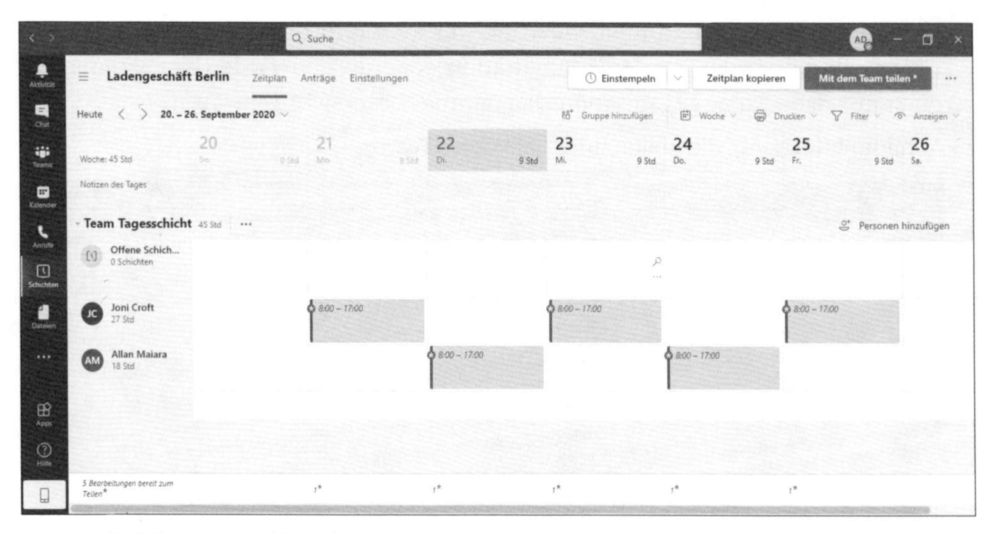

Abbildung 1.11 Schichtplanung im Teams-Client

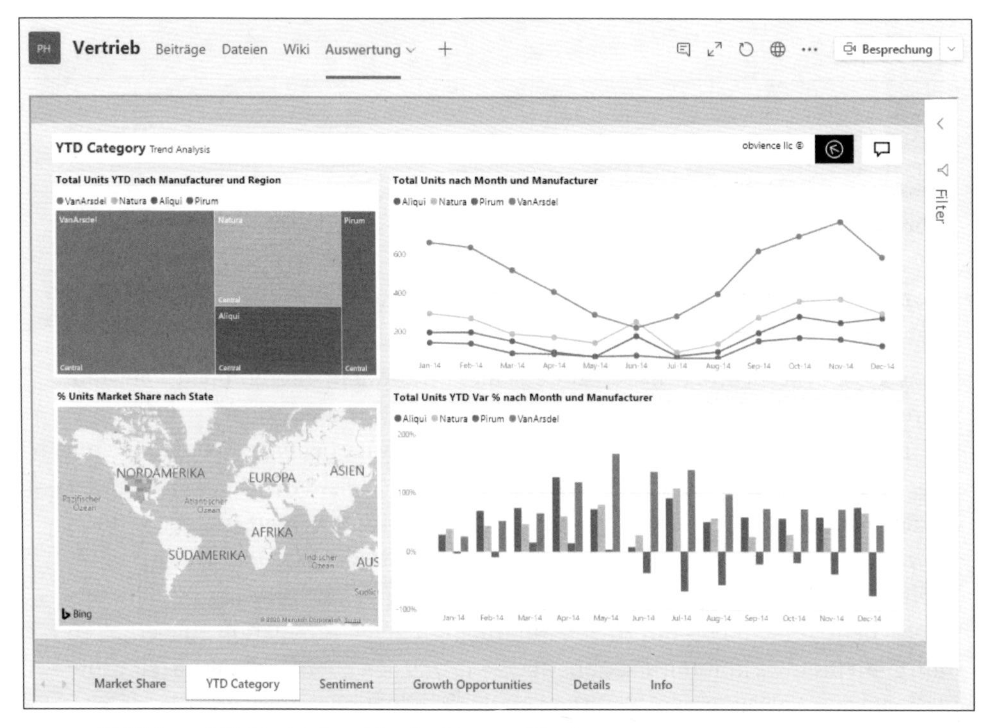

Abbildung 1.12 Vertriebszahlen im Teams-Client

- **Von Angesicht zu Angesicht hin zu flexiblen Arbeitsorten**

  Wo es in der Vergangenheit noch die Regel war, dass Arbeit ausschließlich an fest definierten Orten im Unternehmensgebäude beziehungsweise auf dem Firmengelände stattfindet, ermöglicht Microsoft Teams die Arbeit an frei wählbaren Arbeitsorten (sofern dort eine gewisse Infrastruktur vorhanden ist, wie etwa eine zuverlässige und ausreichend leistungsfähige Internetanbindung sowie ein geeignetes Endgerät). Mitarbeiter werden somit flexibler, ihren Arbeitsalltag räumlich zu gestalten.

Abbildung 1.13 gibt einen Überblick über den Wandel der alterprobten in Richtung einer modernen Arbeitswelt.

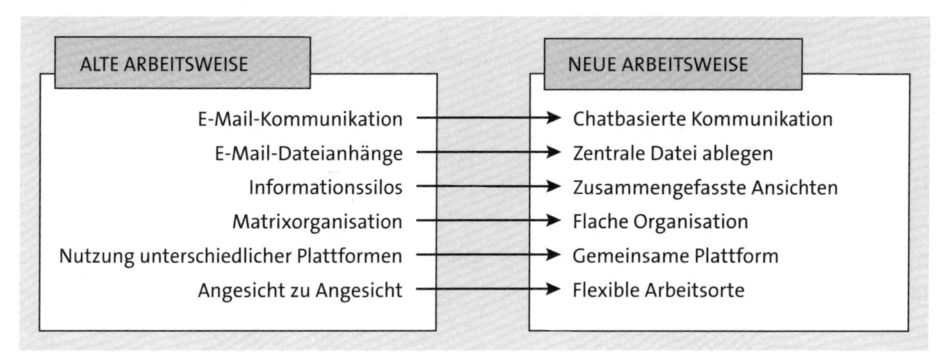

Abbildung 1.13 Der Wandel von der herkömmlichen zur modernen Arbeitswelt

Diese Beispiele sind nur exemplarisch zu sehen und haben eher pauschalisierenden Charakter. Nicht bei jedem Unternehmen, jedem Mitarbeiter und in jedem Aufgabenfeld ist solch eine Transformation möglich. So kann nicht jeder Mitarbeiter aufgrund seiner Tätigkeit an flexibel gewählten Arbeitsorten arbeiten. Doch geben die in Abbildung 1.13 aufgeführten Aspekte einen Ausblick darauf, was unter bestimmten Umständen möglich sein könnte.

Ein solcher gravierender Wandel in der Arbeitsweise stellt sich jedoch nicht von allein ein. Eine zentrale Komponente bei der Einführung von Microsoft Teams liegt darin, die Anwender von den neuen Möglichkeiten zu überzeugen und sie in die Lage zu versetzen, diese auch sinnvoll in ihre Arbeitsweise zu integrieren. Sie sind also nicht nur dafür zuständig, ein neues Werkzeug im Unternehmen bereitzustellen, sondern müssen ebenfalls dafür sorgen, dass dieses auch von allen und für alle gewinnbringend genutzt wird. Dieser Aspekt spielt eine zentrale Rolle in diesem Buch.

1.4 Was ist mit Skype for Business?

Skype for Business wird in diesem Buch nicht zum Thema gemacht, und auch in der Praxis nimmt dessen Bedeutung rapide ab: Microsoft hat bereits angekündigt, den zu Office 365 gehörenden Cloud-Dienst *Skype for Business Online* zum 31.07.2021 zu deaktivieren. Schon seit dem 01.10.2018 ist es der Regelfall, dass Skype for Business

Online nur noch in neu angelegten Kundenumgebungen zur Verfügung steht, die mit mehr als 500 Lizenzen ausgestattet sind.

Für den Einsatz innerhalb eines eigenen Rechenzentrums ist Ende 2018 der *Skype for Business Server 2019* erschienen. Neue Funktionen sind dort jedoch kaum zu finden, wohl aber Funktionen, mit denen ein Umstieg auf Microsoft Teams erleichtert wird. Einen guten Startpunkt für die technische Beschreibung finden Sie hier:

https://docs.microsoft.com/de-de/skypeforbusiness/hybrid/move-users-from-on-premises-to-teams

1.5 Funktionsüberblick

Dieser Abschnitt ist insbesondere für diejenigen gedacht, die Microsoft Teams bisher noch nie eingesetzt haben und einen ersten Überblick erhalten möchten. Kennen Sie Microsoft Teams bereits, liefert dieser Abschnitt Ihnen vermutlich keine neuen Erkenntnisse. In diesem Fall fahren Sie am besten gleich mit Kapitel 2, »Architektur«, fort.

1.5.1 Funktionsbereiche

Microsoft vermarktet Microsoft Teams als zentralen Hub für die Zusammenarbeit. Dies setzt voraus, dass viele Tätigkeiten, die bisher über andere Werkzeuge vorgenommen wurden, innerhalb des Teams-Clients realisierbar sind. In Abbildung 1.14 wird dies plakativ verdeutlicht. Sie zeigt den primären Navigationsbereich am linken Rand des Teams-Clients auf Desktop-PCs. Diese Liste ist durch die Integration weiterer Apps an die Bedürfnisse der Anwender anpassbar.

Abbildung 1.14 Funktionsbereiche in Microsoft Teams

In diesem Kapitel verschaffen wir uns zunächst einen Überblick über die in Microsoft Teams integrierten Funktionen. In den weiteren Kapiteln nutzen wir dann dieses Wissen für Detaildiskussionen beispielsweise über die richtigen Fragestellungen und die verschiedenen Prozesse vor und während der Einführung von Microsoft Teams in Ihrem Unternehmen.

Die Funktionen von Microsoft Teams lassen sich grob in folgende Bereiche aufteilen:

- Chat
- Zusammenarbeit
- Besprechungen und Konferenzen
- Telefonie

Diese Bereiche sehen wir uns nun erst einmal genauer an.

Chat

Zum Bereich Chat gehören die Unterhaltungen zwischen zwei Personen oder in einer Gruppe genauso wie die Textnachrichten, die innerhalb von Teams zwischen den Mitgliedern ausgetauscht werden. Beispiele dazu sehen Sie in Abbildung 1.15 und Abbildung 1.16. Auf ein Team haben ausgewählte Benutzer Zugriff, die sogenannten *Mitglieder*. In der Praxis wird häufig je ein Team für ein Projekt, Produkt, eine Abteilung oder einen Kunden angelegt, in denen dann die diesbezügliche Kommunikation erfolgt und die zugehörigen Daten zentral abgelegt werden. Die Team-Struktur sehen wir uns gleich im nächsten Abschnitt genauer an.

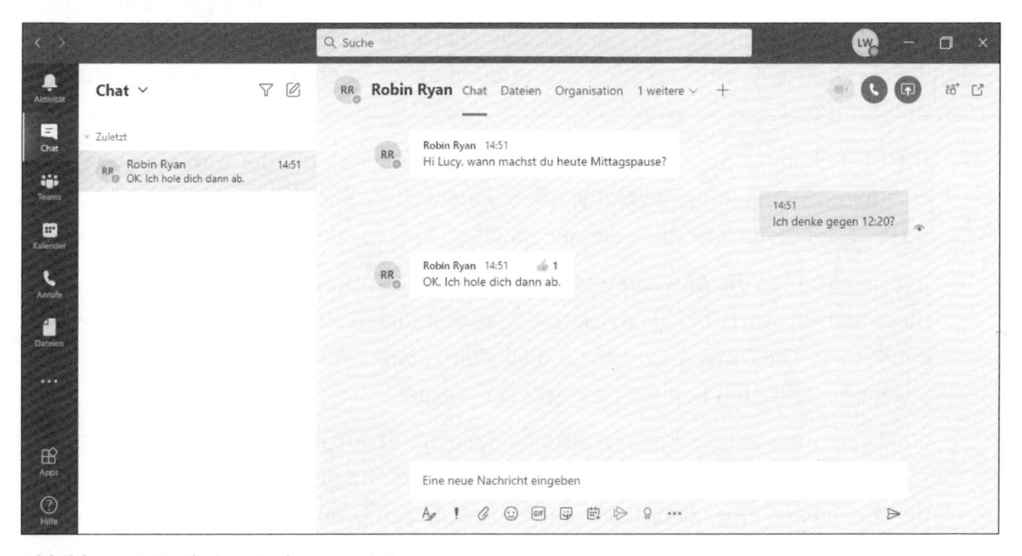

Abbildung 1.15 Chat zwischen zwei Personen

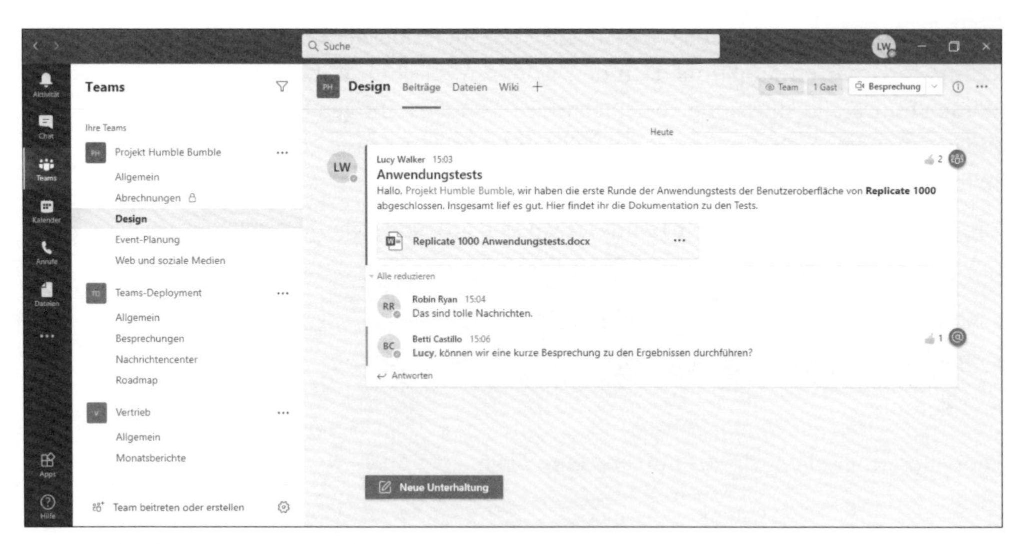

Abbildung 1.16 Chat mit den Mitgliedern eines Teams

Die Chats sind dabei persistent, das heißt, sie bleiben dauerhaft erhalten, auch wenn beispielsweise der Client neu gestartet wird. Bei Teams hat das auch einen großen Vorteil: Wird ein Anwender neues Mitglied eines schon länger bestehenden Teams, hat er Zugriff auf sämtliche bisher geführten Chats und kann so direkt nachvollziehen, was bisher diskutiert wurde. Betreut das Team nun ein bestimmtes Projekt oder einen bestimmten Kunden, ist die Einarbeitung in das jeweilige Thema somit deutlich einfacher. Bislang wurde diese Art von Kommunikation über klassische E-Mail-Verteiler durchgeführt – das neue Mitglied hätte hier schlechte Karten, auf die bisher durchgeführte Kommunikation zuzugreifen, da es in diesem Fall keinen zentralen Ablageort gibt.

Die Chats können Sie auch mit Emojis, animierten Bildern oder Aufklebern mit frei wählbaren Texten aufgelockert werden. Eine weitere Standardfunktion ist die Übersetzung der Chats innerhalb der eingestellten Sprache des Teams-Clients.

In Chats können die Anwender auch direkt Dateien miteinander austauschen, wobei diese hier nicht wie bei klassischen E-Mail-Anhängen als Kopien versendet werden, sondern in *OneDrive for Business* oder *SharePoint Online* gespeichert und für die jeweils berechtigten Benutzer freigegeben werden.

[+] OneDrive for Business können Sie sich dabei als Ersatz für die klassischen persönlichen Laufwerke vorstellen. Es handelt sich hierbei um persönlichen Cloud-Speicher, der die Dateien eines Benutzers enthält. Auf diesen kann er dann von unterschiedlichen Geräten aus zugreifen. Auch gibt es eine Synchronisierung mit den Geräten für den Offline-Betrieb sowie Funktionen für die Freigabe von Dateien und Ordnern für interne und externe Benutzer. Aus Anwendersicht ähnelt OneDrive for Business auf den ersten Blick dem im privaten Umfeld häufig anzutreffenden Dienst *Dropbox*. Bei SharePoint Online handelt es sich dagegen um einen universellen Dienst für die Bereitstellung von Intranets, Portalen, Dokumentverwaltungen etc. Im Kontext von Microsoft Teams fungiert SharePoint Online als Speicherort für Dateien, die innerhalb von Teams geteilt werden.

Chats führen die Anwender nicht nur innerhalb Ihres Unternehmens durch, sondern auch mit anderen Unternehmen, die wahlweise ebenfalls Microsoft Teams oder *Skype for Business* einsetzen.

Zusammenarbeit

Natürlich gehört auch der Chat zur Zusammenarbeit – er ist aber nur ein wichtiger Bestandteil. Ein weiterer wesentlicher Baustein der Zusammenarbeit in Microsoft Teams ist das Teams-Konzept. Auf den ersten Blick ist dies vergleichbar mit einer Gruppe innerhalb von WhatsApp – jedoch mit dem Unterschied, dass die Informationen und Dateien dort nach den von der IT aufgestellten Regeln abgelegt werden.

In Abbildung 1.17 sehen Sie alle Teams, in denen der Benutzer Mitglied ist. Wird ein Benutzer zu einem Team als Mitglied hinzugefügt oder legt er selbst eines an, erscheint das Team automatisch in dieser Liste. Jedes Team besteht dann aus einer Anzahl von themenspezifischen Kanälen und diese wiederum aus *Tabs* (Registerkarten). Über die Tabs führen die Mitglieder dann Chats durch, legen zentral Dateien ab oder binden auch zusätzliche Tabs mit weiteren Funktionen ein, wie eine Aufgabenplanung auf Basis von *Microsoft Planner*, ein Notizbuch über *Microsoft OneNote*, eine Datenanalyse über *Microsoft Power BI* etc. (siehe Abbildung 1.17).

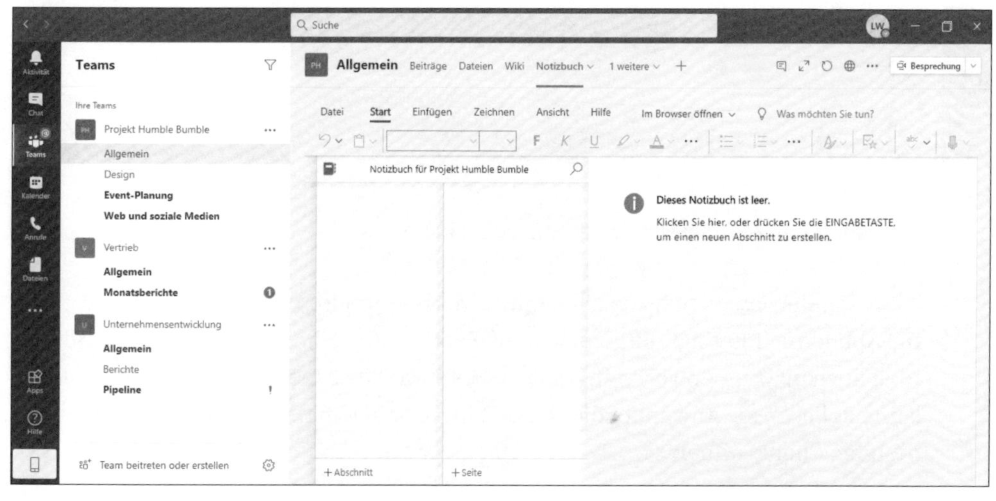

Abbildung 1.17 Tabs mit Funktionen für das Team

Den konkreten Aufbau der Teams bestimmen dabei die Team-Eigentümer selbst. So können sie ohne Umweg über die IT eine für sich passende Arbeitsumgebung schaffen. So wie Microsoft Teams konzipiert ist, können die Anwender im Bedarfsfall sogar selbst neue Teams anlegen – auch wenn dies von manchen Unternehmen unterbunden wird, um vermeintlich einen unkontrollierbaren Wildwuchs an Teams zu vermeiden (in Kapitel 7, »Governance«, werden wir noch sinnvollere Funktionen diskutieren, als die Deaktivierung der Erstellung von Teams durch den Anwender).

Bei Bedarf können auch unternehmensexterne Benutzer als Gäste zu den Teams hinzugefügt werden, beispielsweise externe Partner, Dienstleister oder Kunden. So können diese gemeinsam mit den internen Mitarbeitern auf dieselben Informationen zugreifen, Dateien austauschen etc. Der klassische Austausch über separate E-Mails entfällt somit oft. Gäste benötigen dabei übrigens weder einen eigenen Zugang zu Teams noch eine entsprechende Lizenz.

In jedem Kanal befindet sich eine zentrale Dateiablage über den Tab DATEIEN (siehe Abbildung 1.18).

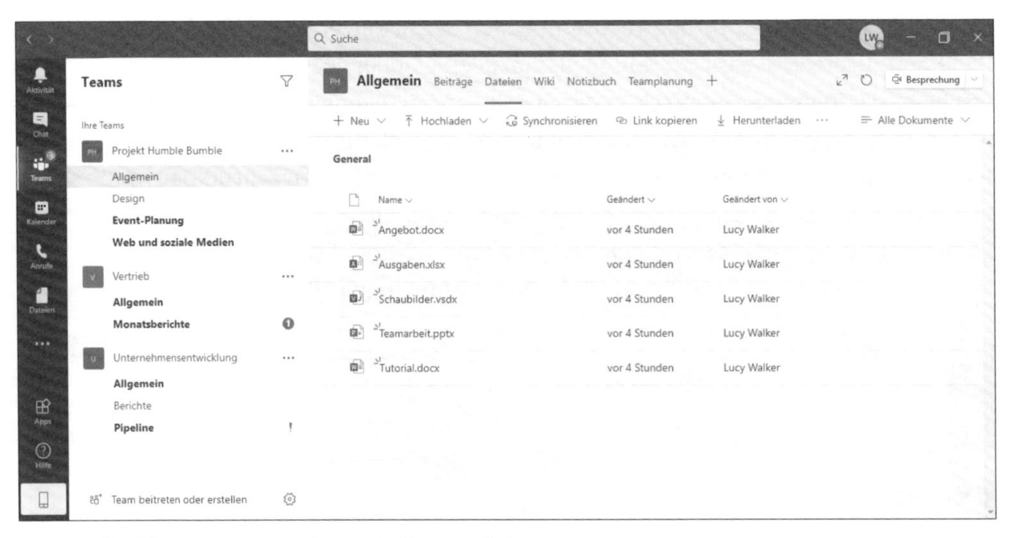

Abbildung 1.18 Zentrale Dateiablage in jedem Kanal

Diese Dateien lassen sich von allen Mitgliedern bearbeiten – und dies sogar gleichzeitig. Abbildung 1.19 zeigt die gemeinsame Bearbeitung eines PowerPoint-Foliendecks. Aber auch in Excel, PowerPoint und OneNote wäre dies möglich. Dabei spielt es auch keine Rolle, ob die Anwender die Dateien im Browser, in den Desktop-Clients oder in mobilen Clients öffnen.

Abbildung 1.19 Gleichzeitige Bearbeitung eines PowerPoint-Foliendecks

Eine Versionierung der Dateien wird automatisch vorgenommen, sodass im Zweifelsfall auch ältere Versionsstände einfach wiederherstellbar sind.

Besprechungen und Konferenzen

Ein weiterer wichtiger Funktionsbereich in Microsoft Teams sind die Besprechungen und Konferenzen. Diese wiederum gibt es in vier unterschiedlichen Ausprägungen für jeweils unterschiedliche Anwendungsfälle:

- **Geplante Besprechungen**

  Geplante Besprechungen stellen wohl den häufigsten Anwendungsfall in Microsoft Teams. Hier planen Sie eine Besprechung wahlweise mit Outlook (siehe Abbildung 1.20) oder direkt im Teams-Client (siehe Abbildung 1.21) und laden Kolleginnen und Kollegen sowie externe Gesprächspartner dazu ein. Diese erhalten einen Kalendereintrag, der dann einen Link zur Besprechung enthält. Klicken sie auf diesen, haben sie verschiedene Optionen, an der Besprechung teilzunehmen (siehe Abbildung 1.22).

  Externe Personen können wiederum an einer solchen Besprechung teilnehmen, ohne dass sie selbst in ihrem Unternehmen Microsoft Teams nutzen. In Abbildung 1.20 sehen Sie auch eine optionale Einwahlnummer, mit der die eingeladenen Personen auch einfach per Anruf an der Besprechung teilnehmen können.

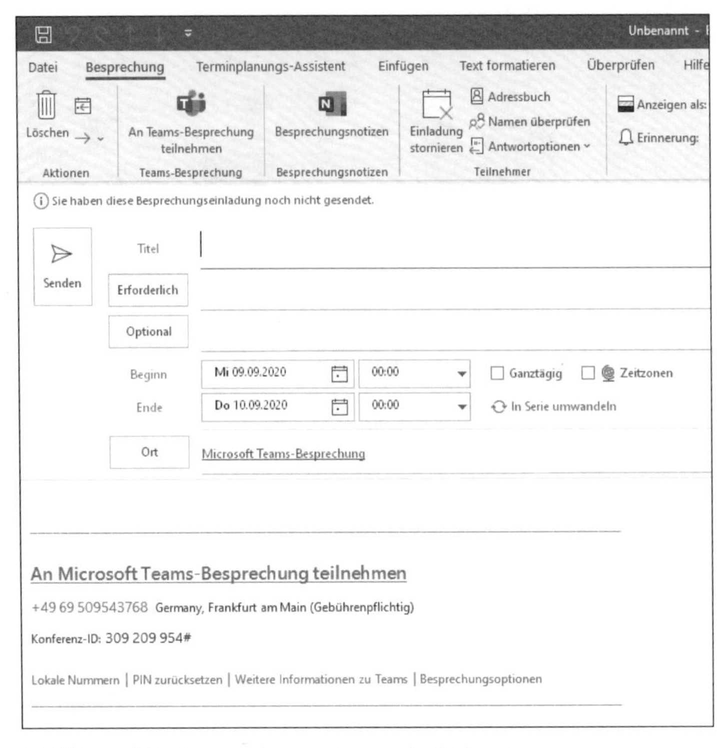

Abbildung 1.20 Besprechungsplanung in Outlook

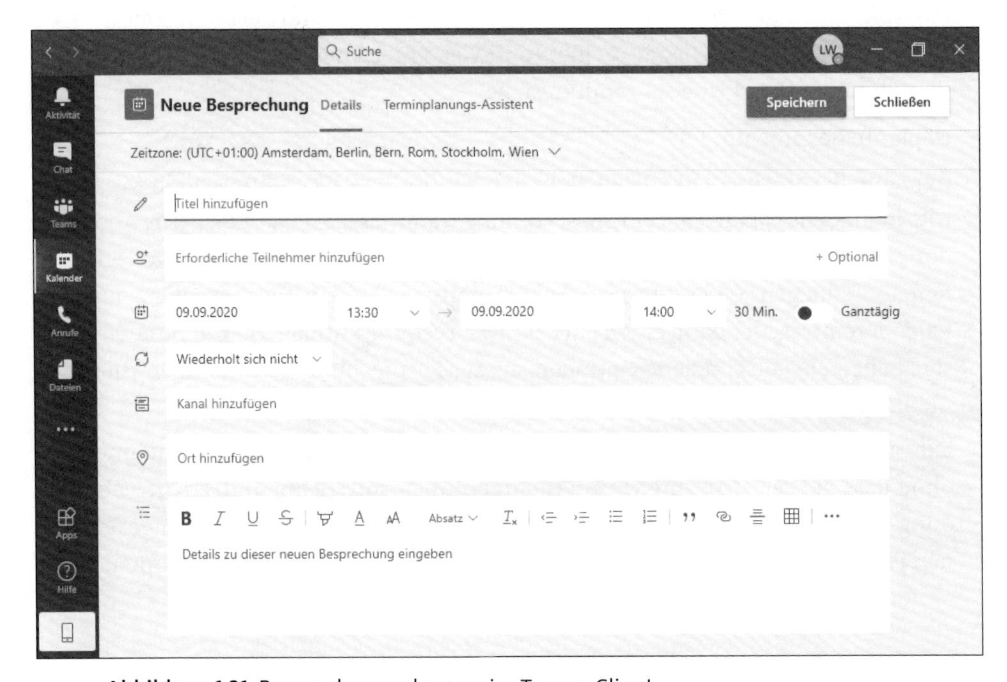

Abbildung 1.21 Besprechungsplanung im Teams-Client

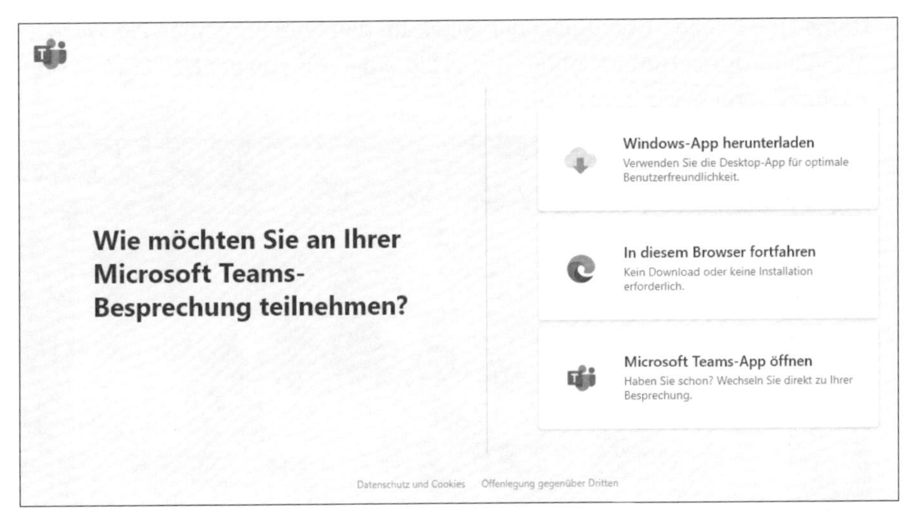

Abbildung 1.22 Teilnahmeoptionen einer Besprechung

In solchen Besprechungen sind alle Teilnehmerinnen und Teilnehmer weitgehend gleichberechtigt. Es wird zwar zwischen Referenten und Teilnehmern unterschieden, jedoch kann eine Referentin beziehungsweise ein Referent jederzeit einen Teilnehmer heraufstufen, falls dieser in die Lage versetzt werden soll, etwa seinen Bildschirminhalt zu teilen. Alle Teilnehmer können in einer solchen Besprechung miteinander kommunizieren und sind auf Wunsch auch per Video zu sehen. Microsoft Teams ermöglicht dabei unterschiedliche Darstellungsweisen, wie eine übliche Kachelansicht (siehe Abbildung 1.23) und einen Modus namens *Together*, der einen besseren Überblick über die Teilnehmer ermöglicht und das Zusammengehörigkeitsgefühl erhöht, indem der Eindruck vermittelt wird, alle säßen im selben Raum (siehe Abbildung 1.24).

Abbildung 1.23 Kachelansicht der Teilnehmer

Durch eine solche Ansicht liegt der Fokus auf den teilnehmenden Personen. Eine Ablenkung durch Hintergründe oder all die Dinge, die von der Kamera auch aufgezeichnet werden, wird somit vermieden.

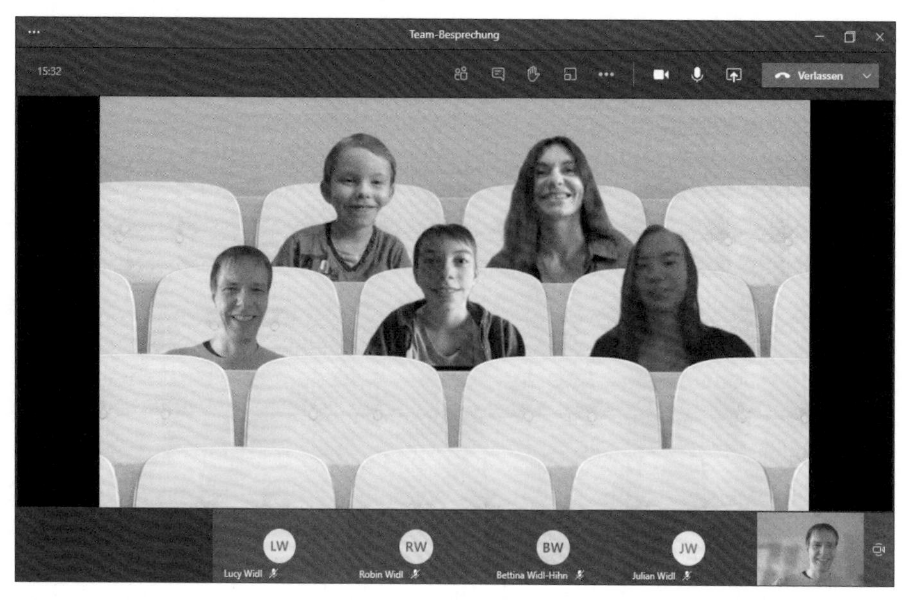

Abbildung 1.24 Together Mode

Bei Bedarf kann eine solche Besprechung auch aufgezeichnet werden. Es lässt sich ein automatischer Untertitel aktivieren, der das Mitlesen ermöglicht.

Abbildung 1.25 Breakout-Räume (Gruppenräume)

Für Schulungen gibt es auch eine Funktion für *Breakout-Räume*. Der Schulungsleiter kann hier die Teilnehmer auf separate virtuelle Räume verteilen, damit diese dort beispielsweise eine Aufgabe bearbeiten. Er kann bei Bedarf die einzelnen Räume besuchen und alle Teilnehmer später wieder zusammenführen. Abbildung 1.25 zeigt, wie das aussehen kann.

- **Spontane Besprechungen**

  Spontane Besprechungen ähneln den geplanten Besprechungen, nur entfällt hier die Zeitplanung über Outlook oder den Teams-Client. Eine spontane Besprechung starten Sie jederzeit ohne Planung innerhalb eines Kanals in einem Team, woraufhin alle Team-Mitglieder im Teams-Client über die Besprechung informiert werden.

- **Kanalbesprechungen**

  Kanalbesprechungen planen Sie ebenfalls, allerdings geben Sie dabei einen bestimmten Kanal eines Teams an. Der Vorteil: Die (optionale) Aufzeichnung sowie die Chats aus der Besprechung liegen im themenspezifischen Kanal und sind dort von den Team-Mitgliedern einfach aufzufinden.

- **Liveereignisse**

  In manchen Fällen ist der Aspekt der Zusammenarbeit, auf dem der Fokus bei den drei zuvor genannten Arten von Besprechungen liegt, nicht gewünscht. Denken Sie beispielsweise an die Rede einer Geschäftsführerin beziehungsweise eines Geschäftsführers zu Beginn des neuen Geschäftsjahres, an ein Webinar oder auch an eine Produktpräsentation, die Sie öffentlich durchführen wollen. In all diesen Fällen geht es primär um die Informationsverbreitung, also eine oder wenige Personen sprechen, und viele schauen und hören zu. Für solche Szenarien eignen sich die zuvor genannten Besprechungsarten weniger, wohl aber die sogenannten *Liveereignisse*. Bei diesen können Sie (lizenzabhängig – siehe Abschnitt 8.2.1, »Microsoft Teams«) bis zu 20.000 Teilnehmer mit Informationen versorgen, wohingegen das Teilnehmer-Limit bei den anderen Besprechungsarten bereits bei 300 (beziehungsweise bei bestimmten Lizenzen bei 1.000) liegt. Die Teilnehmer können während eines Liveereignisses selbst nicht aktiv werden. Es gibt nur optional einen Frage-und-Antwort-Bereich. Dort können Teilnehmer Fragen stellen, auf die bestimmte Personen entweder ganz gezielt oder sichtbar für alle Teilnehmer antworten.

  Bei Liveereignissen können Sie bei Bedarf auch professionelles Studio-Equipment verwenden, beispielsweise mehrere Kameras auf einer Bühne, zwischen denen der Produzent dynamisch umschaltet, um ein möglichst professionelles Erscheinungsbild für die Teilnehmer zu bieten.

Telefonie

Mit Microsoft Teams telefonieren Ihre Anwender nicht nur untereinander von Teams-Client zu Teams-Client. Sie können die Anwender auch mit einer Festnetz-

Rufnummer ausstatten, mit der sie dann ins herkömmliche Telefonnetz telefonieren oder aus diesem angerufen werden können. Abbildung 1.26 zeigt den Telefonie-Bereich als ANRUFE im Teams-Client.

Abbildung 1.26 Anrufe im Teams-Client

Dies bietet als besonderen Charme auch die Möglichkeit, auf klassische Telefongeräte komplett zu verzichten. Wird ein Teams-Anwender auf seiner Telefonnummer angerufen, »klingelt« sein Teams-Client, beziehungsweise es »klingeln« alle Teams-Clients, auf denen er gerade angemeldet ist. Dazu gehören insbesondere auch die Mobilgeräte wie Smartphones. Die Telefonnummer wandert so quasi mit dem Anwender mit.

Microsoft Teams unterstützt dabei Funktionen, wie man sie von einer Telefonanlage gewohnt ist, wie beispielsweise Anrufbeantworter, Weiterleitungen, Delegationen etc.

Sie können sogar Dienste einrichten, beispielsweise eine Anrufwarteschlange für Ihre Hotline. Die Anrufer nutzen dazu eine zentrale Telefonnummer und gelangen so in einen Wartebereich. Ein freier Hotline-Mitarbeiter kann den Anruf dann entgegennehmen. Auch gibt es automatische Telefonzentralen, die ein sprachgesteuertes oder tastenbasiertes Menüsystem bereitstellen (etwa »Drücken Sie die 1 für ...«). Das sind zwar keine ausgewachsenen *Callcenter*-Funktionalitäten, aber in manchen Fällen durchaus nützlich.

1.5.2 Teams-Clients

Clients spielen bei Microsoft Teams eine zentrale Rolle. So gibt es nicht nur den Client, der nur unter Windows 10 lauffähig ist, sondern es gibt daneben auch Desktop-Clients für macOS und Linux. Darüber hinaus steht ein Web-Client zur Verfügung, der im Browser ohne lokale Installation ausgeführt werden kann. Letzteres ist besonders für Gäste in Teams oder Besprechungen interessant, die dafür nicht extra den Teams-Client installieren müssen. Das Aussehen und die Funktionalität des Web-Clients orientieren sich dabei an den Desktop-Clients. Für die Praxis extrem wichtig ist zudem Folgendes: Auch für iOS und Android gibt es Clients, die auf die Verwendung auf mobilen Geräten optimiert sind und die sich ganz einfach per Fingergesten bedienen lassen.

Grundsätzlich gilt, dass alle in Microsoft Teams hinterlegten Informationen von allen Clients gleichermaßen abrufbar sein sollen. Hat der Anwender also unterwegs nur sein Mobilgerät zur Verfügung, hat er beispielsweise dennoch Zugriff auf die Chats, die Teams, dort abgelegte Dateien etc.

[+]

In der Praxis ist keine 100%ige Funktionsgleichheit zwischen den jeweiligen Clients gegeben. Das liegt zum Teil an den diversen Konzepten von Desktop- und Mobilgeräten und am unterschiedlichen Entwicklungsstand der einzelnen Clients. Weitere Informationen dazu liefert die folgende Seite:

https://support.microsoft.com/de-de/office/team-funktionen-nach-plattform-debe7ff4-7db4-4138-b7d0-fcc276f392d3

1.5.3 Teams-Geräte

Um den Anwendern eine möglichst konsistente Erfahrung bei der Verwendung von Microsoft Teams in den unterschiedlichsten Szenarien zu bieten, gibt es nicht nur diverse Clients, sondern auch verschiedene Geräte. Dazu gehören Tischtelefone mit integriertem Teams-Client, beispielsweise für gemeinsam genutzte Arbeitsplätze wie den Empfang, und Konferenztelefone, aber auch Geräte für Besprechungsräume, die es den Anwendern dort wortwörtlich mit einem Fingerdruck ermöglichen, an einer Teams-Besprechung teilzunehmen oder diese zu starten. Ein Beispiel für ein Teams-Telefon sehen Sie in Abbildung 1.27.

Die Idee dabei ist, für jede (Raum-)Größe, für jeden Platzbedarf und für jeden Arbeitsstil das passende Gerät anbieten zu können.

In Abschnitt 9.1.5, »Geräte«, sehen wir uns die für Microsoft Teams besonders geeigneten Geräte genauer an.

Abbildung 1.27 Tischtelefon mit Teams-Client: Yealink T58A (Quelle: www.microsoft.com/de-de/microsoft-365/microsoft-teams/across-devices/devices/product?deviceid=152)

1.5.4 Erweiterbarkeit

Microsoft Teams verfolgt einen starken Plattformgedanken. Dabei geht es um die Erweiterung des Teams-Clients und der Teams selbst durch zusätzliche Funktionen und Dienste. Diese müssen dabei auch nicht unbedingt aus dem Microsoft-Universum stammen, sondern können von Unternehmen selbst entwickelt oder von Drittherstellern zugekauft werden. So wird bereits im Auslieferungszustand eine Zugriffsmöglichkeit auf eine Vielzahl unterschiedlicher Erweiterungen gegeben, auf die Ihre Anwender im Bedarfsfall zurückgreifen können. Zentrale Anlaufstelle ist dabei eine Art Teams-eigener App Store (siehe Abbildung 1.28).

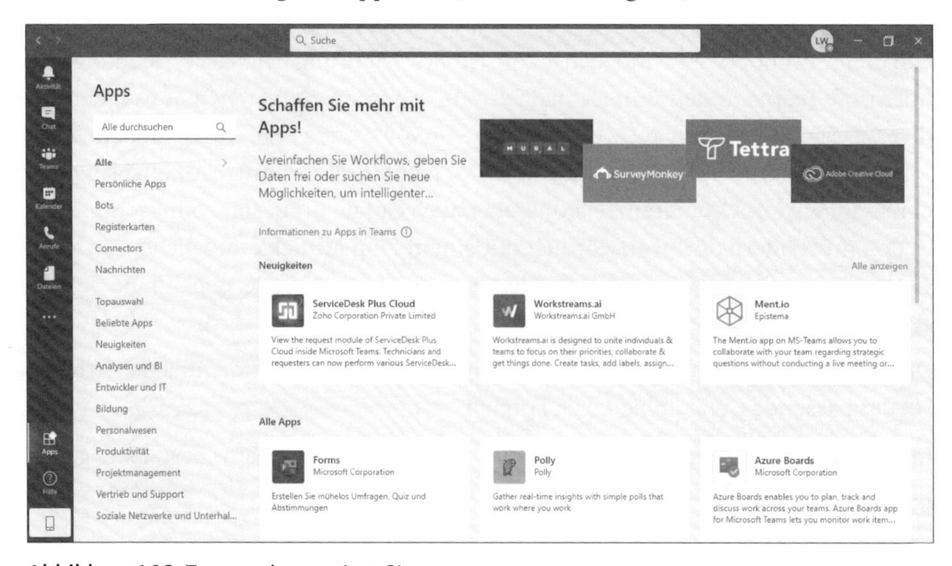

Abbildung 1.28 Teams-eigener App Store

Diesen App Store kann jedes Unternehmen entsprechend den eigenen Bedürfnissen konfigurieren, also beispielsweise die Auswahl an Apps beschränken, dafür aber eigene unternehmensspezifische Apps hinzufügen.

Stellen Sie sich den Teams-Client weniger als separat fungierende und isolierte Anwendung vor, sondern als Plattform für die Zusammenführung der unterschiedlichsten Anwendungen und Dienste. Ziel sollte es sein, den Anwendern eine zentrale Stelle zu bieten, von der aus sie an alle Informationen gelangen, die für ihre Tätigkeit wichtig sind – ohne dass sie dafür eine Vielzahl von Anwendungsfenstern und Browser-Tabs geöffnet haben müssen.

1.5.5 Administration

Um die umfangreichen Funktionen in Microsoft Teams vonseiten der IT zu verwalten, gibt es eine ganze Reihe von Werkzeugen, auf die Sie oder Ihr Administrationsteam zurückgreifen kann:

- **Microsoft Teams Admin Center**

  Für Microsoft Teams gibt es ein eigenes Admin Center, in dem alle wichtigen Funktionen in einer grafischen Oberfläche zusammengefasst sind (siehe Abbildung 1.29). Administratoren nehmen hier Einstellungen vor, legen Richtlinien an, verwalten Geräte, haben Zugriff auf ein Netzwerkplanungstool und analysieren die Qualität und das Nutzungsverhalten der Teilnehmer.

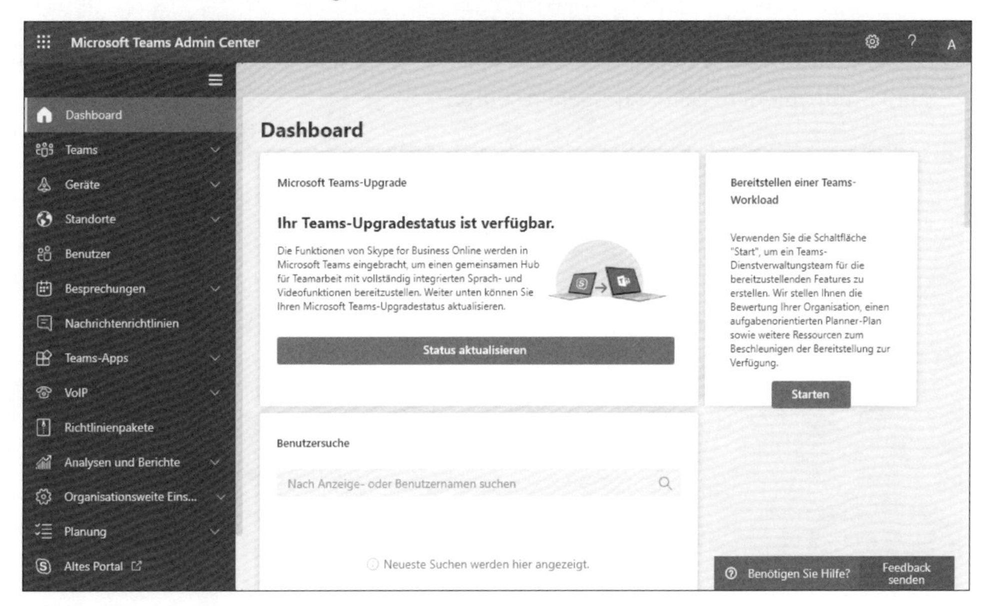

Abbildung 1.29 Microsoft Teams Admin Center

- **Kommandozeile**

  Nicht immer ist die manuelle Verwaltung im Teams Admin Center gewünscht. Geht es um die automatisierte Verwaltung über Skripte in der Kommandozeile oder um die Massenverarbeitung von Teams-spezifischen Objekten wie der Benutzerkonten, bietet Microsofts PowerShell einen kommandozeilenorientierten Ansatz.

- **Rollenkonzept**

  Gerade in größeren Unternehmen gibt es typischerweise nicht die eine Teams-Administratorin beziehungsweise den einen Teams-Administrator, sondern mehrere Personen, die für die Verwaltung zuständig sind. Da in solchen Fällen oftmals nicht jeder Administrator auch Zugriff auf jede Funktion oder Auswertung haben sollte, gibt es ein administratives Rollenmodell, über das Sie verschiedene Benutzer mit unterschiedlichen Administrationsrechten versorgen können.

Hierbei unterscheidet sich Microsoft Teams nicht wesentlich von den Konzepten anderer Dienste in Microsoft 365 wie Exchange Online oder SharePoint Online.

1.6 So geht es weiter

Nachdem wir uns in diesem Kapitel mit den Hintergründen von Microsoft Teams befasst und einen ersten Funktionsüberblick diskutiert haben, widmen wir uns im nächsten Kapitel der Architektur von Microsoft Teams. Dieses Wissen wird Ihnen im weiteren Verlauf helfen, besser nachvollziehen zu können, wie wir vonseiten der Einrichtung mit dem Dienst umgehen sollten.

Kapitel 2
Architektur

Im zweiten Kapitel geht es um die grundlegende Architektur von Chats, Teams, Besprechungen, Konferenzen und der Telefonie.

Microsoft Teams ist keine komplette Neuentwicklung, sondern fußt auf einer ganzen Reihe anderer Microsoft 365-Dienste, insbesondere Exchange Online, SharePoint Online und einiger Dienste aus dem Azure-Universum. Für die erfolgreiche Einführung von Microsoft Teams ist es wichtig, die Architektur mindestens zu einem gewisses Level zu kennen, denn daran orientieren sich viele Überlegungen hinsichtlich der Funktionalität, der Verwaltung und Konfiguration etc. Aber keine Angst, wenn Sie nicht aus dem Administratorbereich stammen sollten – ich werde hier sicher nicht allzu technisch vorgehen.

In diesem Kapitel diskutiere ich die Architektur von Microsoft Teams. Dabei beginnen wir mit der Klärung einiger grundsätzlicher Dinge, wie dem Unterschied beziehungsweise Zusammenhang zwischen Office 365 und Microsoft 365 und dem Mandanten-Konzept. Im Anschluss folgen dann die Bereiche Chat, Teams, Besprechungen, Liveereignisse und Telefonie. Dabei betrachten wir jeweils die Anwenderansicht und was sich technisch dahinter verbirgt. Wichtig sind auch die technischen Limitierungen, die Sie immer im Hinterkopf behalten sollten, um nicht plötzlich vor etwaigen Einschränkungen zu stehen. Das Kapitel schließt dann mit einer Einführung in die Erweiterungsmöglichkeiten, um zusätzliche Funktionen, Dienste und Anwendungen in Microsoft Teams integrieren zu können.

2.1 Architekturübersicht

Im ersten Abschnitt widmen wir uns einigen grundlegenden Punkten. Zunächst einmal klären wir den Unterschied zwischen *Office 365* und *Microsoft 365* – ein Beispiel dafür, dass die Namensgebung von Microsoft für Ihre Dienste und Anwendungen in der Praxis oftmals für ein wenig Verwirrung sorgt. Dann folgt die Einführung des Begriffs *Mandant* – damit wird die isolierte Kundenumgebung bezeichnet, in der Sie all Ihre Daten verwalten. Gegen Ende dieses Abschnitts sehen wir uns dann in einem ersten Überblick die Anwenderansicht des Desktop- und des Mobile-Clients von Microsoft Teams an.

2.1.1 Office 365 und Microsoft 365

Auch wenn Microsoft grundsätzlich spannende Produkte entwickelt, ist die Namensgebung in der Praxis manchmal recht verwirrend. Dazu zählen auch die beiden Begriffe *Office 365* und *Microsoft 365*. Office 365 können Sie sich als Dach für verschiedene Dienste und Anwendungen vorstellen. Dabei spielen die Komponenten aus Tabelle 2.1 – insbesondere im Kontext von Microsoft Teams – eine wichtige Rolle. Allerdings sind in der Tabelle noch lange nicht alle Dienste und Anwendungen aus Office 365 verzeichnet.

Komponente	Funktionalität
Exchange Online	Mit Exchange Online erhalten Sie eine durch Microsoft verwaltete E-Mail-Lösung aus der Cloud. Sie legen dort Postfächer für Ihre Benutzer, aber auch für Räume und Geräte an.
SharePoint Online	SharePoint Online wird in der Praxis häufig als Plattform für ein Intranet und Portale verwendet. Ein großer Fokus liegt bei diesem Dienst auf der zentralen Ablage und der Verwaltung von Dateien. Dazu werden verschiedene Arten von Webseiten mit unterschiedlichen Funktionen angelegt, die dann für bestimmte interne, aber auch externe Benutzer freigegeben werden.
Microsoft Teams	Der in diesem Buch wichtigste Dienst als zentrale Plattform für die Zusammenarbeit über Chat, Teams, Audio- und Videokonferenzen, Telefonie etc.
Office 365 Apps (früher unter *Office 365 ProPlus* und *Business* bekannt)	Das lokal zu installierende Office-Paket mit den Klassikern Word, Excel, PowerPoint etc. für Windows und macOS
Microsoft Planner	Ein Werkzeug zur Aufgabenverwaltung für Gruppen. Es positioniert sich zwischen der persönlichen Aufgabenverwaltung in Outlook und dem kompletten Projektmanagement, wie es in *Microsoft Project* möglich wäre.
Microsoft Stream	Ein Videoportal für das eigene Unternehmen, auf den ersten Blick mit vergleichbaren Funktionen wie das im privaten Umfeld bekannte *YouTube*. Auf Stream können Sie Videomaterial aus Schulungen und der Unternehmenskommunikation speichern.

Tabelle 2.1 Wichtige Dienste und Anwendungen in Office 365

Komponente	Funktionalität
Yammer	Wird häufig als das *Facebook für Unternehmen* bezeichnet. Hier organisieren sich die Mitarbeiter in Gruppen und diskutieren mit Personen aus dem gesamten Unternehmen über unterschiedliche Themen. Für eine Abgrenzung zu Microsoft Teams lesen Sie Abschnitt 11.6.1, »Welcher Dienst für welche Anwendung?«.

Tabelle 2.1 Wichtige Dienste und Anwendungen in Office 365 (Forts.)

Wenn wir unseren Blickwinkel ein wenig erweitern, ist zum Betrieb eines *modernen Arbeitsplatzes* neben diesen Produktivitätsdiensten aber noch mehr erforderlich: Zum einen benötigen wir zudem ein modernes Betriebssystem – auf dem Desktop aus Microsoft-Sichtweise natürlich am besten *Windows 10* – und zum anderen Dienste mit zusätzlichen Funktionen aus den Bereichen Sicherheit und (Mobil-)Geräteverwaltung, was Microsoft unter dem Begriff *Enterprise Mobility + Security* zusammenfasst. Microsoft 365 setzt sich aus genau diesen drei Säulen zusammen (siehe Abbildung 2.1):

- Office 365
- Windows 10
- Enterprise Mobility + Security

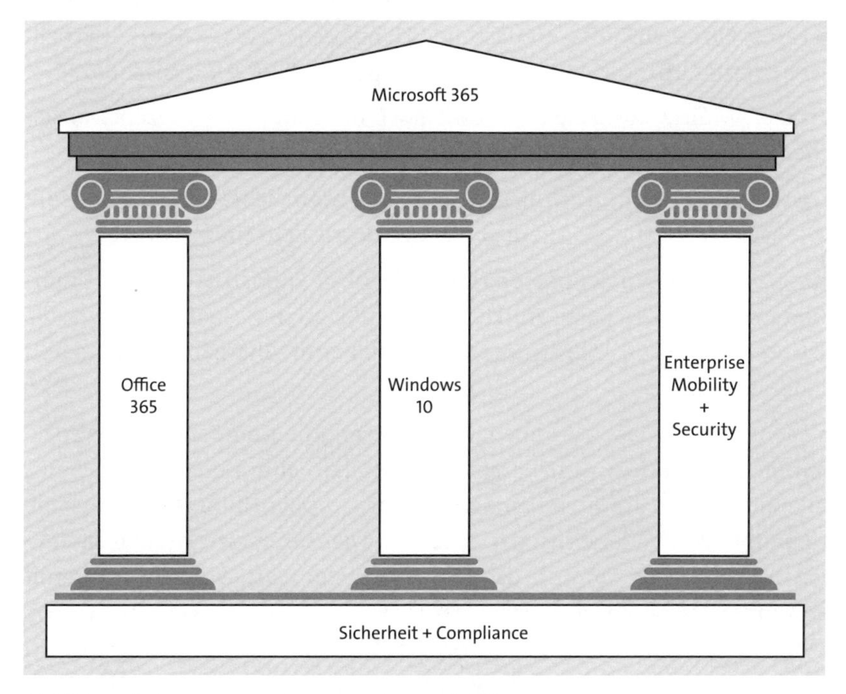

Abbildung 2.1 Komponenten von Microsoft 365

Alle drei Säulen teilen sich gewisse Funktionen und Dienste aus den Bereichen Sicherheit und Compliance.

In diesem Buch werden wir mit Diensten aus allen drei Säulen in Berührung kommen. Sie werden nicht in jedem Fall all diese Dienste in der Praxis benötigen, aber Sie sollten zumindest wissen, dass es sie gibt.

[+] All diese Dienste aus Microsoft 365 gibt es in den unterschiedlichsten Kombinationen als Lizenzpakete. In Kapitel 8, »Lizenzen«, finden Sie einen Überblick über die verfügbaren Lizenztypen.

2.1.2 Mandant

Zum Betrieb der Dienste aus Microsoft 365 benötigen Sie eine eigene, abgegrenzte Kundenumgebung, den sogenannten *Mandanten*. Über den Mandanten greifen Sie auf die von Ihnen lizenzierten Dienste zu, aber Sie speichern dort auch Ihre Daten, wie beispielsweise die Benutzerdaten, Postfächer, Webseiten und auch die Daten der Teams und Chats aus Microsoft Teams. Der Mandant selbst wird dabei in einer Region der Microsoft-Rechenzentren angelegt, beispielsweise in der Region Europa oder in der Region Deutschland. Beim Aufbau Ihrer Microsoft 365-Umgebung ist das Anlegen des Mandanten einer der ersten technischen Schritte. In diesem Buch werde ich nicht näher auf das Anlegen eingehen. Sollte dies für Sie von Interesse sein, verweise ich Sie auf mein Buch über Office 365 für Administratorinnen und Administratoren: »Microsoft Office 365 – Das umfassende Handbuch«, 1.235 Seiten, 5., aktualisierte und erweiterte Auflage 2019, Rheinwerk Computing, ISBN 978-3-8362-6923-0.

[+] In Abschnitt 6.8, »Multi-Geo«, beleuchten wir noch das Multi-Geo-Konzept vonseiten möglicher Compliance-Anforderungen.

Auch wenn wir an dieser Stelle das Anlegen des Mandanten nicht betrachten, so sollten Sie für das weitere Verständnis dennoch einige Begrifflichkeiten kennen.

In Abbildung 2.2 sehen Sie in der oberen Hälfte die lokale Infrastruktur Ihres Unternehmens und im unteren Teil eine Wolke, die Ihren Mandanten symbolisieren soll. In der Wolke stellt Microsoft Dienste wie Microsoft Teams, SharePoint Online und Exchange Online bereit.

Neben den Diensten sehen Sie dort aber auch eine zentrale Komponente, das sogenannte *Azure Active Directory (AAD)*. Dabei handelt es sich um einen Verzeichnisdienst, in dem die Administratoren Benutzerkonten, Gruppen, Kontakte etc. verwalten. Damit nun Ihre Anwender einen der Office 365-Dienste nutzen können, benötigen sie im AAD ein Benutzerkonto, das dann mit einer Lizenz ausgestattet wird. Damit schaltet der Administrator die Dienste aus der Lizenz für den Anwender frei. Um einen ersten Eindruck davon zu erhalten, werfen Sie einen Blick auf Abbildung 2.3. Dort sehen Sie einen Auszug aus der Administrationsoberfläche, dem *Microsoft 365 Admin Center*. Geöffnet sind dort die Einstellungen für ein Benutzerkonto, und diesem wird eine Lizenz mit bestimmten Diensten zugewiesen. Sie können sich sicher vorstellen, dass dies in größeren Umgebungen nicht manuell für jeden Benutzer einzeln gemacht wird. Dafür gibt es Automatisierungslösungen wie beispielsweise Microsofts *PowerShell*.

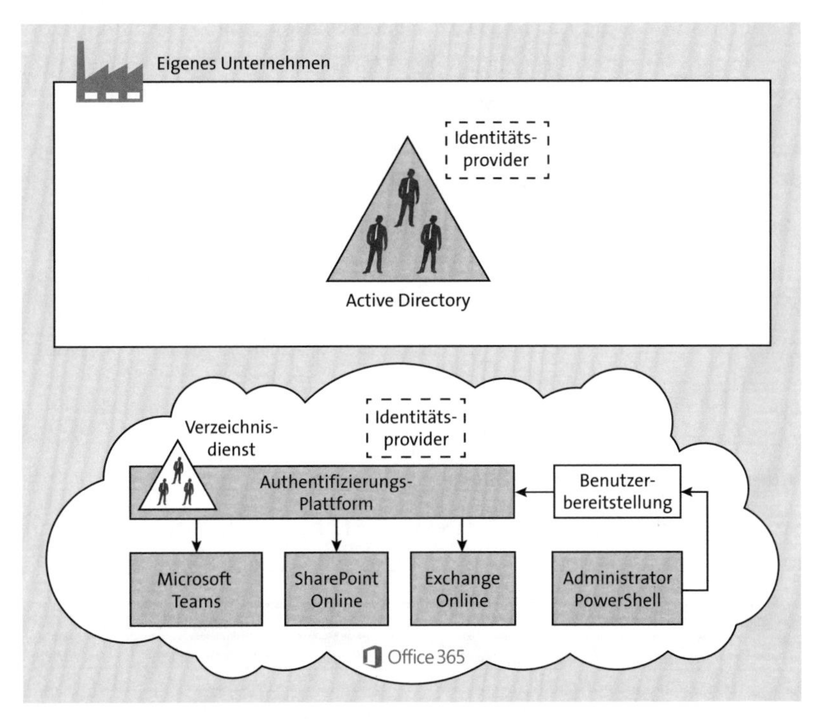

Abbildung 2.2 Wichtige Komponenten des Mandanten in der Wolke

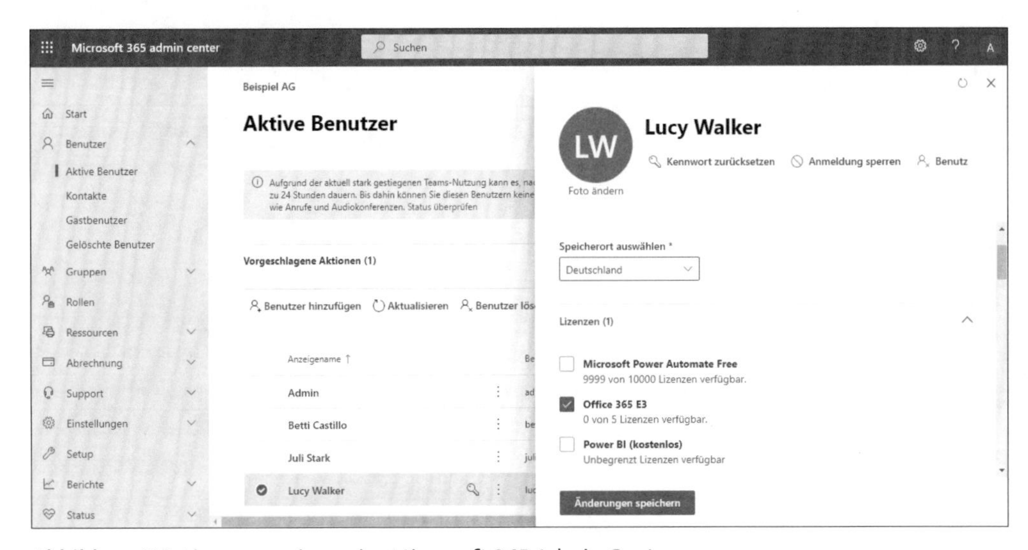

Abbildung 2.3 Lizenzzuweisung im Microsoft 365 Admin Center

Eine wichtige Frage an dieser Stelle ist, wie denn die Benutzer in das AAD gelangen, insbesondere, da sie in der lokalen Infrastruktur in den meisten Fällen ja bereits einen Verzeichnisdienst nutzen, wie etwa das *Active Directory (AD)*. Dazu richten die Administratoren in einer frühen Phase der Microsoft 365-Einführung eine Synchronisierung zwischen dem AD und dem AAD ein. Dabei werden Objekte wie Benutzerkonten und Gruppen in einem regelmäßigen Zeitintervall synchronisiert und müssen somit nicht manuell auf beiden Seiten verwaltet werden.

Als Synchronisierungstool kommt dabei in den allermeisten Fällen das sogenannte *AAD Connect* zum Einsatz, das Microsoft bereitstellt und das in der lokalen Infrastruktur installiert wird.

Doch nicht immer ist eine Synchronisierung erforderlich. Insbesondere kleine Unternehmen, die möglicherweise kein lokales AD betreiben, benötigen die Synchronisierung nicht. Bei den Benutzerkonten, die ausschließlich im AAD angelegt und verwaltet werden, spricht man von *Microsoft-Online-IDs*.

2.1.3 Anwenderansicht im Desktop-Client

In der Standardkonfiguration zeigt sich der Desktop-Client von Microsoft Teams mit den Navigationspunkten aus Tabelle 2.2 auf der linken Seite (siehe Abbildung 2.4).

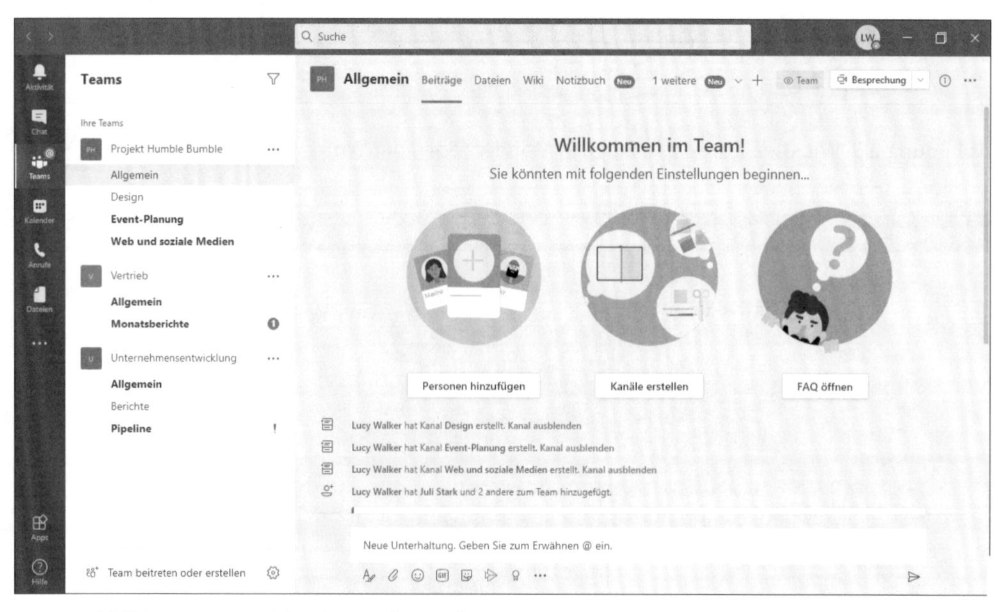

Abbildung 2.4 Ansicht des Desktop-Clients

Bereich	Funktionalität
AKTIVITÄT	In diesem Bereich werden die Benachrichtigungen zusammengefasst. Diese sind übergreifend über alle Chats und Teams und stellen einen schnellen Startpunkt dar, um sich über die wichtigsten Dinge zu informieren, die sich in Ihren Teams und in Bezug auf Ihre Kontakte zugetragen haben. Mehr über die Benachrichtigungen erfahren Sie in Abschnitt 11.6.4, »Empfohlene Vorgehensweisen«.
CHAT	Im Chat-Bereich halten Sie losen Kontakt zu einem oder mehreren Benutzern. Dieser Bereich ist am ehesten vergleichbar mit typischen Chat-Tools wie beispielsweise *WhatsApp* und *Facebook Messenger*. Lesen Sie mehr dazu in Abschnitt 2.2, »Architektur für Chat«.
TEAMS	Hierbei handelt es sich um den Kernbereich in Bezug auf die Zusammenarbeit innerhalb von Teams. Sie finden in diesem Bereich alle Teams, in denen Sie Mitglied sind, und können im Bedarfsfall auch weitere Teams hinzufügen. Lesen Sie für diesen Bereich auch Abschnitt 2.3, »Architektur für Teams«.
KALENDER	Dieser Bereich zeigt den Inhalt Ihres Postfachkalenders. Von hier aus planen und starten Sie neue Besprechungen oder Liveereignisse. Lesen Sie hierzu Abschnitt 2.4, »Architektur für Besprechungen«, und Abschnitt 2.5, »Architektur für Liveereignisse«.
ANRUFE	Dieser Bereich ist genauso für Anrufe von Teams-Nutzer zu Teams-Nutzer vorgesehen wie für die herkömmliche Telefonie. Für den letzteren Fall finden Sie hier auch ein Tastenfeld für Telefonnummern und einen Anrufbeantworter. Lesen Sie hierzu auch Abschnitt 2.6, »Architektur für Telefonie«.
DATEIEN	Dieser Bereich zeigt Ihnen eine Liste der zuletzt verwendeten Dokumente (siehe Abbildung 2.5). Außerdem können Sie von hier aus gezielt auf die in Teams gespeicherten Dateien zugreifen. Darüber hinaus finden Sie eine Liste mit den aktuellen Dateidownloads, und Sie haben Zugriff auf die Dokumente aus Ihrem persönlichen OneDrive. Letzteres könnten Sie beispielsweise nutzen, um eine Datei von OneDrive zu einem Team zu verschieben.
APPS	Sie können den Teams-Client mit weiteren Apps ausstatten, ähnlich, wie Sie es von Ihrem Smartphone gewohnt sind. In diesem Bereich finden Sie wie in Abbildung 2.6 eine Vielzahl unterschiedlicher Apps (sofern diese von administrativer Seite aus zugelassen wurden), die der Anwender in seinen Client integrieren kann. Lesen Sie hierzu auch Abschnitt 2.8, »Erweiterungen«.

Tabelle 2.2 Navigationsbereiche des Desktop-Clients

Bereich	Funktionalität
3 PUNKTE	Hinter den drei Punkten verbergen sich gegebenenfalls weitere in Teams integrierte Apps, wie beispielsweise die Schichten-App (siehe Abschnitt 3.9, »Szenario: Stationärer Handel«), Microsoft Planner, Microsoft Stream etc.
HILFE	Hierüber greifen Sie auf das in den Teams-Client integrierte Hilfe-System zu. Sie finden dort verschiedene Themenbereiche, Schulungstermine, einen Bereich, der Sie über Neuigkeiten informiert, und Sie können dort auch Funktionen vorschlagen (siehe Abbildung 2.7).

Tabelle 2.2 Navigationsbereiche des Desktop-Clients (Forts.)

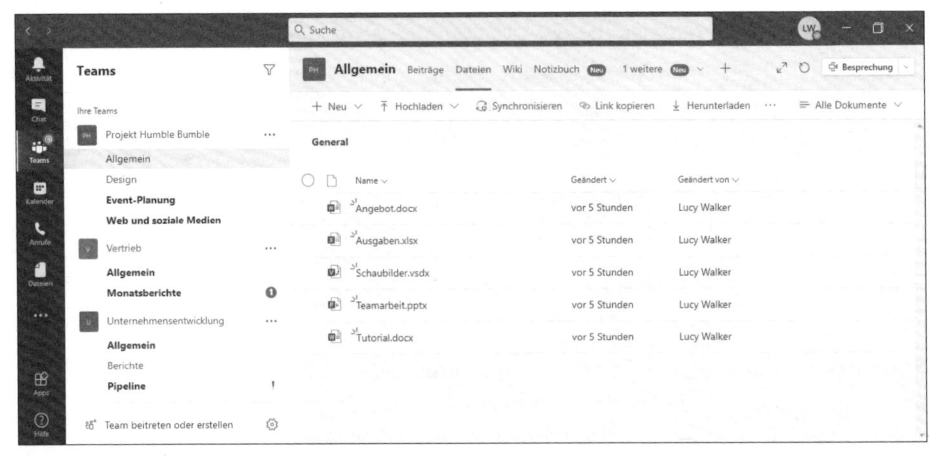

Abbildung 2.5 Der Bereich »Dateien«

Abbildung 2.6 Teams-»App Store«

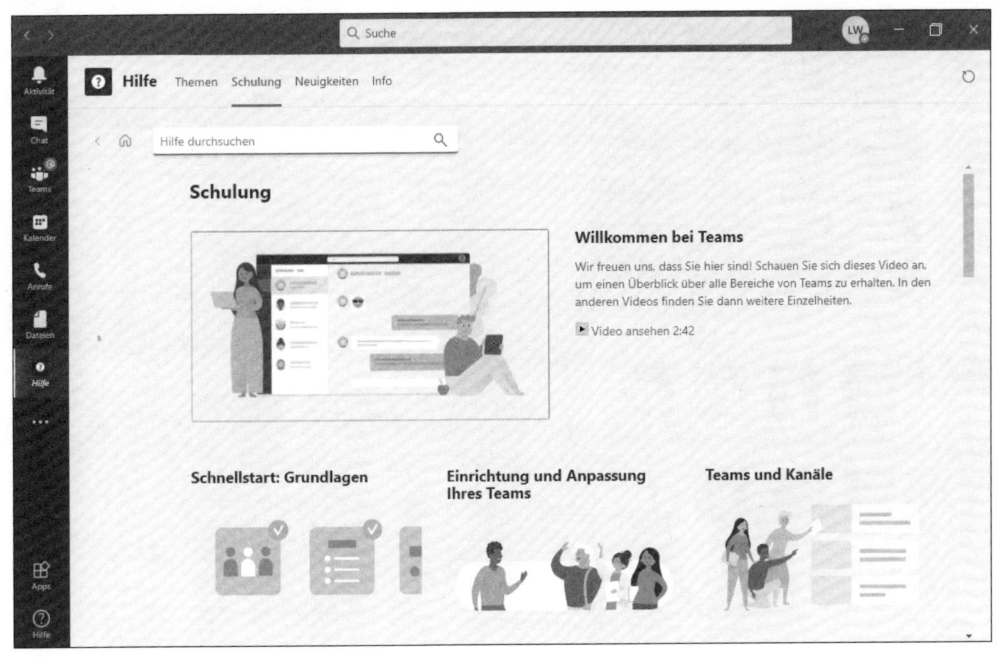

Abbildung 2.7 Der Bereich »Hilfe«

Die angezeigten Bereiche im Desktop-Client können Sie von administrativer Seite aus jedoch auch anpassen, sodass die Clients Ihrer Anwender möglicherweise nicht vollständig den hier gezeigten Darstellungen entsprechen. Mehr dazu lesen Sie in Abschnitt 7.2.5, »Teams-Apps«.

2.1.4 Anwenderansicht im Mobile-Client

Grundsätzlich finden sich die Bereiche des Desktop-Clients auch im Mobile-Client wieder (siehe Abbildung 2.8).

In der Standardkonfiguration befinden sich am unteren Rand die folgenden Bereiche:

- AKTIVITÄT
- CHAT
- TEAMS
- KALENDER
- MEHR (mit weiteren Bereichen und Apps, beispielsweise ANRUFE)

Wie auch der Desktop-Client ist der Mobile-Client vonseiten der Administration konfigurierbar. Lesen Sie hierzu Abschnitt 7.2.5, »Teams-Apps«.

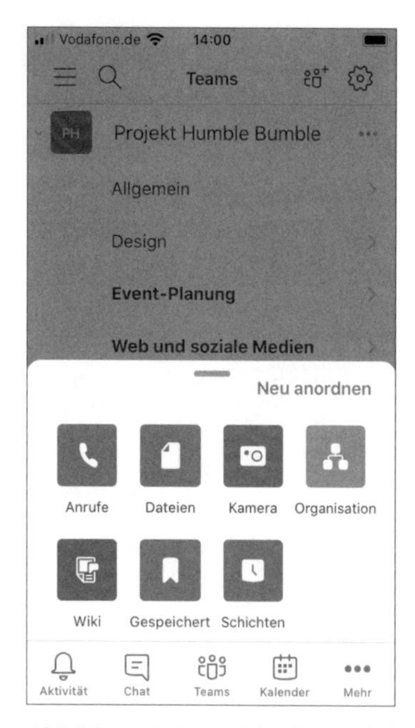

Abbildung 2.8 Ansicht des Mobile-Clients

2.2 Architektur für Chat

In diesem Abschnitt betrachten wir die Anwenderansicht des Chat-Bereichs und diskutieren dann, wo Microsoft Teams die Daten dieses Bereichs intern verwaltet und speichert.

2.2.1 Anwenderansicht

Im Chat-Bereich des Teams-Clients (siehe Abbildung 2.9) kommunizieren Sie mit einzelnen oder ganzen Gruppen von Benutzern und führen Telefonate – bei Bedarf auch per Video. Neben der reinen Kommunikation teilen Sie über die Registerkarte DATEIEN aber auch gegenseitig Dateien oder fügen über das Plus-Symbol zusätzliche Registerkarten hinzu, beispielsweise für Notizbücher, Videos, Apps etc. Bei der Kommunikation mit einem Benutzer sind in der Standardkonfiguration auch immer die Registerkarten ORGANISATION mit dem Organisationsdiagramm und die Registerkarte AKTIVITÄT mit einer Zusammenfassung sämtlicher Chat-Aktivitäten mit dem jeweiligen Benutzer vorhanden.

[+] Denken Sie im Chat-Bereich auch immer daran, dass nicht nur die Kommunikation 1:1 möglich ist, sondern auch mit mehreren Personen. Nicht immer muss jedoch für die Gruppenkommunikation gleich ein Team angelegt werden. Lesen Sie hierzu auch Abschnitt 11.6.4, »Empfohlene Vorgehensweisen«.

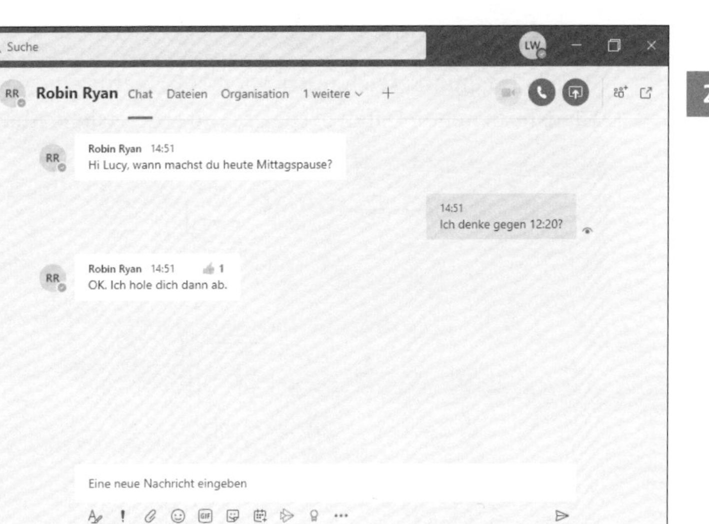

Abbildung 2.9 Chat-Bereich im Desktop-Client

Im Chat-Bereich finden Sie übrigens nicht nur Unterhaltungen, die Sie mit anderen Benutzern geführt haben, auch Besprechungen, die keinem Kanal zugeordnet sind (siehe Abschnitt 2.4, »Architektur für Besprechungen«), werden hier angezeigt. Und dabei werden auch der Chat aus der Besprechung und gegebenenfalls das Whiteboard, Besprechungsnotizen, die Dateien, die Aufzeichnungen etc. mit angezeigt (siehe Abbildung 2.10). Besprechungen ohne Kanalzuordnung legen Sie beispielsweise immer bei der Planung über Outlook an, denn dort kann kein Kanal ausgewählt werden.

[+]

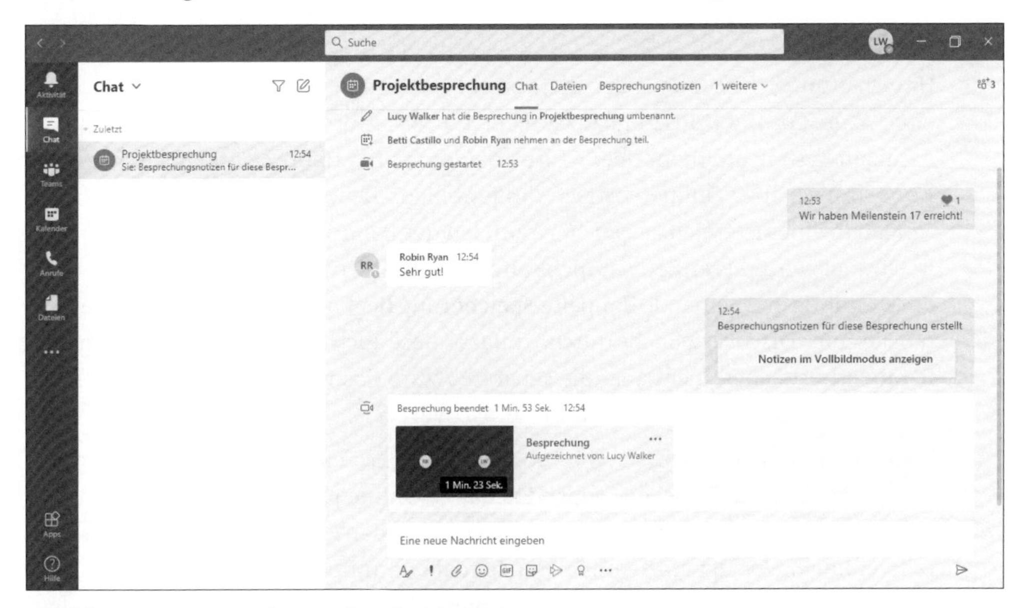

Abbildung 2.10 Besprechungen im Chat-Bereich

2.2.2 Speicherorte

Bereits im Chat-Bereich nutzt Microsoft Teams eine ganze Palette unterschiedlicher Dienste, in denen Daten gespeichert werden (siehe Abbildung 2.11).

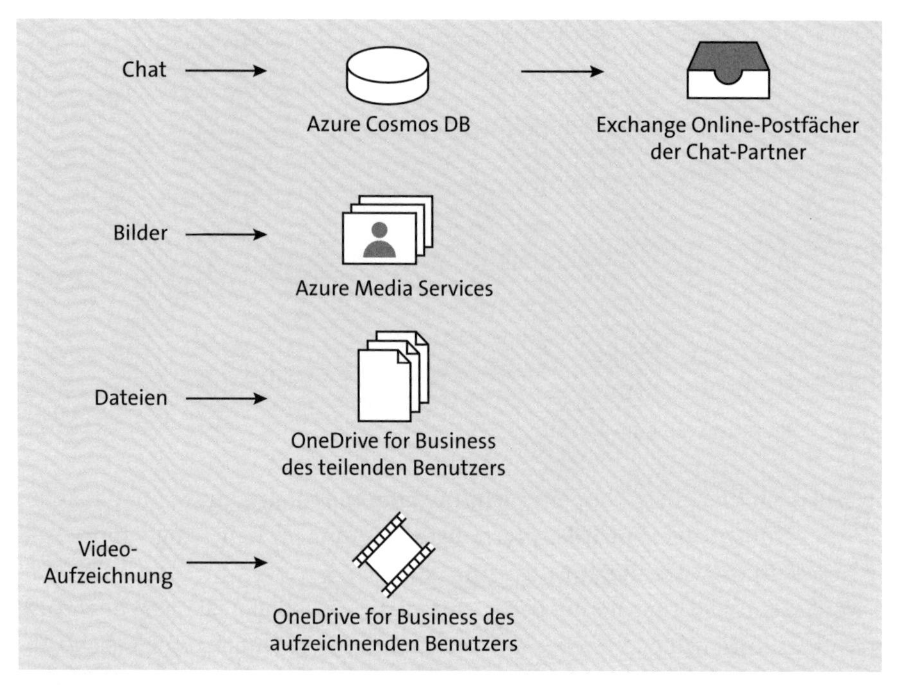

Abbildung 2.11 Architektur für Chats

Chats

Unterhaltungen von zwei oder mehreren Personen speichert Microsoft Teams in einer *Azure Cosmos DB*-Datenbank auf der Azure Platform (lesen Sie dazu den gleichnamigen Kasten, um mehr über Azure Cosmos DB zu erfahren). Aber nicht nur dort: Auch im Exchange Online-Postfach des jeweiligen Benutzers werden alle Unterhaltungen in einem Bereich gespeichert, auf den der Benutzer selbst keinen Zugriff hat. In Outlook wird dieser Bereich nicht angezeigt. Der Grund für diese auf den ersten Blick unnötig erscheinende doppelte Speicherung liegt im Compliance-Bereich: Führen Sie eine eDiscovery-Suche durch, umfasst diese auch die versteckten Bereiche der Benutzerpostfächer, nicht aber die separate Azure Cosmos DB-Datenbank. Mehr zu eDiscovery lesen Sie in Abschnitt 6.4, »eDiscovery«.

[+] Viele Unternehmen richten eine sogenannte *Exchange-Hybridbereitstellung* ein (siehe Abbildung 2.12), bei der neben Exchange Online parallel eine lokale Exchange Server-Umgebung betrieben wird (siehe dazu auch den Kasten »Exchange-Hybridbereitstellung«). Verfügt ein Teams-Benutzer dabei nur über ein lokales Postfach, wird für ihn automatisch in Exchange Online eine Art Schattenpostfach angelegt, in dem die Chats gespeichert werden. Eine Speicherung der Chats im lokalen Postfach erfolgt dagegen nicht. Verschieben Sie später einmal das lokale Postfach zu Exchange Online, werden die Teams-Inhalte des Schattenpostfachs übernommen.

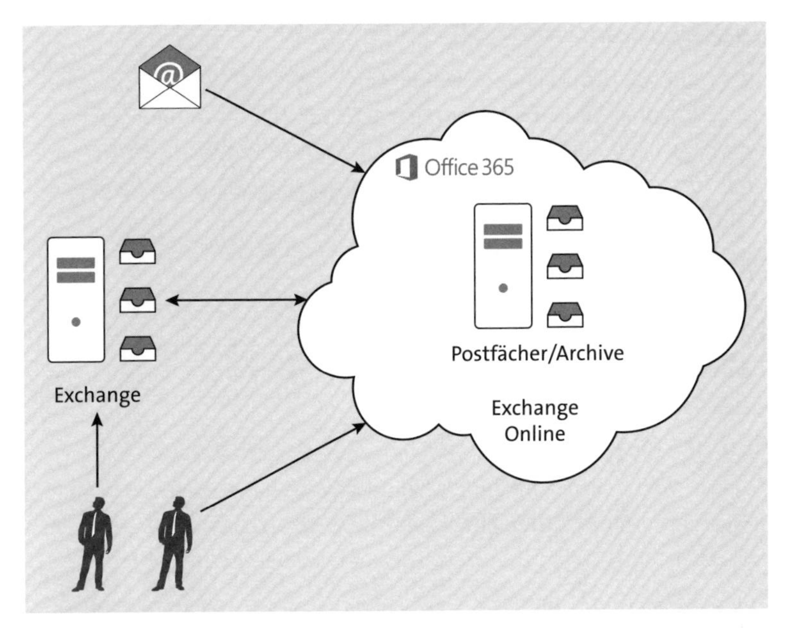

Abbildung 2.12 Exchange-Hybridbereitstellung

Azure Cosmos DB

Bei Azure Cosmos DB handelt es sich um einen verwalteten Datenbankdienst, den Microsoft in seinen Azure-Rechenzentren betreibt. Dieser Dienst ist insbesondere auf die globale Datenbereitstellung mit geringen Latenzen und Hochverfügbarkeit optimiert.

Für die Nutzung von Azure Cosmos DB mit Microsoft Teams fallen keine separaten Kosten oder Lizenzen an.

Azure Cosmos DB können Sie auch selbst für Ihre eigenen Dienste und Anwendungen nutzen. Mehr dazu lesen Sie hier: *https://azure.microsoft.com/de-de/services/cosmos-db/*

Exchange-Hybridbereitstellung

Bei einer Exchange-Hybridbereitstellung betreiben Sie neben Exchange Online dauerhaft eine lokale Exchange Server-Umgebung weiter. Die Postfächer der Benutzer können Sie dabei auf beide Umgebungen verteilen. Dabei erscheinen diese beiden an sich separaten Umgebungen, zumindest für den Endanwender, als eine einzelne Umgebung. Funktionen wie beispielsweise die Anzeige der Verfügbarkeitsinformationen sind weiterhin möglich, egal, in welcher Umgebung Sie Ihr Postfach haben. Eine Exchange-Hybridbereitstellung eignet sich unter anderem für die folgenden Szenarien:

- Spezielle Postfächer bleiben lokal

  Sie wollen zwar grundsätzlich Exchange Online einsetzen, aber dennoch manche Postfächer in der lokalen Umgebung betreiben. Gründe dafür können technischer Art sein (möglicherweise funktionieren lokale Anwendungen historisch bedingt nur mit lokalen Postfächern), durch Compliance-Richtlinien vorgegeben werden oder aber durch Ihre Intuition begründet sein.
- Viele Außendienstmitarbeiter

  Ihre Außendienstmitarbeiter sind viel unterwegs. Ihre Internetanbindung lässt aber zu wünschen übrig, sodass die Arbeit mit Ihrer Exchange-Umgebung zum Geduldsspiel wird. Liegen die Postfächer der Außendienstmitarbeiter in Exchange Online, entlasten Sie Ihre Internetanbindung.
- Archivpostfächer in Exchange Online

  Sie wollen zwar die Archivpostfach-Funktionalität von Exchange einsetzen, aber die enormen Kosten für die erforderliche lokale Speicherkapazität einsparen. Die primären Postfächer selbst sollen aber nach wie vor lokal betrieben werden.

Diese Szenarien haben allerdings in der Vergangenheit immer mehr an Bedeutung verloren. Heute wird eine Exchange-Hybridbereitstellung typischerweise aus technischen Gesichtspunkten betrieben, insbesondere für die Dauer der Migration aller Postfächer zu Exchange Online, die besonders in großen Unternehmen einen gewissen Zeitraum beansprucht.

Die Exchange-Hybridbereitstellung hat für Microsoft Teams darüber hinaus eine besondere Bedeutung: Sollte ein Anwender sein Postfach auf einer lokalen Exchange-Umgebung haben und nicht in Exchange Online, kann Microsoft Teams zunächst einmal nicht auf dessen Kalender zugreifen. Entsprechend wird im Teams-Client der Kalender nicht dargestellt. Damit wäre dann keine Besprechungsplanung direkt im Teams-Client möglich – dies betrifft insbesondere auch die Liveereignisse (siehe Abschnitt 2.5, »Architektur für Liveereignisse«), die nur von dort aus geplant werden können, wohingegen herkömmliche Besprechungen auch über Outlook planbar sind. Damit auch Anwender mit lokalen Postfächern mit dem Kalender im Teams-Client arbeiten können, ist die Einrichtung der Exchange-Hybridbereitstellung erforderlich. Das heißt nicht, dass die Anwenderpostfächer zwangsläufig zu Exchange Online verschoben werden müssen, aber durch die Einrichtung der Exchange-Hybridbereitstellung bekommt Microsoft Teams die technische Möglichkeit, auf die Kalender der lokalen Postfächer zuzugreifen. Mehr dazu lesen Sie hier:

https://docs.microsoft.com/de-de/microsoftteams/exchange-teams-interact

Bilder

Bilder, die Sie in den Chats einfügen, speichert Microsoft Teams ebenfalls in einem Dienst auf der Azure Platform, den *Azure Media Services*. Und auch wie bei den Chats selbst werden diese für die Compliance-Funktionen im Postfach des jeweiligen Benutzers zusätzlich gespeichert.

Dateien

Möchten Sie in einem Chat Dateien teilen (über das Büroklammer-Symbol unter dem Eingabefeld), haben Sie zwei Möglichkeiten (siehe Abbildung 2.13):

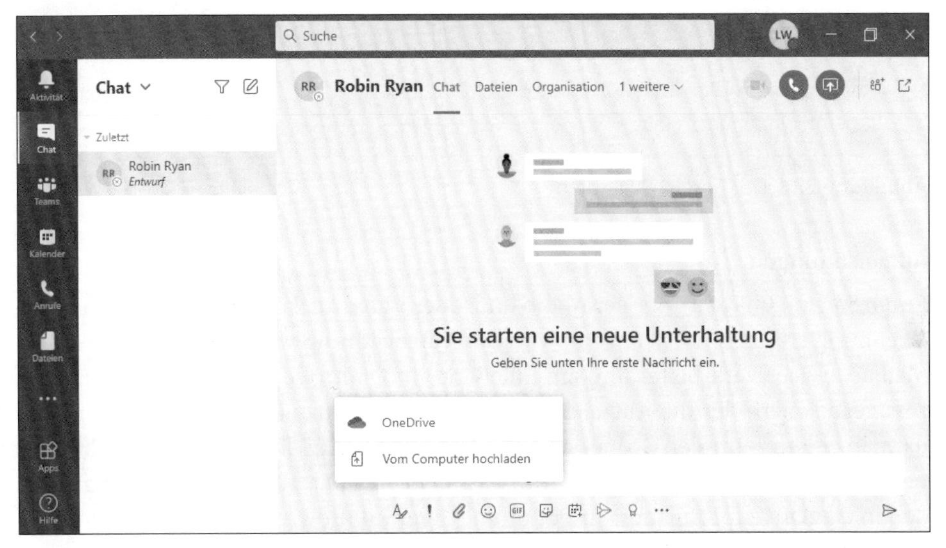

Abbildung 2.13 Büroklammer-Symbol zum Teilen von Dateien innerhalb eines Chats

- ONEDRIVE: Wählen Sie eine Datei in Ihrem persönlichen OneDrive aus, erhält der Chat-Partner automatisch Schreibberechtigungen auf die Datei. Die Datei wird also nicht im OneDrive des Partners dupliziert.
- VOM COMPUTER HOCHLADEN: In diesem Fall wird die Datei im Ordner »Microsoft Teams-Chatdateien« in Ihrem OneDrive abgelegt. Sollte es diesen Ordner noch nicht geben, wird er automatisch angelegt. Die Datei wird dann wie zuvor beschrieben behandelt. Es wird also eine Freigabe mit Schreibberechtigungen angelegt.

Der Tab DATEIEN im Chat zeigt eine konsolidierte Ansicht aller freigegebenen Dateien der Chat-Partner – allerdings nur die Freigaben, die auch über den Teams-Chat vorgenommen wurden (siehe Abbildung 2.14). Freigaben, die etwa direkt über OneDrive eingerichtet wurden, werden nicht angezeigt.

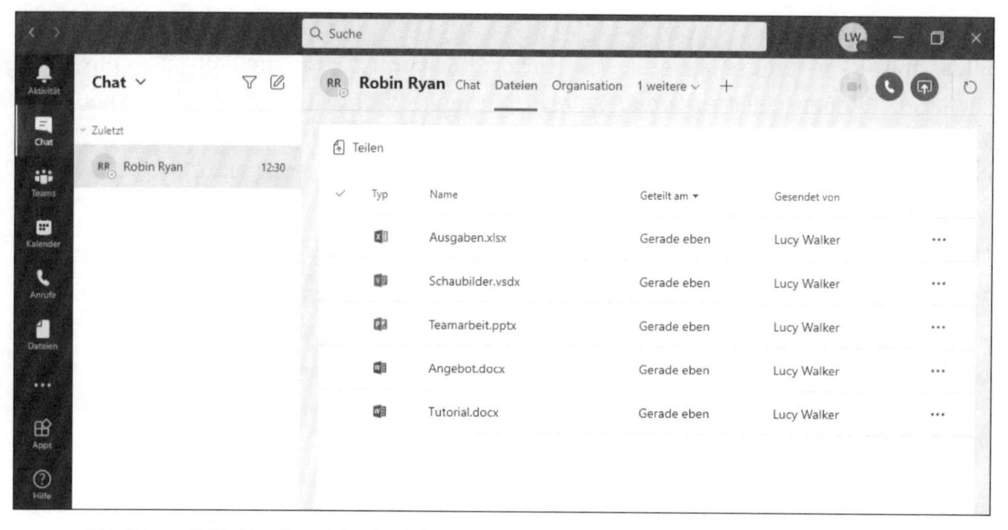

Abbildung 2.14 Der Bereich »Dateien«

Aufzeichnungen

Rufen Sie den Chat-Partner per Audio und/oder Video an, können Sie auch eine Aufzeichnung starten. In diesem Fall wird die Aufzeichnung wiederum von den Azure Media Services verarbeitet und anschließend im OneDrive for Business des Benutzers gespeichert, der die Aufzeichnung startet. Alle Aufzeichnungen befinden sich dann in einem zentralen Ordner namens *Aufnahmen*. Auf die Datei erhalten die Teilnehmer automatisch lesenden Zugriff. Das Abspielen der Aufzeichnung erfolgt über den in OneDrive for Business integrierten Player im Browser. Im Chat erscheint ein Vorschaubild, über das das Abspielen gestartet wird (siehe Abbildung 2.15).

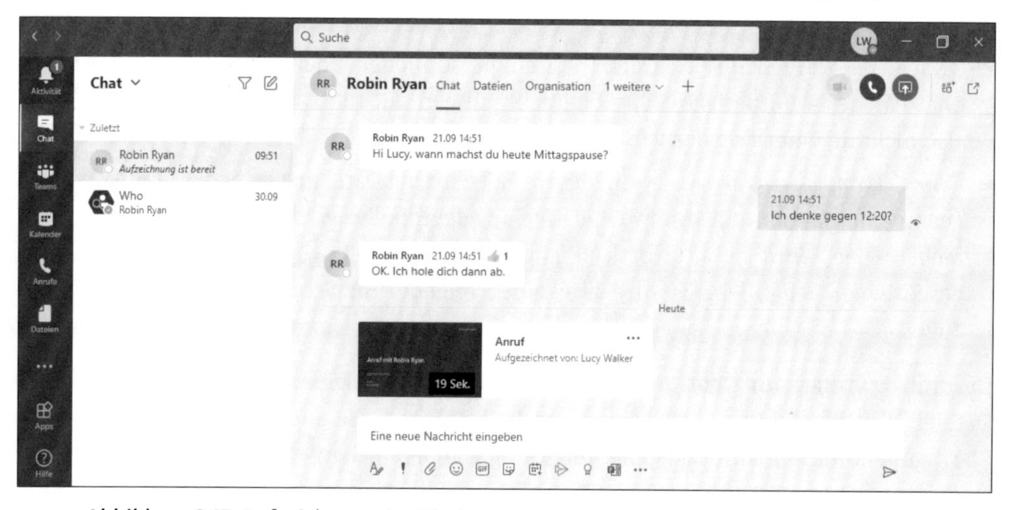

Abbildung 2.15 Aufzeichnung im Chat

Sie können die Datei der Aufzeichnung (im *MP4*-Format) auch herunterladen, an weitere Benutzer freigeben etc.

Bezüglich der Speicherung von Aufzeichnungen erfolgte im Oktober 2020 eine Änderung: Bis dahin wurden die Aufzeichnungen in *Microsoft Stream* abgelegt und nicht im OneDrive for Business desjenigen Benutzers, der die Aufzeichnung gestartet hat. In einer Übergangsphase bis Anfang 2021 können Sie von administrativer Seite aus wählen, wo die Aufzeichnungen gespeichert werden sollen (in OneDrive for Business oder in Microsoft Stream). Zum Zeitpunkt der Drucklegung des Buchs ist es geplant, dass ab Anfang 2021 die direkte Ablage der Aufzeichnungen in Microsoft Stream nicht mehr angeboten wird. Aktuelle Informationen lesen Sie hier:

https://docs.microsoft.com/de-de/microsoftteams/tmr-meeting-recording-change

Beachten Sie in diesem Zusammenhang auch die Speicherung der Aufzeichnungen in Besprechungen, die ich in Abschnitt 2.4.2, »Speicherorte«, beschreibe.

2.3 Architektur für Teams

Besonders im Teams-Bereich wird deutlich, dass Microsoft Teams viele der Dienste aus Office 365 im Hintergrund nutzt. Wir diskutieren hier zunächst auch wieder die Anwenderansicht und widmen uns dann dem Aufbau von Teams samt den dahinter befindlichen Microsoft 365-Gruppen. Auch die Speicherorte sind in diesem Abschnitt ein wichtiges Thema.

2.3.1 Anwenderansicht

Starten Sie einen der zahlreichen Clients für Teams und wechseln zum gleichnamigen Bereich, sehen Sie die Teams, in denen Sie Mitglied sind (siehe Abbildung 2.16).

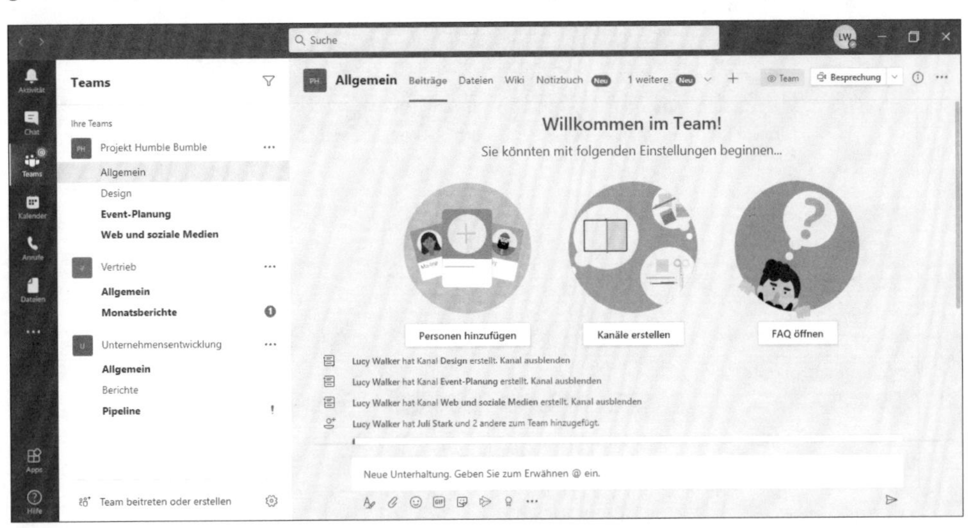

Abbildung 2.16 Teams-Bereich im Teams-Client unter Windows

[+] Mit der Zeit kann es durchaus passieren, dass sich hier eine längere Liste ansammelt. Um dabei den Überblick nicht zu verlieren, können Sie die Reihenfolge der Teams auch anpassen.

Öffnen Sie ein Team, werden die darin enthaltenen Kanäle sichtbar. Jedes Team enthält zunächst den Kanal ALLGEMEIN. Diesen können Sie mit den anderen Team-Mitgliedern bereits für Chats nutzen.

[+] Auch die Liste der Kanäle könnte mit der Zeit unübersichtlich lang werden. Über das Kontextmenü jedes Kanals (zu erkennen an den drei Punkten) können Sie einzelne Kanäle auch ANHEFTEN oder AUSBLENDEN.

Zusätzlich zum Kanal ALLGEMEIN können Sie auch weitere Kanäle anlegen. Diese Kanäle sind typischerweise themenspezifisch, um die Unterhaltungen der Team-Mitglieder in verschiedene Bereiche zu gruppieren. Öffnen Sie einen Kanal, werden wiederum Registerkarten angezeigt. Standardmäßig sehen Sie dort BEITRÄGE, DATEIEN und WIKI. Über das Plus-Symbol können Sie weitere Registerkarten hinzufügen, um beispielsweise Dateien schnell zugreifbar zu machen, oder ganze Anwendungen integrieren (siehe Abbildung 2.17). Lesen Sie hierzu auch Abschnitt 2.8, »Erweiterungen«.

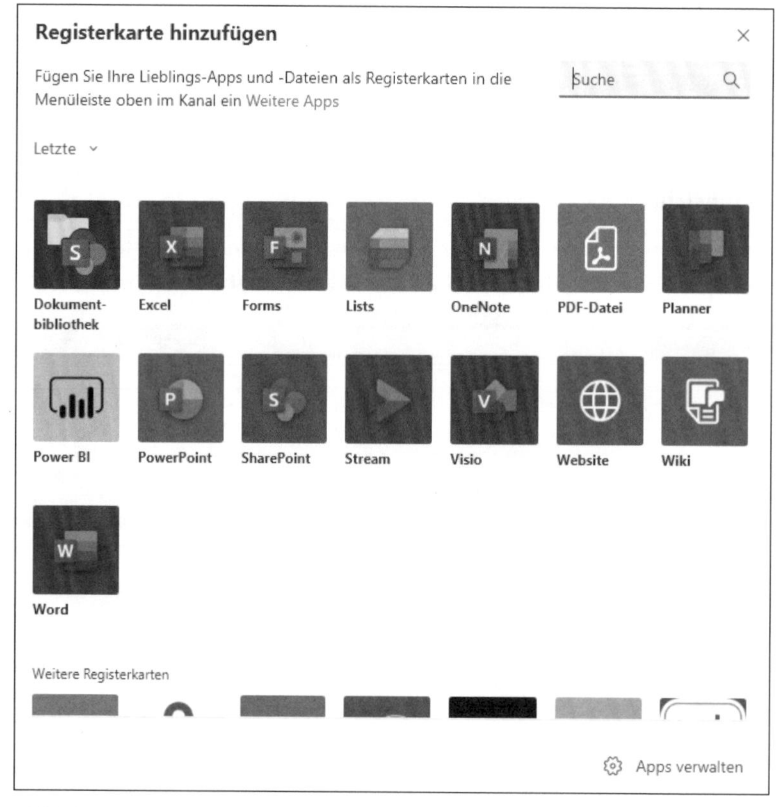

Abbildung 2.17 Registerkarte hinzufügen

Öffentliche und private Kanäle

Beim Anlegen von Kanälen haben Sie die Auswahl zwischen öffentlichen Kanälen (DATENSCHUTZ • STANDARD) und privaten Kanälen (DATENSCHUTZ • PRIVAT), wie in Abbildung 2.18 gezeigt.

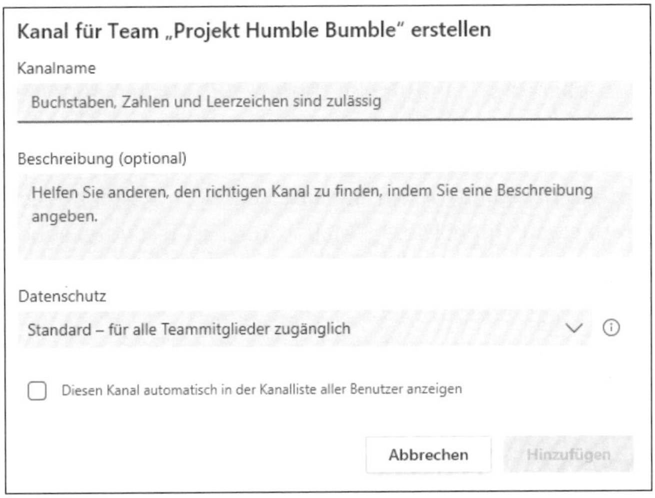

Kanal für Team „Projekt Humble Bumble" erstellen
Kanalname
Buchstaben, Zahlen und Leerzeichen sind zulässig
Beschreibung (optional)
Helfen Sie anderen, den richtigen Kanal zu finden, indem Sie eine Beschreibung angeben.
Datenschutz
Standard – für alle Teammitglieder zugänglich
Diesen Kanal automatisch in der Kanalliste aller Benutzer anzeigen
Abbrechen
Hinzufügen

Abbildung 2.18 Anlegen eines neuen Kanals

Der Unterschied dabei ist: Öffentliche Kanäle stehen allen Team-Mitgliedern gleichermaßen zur Verfügung. Bei einem privaten Kanal wählen Sie aus den Mitgliedern des Teams einige aus, die auf die Inhalte des privaten Kanals zugreifen dürfen (inklusive der Chats, Dateien etc.). Beachten Sie dabei, dass bei privaten Kanälen nur Benutzer ausgewählt werden können, die bereits Mitglied des Teams sind. Auch sollten Sie beachten, dass ein bestehender öffentlicher Kanal nicht nachträglich zu einem privaten gemacht werden kann und umgekehrt. Der Grund dafür liegt in der besonderen Architektur privater Kanäle (siehe Abschnitt 2.3.7, »Speicherorte«).

Aktivität
Chat
Teams
Kalender
Anrufe
Teams
Ihre Teams
PH
Projekt Humble Bumble
Allgemein
Abrechnungen
Design
Event-Planung
Web und soziale Medien

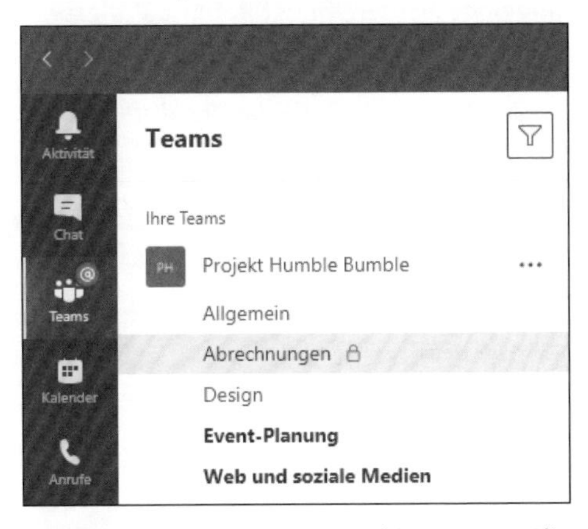

Abbildung 2.19 Privater Kanal im Teams-Client

Benutzer, die Zugriff auf einen privaten Kanal haben, sehen diesen im Teams-Client ausgezeichnet mit einem Schloss-Symbol (siehe Abbildung 2.19).

Für Benutzer, die keinen Zugriff auf den privaten Kanal haben, wird dieser in der Kanalliste nicht angezeigt.

E-Mail-Adressen für Kanäle

Jedem Kanal können Sie eine separate E-Mail-Adresse zuordnen. Wird an eine solche Adresse eine E-Mail geschickt, erscheint der E-Mail-Text innerhalb der Unterhaltungen. Gegebenenfalls vorhandene Dateianhänge werden bei den Dateien abgelegt. Die E-Mail-Adresse wird automatisch erstellt, wenn Sie über das Kontextmenü den Befehl E-MAIL-ADRESSE ABRUFEN aufrufen. Diese E-Mail-Adresse ist fest vorgegeben und kann nicht geändert werden.

Kryptische E-Mail-Adressen umgehen

Robin erhält von den Mitarbeitern immer wieder die Rückmeldung, dass die automatisch generierten E-Mail-Adressen für Kanäle zu kryptisch und in der Praxis nur schwer zu verwenden sind. Wer kann sich schon unter eine Adresse wie *0c85c58f.beispielag.de@amer.teams.ms* etwas vorstellen? Robin sucht nach einer pragmatischen Lösung und hat eine Idee.

Um den Anwendern die Arbeit mit diesen E-Mail-Adressen zu erleichtern, legt er im Exchange Online-Adressbuch Kontakte mit einem leicht zu findenden und zuzuordnenden Namen sowie der jeweiligen E-Mail-Adresse eines Kanals an. Die Mitarbeiter finden die Einträge dann im Adressbuch ihres E-Mail-Clients und müssen sich so nicht mehr selbst mit den Adressen auseinandersetzen.

Wie Kontakte angelegt werden, findet Robin auf dieser Seite beschrieben:

https://docs.microsoft.com/de-de/exchange/recipients-in-exchange-online/manage-mail-contacts

2.3.2 Arten von Teams

In Microsoft Teams werden drei Arten von Teams unterschieden:

- private Teams
- öffentliche Teams
- organisationsweite Teams

Welcher Art ein Team entspricht, legen Sie beim Anlegen eines Teams fest (siehe Abbildung 2.20).

Abbildung 2.20 Auswahl der Art eines neuen Teams

Wird die Option ORGANISATIONSWEIT bei Ihnen nicht angezeigt, haben Sie entweder keine administrativen Berechtigungen oder Ihr Mandant enthält zu viele Benutzerkonten – dazu gleich mehr.

Sie können die Art aber auch nachträglich anpassen, indem Sie im Kontextmenü des jeweiligen Teams den Befehl TEAM BEARBEITEN geben.

Private Teams

Die Daten eines privaten Teams sind nur für die jeweiligen Mitglieder zugänglich. Die Mitgliederliste wird dabei von den Besitzern des Teams verwaltet (siehe Abschnitt 2.3.3, »Berechtigungskonzept in Teams«). Neue Mitglieder müssen durch einen der Besitzer aufgenommen werden.

Sucht der Anwender nach Teams (nachdem er im Teams-Client auf TEAM BEITRETEN ODER ERSTELLEN geklickt hat), kann er die Aufnahme in das Team beantragen.

Zukünftig können Sie für jedes Team bestimmen, ob es im Suchergebnis angezeigt werden soll – unabhängig von der Art des jeweiligen Teams.

Öffentliche Teams

Bei öffentlichen Teams kann ein Benutzer sich selbst zum Mitglied erklären. Dazu sucht er nach dem Team und klickt dann auf die Schaltfläche TEAM BEITRETEN.

Organisationsweite Teams

In manchen Szenarien wäre es hilfreich, ein Team für alle Anwender des Unternehmens aufsetzen zu können, ohne dass man sich mit der Mitgliederpflege beschäftigen müsste, beispielsweise beim Eintritt neuer Mitarbeiter. Hier könnten Sie ein organisationsweites Team anlegen, doch gibt es eine Einschränkung: Die Funktion zum Anlegen eines organisationsweiten Teams steht Ihnen nur dann zur Verfügung, wenn in Ihrem Mandanten nicht mehr als 25.000 Benutzer angelegt sind. Diese Limitierung kommt nicht von ungefähr. Aktuell können in keinem Team mehr als 25.000 Benutzer Mitglied sein, sodass diese Funktion für (sehr) große Unternehmen nicht verfügbar ist.

[+] Das Anheben des Limits von 5.000 auf 25.000 Benutzer wurde im 4. Quartal 2020 durchgeführt. Möglicherweise ist diese Änderung noch nicht in allen Mandanten umgesetzt.

Auch kann nicht jeder Anwender ein organisationsweites Team anlegen, sondern diese Funktion ist Benutzern mit der Rolle *Globaler Administrator* vorbehalten.

Bei organisationsweiten Teams sind automatisch alle globalen Administratoren gleichzeitig auch Besitzer. Mitglieder sind alle Benutzer aus dem Mandanten, und die Benutzer können ein solches Team auch nicht verlassen. Gäste, also Benutzer, die nicht zu Ihrem Mandanten gehören, können nicht Mitglied von organisationsweiten Teams werden.

[+] In der Praxis gibt es einige Fälle, in denen die Mitgliedsliste eines Teams nicht unbedingt manuell gepflegt werden muss. Stellen Sie sich vor, Sie wollten abteilungsspezifische Teams anlegen. Da wäre es doch schön, wenn automatisch alle Benutzer aus der IT-Abteilung auch Mitglied im Team IT wären. So etwas ist durchaus machbar, allerdings nicht von Endanwenderseite aus. Administratoren können *dynamische Mitgliedschaften* einrichten. Lesen Sie dazu Abschnitt 7.8, »Dynamische Mitgliedschaft«.

2.3.3 Berechtigungskonzept in Teams

Bei den Teams werden zwei unternehmensinterne Arten von Benutzern unterschieden: Besitzer und Mitglieder. Der Benutzer, der ein Team anlegt, ist automatisch Besitzer. Beim Hinzufügen weiterer Mitglieder können Sie aber auch weitere Besitzer definieren, die dann alle gemeinsam bestimmte Einstellungen des jeweiligen Teams vornehmen, das Team umbenennen oder auch löschen können (siehe Abschnitt 2.3.4, »Eigenschaften von Teams«). Neben Eigentümern und Mitgliedern gibt es außerdem noch Gäste, die nicht zu Ihrem Unternehmen gehören, aber Zugriff auf einzelne Teams bekommen sollen, beispielsweise externe Dienstleister oder Mitarbeiter aus Partnerunternehmen.

Gäste fügen Sie über den gleichen Vorgang zu einem Team hinzu wie einen internen Benutzer. Geben Sie dazu im Kontextmenü des Teams den Befehl MITGLIED HINZUFÜGEN. Achten Sie darauf, dass Sie in diesem Fall statt des Namens der Person deren E-Mail-Adresse eingeben. Dies ist jedoch nur möglich, wenn bei dem jeweiligen Team die Aufnahme von Gästen auch erlaubt ist. Ob Gäste erlaubt sind, sehen Sie bereits auf dem Formular zur Aufnahme neuer Mitglieder (siehe Abbildung 2.21 und Abbildung 2.22).

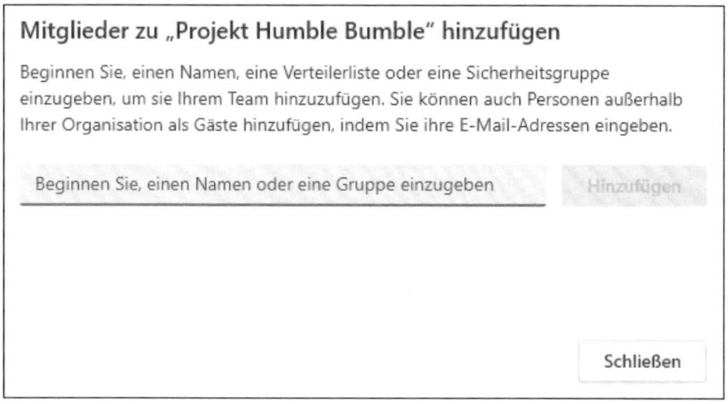

Mitglieder zu „Projekt Humble Bumble" hinzufügen

Beginnen Sie, einen Namen, eine Verteilerliste oder eine Sicherheitsgruppe einzugeben, um sie Ihrem Team hinzuzufügen. Sie können auch Personen außerhalb Ihrer Organisation als Gäste hinzufügen, indem Sie ihre E-Mail-Adressen eingeben.

Beginnen Sie, einen Namen oder eine Gruppe einzugeben | Hinzufügen

Schließen

Abbildung 2.21 Interne und externe Mitglieder sind erlaubt.

Mitglieder zu „Projekt Humble Bumble Bundle" hinzufügen

Beginnen Sie mit der Eingabe eines Namens, einer Verteilerliste oder einer E-Mail-aktivierten Sicherheitsgruppe, um sie Ihrem Team hinzuzufügen.

Beginnen Sie, einen Namen oder eine Gruppe einzugeben | Hinzufügen

Schließen

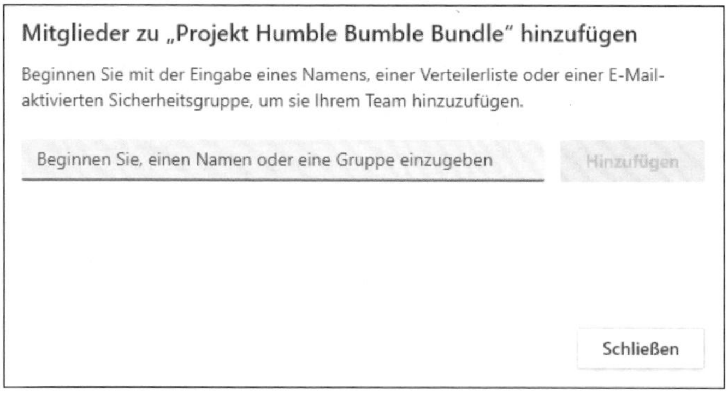

Abbildung 2.22 Nur interne Mitglieder sind erlaubt.

Wurden Sie selbst in eine andere Teams-Umgebung eingeladen und haben die Einladung angenommen, können Sie im Teams-Client über das Auswahlfeld rechts oben die jeweilige Organisation wechseln (siehe Abbildung 2.23).

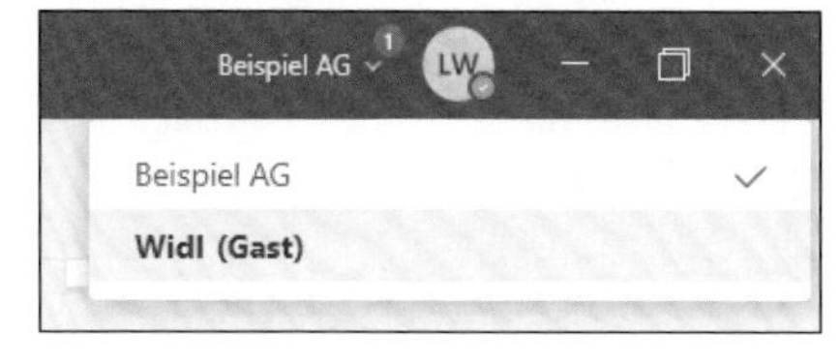

Abbildung 2.23 Wechsel der Teams-Organisation

Tabelle 2.3 gibt einen Überblick darüber, welche Art von Benutzer in einem Team welche Berechtigung hat.

Aktion	Besitzer	Mitglied	Gast
Team erstellen	–	–	nein
Team verlassen	ja	ja	ja
Team-Name/-Beschreibung bearbeiten	ja	nein	nein
Team löschen	ja	nein	nein
Standardkanal hinzufügen	ja	ja*)	ja*)
Name und Beschreibung des Standardkanals bearbeiten	ja	ja*)	ja*)
Standardkanal löschen	ja	ja*)	ja*)
Privaten Kanal hinzufügen	ja	ja*)	ja*)
Kann Mitglied eines privaten Kanals sein	ja	ja	ja
Name und Beschreibung des privaten Kanals bearbeiten	nein	nein	nein
Privaten Kanal löschen	ja	nein	nein
Hinzufügen von Mitgliedern	ja	nur bei öffentlichen Teams	nein
*) Abhängig davon, ob die Konfiguration dies erlaubt (siehe Abschnitt 2.3.4, »Eigenschaften von Teams«).			

Tabelle 2.3 Berechtigungen in Teams

[+] Mehr zur Konfiguration des Gastzugriffs lesen Sie im gleichnamigen Abschnitt 7.8.

2.3.4 Eigenschaften von Teams

Besitzer eines Teams können bestimmte Einstellungen setzen, um vorzugeben, was die Mitglieder mit einem Team machen dürfen. Diese Einstellungen sind allerdings gut versteckt: Klicken Sie auf die drei Punkte neben dem Namen des Teams (nicht auf die drei Punkte neben einem Kanal!), und wählen Sie im erscheinenden Kontextmenü den Befehl TEAM VERWALTEN (siehe Abbildung 2.24).

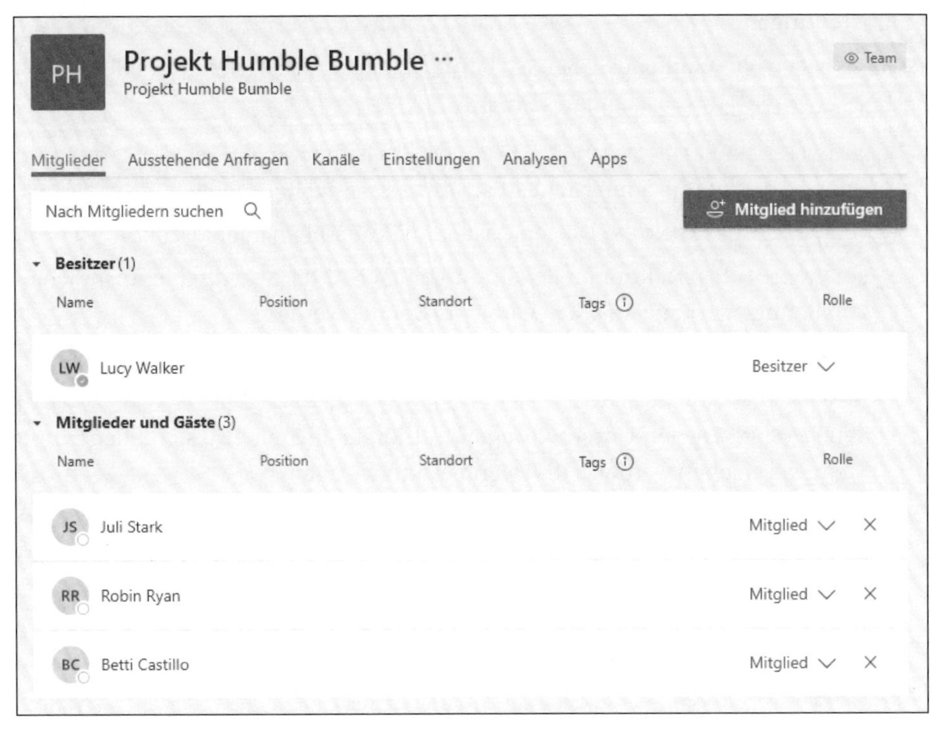

Abbildung 2.24 Optionen zur Verwaltung eines Teams

In demselben Kontextmenü finden Sie auch den Befehl TEAM BEARBEITEN – über diesen ändern Sie den Titel des Teams, seine Beschreibung und die Einstellungen bezüglich des Datenschutzes (öffentliches oder privates Team).

Hier können Sie folgende Einstellungen vornehmen:

- **Mitglieder**

  Ändern Sie die Liste der Mitglieder, oder passen Sie die Rolle einzelner Mitglieder an (Besitzer/Mitglied).

  Das Kontextmenü enthält auch direkt den Befehl MITGLIEDER HINZUFÜGEN.

- **Ausstehende Anfragen**

  Sie finden eine Liste von Benutzern, die dem Team beitreten wollen. Dies ist bei privaten Teams relevant, bei denen Benutzer um Aufnahme in das Team bitten können (siehe Abschnitt 2.3.2, »Arten von Teams«).

- **Kanäle**

  Fügen Sie weitere Kanäle hinzu. Auch gelöschte Kanäle finden Sie hier. Diese können innerhalb von 30 Tagen wiederhergestellt werden.

- **Einstellungen**

  Das ist der wohl spannendste Bereich bei den Eigenschaften (siehe Abbildung 2.25):

  - TEAMBILD: das Anzeigebild des Teams
  - MITGLIEDERBERECHTIGUNGEN: Können Mitglieder Kanäle, Registerkarten und Connectors modifizieren (siehe Abschnitt 2.8, »Erweiterungen«)?
  - GASTBERECHTIGUNGEN: Dürfen Gäste Kanäle erstellen oder löschen?
  - @ERWÄHNUNGEN: Können Erwähnungen (@NAME), also direkte Ansprachen von Benutzern, Kanälen oder Teams, verwendet werden?
  - TEAMCODE: Code zum Beitritt des Teams (siehe Abschnitt 2.3.5, »Teams beitreten«)
  - SPIELEREIEN: Dürfen Unterhaltungen mit Medien (Giphy-GIFs, Aufkleber und Memes) versehen werden – und wenn ja, mit welchen?
  - TAGS: Auswahl, welche Benutzer Tags verwalten dürfen. Damit gruppieren Sie die Mitglieder eines Teams und können diese dann direkt über eine @Erwähnung ansprechen.

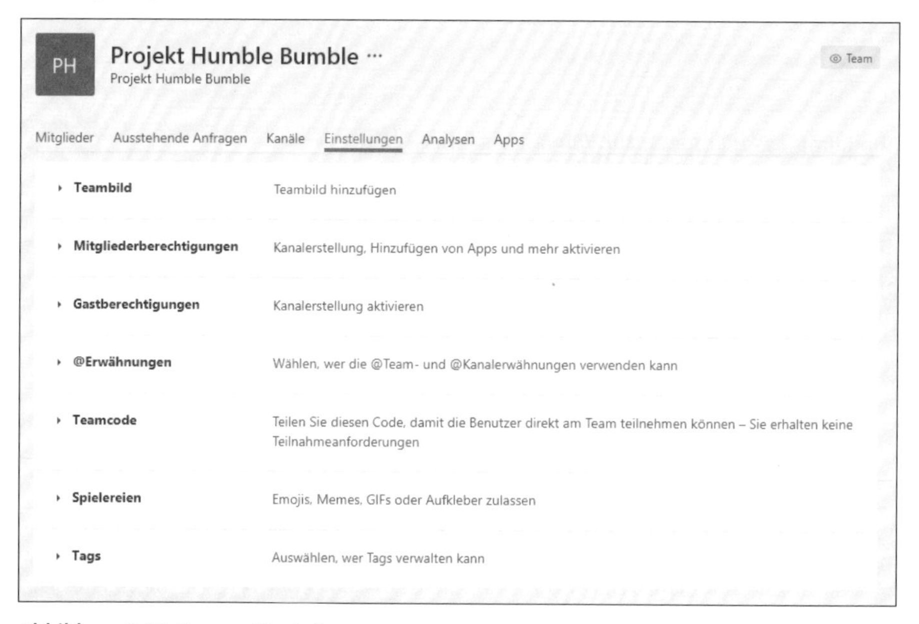

Abbildung 2.25 Teams-Einstellungen

- **Analysen**

  Statistiken über die Aktivitäten der Benutzer im Team.

- **Apps**

  Eine Liste der Apps, die im Team verwendet werden können. Von hier aus haben Sie Zugriff auf den Store, um weitere Apps einzurichten.

2.3.5 Teams beitreten

Wird ein Anwender nicht direkt durch einen Eigentümer zu einem Team eingeladen, kann er auch selbst aktiv werden. Grundsätzlich gibt es für ihn dabei zwei Wege: die Suche nach einem Team oder der Beitritt über einen Code.

Suche nach einem Team

Möchte ein Anwender nach einem für ihn passenden Team suchen, wechselt er im Teams-Client zum Bereich TEAMS. Dort klickt er auf TEAM BEITRETEN ODER ERSTELLEN und sucht dann nach dem gewünschten Team. Wichtig ist dabei, dass der Anwender nicht das große Suchfeld am oberen Rand des Teams-Clients verwendet, sondern das kleine Suchfeld am rechten Rand (siehe Abbildung 2.26).

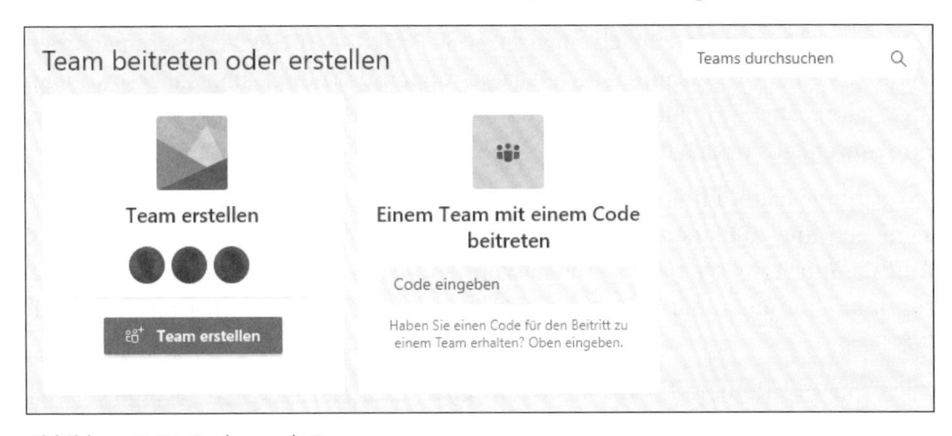

Abbildung 2.26 Suche nach Teams

Die Suche greift auf den Titel des Teams und die jeweilige Beschreibung zurück. Die Ergebnisliste findet allerdings nur Teams, in denen der Benutzer aktuell noch kein Mitglied ist. Hat der Anwender ein geeignetes Team gefunden, kann er dem Team direkt beitreten. Handelt es sich um ein öffentliches Team, wird der Benutzer direkt Mitglied. Ist es jedoch ein privates Team, erhalten die Team-Besitzer eine Beitrittsanfrage, die sie manuell beantworten müssen (siehe auch Abschnitt 2.3.2, »Arten von Teams«).

Ob ein Team mit der Suche gefunden werden kann, ist konfigurierbar.

Beitritt per Code

Team-Besitzer können über die Eigenschaften einen Code abrufen (siehe Abschnitt 2.3.4, »Eigenschaften von Teams«). Statt der textseitigen Suche nach einem Team können Anwender damit direkt einem Team beitreten, indem Sie die Option EINEM TEAM MIT EINEM CODE BEITRETEN wählen, sofern ihnen dieser Code bekannt ist. Diese Option könnte beispielsweise bei Veranstaltungen hilfreich sein, um vorher nicht bekannte Teilnehmer schnell in das richtige Team aufzunehmen. Der Referent veröffentlicht dazu den Code und die Teilnehmer treten mit diesem selbständig dem Team bei.

2.3.6 Microsoft 365-Gruppen

Um die Architektur von Teams zu verstehen, müssen wir uns zunächst ein allgemein zugrunde liegendes Konzept anschauen: die *Microsoft 365-Gruppen*. Früher hießen diese *Office 365-Gruppen*, und in der Dokumentation findet sich an einigen Stellen noch diese frühere Bezeichnung.

Dabei handelt es sich um einen Dienst, der auf Funktionen aus Exchange Online, SharePoint Online, Office Online und Planner aufsetzt. Ihre Anwender erhalten mit Microsoft 365-Gruppen einfach einzusetzende Funktionen, die die Zusammenarbeit innerhalb einer Gruppe unterstützen. Die Gruppenfunktionen sind dabei sowohl im Browser als auch im Outlook-Client an prominenten Stellen eingebunden, sodass Ihre Anwender sie auch finden werden, ohne allzu viel danach suchen zu müssen.

Jede Gruppe bietet ihren Mitgliedern Funktionen, um sich zu unterhalten, gemeinsame Termine zu planen, ein Notizbuch zu führen, Dateien zentral abzulegen und Aufgaben zu verteilen. Darüber hinaus können Sie jede Gruppe mithilfe von Connectors mit Daten aus anderen Diensten und Anwendungen befüllen, beispielsweise mit RSS-Feeds.

Microsoft positioniert Microsoft 365-Gruppen auch oftmals als Nachfolger oder moderne Variante von klassischen E-Mail-Verteilergruppen. Es gibt sogar eine Funktion, mit der Sie einen E-Mail-Verteiler in eine Microsoft 365-Gruppe umwandeln können.

Microsoft 365-Gruppen werden von verschiedenen Diensten genutzt und gegebenenfalls bei Bedarf automatisch angelegt. Microsoft Teams ist da für uns das wichtigste Beispiel: Erstellen Sie im Teams-Client ein neues Team, wird automatisch im Hintergrund eine Microsoft 365-Gruppe angelegt, die mit den Teams-Funktionen erweitert wird. Neben Microsoft Teams nutzen aber auch folgende Dienste Microsoft 365-Gruppen:

- SharePoint (beispielsweise für Websites, die auf Basis der Vorlage *Teamwebsite* erstellt wurden)
- Yammer
- Microsoft Stream
- Planner
- Power BI

Komponenten von Microsoft 365-Gruppen

Von technischer Seite aus gesehen bestehen Microsoft 365-Gruppen aus den folgenden Komponenten:

- **Gruppenpostfach in Exchange Online**

  In diesem Postfach werden die Chats abgelegt, und der Gruppenkalender wird hier verwaltet.

- **Gruppenwebsite in SharePoint Online**

  Die Gruppenwebsite befindet sich auf SharePoint Online. Sie enthält die Dokumentbibliothek *Dokumente*, die als zentrale Ablage von Dateien für die Gruppe fungiert (siehe Abbildung 2.27). Sie können die Gruppenwebsite wie in SharePoint üblich auch an Ihre Anforderungen anpassen, beispielsweise mit zusätzlichen Listen und Bibliotheken oder auch mit Apps. Auf diese Gruppenwebsite sind alle Mitglieder der Gruppe zugriffsberechtigt.

- **OneNote-Notizbuch auf der Gruppenwebsite**

  Das gemeinsame OneNote-Gruppennotizbuch liegt auf der Gruppenwebsite.

- **Planner-Plan**

  Jede Gruppe enthält einen Plan in Planner – unabhängig davon, ob sie diesen benötigt oder nicht.

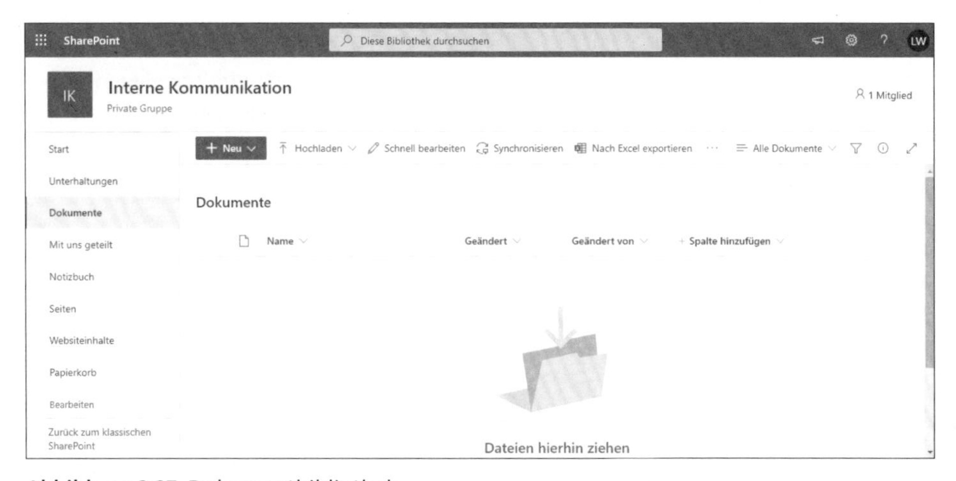

Abbildung 2.27 Dokumentbibliothek

Jede Gruppe kann dabei öffentlich oder privat sein. Bei öffentlichen Gruppen kann jeder den Inhalt der Gruppen einsehen und auch sich selbst als Gruppenmitglied hinzufügen. Bei privaten Gruppen ist der Inhalt nur für Gruppenmitglieder einsehbar. Außerdem können nur Besitzer der Gruppe neue Mitglieder aufnehmen. Besitzer einer Gruppe ist automatisch ihr Ersteller. Außerdem können weitere Besitzer bestimmt werden.

Anpassung der Gruppenwebsite

Robin möchte die Website der Microsoft 365-Gruppen an einigen Stellen ändern, um die Anforderungen der Beispiel AG umzusetzen. Diese Änderungen wären manuell aber viel zu aufwendig, sodass er nach einem anderen Weg sucht. Auch möchte er gerne, dass neue Gruppenwebsites automatisch die Anpassungen erhalten.

Nach einigem Suchen findet Robin eine Möglichkeit: Die Gruppenwebsites basieren auf der SharePoint Online-Vorlage *Teamwebsite*. Solche Websites lassen sich nachträglich und auch bereits bei der Anlage über sogenannte *Websitedesigns* anpassen. Dabei kommen Skripte zum Einsatz, mit denen die gewünschten Anpassungen definiert werden. Möglich werden dadurch unter anderem die folgenden Anpassungen:

- Erstellen neuer Listen und Spalten
- Hinzufügen und Entfernen von Navigationslinks
- Branding (beispielsweise bezüglich der Farbe)
- Festlegen eines Logos
- Installieren von Add-Ins
- Aktivieren eines Features
- Auslösen eines Workflows (auf Basis von *Microsoft Power Automate* – dies ist ein Dienst aus Office 365, mit dem Sie automatisch ablaufende Prozesse definieren, beispielsweise Genehmigungsworkflows)
- Konfigurieren von Länder- und Regionaleinstellungen

Mehr zu den Websitedesigns lesen Sie in der offiziellen Dokumentation:

https://docs.microsoft.com/de-de/sharepoint/dev/declarative-customization/site-design-overview

Anwenderoberfläche von Microsoft 365-Gruppen

Die Microsoft 365-Gruppen werden nicht als separater Dienst gehandhabt. So gibt es im *App-Launcher* (die Schaltfläche links-oben bei den Browser-Anwendungen, mit denen zwischen den Diensten gewechselt wird) beispielsweise auch keine Kachel für Gruppen. Die Gruppen selbst sind in der Office 365-Weboberfläche aber an vielen Stellen zu finden, und auch in Outlook für den Desktop haben sie ihren festen Platz. Sehen wir uns in diesem Abschnitt an, wie Microsoft 365-Gruppen für die Anwender dargestellt werden.

- **Unterhaltungen**
  Am ehesten finden Ihre Anwender die Gruppen bei der Darstellung ihres Postfachs in Outlook im Web. Dort werden alle Gruppen, in denen man Mitglied ist, unterhalb des persönlichen Postfachs angezeigt (siehe Abbildung 2.28).

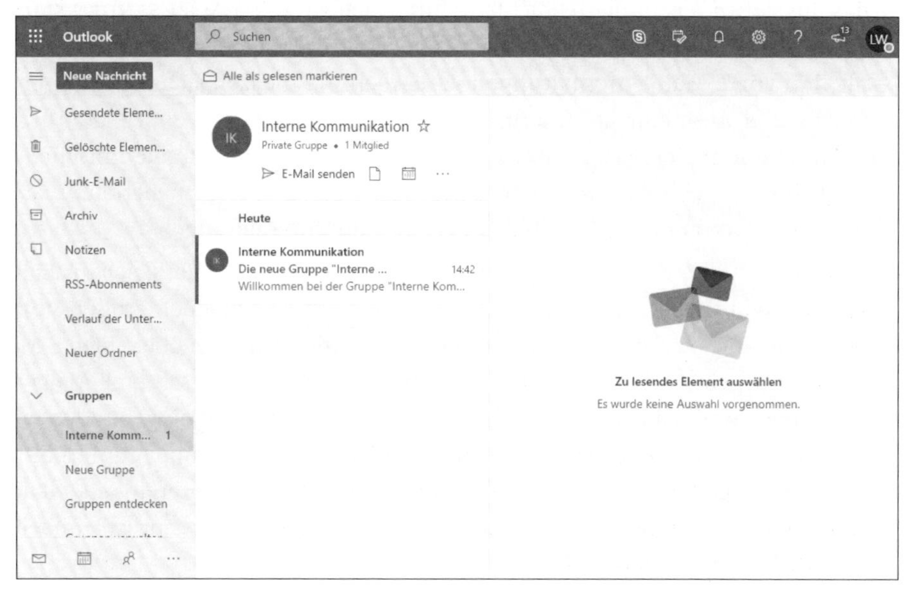

Abbildung 2.28 Gruppen in Outlook im Web

Auch in Outlook ist die Darstellung ähnlich, wenn auch optisch nicht so ansprechend, da dort die Profilbilder der Gruppen nicht zu sehen sind (siehe Abbildung 2.29).

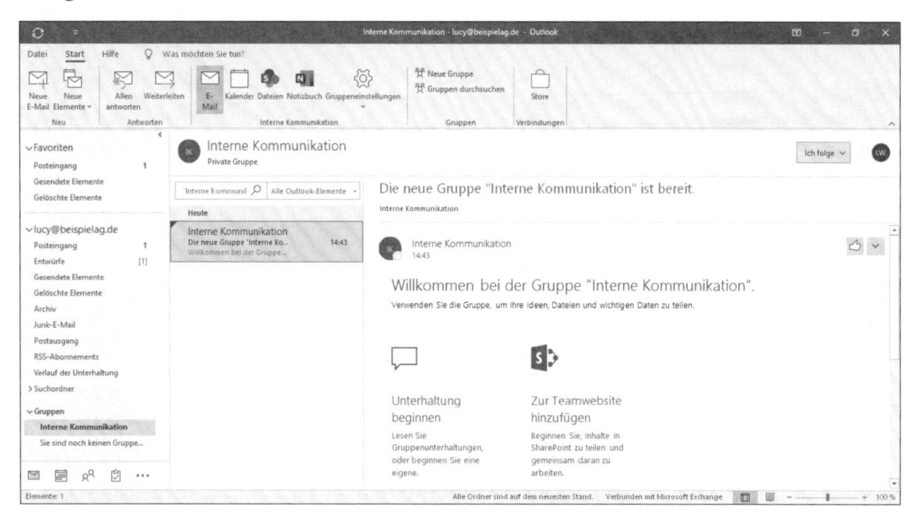

Abbildung 2.29 Gruppen in Outlook unter Windows

Öffnet der Anwender eine Gruppe, so gelangt er zu den Unterhaltungen. Diese Unterhaltungen sind persistent, das heißt, sie bleiben dauerhaft erhalten und sind beispielsweise auch für neue Mitglieder einsehbar, auch wenn diese erst später in die Gruppe mit aufgenommen werden. Die Unterhaltungen sind außerdem über das links oben positionierte Suchfeld durchsuchbar. Mit E-MAIL SENDEN starten Sie einen neuen Eintrag. Das Schöne an den Unterhaltungen ist, dass sie die Komplexität von E-Mail-Unterhaltungen verbergen. Sie müssen sich nicht um Empfänger und Absender kümmern, sondern legen gleich mit dem eigentlichen Nachrichtentext los. Neue Unterhaltungen werden bei den Gruppenmitgliedern ähnlich hervorgehoben wie auch beim Posteingang: Rechts neben dem Gruppennamen erscheint die Anzahl der ungelesenen Unterhaltungen.

Das Antworten auf Unterhaltungen ist ebenso einfach. Im Vergleich zu klassischen E-Mail-Verteilerlisten haben Sie mit Gruppen jedoch einen großen Vorteil beim Handling: Sie kennen sicher die Situation, in der Personen über einen E-Mail-Verteiler miteinander diskutieren. Dabei werden die ausgetauschten E-Mails immer länger, weil der bisherige Verlauf in jede neue E-Mail mit eingebunden wird. Das macht solche Diskussionen oft recht unhandlich. Bei Gruppenunterhaltungen werden die Nachrichten jeweils getrennt verwaltet, aber untereinander dargestellt (siehe Abbildung 2.30). Das macht es insbesondere später deutlich einfacher, dem Diskussionsverlauf zu folgen.

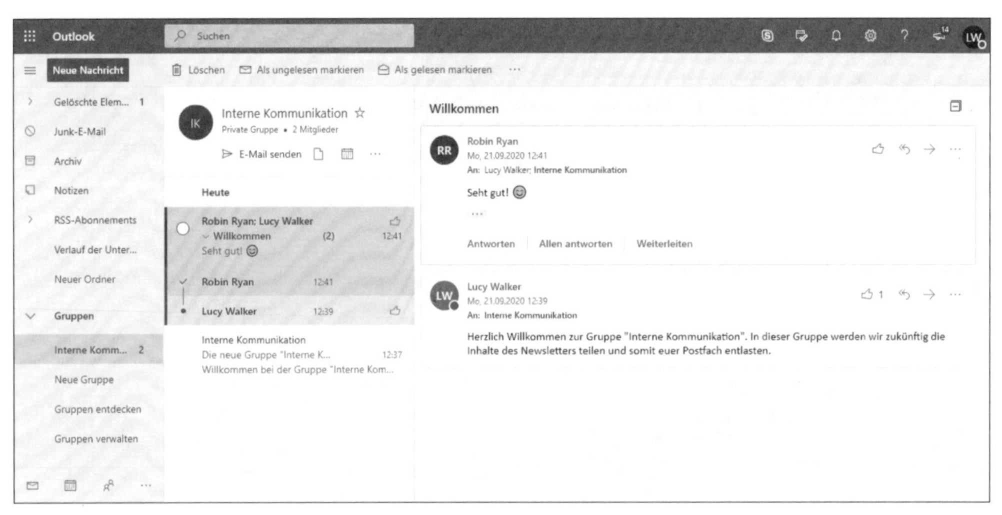

Abbildung 2.30 Gruppenunterhaltung in Outlook

Finden Sie einen Unterhaltungsbeitrag besonders gelungen, können Sie auf GEFÄLLT MIR klicken. Dies sehen dann nicht nur die Gruppenmitglieder, sondern auch der Verfasser der Nachricht erhält eine Benachrichtigung, dass Ihnen der Beitrag gefällt.

- **Kalender**

  Haben Sie eine Microsoft 365-Gruppe geöffnet, erscheint auch die Gruppennavigation, mit der der Anwender zwischen den verschiedenen Gruppenkomponenten wechseln kann. Dort findet er auch den Kalender (siehe Abbildung 2.31).

Abbildung 2.31 Gruppenkalender in Outlook im Web

In Outlook für den Desktop verhält sich das ein wenig anders: Dort öffnet der Anwender im E-Mail-Bereich eine Gruppe und klickt dann im Menüband auf KALENDER. Auch dann wird der Gruppenkalender angezeigt.

- **Notizbuch**

  In der Kalenderdarstellung von Outlook im Web wird die Gruppennavigationsleiste nicht dargestellt, doch sie enthält weitere wichtige Punkte, darunter einen Link auf das Notizbuch (siehe Abbildung 2.32).

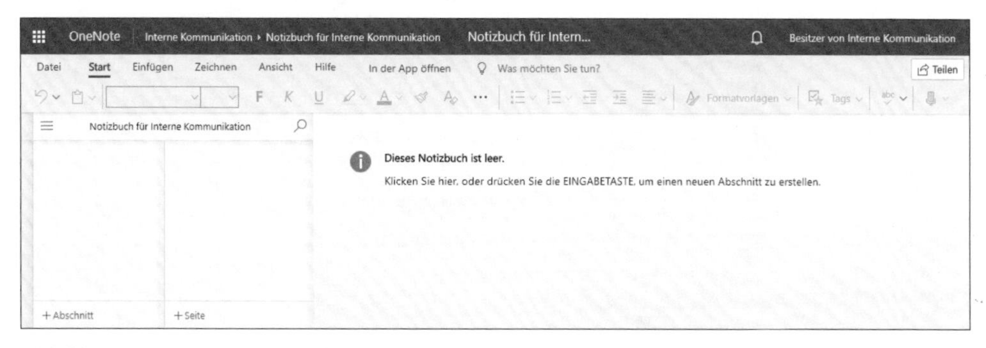

Abbildung 2.32 Gruppennotizbuch im Browser

In Outlook für den Desktop öffnen Sie das Notizbuch auch wieder nach dem Öffnen einer Gruppe über das entsprechende Symbol im Menüband.

- **Planner**

  Jede Gruppe verfügt auch über einen Plan in Microsoft Planner, dem Gruppenaufgaben-Planungsdienst in Office 365. Entweder Sie springen über den entsprechenden Punkt in der Gruppennavigation zu Planner, oder aber Sie öffnen Planner aus dem App-Launcher heraus. In beiden Fällen sehen Sie anschließend den Gruppenplan (siehe Abbildung 2.33).

Abbildung 2.33 Gruppenplan in Planner

  Aus Outlook für den Desktop heraus ist der Plan allerdings nicht direkt erreichbar.

- **Website**

  Neben den Funktionen für Unterhaltungen, den gemeinsamen Kalender, das Notizbuch und die Aufgabenverwaltung, fehlt jetzt noch die Dateiablage. Klicken Sie in der Gruppennavigation auf WEBSITE, gelangen Sie zur Gruppenwebsite in SharePoint Online (siehe Abbildung 2.34).

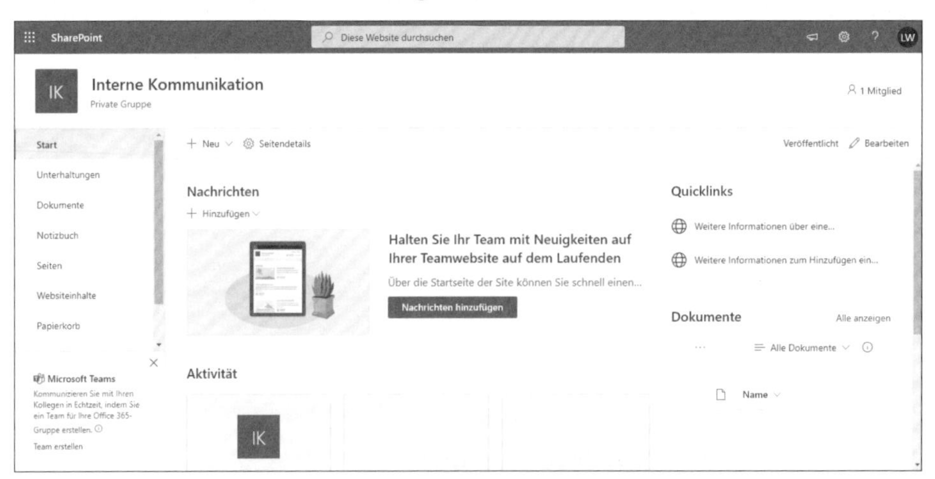

Abbildung 2.34 Gruppenwebsite in SharePoint Online

  In Outlook für den Desktop klicken Sie für dasselbe Ziel auf DATEIEN im Menüband.

Microsoft 365-Gruppen und Microsoft Teams

Beim Lesen der Beschreibung von Microsoft 365-Gruppen stellen Sie sich jetzt vielleicht die Frage, wie sich Microsoft 365-Gruppen von Teams abgrenzen und warum ich in einem Buch über Microsoft Teams von Microsoft 365-Gruppen schreibe. Der Hintergrund liegt in der Architektur von Teams: Wie zu Beginn dieses Abschnitts bereits kurz erwähnt, wird beim Anlegen eines Teams im Hintergrund immer eine Microsoft 365-Gruppe angelegt und mit der Teams-Funktionalität erweitert. Damit der Anwender nicht zu sehr irritiert wird, weil er anschließend die Gruppe und das namensgleiche Team sowohl in den Outlook-Clients als auch im Teams-Client sieht, werden gegenwärtig neu angelegte Teams automatisch in Outlook ausgeblendet. Das ist in den meisten Fällen auch sehr sinnvoll, denn die Chats, die von Outlook aus in der Gruppe geführt werden, sind nicht im Team zu sehen. Das gilt auch in der umgekehrten Richtung: Chats in Teams sind im Outlook-Client nicht zu sehen.

Ob die Microsoft 365-Gruppe eines Teams in Outlook angezeigt werden soll, können Sie aber auch selbst bestimmen. Wie das geht, lesen Sie in der offiziellen Dokumentation:

https://docs.microsoft.com/de-de/schooldatasync/hide-office-365-groups-from-the-gal

Aus bereits bestehenden Microsoft 365-Gruppen heraus können Sie auch die Microsoft Teams-Funktionalität aktivieren. Geben Sie im Teams-Client den Befehl zum Erstellen eines neuen Teams, fragt Sie der Assistent, ob Sie das neue Team auf Basis einer bestehenden Microsoft 365-Gruppe anlegen möchten (siehe Abbildung 2.35).

Abbildung 2.35 Erstellen eines Teams auf Basis einer bestehenden Microsoft 365-Gruppe

Auf den technischen Aspekt, dass Teams auf Microsoft 365-Gruppen basieren, werden wir im Laufe dieses Buches immer wieder zurückkommen, beispielsweise bei Sicherheits- und auch Governance-Funktionen, die von technischer Seite aus auf den Gruppen aufsetzen.

Von E-Mail-Verteilergruppen über Microsoft 365-Gruppen zu Teams

In der Beispiel AG gibt es historisch bedingt eine recht große Anzahl von E-Mail-Verteilergruppen für die unterschiedlichsten Einsatzszenarien. Künftig sollen jedoch einige Verteilergruppen abgeschafft und stattdessen Teams zum Einsatz kommen. Die Frage ist nun, wie bestehende Verteilergruppen möglichst einfach so in Teams umgewandelt werden, dass nicht die jeweiligen Mitglieder neu erfasst werden müssen.

Robin findet dazu in der Dokumentation tatsächlich einen Weg:

1. Administratoren können im Exchange Admin Center mithilfe eines Assistenten eine bestehende E-Mail-Verteilergruppe in eine Microsoft 365-Gruppe umwandeln. Wie das geht, ist hier nachzulesen:

   https://docs.microsoft.com/de-de/microsoft-365/admin/manage/upgrade-distribution-lists

2. Diese Microsoft 365-Gruppe kann dann wiederum mit den Teams-Funktionen ausgestattet werden, damit sie im Teams-Client erscheint. Hier die entsprechende Dokumentation dazu:

   https://support.microsoft.com/de-de/office/erstellen-eines-teams-aus-einer-vorhandenen-gruppe-24ec428e-40d7-4a1a-ab87-29be7d145865

2.3.7 Speicherorte

Nachdem wir uns mit den Microsoft 365-Gruppen vertraut gemacht haben, können wir nun die Speicherorte von Inhalten in Teams näher betrachten. Auch im Teams-Bereich kommt eine ganze Palette unterschiedlicher Dienste zum Einsatz, in denen Daten gespeichert werden (siehe Abbildung 2.36).

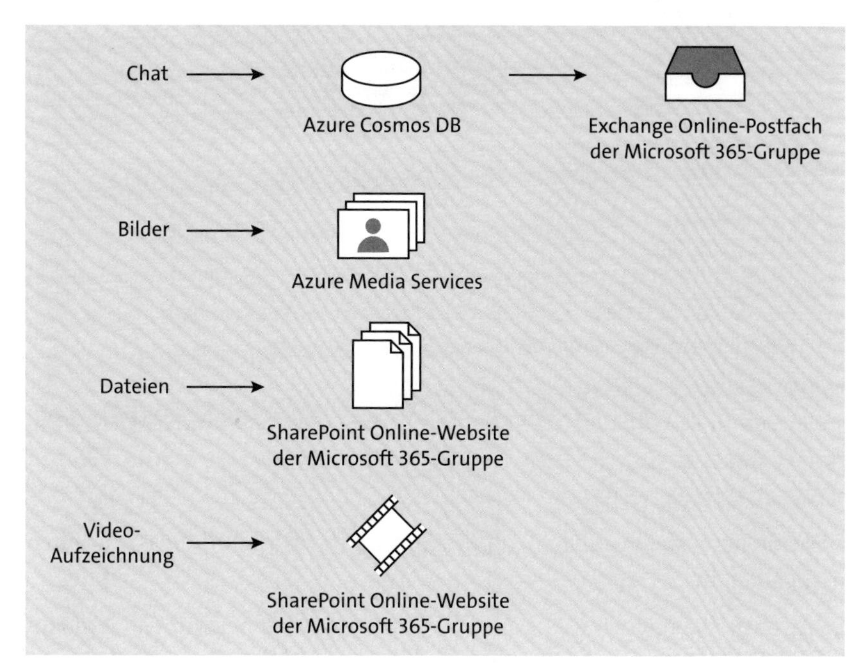

Abbildung 2.36 Architektur für Teams

Chats

Wie im Chat-Bereich liegen diese Daten zunächst in einer *Azure Cosmos DB*-Datenbank. Während die Chats außerhalb von Teams für die Compliance-Funktionen jedoch in den persönlichen Postfächern der beteiligten Benutzer gespeichert wurden, kommt bei Teams ein anderes Verfahren zum Einsatz. Statt der persönlichen Postfächer liegen die Chats im Gruppenpostfach der zugrunde liegenden Microsoft 365-Gruppe.

Bilder

Die Speicherung von Bildern erfolgt analog zum Chat-Bereich. Die Bilder werden über die *Azure Media Services* in der Azure Platform gespeichert und – für die Compliance-Funktionen – im Gruppenpostfach der Microsoft 365-Gruppe.

Dateien

Laden Sie eine Datei in einem Kanal über die gleichnamige Registerkarte hoch oder nutzen alternativ das Anfügen-Symbol (Klammer) unter dem Eingabefeld für Chats (siehe Abbildung 2.37), landen die Dateien als Duplikat in der Gruppenwebsite der zugrunde liegenden Microsoft 365-Gruppe in SharePoint Online.

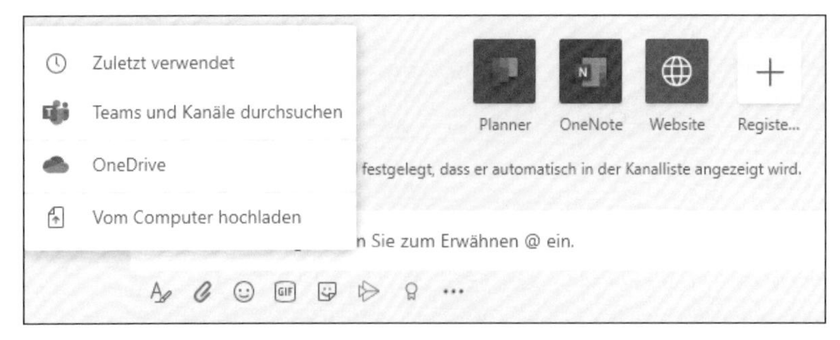

Abbildung 2.37 Datei anfügen

Dies gilt in letzterem Fall für alle drei Varianten Von Computer hochladen, OneDrive sowie Teams und Kanäle durchsuchen. Hier wird also nicht mit Freigaben gearbeitet wie im Chat-Bereich.

Die Organisation der Dateien auf der Gruppenwebsite ist nicht uninteressant. Sehen wir sie uns genauer an:

Die Gruppenwebsite ist über eine URL aufrufbar, die vom Gruppennamen (der identisch ist mit dem Team-Namen) abgeleitet ist. Die URL ist dabei wie folgt aufgebaut:

https://<Mandantname>.sharepoint.com/sites/<Gruppenname>

[+] Sollte es bereits eine Gruppe unter demselben Namen geben, wird an den Gruppennamen automatisch eine Zahl angehängt.

Die Gruppenwebsite wiederum enthält die Dokumentbibliothek *Freigegebene Dokumente*, die in der Navigation am linken Rand als Dokumente angezeigt wird.

Öffnen Sie diese Dokumentbibliothek, finden Sie dort zumindest den Ordner General vor, aber gegebenenfalls auch weitere Ordner (siehe Abbildung 2.38).

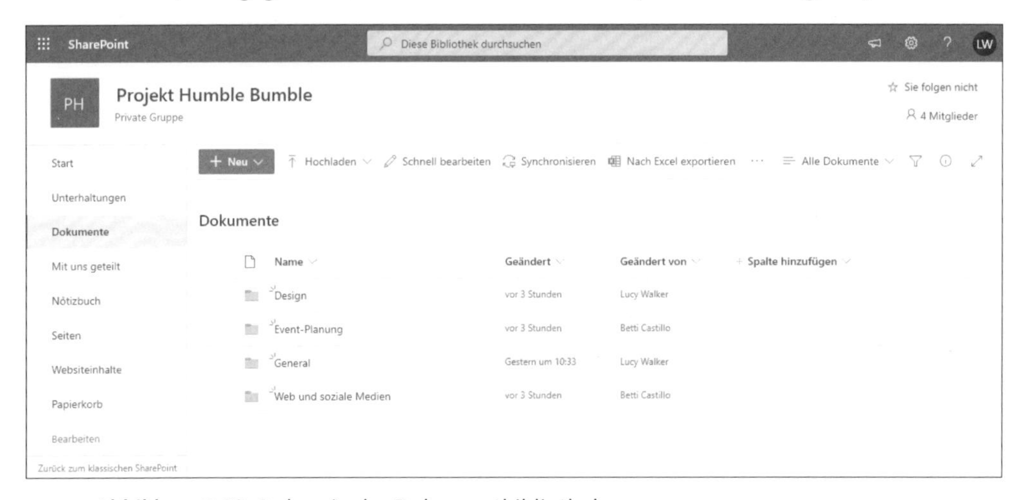

Abbildung 2.38 Ordner in der Dokumentbibliothek

Der Ordner *General* gehört zum Kanal *Allgemein*, der automatisch beim Anlegen eines neuen Teams erstellt wird. Dieser Ordner enthält sämtliche Dateien, die die Team-Mitglieder im Kanal *Allgemein* hochgeladen haben.

Erstellen Sie in einem Team einen weiteren Kanal, wird in der Dokumentbibliothek automatisch ein weiterer Ordner angelegt, der denselben Namen trägt wie der Kanal. Entsprechend landen dort auch wieder alle Dateien, die im jeweiligen Kanal geteilt werden.

Beachten Sie hierbei bitte, dass weder die URL zur Gruppenwebsite noch die Ordner selbst bei Umbenennungen vom Team oder der darin enthaltenen Kanäle mit geändert werden – diese verbleiben genau so, wie sie initial angelegt wurden. Sie sollten hier auf der Gruppenwebsite auch nicht selbst tätig werden und einfach eigenmächtig die Ordner umbenennen. Microsoft Teams würde daraufhin nämlich die Zuordnung von Kanal zu Ordner verlieren und einfach einen neuen Ordner anlegen (mit dem Namen, den der Kanal initial beim Anlegen innehatte). Überdies ist das Löschen der Dokumentbibliothek *Dokumente* nicht möglich.

Und noch eine Besonderheit gilt es hier zu beachten: Erstellen Sie einen privaten Kanal (siehe Abschnitt 2.3.1, »Anwenderansicht«), erfolgt die Speicherung der Dateien nicht in der Gruppenwebsite, sondern in einer separaten Website, die beim Anlegen des privaten Kanals mit erstellt wird. Diese zusätzliche Website ist unter der folgenden URL aufrufbar: *https://<Mandantname>.sharepoint.com/sites/<Gruppenname> - <Kanalname>*

Zum Zugriff auf die Website sind dann auch nur die Benutzer berechtigt, die auch auf den zugehörigen privaten Kanal zugreifen dürfen. Dort enthalten ist analog wieder eine Dokumentbibliothek namens *Freigegebene Dokumente* (in der Navigation als DOKUMENTE dargestellt), in der die Dateien aus dem privaten Kanal landen – diesmal ohne spezielle Ordnerstruktur.

2.4 Architektur für Besprechungen

Bei der Zusammenarbeit im Team spielen auch Besprechungen eine wichtige Rolle. Grundsätzlich unterscheidet Microsoft Teams zwischen drei Arten von Besprechungen:

- **Sofortbesprechungen**

  Sofortbesprechungen startet ein Anwender ohne vorherige Planung im Teams- oder im Outlook-Client. Dazu startet er die Besprechung mit einem oder mehreren Chat-Partnern über den Chat-Bereich oder alternativ über die Schaltfläche BESPRECHUNG in einem Kanal eines Teams. In letzterem Fall werden alle Team-Mitglieder über den Start der Besprechung benachrichtigt.

- **Private Besprechungen**

  Private Besprechungen haben keinen Bezug zu einem Team. Der Anwender legt private Besprechungen entweder im Outlook- oder im Teams-Client an und lädt die gewünschten Besprechungsteilnehmer ein.

- **Kanalbesprechungen**

  Bei Kanalbesprechungen weist der Anwender bei der Organisation einen konkreten Kanal für die Besprechung zu. Eine Kanalbesprechung kann der Anwender derzeit auch nur im Teams-Client selbst organisieren, da im Outlook-Client die entsprechende Option fehlt.

Weitere Unterschiede der Besprechungsarten betrachten wir im Verlauf dieses Abschnitts.

2.4.1 Anwenderansicht

Funktionen für Besprechungen finden Sie im Microsoft Teams-Client an unterschiedlichen Stellen.

Planung von Besprechungen

Sicherlich führen Sie Besprechungen nicht immer ad hoc, beispielsweise indem Sie über den Chat-Bereich Kollegen anrufen oder in einem Kanal zur Sofortbesprechung aufrufen (siehe Abbildung 2.39).

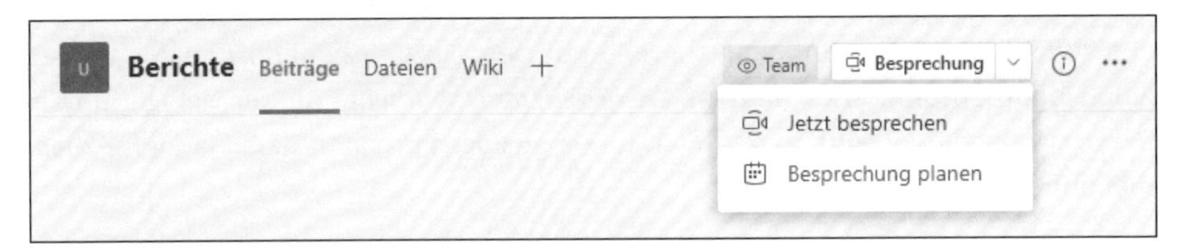

Abbildung 2.39 Sofortbesprechung in einem Kanal

Besprechungen werden Sie vermutlich in vielen Fällen eher für einen konkret definierten Zeitpunkt planen. Dabei macht es einen Unterschied, ob Sie die Besprechung über Outlook oder über den Teams-Client planen:

- **Planen über Outlook**

  Planen Sie eine Teams-Besprechung über Outlook, können Sie über die Schaltfläche BESPRECHUNGSOPTIONEN einige zusätzliche Optionen auswählen (siehe Abbildung 2.40).

  - WER KANN DEN WARTEBEREICH UMGEHEN? Hier stellen Sie ein, welche Personen im Wartebereich darauf warten müssen, von einem Referenten in die Besprechung aufgenommen zu werden. Dies können Sie beispielsweise für

Gäste aktivieren, um zu verhindern, dass externe Personen einfach über den Klick auf den Einladungslink ohne weitere Hürde zu einem internen Gespräch gelangen.

- ANRUFER DEN WARTEBEREICH IMMER UMGEHEN LASSEN: Dabei geht es um die Anrufer in Audiokonferenzen (siehe Abschnitt 2.4.3, »Audiokonferenzen«), die sich also per Telefon in die Besprechung einwählen.
- ANKÜNDIGEN, WENN ANRUFER BEITRETEN ODER VERLASSEN: Hier wählen Sie, ob bei Ein- und Austritt eine Stimme über das Ereignis benachrichtigen soll.
- WER KANN PRÄSENTIEREN?: Innerhalb von Besprechungen gibt es ein einfaches Rollensystem. Dabei wird zwischen Referenten und Teilnehmern unterschieden. Referenten sind vereinfacht beschrieben diejenigen, die etwas vorstellen, wie beispielsweise eine PowerPoint-Präsentation. Welche Funktionen Referenten und Teilnehmer jeweils haben, zeigt Ihnen Tabelle 2.4. Referenten können während der Besprechung auch jederzeit einen Teilnehmer zum Referenten bestimmen.

[+] Sollte die Schaltfläche BESPRECHUNGSOPTIONEN bei Ihnen im Outlook-Client nicht angezeigt werden, öffnen Sie die Besprechung über den Kalender im Teams-Client und öffnen dann von dort aus die Optionen.

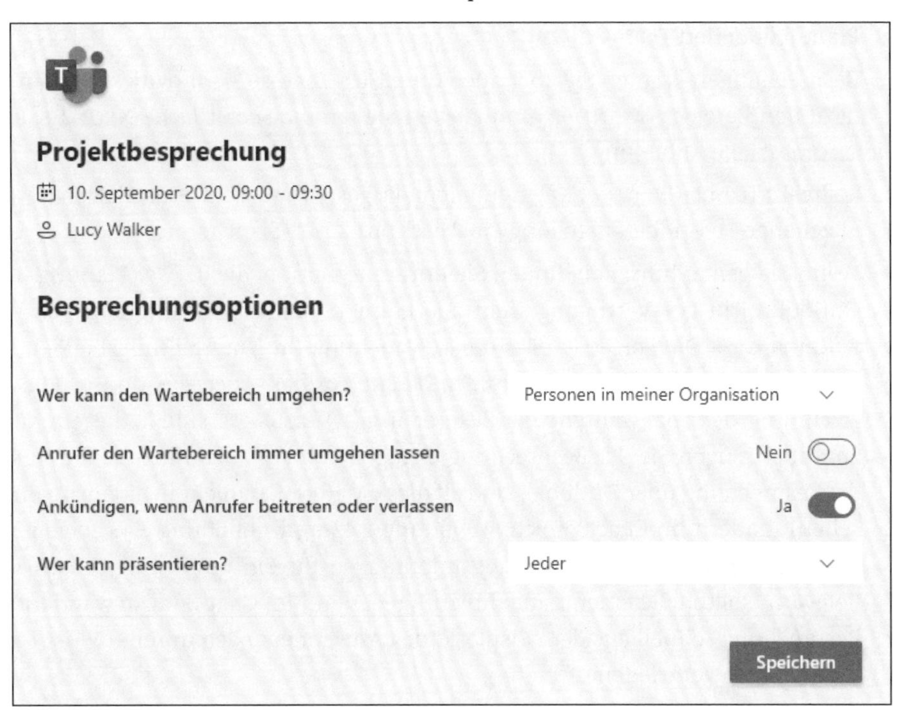

Abbildung 2.40 Optionen einer Teams-Besprechung

Funktion	Referent	Teilnehmer
Sprechen	X	X
Eigenes Video teilen	X	X
Chat	X	X
Inhalte freigeben	X	
Übernehmen der Kontrolle einer PowerPoint-Präsentation	X	
Stumm schalten anderer Teilnehmer	X	
Entfernen von Teilnehmern	X	
Zulassen von Personen aus dem Wartebereich	X	
Ändern der Rolle anderer Personen	X	
Starten und Beenden der Aufzeichnung	X	

Tabelle 2.4 Rollen und Funktionen in Besprechungen

- **Planen über den Teams-Client**

  Besprechungen können Sie aber auch direkt im Teams-Client planen. Öffnen Sie dazu den Bereich KALENDER, und klicken Sie auf die Schaltfläche NEUE BESPRECHUNG (siehe Abbildung 2.41).

  [+] Sollte im Teams-Client der Kalender nicht dargestellt werden, lesen Sie den Kasten »Exchange-Hybridbereitstellung« in Abschnitt 2.2.2, »Speicherorte«.

  Wenn Sie genau hinsehen, finden Sie dort eine Option, die bei der Planung über Outlook nicht zur Verfügung steht: Sie können zur Besprechung einen KANAL HINZUFÜGEN. Die Folge ist, dass die Besprechung im Unterhaltungsbereich des angegebenen Kanals sichtbar wird. Und nicht nur das: Auch die (optionale) Aufzeichnung, der Chat während der Besprechung, Notizen etc. sind in diesem Kanal zu finden. Fügen Sie der Besprechung dagegen keinen Kanal hinzu (oder planen die Besprechung über Outlook), sind all diese Materialien nicht in einem Team zu sehen, sondern im Chat-Bereich. Abbildung 2.42 und Abbildung 2.43 zeigen den Unterschied. Sind die Besprechungsinhalte also für ein bestimmtes Team von Relevanz, sollten Sie einen Kanal hinzufügen, denn im Chat-Bereich wandert die Besprechung schnell aus dem Sichtfeld des Anwenders nach unten und ist dann nur noch schwer wiederauffindbar.

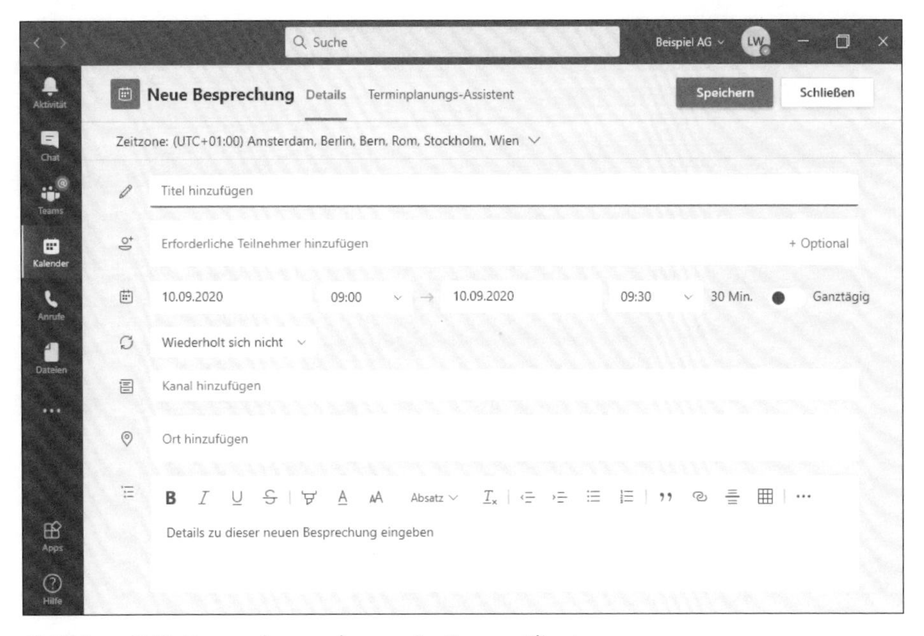

Abbildung 2.41 Besprechungsplanung im Teams-Client

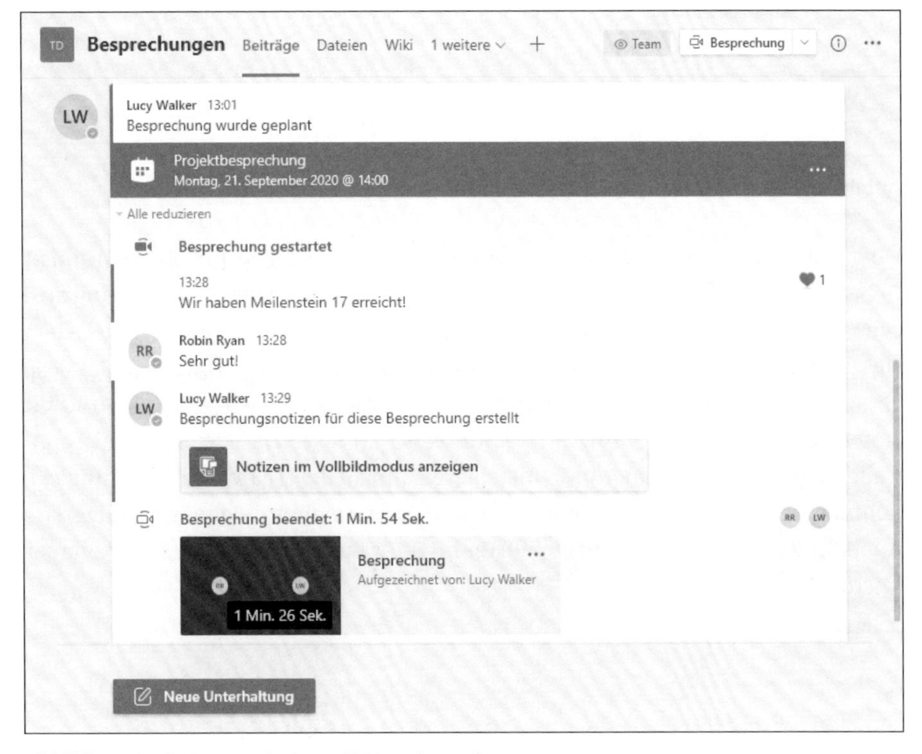

Abbildung 2.42 Besprechung mit Kanalzuordnung

[+] Die zuvor bereits angesprochenen Besprechungsoptionen finden Sie auch im Teams-Client – allerdings müssen Sie dazu die neue Besprechung erst einmal speichern und dann erneut öffnen.

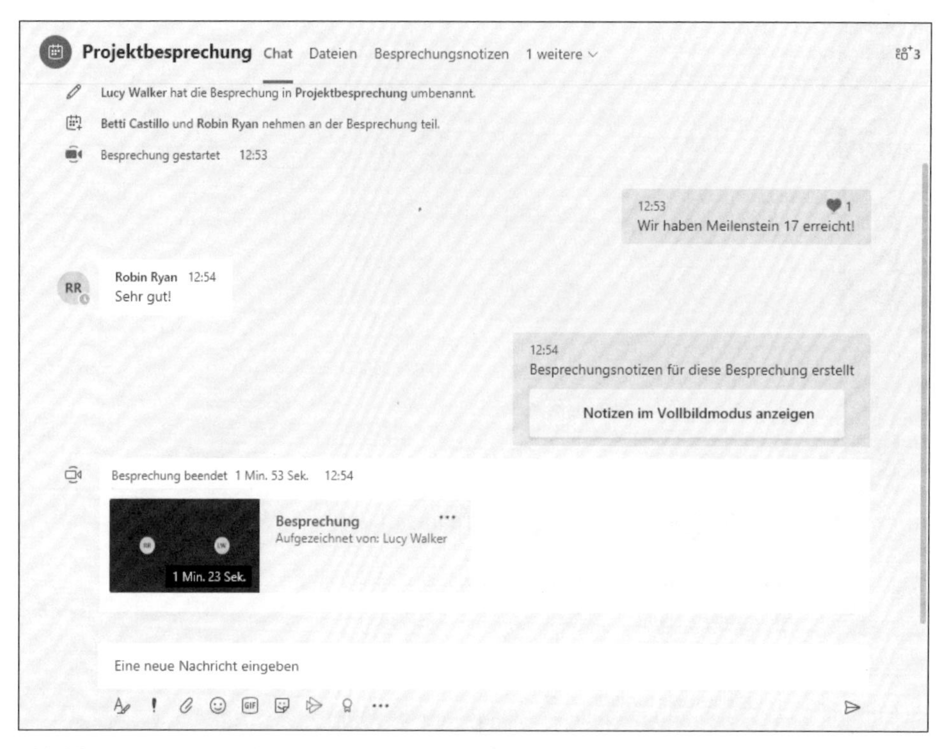

Abbildung 2.43 Besprechung ohne Kanalzuordnung

[+] Über beide Wege können Sie auch externe Personen zu den Besprechungen einladen. Geben Sie dazu einfach die E-Mail-Adresse dieser Personen bei der Einladung an. Klicken die externen Personen auf den Link, gelangen sie zu einer Website, von der aus sie wahlweise den Teams-Client herunterladen oder über den Browser an der Besprechung teilnehmen können – Letzteres geht grundsätzlich auch per Audio und Video (sofern der verwendete Browser dies unterstützt). Externe Personen müssen also weder den Client noch ein Add-In installieren, um an den Teams-Besprechungen teilnehmen zu können. Sie benötigen noch nicht einmal ein eigenes Benutzerkonto. Abbildung 2.44 zeigt das Anmeldefenster im Browser für externe Personen, die selbst Microsoft Teams nicht nutzen.

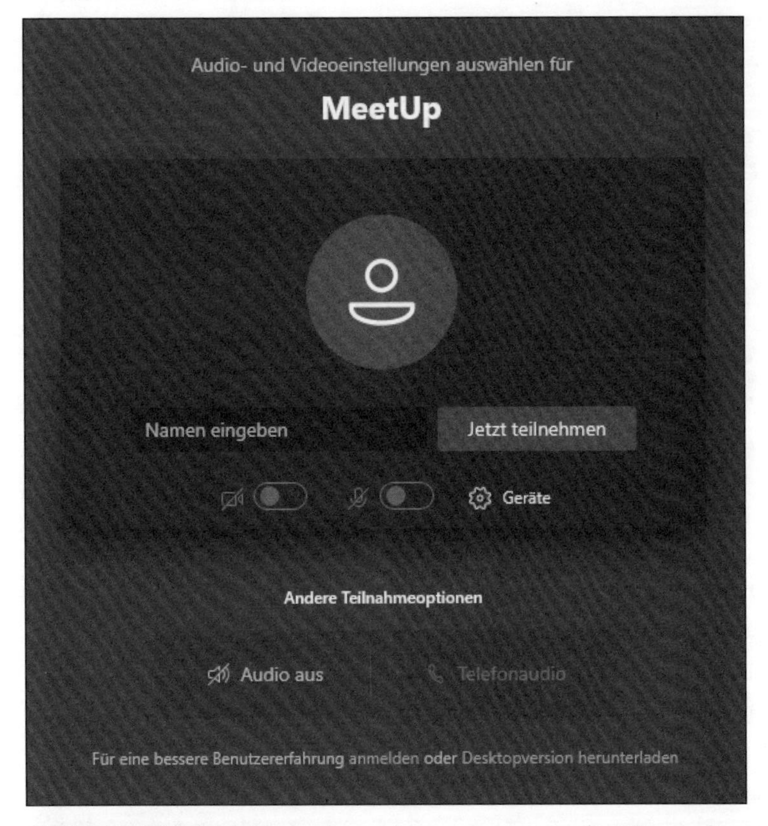

Abbildung 2.44 Anmeldung einer externen Person an einer Teams-Besprechung

Inhalte teilen

Während einer Besprechung können Sie auch Inhalte teilen (siehe Abbildung 2.45):

- den (oder einen) Desktop oder ein bestimmtes Anwendungsfenster
- den Inhalt einer PowerPoint-Präsentation
- ein Whiteboard
- gegebenenfalls Inhalte aus weiteren Diensten

[+] Übrigens macht es bei einer PowerPoint-Präsentation einen Unterschied, ob Sie den Desktop mit der PowerPoint-Anwendung freigeben oder die Präsentation selbst teilen. In letzterem Fall sehen alle Teilnehmer nur den Inhalt, nicht aber den PowerPoint-Editor. Außerdem sparen Sie viel Internetbandbreite, da hier kein Video an die Teilnehmer übermittelt wird, sondern der Präsentationsinhalt über PowerPoint Online gerendert wird, was bei Weitem nicht so viel Bandbreite belegt.

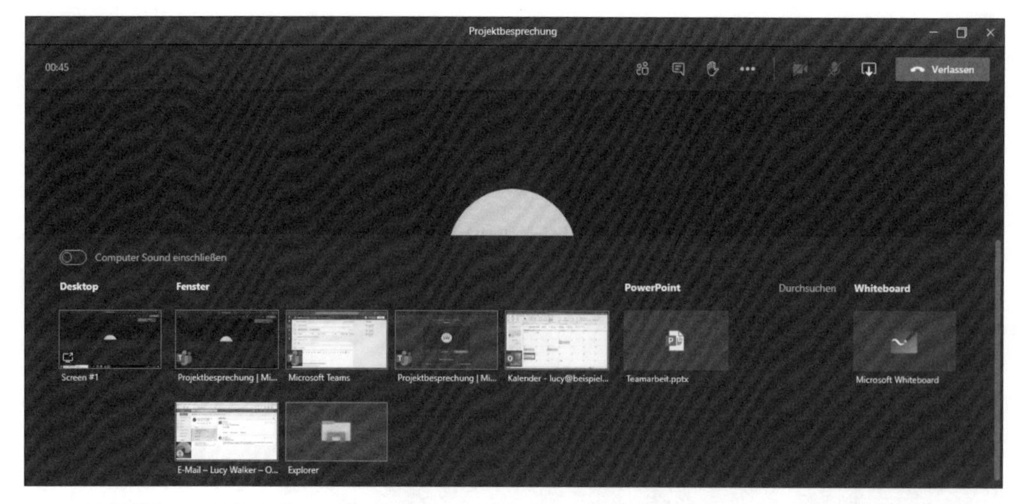

Abbildung 2.45 Teilen von Inhalten

Besprechungsnotizen

Über das Menü WEITERE AKTIONEN können die Teilnehmer den Bereich für Besprechungsnotizen öffnen und dort Informationen ablegen, die auch nach der Besprechung erhalten bleiben. Die Teilnehmer finden Sie in der gleichnamigen Registerkarte, wenn beispielsweise die Besprechung über den Chat-Bereich geführt wird (siehe Abbildung 2.46).

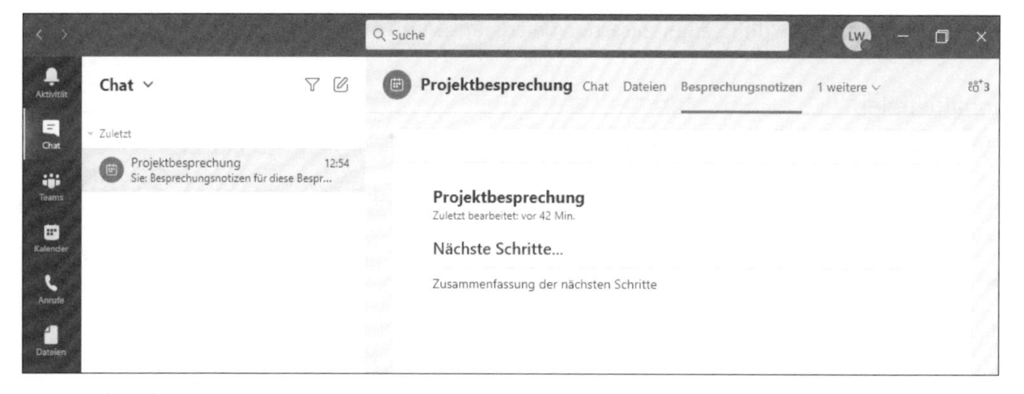

Abbildung 2.46 Besprechungsnotizen

2.4.2 Speicherorte

Auch bei Besprechungen werden die Datenobjekte in unterschiedlichen Speicherorten abgelegt.

Chats

Wo die Chats abgelegt werden, hängt von der Art der Besprechung ab:

- **Bei privaten Besprechungen**: Wie im Chat-Bereich liegen die Daten in einer Azure Cosmos DB-Datenbank und darüber hinaus für die Compliance-Funktionen in den persönlichen Postfächern der beteiligten Benutzer.
- **Bei Kanalbesprechungen**: Da diese Besprechungen einem Team-Kanal zugeordnet sind, liegen die Chat-Daten, wie im Teams-Bereich bereits erläutert, in einer Azure Cosmos DB-Datenbank und für die Compliance-Funktionen im Gruppenpostfach der zugrunde liegenden Microsoft 365-Gruppe.

Dateien

Die Speicherung der Dateien hängt ebenfalls von der Art der Besprechung ab:

- **Bei privaten Besprechungen**: im persönlichen OneDrive for Business der teilenden Person
- **Bei Kanalbesprechungen**: auf der Gruppenwebsite der zugrunde liegenden Microsoft 365-Gruppe in SharePoint Online

Aufzeichnungen

Der Speicherort von Aufzeichnungen ist abhängig von der Art der Besprechung:

- **Kanalbesprechungen**

  Die Aufzeichnung landet als MP4-Datei auf der Gruppenwebsite der zugrunde liegenden Microsoft 365-Gruppe in SharePoint Online. Dazu wird im Ordner des angegebenen Kanals ein Unterordner namens *Aufnahmen* angelegt. Auf diese Datei haben, wie bei den anderen Dateien auch, alle Team-Mitglieder gleichermaßen Zugriff.
- **Sofortbesprechungen**

  Bei Sofortbesprechungen ist das Aufzeichnungsverhalten identisch mit den Kanalbesprechungen.
- **Private Besprechungen**

  Bei privaten Besprechungen wird die Aufzeichnung im OneDrive for Business desjenigen Benutzers gespeichert, der die Aufzeichnung startet, auch hier wieder in einem automatisch angelegten Unterordner namens *Aufnahmen*. Auf diese MP4-Datei werden automatisch die folgenden Freigaben gesetzt:
  - Benutzer, der die Aufzeichnung startet: Schreibberechtigung (indirekt, da es sich ja um das OneDrive for Business dieses Benutzers handelt)
  - Benutzer, der die Besprechung organisiert: Schreibberechtigung
  - Benutzer, die zur Besprechung eingeladen sind: Leseberechtigung

Gäste (also Benutzer, die nicht zu Ihrem Mandanten gehören) erhalten keinen automatischen Zugriff. Sie können ihnen jedoch über die in OneDrive for Business integrierten Freigabefunktionen einen Zugriff manuell einräumen.

Bei den Chats wird jeweils ein Vorschaubild der Aufzeichnung angezeigt. Das Abspielen der Aufzeichnung erfolgt über die in OneDrive for Business beziehungsweise SharePoint Online integrierten Player im Browser.

Beachten Sie auch den Hinweis zur Änderung des Speicherverhaltens bei Aufzeichnungen ab Ende 2020/Anfang 2021 in Abschnitt 2.2.2, »Speicherorte«.

2.4.3 Audiokonferenzen

In manchen Fällen kann es durchaus notwendig sein, an einer Microsoft Teams-Besprechung per Telefon teilzunehmen – zumindest an einer Audiokonferenz. Dies kann der Fall sein, weil beispielsweise gerade keiner der Teams-Clients zur Hand ist, die Internetverbindung nicht gut genug ist oder auch wenn Teilnehmer sich extern aufhalten und ad hoc an einer Besprechung teilnehmen sollen, sich aber nicht mit dem Client auseinandersetzen können oder wollen. In solchen Fällen hilft die Funktion *Audiokonferenzen*, die separat lizenziert werden muss, im Lizenzpaket Office/Microsoft 365 E5 jedoch enthalten ist (siehe auch Abschnitt 8.2.1, »Microsoft Teams«). Allerdings ist diese Lizenz nicht für die Personen erforderlich, die per Telefon an einer Konferenz teilnehmen wollen, sondern nur für die Benutzer, die eine solche Konferenz planen. Das heißt, die Anrufer selbst benötigen keine solche Lizenz.

Die Funktion *Audiokonferenz* umfasst die folgenden Punkte:

- Die Bereitstellung von Einwahlrufnummern. In der Standardkonfiguration sind diese Nummern für den Anrufer kostenpflichtig. Auf Wunsch können Sie auch für den Anrufer kostenfreie Nummern bereitstellen. Allerdings müssen Sie dann über *Guthaben für Kommunikationen* für die Kosten während des Anrufs aufkommen (siehe Abschnitt 8.2.1, »Microsoft Teams«).
- Konferenzteilnehmer erhalten die Möglichkeit, Personen während der Konferenz anzurufen und somit in die Besprechung zu holen. Aktuell erhalten Sie dabei für diese Telefonate pro Benutzer und Lizenz 60 Minuten. Dabei werden die Minuten aller Benutzer in Ihrem Mandanten in einem Pool zusammengezählt und stehen für alle gleichermaßen zur Verfügung. Die Berechnung beginnt dabei jeden Monat erneut. Nicht aufgebrauchte Minuten können also nicht angespart werden. Ist der Pool bereits während des Monats aufgebraucht, wird dann wieder über *Guthaben für Kommunikationen* abgerechnet.
- Konferenzteilnehmer können sich auf dem initialen Teilnahmebildschirm auch anrufen lassen, um per Telefon am Audioteil der Besprechung teilzunehmen.

Microsoft Teams kann bei technischen Problemen den Anruf auch automatisch durchführen, wenn beispielsweise der Teilnehmer in ein mobilfunkseitig schlecht abgedecktes Gebiet wechselt und dort statt LTE oder 3G nur noch Edge zur Verfügung steht.

Aktuell können so bis zu 250 Anrufer per Telefon an einer Besprechung teilnehmen.

Konferenzbrücken

Eine Konferenzbrücke nimmt die Anrufe entgegen und kümmert sich um die korrekte Vermittlung. Im Microsoft Teams Admin Center finden Sie bereits eine große Anzahl von Brücken fertig eingerichtet (siehe Abbildung 2.47). Diese Brücken sind allgemein verfügbar und stehen allen Kunden mit Lizenzen für Audiokonferenzen zur Verfügung. Allerdings haben diese vorhandenen Brücken auch einige Nachteile: Zum einen ist die Konfiguration dieser Brücken limitiert. So können Sie beispielsweise die Ansagesprache nicht selbst auswählen. Zum anderen kommen allgemeine Einwahlnummern zum Einsatz und nicht eine von Ihnen bereitgestellte Nummer. Der Vorteil von Brücken jedoch ist, dass der Aufwand zum Anlegen einer eigenen Brücke recht überschaubar ist.

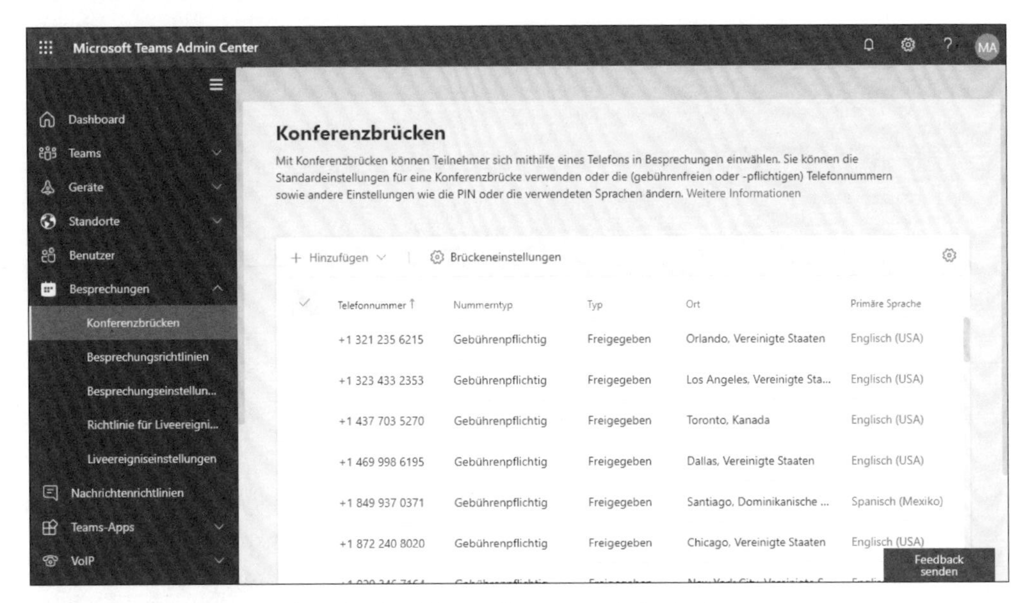

Abbildung 2.47 Konferenzbrücken im Microsoft Teams Admin Center

Jedem Benutzer ist eine Standardbrücke zugewiesen, die in der Besprechungseinladungs-E-Mail zuerst erscheint. Die anderen verbergen sich hinter einem separaten Link (siehe Abbildung 2.48).

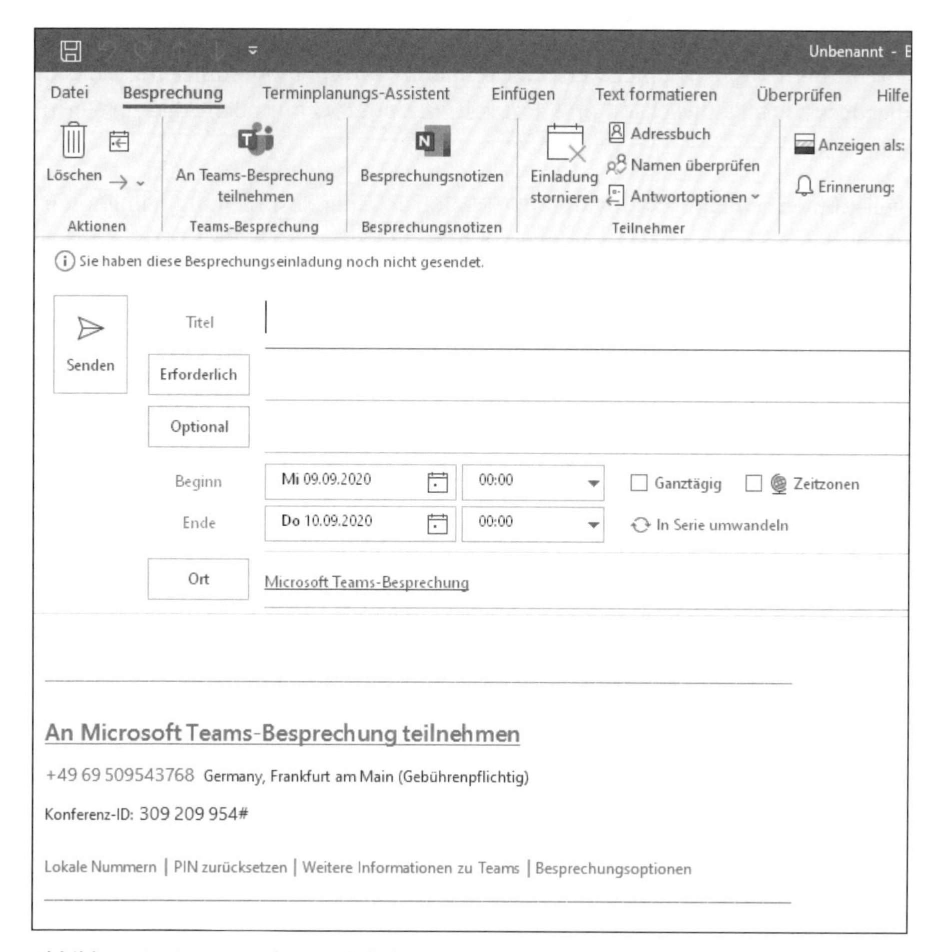

Abbildung 2.48 Besprechungseinladungs-E-Mail

2.5 Architektur für Liveereignisse

Liveereignisse setzen auf einer Reihe von Modulen auf. Da wäre zunächst das Planungsmodul, mit dem Sie Liveereignisse planen, Berechtigungen vergeben, die Einladungen an die Teilnehmer verschicken und die Produktionsmethode auswählen (mit oder ohne externes Studio-Equipment). Das Produktionsmodul wird von dem beziehungsweise den Produzenten während des Liveereignisses verwendet, um damit das angezeigte Bild und den übertragenen Ton zu verwalten. Im Hintergrund arbeitet dann noch das Streaming-Modul, das auf den *Azure Media Services* und dem *Azure Content Delivery Network (CDN)* aufsetzt. Mit diesem wird das Material codiert und weltweit verteilt. Zuletzt gibt es noch das optionale Modul *Enterprise Content*

Delivery Network (eCDN). Damit können Sie die Verteilung des Streams innerhalb Ihrer Organisation vonseiten der Netzwerkbelastung optimieren. Der Einsatz eines eCDNs setzt dabei jedoch einen der Partner *Hive*, *Kollective* oder *Ramp* voraus.

2.5.1 Unterschiedliche Produktionstypen

Bei der Planung eines Liveereignisses wählen Sie einen von zwei Produktionstypen aus:

- **Teams**

  In diesem Fall nutzen Sie die in den Teams-Client integrierte Studio-Oberfläche und die Geräte, die an Ihren beziehungsweise an den Rechnern der Referenten angeschlossen sind. An Liveereignissen dieses Typs können wahlweise bestimmte Personen und Gruppen oder alle Benutzer aus Ihrem Mandanten teilnehmen. In diesen Fällen ist eine Authentifizierung zur Teilnahme erforderlich. Dieser Typ unterstützt aber darüber hinaus auch öffentliche Liveereignisse, an denen alle Personen teilnehmen können, die über den Link zum Ereignis verfügen. Dabei entfällt die Authentifizierung. Dies ist insbesondere dann hilfreich, wenn Sie bei der Planung gar nicht genau wissen, wer teilnehmen wird, beispielsweise weil Sie den Link über soziale Netzwerke verbreitet haben.

- **Externe App oder externes Gerät**

  Hierbei nutzen Sie nicht die Geräte, die an Ihrem Rechner oder den Rechnern der anderen Referenten angeschlossen sind, sondern separates Studio-Equipment. In diesem Fall erfolgt die Verarbeitung ausschließlich über den Enterprise-Videodienst Microsoft Stream, der das Quellsignal von einem externen Encoder abgreift (dazu geben Sie eine URL zur Quelle an). Vor allem für Geräte für Bühnenpräsentationen mit mehreren Kameras eignet sich dieser Produktionstyp. Es gibt jedoch auch einen Nachteil: Da Microsoft Stream aktuell keine anonyme Teilnahme zulässt, können nur bekannte Benutzer teilnehmen.

2.5.2 Anwenderansicht

Die Planung eines Liveereignisses hat Microsoft recht gut in der Teams-Oberfläche versteckt. Gehen Sie daher bei der Planung wie folgt vor:

1. Im Desktop-Client oder im Web-Client öffnen Sie den Bereich KALENDER. Die Planung eines Liveereignisses ist nur im Teams-Client selbst und nicht etwa über Outlook möglich.

   [+] Sollte im Teams-Client der Kalender nicht dargestellt werden, lesen Sie den Kasten »Exchange-Hybridbereitstellung« in Abschnitt 2.2.2, »Speicherorte«.

2. Klicken Sie auf den Pfeil rechts neben der Schaltfläche NEUE BESPRECHUNG (siehe Abbildung 2.49).

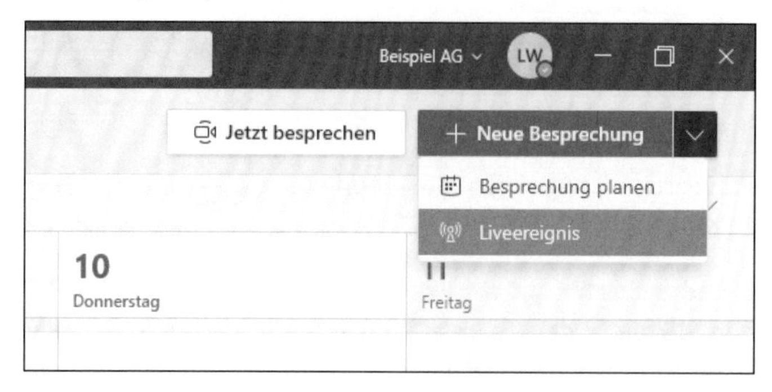

Abbildung 2.49 Liveereignis planen

3. Geben Sie die Daten für Ihr Liveereignis an (siehe Abbildung 2.50).

Abbildung 2.50 Liveereignis anlegen

4. Auf der nächsten Seite des Fensters geben Sie BERECHTIGUNGEN an, mit denen Sie bestimmen, wer an dem Liveereignis teilnehmen kann (siehe Abbildung 2.51). Außerdem entscheiden Sie sich für einen PRODUKTIONSTYP. In unserem Fall wählen wir die einfachste Option TEAMS.

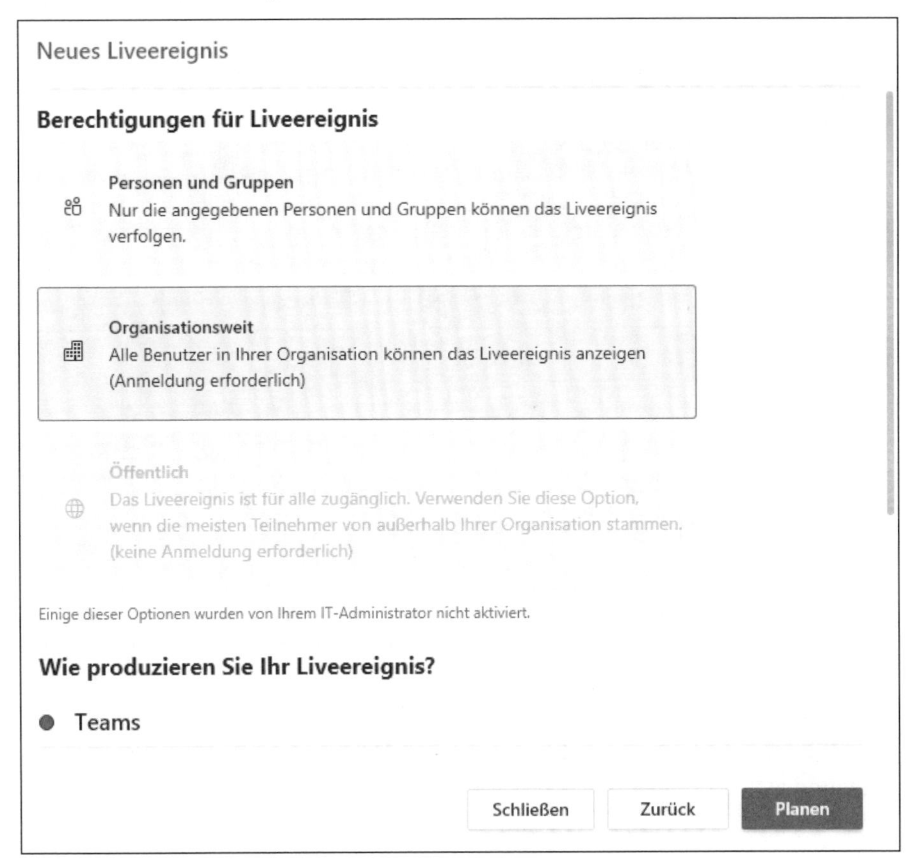

Abbildung 2.51 Liveereignis konfigurieren

5. Im letzten Schritt erhalten Sie einen Link, den Sie an die Teilnehmer weiterleiten können (siehe Abbildung 2.52). Die Organisatoren erhalten einen entsprechenden Kalendereintrag in ihrem Postfach.

Damit haben Sie das Liveereignis geplant und können es zum gegebenen Zeitpunkt starten.

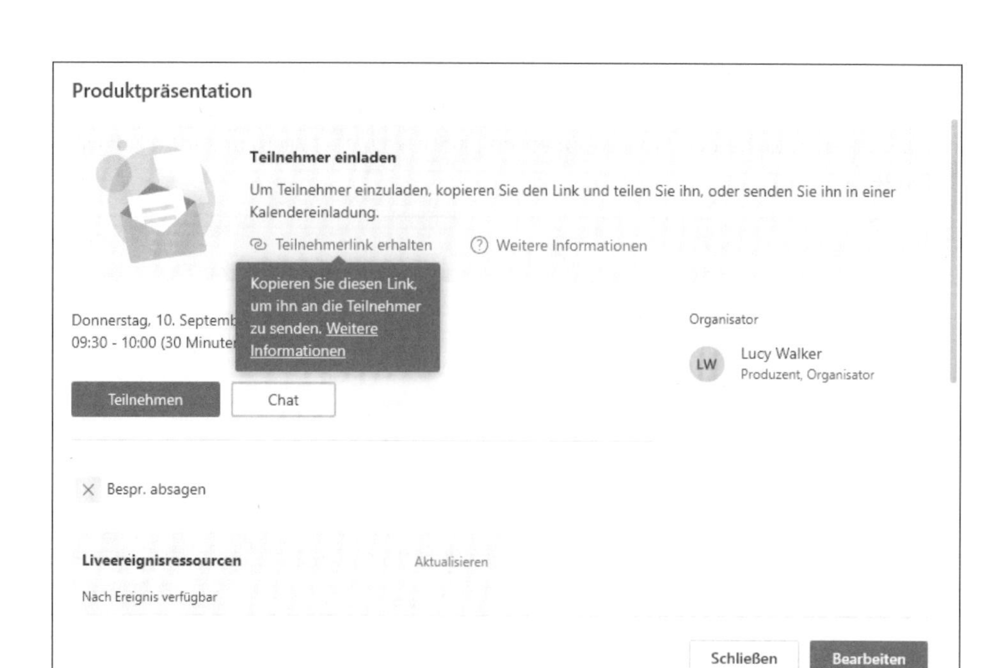

Abbildung 2.52 Fertig geplantes Liveereignis

Liveereignis durchführen

Ist der Zeitpunkt für Ihr Liveereignis gekommen, öffnen Sie es, wie Sie es auch mit anderen in Teams geplanten Besprechungen machen würden, also beispielsweise über den Link im Kalendereintrag oder direkt im Teams-Client. Sie können dann entscheiden, ob Sie als Produzentin beziehungsweise Produzent oder als Teilnehmer fungieren wollen (siehe Abbildung 2.53). Selbst wenn Sie persönlich die Produzentin beziehungsweise der Produzent sind, könnte es Sinn machen, auf einem zweiten Rechner parallel als Teilnehmer zu agieren. So haben Sie immer einen Blick darauf, was die Teilnehmer tatsächlich sehen. Als Produzent erhalten Sie dann die Produzentenansicht (siehe Abbildung 2.54).

Im unteren Bereich sehen Sie die präsentierbaren Materialien, also beispielsweise das Kamerabild – und zwar nicht nur von Ihnen, sondern von allen Referenten. Ähnlich wie bei herkömmlichen Teams-Besprechungen können Sie über die Schaltfläche TEILEN auch andere Quellen wählen, beispielsweise die Inhalte von Bildschirmen oder bestimmte Fenster.

Über der Quellenauswahl sehen Sie links die WARTESCHLANGE und rechts das LIVEEREIGNIS. In der Warteschlange bereiten Sie die Inhalte vor, die die Teilnehmer später zu sehen bekommen sollen. So können Sie in der Warteschlange etwa die Bildaufteilung so anpassen, dass in einer Zweiteilung sowohl der Inhalt eines Bildschirms als auch das Kamerabild zu sehen sind.

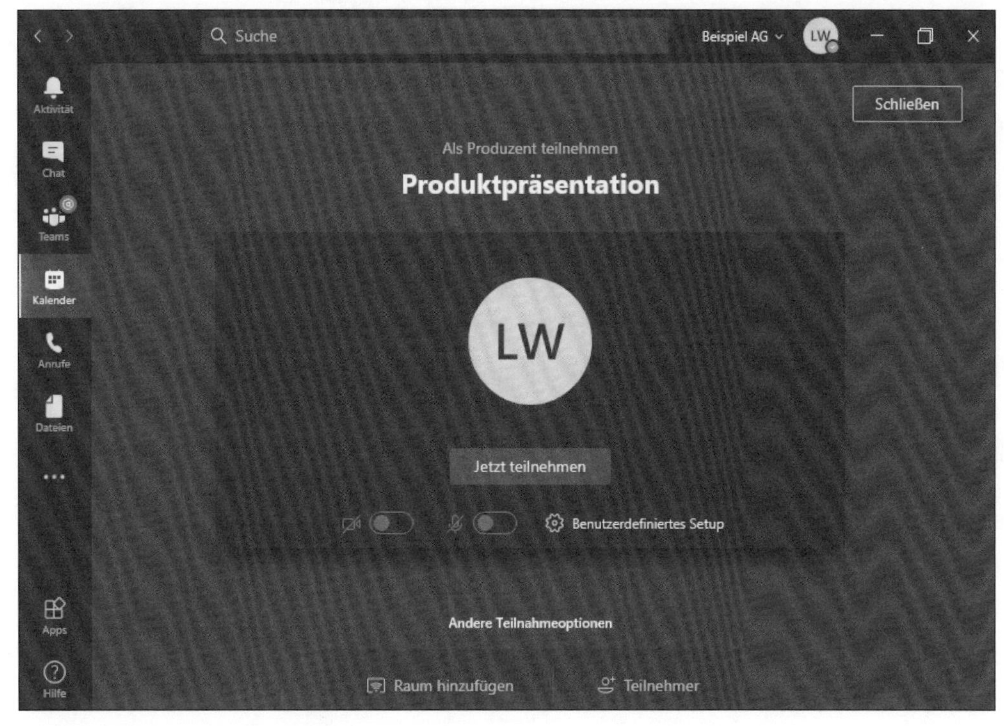

Abbildung 2.53 Das Liveereignis wird gestartet.

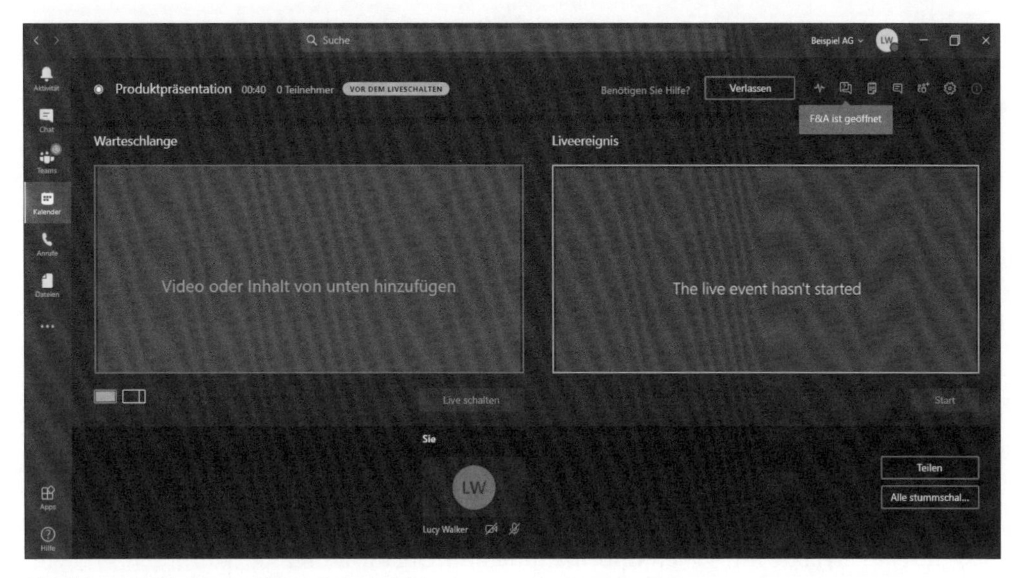

Abbildung 2.54 Die Produzentenansicht

Sind Sie mit den Vorbereitungen fertig, klicken Sie auf die Schaltfläche LIVE SENDEN, und der Inhalt wird nach rechts zum Liveereignis übertragen. Damit aber auch Ihre

Teilnehmer etwas sehen können, müssen Sie das Liveereignis über die Schaltfläche STARTEN offiziell beginnen.

Haben Sie bei der Planung des Liveereignisses den Frage-und-Antwort-Bereich aktiviert, können Sie die dazugehörige Ansicht rechts oben mit dem Symbol F&A ANZEIGEN einblenden (siehe Abbildung 2.55).

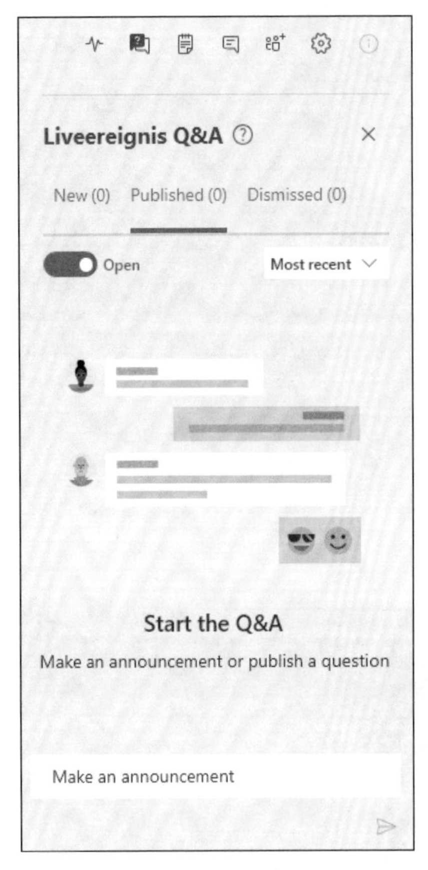

Abbildung 2.55 Frage-und-Antwort-Bereich

Nach Beendigung eines Liveereignisses finden Sie die während des Ereignisses erstellten Ressourcen, wie etwa einen Bericht zu den Fragen und Antworten, wenn Sie im Teams-Client im Bereich BESPRECHUNGEN den Eintrag des Liveereignisses öffnen (siehe Abbildung 2.56).

[+] Um Sie bei Ihren Liveereignissen zu unterstützen, stellt Ihnen Microsoft das *Virtual Event Playbook* mit vielen Informationen für Organisatoren, Produzenten, IT, Referenten, Teilnehmer und Moderatoren zur Verfügung. Sie finden es unter folgender Adresse:

https://adoption.microsoft.com/virtual-event-guidance/

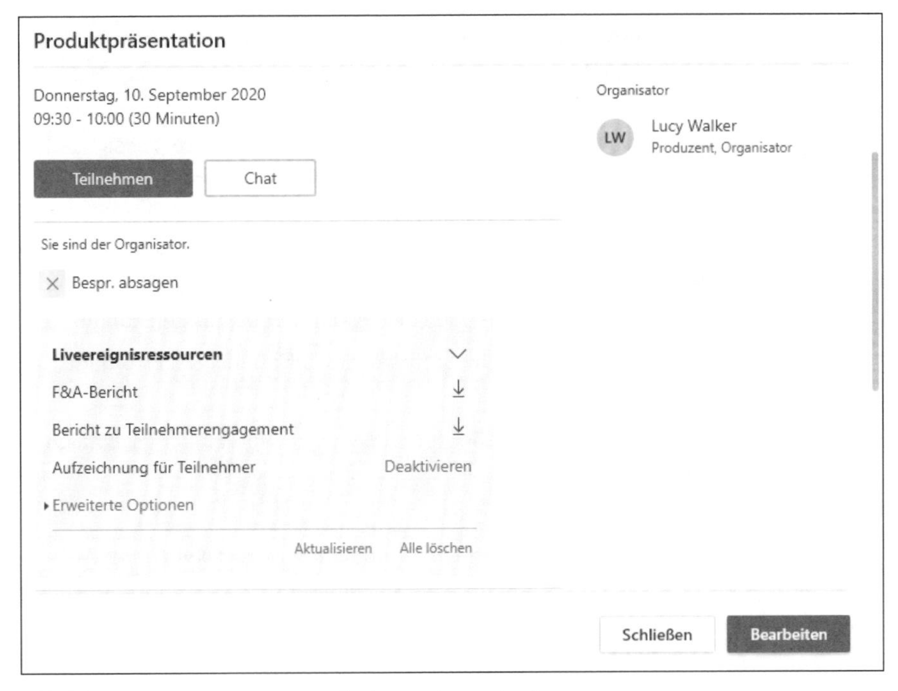

Abbildung 2.56 Ressourcen nach einem Liveereignis

Videos in Liveereignissen

Robin bereitet gerade das nächste Liveereignis vor. Im Liveereignis möchte die Geschäftsführerin ein paar Worte zur aktuellen Lage des Unternehmens an die Belegschaft richten. Natürlich möchte die Geschäftsführerin dabei ein möglichst gutes Bild abgeben und fragt Robin, ob es denn nicht die Möglichkeit gäbe, ihre Ansprache schon im Vorfeld auf Video aufzunehmen und im Liveereignis einfach das Video abzuspielen. Robin macht sich gleich auf die Suche ...

Robin startet ein testweise angelegtes Liveereignis. Im Teams-Client findet er leider nirgendwo die Möglichkeit, ein vorhandenes Video abzuspielen. Doch er weiß ja, dass der Desktop eines der Referenten übertragen werden kann. Also versucht er einen pragmatischen Ansatz: Er gibt einfach den Desktop frei und spielt die Videodatei in einem Player ab. Das scheint zwar grundsätzlich zu funktionieren, doch berichten seine testweise hinzugefügten Teilnehmer von einer sehr schlechten Qualität des angezeigten Videos. So gut scheint dieser einfache Ansatz offenbar doch nicht zu funktionieren.

Robin fragt daraufhin seine Kollegin Megan aus einem Partnerunternehmen, die in der Vergangenheit schon öfter Liveereignisse durchgeführt hat, nach Rat. Megan hat auch direkt eine passende Idee: Statt den Desktop freizugeben, verwendet sie für solche Fälle eine virtuelle Kamera. Dabei handelt es sich um eine Software, die sich auf dem Rechner als Webcam einbindet. Doch zeigt diese virtuelle Webcam kein reales Kamerabild, sondern den Inhalt einer Videodatei. Diese Webcam kann nun, wie jede andere Kamera auch, im Teams-Client als Videoquelle ausgewählt werden. Die damit erreichte Qualität bei der Darstellung des Videomaterials ist deutlich besser als bei einem freigegebenen Desktop, was auch die Teilnehmer bestätigen können.

Megan verrät Robin natürlich auch, welche Software sie dafür einsetzt. Erforderlich sind drei Komponenten:

- *OBS Studio*: Fungiert als externer Encoder für eine Vielzahl von Eingangssignalen – darunter auch Videodateien.

  https://obsproject.com/de

- *OBS Virtual Cam*: Eine Erweiterung von OBS Studio, mit der eine virtuelle Webcam auf dem Rechner eingerichtet wird. Eine solche Webcam kann das Bild von OBS Studio aufnehmen und im Teams-Client als Kamera ausgewählt werden.

  https://github.com/Fenrirthviti/obs-virtual-cam/releases

- *VB-CABLE Virtual Audio Device*: Richtet sowohl einen virtuellen Lautsprecher als auch ein virtuelles Mikrofon ein. Die Audioausgabe von OBS Studio wird über den virtuellen Lautsprecher an das virtuelle Mikrofon übergeben. Das virtuelle Mikrofon ist im Teams-Client als Audioaufnahmegerät auswählbar.

  www.vb-audio.com/Cable/index.htm

2.5.3 Speicherorte

Wo die Aufzeichnung des Liveereignisses gespeichert wird, ist abhängig von den beiden Produktionstypen:

- **Teams**

  Sie können bei der Planung des Liveereignisses konfigurieren, ob das Liveereignis aufgezeichnet werden soll. Nach dem Liveereignis haben Sie die Möglichkeit, die Aufzeichnung als MP4-Datei herunterzuladen und dann bei Bedarf weiterzugeben. Eine Möglichkeit wäre es, die MP4-Datei auf Microsoft Stream hochzuladen – aber denken Sie auch hier wieder daran, dass Microsoft Stream keine anonymen Benutzer zulässt. Alternativ können Sie die Datei aber auch bei anderen Videodiensten wie *YouTube* hochladen.

- **Externe App oder externes Gerät**

  Die Aufzeichnung wird den Teilnehmern automatisch über Microsoft Stream zugänglich gemacht.

Ich denke, man kann davon ausgehen, dass die Aufzeichnung von Liveereignissen zukünftig ebenfalls in OneDrive for Business beziehungsweise SharePoint Online abgelegt werden.

2.6 Architektur für Telefonie

Microsoft Teams stellt nicht nur Funktionen für die Zusammenarbeit an Dateien und im Rahmen von Besprechungen und Konferenzen bereit, sondern bei Bedarf auch für die klassische Telefonie. Dabei sind keine Anrufe von Teams-Benutzer zu Teams-Benutzer gemeint, sondern Anrufe in und vom herkömmlichen Telefonnetz.

2.6.1 Telefonie-Funktionen

Die wesentlichen Funktionen rund um die Telefonie mit Microsoft Teams lassen sich in die folgenden Bereiche aufteilen:

- **Benutzertelefonie**

  Sie können Ihre Benutzerkonten mit Telefonnummern ausstatten, unter denen sie über das herkömmliche Telefonnetz erreichbar sind. Die Anrufe werden dann auf allen Geräten signalisiert, auf denen der Teams-Client läuft, beispielsweise auch auf Mobilgeräten (siehe Abbildung 2.57).

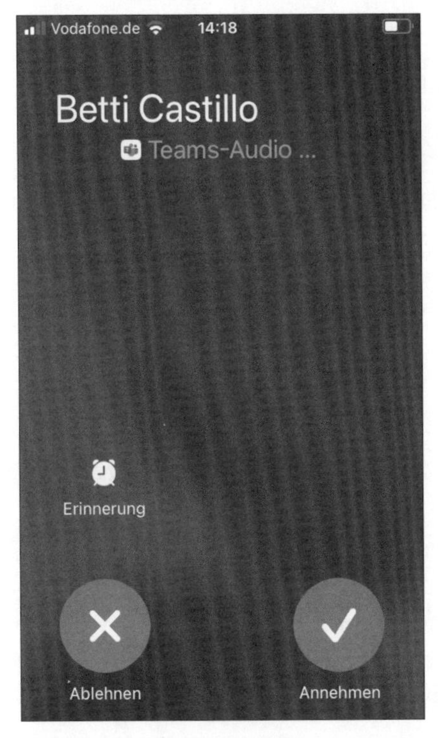

Abbildung 2.57 Anruf auf einem Smartphone

Natürlich können die Benutzer auch selbst über einen Teams-Client Anrufe im Telefonnetz tätigen. Bei Bedarf kann auch ein Anrufbeantworter verwendet werden. Den Telefonie-Bereich finden Sie im Teams-Client im Bereich ANRUFE (siehe Abbildung 2.58).

Abbildung 2.58 Anrufe-Bereich im Teams-Client

- **Gerätetelefonie**

  Ähnlich der Benutzertelefonie können Sie auch bestimmte Geräte mit Rufnummern ausstatten, beispielsweise Konferenzraumtelefone oder an zentralen Orten aufgestellte Telefone, wie dem Pausenraum, dem Empfang etc. Hierfür verwenden Sie separate Benutzerkonten, denen die entsprechende Rufnummer zugewiesen wird.

- **Diensttelefonie**

  Neben Telefonie mit Personen ist in manchen Szenarien aber auch die Telefonie mit Diensten ein wichtiger Baustein. Hier stellt Microsoft Teams zwei unterschiedliche Dienste bereit:

  - Anrufwarteschleifen: Warteschleifen nutzen Sie beispielsweise im Servicebereich. Angenommen, Sie beschäftigen ein Team von Kundendienstmitarbeitern, die Anrufe von Ihren Kunden entgegennehmen sollen. Diese Mitarbeiter nehmen Sie in eine Anrufwarteschleife auf, der Sie eine Telefonnummer zuweisen (wieder über einen Dienstbenutzer). Ruft ein Kunde nun diese Nummer an, gelangt er in die Anrufwarteschleife. Nach bestimmten Regeln werden die Kundendienstmitarbeiter über den Anruf informiert, und diese können ihn wiederum entgegennehmen (siehe Abbildung 2.59). Dazu gibt es vielfältige Konfigurationsmöglichkeiten, wie beispielsweise einen automatischen Ansagetext für die Begrüßung, Wartemusik etc.

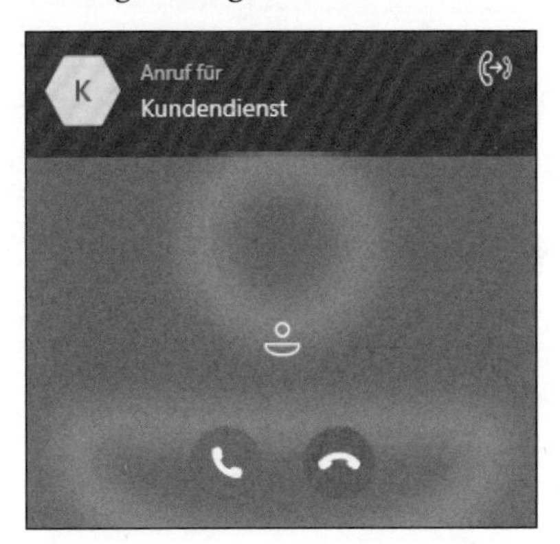

Abbildung 2.59 Anrufsignal beim Mitglied einer Anrufwarteschleife

- Automatische Telefonzentralen: Eine automatische Telefonzentrale erreichen die Anrufer über eine separate Telefonnummer. Dort wird der Anrufer durch ein Menü geführt (Sie kennen dies bestimmt aus eigener Erfahrung: »Für den Kundensupport drücken Sie die 1 ...«). Über ein solches Menü kann der Anrufer beispielsweise an den richtigen Adressaten übergeben werden, was genauso eine bestimmte Person sein kann wie auch eine Anrufwarteschleife. Es ist sogar möglich, dass der Anrufer den Namen seines gewünschten Ansprechpartners deutlich ausspricht und daraufhin direkt an diese Person weitergeleitet wird (sofern der Name korrekt erkannt wurde).

Je nach Betrachtungsansatz könnte man zu den Telefonie-Funktionen auch die Audiokonferenzen mit den bereitgestellten Einwahlrufnummern und auch das Anrufen einer Telefonnummer aus einer Konferenz heraus zählen (siehe Abschnitt 2.4.3, »Audiokonferenzen«), jedoch gehört diese Funktionalität nicht direkt zur Telefonie, sondern zum Besprechungsbereich.

2.6.2 Anbindung an das Telefonnetz

Um mit Microsoft Teams Telefonie-Funktionen nutzen zu können, ist eine ganze Reihe unterschiedlicher Komponenten erforderlich. Einige davon sind in den eigentlichen Lizenzen für Microsoft Teams nicht enthalten (wie beispielsweise im Lizenzpaket Office/Microsoft 365 E3) und erfordern daher zusätzliche Lizenzen. Lesen Sie hierzu Abschnitt 8.2.1, »Microsoft Teams«.

Um Telefonie-Funktionen nutzen zu können, benötigen Sie zunächst einmal eine Telefonanlage. Nicht als Hardware bei Ihnen vor Ort, aber in Ihrem Mandanten. Diese Telefonanlage erhalten Sie über Lizenzen vom Typ *Telefonsystem*, wie sie beispielsweise im Lizenzpaket Microsoft/Office 365 E5 enthalten sind. Solche Lizenzen weisen Sie den (Dienst-)Benutzern zu, die Telefonie-Funktionen benötigen.

Allerdings ist das allein noch nicht ausreichend. Sie kennen das aus Ihrem privaten Umfeld: Kaufen Sie im Elektronikmarkt eine Telefonanlage (oder heute eher einen Internetrouter mit entsprechender Funktionalität), können Sie ohne einen Telefonie-Anbieter nicht viel damit anfangen. Der Telefonie-Anbieter stellt die Anbindung an das Telefonnetz für Sie bereit. Bei Microsoft Teams haben Sie dabei mehrere Möglichkeiten (siehe Abbildung 2.60):

- Anrufpläne
- Direktes Routing
- Skype for Business Server (eher ein Sonderfall für bestehende Installationen – in der Abbildung ist dies nicht aufgeführt)

Sehen wir uns alle drei Varianten nun einmal genauer an.

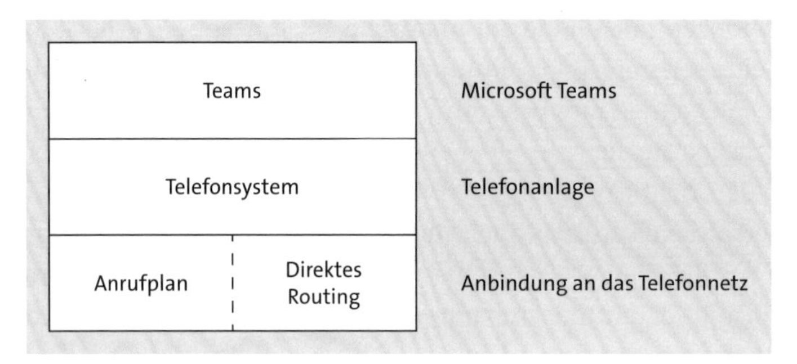

Abbildung 2.60 Telefonie-Komponenten

Anrufpläne

Bei dieser Variante tritt Microsoft selbst als Telefonie-Anbieter auf, und Sie benötigen in Ihrem Unternehmen keine lokale Telefonanlage oder andere Infrastrukturkomponenten. Die Telefonie-Funktionen werden komplett cloudbasiert bereitgestellt. Bei den Anrufplänen handelt es sich um Lizenztypen, die ein gewisses Kontingent an Telefonie-Guthaben beinhalten. Dabei gibt es unterschiedliche Anrufpläne, die ein monatliches Guthaben entweder nur für Inlandsgespräche oder auch für Auslandsgespräche beinhalten. Die Lizenzen für Anrufpläne weisen Sie zwar den Benutzerkonten zu, jedoch wird das Guthaben in Ihrem Mandanten in einem gemeinsamen Pool bereitgestellt, aus dem sich alle Benutzer gleichermaßen bedienen. Ist der Pool aufgebraucht, können Sie ihn mit *Guthaben für Kommunikationen* automatisiert oder auch manuell wieder auffüllen.

Den aktuellen Verbrauch des Pools können Sie über einen Bericht abrufen. Wo Sie diesen finden, lesen Sie in Abschnitt 11.7.1, »Berichte im Microsoft 365 Admin Center«.

Dann stellt sich noch die Frage, woher die Telefonnummern eigentlich stammen. Lesen Sie dazu den Kasten »Telefonnummern«. Abbildung 2.61 zeigt die beteiligten Komponenten für die Telefonie-Variante mit den Anrufplänen.

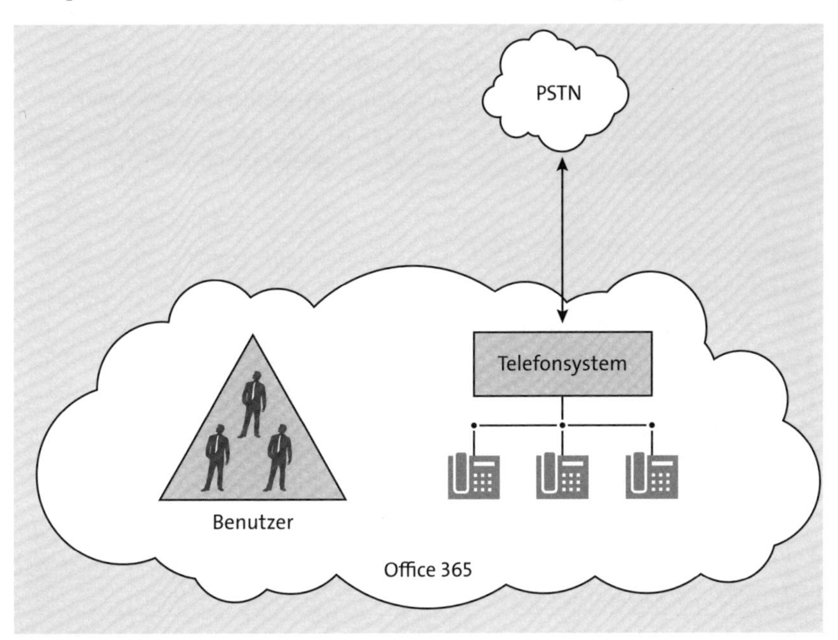

Abbildung 2.61 Komponenten Anrufpläne

Anrufpläne sind aktuell leider nicht in allen Ländern verfügbar. Eine aktuelle Liste finden Sie unter der folgenden URL:

https://aka.ms/callingplans

Telefonnummern

Microsoft Teams unterscheidet zwei Arten von Telefonnummern: zum einen die Telefonnummern, die Sie Ihren Benutzern direkt zuordnen, und zum anderen die Telefonnummern, die Sie für Dienste einsetzen wollen, beispielsweise Audiokonferenzen, Anrufwarteschlangen und automatische Telefonzentralen.

Unabhängig von der Art der Telefonnummer müssen Sie die Nummern zuerst in Ihrem Mandanten registrieren, bevor Sie diese einsetzen können. Dabei gibt es wiederum mehrere Varianten: Entweder fordern Sie neue Rufnummern direkt bei Microsoft an, oder aber Sie portieren von Ihrem bestehenden Anbieter die Nummern, die Sie aktuell verwenden. Dabei lassen sich nur komplette Nummernblöcke portieren und nicht einzelne Nummern daraus.

Wie viele Telefonnummern Sie bei Microsoft anfordern können, hängt von der Anzahl der Lizenzen ab, die Sie in Ihrem Mandanten zur Verfügung haben, und von der Art der Telefonnummern, die Sie benötigen. Möchten Sie Telefonnummern für Benutzer anfordern, berechnen Sie die maximale Anzahl wie folgt: Addieren Sie die Anzahl Ihrer *Anrufplan*-Lizenzen. Die Summe multiplizieren Sie mit 1,1 und addieren zuletzt noch 10 dazu.

Hier vielleicht noch einmal anhand eines praktischen Beispiels erklärt: Angenommen, Sie verfügen über 20 *Anrufplan-Inland*-Lizenzen sowie zehn *Anrufplan-Inland- und Anrufplan-International*-Lizenzen. Dann berechnet sich die maximale Anzahl wie folgt:

$(20 + 10) \times 1{,}1 + 10 = 43$

Bei den Telefonnummern für Dienste gilt diese Formel jedoch nicht. Hier ist die Summe der Lizenzen der Typen *Telefonsystem* und *Audiokonferenzen* ausschlaggebend. Tabelle 2.5 zeigt Ihnen, wie viele Telefonnummern Sie für Dienste anfordern können. Die Angaben in der Tabelle gelten dabei sowohl für Telefonnummern, die für den Anrufer kostenpflichtig sind, als auch für Telefonnummern, die gebührenfrei sind. Verwenden Sie gebührenfreie Telefonnummern, benötigen Sie allerdings Guthaben für Kommunikationen.

Anzahl Lizenzen Telefonsystem und Audiokonferenzen	Anforderbare Telefonnummern für Dienste
1 – 25	5
26 – 49	10
50 – 99	20
100 – 149	30
150 – 199	40
200 – 499	65
500 – 749	90
750 – 999	110
1.000 – 1.249	125
1.250 – 1.499	135
1.500 – 1.999	160
2.000 – 2.999	210

Tabelle 2.5 Anforderbare Telefonnummern für Dienste

Anzahl Lizenzen Telefonsystem und Audiokonferenzen	Anforderbare Telefonnummern für Dienste
3.000 – 6.999	420
7.000 – 9.999	500
10.000 – 14.999	600
15.000 – 19.999	700
20.000 – 50.000	1.000
50.000 und mehr	1.500

Tabelle 2.5 Anforderbare Telefonnummern für Dienste (Forts.)

Direktes Routing

Bei dieser Variante nutzen Sie Ihre bestehende lokale Telefonie-Infrastruktur (siehe Abbildung 2.62).

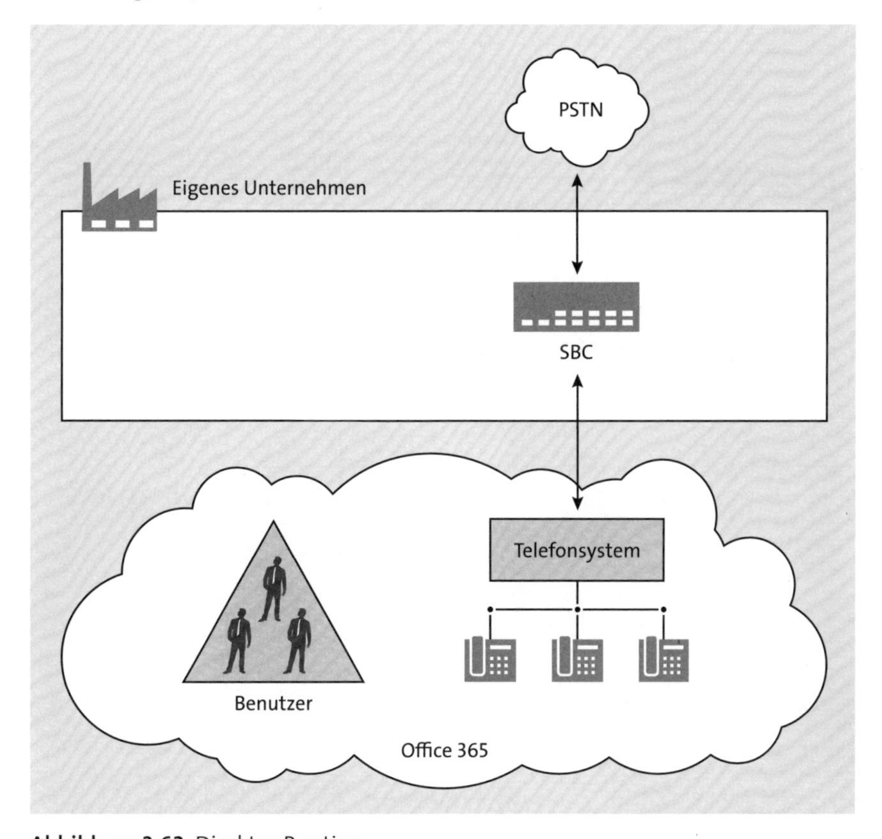

Abbildung 2.62 Direktes Routing

Zentrale Komponente ist dabei der *SBC (Session Border Controller)*, der als Bindeglied zwischen Microsoft Teams und Ihrem Telefonie-Anbieter fungiert. Dazu ist es aber auch erforderlich, dass der SBC kompatibel mit Microsoft Teams ist. Eine Liste der aktuell kompatiblen SBCs finden Sie hier:

https://docs.microsoft.com/de-de/microsoftteams/direct-routing-border-controllers

Diese Variante ermöglicht es Ihnen, Ihren derzeitigen Telefonie-Anbieter beizubehalten – sei es aus Kostengründen oder auch aufgrund noch bestehender Verträge. Außerdem können Sie hier auch weiterhin Geräte verwenden, die Microsoft Teams nicht unterstützt, wie beispielsweise analoge Geräte.

Allerdings steigt durch die zusätzlichen Komponenten auch die Komplexität in der Bereitstellung.

Skype for Business Server

Die letzte Variante ähnelt dem direkten Routing. Auch hier verwenden Sie Ihre lokale Telefonie-Infrastruktur weiter – mit dem Unterschied, dass hierbei Ihre vorhandene Skype for Business Server-Umgebung genutzt wird (siehe Abbildung 2.63).

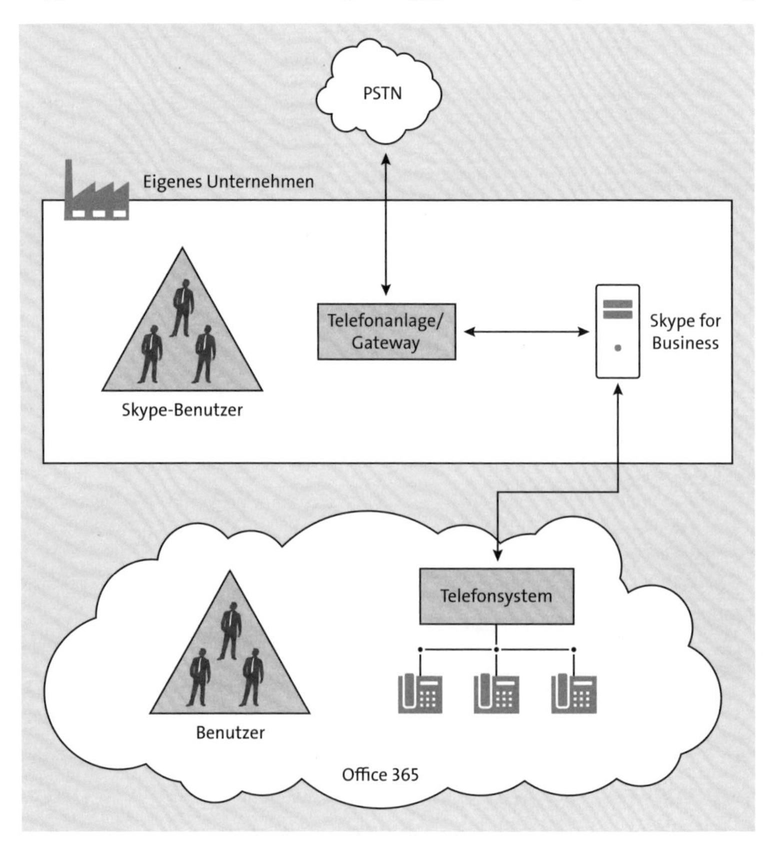

Abbildung 2.63 Komponenten Skype for Business Server

[+] Auch wenn diese Variante grundsätzlich funktioniert, sollten Sie insbesondere aufgrund der hohen Komplexität möglichst davon Abstand nehmen (beispielsweise sobald alle Anwender von Skype for Business zu Microsoft Teams migriert wurden).

Auswahl der passenden Variante

Bei der Auswahl der für Ihre Organisation richtigen Variante zur Bereitstellung der Telefonie sollten Sie sich insbesondere diese Fragen stellen:

- Sind Anrufpläne in Ihrem Land verfügbar?
- Soll der vorhandene Telefonie-Anbieter beibehalten werden (beispielsweise wegen einer besseren Preisstruktur oder noch bestehender Verträge)?
- Gibt es eine vorhandene Skype for Business Server-Umgebung, und soll diese weiter betrieben werden?
- Besitzen Sie eine lokale Telefonanlage, die weiter betrieben werden soll?
- Fehlen relevante Funktionen im Telefonie-System von Microsoft Teams?
- Müssen Geräte angebunden werden, die Microsoft Teams aktuell nicht direkt unterstützt (beispielsweise analoge Geräte)?

Bei der Beantwortung dieser Fragen hilft Ihnen auch Tabelle 2.6 weiter.

	Anrufpläne	Direktes Routing	Skype for Business Server
Quelle für Rufnummern	Microsoft (oder Portierung)	Separater Telefonie-Anbieter	Separater Telefonie-Anbieter
Lokale Telefonie-Infrastrukturkomponenten erforderlich	nein	ja	ja
Unterstützung analoger Geräte	nein	ja	ja
Grundsätzlich in jedem Land verfügbar	nein	ja	ja

Tabelle 2.6 Vergleich Telefonie-Varianten

[+] Beachten Sie dabei aber auch, dass die Wahl aus diesen Varianten keine Entweder-oder-Entscheidung ist, sondern Sie auch Kombinationen nutzen können. Beispielsweise könnten Sie Mitarbeiter Ihres zentralen Standorts und die vorhandene Telefonie-Infrastruktur über direktes Routing anbinden, wohingegen die Mitarbeiter aus kleinen entfernten Standorten über Anrufpläne telefonieren.

2.7 Limitierungen

Bei der Planung Ihrer Microsoft Teams-Umgebung sollten Sie immer auch die Limitierungen des Dienstes mit berücksichtigen. So wie bei neuen Funktionen unterliegen auch diese Limitierungen einem gewissen Wandel, und im Laufe der Zeit werden altbekannte Grenzen aufgehoben. Beispielsweise konnten bei Erscheinen von Microsoft Teams pro Team maximal 2.500 Mitglieder aufgenommen werden. Heute liegt dieses Limit bei 25.000. Es lohnt sich für Sie also durchaus, auch bei den Limitierungen immer einen Blick auf die aktuelle Entwicklung zu werfen. Wie Sie dabei am besten vorgehen, lesen Sie auch in Kapitel 4, »Evergreen«.

Tabelle 2.7 enthält einen Überblick über die wichtigsten und aktuell gültigen Grenzwerte.

Bereich	Funktionalität	Grenzwert
Teams und Kanäle	Anzahl der Teams, die jeder Benutzer erstellen kann	250
	Anzahl der Teams, die jeder globale Administrator erstellen kann	500.000
	Anzahl der Teams pro Mandant	500.000
	Anzahl von Teams, in denen jeder Benutzer Mitglied sein kann	1.000
	Anzahl der Mitglieder in jedem Team	25.000 (ab 4. Quartal 2020)
	Anzahl von Besitzern pro Team	100
	Anzahl organisationsweiter Teams	5
	Anzahl der Kanäle pro Team	200
	Anzahl der privaten Kanäle pro Team	30
	Anzahl von Mitgliedern pro privatem Kanal	250

Tabelle 2.7 Microsoft Teams-Limitierungen

Bereich	Funktionalität	Grenzwert
Chat	Anzahl der Benutzer in einem privaten Chat	250
	Anzahl der Benutzer in einem Video- oder Audioanruf – initiiert aus einem Chat	20
	Anzahl der Dateianlagen	10
Besprechungen	Anzahl der Personen in einer Besprechung	300 (kann über den Lizenztyp *Advanced Communication* auf 1.000 angehoben werden – siehe Abschnitt 8.2.1, »Microsoft Teams«)
	Telefonteilnehmer in Audiokonferenzen	250
Teams-Liveereignisse	Teilnehmeranzahl	10.000 (kann über den Lizenztyp *Advanced Communication* auf 20.000 angehoben werden – siehe Abschnitt 8.2.1, »Microsoft Teams«)
	Dauer	4 Stunden (kann über den Lizenztyp *Advanced Communication* auf 16 Stunden angehoben werden – siehe Abschnitt 8.2.1, »Microsoft Teams«)
	Gleichzeitige Liveereignisse	15 (kann über den Lizenztyp *Advanced Communication* auf 50 angehoben werden – siehe Abschnitt 8.2.1, »Microsoft Teams«)
Speicher – SharePoint	Dateiablage pro Team	25 GB
	Speicherpool pro Mandant	1 TB + 10 GB pro SharePoint-Lizenz

Tabelle 2.7 Microsoft Teams-Limitierungen (Forts.)

Beim Speicher für SharePoint und Stream verfügen Sie in Ihrem Mandanten jeweils über einen Speicherpool, dessen Gesamtgröße sich an der Anzahl der verfügbaren

Lizenzen orientiert. Dazu zählen auch Lizenzpakete (wie Office/Microsoft 365 E3 oder E5), allerdings sind davon die Lizenztypen F1 und F3 ausgenommen. Beachten Sie hier insbesondere, dass der SharePoint-Speicherpool nicht ausschließlich für Microsoft Teams verwendet wird, sondern dass dort sämtliche SharePoint-Websites gegengerechnet werden. Sollte der Speicher für SharePoint oder Stream nicht ausreichen, können Sie jedoch auch weiteren Speicher zusätzlich erwerben.

Unter dieser URL finden Sie die jeweils aktuell gültigen Limitierungen für Microsoft Teams:

https://docs.microsoft.com/de-de/microsoftteams/limits-specifications-teams

Daneben finden Sie die Grenzwerte für SharePoint Online und Microsoft Stream unter diesen Adressen:

- SharePoint Online: *https://docs.microsoft.com/de-de/office365/servicedescriptions/sharepoint-online-service-description/sharepoint-online-limits*
- Microsoft Stream: *https://docs.microsoft.com/de-de/stream/quotas-and-limitations*

2.8 Erweiterungen

Microsoft Teams sollten Sie samt seinen Clients nicht als isolierte Insel in der Anwendungslandschaft Ihres Unternehmens betrachten. Microsoft hat bei der Entwicklung bewusst sehr viel Wert auf einen Plattformgedanken gelegt. Die Idee dahinter ist, dass sich Microsoft Teams nicht nur auf die Kernfunktionen wie Zusammenarbeit, Besprechungen und Telefonie beschränkt, sondern dass jedes Unternehmen den Client individuell an seine Bedürfnisse anpassen und dort weitere Dienste und Anwendungen integrieren können soll. Für den Anwender soll der Teams-Client somit zum zentralen Client werden, in dem er einen Großteil seiner Arbeit durchführen kann. Spitze Zungen behaupten bereits, Microsoft Teams wäre das neue Windows.

2.8.1 App Store

Zur Erweiterung der nativen Microsoft Teams-Funktionalität setzt Microsoft auf das Apps-Konzept, wie es beispielsweise vor allem auch im Smartphone-Bereich existiert: Ist die vorhandene Funktionalität nicht ausreichend, ruft der Anwender bei Bedarf eine App aus einem App Store auf und erweitert somit die Funktionalität. Eine solche in Microsoft Teams integrierbare App kann dabei aus drei unterschiedlichen Quellen stammen:

- **Microsoft Teams App Store**

  Microsoft betreibt einen globalen App Store für Microsoft Teams. In diesem sind nicht nur Microsoft-eigene Apps enthalten, sondern beliebige Entwickler können dort ihre Apps einreichen. Wenn diese gewisse Richtlinien erfüllen, werden auch fremde Apps im App Store veröffentlicht. Anwender aus Microsoft Teams haben so Zugriff auf eine Vielzahl der unterschiedlichsten Apps und können sie von einer zentralen Stelle beziehen. Welche Apps aus dem globalen App Store von den Anwendern aus Ihrem Unternehmen genutzt werden können, lässt sich von administrativer Seite aus natürlich beschränken (siehe Abbildung 2.64) – was auch sehr wichtig ist, denn sonst ist unter Umständen die Gefahr groß, dass Anwender Apps nutzen, die nicht zur Strategie des Unternehmens passen. Es wäre wahrscheinlich auch nicht besonders hilfreich, wenn im Unternehmen eine Handvoll unterschiedlicher Notizen-Apps genutzt würde. Denken Sie dabei nur an Lizenzierung, Backup, Archivierung, separate Freigabe durch den Betriebsrat etc. Weitere Informationen zur Konfiguration finden Sie auch in Abschnitt 7.2.5, »Teams-Apps«.

Aktuell finden Sie im globalen App Store rund 50 Apps von Microsoft selbst und 500 Apps von anderen Anbietern – wobei die Anzahl stark steigend ist.

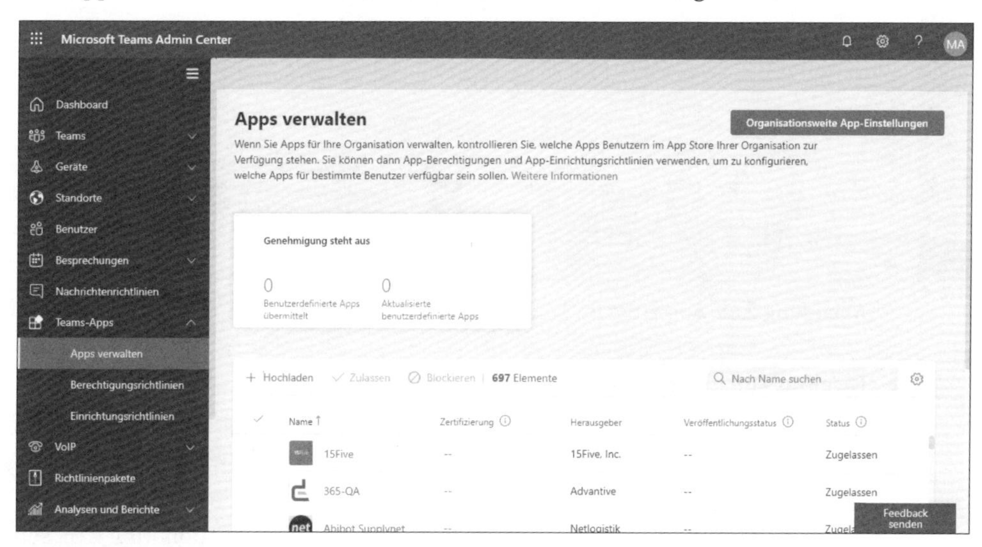

Abbildung 2.64 App-Konfiguration im Microsoft Teams Admin Center

- **App Store für Unternehmen**

  Sie können für Ihr eigenes Unternehmen auch eigene Apps entwickeln und diese den Anwendern zur Verfügung stellen, ohne Ihre App in den globalen App Store aufnehmen zu müssen. Das können beispielsweise Apps sein, die auf unternehmenseigene Daten zugreifen, spezielle Dienste bereitstellen, beispielsweise einen Shuttleservice für das Betriebsgelände oder eine spezielle Kantinen-App, Apps für Urlaubsanträge, die Reisekostenabrechnung etc.

Damit Ihre Anwender nicht mit zwei separaten App Stores arbeiten müssen, um benötigte Apps zu finden, sind im Teams-Client beide Stores in einer gemeinsamen Ansicht vereint. Im Teams-Client findet der Anwender in der Navigationsleiste am unteren Rand die Schaltfläche Apps. Darüber befinden sich alle für ihn freigegebenen Apps (siehe Abbildung 2.65). Die unternehmenseigenen Apps sind unter Entwickelt für <Unternehmensname> eingeordnet (sofern es solche gibt).

Abbildung 2.65 App Store im Teams-Client

- **Direktes Hochladen**

  Apps lassen sich auch ohne einen der beiden App Stores in den Teams integrieren, und zwar durch einen einfachen Upload. Stellt der Entwickler eine Teams-App fertig, erzeugt er eine *ZIP-Datei*, die alle erforderlichen Dateien enthält. Diese Datei kann der Anwender im Teams-Client direkt hochladen (in Abbildung 2.65 sehen Sie den Punkt Benutzerdefinierte App hochladen). Dieser Weg wird typischerweise gewählt, wenn es um eine sehr spezielle App geht, die nur für einen sehr kleinen Anwenderkreis gedacht ist – beispielsweise weil sich die App noch in der Entwicklung befindet und nur von einigen Anwendern vorab getestet werden soll, bevor sie in den unternehmenseigenen App Store aufgenommen wird.

2.8.2 Arten von Apps

Apps können in Microsoft Teams unterschiedliche Ausprägungen haben. Eine App könnte beispielsweise links in der Navigation genauso erscheinen, wie etwa die

Schichten-App (siehe Abschnitt 3.9, »Szenario: Stationärer Handel«). Genauso kann eine App stattdessen auch einen *Bot* bereitstellen, der per Chat angesprochen wird. Es gibt aber auch noch weitere App-Arten, die wir im folgenden Abschnitt näher betrachten werden. Eine App kann dabei aus nur einer einzigen Art bestehen oder auch aus einer Kombination daraus.

Klassische Apps

Am deutlichsten erkennen Anwender in den Teams-Client eingebundene Apps in der Navigationsleiste am linken Rand im Desktop-Client oder in der unteren Leiste im mobilen Client. Als klassische Apps können einzelne separate Webseiten ebenso integriert werden wie spezielle Anwendungen mit eigener Funktionalität. Beispielsweise wäre es denkbar, das Unternehmens-Intranet als App bereitzustellen.

Die Anwender hätten so direkten Zugriff auf die dort enthaltenen Informationen, ohne den Teams-Client verlassen zu müssen. Ein weiteres Beispiele für eine klassische App ist die Schichten-App (siehe Abbildung 2.66).

Abbildung 2.66 Klassische App im Desktop-Client

Tabs

Eine weitere Variante zur Integration von Apps ist über die Tabs innerhalb von Kanälen in Teams möglich. So könnte dieselbe App in unterschiedlichen Teams und Kanälen jeweils in einem anderen Kontext erscheinen. Prominente Vertreter hierfür sind beispielsweise die OneNote-App (siehe Abbildung 2.67) und die Planner-App, mit denen Sie an unterschiedlichen Orten verschiedene Inhalte darstellen.

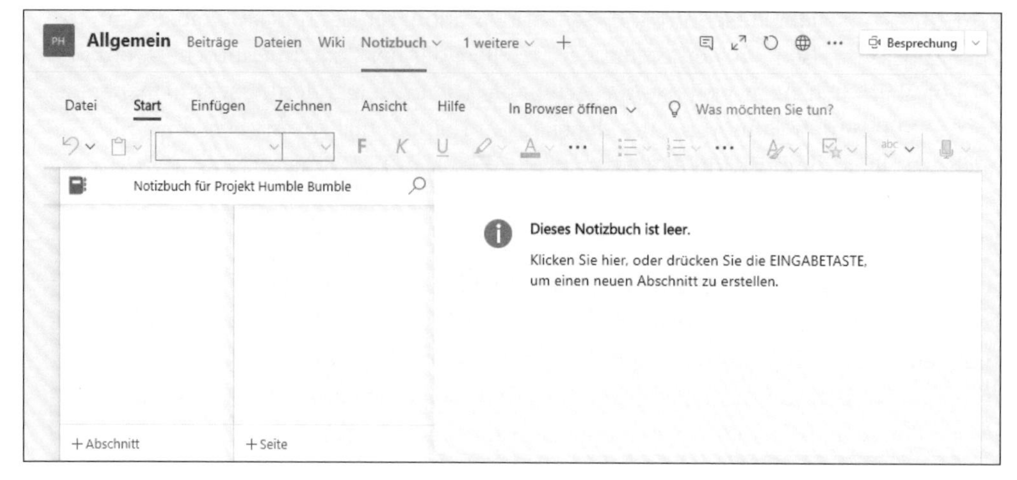

Abbildung 2.67 App in Tab-Form

Bots

Eine etwas speziellere Form einer App sind *Bots* (abgeleitet von *Robot*), also quasi künstliche Intelligenzen, die über Chats in Erscheinung treten. Ein Beispiel dafür ist der *Who-Bot*, der Auskunft über Mitarbeiter gibt (siehe Abbildung 2.68).

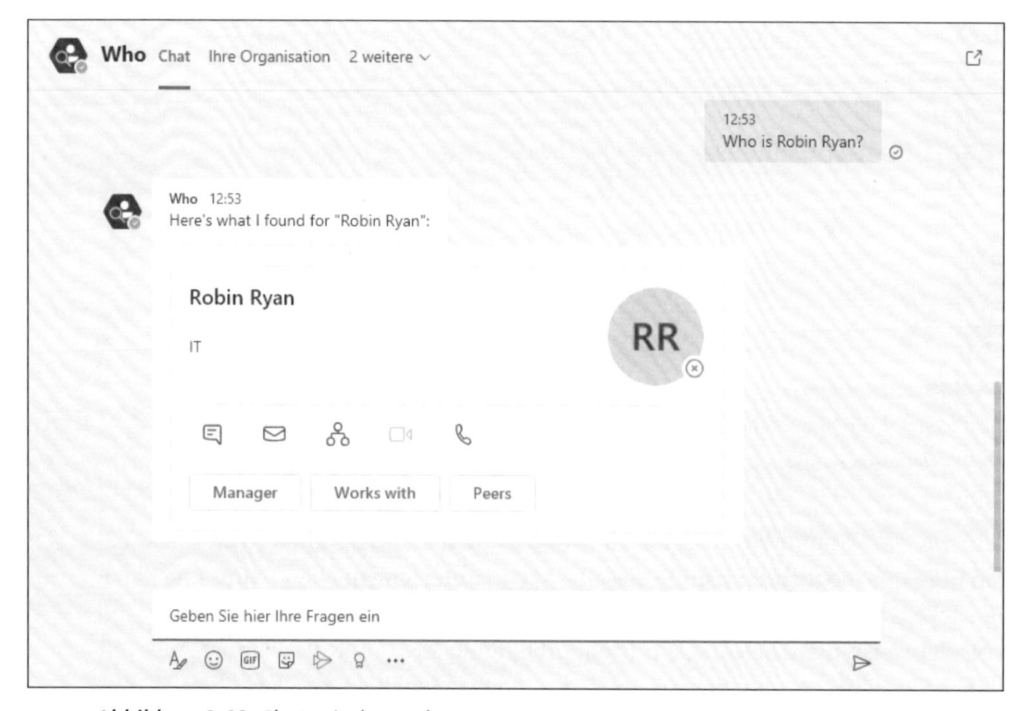

Abbildung 2.68 Chat mit dem Who-Bot

Solche Bots können typischerweise den Sinn der Eingaben von Anwendern erkennen, sodass sich diese nicht an bestimmte Formulierungen halten müssen. Ein Bot könnte so beispielsweise einfache Dinge erledigen, wie in einem Katalog von Fragen zur Anwendungsbedienung auf die richtige Antwort zurückgreifen, aber auch komplexere Aufgabenstellungen meistern, wie die Buchung der nächsten Geschäftsreise. In letzterem Fall könnte der Bot mit einem Reisebuchungstool kommunizieren und dem Anwender verschiedene Optionen zur Verfügung stellen.

Eine spezielle Form von Bots sind die *Power Virtual Agents*. Bei diesen handelt es sich auch um Bots, doch werden sie nicht mittels Programmcode mit dem Microsoft Bot Framework entwickelt, sondern können auch vom Fachanwender ohne Programmierung erstellt werden. Mehr dazu lesen Sie auf folgender Seite:

https://powervirtualagents.microsoft.com/de-de/

Nachrichtenerweiterungen

Ein wenig unscheinbarer als die anderen App-Arten sind Nachrichtenerweiterungen. Sie verstecken sich unter dem Eingabefeld für Chats hinter der Schaltfläche MEHR (DREI PUNKTE) und können dort eigene Funktionen bereitstellen, beispielsweise Abstimmungen (siehe Abbildung 2.69).

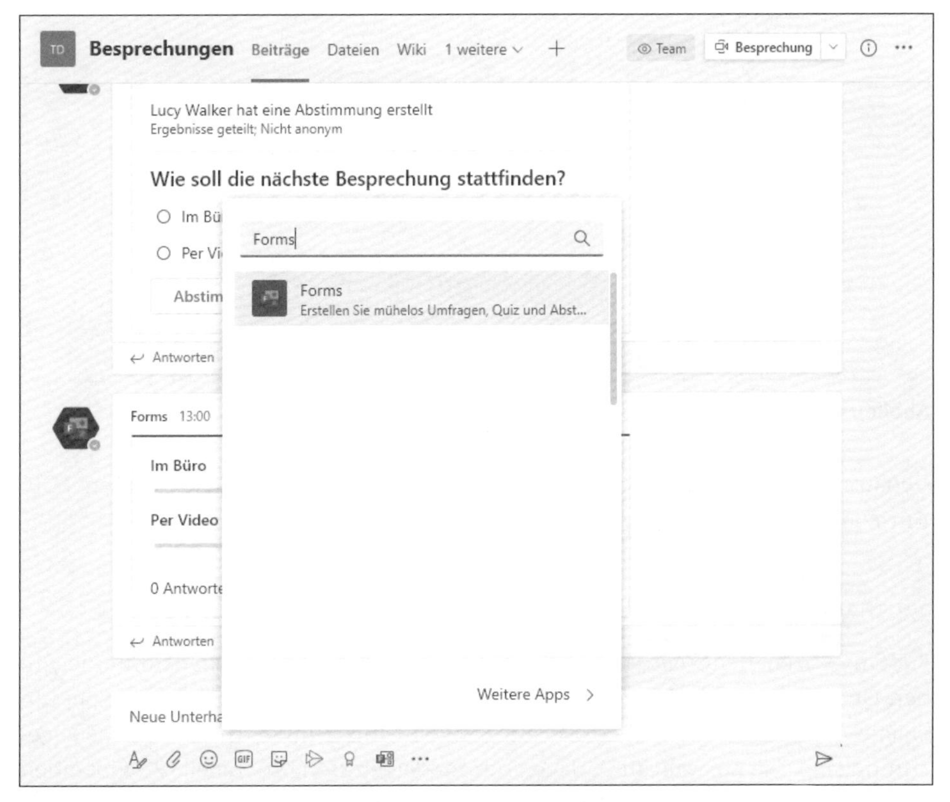

Abbildung 2.69 Abstimmung als Nachrichtenerweiterung

Andere Beispiele für Nachrichtenerweiterungen sind Checklisten, Zugriffe auf externe Datenquellen wie Wikipedia, die Abfrage des lokalen Standorts etc.

Connectors

Über das Kontextmenü von Kanälen richten Sie Connectors ein. Diese treten in den Unterhaltungen in Erscheinung, indem sie dort automatisch und typischerweise innerhalb eines regelmäßigen Intervalls extern abgefragte Informationen platzieren. Ein Beispiel dafür ist der RSS-Connector, der die Einträge aus RSS-Feeds als Beitrag darstellt (siehe Abbildung 2.70).

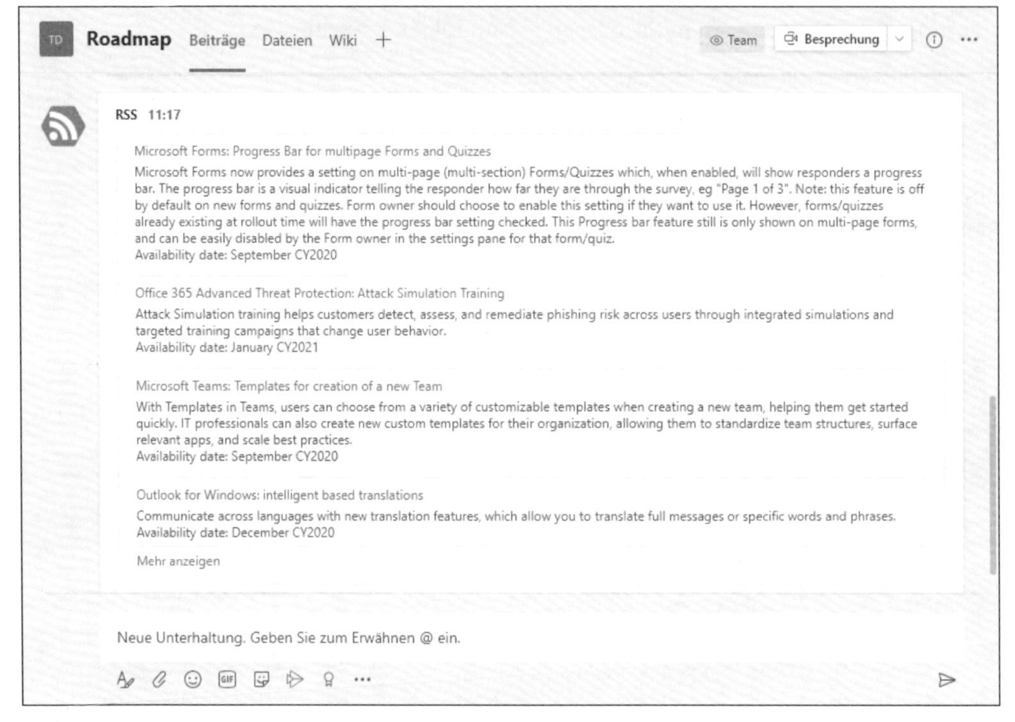

Abbildung 2.70 Der RSS-Connector liefert Einträge eines RSS-Feeds

Genauso könnten auch aktuelle Nachrichten, Informationen aus externen LOB-Anwendungen etc. dort platziert werden.

2.8.3 Vorlagen für Apps

Für einige Szenarien stellt Microsoft fertige App-Vorlagen samt dem dahinterliegenden Quellcode auf *GitHub* zur Verfügung. Diese Vorlagen können Sie nutzen, um eigene Apps zu erstellen, die exakt auf die Bedürfnisse Ihres Unternehmens abgestimmt sind. Die Auswahl an Vorlagen nimmt derzeit stetig zu. Tabelle 2.8 gibt einen Überblick darüber, welche Vorlagen aktuell verfügbar sind.

Vorlage	Beschreibung
Associate Insights	Associate Insights ist eine Power Apps-Vorlage, mit der Kundenmeinungen, Gefühle und Wahrnehmungen direkt erfasst und übermittelt werden können.
Attendance	Die Attendance-App ist eine Power Apps-Registerkarte, mit der die Anwesenheit der Teilnehmer insbesondere in Lern- und Schulungsszenarien erfasst werden kann.
Book-a-room	Book-a-room ist ein Bot, mit dem Benutzer unverzüglich einen Besprechungsraum für 30, 60 oder 90 Minuten ab der aktuellen Uhrzeit finden und reservieren können.
Celebrations	Celebrations ist eine App, die Team-Mitgliedern hilft, Geburtstage, Jubiläen und andere wiederkehrende Ereignisse für andere zu feiern.
Company Communicator	Mit der Company Communicator-App können Sie Nachrichten erstellen und senden, die für mehrere Teams oder eine große Anzahl von Mitarbeitern vorgesehen sind. Verwenden Sie diese Vorlage für Szenarien wie beispielsweise für Ankündigungen neuer Initiativen, für das Onboarding von Mitarbeitern, für moderne Lern- und Entwicklungsprozesse oder auch für unternehmensweite Kommunikationen.
Contact Group Lookup	Die Contact Group Lookup-App bietet eine bequeme und nützliche Methode zum Erstellen, Nutzen und Verwalten der Kontaktgruppen Ihres Unternehmens (früher als *Verteilerlisten* oder *Kommunikationsgruppen* bezeichnet).
CrowdSourcer	CrowdSourcer ist ein Microsoft Bot, der gemeinschaftlich zusammengetragene Informationen bereitstellt.
Custom Stickers	Diese App-Vorlage ist eine Messaging-Erweiterung, mit der Benutzer benutzerdefinierte Aufkleber und GIFs in Microsoft Teams verwenden können.
Expert Finder	Expert Finder ist ein Microsoft Bot, der bestimmte Organisationsmitglieder basierend auf ihren Fähigkeiten, Interessen und Bildungsattributen identifiziert.
FAQ Plus	Ein Bot, dem Fragen gestellt werden können. Dieser Bot antwortet mit den Daten aus einer Wissensdatenbank. Ist dort kein passender Eintrag vorhanden, kann der Anwender die Frage an ein reales Expertenteam weiterleiten lassen.

Tabelle 2.8 App-Vorlagen

Vorlage	Beschreibung
Goal Tracker	Die Goal Tracker-App ist eine umfassende Lösung für Ihr Unternehmen zur Beobachtung und Nachverfolgung der Zielerreichung.
Great Ideas	Diese App unterstützt und stärkt die Innovation und Kreativität in Ihrem Unternehmen. Die App ermöglicht es Ihren Mitarbeitern, individuelle Ideen mit Kollegen und Führungskräften auszutauschen.
Group Activities	Group Activities ist eine App, die Team-Besitzern das schnelle Erstellen von Aktivitätsgruppen und das Verwalten von Arbeitsprozessen erleichtert.
Grow Your Skills	Diese App unterstützt berufliche Entwicklungen, indem Mitarbeiter zu zusätzlichen Projekten beitragen können und gleichzeitig neue Fertigkeiten erlernen.
HR Support	Dieser Bot antwortet auf personalspezifische Fragen und bindet einen menschlichen Personalexperten ein, wenn der Bot nicht weiterhelfen kann.
Icebreaker	Icebreaker ist ein Bot, der pro Woche zwei zufällig ausgewählte Team-Mitglieder in einer Besprechung zusammenführt.
Incentives	Incentives ist eine Power Apps-Vorlage für Mitarbeiterbeteiligung, Belohnungssysteme, Prämien etc.
Incident Reporter	Dieser Bot dient der Verwaltung von Vorfällen mit Berichten und der Benachrichtigung von Beteiligten.
Open Badges	Diese App dient der Abzeichen-Verwaltung für besondere Leistungen oder Tätigkeiten von Mitarbeitern.
Quick Responses	Quick Responses ist ein Bot zur Beantwortung häufig gestellter Fragen von Benutzern.
Remote Support	Remote Support ist ein Bot für den Support-Fall als Bindeglied zwischen Mitarbeiter und Support-Team.
Request-a-team	Dies ist eine App für einen benutzerdefinierten Provisionierungsprozess für neue Teams (siehe Abschnitt 11.4.1, »Eigener Provisionierungsprozess für Teams«).
Scrums for Channels	Dies ist eine App zur Planung und Ausführung von Scrums in Kanälen.

Tabelle 2.8 App-Vorlagen (Forts.)

Vorlage	Beschreibung
Scrums for Group Chat	Scrums for Group Chat ist ein Bot für tägliche Scum-Updates.
Share Now	Dies ist eine App zur einfachen Freigabe von interessanten Informationen an Team-Mitglieder.
SharePoint List Search	Mithilfe dieser App können Daten aus SharePoint-Listenelementen direkt in einer Chat-Unterhaltung eingefügt werden.
Visitor Management	Diese App ermöglicht die einfache und effiziente Verwaltung von Besuchern.

Tabelle 2.8 App-Vorlagen (Forts.)

Alle App-Vorlagen finden Sie gesammelt unter dieser Adresse:

https://docs.microsoft.com/de-de/microsoftteams/platform/samples/app-templates

Microsoft Power Apps

Mit Microsoft Power Apps erstellen Sie Geschäftsanwendungen, ohne dass es erforderlich wäre, komplexen Code zu schreiben. Sollten die Bordmittel nicht ausreichen, können Entwickler die Anwendungen erweitern, indem sie beispielsweise *Azure Functions* integrieren.

Die mit Power Apps erstellten Anwendungen sind ohne besondere Anpassung direkt im Browser und integriert im Teams-Client ausführbar. Alternativ dazu gibt es für iOS und Android auch zwei Apps zur Ausführung auf Mobilgeräten.

2.9 So geht es weiter

Nachdem wir nun wichtiges Wissen zur Architektur von Microsoft Teams aufgebaut haben, sehen wir uns im nächsten Kapitel einige konkrete Nutzungsszenarien an. Diese sollen Ihnen helfen, weitere Ideen zu entwickeln, wie Sie Microsoft Teams in Ihrem Unternehmen nutzen können.

Kapitel 3
Nutzungsszenarien

Im dritten Kapitel sehen wir uns viele unterschiedliche Szenarien als konkrete Beispiele für den Einsatz von Microsoft Teams in der Praxis an.

Wie Sie inzwischen wissen, sind die Funktionen und Anwendungsmöglichkeiten von Microsoft Teams sehr vielfältig. Insbesondere dann, wenn Sie selbst Microsoft Teams noch nicht produktiv im Einsatz haben, ist es manchmal gar nicht so einfach, vorherzusehen, wie denn die praktische Nutzung des Dienstes in all seinen Facetten aussehen könnte. In diesem Kapitel stelle ich Ihnen einige konkrete Nutzungsszenarien anhand eines fiktiven Unternehmens vor. Dieses Unternehmen hat dabei einige Herausforderungen zu meistern, bei denen Microsoft Teams helfen kann. Vielleicht finden Sie dabei Szenarien, die in ähnlicher Form auch auf Ihr Unternehmen passen könnten, und erhalten so zusätzliche Anregungen, wie sich Microsoft Teams sinnvoll einsetzen ließe.

3.1 Rahmenhandlung

Das fiktive Unternehmen Beispiel AG entwickelt aktuell einen revolutionären neuen 3D-Drucker mit dem internen Codenamen *Falcon*. Die Fortschritte sind deutlich, doch lähmen manche schon lange eingefahrenen Prozesse und Methoden eine schnelle und fokussierte Arbeitsweise. Hier ein paar Beispiele:

- Die Beispiel AG verwendet einen Dateiserver zur Ablage der benutzereigenen und der projektbasierten Dateien. Dieser Dateiserver ist jedoch nur verfügbar, wenn die Mitarbeiter entweder an einem der Betriebsstandorte arbeiten oder per *Virtual Private Network* (kurz *VPN*) mit dem Unternehmensnetzwerk verbunden sind. Die Freigabe von Dateien oder Ordnern an externe Personen, beispielsweise von Agenturen, ist nicht möglich.
- Das VPN ist zu Stoßzeiten überlastet, beispielsweise an Brückentagen, an denen viele Mitarbeiter im Homeoffice arbeiten wollen.
- Vor ein paar Jahren versuchte die Beispiel AG eine SharePoint-basierte Umgebung aufzubauen, um den Mitarbeitern virtuelle Projekträume zur Zusammenarbeit bereitzustellen. Die IT hatte sich damals ein ausgefeiltes System für die Informati-

onsinfrastruktur ausgedacht, dabei aber den Anwender zu wenig im Blick gehabt. Kaum einer der Anwender verstand das System mit seinen unzähligen Dateibibliotheken und Pflichtfeldern, die beim Hochladen von Dateien ausgefüllt werden mussten. So wurde das System im Alltag kaum genutzt, und Dateien lagen nach wie vor auf dem Dateiserver.

- Über die Zeit prägte sich eine stark verschachtelte Ordnerstruktur auf dem Dateiserver aus. Oft war es nicht einfach, den gewünschten Ablageort zu finden. Auch die Berechtigungsstruktur wuchs zunehmend, und für manche Mitarbeiter war es nicht mehr nachvollziehbar, warum sie auf bestimmte Ordner zugreifen können und auf andere wiederum nicht. Stattdessen traten immer wieder Fälle auf, in denen Mitarbeiter Zugang zu Informationen erhielten, die eigentlich nicht für sie bestimmt sind.
- Der Dateiserver unterstützte keine Versionierung. Dies hatte zur Folge, dass die Mitarbeiter zur Sicherheit selbst einzelne Dateiversionen anlegten. So waren beispielsweise neben der Datei *Projektplan.docx* auch die Dateien *Projektplan_Version1.docx*, *Projektplan_Version1.1.docx* ... *Projektplan_Version13_Final.docx* und *Projektplan_Version13_Final_Final.docx* zu finden.
- Hatte ein Anwender versehentlich eine Datei gelöscht, musste er für die Wiederherstellung einen Antrag bei der IT stellen. Die IT stellte die Datei dann aus dem Backup wieder her, was aber mitunter einige Tage in Anspruch nahm.
- Mussten Dateien mit externen Personen geteilt werden, verschickten die Mitarbeiter die Dateien einfach per E-Mail-Anhang. Wenn dann von den Empfängern Änderungs- und Ergänzungswünsche eingingen, kam dem Absender die glorreiche Aufgabe, sämtliche Änderungen in der Masterdatei vorzunehmen.
- Sind die Dateien zu groß, um per E-Mail-Anhang versandt zu werden, greifen die Anwender regelmäßig auf ihren privaten Dropbox-Zugang zurück, um die Dateien dort hochzuladen und freizugeben.
- Auch die projektbezogene Kommunikation lief per E-Mail-Verteilerlisten ab. Dies hatte zur Folge, dass bei Diskussionen über den E-Mail-Verteiler die Mails immer länger und unübersichtlicher wurden. Zustimmungen wurden mit einem »+1« signalisiert – darunter auch einige DIN-A4-Seiten des immer gleichen E-Mail-Ping-Pongs. Kamen neue Personen zum Projekt dazu, hatten diese keinerlei Einblick in die bisher über die E-Mail-Verteilerlisten geführte Kommunikation.
- Die vorhandenen Besprechungsräume eigneten sich nur sehr bedingt zur standortübergreifenden Zusammenarbeit. Insbesondere die Skizzen an den Whiteboards waren nur für die Personen im Raum zu sehen.
- Auch dauerte der Start einer Besprechung mit den Mitarbeitern an anderen Standorten oder auch mit den remote zugeschalteten Mitarbeitern unnötig lange, bis sich alle verstehen und sehen konnten und die Präsentationen übertragen wurden.

Die meisten Mitarbeiter der Beispiel AG fanden sich mit dieser Situation ab, nahmen sie als gegeben hin und versuchten, das Beste daraus zu machen.

Der schärfste Konkurrent der Beispiel AG jedoch entwickelt zeitgleich ebenfalls einen neuen 3D-Drucker, der auf demselben Konzept basiert. Es ist deshalb für die Beispiel AG nun essenziell, dass sie ihr Produkt zuerst auf den Markt bringt. Zu allem Überfluss fällt der bisherige Projektleiter für den 3D-Drucker auf unvorhersehbare Zeit aus, und das Projekt ist führungslos. Die Geschäftsleitung sucht nach einer erfolgversprechenden Lösung. Dabei denkt sie an Lucy, die in der Vergangenheit bereits schon einmal ihre Fähigkeiten als Leiterin bei einem schwierigen Projekt bewiesen hat. So bittet sie Lucy, das Projekt zu übernehmen und eine Fertigstellung des 3D-Druckers innerhalb des fest definierten Zeitplans sicherzustellen.

Abbildung 3.1 Lucy soll die Projektleitung übernehmen

Lucy hat jedoch angesichts ihrer Erfahrungen mit der bisherigen Arbeitsweise große Bedenken, ob der Zeitplan überhaupt zu schaffen ist. Lucy ist noch nicht lange bei der Beispiel AG beschäftigt. Bei ihrem letzten Arbeitgeber hat sie viel Erfahrung gesammelt, wie mit Microsoft Teams gearbeitet werden kann. Ihre zaghaft geäußerten Verbesserungsvorschläge, wie die in der Beispiel AG eingefahrenen Arbeitsabläufe durch Microsoft Teams optimiert werden könnten, wurden jedoch von der Geschäftsleitung stets recht arrogant abgetan. »Das Unternehmen ist doch ein laufendes Uhrwerk«, erhielt sie immer als Antwort, und man stellte ihr die Frage: »Warum sollte man etwas ändern, was doch eigentlich funktioniert?«

Lucy ist jedoch vom neuen 3D-Drucker leidenschaftlich überzeugt und möchte gerne ihre ganze Energie darauf verwenden, die Entwicklung des Druckers voranzutreiben. Deshalb macht sie der Geschäftsleitung das Angebot, die Projektleitung zu übernehmen, jedoch unter einer einzigen Bedingung: Microsoft Teams soll im Unternehmen schnellstmöglich eingeführt werden.

Die Geschäftsleitung willigt ein ... Werden es die Mitarbeiter der Beispiel AG schaffen, den 3D-Drucker innerhalb des Zeitplans fertigzustellen?

Machen wir nun einen Zeitsprung einige Monate in die Zukunft. Die Beispiel AG hat Microsoft Teams inzwischen eingeführt. Die Fertigstellung des 3D-Druckers ist in Sichtweite. Sehen wir uns ein paar beispielhafte Nutzungsszenarien an, wie die Mitarbeiter mittlerweile Microsoft Teams in ihren Arbeitsalltag integriert haben.

3.2 Personas

Bei den Nutzungsszenarien werden wir die Bekanntschaft mit einigen Personen machen, die uns auch im weiteren Verlauf des Buches immer wieder begegnen werden. In Tabelle 3.1 werden diese Personen kurz vorgestellt.

Person	Funktion
Lucy Walker	Lucy ist Leiterin des Projekts *Falcon*. Sie behält den Überblick und sorgt für die richtigen Aktionen zur richtigen Zeit.
Betti Castillo	Betti ist die langjährige Assistentin von Lucy. Sie weiß genau, was ihre Chefin benötigt und wie sie ihr den Rücken freihält.
Juli Stark	Juli ist Leiter der Entwicklungsabteilung und mit seinem Team meistens zwischen Codezeilen zu finden.
Megan Cubs	Megan ist Usability-Spezialistin und zuständig für die Anwendungsoberfläche des 3D-Druckers.
Diana Schweetz	Diana ist Grafikerin und arbeitet nicht bei der Beispiel AG, sondern bei einer externen Agentur, die für unzählige Illustrationen beauftragt wurde.
Bianca Grimes	Bianca ist Mitarbeiterin der Event-Agentur, die von der Beispiel AG für wichtige Veranstaltungen zur Unterstützung engagiert wird.
Alex Dixon	Alex ist der Leiter des Ladens, in dem der 3D-Drucker vor Ort interessierten Personen demonstriert und direkt verkauft wird.

Tabelle 3.1 Personas aus den Beispielen in diesem Buch

Person	Funktion
Joni Croft	Joni gehört zum Verkaufspersonal im Laden. Ihre Spezialität ist es, potenzielle Kunden von den Vorzügen des 3D-Druckers zu überzeugen.
Allan Maiara	Allan gehört wie Joni ebenfalls zum Verkaufspersonal. Er ist eher für die technischen Fragestellungen zuständig.

Tabelle 3.1 Personas aus den Beispielen in diesem Buch (Forts.)

3.3 Szenario: Moderne Besprechungen

Es hat geklappt: Ein weiterer Meilenstein im 3D-Druckerprojekt wurde termingerecht erreicht. Lucy plant eine Besprechung mit allen Projektbeteiligten, in der die bisherigen Erfolge und die nächsten Schritte besprochen werden sollen.

3.3.1 Vor der Besprechung

Für die Besprechung denkt Lucy an einen recht breiten Teilnehmerkreis. Dazu gehören die direkten Projektbeteiligten aus der Beispiel AG, aber auch externe Personen, die beispielsweise als Zulieferer tätig sind. Um einen passenden Termin für möglichst viele Personen zu finden, startet Lucy über eine neue E-Mail in Outlook einen *FindTime* und gibt dabei eine Reihe von Terminvorschlägen an (siehe Abbildung 3.2).

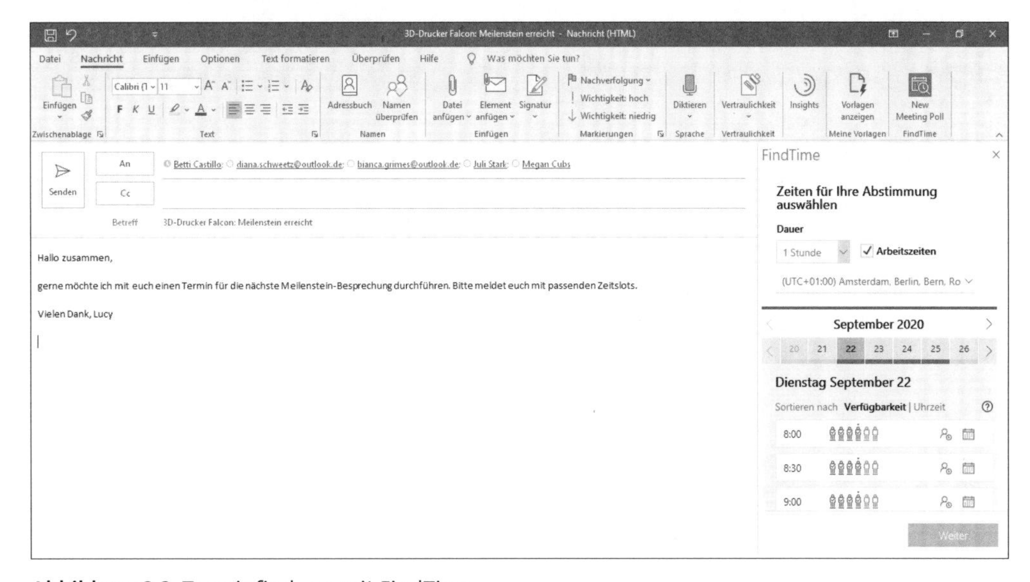

Abbildung 3.2 Terminfindung mit FindTime

Die eingeladenen Personen suchen sich daraufhin für sie geeignete Zeitslots aus, und Lucy erhält eine gute Übersicht darüber, welche Person welchem Termin den Vorzug gibt (siehe Abbildung 3.3).

Abbildung 3.3 Die Antworten für die vorgeschlagenen Termine

Lucy entscheidet sich für einen Termin und versendet direkt über die FindTime-Oberfläche eine Einladung zu einer Microsoft Teams-Besprechung. Die Einladung enthält sowohl den Teilnahme-Link für die Teams-Besprechung als auch die Angabe des Besprechungsraums für die Personen, die vor Ort teilnehmen möchten (siehe Abbildung 3.4).

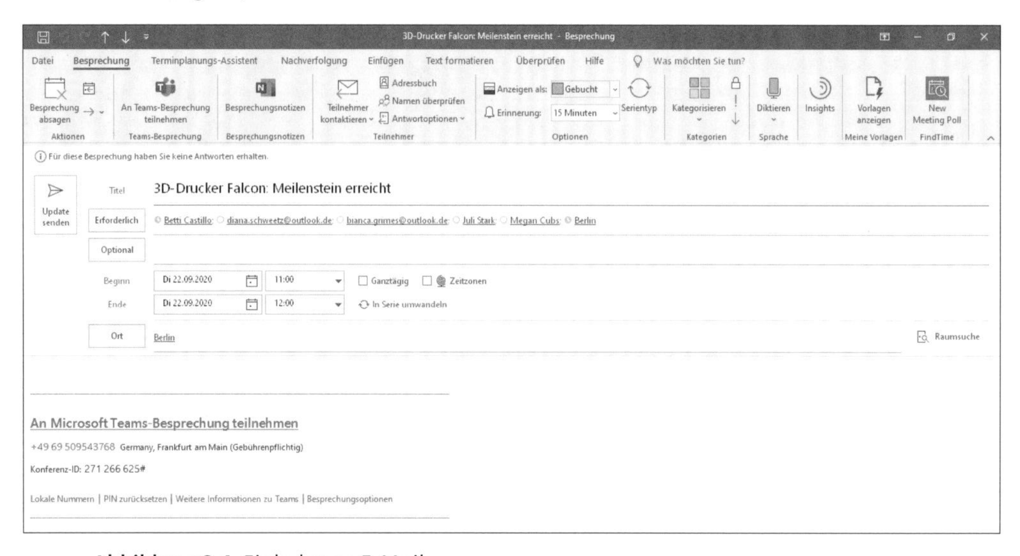

Abbildung 3.4 Einladungs-E-Mail

Microsoft FindTime

FindTime gehört selbst nicht zu Microsoft Teams. Es handelt sich dabei um ein Add-In für Outlook (Windows, macOS und die Browser-Variante Outlook im Web), das zur Planung von Terminen genutzt werden kann. Auf den ersten Blick ist es vergleichbar mit dem im privaten Umfeld häufiger genutzten Doodle. Vorteile von FindTime sind jedoch die Outlook- und Microsoft Teams-Integration.

Wie Sie FindTime installieren, finden Sie auf dieser Website beschrieben: *https://support.microsoft.com/de-de/office/installieren-der-suchzeit-2501ff38-0a47-4dc5-999f-bcca329f0f63?ui=de-de&rs=de-de&ad=de*

3.3.2 Anrufweiterleitung

Inzwischen sind es nur noch wenige Minuten bis zur Besprechung. Bevor Lucy sich auf den Weg zum Besprechungsraum macht, richtet sie auf ihrem Teams-Telefon noch schnell eine Anrufweiterleitung zu ihrer Assistentin Betti ein, damit sie während der Besprechung nicht gestört wird (siehe Abbildung 3.5).

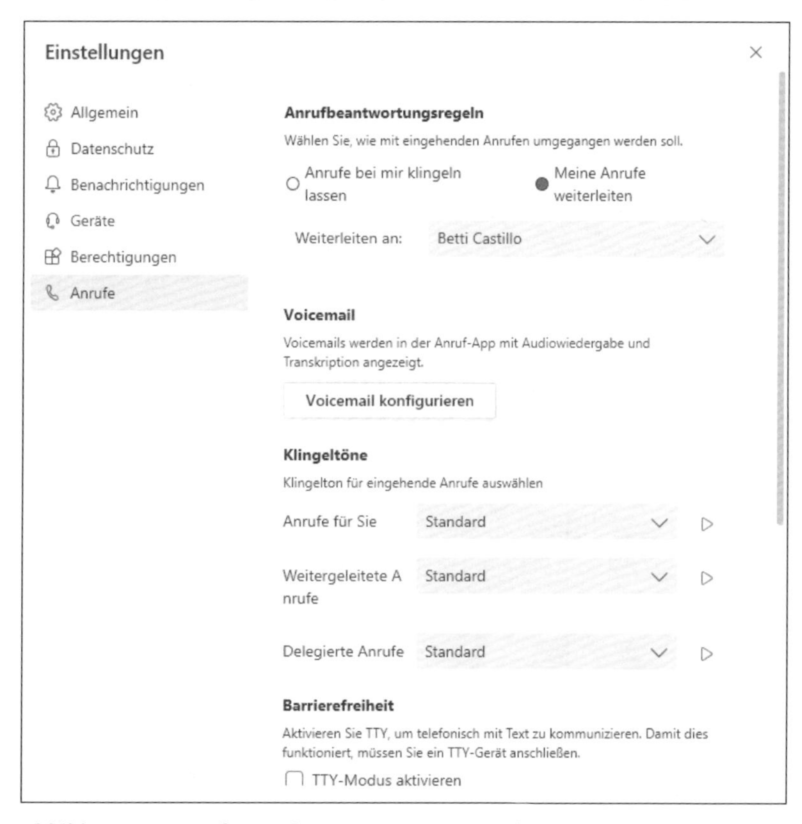

Abbildung 3.5 Anrufweiterleitungen im Teams-Client

Eine solche Weiterleitung könnte Betti auch stellvertretend für Lucy selbst einrichten, sollte Lucy tatsächlich einmal vergessen, diese vorzunehmen. Dazu hat Betti die erforderliche Berechtigung erhalten. Natürlich kann eine Anrufweiterleitung nicht nur über ein Teams-Telefon eingerichtet werden – auch im Teams-Client selbst ist dies möglich.

3.3.3 Die Besprechung beginnt

Die Teilnehmer kommen von verschiedenen Orten für die Besprechung zusammen und nutzen dabei auch unterschiedliche Gerätschaften (mehr zu den Teams-geeigneten Geräten lesen Sie in Abschnitt 9.1.5, »Geräte«).

Standort Berlin

Lucy findet sich mit einigen ihrer Kolleginnen und Kollegen am Standort Berlin im Besprechungsraum ein, der auch in der Einladung angegeben war. Dieser Raum ist von technischer Seite aus wie folgt ausgestattet (eine Skizze des Raumes sehen Sie in Abbildung 3.6):

- Microsoft Teams Room System (siehe Abbildung 3.7)
- ein großer Monitor an der Wand
- eine Konferenzraumkamera mit eingebautem Lautsprechersystem
- ein Whiteboard an der Wand
- eine weitere Kamera, die auf das Whiteboard gerichtet ist

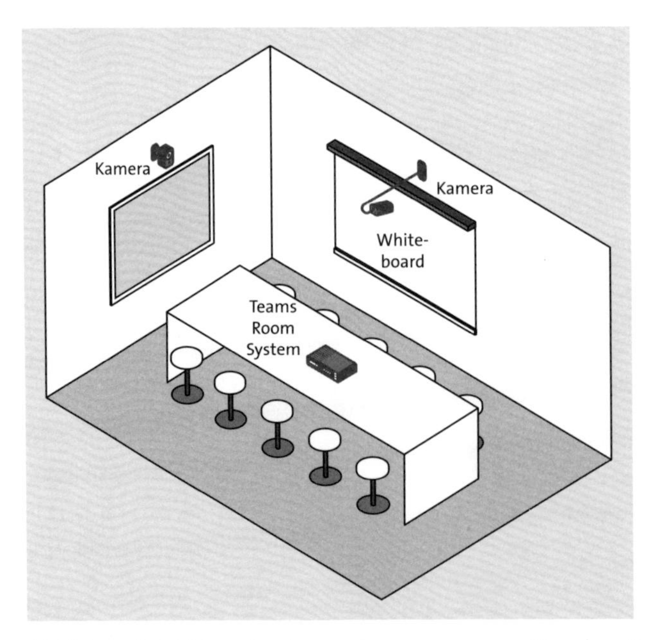

Abbildung 3.6 Skizze des Besprechungsraums am Standort Berlin

Auf dem Bildschirm des Teams Room Systems wird bereits die Besprechung angezeigt (siehe Abbildung 3.8). Lucy tippt auf eine Schaltfläche und aktiviert damit die Geräte im Raum (siehe Abbildung 3.9). Daraufhin startet das Gerät die Besprechung und zeigt sie auf dem großen Wandmonitor an.

Abbildung 3.7 Microsoft Teams Room System (Lenovo ThinkSmart Hub 500 mit Logitech PTZ Pro 2) (Quelle: www.microsoft.com/de-de/microsoft-365/microsoft-teams/across-devices/devices/product?deviceid=144)

Abbildung 3.8 Besprechungen auf dem Teams Room System

Abbildung 3.9 Die Besprechung ist gestartet.

Standort London

Am Standort London haben sich spontan einige weitere Kollegen versammelt. In diesem Raum steht ein fahrbares *Microsoft Surface Hub 2* (siehe Abbildung 3.10).

Abbildung 3.10 Microsoft Surface Hub 2 mit Steelcase Roam-Geräteständer (Quelle: www.microsoft.com/de-de/p/surface-hub-2s/8p62mw6bn9g4)

Das Surface Hub wurde bei der Einladung zur Besprechung gleich mit berücksichtigt – so erscheint es auch dort direkt auf der Startseite, und die Besprechung kann mit einem Fingerdruck beginnen.

Und die Remote-Arbeit?

Die Personen, die nicht in den Besprechungsräumen anwesend sein können, öffnen die Kalendereinladung (siehe Abbildung 3.4). Darüber können Sie über verschiedene Wege an der Besprechung teilnehmen:

- Klicken sie auf den Link, öffnet sich eine Website (siehe Abbildung 3.11). Ist auf dem Rechner der Teams-Client bereits installiert, wird er gestartet. Alternativ kann von hier aus der Teams-Client installiert werden – das geht auch ohne administrative Rechte, und die teilnehmenden Personen benötigen nicht zwangsläufig ein Benutzerkonto für Teams. Aber auch die Teilnahme direkt im Browser ist möglich.
- Personen, die nur per Telefonanruf an der Besprechung teilnehmen können, rufen entweder die angezeigte Rufnummer an oder tippen, für den Fall, dass sie ein Smartphone verwenden, einfach auf die Nummer selbst. In letzterem Fall muss dann die Konferenzkennung nicht manuell eingetippt werden, denn sie ist mit der Rufnummer bereits mit codiert. Das ist sehr hilfreich, wenn man gerade beispielsweise mit dem Auto unterwegs ist.

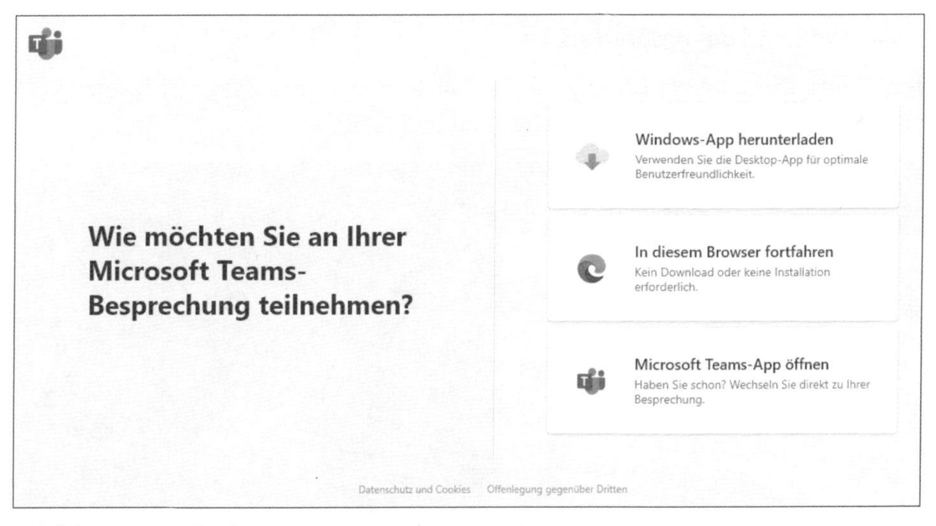

Abbildung 3.11 Teilnahme an einer Teams-Besprechung

Verwenden die Personen den Teams-Client oder nehmen über den Browser an der Besprechung teil, haben sie noch die Gelegenheit, die gewünschten Gerätschaften wie die richtige Kamera und das passende Headset auszuwählen. Auch können sie bei Bedarf den Hintergrund des Kamerabilds verwaschen darstellen lassen oder sogar einen komplett anderen Hintergrund einblenden lassen (siehe Abbildung 3.12).

Abbildung 3.12 Start einer Besprechung

3.3.4 Während der Besprechung

Nach und nach treffen nun alle Teilnehmer in der Besprechung ein. Der Teams-Client zeigt die anwesenden Personen (siehe Abbildung 3.13).

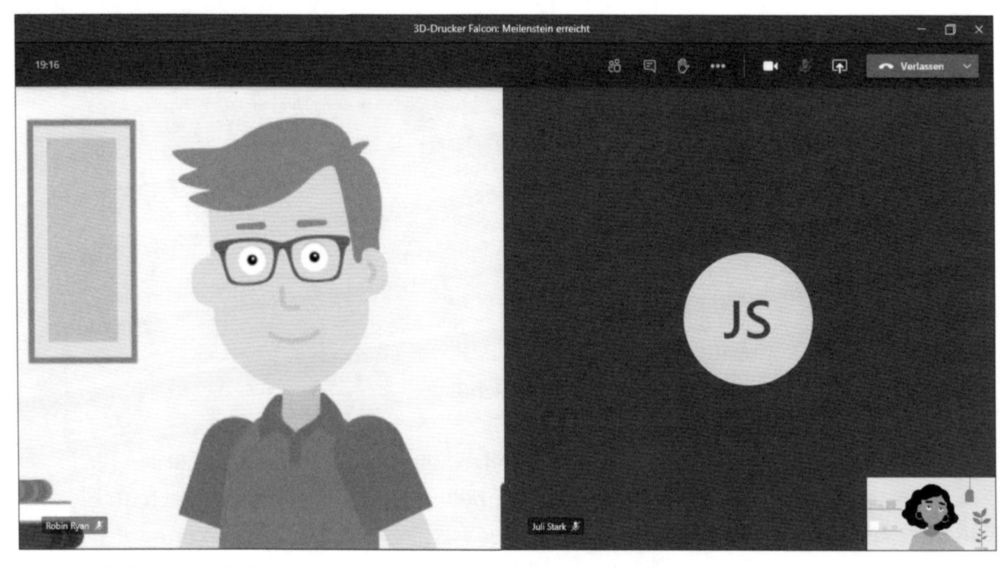

Abbildung 3.13 Teams-Besprechung

Aufzeichnung starten

Lucy begrüßt die Teilnehmer und weist sie darauf hin, dass sie die Besprechung für alle Personen, die heute nicht teilnehmen können, aufzeichnen möchte. Sie startet im Teams-Client die Aufzeichnung, und alle Teilnehmer werden im Teams-Client nochmals deutlich darauf hingewiesen (siehe Abbildung 3.14).

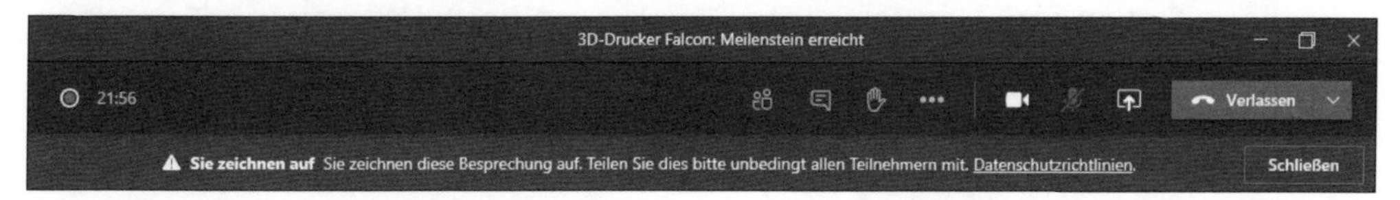

Abbildung 3.14 Hinweis auf Aufzeichnung

Gemeinsame Besprechungsnotizen

Damit die wichtigsten Eckpunkte der Besprechung protokolliert werden, öffnet eine der anwesenden Personen im Teams-Client den Bereich für die Besprechungsnotizen und beginnt, dort Einträge vorzunehmen (siehe Abbildung 3.15).

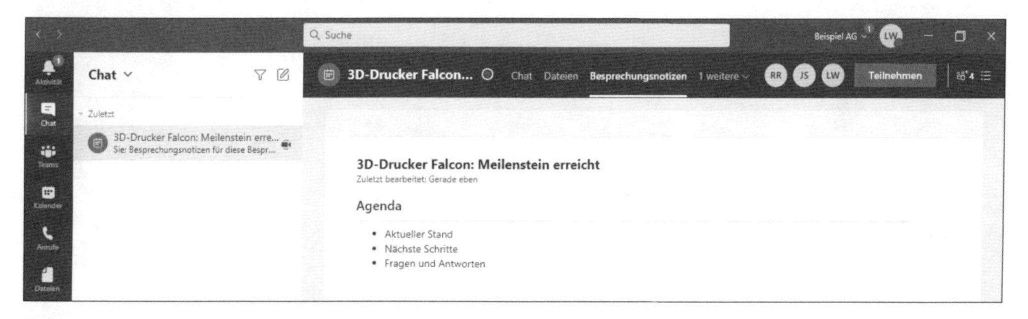

Abbildung 3.15 Besprechungsnotizen

Die Besprechungsnotizen sind für alle Teilnehmer einsehbar und können auch von allen gemeinsam ergänzt und angepasst werden.

Untertitel und Übersetzungen

In der Besprechung sind auch Personen anwesend, die mit der deutschen Sprache weniger gut vertraut sind. In ihrem Teams-Client starten sie deshalb den Untertitel mit der automatischen Übersetzungsfunktion.

Somit ist es für sie viel leichter, der Besprechung folgen zu können.

Der Untertitel in deutscher Sprache sowie die Übersetzungsfunktion in Besprechungen sind zum Zeitpunkt der Drucklegung dieses Buchs noch nicht verfügbar.

Gemeinsames Whiteboard

Im Besprechungsraum hängt ein Whiteboard an der Wand – ein klassisches aus lackiertem Metall, auf dem mit herkömmlichen (hoffentlich wasserlöslichen) Stiften geschrieben wird. Lucy nutzt gerne Whiteboards, um ihre Ideen zu skizzieren. Früher konnte sie das in Besprechungen nur nutzen, wenn sich alle Personen im Raum befanden. Heute geht es aber auch bei Besprechungen wie der aktuellen, bei der Personen von unterschiedlichen Orten aus an der Besprechung teilnehmen.

Das Whiteboard wird von einer separaten Kamera aufgenommen, die an das Teams Room System angeschlossen ist. Die Kamera ist an einem Haltearm über dem Whiteboard befestigt und in einem schrägen Winkel auf das Whiteboard gerichtet. Das Teams Room System korrigiert die dadurch bei der Aufnahme entstehende Verzerrung, aber nicht nur das: Der Inhalt wird erkannt, dünne und somit schlecht erkennbare Striche werden verstärkt – und wenn Lucy gerade frontal vor dem Whiteboard steht, wird sie für die Besprechungsteilnehmer über den Teams-Client durchsichtig dargestellt (siehe Abbildung 3.16). So können alle Teilnehmer den Inhalt des Whiteboards sehen und Lucys Ausführungen folgen.

Abbildung 3.16 Klassisches Whiteboard mit einem Teams Room System

Am Standort London stehen die Besprechungsteilnehmer vor dem Surface Hub. Zwei von ihnen nehmen die zu dem Gerät gehörenden Stifte und zeichnen damit auf dem Bildschirm eine Skizze, die von allen gemeinsam besprochen wird.

3.3.5 Nach der Besprechung

Inzwischen wurde die Besprechung erfolgreich abgeschlossen. Die Aufzeichnung und die gemeinsamen Besprechungsnotizen stehen jetzt automatisch allen Teilnehmern zur Verfügung (siehe Abbildung 3.17).

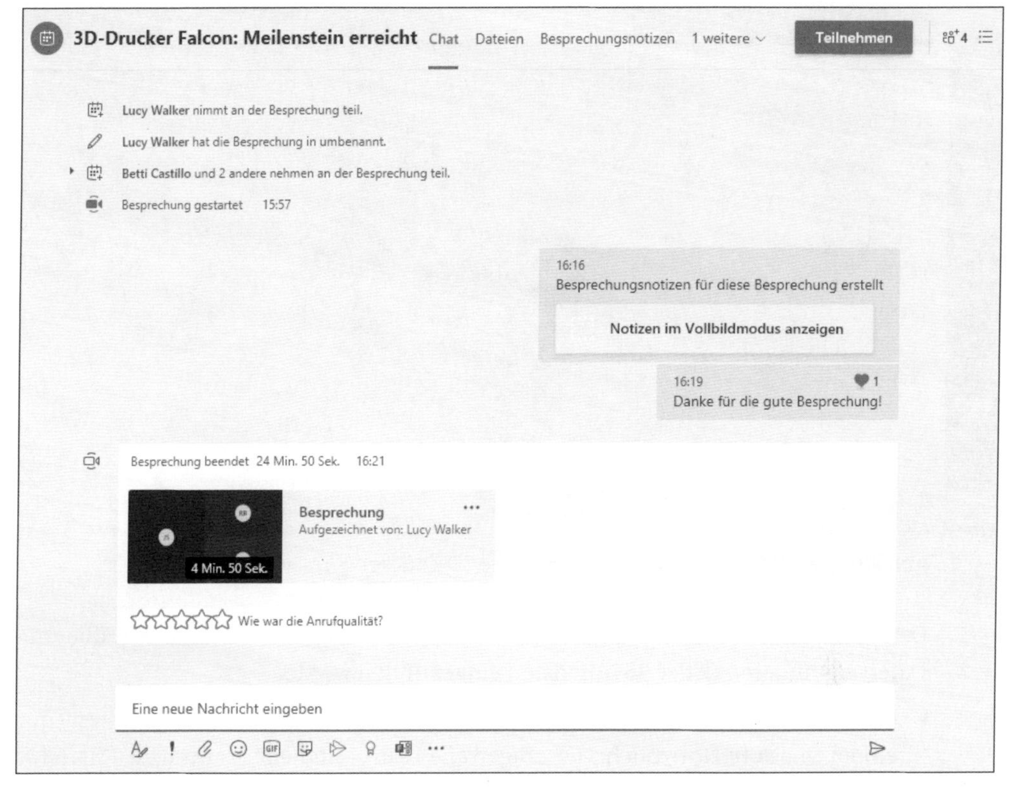

Abbildung 3.17 Abgeschlossene Besprechung

3.4 Szenario: Oberflächendesign

Die Gruppe, die sich um die Gestaltung des Benutzerinterface des 3D-Druckers kümmert, organisiert sich zukünftig in einem separaten Team in Microsoft Teams, das genau auf die Bedürfnisse dieser speziellen Gruppe zugeschnitten ist.

3.4.1 Team anlegen und konfigurieren

Megan legt zunächst ein privates Team mit dem Namen *Benutzerschnittstelle 3D-Drucker* an. Anschließend erstellt sie eine Reihe von Kanälen, die bestimmten Themenbereichen zugeordnet sind (siehe Abbildung 3.18):

- Design-Skizzen
- Vorfälle und Anpassungen
- Status und Berichte

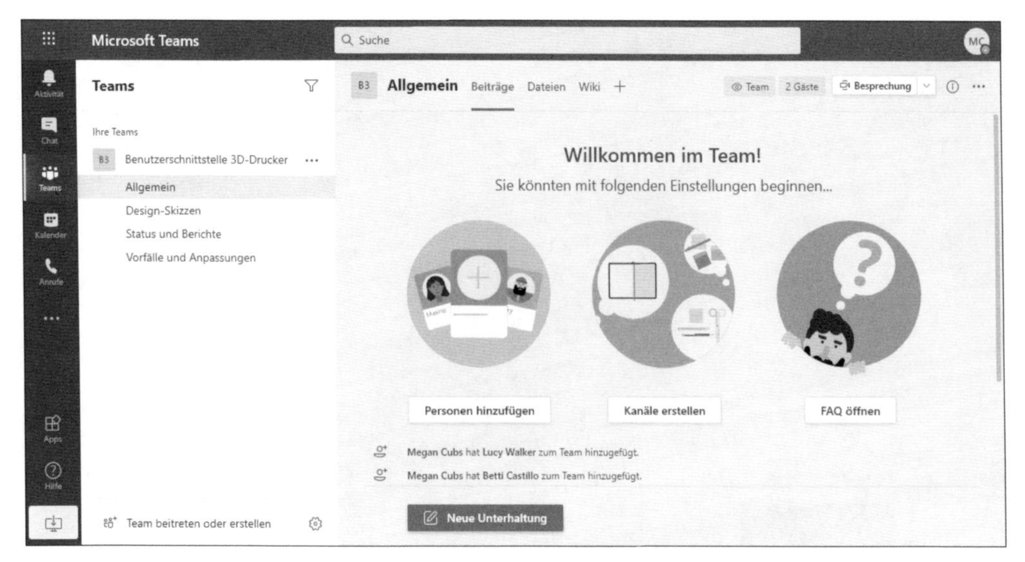

Abbildung 3.18 Team »Benutzerschnittstelle 3D-Drucker«

Den Kanal *Status und Berichte* erweitert sie um zusätzliche Registerkarten, über die Daten aus anderen Office 365-Diensten eingebunden werden:

- **OneNote**: Megan legt eine Registerkarte *Berichte* an und verknüpft diese mit einem OneNote-Notizbuch. Hier tragen alle Team-Mitglieder zentral die Daten für Berichte ein.
- **Power BI**: Außerdem legt sie die Registerkarte *Status* mit der Power BI-App an. Hier verknüpft sie ein Dashboard mit einigen Diagrammen zur Visualisierung von Status-Informationen aus einer Datenbank.

Allerdings sind für das Team nicht nur in Office 365 gespeicherte Daten relevant. Megan ist es gewohnt, Mindmaps über den externen Cloud-Dienst *MindMeister* zu erstellen. Eines dieser Mindmaps soll ebenfalls im Team geteilt und gemeinsam bearbeitet werden können. Wie bei OneNote und Power BI erstellt Megan eine neue Registerkarte und wählt die MindMeister-App, die dort bereits zur Verfügung steht. Anschließend bindet sie das Mindmap ein (siehe Abbildung 3.19).

Megan fügt dann die internen und externen Personen als Mitglieder dem Team hinzu. Für die externen Personen gibt sie einfach deren E-Mail-Adresse an. An diese wird dann eine Einladungs-E-Mail verschickt (siehe Abbildung 3.20), und die Personen können entweder direkt im Browser auf das Team zugreifen oder – wenn sie selbst auch Microsoft Teams verwenden – im Teams-Client einfach zwischen ihrer eigenen Umgebung und der Teams-Umgebung der Beispiel AG hin- und herwechseln (siehe Abbildung 3.21).

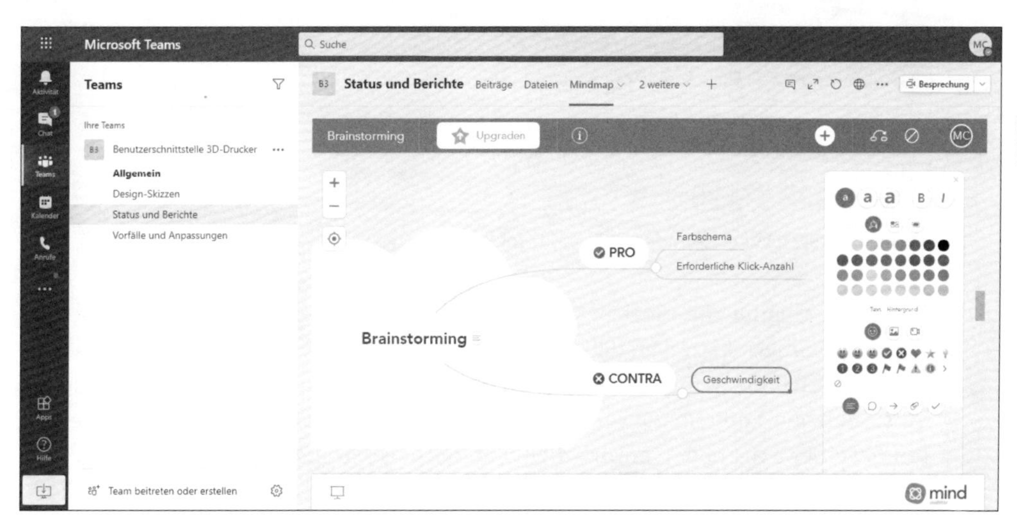

Abbildung 3.19 Eingebundenes Mindmap

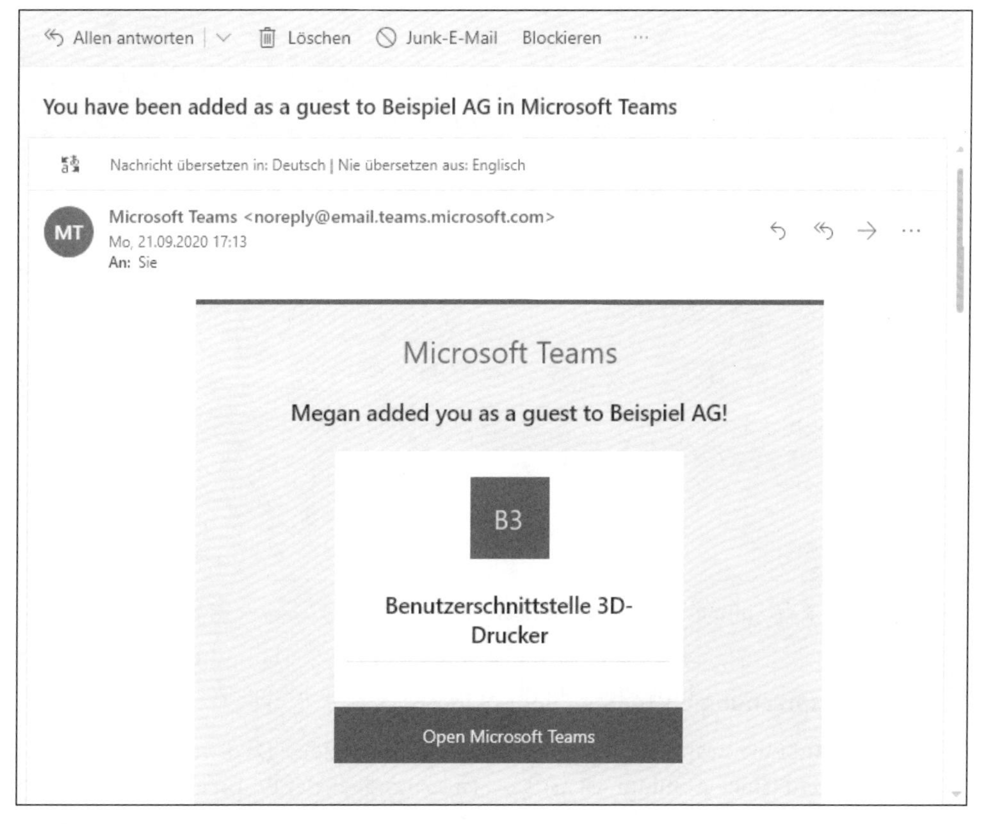

Abbildung 3.20 Beispiel einer Einladungs-E-Mail

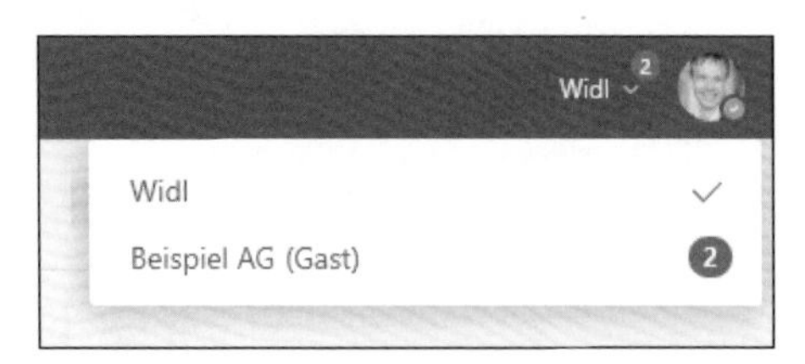

Abbildung 3.21 Wechseln der Teams-Umgebung

Das Team arbeitet mit einer externen Agentur zusammen, die mithilfe von *Adobe Illustrator* einige Skizzen erstellt hat. Auch diese Dateien sollen ihren zentralen Platz im Team erhalten, damit die Dateien nicht wie bisher in zahllosen unterschiedlichen Versionen per Dateianhang verschickt werden. Megan hat Diana, die wie zuvor erläutert bei einer externen Agentur arbeitet, bereits als Mitglied zum Team hinzugefügt. Megan erstellt nun eine weitere Registerkarte, wählt die App *Adobe Creative Cloud* und verweist auf die Dateien dieser Agentur (siehe Abbildung 3.22).

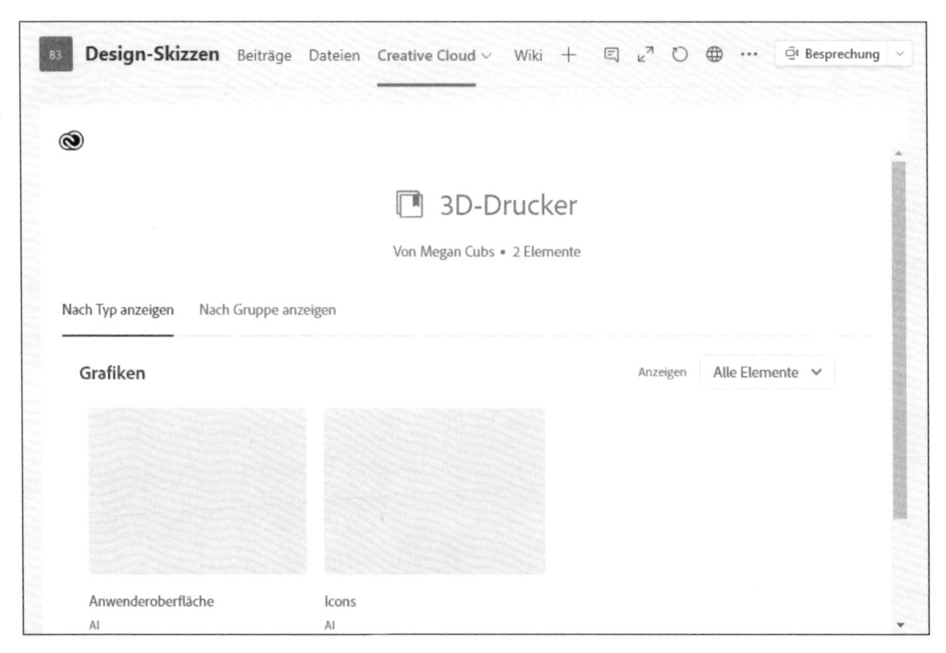

Abbildung 3.22 Einbindung der Adobe Creative Cloud

3.4.2 Besprechung im Teams-Client planen

Megan plant eine Besprechung mit allen Team-Mitgliedern. Dazu verwendet sie den Teams-Client (siehe Abbildung 3.23). Dort ist es möglich, der Besprechung auch einen Kanal zuzuweisen, in dem dann gegebenenfalls die Aufzeichnung, der Chat-Verlauf und andere Informationen, wie etwa das gemeinsame Besprechungsprotokoll, aufbewahrt werden.

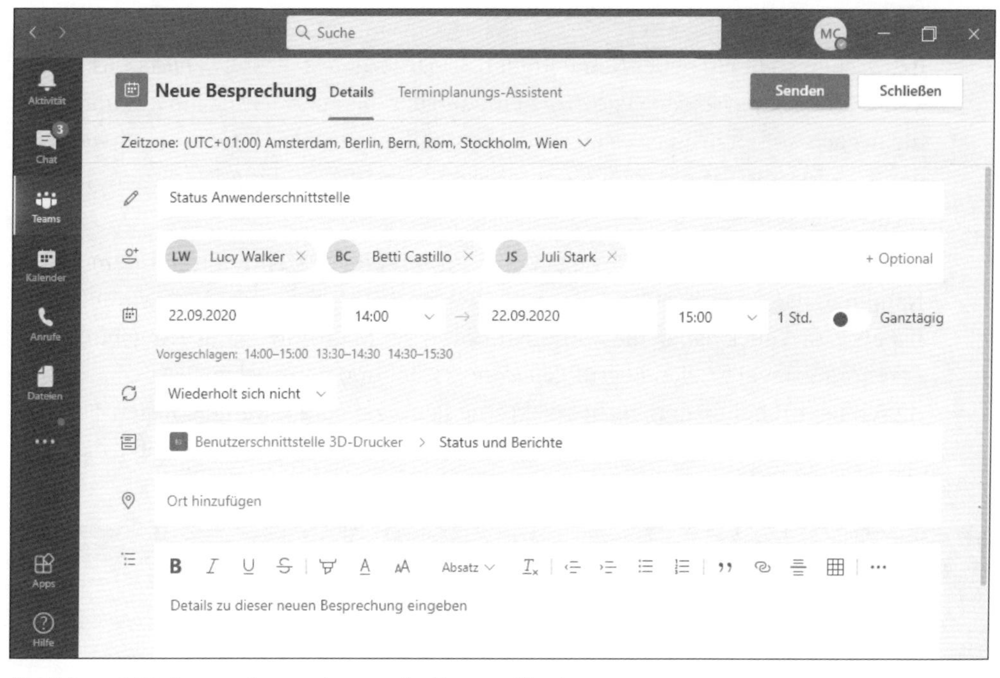

Abbildung 3.23 Besprechungsplanung im Teams-Client

3.4.3 Besprechung mit Freigaben durchführen

Während der Besprechung teilt Diana ihren Bildschirminhalt, sodass alle Teilnehmer sehen, was sie in Adobe Illustrator zeigt. So können schnell Änderungswünsche an den bestehenden Skizzen besprochen und umgesetzt werden (siehe Abbildung 3.24).

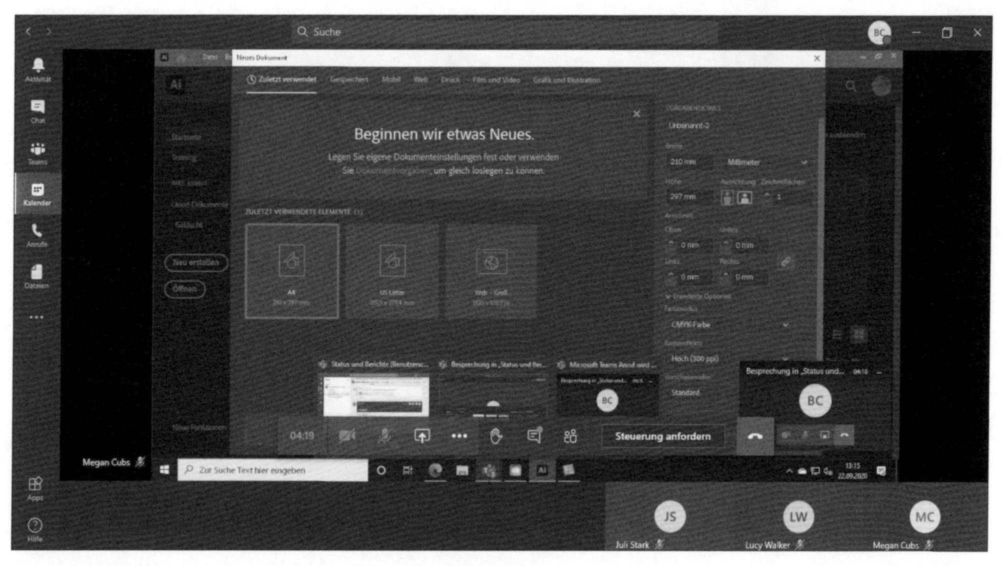

Abbildung 3.24 Bildschirmfreigabe im Teams-Client

3.4.4 Datenschutz

Inzwischen steht ein neuer Name für den 3D-Drucker fest: Er soll *Replicate 1000* heißen. Dieser Name ist jedoch noch geheim und darf bis zur öffentlichen Ankündigung nicht nach außen dringen – auch die Mitarbeiter externer Unternehmen wie etwa der Agentur, die für das Benutzerinterface unterstützend tätig ist, dürfen darüber nichts erfahren.

Ohne daran zu denken, lädt Megan eine PowerPoint-Präsentation mit dem neuen Namen in das Team hoch, auf die auch die Mitarbeiter der externen Agentur Zugriff haben. Zum Glück haben die Administratoren der Microsoft Teams-Umgebung eine Erkennungsregel für den Begriff *Replicate* erstellt und vorgegeben, dass Objekte, die diesen Begriff beinhalten, nicht an externe Benutzer geteilt werden dürfen. Dies hat zur Folge, dass Diana, die ja bei der externen Agentur als Grafikerin arbeitet, die Datei mit dem neuen Namen nicht angezeigt bekommt (siehe Abbildung 3.25).

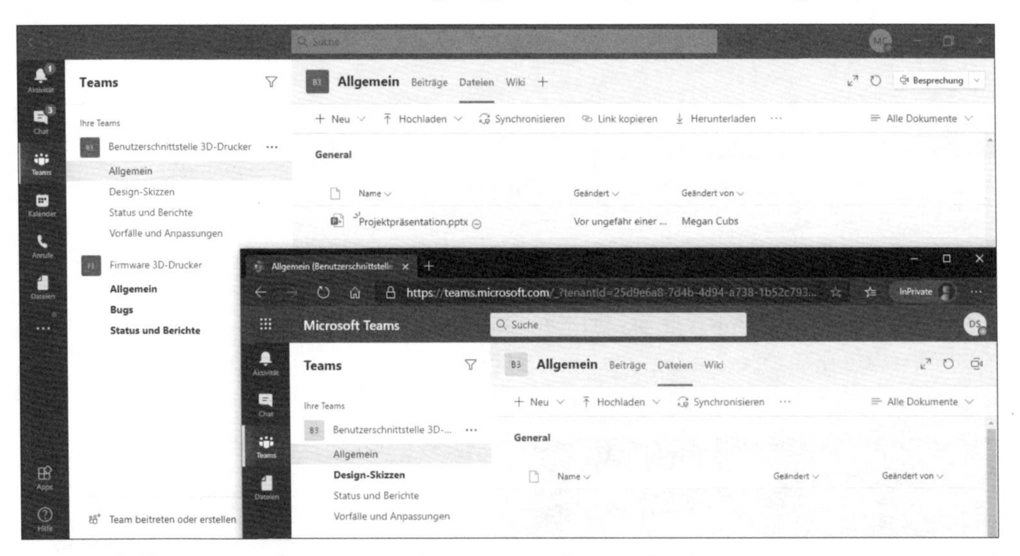

Abbildung 3.25 Dateien mit geschützten Begriffen werden für externe Personen ausgeblendet.

Dieser Schutz gilt nicht nur für Dateien – chattet Megan mit Diana und verwendet dabei versehentlich den neuen Namen, wird dieser Chat ebenfalls automatisch ausgeblendet (siehe Abbildung 3.26).

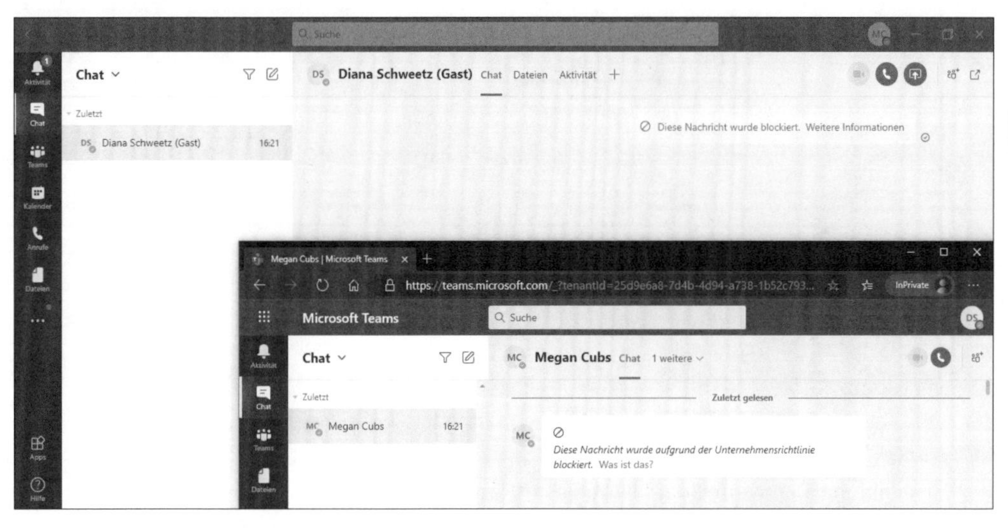

Abbildung 3.26 Ausgeblendeter Chat

3.5 Szenario: Entwicklerteams

Auch die Entwicklerteams mit ihren besonderen Anforderungen hinsichtlich der Werkzeuge, mit denen sie täglich arbeiten, nutzen Microsoft Teams als zentrales Kommunikationswerkzeug.

3.5.1 Stand-up-Call

Für die Entwickler beginnt der Tag mit einem Stand-up-Call in Microsoft Teams, bei dem sie den aktuellen Stand besprechen. Die Entwicklerteams nutzen intensiv *Azure DevOps* (eine Plattform für kollaborative Softwareprojekte) für ihre Arbeit, um dort ihr Projekt an einer zentralen Stelle zu verwalten. Da ist es sehr vorteilhaft, dass Azure DevOps auch in Microsoft Teams integriert werden kann.

3.5.2 Azure DevOps-Integration

Während des Stand-up-Calls öffnet Juli das Azure Board, mit dem die Entwickler ein konfigurierbares *Kanban-Board* (ein Projektmanagement-Werkzeug aus dem Bereich agiler Arbeitsmethoden) aufgesetzt haben. Er gibt im Stand-up-Call seinen Bildschirm frei, sodass alle Teilnehmer eine gemeinsame Sicht auf den aktuellen Stand haben (siehe Abbildung 3.27).

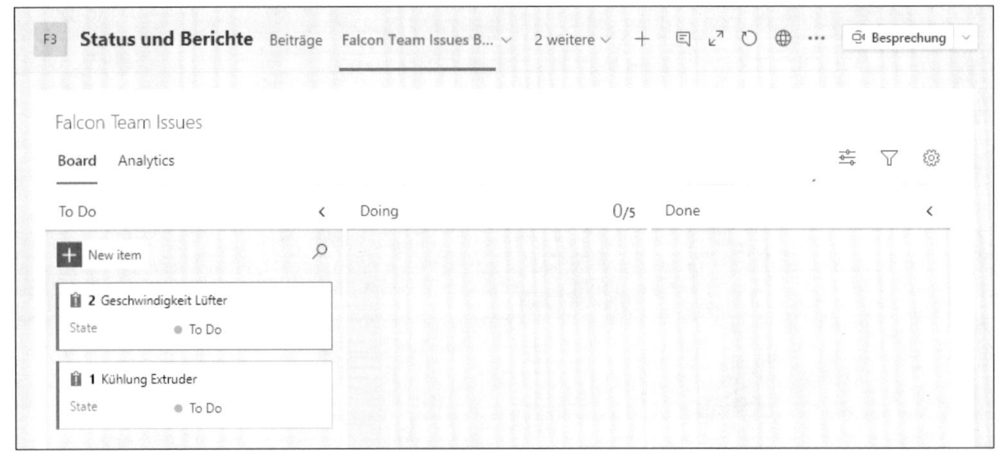

Abbildung 3.27 Azure Board in Microsoft Teams

3.5.3 Automatische Benachrichtigung

Die Entwicklerteams nutzen Azure DevOps aber nicht nur während Besprechungen in Microsoft Teams. So haben sie einen *Connector* (siehe Abschnitt 2.8.2, »Arten von Apps«) aktiviert, der im Team automatisch neue Beiträge erstellt, sobald ein neuer Bug im Quellcode entdeckt wurde (siehe Abbildung 3.28).

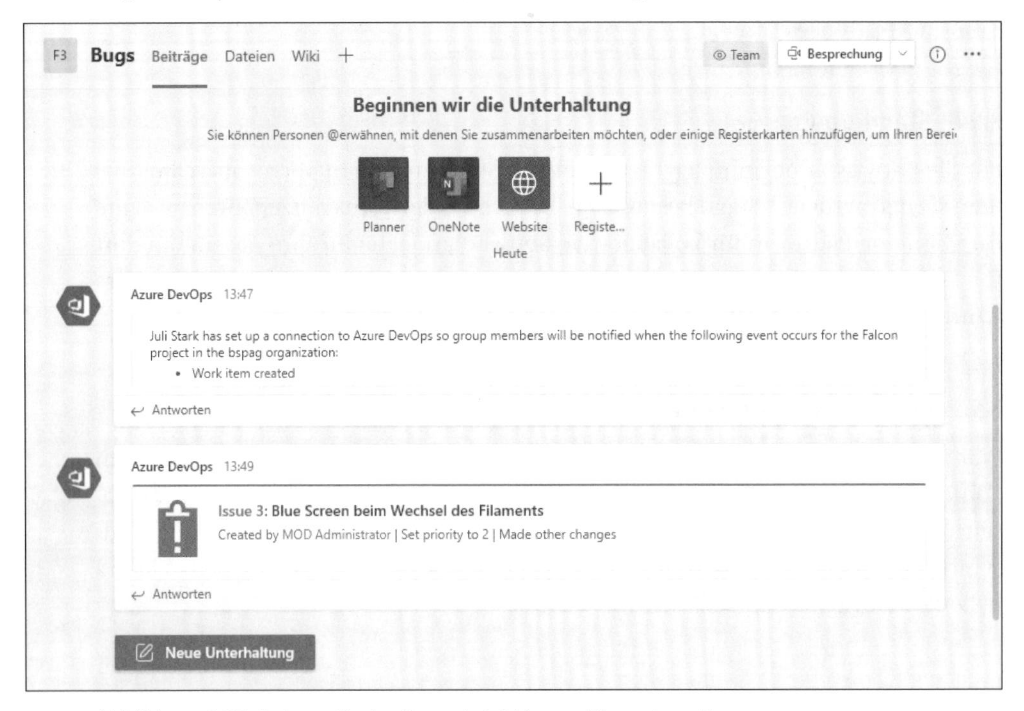

Abbildung 3.28 Automatische Benachrichtigung über einen Bug

So bleiben alle Entwickler auf dem aktuellen Stand, ohne ständig die Azure DevOps-Oberfläche im Blick behalten zu müssen. Natürlich werden sie auch automatisch benachrichtigt, wenn der Bug behoben wurde.

3.6 Szenario: Mitarbeiter im Homeoffice

Lucys Arbeitgeber unterstützt viele seiner Mitarbeiter nicht nur durch eine Regelung zur Vertrauensarbeitszeit (es gibt keine Zeiterfassung), sondern auch zum Vertrauensarbeitsort. Letzteres bedeutet, die Beispiel AG erlaubt es den Mitarbeitern, den Ort, von dem aus sie arbeiten, frei zu wählen – natürlich nur bei den Rollen, bei denen dies möglich ist, beispielsweise den Mitarbeitern mit einem Büroarbeitsplatz. Als die Beispiel AG den Vertrauensarbeitsort einführte, gab es zunächst einige Bedenken, ob die Mitarbeiter denn auch von Zuhause aus ebenso produktiv sein können. Doch diese Bedenken haben sich schnell zerstreut, als deutlich wurde, dass die bloße Anwesenheit der Mitarbeiter nichts über die Qualität der Leistung aussagt. So kann Lucy flexibel auch private Angelegenheiten mit den beruflichen Anforderungen kombinieren und verbessert so ihre Work-Life-Balance. Ihren beruflichen Aufgaben kann sie meist auch problemlos von anderen Orten aus nachgehen, Werkzeuge wie Microsoft Teams unterstützen sie dabei, nahtlos auf alle erforderlichen Daten zugreifen zu können und mit ihren Team-Kolleginnen und -Kollegen in ständigem Kontakt zu bleiben. Da diese auf unterschiedliche Standorte verteilt sind, würden sie sich ohnehin nur selten vor Ort treffen.

Da sich für heute ein Techniker der Telefongesellschaft angekündigt hat, legt Lucy einen Homeoffice-Tag ein.

3.6.1 Tagesplan überprüfen

Noch am Frühstückstisch nimmt Lucy ihr Smartphone in die Hand und ruft über den mobilen Teams-Client ihren Terminkalender für den heutigen Tag auf (siehe Abbildung 3.29). Lucys Arbeitgeber erwartet zwar nicht von seinen Mitarbeitern, dass diese bereits am Frühstückstisch mit der Arbeit beginnen, Lucy empfindet dies aber für die Organisation ihres Tagesablaufs als sehr hilfreich.

Dort findet sie die tägliche Status-Besprechung und ein Einzelgespräch mit ihrem Kollegen Juli. Dann wechselt sie zu ihren Aufgaben – dazu muss sie den Teams-Client nicht verlassen, sondern öffnet einfach die dort integrierte App zur Aufgabenverwaltung (siehe Abbildung 3.30).

Für heute steht die Erstellung einer PowerPoint-Präsentation zum Projektstatus an, und auch ihre Reisekostenabrechnung sollte Lucy endlich wieder einmal erledigen.

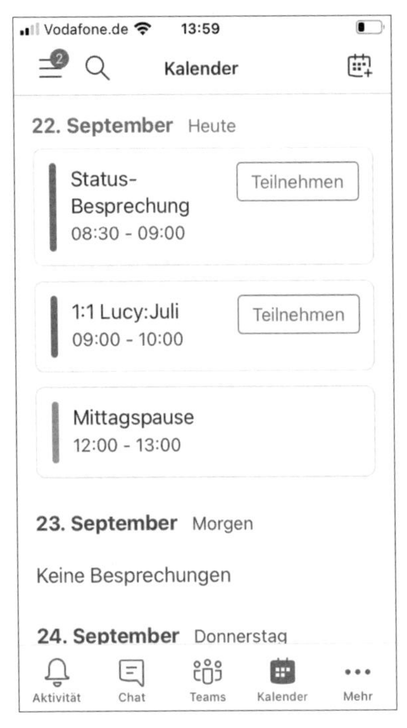

Abbildung 3.29 Kalender im mobilen Teams-Client

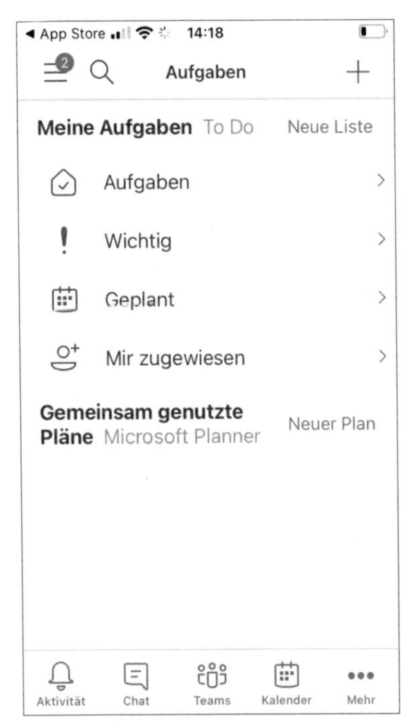

Abbildung 3.30 Aufgabenverwaltung im mobilen Teams-Client (versteckt unter »Mehr«)

3.6.2 Was gibt es Neues?

Nachdem Lucy nun weiß, was der Tag an Terminen und Aufgaben mit sich bringt, stellt sich die Frage, was es Neues von den Kollegen gibt. Welche Diskussionen werden geführt? Gibt es offene Fragen? Dazu öffnet sie nicht wie früher Outlook und durchsucht umständlich eine lange Liste ungeordneter E-Mails, sondern wechselt im Teams-Client einfach zu dem Bereich AKTIVITÄT (siehe Abbildung 3.31).

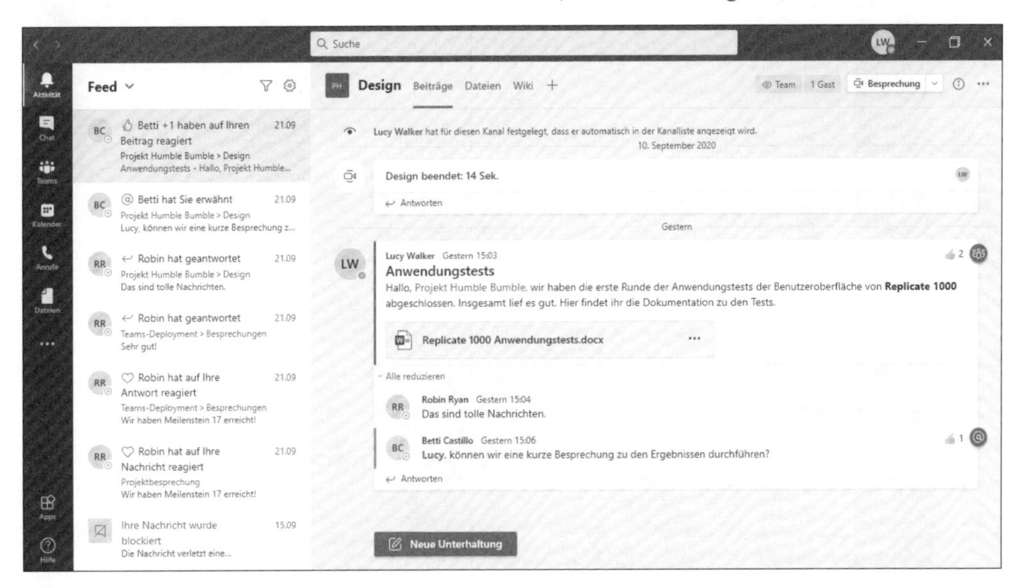

Abbildung 3.31 Aktivitäten im Teams-Client

Hier findet sie an einer zentralen Stelle eine Liste der relevanten Punkte aus allen Teams, in denen sie Mitglied ist, darunter diese:

- Nachrichten aus Teams, in denen sie direkt angesprochen wurde. Ihre Kollegen nutzen dazu eine Funktion namens *@Mentioning*. Hier wird vor den Namen der angesprochenen Person das @-Symbol gestellt, wodurch diese Person automatisch eine Benachrichtigung erhält.
- Nachrichten aus Kanälen, die für Lucy sehr wichtig sind und für die sie eine Benachrichtigung aktiviert hat
- Antworten auf Beiträge, bei denen Lucy aktiv beteiligt war, also die sie entweder selbst initial erstellt oder kommentiert hat

Wenn die Zeit dafür noch bleibt, überfliegt sie dann auch noch die neuen Beiträge aus den Teams, die nicht in ihrer Aktivitätenliste erscheinen. Diese erkennt sie an der fett gesetzten Schrift im Teams-Bereich des Teams-Clients (siehe Abbildung 3.32).

Übrigens: Outlook verwendet Lucy nach wie vor noch, aber nicht mehr so häufig wie früher. Die hauptsächlich interne Kommunikation mit ihren Team-Kolleginnen und -Kollegen und der Austausch bezüglich laufender Projekte finden heute fast ausschließlich in Microsoft Teams statt.

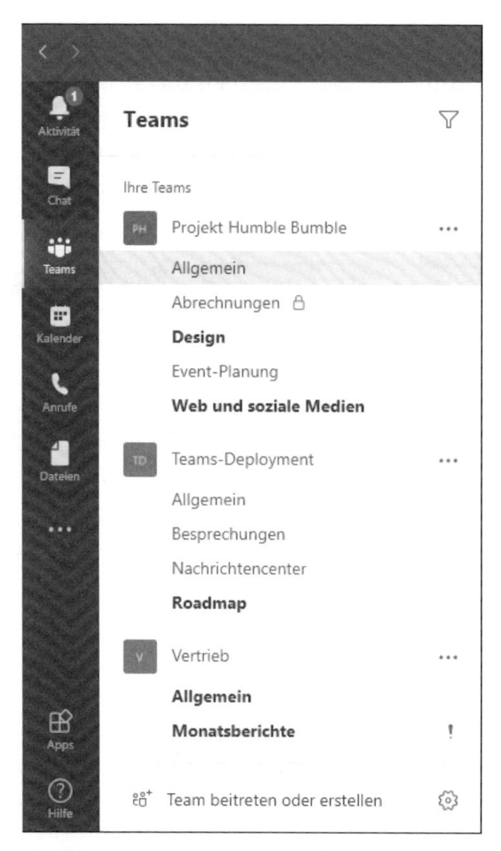

Abbildung 3.32 Teams-Bereich im Teams-Client

3.6.3 Auf der Suche

Seit die Beispiel AG Microsoft Teams einsetzt, kann Lucy problemlos auch vom Homeoffice aus auf die dort abgelegten Informationen zugreifen. Dazu gehören insbesondere auch die Dateien. Diese liegen nicht mehr auf dem alten Dateiserver, sondern in den Cloud-Rechenzentren, wo ein gesicherter Zugriff garantiert ist – das nicht mehr zeitgemäße und sicherheitskritische VPN ist dazu nicht mehr erforderlich.

Lucy benötigt für ihre Aufgaben einige Dateien. Sie weiß allerdings nicht mehr genau, in welchem Team und in welchem Kanal diese abgelegt sind. Dies ist nicht weiter tragisch, denn im Teams-Client ist eine zentrale Suchfunktion eingebaut (siehe Abbildung 3.33).

Lucy gibt ein Schlüsselwort ein und erhält separate Ergebnisse aus Nachrichten, Mitgliedern und Dateien. Außerdem kann sie das Suchergebnis weiter filtern, beispielsweise nach Autor, Dateityp, Datumsbereich etc. So findet sie schnell die gesuchten Informationen.

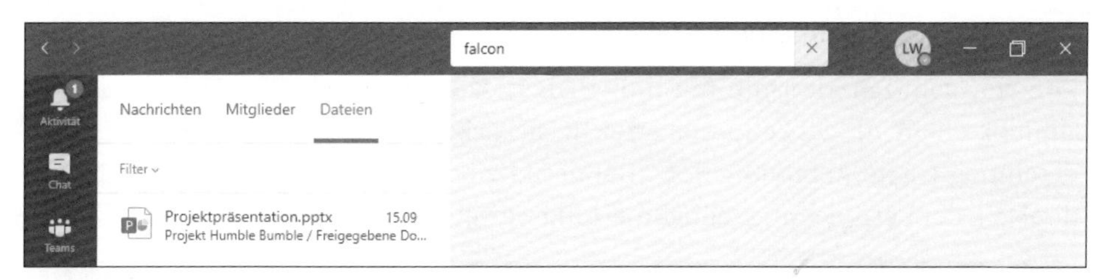

Abbildung 3.33 Suche im Teams-Client

3.6.4 Tägliche Status-Besprechung

Am Homeoffice-Schreibtisch angekommen, ist es nun auch Zeit für die tägliche Status-Besprechung, um den Fortgang des Projekts zu diskutieren. Lucy verwendet dazu ein Headset, um eine möglichst gute Gesprächsqualität zu erreichen. Außerdem haben sie und die Projektmitglieder vereinbart, bei den Besprechungen die Kamera immer zu aktivieren, um eine persönlichere Umgebung zu schaffen.

3.6.5 Präsentation teilen und Feedback einholen

Nach der Status-Besprechung macht sich Lucy daran, die Präsentation zum Projektstatus zu erstellen. Die Datei lädt sie in das Team *Project Falcon* im Kanal Status hoch. Allerdings möchte sie gerne, dass die Team-Mitglieder ihre jeweiligen Informationen in die Datei einfügen. Sie öffnet daher den Unterhaltungsbereich für die Datei und bittet um Feedback. Dazu verweist sie auf die Datei und spricht die Team-Mitglieder mit »@Mentioning« an. Sie tippt auf das @-Zeichen und schreibt dahinter den Namen des Teams (siehe Abbildung 3.34). So erhalten alle Team-Mitglieder eine Benachrichtigung.

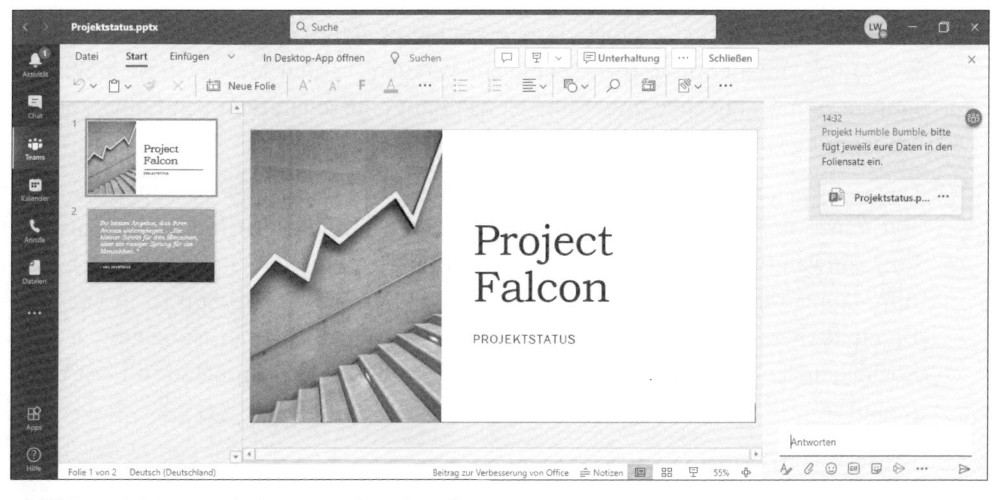

Abbildung 3.34 Unterhaltung zu einer Datei

3.6.6 1:1-Termin mit einem Kollegen

Kurz vor dem Einzeltermin mit Juli erhält Lucy eine Benachrichtigung über ihren Outlook-Client. Als der Zeitpunkt erreicht ist, klickt sie einfach auf den Link im Kalendereintrag (siehe Abbildung 3.35). Damit aktiviert sie den Teams-Client und kann direkt an der Besprechung teilnehmen. Juli wartet bereits auf sie.

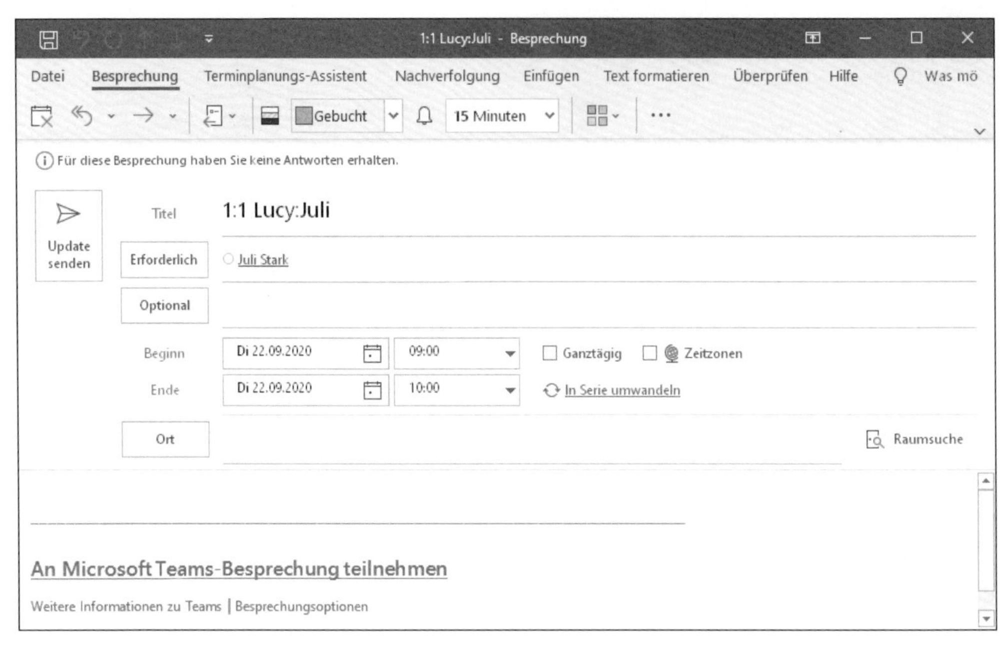

Abbildung 3.35 Kalendereintrag einer Teams-Besprechung

3.6.7 Reisekostenabrechnung

Und dann kommt Lucy endlich dazu, wieder einmal ihre ungeliebte Reisekostenabrechnung vorzunehmen. Ihr Arbeitgeber versucht es den Mitarbeitern möglichst einfach zu machen. Lucy findet im Teams-Client eine separate App zur Reisekostenabrechnung vor (siehe Abbildung 3.36).

Diese App gehört nicht zum Funktionsumfang von Microsoft Teams, aber mit *Microsoft Power Apps* können Unternehmen eigene Anwendungen mit wenig Entwicklungsaufwand erstellen und direkt in Teams publizieren – so ist die entsprechende App dann umgehend für alle Mitarbeiter verfügbar. Über die App kann Lucy die Daten der gesammelten Belege angeben und auch jeweils ein entsprechendes Foto hochladen. So bleibt der Aufwand für die Reisekostenabrechnung zumindest überschaubar.

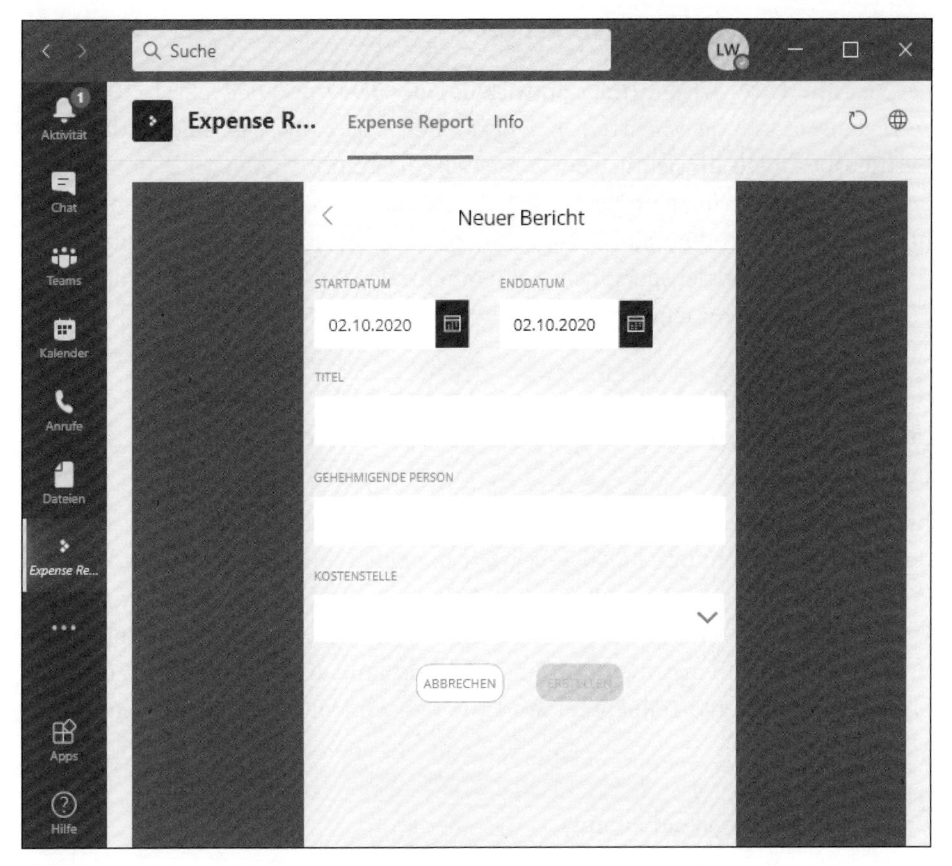

Abbildung 3.36 Power Apps im Teams-Client

Damit die Mitarbeiter laufend über den Bearbeitungsstand informiert sind, arbeitet im Hintergrund ein ebenfalls in Microsoft Teams integrierter *Bot*. So benachrichtigt der Bot zunächst Lucys Vorgesetzten über die neue Abrechnung und bittet ihn, diese zu bearbeiten, Sobald der Vorgesetzte die Reisekostenabrechnung genehmigt hat, bekommt Lucy ebenfalls von diesem Bot eine Nachricht. Die Nachrichten des Bots erhalten die Mitarbeiter über Chats (siehe Abbildung 3.37).

Abbildung 3.37 Bot im Teams-Client

3.7 Szenario: Remote-Workshop

Lucy ist mit dem Fortschritt der Entwicklung des 3D-Druckers Replicate 1000 sehr zufrieden. Ein wichtiger Baustein in der aktuellen Projektphase ist eine Schulung des Vertriebspersonals hinsichtlich der kompetenten Beratung potenzieller Kunden. Die Beispiel AG verfügt über ein Netz von Verkaufsräumen in unterschiedlichen Städten und natürlich auch über einen Online-Shop. Da es aus logistischen Gründen nicht möglich ist, das Vertriebspersonal an einem zentralen Standort für eine gemeinsame Schulung zu versammeln, organisiert Lucy einen Remote-Workshop auf Basis von Microsoft Teams.

In ihrem Teams-Client erstellt Lucy dazu eine klassische Besprechung für den Zeitraum der Schulung und lädt dazu das Vertriebspersonal ein, das aus rund 20 Personen besteht.

Kurz vor Beginn des Workshops treffen nach und nach alle eingeladenen Personen in der Teams-Besprechung ein. Lucy begrüßt die Teilnehmer und erläutert kurz das Workshop-Konzept. Die Idee dabei ist, alle Teilnehmer in kleine Gruppen einzuteilen. Jede Gruppe wird dabei von einer Referentin beziehungsweise einem Referenten betreut, und es können gemeinsam Fragen erörtert und diskutiert werden. Zudem ist geplant, dass sich alle Teilnehmer am Ende des Workshops nochmals gemeinsam versammeln.

Gruppenräume (Breakout Rooms)

Als Lucy das Workshop-Konzept mit den Kleingruppen konzipierte, sann sie darüber nach, wie sie dabei in Microsoft Teams am besten vorgehen sollte. Sollte sie für jede Gruppe eine separate Teams-Besprechung anlegen? Lucy wendet sich schließlich Rat suchend an Robin, der in der Beispiel AG als Experte für Microsoft Teams gilt. Und Robin hat auch direkt eine Idee parat: die *Gruppenräume* (auf Englisch nennt sich diese Funktion *Breakout Rooms*) – eine recht neue Funktionalität in Microsoft Teams.

Lucy kann in der Teams-Besprechung des Workshops Gruppenräume anlegen. Dazu findet sie in der Symbolleiste des Teams-Clients das entsprechende Symbol. Sie gibt an , wie viele Gruppenräume erforderlich sind und wie die Teilnehmer auf die einzelnen Räume aufgeteilt werden sollen (siehe Abbildung 3.38).

Zur Auswahl steht eine zufällige und eine manuelle Aufteilung. Lucy entscheidet sich für eine Aufteilung nach dem Standort der Teilnehmer, sodass sich jeweils direkt miteinander zusammenarbeitende Kollegen gemeinsam in einem Raum befinden. Außerdem fügt sie zu jedem Raum noch einen Referenten hinzu, der die Gruppe inhaltlich begleiten soll.

Abbildung 3.38 Gruppenraum erstellen

Die neu erstellten Räume sieht Lucy anschließend in ihrem Teams-Client (siehe Abbildung 3.39).

Abbildung 3.39 Gruppenräume im Teams-Client

Zum gegebenen Zeitpunkt öffnet sie die Räume mit einem Klick auf die entsprechende Schaltfläche. Daraufhin werden die Teilnehmer automatisch in den ihnen jeweils zugewiesenen Raum transferiert. Dort können sie dann miteinander diskutieren, chatten, Dateien und andere Informationen austauschen etc. Auch eine Freigabe, beispielsweise des Desktops, ist möglich. Die Gruppenräume arbeiten damit ähnlich wie normale Teams-Besprechungen.

Lucy kann jederzeit den Chat-Verlauf jedes Raumes einsehen und bei Bedarf auch zwischen den Räumen wechseln, wenn beispielsweise eine Frage gestellt wird, die vom jeweiligen Referenten nicht beantwortet werden kann.

Zum vorab verabredeten Zeitraum schließt Lucy über die entsprechende Schaltfläche die Gruppenräume und sorgt so dafür, dass die Teilnehmer wieder gemeinsam in die initial gestartete Besprechung überführt werden.

3.8 Szenario: Öffentliche Veranstaltung

Es ist so weit: Der neue 3D-Drucker Replicate 1000 kann endlich der Öffentlichkeit vorgestellt werden. Um eine möglichst breite Käuferschicht zu erreichen, erfolgt die Vorstellung im Rahmen einer live übertragenen Keynote. Natürlich muss die Übertragung in optimaler Qualität erfolgen, um die Besonderheiten des Produkts zu unterstreichen. Während der Übertragung sollen die Gäste Fragen stellen können, die dann von Lucys Team beantwortet werden. Hierfür eignet sich eine klassische Teams-Besprechung weniger, da diese auf die Zusammenarbeit optimiert ist und auch nur eine begrenzte Anzahl von Teilnehmern zulässt. Für die Keynote ist mehr Kontrolle darüber erforderlich, was zu sehen und zu hören ist. Auch sollen die Kommentare der Teilnehmer nicht direkt für alle sichtbar sein. Die Keynote soll deshalb über ein Liveereignis durchgeführt werden, einer alternativen Form einer Videokonferenz, wie sie ebenfalls von Microsoft Teams angeboten wird.

3.8.1 Planung des Liveereignisses

Lucys Assistentin Betti erstellt über den Teams-Client ein neues Liveereignis (siehe Abbildung 3.40).

Neben der Zeitangabe gibt sie auch verschiedene Rollen an. Sie selbst ist Produzentin, und auch Bianca aus der externen Event-Agentur gibt sie als Produzentin an. Betti wird sich um die Fragen der Gäste kümmern, und Bianca soll das Videobild auf den Kreis der geladenen Personen abstimmen. Dann wären da noch Lucy und Juli als Referenten. Nur diese beiden sollen während der Keynote abwechselnd zu sehen sein. Außerdem gibt Betti an, dass Untertitel und die Übersetzung in sechs unterschiedliche Sprachen gewünscht sind. Dafür muss die Beispiel AG keinen Übersetzer buchen, sondern Microsoft Teams erledigt das automatisch mit den integrierten Funktionen. Auch aktiviert Betti den Frage-und-Antwort-Bereich (siehe Abbildung 3.41).

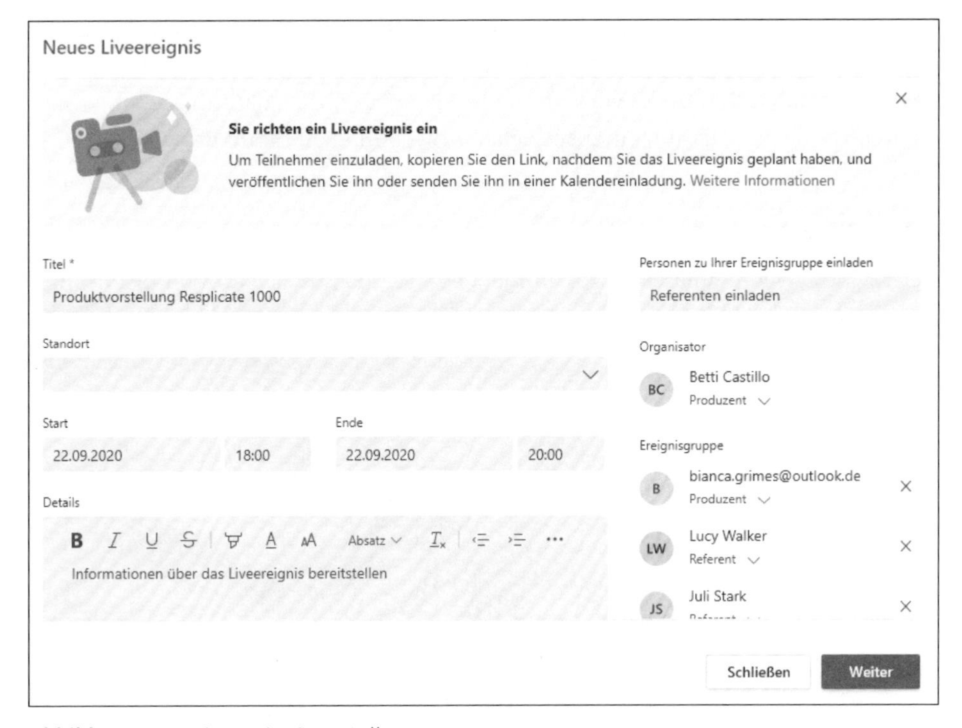

Abbildung 3.40 Liveereignis erstellen

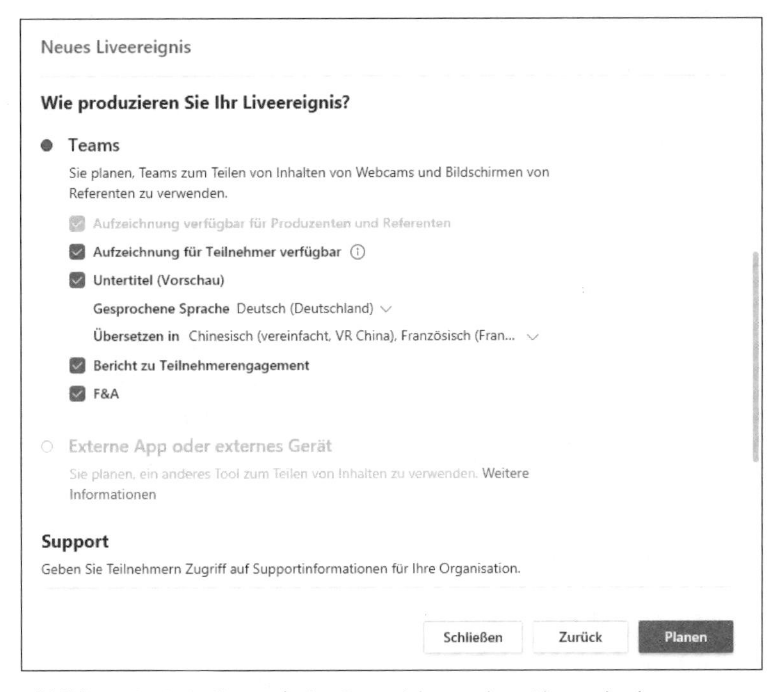

Abbildung 3.41 Optionen beim Organisieren eines Liveereignisses

Die bei der Planung angegebenen Personen erhalten einen Kalendereintrag. Für die Teilnehmer erhält Betti einen Link, den sie über die offiziellen Kommunikationskanäle und sozialen Netzwerke verteilt. Die Teilnehmer können daraufhin dem Liveereignis ohne die Installation einer speziellen Anwendung direkt im Browser folgen.

3.8.2 Wir gehen live

Der Tag des Liveereignisses ist gekommen. Das Team trifft sich am Veranstaltungsort. Die Skizze in Abbildung 3.42 veranschaulicht die Szenerie.

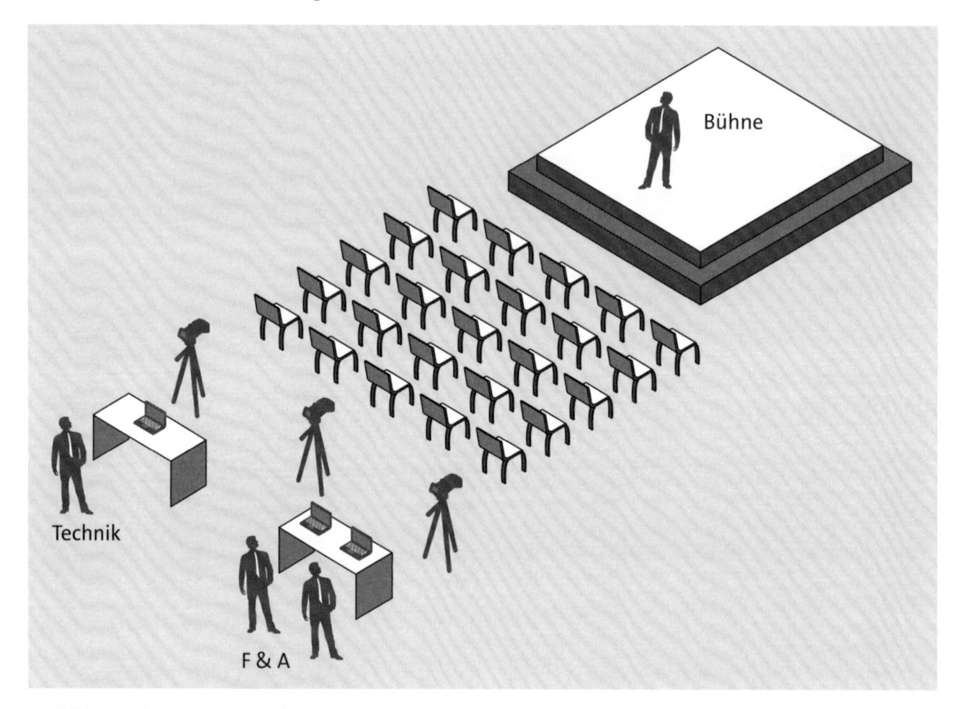

Abbildung 3.42 Veranstaltungsort

Die Mitarbeiter der externen Agentur kümmern sich um die Kameras und das Videobild, das die Gäste und Teilnehmer zu sehen bekommen. Dazu verwenden sie eine in den Teams-Client integrierte Studio-Oberfläche, über die zwischen den verschiedenen Kameras und den Bildschirmfreigaben gewechselt werden kann (siehe Abbildung 3.43).

Betti kümmert sich um die Fragen der Gäste, indem sie den Frage-und-Antwort-Bereich in der Studio-Oberfläche nutzt.

Die Teilnehmer sehen die Übertragung dann wie in Abbildung 3.44 dargestellt.

Abbildung 3.43 Studio-Oberfläche

Abbildung 3.44 Liveereignis für alle Teilnehmer

3.8.3 Nach dem Liveereignis

Nachdem das Liveereignis erfolgreich durchgeführt und beendet wurde, erhält Lucy die Aufzeichnung und einen Bericht zum Teilnehmerengagement, über den sie die Teilnahme auswerten kann. In einer Tabelle sind dabei die Zeitpunkte des Ein- und Austritts der einzelnen Gäste enthalten.

3.9 Szenario: Stationärer Handel

Der 3D-Drucker Replicate 1000 wird über einen Webshop, aber auch in einigen Läden der Beispiel AG angeboten. Dort können die Kunden hautnah einen Eindruck von der Leistungsfähigkeit des Druckers erhalten und ihn im Idealfall direkt erwerben.

Allan arbeitet in einem dieser Läden als Kundenberater. Im Normalfall sitzt er nicht am Schreibtisch an einem Rechner, sondern arbeitet im Verkaufsraum und steht den Kunden persönlich zur Verfügung. Dennoch nutzt er Microsoft Teams für viele seiner Arbeitsabläufe – allerdings nicht an einem klassischen Rechner, sondern primär von seinem Smartphone aus, das er ständig bei sich trägt.

3.9.1 Schichtenplanung

Alex ist für die Kundenberater in allen Läden der Beispiel AG zuständig. Zu seinen Aufgaben gehört es, eine Schichtenplanung durchzuführen. Dazu nutzt er die Schichten-App direkt in Microsoft Teams (siehe Abbildung 3.45).

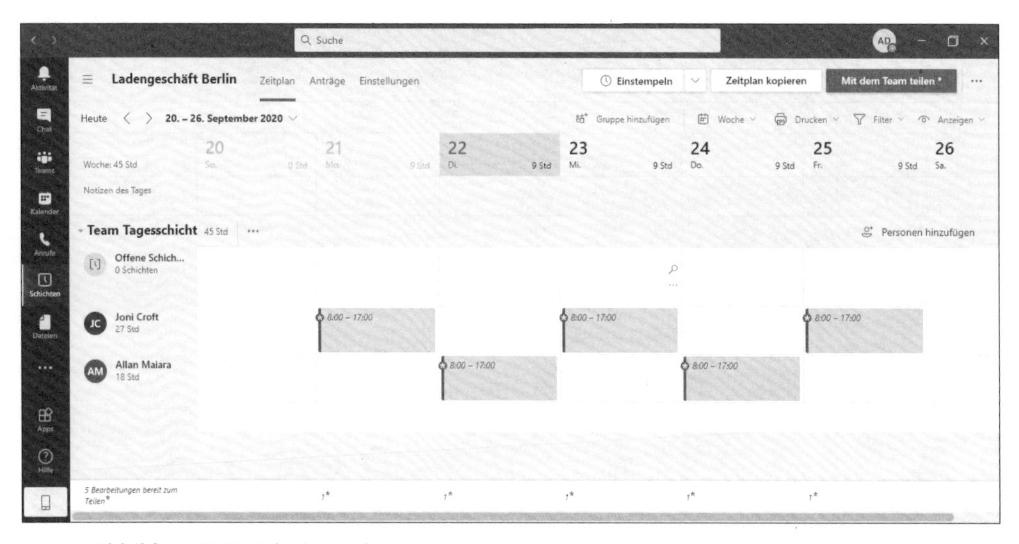

Abbildung 3.45 Schichtenplanung

Hier gruppiert er die jeweiligen Kundenberater und teilt sie entsprechend ein. Die fertige Schichtenplanung veröffentlicht er anschließend, sodass sie direkt im Teams-Client für die Mitarbeiter sichtbar ist.

Außerdem schreibt er eine Ankündigung zum neuen Hygienekonzept. In der Vergangenheit wurden in den Läden solche Informationen an ein schwarzes Brett geheftet und (hoffentlich) von allen Kundenberatern gelesen. Heute erledigt er dies auch direkt im Teams-Client. Die betroffenen Mitarbeiter erhalten damit eine Benachrichtigung in deren Client.

3.9.2 Der nächste Arbeitstag

Allan erhält eine Nachricht auf seinem Smartphone. Er nutzt sein Gerät, wie viele andere Berufstätige auch, nicht nur privat, sondern auch beruflich. Somit erspart er es sich, stets zwei Geräte mitführen zu müssen. Außerdem legt er großen Wert auf die Modelle eines bestimmten Herstellers und möchte nicht, dass ihm irgendein Gerät vorgeschrieben wird. Dass Allan ein Smartphone für beide Bereiche nutzt, hat für die Beispiel AG durchaus auch Vorteile, da somit beispielsweise Beschaffung, Ausgabe und Austausch rund um die Smartphones entfällt. Durch die Sicherheitsdienste von Microsoft 365 sind die geschäftlichen Daten selbst auf den privaten Geräten geschützt. Sogar eine Übertragung der geschäftlichen Daten – beispielsweise über die Zwischenablage – zu *WhatsApp* oder *Facebook* wird verhindert.

Allan sieht die Benachrichtigung über das neue Hygienekonzept und überfliegt die wichtigsten Punkte direkt im Teams-Client. Außerdem öffnet er dort auch die integrierte Schichten-App und informiert sich, wie er für die nächsten Tage eingeplant wurde (siehe Abbildung 3.46).

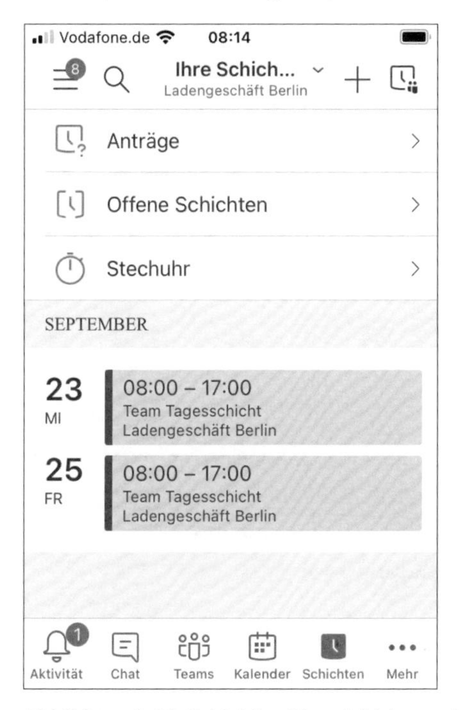

Abbildung 3.46 Schichtenübersicht im mobilen Teams-Client

3.9.3 Stechuhr

Pünktlich zur vereinbarten Zeit trifft Allan in seinem Laden ein. Zuerst verwendet er die Stechuhr in der Schichten-App, um seine Anwesenheit zu protokollieren (siehe Abbildung 3.47).

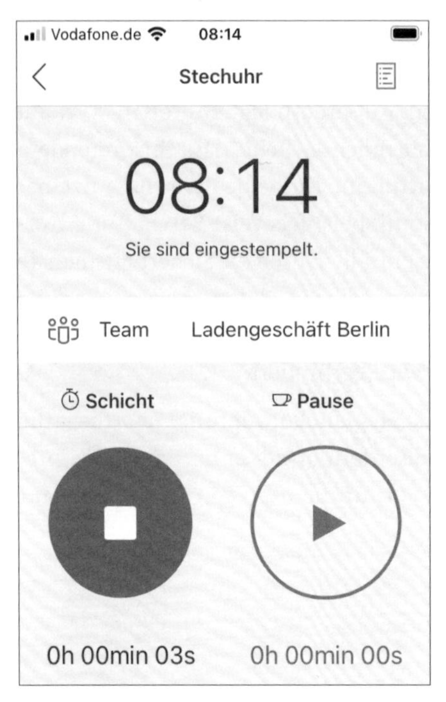

Abbildung 3.47 Stechuhr

Die Daten aus der Stechuhr kann sein Chef einsehen und gegebenenfalls darauf reagieren.

3.9.4 Aufgabenverwaltung

Das neue Hygienekonzept enthält auch einen Verweis auf ein Video, das bestimmte Arbeitsabläufe näher erläutert. Dieses Video hat Alex' Vorgesetzter in *Microsoft Stream* hochgeladen und für seine Mitarbeiter veröffentlicht. Über den Teams-Client können sich Alex, Joni und alle anderen Mitarbeiter das Video ansehen, sobald sie eine freie Minute dafür übrig haben (siehe Abbildung 3.48).

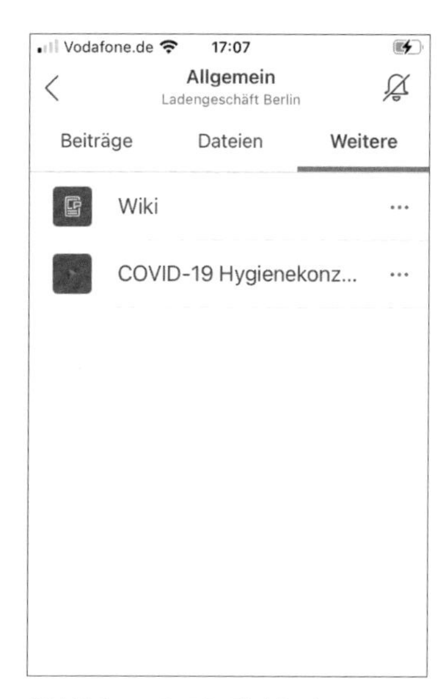

Abbildung 3.48 Einbindung von Microsoft Stream

3.9.5 Chat

Allan möchte sich über das neue Hygienekonzept mit Joni, die in einem anderen Laden arbeitet, austauschen. Er schreibt sie dazu im Teams-Client per Chat an und fragt sie nach ihrer Einschätzung (siehe Abbildung 3.49).

Abbildung 3.49 Chat im Teams-Client

3.9.6 Foto

Allan fällt auf, dass die Desinfektionsmittel im Kundenbereich bald zur Neige gehen. Er nimmt mit seinem Smartphone ein Foto davon auf. Im Teams-Client öffnet er eine App, die die Beispiel AG für solche Fälle entwickelt hat. Dort trägt er die erforderlichen Daten ein und lädt das Foto zur Verdeutlichung hoch (siehe Abbildung 3.50). Über die App wird der Vorfall direkt an die zuständigen Personen weitergeleitet und kann so schnell geprüft und bearbeitet werden.

Abbildung 3.50 App für Vorfälle

3.9.7 Schichten tauschen

Kurz vor Ende seiner Schicht erhält Allan eine Benachrichtigung: Seine Kollegin Joni kann ihre Schicht am nächsten Tag wegen eines spontanen Arzttermins nicht wahrnehmen. Joni bittet daher Allan darum, seine Schicht mit ihr zu tauschen (siehe Abbildung 3.51).

Da Allan am darauffolgenden Tag nichts vorhat, macht er das gerne. Der Tausch wird bei Alex angezeigt und muss anschließend nur noch genehmigt werden.

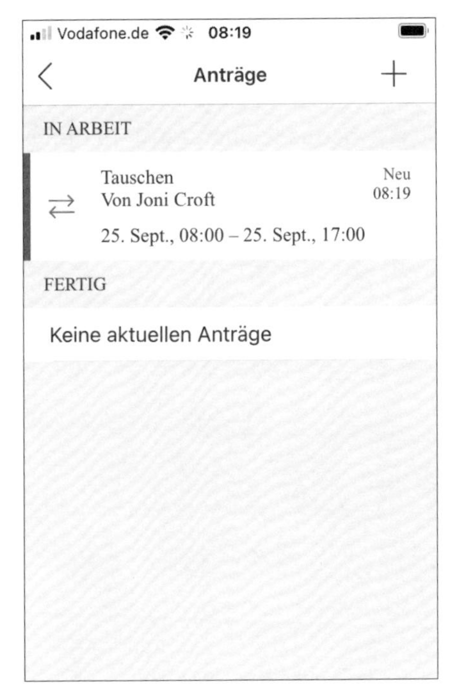

Abbildung 3.51 Schichten tauschen

3.10 Szenario: Telefon-Kundendienst

Natürlich möchte die Beispiel AG ihren bestehenden und potenziellen neuen Kunden eine optimale Unterstützung anbieten. Dazu gehört auch ein schnell erreichbarer Telefon-Kundendienst. Die Beispiel AG organisiert zwei Gruppen: eine Gruppe für die technische Unterstützung, falls Kunden Probleme mit ihrem 3D-Drucker haben oder sich Fragen bei der Einrichtung ergeben haben, die andere Gruppe soll sich um die Kaufinteressenten kümmern.

Automatische Telefonzentrale und Anrufwarteschleifen

Lucy richtet eine automatische Telefonzentrale ein und konfiguriert diesen Dienst mit einer zentralen Rufnummer. Unabhängig von ihrem jeweiligen Anliegen nutzen neue und bestehende Kunden diese Nummer und werden dann von einem Telefonsystem empfangen. Dieses System bietet der anrufenden Person die Möglichkeit, sich per Menü mit dem Vertrieb oder mit dem technischen Support verbinden zu lassen. Zusätzlich hat der Anrufer die Option, einen ihm namentlich bekannten Mitarbeiter direkt anzurufen. Der Anrufer kann sich durch das Menü entweder per Sprachkommandos oder mithilfe der Telefontastatur bewegen.

Entscheidet sich der Anrufer für den Vertrieb oder den technischen Support, leitet die automatische Telefonzentrale den Anruf an jeweils eine Anrufwarteschleife weiter, in der die Mitarbeiter des Vertriebs beziehungsweise des technischen Supports organisiert sind. Diese Mitarbeiter erhalten alle gleichermaßen den Anruf in ihrem Teams-Client und können entsprechend darauf reagieren (siehe Abbildung 3.52).

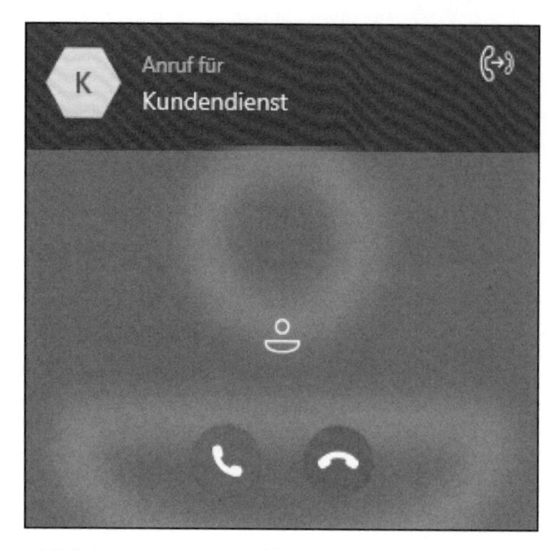

Abbildung 3.52 Anruf bei einer Anrufwarteschleife

Der gesamte Ablauf dieser Situation wird in Abbildung 3.53 skizziert.

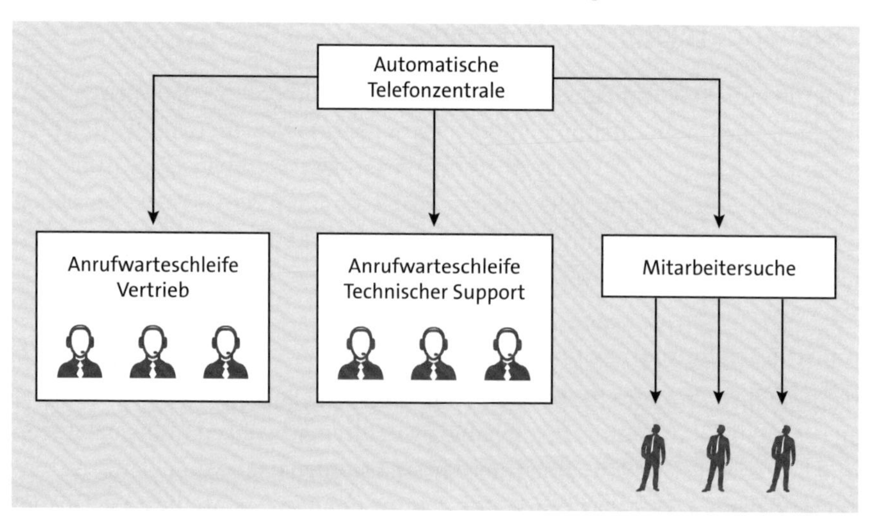

Abbildung 3.53 Anrufbehandlung

3.11 So geht es weiter

Haben Sie Ihr Unternehmen oder Ihre Anwender in manchen Szenarien wiedergefunden? Natürlich lassen sich nicht alle Szenarien genau so auf jedes Unternehmen übertragen. Wenn Sie aber den einen oder anderen Anwendungsfall gefunden haben, der zu Ihrer Situation passt, umso besser.

Weiter geht es im nächsten Kapitel mit einem wichtigen Prinzip von Microsoft 365, dem Evergreen-Prinzip, das eine laufende Evolution der Cloud-Dienste beschreibt. Für die Einführung von Microsoft Teams ist es besonders wichtig, zu wissen, was hinter diesem Prinzip steckt und wie damit in der Praxis umgegangen werden sollte.

Kapitel 4
Evergreen

Das vierte Kapitel dreht sich um den Evergreen-Prozess bei Microsoft Teams, mit dem Ihre Umgebung immer aktuell bleibt.

Blicken wir einige Jahre zurück, sind in den Jahren 2007, 2010, 2013, 2016, 2019 neue Office-Versionen erschienen, und auch die Exchange-Versionen tragen die Jahreszahlen 2007, 2010, 2013, 2016, 2019. Bei den Anwendungen und Server-Produkten für die lokale Installation hat Microsoft ursprünglich einen Dreijahreszyklus definiert – etwa alle drei Jahre gab es eine neue Produktversion mit moderneren und leistungsfähigeren Funktionen. Dazwischen gab es zwar auch Updates, aber diese konzentrierten sich eher auf das Schließen von Sicherheitslücken und das Beheben von Fehlern. Neue Funktionen gab es nur sehr selten im Rahmen von sogenannten *Service Packs*, *Cumulative Updates*, *Feature Packs* etc.

Die Cloud-Dienste wie Microsoft Teams folgen diesem Prinzip heute nicht mehr. Dort gibt es keinen fest definierten Zeitraum, zu dem neue Funktionen eingeführt werden. Stattdessen erscheinen neue Funktionen (oder sogar ganze Dienste), sobald sie einen Stand erreicht haben, der für einen produktiven Einsatz geeignet ist. Bestandskunden haben somit direkten Zugriff darauf (sofern keine neuen Lizenzen erforderlich sind) und müssen nicht bis zum Erscheinen der nächsten Produktversion warten – was im ungünstigsten Fall drei Jahre dauern würde. Das betrifft nicht nur die Cloud-Pendants der Server-Produkte wie Exchange Online und SharePoint Online, sondern auch das lokal installierte Office-Paket. Das klassische Office-Paket (wenn Sie es nicht über ein Office 365-Abonnement beziehen) nennt sich *Office 2019*. Die Anwendungen dort sind *Feature Frozen*, das bedeutet, sie wurden seit dem Erscheinen funktional nicht erweitert (und sie werden es wohl auch in Zukunft nicht). Beziehen Sie das lokal installierte Office-Paket dagegen aus Office 365, nennt es sich *Microsoft 365 Apps* – ohne Versionsnummer und funktional sehr viel besser ausgestattet als Office 2019. In der Praxis macht dies auch durchaus Sinn, denn wenn die Cloud-Dienste regelmäßig aktualisiert werden, sollte dies auch mit den Clients, mit denen die Anwender auf diese zugreifen, geschehen, um keine allzu großen funktionalen Unterschiede zwischen Dienst und Client zu bewirken.

Auf der anderen Seite bedeutet dieses sogenannte *Evergreen*-Prinzip aber auch neue Herangehensweisen im Unternehmen. Es erfordert eine enge Abstimmung und Zusammenarbeit der Mitarbeiter in der IT-Abteilung mit anderen Unternehmensbereichen wie beispielsweise der Personalabteilung, Unternehmenskommunikation, Veränderungsmanagement etc. Manchmal werden dafür sogar neue Rollen geschaffen, die es vorher in dieser Form im Unternehmen noch nicht gab, denn damit geht in vielen traditionellen IT-Abteilungen ein gewisser Paradigmenwechsel einher.

Microsoft Teams folgt inzwischen auch diesem Evergreen-Prinzip. Dies hat zur Folge, dass Sie nach der Einführung des Dienstes nicht »fertig« sind, sondern die laufende Entwicklung immer berücksichtigen müssen. Aus diesem Grund habe ich dem Evergreen-Prinzip ein ganzes Kapitel in diesem Buch gewidmet, in dem ich Ihnen die Hintergründe dieses Prinzips und seine Umsetzbarkeit in der Praxis erläutere.

4.1 Was bedeutet Evergreen?

Wurden Sie schon einmal gefragt, welche Version von Facebook Sie nutzen? Diese Frage scheint zunächst einmal absurd, da Sie als Anwender keine Kontrolle darüber haben, welche Version Sie nutzen. Facebook bleibt dabei natürlich nicht auf einem Funktionsstand stehen, sondern wird laufend aktualisiert, erhält neue Funktionen, ein moderneres Aussehen, und dies alles erfolgt ohne Ihr Zutun. Auf Smartphones und Tablets verhält es sich ähnlich. Sie installieren dort die von Ihnen erforderlichen Apps, und diese werden in den meisten Fällen im Hintergrund ohne großes Aufsehen aktualisiert. In beiden Fällen erscheint dies ganz normal, und inzwischen erwarten wir als Nutzer auch gar kein anderes Vorgehen.

Was insbesondere im privaten Alltag heute normal erscheint, ist dagegen für die Nutzung von IT-Diensten in Organisationen ein eher neues Prinzip, das unter anderem auch angepasste Prozesse und neue Rollen erforderlich macht.

4.1.1 Klassischer Aktualisierungsmodus

Nehmen wir als Beispiel die Aktualisierung des Microsoft Office-Pakets und unternehmen dabei eine kleine Zeitreise. Wir schreiben das Jahr 2003. Microsoft stellt Office 2003 mit seinen vielen neuen und innovativen Funktionen vor (darunter erstmalig die Unterstützung von SharePoint). Das Unternehmen Beispiel AG möchte die Version einsetzen und startet dafür ein aufwendiges Projekt:

- Die neuen Anwendungen müssen getestet werden.
- Die Kompatibilität mit vorhandenen Dateien und Add-Ins muss überprüft werden.
- Die Administratoren, der Helpdesk und die Anwender müssen geschult werden.
- Das Paket muss auf die Geräte der Anwender verteilt werden.

Alles in allem dauerte ein solches Projekt mitunter einige Monate, bis das Unternehmen flächendeckend das neue Office-Paket nutzen konnte. Danach konnten die Anwender das Office-Paket über die nächsten Jahre problemlos nutzen. Rein funktional änderte sich an den Anwendungen nur punktuell etwas, sobald ein *Service Pack* erschien.

Spulen wir ein paar Jahre zurück: Im Jahr 2007 veröffentlichte Microsoft das zu diesem Zeitpunkt neue Office-Paket 2007 mit wieder vielen neuen und innovativen Funktionen (diesmal konnte beispielsweise Word PDF-Dateien direkt öffnen). Das Unternehmen fragte sich, ob diese neuen Funktionen den erneuten Projektaufwand zur Einführung der aktuellen Version überhaupt rechtfertigt. Da Office 2007 eine grundlegend neue Benutzeroberfläche mitbringt, entschloss sich das Unternehmen dazu, diese Version einfach zu übergehen (nach dem Motto: »Die letzten Jahre haben wird das auch nicht gebraucht«), und die Anwender nutzten weiterhin die bestehende funktionale Basis.

Und nun von 2007 aus betrachtet ein Sprung nach vorn: Im Jahr 2010 veröffentlichte Microsoft das neue und innovative Office-Paket in der Version 2010 (mit Funktionen wie dem direkten Bearbeiten von Fotos und Videos in Word und PowerPoint). Nachdem die Anwender des Unternehmens aktuell mit einer Office-Plattform arbeiteten, die inzwischen ein Jahrzehnt alt ist, und die dringende Nachfrage der Anwender nach moderneren Arbeitsmitteln immer größer wurde (ganz im Sinne von: »Zu Hause verwende ich schon lange das aktuelle Office-Paket, und im Job muss ich immer noch mit der alten Oberfläche arbeiten«), entschloss sich das Unternehmen letztendlich dazu, auf die neue Version zu wechseln. Es wurde also ein Projekt aufgesetzt, das über mehrere Monate lief, um die neue Version im Unternehmen einzuführen. Da der Unterschied zwischen Office 2003 und Office 2010 an vielen Stellen deutlich zutage trat, waren diesmal auch aufwendige Schulungsmaßnahmen für die Anwender erforderlich, um einen möglichst reibungslosen Umstieg zu gewährleisten.

Früher sah die Aktualisierung eines Produkts wie des Office-Pakete demzufolge zusammenfassend so aus:

1. Zunächst einmal steht ein hoher Aufwand bei der Einführung des Produkts im Raum; typischerweise im Rahmen eines speziellen Projekts.
2. Im Anschluss daran kehrt erst einmal Ruhe für die nächsten Jahre ein, bis die nächste Version erscheint. Manchmal sogar so lange, bis die übernächste Version erscheint, und zwar dann, wenn eine Version übersprungen wird.
3. Anschließend wiederholt sich das Spiel von vorn.

Die Darstellungen in Abbildung 4.1 und Abbildung 4.2 veranschaulichen diesen klassischen Aktualisierungsmodus.

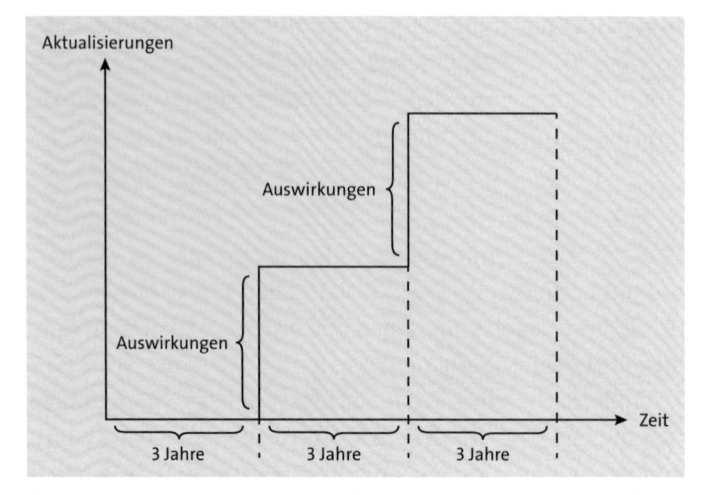

Abbildung 4.1 Klassischer Aktualisierungsmodus mit der Einführung einer neuen Produktversion alle drei Jahre

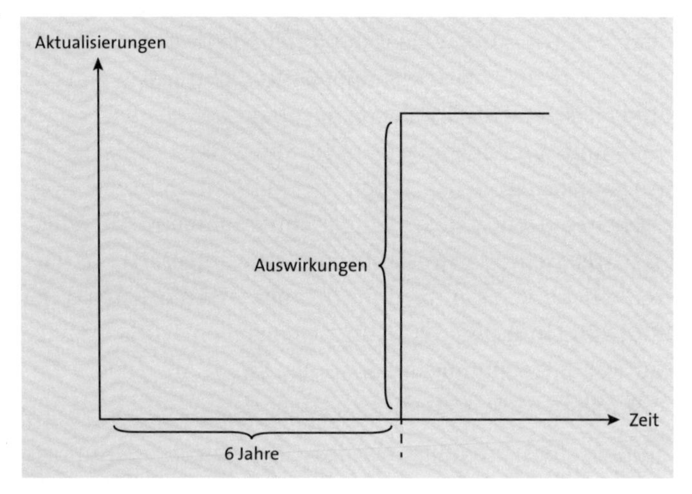

Abbildung 4.2 Klassischer Aktualisierungsmodus mit dem Überspringen einer Produktversion

4.1.2 Evergreen-Aktualisierungsmodus

Bei einem Evergreen-Dienst wie Microsoft Teams verhält sich die Situation völlig anders. Statt eines langen Release-Zyklus von mehreren Jahren, während derer die funktionale Basis kaum modernisiert wird, werden der Cloud-Dienst und seine Clients, mit denen die Anwender auf den Dienst zugreifen, ständig aktualisiert. So stehen den Anwendern neue Funktionen zeitnah zur Verfügung, und sie müssen nicht mit einer mehrere Jahre alten Plattform arbeiten. Im Vergleich zum klassischen Modus erfolgt dies in folgenden Schritten:

1. Zunächst einmal steht ein hoher Aufwand bei der Einführung des Produkts im Raum; typischerweise im Rahmen eines speziellen Projekts.
2. Im Anschluss daran erscheinen über die Zeit permanent vergleichsweise kleine neue Features.

Die Darstellung in Abbildung 4.3 zeigt den Evergreen-Aktualisierungsmodus.

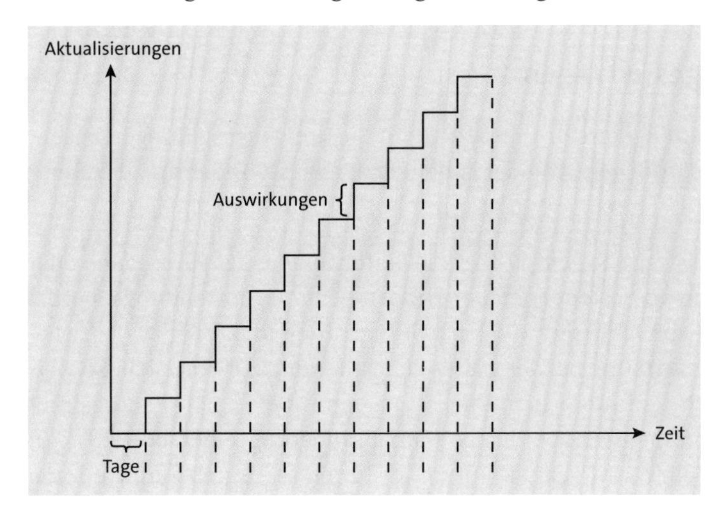

Abbildung 4.3 Evergreen-Aktualisierungsmodus

4.1.3 Neue Funktionen, aber auch neue Dienste

Neben der laufenden Aktualisierung bestehender Dienste wie Microsoft Teams müssen Sie auch die Dienst-Suite beachten, über die Microsoft Teams üblicherweise bezogen wird, also *Office 365* beziehungsweise *Microsoft 365*. Microsoft fügte im Laufe der Zeit turnusmäßig neue Dienste hinzu und integrierte diese in den meisten Fällen in die bestehenden Lizenzmodelle. Beim Erscheinen von Office 365 gab es beispielsweise Microsoft Teams, ebenso wie Planner, Delve, Power Apps etc., noch nicht. Sollte Microsoft wieder einen weiteren Dienst ankündigen, liegt es an Ihrem Unternehmen, diesen bei Bedarf zu nutzen. Allerdings aktiviert Microsoft üblicherweise neue Dienste für alle Benutzer mit passender Lizenz automatisch. So war es beispielsweise auch bei Microsoft Teams. Teams wurde Bestandteil bei einer Vielzahl von Lizenztypen und wurde standardmäßig aktiviert. Damit konnten Anwender diesen neuen Dienst direkt nutzen.

Befassen Sie sich also nicht mit dieser Entwicklung und den daraus resultierenden Konsequenzen, laufen Sie durchaus Gefahr, dass Ihre Anwender unter Umständen plötzlich Dienste nutzen, obwohl diese möglicherweise nicht in Ihre Unternehmensstrategie passen, weil sie etwa auf ein alternatives Produkt setzen, vor ihrer Nutzung eine Betriebsrats-Freigabe eingeholt werden muss, Anwenderschulungen erforderlich sind etc.

Ich denke, es ist deutlich geworden, dass lange, eingefahrene bisherige Prozesse bei der Nutzung von Evergreen-Diensten üblicherweise angepasst werden müssen. Besonders wichtig ist dabei, die richtigen Informationsquellen und Benachrichtigungsprozesse zu kennen. Genau diese werden wir uns im weiteren Verlauf dieses Kapitels näher ansehen.

4.2 Wichtige Fragestellungen

Bei der Arbeit mit einem Evergreen-Dienst sind für Sie drei Fragestellungen besonders wichtig, wenn es darum geht, mit der laufenden Entwicklung Schritt zu halten:

1. Was passiert?

   Dazu gehört beispielsweise Kenntnis über die Einführung neuer Funktionen oder Dienste, Änderungen an bestehenden Funktionen oder der Anwendungsoberfläche, die Anpassung von Limits etc. Wobei jede Änderung und jeder Eingriff eine unterschiedliche Auswirkung bei der weiteren Bearbeitung zur Folge hat. So werden Sie beispielsweise mit dem siebzehnten Diagrammtyp in Excel anders umgehen wollen als beispielsweise mit der Namensänderung eines bestehenden Dienstes. Während ein neuer Diagrammtyp nur für einen begrenzten Kreis von Mitarbeitern von Interesse ist, kann eine Namensänderung viele Turbulenzen in einem Unternehmen verursachen. Hier ein Beispiel: Vor einigen Jahren benannte Microsoft das Produkt *Lync* in *Skype for Business* um. Diese Änderung wurde offen und mit einigem Vorlauf kommuniziert. In einem der regelmäßigen Office-Updates wurde schließlich auch der auf den Rechnern der Mitarbeiter vorhandene Lync-Client umbenannt. Wurden die Mitarbeiter in der Organisation eines Unternehmens über diese bevorstehende Namensänderung rechtzeitig informiert, war alles in bester Ordnung. Hatte eine Organisation es jedoch versäumt, alle Mitarbeiter darüber rechtzeitig in Kenntnis zu setzen, hatte der Helpdesk ordentlich zu tun, denn der Lync-Client war für die Anwender plötzlich nicht mehr auffindbar – dafür jedoch ein Skype-Client. Vor dem Hintergrund, dass die IT bisher immer vorgegeben hatte, dass Skype nicht verwendet werden dürfe, eine prekäre Situation ...

   Diese beiden Beispiele zu Excel-Diagrammen und der Umbenennung von Lync in Skype for Business sind natürlich Extremfälle. Dennoch sollten Sie bei jeder geplanten Änderung genau abwägen, wie Sie in Ihrem Unternehmen damit umgehen wollen. Rein positiv betrachtet, können neue Funktionalitäten auch einen Geschäftsvorteil mit sich bringen. Hierbei hilft es, die aktuellen Problemfelder der einzelnen Fachbereiche mit den bestehenden Anwendungen zu kennen und die Neuerungen entsprechend bei der Zielgruppe zu positionieren. Dabei sollten Sie sich Fragen stellen wie diese:

   - Reicht es aus, die Anwender zu informieren?
   - Wenn ja, über welchen Weg sollte das wann passieren?

- Bei neuen Funktionen oder neuen Diensten: Sollen sie überhaupt in der Organisation eingesetzt werden – und stehen sie auch keinesfalls in Konkurrenz zu möglicherweise bereits vorhandenen Diensten?
- Wenn sie eingesetzt werden sollen, zu welchem Zeitpunkt?
- Lassen sie sich möglicherweise deaktivieren?
- Wenn ja, wie?
- Sind sie für alle oder nur für manche Mitarbeiter wichtig?
- Sind die Kollegen von Betriebsrat, Datenschutz, Sicherheit etc. mit einzubeziehen?
- Sind Schulungsmaßnahmen erforderlich?

2. Wann passiert das?

   Um angemessen auf Änderungen reagieren zu können, ist es erforderlich, dass Sie möglichst frühzeitig Kenntnis darüber erhalten und nicht erst, wenn beispielsweise neue Funktionen bereits vom Anwender genutzt werden können. Glücklicherweise passieren Änderungen an den Diensten nicht einfach so über Nacht, sondern sie werden auf verschiedenen Ebenen und Kanälen kommuniziert. Allerdings ist es hier ebenfalls erforderlich, dass Sie in Ihrer Organisation auch einen Prozess etablieren, der definiert, wer diese Kommunikation aufnimmt und weiterträgt. Lesen Sie hierzu insbesondere auch Abschnitt 11.5, »Kommunikation im Unternehmen«.

3. Wie funktioniert das?

   In vielen Fällen brauchen Sie für eine fundierte Entscheidung, wie Sie mit einer Änderung umgehen wollen, nicht nur die Information, dass sie passiert, sondern sie benötigen auch praktische Erfahrung – beispielsweise hinsichtlich folgender Fragestellungen:

   - Wo findet der Anwender die neue Funktion oder den neuen Dienst?
   - Arbeitet die Funktion oder der Dienst so wie erwartet?
   - Wird ein möglicherweise bestehender Dienst dadurch überflüssig?
   - Müssen Daten übertragen werden?
   - Welche Konfigurationsoptionen gibt es für die Administration?
   - Sind bestimmte technische oder organisatorische Voraussetzungen zu erfüllen?
   - Werden alle organisationsinternen Anforderungen erfüllt, insbesondere hinsichtlich Sicherheit und Compliance?

   [+] Insbesondere auf den letzten Punkt sollten Sie Ihr besonderes Augenmerk legen. Bei der Einführung von Office 365 haben Sie sich bestimmt Gedanken über die Erfüllung von Compliance-Vorgaben gemacht. Viele Unternehmen legen dabei besonderen Wert auf die regionale Datenspeicherung. Bei neuen Diensten ist es häufig der Fall, dass die Datenhaltung zum Zeitpunkt der Veröffentlichung zunächst ausschließlich in den USA erfolgt. Prominente Beispiele dafür sind Yammer und das Whiteboard. Inzwischen ist bei beiden Diensten die Datenhaltung auch in Europa vorgesehen – ursprünglich war dies jedoch nicht gegeben. Dies kann für so manches Unternehmen ein Grund sein, einen neuen Dienst vorerst nicht einzuführen. Der Dienst *Microsoft Sway* speichert seine Daten auch heute noch, Jahre nach dessen Erscheinen, ausschließlich in den USA.

Wenn Sie erfahren möchten, welcher Office 365-Dienst seine Daten wo ablegt, finden Sie hier eine Antwort:

https://products.office.com/de-de/where-is-your-data-located

Lesen Sie hierzu auch Abschnitt 6.8, »Multi-Geo«.

Wenn Sie diese Fragen möglichst weitsichtig angehen, können Sie sich mit zukünftigen Neuerungen rechtzeitig vertraut machen und in Ihrem Unternehmen klären, wie sie damit umgehen wollen. Dabei ist es oftmals nicht damit getan, innerhalb der IT-Abteilung zu diskutieren, sondern manchmal müssen auch andere Abteilungen oder Personenkreise mit eingebunden werden, wie etwa Fachabteilungen, für die eine Funktion besonders relevant ist, der Betriebsrat etc. Hierbei ist es auch wichtig, einen (beschleunigten) Entscheidungsprozess anzustoßen. Insbesondere bei Großkonzernen könnte ansonsten eine Endlosschleife entstehen, die so lange andauert, bis alle Gruppen und Gremien ihre Entscheidung bekannt geben.

Nachdem ich nun all diese vielschichtigen Fragen in den Raum gestellt habe, widmen wir uns im weiteren Verlauf deren Beantwortung.

4.3 Entwicklung und Veröffentlichung

In diesem Abschnitt diskutieren wir ein Ringmodell und verschiedene Geschwindigkeiten bei der Veröffentlichung, und ich zeige auf, wie seitens Microsoft die Kommunikation in Bezug auf neue Funktionen und Dienste erfolgt.

In diesem Abschnitt konzentrieren wir uns dabei auf die Cloud-Dienste, zu denen auch Microsoft Teams zählt. Das lokal installierte Office-Paket wird dabei unterschiedlich behandelt. Wie dort neue Funktionen eingeführt werden, erläutere ich in Abschnitt 4.4, »Aktualisierung der Microsoft Apps«.

4.3.1 Ringmodell

Microsoft verfolgt bei der Entwicklung und Veröffentlichung neuer Funktionen und Dienste einen bestimmten Prozess, den ich hier kurz erläutern möchte. Dabei kommt ein *Ringmodell* zum Einsatz:

- **Ring 0: Feature-Team**

  Eine neue Funktion wird dem zuständigen Feature-Team, das für die Entwicklung zuständig ist, für die produktive Nutzung zur Verfügung gestellt. Hat die Funktion einen gewissen Reifegrad erreicht, folgt der nächste Ring.

- **Ring 1: Office 365-Team**

  Die nächste Gruppe, die mit der Funktion produktiv arbeiten kann, ist das Microsoft-interne Office 365-Team.

- **Ring 2: Microsoft**

  Danach geht es weiter mit der Bereitstellung der Funktion für alle Microsoft-Mitarbeiter.

- **Ring 3: Gezieltes Release**

  In diesem Ring wird es nun für Sie spannend, denn dies ist der erste Ring, in dem Kunden außerhalb von Microsoft mit der neuen Funktion arbeiten könnten, das heißt also, die neue Funktion wird im jeweiligen Kundenmandanten zur Verfügung gestellt. Ob Ihr Mandant allerdings zu diesem Ring gehört, ist eine Frage der Konfiguration. Mehr Infos dazu finden Sie in Abschnitt 4.3.2, »Standardrelease und gezieltes Release«.

- **Ring 4: Allgemeine Verfügbarkeit**

  Zu diesem letzten Ring gehören in der Standardkonfiguration alle Office 365-Mandanten. Man spricht hier auch vom *Standardrelease*.

Abbildung 4.4 veranschaulicht diesen Prozess.

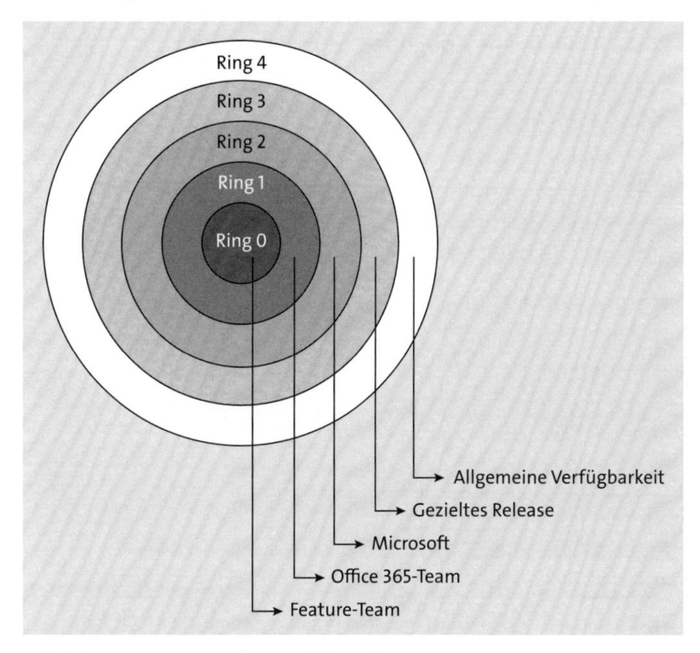

Abbildung 4.4 Ringe im Veröffentlichungsprozess

Die Ringe stellen auch die grundsätzliche zeitliche Abfolge dar. Mandanten, die zu Ring 4 gehören, erhalten Funktionen demnach später als Mandanten aus Ring 3. Aber auch innerhalb der einzelnen Ringe werden Funktionen meist nicht auf den Tag genau für alle Mandanten aktiviert. Da Microsoft weltweit sehr viele Mandanten in unterschiedlichen Rechenzentren betreibt, dauert es meist einige Tage, wenn nicht sogar Wochen oder Monate, bis eine Funktion auch wirklich überall bereitgestellt wird. Für eine zeitliche Einschätzung hinsichtlich Ihres Mandanten lesen Sie Abschnitt 4.3.3, »Kommunikation für alle Kunden«.

4.3.2 Standardrelease und gezieltes Release

Wie ich in Abschnitt 4.3.1, »Ringmodell«, bereits einführend erläutert habe, stehen Ihnen als Kunde bei der Einführung neuer Funktionen die Veröffentlichungsringe 3 (Gezieltes Release) und 4 (Allgemeine Verfügbarkeit) zur Verfügung. Ohne Konfigurationsänderung befindet sich Ihr Mandant im Ring 4. Sie können im *Microsoft 365 Admin Center* aber auch den Ring 3 konfigurieren – und zwar wahlweise für alle Benutzer aus Ihrem Mandanten oder nur für eine bestimmte Auswahl. So könnten Sie beispielsweise die Mitarbeiter der IT, besonders IT-affine Anwender oder auch die Personen, die sich mit der Unternehmenskommunikation und der Einführung neuer Funktionen im Unternehmen beschäftigen, in Ring 3 aufnehmen. So können sich diese Personen bereits mit der neuen Funktionalität vertraut machen, bevor der Großteil der Anwender damit in Berührung kommt. Die Releaseeinstellungen finden Sie im Microsoft 365 Admin Center im Bereich EINSTELLUNGEN • EINSTELLUNGEN DER ORGANISATION. Wechseln Sie dort zum ORGANISATIONSPROFIL, und öffnen Sie die Option RELEASEEINSTELLUNGEN (siehe Abbildung 4.5).

Abbildung 4.5 Releaseeinstellungen

Zur Auswahl stehen hier diese Optionen:

- STANDARDRELEASE FÜR ALLE (Standardkonfiguration)
- GEZIELTES RELEASE FÜR ALLE
- GEZIELTES RELEASE FÜR AUSGEWÄHLTE BENUTZER

Bei der letzten Option geben Sie entweder manuell einzelne Benutzer an, oder aber Sie laden eine Textdatei hoch, die in jeder Zeile die E-Mail-Adresse eines Benutzers enthält. Leider gibt es hier nicht die Option, eine Gruppe anzugeben, für deren Mitglieder die Option automatisch angewandt wird. So bleibt es leider bei der manuellen Konfiguration.

[+]

Manche Organisationen verwenden für ihre Tests einen separaten Mandanten, in dem die Option GEZIELTES RELEASE FÜR ALLE aktiviert ist, wohingegen im produktiven Mandanten das STANDARDRELEASE FÜR ALLE gilt. Überlegen Sie, ob dies für Ihre Organisation eventuell auch eine gute Variante wäre. Allerdings erhöhen sich damit auch der Verwaltungsaufwand und die Komplexität, denn dann müssen Sie ja auch zwei Mandanten konfigurieren und auch den zweiten Mandanten mit Lizenzen bestücken. Dafür reicht zwar meist eine Handvoll Lizenzen aus, jedoch ist es dennoch ein zusätzlicher Kostenfaktor. Auch gibt es keine Funktion, um einfach die Konfiguration eines Mandanten auf einen anderen zu übertragen.

4.3.3 Kommunikation für alle Kunden

Damit Sie über die geplanten Änderungen und Neuerungen möglichst frühzeitig Bescheid wissen, ist es für Sie wichtig, die offizielle Kommunikation von Microsoft zu kennen. Hier gilt es, eine ganze Reihe an unterschiedlichen Quellen zu kennen und zu beachten.

[+]

In diesem Abschnitt zeige ich Ihnen Quellen, die allen Kunden zur Verfügung stehen. Im folgenden Abschnitt ergänze ich dann noch Hinweise für Microsoft-Kunden mit *Premier-* oder *Unified-Support-Verträgen*, die auf weitere Informationsquellen zugreifen können.

Microsoft 365-Roadmap

Plant Microsoft eine Änderung oder Neuerung, ist die *Microsoft 365-Roadmap* eine der ersten Quellen, in denen Sie als Kunde davon informiert werden. Die Roadmap ist unter dieser URL öffentlich zugänglich (siehe Abbildung 4.6):

www.microsoft.com/microsoft-365/roadmap

Die Liste ist recht umfangreich – aktuell umfasst sie 941 Einträge. Jeder Eintrag ist dabei einem von drei Stadien zugeordnet:

- ENTWICKLUNG: Diese Updates befinden sich gerade in der Entwicklungs- und Testphase.

- ROLLOUT: Updates, die gerade in die Kunden-Mandanten ausgerollt werden, aber noch nicht überall zur Verfügung stehen
- FREIGEGEBEN: Updates, die in allen Kunden-Mandanten ausgerollt wurden

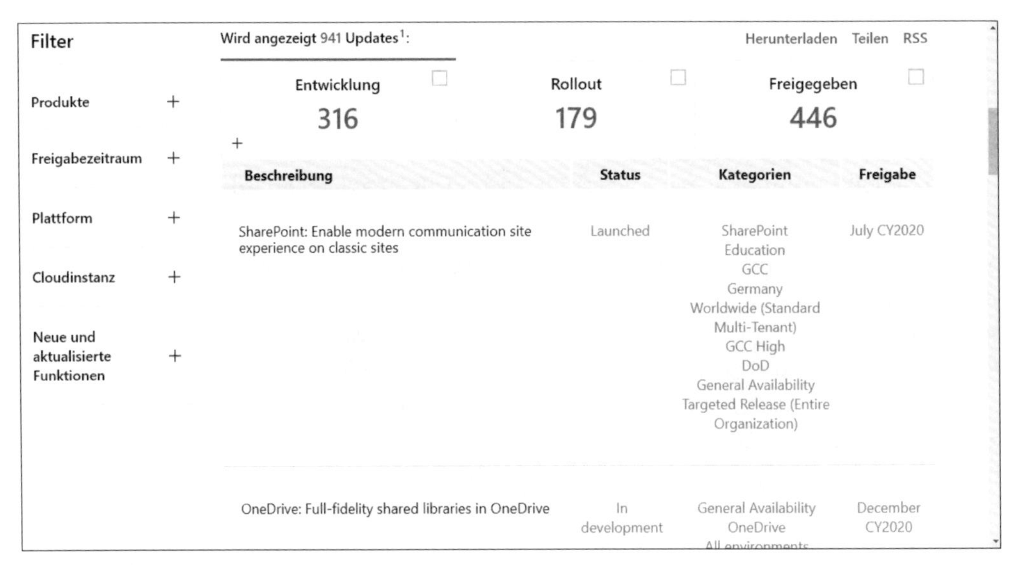

Abbildung 4.6 Microsoft 365-Roadmap-Website

Bei Bedarf können Sie diese Liste auch nach einem dieser Stadien filtern.

Öffnen Sie einen der Einträge, finden Sie dort eine Beschreibung des jeweiligen Updates (siehe Abbildung 4.7).

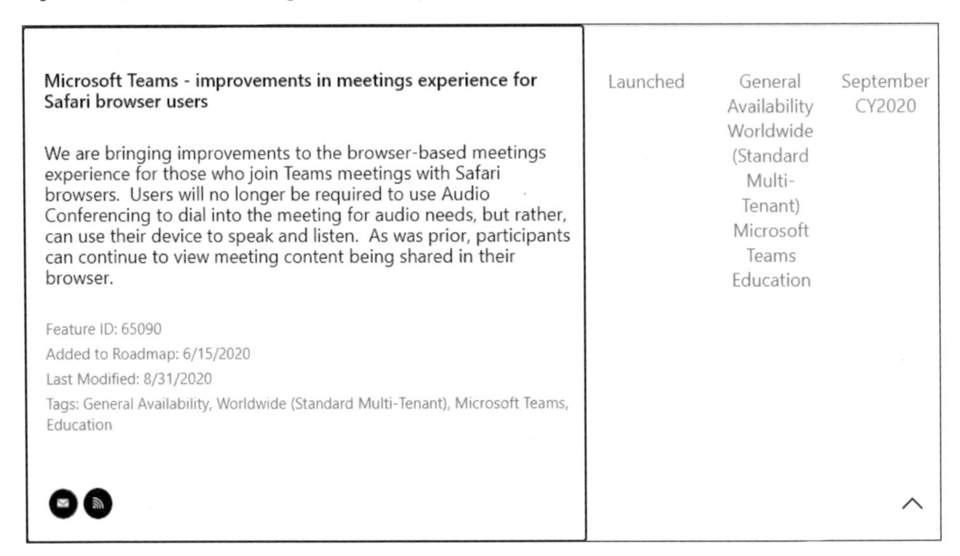

Abbildung 4.7 Update in der Microsoft 365-Roadmap

Bei manchen Einträgen finden Sie hier auch einen Link zu weiteren Informationen. Die Spalte KATEGORIEN gibt an, für welche Releaseeinstellungen das Update gilt (siehe Abschnitt 4.3.2, »Standardrelease und gezieltes Release«). Am rechten Rand sehen Sie ein geschätztes FREIGABEDATUM. Bitte beachten Sie hier, dass die Betonung auf »geschätzt« liegt, da sich in der Praxis durchaus hin und wieder noch Änderungen ergeben können.

Am Ende jedes Beitrags finden Sie auch die eindeutige *Feature-ID*. Diese können Sie auch nutzen, um gezielt nach Informationen zu diesem Update zu suchen. Auch lässt sich jeder Eintrag über diese ID direkt über eine URL referenzieren. Lautet die ID beispielsweise 26842, würde die direkte URL zu diesem Update innerhalb der Roadmap wie folgt lauten:

www.microsoft.com/de-de/microsoft-365/roadmap?featureid=26842

Da es sich um die Microsoft 365-Roadmap handelt, finden Sie in der Liste nicht nur Einträge zu Office 365, sondern auch zu *Enterprise Mobility + Security (EMS)* und zu *Windows 10*. Grundsätzlich schadet es natürlich nicht, diese beiden Bereiche ebenfalls im Blick zu behalten, aber Sie können diese bei Bedarf auch mit den Filteroptionen am linken Rand ausblenden. Ebenso können Sie auch nach Teilprodukten filtern, wie beispielsweise speziell nach Microsoft Teams (als Teilprodukt von Office 365).

Genauso können Sie nach der Release-Phase filtern, der Plattform, der Cloudinstanz und nach neuen beziehungsweise geänderten Einträgen innerhalb der letzten Woche und des letzten Monats.

Falls Sie sich fragen, was es mit der CLOUDINSTANZ auf sich hat, hier eine kurze Auflistung der Optionen:

- EDUCATION: Office 365-Mandanten aus dem Bildungsbereich. Dort werden teilweise andere Funktionen angeboten wie in »normalen« Mandanten.
- GCC: Mandanten in einer Umgebung, die speziell für die US-Regierung eingerichtet wurde
- DOD: Mandanten in einer Umgebung, die speziell für das US-Verteidigungsministerium eingerichtet wurde
- GERMANY: Ein früheres Angebot speziell für Organisationen in Deutschland, die Wert darauf legten, dass die Daten durch einen in Deutschland ansässigen Datentreuhänder abgeschottet wurden. Dieses Angebot war funktional leider sehr eingeschränkt (beispielsweise wurde dort Microsoft Teams nie angeboten). Inzwischen steht dieses Angebot für Neukunden nicht mehr zur Verfügung. Es sind hier explizit nicht Mandanten gemeint, die in der neuen Rechenzentrumsregion Deutschland liegen, bei der diese Einschränkungen nicht gelten.
- WORLDWIDE: Darunter fallen die allermeisten Mandanten, unabhängig davon, in welcher Rechenzentrumsregion sie angelegt sind (siehe dazu auch Abschnitt 2.1.2, »Mandant«) – also auch die Mandanten in den Regionen Europa und Deutschland.

[+] Sollte es sich bei Ihrer Organisation nicht um eine Bildungseinrichtung handeln und Ihr Unternehmen auch nicht das alte GERMANY-Angebot eingegangen sein, ist für Sie die Cloudinstanz WORLDWIDE maßgebend.

Um Ihnen die Arbeit mit den Informationen ein wenig zu erleichtern, können Sie die Liste auch als CSV-Datei herunterladen (*CSV* steht für *Comma Separated Value* – dabei handelt es sich um eine Textdatei, wie Sie sie beispielsweise mit Excel öffnen und bearbeiten können).

Und es gibt auch einen automatisierten Weg, über den Sie sich, oder besser noch Ihr Team, über Änderungen informieren lassen können: Auf der Seite steht ein *RSS-Feed* zur Verfügung. RSS steht für *Rich Site Summary*. Um mit solchen Feeds sinnvoll umgehen zu können, benötigen Sie einen RSS-Feed-Reader. Sollten Sie keinen besitzen, können Sie dazu auch Outlook verwenden: In Ihrem Postfach finden Sie den Ordner RSS-ABONNEMENTS (siehe Abbildung 4.8).

Abbildung 4.8 RSS-Abonnements in Outlook

Klicken Sie mit der rechten Maustaste auf diesen Ordner, erscheint ein Menü, in dem Sie NEUEN RSS-FEED HINZUFÜGEN auswählen. Geben Sie in dem dann erscheinenden Fenster die URL zum RSS-Feed der Roadmap-Website an (klicken Sie dazu auf den Link RSS, und kopieren Sie die URL aus der Adressleiste des Browsers). Aktuell ist es diese URL:

www.microsoft.com/de-de/microsoft-365/RoadmapFeatureRSS/

Outlook wird dann regelmäßig den RSS-Feed abfragen und Neuigkeiten in ähnlicher Form wie E-Mails darstellen (siehe Abbildung 4.9).

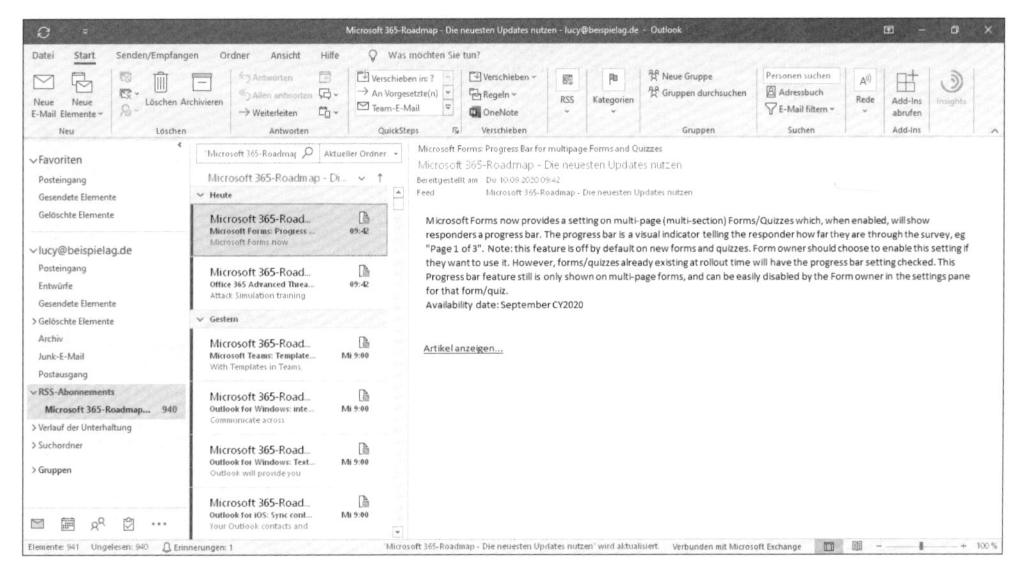

Abbildung 4.9 Roadmap-RSS-Feed

Es gibt aber auch noch einen eleganteren Weg als die Einbindung in Outlook, insbesondere dann, wenn nicht nur Sie selbst die Roadmap im Blick behalten wollen, sondern ein ganzes Team. Lesen Sie dazu den Kasten »Einbindung eines RSS-Feeds in Microsoft Teams«.

Einbindung eines RSS-Feeds in Microsoft Teams

Sind die Informationen aus einem RSS-Feed nicht nur für einzelne Personen, sondern gleich für alle Mitglieder eines Teams von Interesse, kann es sich lohnen, die Informationen direkt in einem Kanal zu publizieren. Das Schöne dabei ist, dass Sie dies nicht manuell machen müssen, sondern dass Sie diese Aufgabe an einen sogenannten *Connector* übertragen können (lesen Sie hierzu auch Abschnitt 2.8, »Erweiterungen«).

Um den Inhalt eines RSS-Feeds in einem Kanal zu publizieren, gehen Sie wie folgt vor:

1. Öffnen Sie das Kontextmenü des gewünschten Kanals, und wählen Sie den Befehl CONNECTORS.

   Möglicherweise fehlt bei Ihnen der Menübefehl CONNECTORS. Dies kann mehrere Gründe haben, angefangen bei der Deaktivierung von CONNECTORS (siehe Abschnitt 7.2.5, »Teams-Apps«) über fehlende Rechte (siehe Abschnitt 2.3.4, »Eigenschaften von Teams«) bis hin zu der Möglichkeit, dass Sie das Team gerade erst angelegt haben. Im letzteren Fall warten Sie einfach noch ein paar Minuten.

2. Daraufhin erscheint eine Liste möglicher Connectors (siehe Abbildung 4.10). Fügen Sie dort den RSS-Connector zu dem Kanal hinzu.

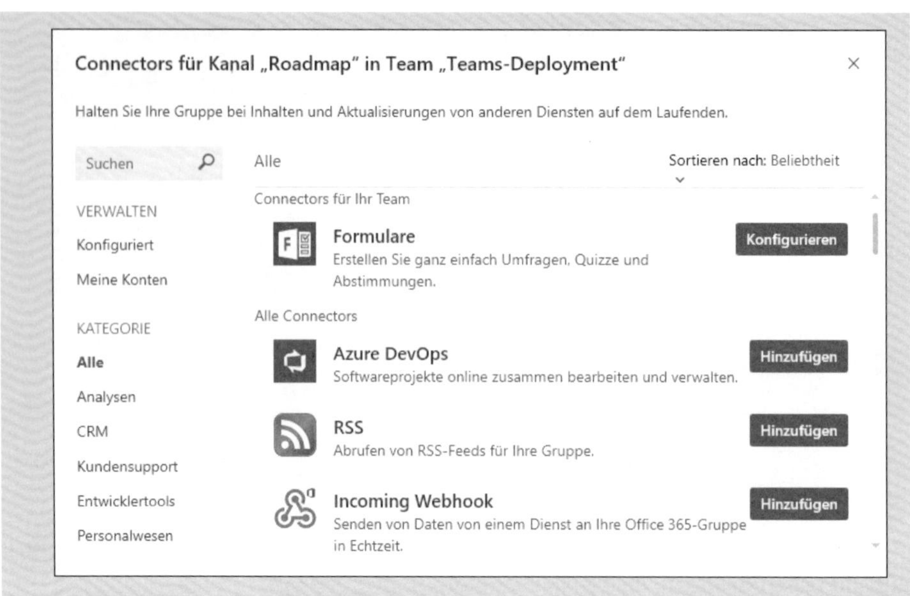

Abbildung 4.10 Connectors-Liste

3. Es erscheint nun ein Konfigurationsfenster, in dem Sie einen Namen und insbesondere die URL zu dem RSS-Feed angeben (siehe Abbildung 4.11). Außerdem können Sie hier die Abfragehäufigkeit auswählen (DIGESTHÄUFIGKEIT).

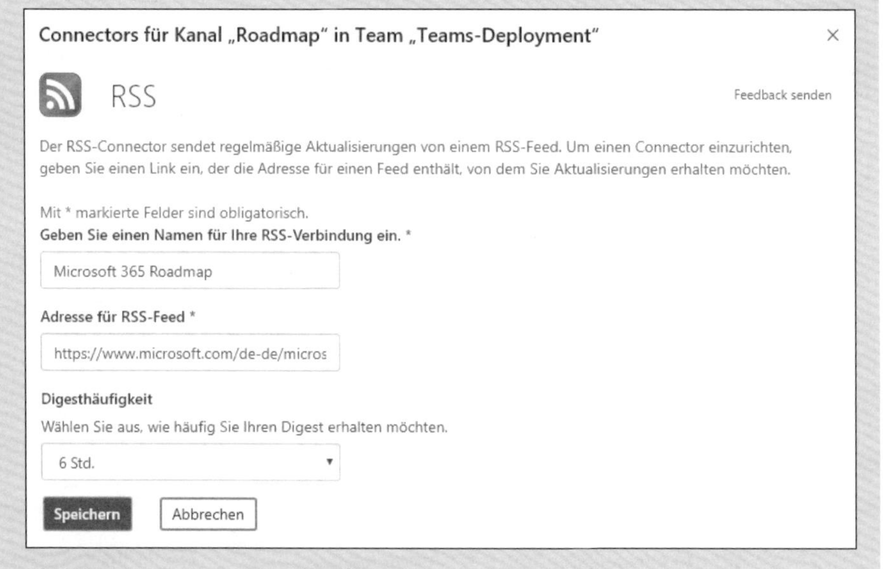

Abbildung 4.11 Connectors-Konfiguration

Anschließend finden Sie die neuesten Einträge jeweils direkt als Unterhaltung im Kanal und können diese mit Ihren Kollegen diskutieren (siehe Abbildung 4.12).

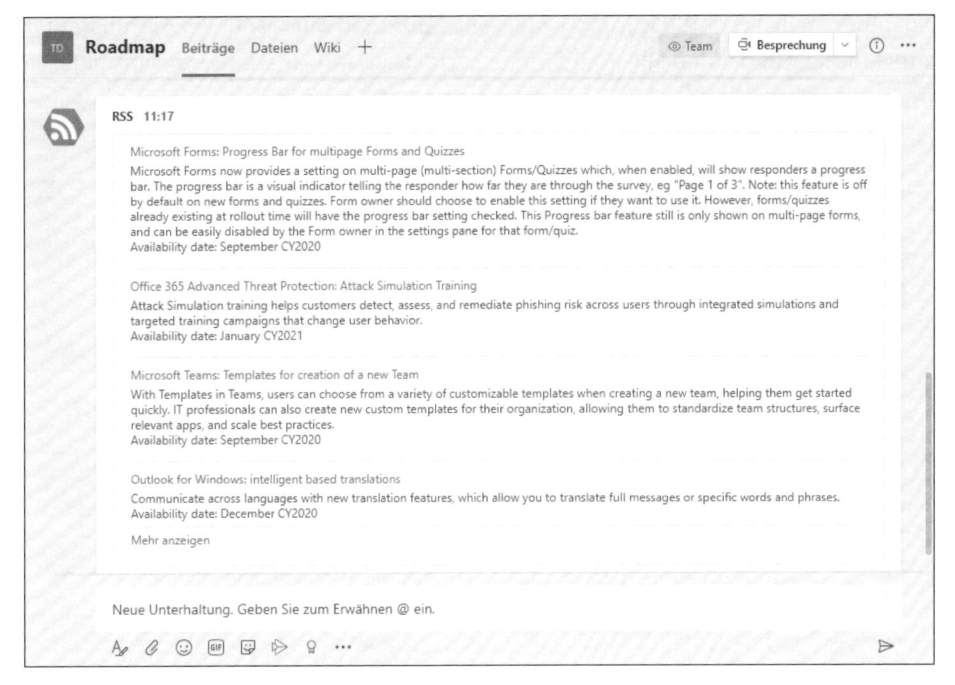

Abbildung 4.12 RSS-Feed im Kanal

Nachrichtencenter

Die Microsoft 365-Roadmap ist als grundlegendes Werkzeug zur allgemeinen Information gut geeignet. Allerdings wäre die Möglichkeit einer konkreteren Terminplanung speziell für den eigenen Mandanten hilfreich, um die interne Planung des jeweils vorhandenen Zeitbudgets etwas genauer zu gestalten.

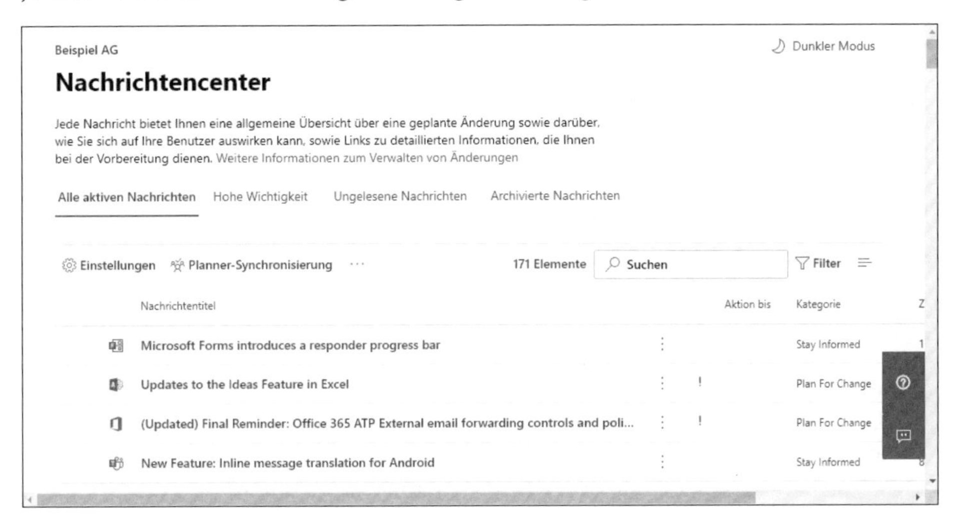

Abbildung 4.13 Nachrichtencenter im Microsoft 365 Admin Center

An dieser Stelle kommt das *Nachrichtencenter* aus dem Microsoft 365 Admin Center zum Einsatz. Hier laufen alle mandantenspezifischen Informationen zusammen. Sie finden das Nachrichtencenter im Bereich STATUS (siehe Abbildung 4.13).

Öffnen Sie einen Eintrag, erhalten Sie eine Beschreibung wie in Abbildung 4.14.

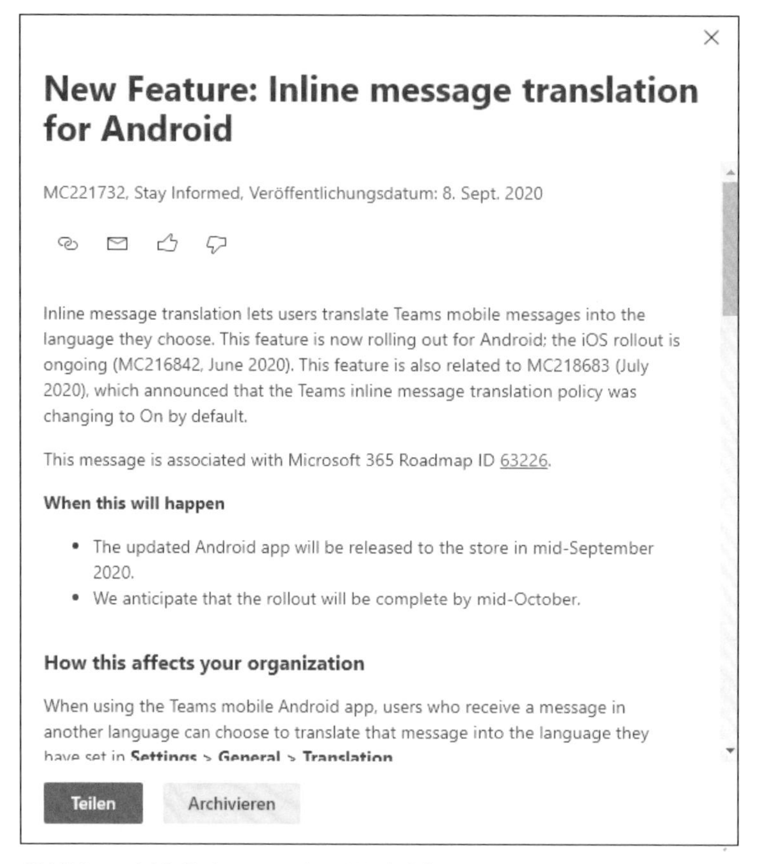

Abbildung 4.14 Eintrag aus dem Nachrichtencenter

Auf den ersten Blick werden Sie dort von Nachrichten nahezu erschlagen. Verschaffen wir uns daher einen Überblick. Zunächst einmal gibt es vier Register:

- ALLE AKTIVEN NACHRICHTEN: Dies sind alle Nachrichten, die derzeit eine Relevanz haben (und noch nicht archiviert wurden).
- HOHE WICHTIGKEIT: Auf diese Nachrichten sollten Sie Ihr besonderes Augenmerk legen, da sie gegebenenfalls erfordern, dass Sie oder Ihre Anwender aktiv werden. Oft steht bei diesen Nachrichten auch in der Spalte AKTION BIS ein Datum, das Sie daran erinnern soll, beispielsweise Konfigurationsänderungen, Aktualisierungen (beispielsweise von Clients oder Infrastrukturkomponenten) etc. bis zu einem bestimmten Stichtag durchzuführen.

- UNGELESENE NACHRICHTEN: Alle Nachrichten, die Sie noch nicht geöffnet haben
- ARCHIVIERTE NACHRICHTEN: Um die vollständige Liste auszudünnen, können Sie bearbeitete Nachrichten archivieren (über das Kontextmenü jedes Eintrags oder die Symbolleiste).

Alle Einträge sind dabei in eine von drei Kategorien gegliedert. Diese Kategorien haben folgende Bedeutung:

- AUF DEM LAUFENDEN BLEIBEN: Diese Einträge informieren Sie beispielsweise über bald verfügbare Features. Dabei finden Sie hier auch oft Informationen darüber, wann diese Features in Ihrem Mandanten erscheinen werden und welches Release-Modell dabei betroffen ist (siehe auch Abschnitt 4.3.2, »Standardrelease und gezieltes Release«). Gegebenenfalls wird hier auch erläutert, wie Sie beziehungsweise Ihre Anwender konkret von der beschriebenen Änderung betroffen sind und ob eventuell bestimmte Vorbereitungsschritte empfohlen werden. Einträge dieser Kategorie erscheinen, sobald entsprechende Informationen verfügbar sind.
- AUF ÄNDERUNGEN VORBEREITEN: Bei solchen Einträgen erfahren Sie von Änderungen wie Anpassungen von Funktionen, APIs etc., aber auch beispielsweise von Ankündigungen, dass bestimmte Funktionen zukünftig nicht mehr angeboten werden. Dies kann beispielsweise vorkommen, wenn bisherige Funktionen durch neue Funktionen obsolet werden. Einträge in dieser Kategorie erscheinen mindestens 30 Tage, bevor die Änderung aktiv wird, sofern bestimmte Aktionen von Ihnen erforderlich sind.
- PROBLEME VERHINDERN ODER BEHEBEN: Einträge aus dieser Kategorie weisen Sie auf mögliche zukünftige oder aktuell bestehende Probleme hin. Dazu gehören beispielsweise Einträge, die Sie daran erinnern, Clients zu aktualisieren (etwa weil sie in Kürze nicht mehr unterstützt werden), Zertifikate auszutauschen etc. Diese Einträge erscheinen, sobald ein Problem erkannt wird.

Wie auch schon bei der Microsoft 365-Roadmap stellt sich beim Nachrichtencenter die Frage, wie Sie mit den dort veröffentlichten Informationen in der Praxis am besten umgehen. Im Gegensatz zur Roadmap ist das Nachrichtencenter nicht öffentlich einsehbar – noch nicht einmal von jedem Benutzer aus Ihrem Mandanten. Um das Nachrichtencenter nutzen können, muss einem Benutzer eine administrative Rolle zugewiesen werden – doch berechtigt längst nicht jede Rolle auch zum Zugriff. Diese Rollen sind vom Zugriff ausgenommen:

- Compliance-Administrator
- Administrator für bedingten Zugriff
- eine den Kunden-Lockbox-Zugriff genehmigende Person (siehe Abschnitt 5.1.1, »Sicherheit in den Rechenzentren«)

- Geräteadministratoren
- Verzeichnis Leser
- Verzeichnis Synchronisierungskonten
- Verzeichnisautoren
- Intune-Dienstadministrator
- Administrator für privilegierte Rollen
- Berichtleseberechtigter

Einfacher Zugriff auf Nachrichtencenter-Informationen

In der Beispiel AG möchten nicht nur die Administratoren auf die Informationen des Nachrichtencenters zugreifen. Doch auch für die berechtigten Benutzer ist es eher aufwendig, regelmäßig manuell im Nachrichtencenter nachzuschauen, ob dort neue Informationen eingestellt wurden.

Robin sucht nach einer besseren Lösung. Im Microsoft 365 Admin Center findet er im Nachrichtencenter über die Schaltfläche EINSTELLUNGEN einige vielversprechende Optionen (siehe Abbildung 4.15).

Nicht nur kann Robin hier die angezeigten Einträge des Nachrichtencenters auf bestimmte Dienste filtern, sondern er findet dort am unteren Ende auch E-Mail-Einstellungen. Unter WEITERE E-MAIL-ADRESSEN gibt er bis zu zwei E-Mail-Adressen an, die über die Einträge im Nachrichtencenter informiert werden sollen. Robin überlegt, hier nicht die E-Mail-Adressen von bestimmten Personen anzugeben, sondern eine E-Mail-Verteilergruppe, die dann alle Benutzer enthält, die informiert werden sollen. Doch dann hat er eine noch bessere Idee: Wie auch bei der Microsoft 365-Roadmap kann er die Nachrichten in einem Team als Unterhaltung anzeigen lassen. Dazu gibt er hier die E-Mail-Adresse eines Kanals an. Das Ergebnis dieser Aktion zeigt Abbildung 4.16.

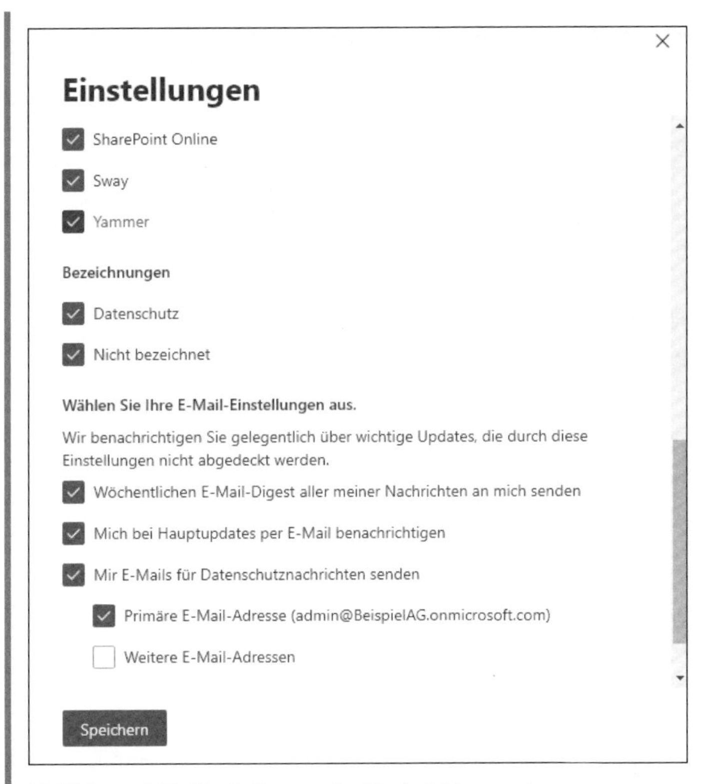

Abbildung 4.15 Einstellungen im Nachrichtencenter

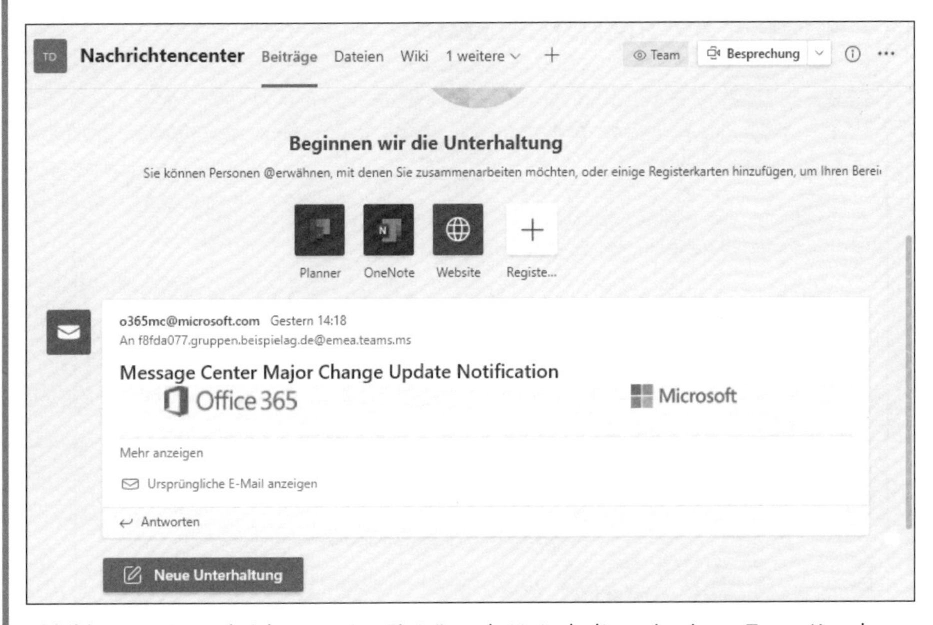

Abbildung 4.16 Nachrichtencenter-Einträge als Unterhaltung in einem Team-Kanal

Doch woher erhält er die E-Mail-Adresse eines Kanals? Um die E-Mail-Adresse eines Kanals abzurufen, öffnet er das Kontextmenü des Kanals und gibt den Befehl E-MAIL-ADRESSE ABRUFEN ein. Das macht natürlich nicht nur beim Nachrichtencenter Sinn. So könnten beispielsweise auch über den klassischen Weg Nachrichten per Unterhaltung in den Teams erscheinen und dort weiter diskutiert werden.

Ob an einen Kanal E-Mails verschickt werden können, ist übrigens Konfigurationssache. Sollten Sie also im Kontextmenü den Befehl E-MAIL-ADRESSE ABRUFEN nicht finden, ist die Funktion möglicherweise deaktiviert. Lesen Sie dann in Abschnitt 7.2.7, »Organisationsweite Einstellungen«, nach.

Der Versand einer E-Mail-Nachricht unter der Kanal-E-Mail-Adresse ist übrigens nicht möglich.

Mit dieser Vorgehensweise stehen die Informationen des Nachrichtencenters nun deutlich einfacher einem größeren Personenkreis zur Verfügung. Doch einen Nachteil hat das Ganze dennoch: Robin möchte gerne die Einträge des Nachrichtencenters unterschiedlichen Personen zur Weiterbearbeitung zuweisen und deren Erledigung auch nachvollziehen. Auch dafür findet Robin eine Lösung: Beim Nachrichtencenter klickt er auf die Schaltfläche PLANNER-SYNCHRONISIERUNG. Damit startet ein Assistent (siehe Abbildung 4.17), mit dem er auswählen kann, welche Einträge des Nachrichtencenters regelmäßig in welchem Plan auf Basis des Dienstes Planner synchronisiert werden sollen.

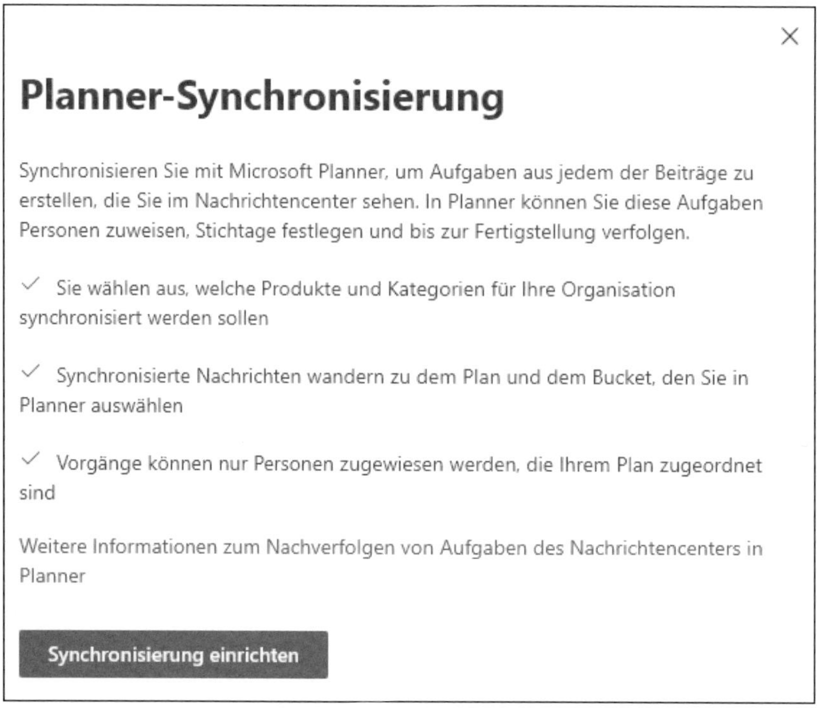

Abbildung 4.17 Planner-Synchronisierung

Das Ergebnis der Synchronisierung zeigt Abbildung 4.18.

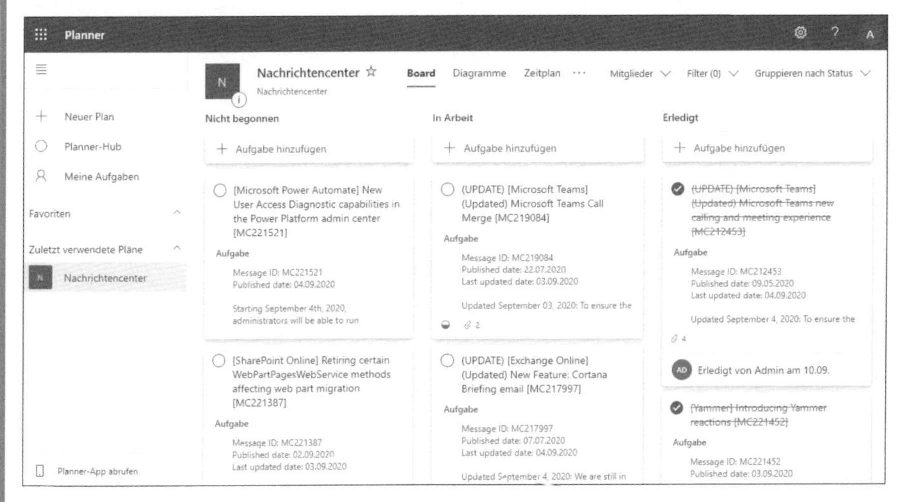

Abbildung 4.18 Synchronisierte Nachrichtencenter-Einträge

So kann Robin nun einfach die Einträge anderen Mitgliedern des Plans zuweisen und den Bearbeitungsstand im Auge behalten.

Blogs

Eine weitere gute Quelle mit Informationen, die Sie im Blick behalten sollten, ist das *Microsoft 365-Blog* (siehe Abbildung 4.19), das Sie unter der folgenden Adresse erreichen:

www.microsoft.com/microsoft-365/blog/

Abbildung 4.19 Microsoft 365-Blog

Die Artikel in diesem Blog sind im Regelfall nicht spezifisch für einzelne Funktionen, sondern liefern Ihnen einen allgemeinen Überblick über die Entwicklungen und Nutzungsszenarien, die derzeit im Microsoft 365-Umfeld große Relevanz haben.

Für eher technische Artikel nutzen Sie das *Microsoft Tech Community-Blog* unter folgender Adresse (siehe Abbildung 4.20):

https://techcommunity.microsoft.com/t5/custom/page/page-id/Blogs

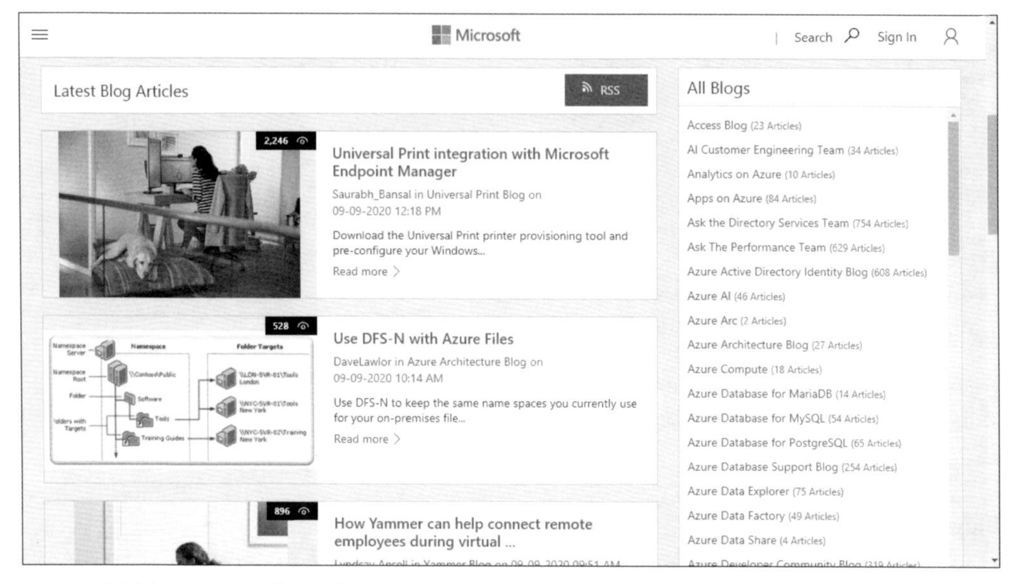

Abbildung 4.20 Microsoft Tech Community-Blog

Videocast

Wer eine Zusammenfassung als Video bevorzugt, findet auf *YouTube* einen von Microsoft betriebenen monatlichen Videocast, der die wichtigsten Neuerungen zusammenfasst. Sie finden die Playlist unter dieser Adresse:

www.youtube.com/playlist?list=PLXPr7gfUMmKxJqvWQYhwEXZ8wPp3nkzbO

4.3.4 Kommunikation für Kunden mit Premier- oder Unified-Support-Verträgen

Bestimmte Informationsquellen behält Microsoft seinen Kunden vor, die über einen Premier- oder Unified-Support-Vertrag verfügen. Viele große und sehr große Unternehmen schließen derartige Verträge ab. Wissen Sie nicht, ob Ihr Unternehmen ebenfalls darunterfällt, lohnt es sich, bei der IT nachzufragen.

Sind Sie ein solches Unternehmen, stellt Microsoft Ihnen einen Ansprechpartner mit der Rolle *Customer Success Account Manager* (*CSAM* – früher nannte sich diese Rolle *Technical Account Manager*, abgekürzt *TAM*) zur Seite, der auch Ihr Ansprechpartner für die Informationsquellen dieses Abschnitts ist.

Möchten Sie mehr über den Unified-Support erfahren (der Premier-Support wurde vom Unified-Support abgelöst), finden Sie hier eine erste Anlaufstelle:

www.microsoft.com/en-us/industry/services/unified-support-solutions

Kunden mit solchen Support-Verträgen haben Zugang zu dem sogenannten *Technical Update Briefing*. Es besteht aus monatlichen Webcasts zu den Diensten Microsoft Teams, Exchange Online und SharePoint Online. Innerhalb einer Stunde erhalten Sie jeweils eine Zusammenfassung der neuen Funktionen oder Änderungen daran, der aktuellen Zeitplanung, Informationen zur Roadmap etc. Diese Webcasts sind nicht kundenspezifisch, dennoch erhalten Sie regelmäßig die wichtigsten Punkte präsentiert und können daraufhin Ihre weitere Vorgehensweise planen.

In etwas abgewandelter Form können Sie das Technical Update Briefing aber auch als Ganztages-Workshop buchen, der dann speziell auf Ihr Unternehmen und Ihren Mandanten abgestimmt ist – somit können Sie sich ganz auf die Punkte oder Dienste fokussieren, die für Sie relevant sind.

[+] Kunden mit Premier- und Unified-Support-Verträgen haben auch Zugriff auf das *Office 365 Automated Change Management* zur leichteren Verfügbarkeit der Informationen zu bevorstehenden Änderungen (siehe dazu den gleichnamigen Kasten).

Office 365 Automated Change Management

Die Grundidee hinter dem *Office 365 Automated Change Management* liegt darin, die Mitteilungen aus dem Nachrichtencenter und dem Dienststatus des Mandanten regelmäßig automatisiert auslesen und an verschiedenen Stellen zur leichteren weiteren Verarbeitung erscheinen zu lassen. Das Nachrichtencenter haben wir bereits in Abschnitt 4.3.3, »Kommunikation für alle Kunden«, besprochen. Der Dienststatus zeigt im Microsoft 365 Admin Center im Bereich STATUS, ob die Microsoft 365-Dienste wie vorgesehen arbeiten oder ob es Probleme gibt (siehe Abbildung 4.21).

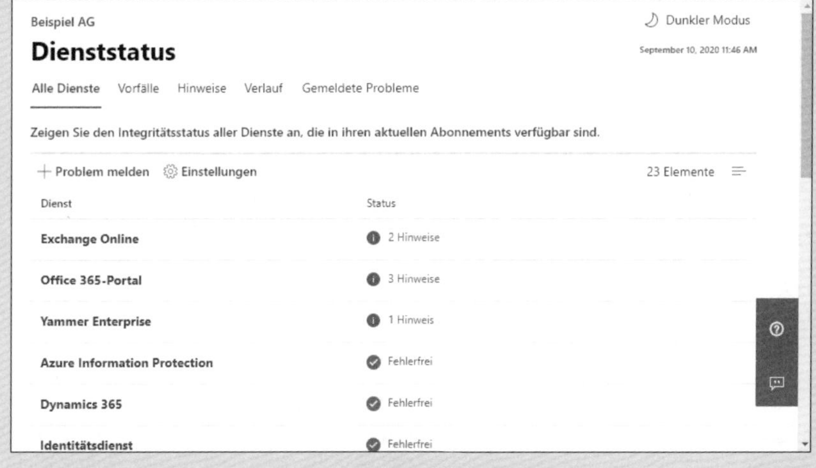

Abbildung 4.21 Dienststatus im Microsoft 365 Admin Center

Mögliche Fehler lassen sich so schneller eruieren, und Sie erhalten so einen ersten Hinweis darauf, ob ein aktuelles Problem an einem der Cloud-Dienste oder doch eher in der lokalen Infrastruktur zu suchen ist. Sowohl das Nachrichtencenter als auch der Dienststatus ist nur für Benutzer mit administrativen Berechtigungen zugänglich, sodass nicht jeder auf diese Informationen zugreifen kann.

Mit dem Office 365 Automated Change Management werden diese Informationen nun leichter für einen breiteren Personenkreis zugänglich. Die Informationen aus dem Nachrichtencenter und dem Dienststatus erscheinen dann an unterschiedlichen Stellen:

- Team in Microsoft Teams

  Bei der Einrichtung des Automated Change Managements wird ein Team samt einigen Kanälen angegeben, in denen die Einträge des Nachrichtencenters und des Dienststatus automatisch erscheinen sollen. Der Vorteil: Die Einträge sind für die Zielgruppe sehr viel einfacher zu erreichen als über das Microsoft 365 Admin Center. Auch sind so keine administrativen Rechte erforderlich, was die Informationen leichter zugänglich macht – insbesondere für Personen, die nicht direkt zum Administrationspersonal gehören, aber dennoch Kenntnis über die Mitteilungen insbesondere aus dem Nachrichtencenter haben sollten. Dazu gehören beispielsweise Vertreter der internen Unternehmenkommunikation. Über die Kanäle können Sie nun mit Ihrem Team direkt im Teams-Client diskutieren, wie auf die Einträge reagiert werden soll, welche Auswirkung sie auf Ihr Unternehmen haben etc. Wie das Team aussehen kann, zeigt Abbildung 4.22.

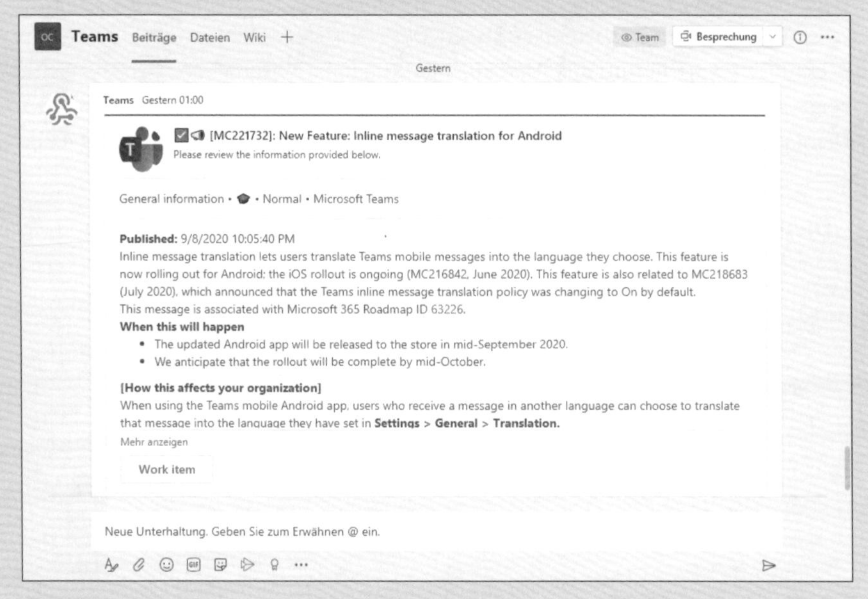

Abbildung 4.22 Team mit automatischen Einträgen aus dem Nachrichtencenter und dem Dienststatus

- *Azure DevOps* oder alternativ *Microsoft Planner*

  Neben dem Team erstellt das Office 365 Automated Change Management die Einträge auch in *Azure DevOps*. Falls Sie diesen Dienst nicht einsetzen oder er Ihnen für diesen Einsatzzweck zu aufwendig erscheint, kann hier auch optional Microsoft Planner zum Einsatz kommen. Bei beiden Ansätzen haben Sie nun die Möglichkeit, die Einträge nachvollziehbar zu verwalten, sie bestimmten Personen zuzuweisen etc. Somit erhalten Sie neben der besseren Nachvollziehbarkeit auch Kenntnisse über den aktuellen Stand der Bearbeitung und in Zukunft auch eine Art Protokoll, wie mit welcher Mitteilung umgegangen wurde. Es besteht dann auch keine große Gefahr mehr, dass ein wichtiger Eintrag aus dem Nachrichtencenter oder dem Dienststatus versehentlich übersehen wird.

Abbildung 4.23 zeigt die Ansicht in Azure DevOps.

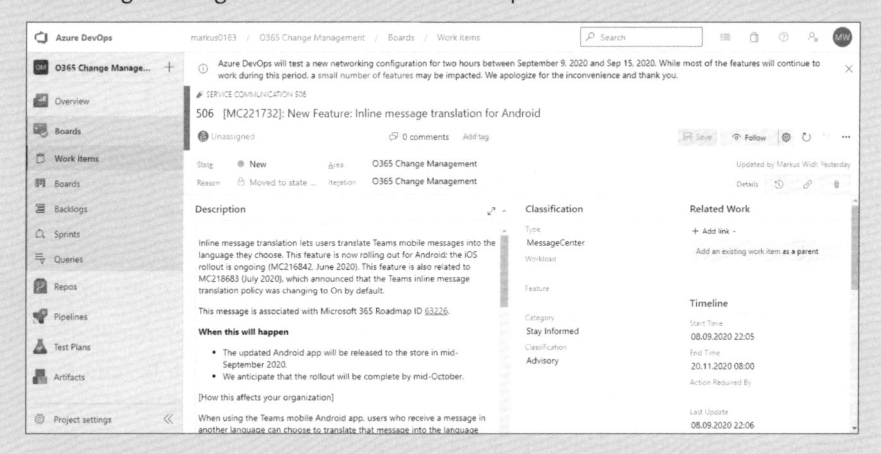

Abbildung 4.23 Einträge des Nachrichtencenters in Azure DevOps

Rein technisch betrachtet verwendet das Office 365 Automated Change Management eine regelmäßig ausgeführte *Azure Function*, die das Nachrichtencenter und den Dienststatus ausliest und die Einträge in Microsoft Teams sowie Azure DevOps beziehungsweise Planner anlegt.

Möchten Sie diesen Dienst in Ihrem Mandanten aktivieren, wenden Sie sich an den Ihnen zugewiesenen CSAM. Dieser wird Ihnen dann ein entsprechendes Angebot unterbreiten.

4.4 Aktualisierung der Microsoft Apps

Bei der Aktualisierung der Microsoft Apps (früher als *Office 365 ProPlus* und *Office 365 Business* bezeichnet), also der lokal installierten Anwendungen Word, Excel, PowerPoint, Outlook etc., geht Microsoft einen etwas anderen Weg. In der damaligen

2013er-Ausgabe veröffentlichte Microsoft jeden Monat zum *Patch Tuesday* (was so viel wie zweiter Dienstag im Monat bedeutet) ein neues Build der Office-Anwendungen. Dieses Build enthielt dann sämtliche Updates aus drei Kategorien, die gemeinsam auf den Clients installiert wurden:

- Sicherheitsupdates
- Funktionsupdates
- sonstige Updates (beispielsweise Fehlerbereinigungen)

Eine Trennung zwischen diesen Kategorien konnte nicht vorgenommen werden. Wollten Sie also die Sicherheitsupdates haben, mussten Sie zwangsläufig auch die Funktionsupdates beziehen – und das jeden Monat.

Viele Unternehmen stellte dies vor eine große Herausforderung, denn während Sicherheitsupdates normalerweise nicht infrage gestellt werden, ist der Aufwand bei funktionalen Updates deutlich höher, was unter anderem folgende Fragen aufwirft: Werden damit bestehende Anwendungen oder Plug-ins beeinträchtigt? Ist möglicherweise Schulungsaufwand für die Anwender erforderlich? Dabei geht es nicht nur um vergleichsweise simple Erweiterungen wie beispielsweise einen zusätzlichen Excel-Diagrammtyp, sondern auch um weitreichende Änderungen.

Aus diesem Grund haben sich viele Unternehmen eine Trennung zwischen Sicherheits- und Funktionsupdates gewünscht. Inzwischen haben Sie die Wahl zwischen verschiedenen Updatekanälen, aus denen Sie für jeden Client einen Kanal auswählen können. Das Prinzip dabei gleicht dem, das Sie möglicherweise bereits von Windows 10 kennen. So können Sie Ihre Update-Strategie des Betriebssystems und der Office-Anwendungen miteinander kombinieren.

Zur Auswahl stehen die Updatekanäle aus Tabelle 4.1.

Updatekanal	Bestandteil	Zielgruppe	Empfehlung
Aktueller Kanal	▸ Sicherheitsupdates immer am Patch Tuesday (ausgenommen wichtige Updates) ▸ Funktionsupdates und sonstige Updates ggf. mehrmals pro Monat	Entwickler, Tester, zur Vorbereitung von Trainings	Installation auf rund 1 % der Clients
Aktueller Kanal (Vorschau)	▸ Updates mindestens eine Woche vor dem aktuellen Kanal	Entwickler, Tester	keine Installation auf produktiv genutzten Clients

Tabelle 4.1 Updatekanäle

Updatekanal	Bestandteil	Zielgruppe	Empfehlung
Halbjährlicher Enterprise-Kanal (Vorschau)	▸ Funktionsupdates und sonstige Updates immer im März und September ▸ jeden Monat Sicherheitsupdates am Patch Tuesday (ausgenommen wichtige Updates)	Entwickler, Tester, zur Vorbereitung von Trainings	Installation auf rund 10% der Clients
Halbjährlicher Enterprise-Kanal	▸ Funktionsupdates und sonstige Updates immer im Januar und Juli ▸ jeden Monat Sicherheitsupdates am Patch Tuesday (ausgenommen wichtige Updates)	herkömmlicher Endanwender	Installation auf rund 90% der Clients
Betakanal	laufend Updates	Entwickler, Tester	keine Installation auf produktiv genutzten Clients

Tabelle 4.1 Updatekanäle (Forts.)

Zu den Updatekanälen noch ein paar wichtige Punkte:

- **Aktueller Kanal**

  Die Vorgehensweise innerhalb des aktuellen Kanals entspricht grundsätzlich dem Prozess bei der damaligen 2013er-Variante. Entscheiden Sie sich für diesen Kanal, erhalten die Anwender grundsätzlich einmal pro Monat die aktuellsten Funktionen, sofern sie für die produktive Nutzung vorgesehen sind. Außerdem werden monatlich mehrmals Sicherheits- und sonstige Updates verteilt.

  Der aktuelle Kanal ist in der Standardkonfiguration automatisch bei Microsoft 365 Apps for Business voreingestellt. Microsoft unterstützt jeweils nur das aktuellste Release aus dem aktuellen Kanal.

- **Halbjährlicher Enterprise-Kanal**

  Möchten Sie nicht jeden Monat neue Funktionsupdates, wählen Sie den halbjährlichen Enterprise-Kanal für Ihre Clients. In diesem erhalten Sie neue Funktionen immer in den Monaten Januar und Juli. In diesen Monaten erscheint regelmäßig ein neuer halbjährlicher Enterprise-Kanal, und die Clients springen in der Standardkonfiguration automatisch auf diesen (siehe Abbildung 4.24). Somit können Sie sich und Ihre Anwender besser auf funktionale Änderungen vorbereiten.

Sollten Ihnen die sechs Monate für eine funktionale Basis nicht lange genug sein, können Sie jeden halbjährlichen Enterprise-Kanal auch bis zu 14 Monaten betreiben. In den zusätzlichen acht Monaten bekommen Sie weiterhin Sicherheitsupdates (auch zu jedem Patch Tuesday und im Ausnahmefall auch dazwischen). Nach den 14 Monaten müssen Sie dann jedoch wechseln, sonst erhalten Sie keine Sicherheitsupdates mehr.

Der halbjährliche Enterprise-Kanal wird ohne Konfigurationsanpassung bei Microsoft 365 Apps for Enterprise verwendet.

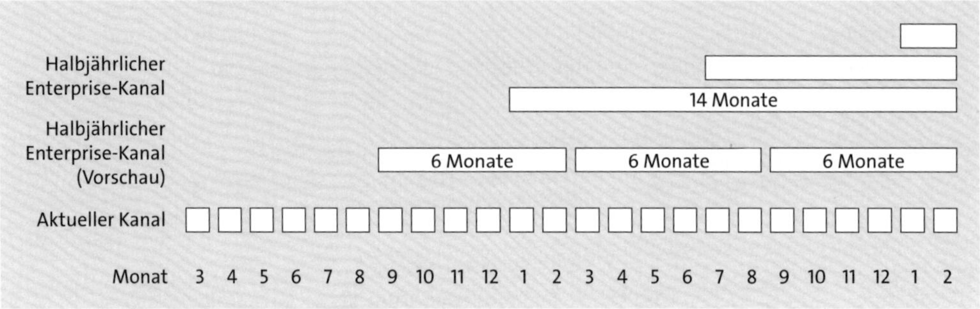

Abbildung 4.24 Updatekanäle

- **Halbjährlicher Enterprise-Kanal (Vorschau)**

  Jeweils im März und September erscheint ein neuer halbjährlicher Enterprise-Kanal (Vorschau) mit einer maximalen Laufzeit von sechs Monaten. Mit diesem Kanal erhalten Sie bereits die Funktionen, die erst mit dem nächsten halbjährlichen Enterprise-Kanal erscheinen werden. Somit können Sie den halbjährlichen Enterprise-Kanal (Vorschau) im Vorfeld typischerweise für vier Monate für Ihre Tests nutzen, bevor die Funktionen dann bei den normalen Anwendern erscheinen.

  Entscheiden Sie sich für die vier Monate des halbjährlichen Enterprise-Kanals (Vorschau) zusammen mit den bis zu 14 Monaten des halbjährlichen Enterprise-Kanals, können Sie jede funktionale Basis bis zu 18 Monate nutzen.

  Microsoft unterstützt nur den jeweils aktuellsten Kanal.

- **Aktueller Kanal (Vorschau)**

  Der aktuelle Kanal (Vorschau) nimmt einen Sonderstatus ein, denn er ist nicht für den produktiven Einsatz vorgesehen. Er enthält auch bereits Funktionen, die sich noch in den letzten Zügen der Entwicklung befinden.

  Mit dem aktuellen Kanal (Vorschau) können Sie einen Blick in die Zukunft werfen, wie sich das Office-Paket entwickeln wird. Builds aus diesem Kanal werden von Microsoft im Support-Fall voll unterstützt.

- **Betakanal**

  Mit dem Betakanal sind Sie noch näher an der Entwicklung als beim aktuellen Kanal (Vorschau). Probleme sind beim Einsatz dieser Builds nicht auszuschließen. Dieser Kanal ist dazu gedacht, dass Sie Office durch Ihr Feedback mitgestalten können. Die Builds aus diesem Kanal werden von Microsoft jedoch im Support-Fall nicht unterstützt.

4.5 So geht es weiter

Mit den Hintergründen zum Evergreen-Prozess in Microsoft 365 sind wir nun am Ende des ersten Teils angekommen. Wir starten jetzt mit dem zweiten Teil und einigen unverzichtbaren Komponenten. Allen voran zunächst mit einer Beschreibung wichtiger Dienste und Funktionen rund um die Absicherung Ihrer Identitäten, Daten und Geräte.

TEIL II

Unverzichtbare Komponenten

Kapitel 5
Sicherheit

Im fünften Kapitel widmen wir uns der Absicherung Ihrer Umgebung mit den Identitäten, Daten und Geräten.

Wie bei jedem anderen neuen Dienst, den Sie in Ihrem Unternehmen einführen – sei es lokal oder wie hier in der Cloud –, müssen Sie sich um ein geeignetes Sicherheitskonzept Gedanken machen. Bei Microsoft Teams haben Sie den Vorteil, dass Sie dabei nicht ganz von vorn beginnen müssen. Microsoft Teams setzt im Bereich Sicherheit auf die Sicherheitsdienste von Office 365 und Microsoft 365 auf. Vielleicht haben Sie schon einen der anderen Dienste wie Exchange Online im Einsatz und dabei Dinge wie die mehrstufige Authentifizierung aktiviert oder Vertraulichkeits-Bezeichnungen eingerichtet? Dann gelten diese grundsätzlich auch für Microsoft Teams. Hier tritt die integrierte Lösung der Microsoft 365-Dienste deutlich zutage.

In diesem Kapitel beschäftigen wir uns zunächst mit einigen allgemeinen Sicherheitseinrichtungen, beispielsweise mit der Frage, wie es um die Sicherheit in den Rechenzentren bei Microsoft steht. Dann konzentrieren wir uns auf die Absicherung von Identitäten, Daten und Geräten. Das Kapitel schließt dann mit Überwachungsfunktionen, mit denen Sie im Ernstfall proaktiv eingreifen können.

Für einige der in diesem Abschnitt angesprochenen Sicherheits-Funktionen benötigen Sie bestimmte Lizenzen. In den entsprechenden Unterabschnitten weise ich jeweils darauf hin. Eine detailliertere Übersicht finden Sie in Abschnitt 8.2.2, »Sicherheit«.

5.1 Allgemein

In der Vergangenheit befanden sich typischerweise die zu schützenden Objekte wie Benutzer, Geräte, Anwendungen und Daten innerhalb eines abgeschlossenen Bereichs, nämlich innerhalb der Grenzen der lokalen Netzwerkinfrastruktur. Die Grenzen der Netzwerkinfrastruktur werden dabei über Firewalls und Proxys besonders geschützt. Allerdings brachten zwei Entwicklungen neue Herausforderungen bei der Administration:

- **Anwender sind mobil**

  Das betrifft nicht nur Außendienstmitarbeiter. In vielen Unternehmen ist es heute gang und gäbe, dass die Arbeitszeit bei manchen Tätigkeiten nicht ausschließlich an einem definierten Schreibtisch innerhalb des Unternehmensgebäudes abzuleisten ist. Immer häufiger setzen Unternehmen in Bereichen, die das zulassen, neben einer Vertrauensarbeitszeit auch auf einen Vertrauensarbeitsort. Der Mitarbeiter entscheidet also selbst, wann und wo er seinen Aufgaben nachgeht.

Damit einher geht auch der zunehmende Einsatz von alternativen Geräteklassen. Anwender verwenden typischerweise nicht mehr einen lokalen Desktop-Rechner innerhalb des Firmengeländes, sondern mobile Notebooks und zunehmend auch Smartphones und Tablets. Und von allen Geräten aus soll der Zugriff auf geschäftliche Daten möglich sein – aber natürlich nur mit einem geeigneten Schutz der Daten und ohne den Anwender zu sehr funktional einzuschränken.

Möglicherweise erlaubt das Unternehmen den Mitarbeitern sogar, private Geräte für die tägliche Arbeit zu verwenden (*Bring Your Own Device, BYOD*). Mobile Geräte wurden in der Vergangenheit oftmals ähnlich verwaltet wie lokale Desktop-Geräte. Über VPNs (Virtual Private Networks) wurden gesicherte Verbindungen in die lokale Netzwerkinfrastruktur aufgebaut, und nur so war der Zugriff auf geschäftliche Daten möglich. Doch der Einsatz von VPNs steht oftmals im Widerspruch zur nächsten Entwicklung, nämlich dem Einsatz von Cloud-Diensten.

- **Nutzung von Cloud-Diensten**

  Viele Unternehmen betreiben heute nicht mehr alle erforderlichen Dienste innerhalb der lokalen Netzwerkinfrastruktur. Immer mehr Dienste werden aus der Cloud bezogen, sei es aus Kosten- und Verwaltungsgründen oder weil bestimmte Dienste für den lokalen Einsatz gar nicht erhältlich sind. Somit liegen nicht mehr alle geschäftlichen Daten ausschließlich innerhalb der lokalen Netzwerkinfrastruktur. Die Nutzung von Cloud-Diensten bringt oftmals eine weitere Komplexität mit sich: die Verwaltung von zusätzlichen Identitäten. Es ist heute nicht ungewöhnlich, dass Anwender mit mehreren ihnen zugewiesenen Identitäten jonglieren müssen. Darunter befinden sich sowohl Organisationsidentitäten wie beispielsweise Benutzerkonten aus dem lokalen Active Directory als auch soziale oder dienstspezifische Identitäten wie Benutzerkonten von Google, Facebook oder Twitter.

  Der Anwender muss dabei in der Lage sein, zu erkennen, in welchem Szenario er welche Identität zu verwenden hat. Dies ist nicht nur für Anwender schwierig, sondern sorgt auch bei der Administration für zusätzlichen Verwaltungsaufwand und birgt neue Gefahren, wie beispielsweise das Risiko, dass ein Anwender eine Identität beim Verlassen des Unternehmens mitnimmt. Hier ein simples Beispiel: Die Marketingabteilung befüllt die firmeneigene Facebook-Seite. Ein dafür zuständiger Mitarbeiter verlässt das Unternehmen. Wird daran gedacht, das Kennwort des Facebook-Accounts zurückzusetzen?

Angesichts dieser Entwicklungen stellen sich den Administratoren einige zentrale Fragen, die weit darüber hinausgehen, dass bei der Anmeldung die Korrektheit von Benutzername und Kennwort überprüft und gegebenenfalls eine mehrstufige Authentifizierung durchgeführt wird. Und es wird deutlich, dass die Anforderungen in einer modernen Infrastruktur neue Herausforderungen mit sich bringen, auf die mit leistungsfähigen Sicherheitsfunktionen geantwortet werden muss.

5.1.1 Sicherheit in den Rechenzentren

Nachdem Sie Microsoft 365 nicht im eigenen Rechenzentrum betreiben können, sondern auf Microsoft als Betreiber angewiesen sind, stellen sich irgendwann wichtige Fragen, etwa wie es denn um die Sicherheit Ihrer Daten beim Transport zwischen Ihrer lokalen Umgebung und den Rechenzentren steht und wie Ihre Dateien in den Rechenzentren selbst vor allzu neugierigen Blicken geschützt werden. Dabei kommen unterschiedliche Konzepte zum Einsatz.

Verschlüsselung Ihrer Daten

Ein wichtiges Grundkonzept ist dabei die Verschlüsselung Ihrer Daten, die auf verschiedenen Ebenen zum Einsatz kommt:

- **Bei der Übertragung zwischen den Clients und den Rechenzentren**

  Die Verbindung zwischen den Clients Ihrer Anwender und den Eintrittspunkten in die Microsoft 365-Rechenzentren erfolgt immer verschlüsselt über *HTTPS* und *TLS (Transport Layer Security)*. Dabei spielt es keine Rolle, ob beispielsweise ein Anwender direkt im Browser, über die Office-Anwendungen oder Apps auf Mobilgeräten oder ob der Administrator über PowerShell mit Microsoft 365 kommuniziert – die Daten werden nie unverschlüsselt durch die Leitung geschickt.

- **Bei der Übertragung innerhalb und zwischen den Rechenzentren**

  Auch innerhalb und zwischen den Microsoft 365-Rechenzentren werden die Daten nur verschlüsselt übertragen. Der Mailverkehr über SMTP ist dabei ebenfalls über TLS abgesichert. Ansonsten erfolgt die Datenübertragung über *IPsec (Internet Protocol Security)*.

- **Bei der Speicherung in den Rechenzentren**

  Zunächst einmal sind alle Festplatten der Rechenzentren über *BitLocker* verschlüsselt. Darüber hinaus erfolgt bei SharePoint Online, OneDrive for Business und Exchange Online eine dienstbasierte Verschlüsselung. Dabei werden Daten in kleine »Häppchen« aufgeteilt, und jedes Häppchen wird mit einem unterschiedlichen Schlüssel verschlüsselt und in einem unterschiedlichen Speicher abgelegt. Ein potenzieller Angereifer müsste sich damit Zugang auf die Schlüsselverwaltung, die Speicher und die jeweils richtigen Häppchen verschaffen, um die ursprünglichen Daten erfolgreich entschlüsseln zu können.

Die für diese Verschlüsselung erforderlichen Schlüssel werden in der Standardkonfiguration von Microsoft zur Verfügung gestellt. Auf Wunsch könnten Sie den Master-Schlüssel (von dem alle anderen Schlüssel abgeleitet werden) auch selbst liefern (*BYOK – Bring Your Own Key* – das Leistungsmerkmal in Office 365 nennt sich *Customer Key* und ist in manchen Lizenztypen enthalten). Damit könnte zwar Office 365 als Dienst immer noch Ihre Daten entschlüsseln, jedoch ist dies ja auch gewollt – ansonsten würde keine Anzeige im Browser mehr funktionieren, keine Suche über Dateiinhalte hinweg, keine eDiscovery-Suche etc. Die Bereitstellung eines Master-Schlüssels hat aber dennoch einen Sinn: Sie allein kontrollieren den Master-Schlüssel. Ziehen Sie diesen zurück, sind alle Ihre Daten mit einem Schlag nicht mehr lesbar. Dies könnten Sie beispielsweise nutzen, um nach einem eventuellen Weggang von Office 365 alle Daten unbrauchbar zu machen.

Mit Ausnahme der Testlizenzen bewahrt Microsoft Ihre Daten für 90 Tage nach Ablauf oder Kündigung der Lizenzen auf, damit Sie die Daten extrahieren können. Danach werden sie gelöscht. Diese Regelungen finden Sie in den *Online Services Terms (OST)*:

www.microsoftvolumelicensing.com/DocumentSearch.aspx?Mode=3&DocumentTypeId=31

- **Bei der Kommunikation zwischen internen und externen Anwendern**

  Neben der Verschlüsselung beim Transport vom und zum Rechenzentrum und bei der Speicherung der Daten wollen Sie vielleicht auch Daten verschlüsseln, die zwischen Anwendern ausgetauscht werden, beispielsweise per E-Mail oder Freigabe. In Office 365 gibt es dazu unterschiedliche Funktionen, beispielsweise die *Vertraulichkeits-Bezeichnungen* (siehe Abschnitt 5.3.3, »Informationssicherheit«).

In der Praxis findet man immer wieder Diskussionen, wie man denn nur lokal verschlüsselte Daten in Office 365 ablegen kann – und zwar so, dass es beispielsweise auch den Office 365-Diensten oder gar Microsoft nicht möglich ist, auf die Dateiinhalte zuzugreifen. So etwas könnte man im E-Mail-Bereich etwa durch S/MIME erreichen. Auch werden separate *Cloud Encryption Gateways* diskutiert, bei denen Clients Daten an das Gateway übertragen. Das Gateway verschlüsselt die Daten und speichert sie dann in verschlüsselter Form in Office 365. Beim Abruf werden die Daten vom Gateway aus Office 365 heruntergeladen, entschlüsselt und zum Client übertragen. Solche »Lösungen« haben gewaltige Nachteile hinsichtlich der Funktionalität von Office 365. Beispielsweise verlören Sie damit die folgenden Funktionen:

- **Inhaltsbasierte Suche**

  Damit Anwender in Office 365 auch nach Dateiinhalten und E-Mail-Inhalten suchen können, müssen die Inhalte auch indexiert werden können. Eine Verschlüsselung außerhalb von Office 365 verhindert dies. Manche Cloud Encryption Gateways versuchen diesen Umstand wettzumachen, indem sie selbst indexieren und die Suchfunktionen bereitstellen. Nur sind diese in der Praxis konzeptbedingt kaum so leistungsfähig wie die Suche in Office 365. Auch die in die Dienste selbst integrierte Suche fiele somit weg.

Dies gilt natürlich auch bei Suchanfragen in Compliance-Fällen.

- **Data Loss Prevention (DLP; Schutz vor Datenverlust)**

  Mit dieser Funktionalität können Sie beispielsweise automatisch Anwender daran hindern, besonders schützenswerte Dateien an externe Empfänger zu versenden. Damit DLP aber erkennen kann, ob in einer Datei schützenswerte Informationen enthalten sind, muss es dem Dienst möglich sein, auf die Inhalte zuzugreifen.

- **Öffnen im Browser**

  Mit Office Online können Office-Dokumente im Browser geöffnet und bearbeitet werden – sofern der Dienst Zugriff auf den Dateiinhalt hat.

- **Gleichzeitige Zusammenarbeit an Dokumenten**

  In SharePoint Online und OneDrive for Business gespeicherte Office-Dokumente können von mehreren Personen gleichzeitig geöffnet und bearbeitet werden – das geht allerdings nur dann, wenn Office 365 auf den Inhalt zugreifen kann.

- **Schutz vor Schadcode**

  Auch der Schutz vor Schadcode benötigt Zugriff auf Dateiinhalte oder die Inhalte von E-Mails.

[+] Office 365 lebt ja letztendlich von Funktionen, mit denen die Zusammenarbeit Ihrer Anwender unterstützt und gefördert werden – und dies setzt einen gewissen Zugriff des Dienstes auf die Inhalte Ihrer Dateien und E-Mails voraus. Ist das für Ihr Unternehmen nicht akzeptabel, stellt sich die Frage, ob Office 365 für das gewünschte Szenario überhaupt die richtige Lösung ist.

Das heißt natürlich nicht, dass Sie in Office 365 selbst gar keine Verschlüsselung einsetzen können – im Gegenteil, beispielsweise mit den Vertraulichkeits-Bezeichnungen gibt es dafür spezielle Funktionen für unterschiedliche Szenarien (siehe Abschnitt 5.3.3, »Informationssicherheit«).

Zugriffskontrolle

Kein Microsoft-Mitarbeiter, auch kein Administrator oder Support-Mitarbeiter, hat direkten Zugriff auf Ihre Kundendaten. Im Regelfall ist das auch gar nicht erforderlich, da die internen Prozesse beim Betrieb von Microsoft 365 sehr stark automatisiert sind und kein manuelles Eingreifen durch eine Person erfordern. Auch zur Wartung und Aktualisierung der Dienste muss niemand direkt auf die Kundendaten selbst zugreifen.

Nun könnte es aber dennoch einmal sein, dass Sie eine Anfrage an den Microsoft-Kundendienst stellen. Bei der Bearbeitung Ihrer Anfrage muss der Support-Mitarbeiter, nachdem er alle anderen Wege zur Problemlösung ausgeschöpft hat, möglicherweise doch auf Ihre Kundendaten zugreifen, also beispielsweise auf die Inhalte eines Postfachs, eines OneDrives etc. In einem solchen Fall greift der sogenannte *Lockbox-Prozess* (siehe Abbildung 5.1).

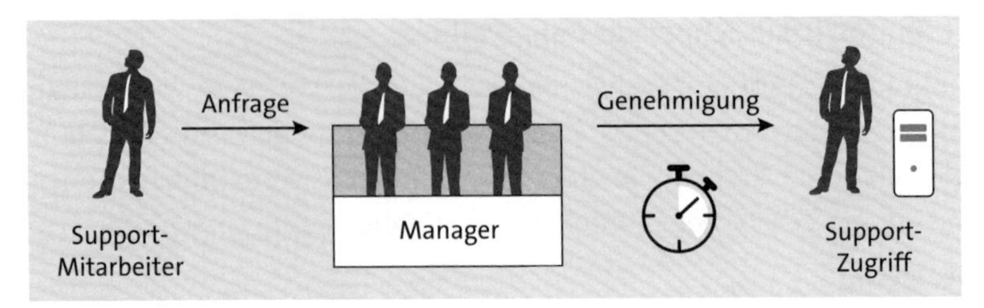

Abbildung 5.1 Lockbox-Prozess

In diesem Prozess stellt der Support-Mitarbeiter eine Anfrage im Lockbox-System. Ein Microsoft-Manager überprüft die Anfrage und erteilt dem Support-Mitarbeiter nach einer Prüfung gegebenenfalls eine Genehmigung. Diese Genehmigung ist eine technisch eng beschränkte Freigabe für den anfragenden Support-Mitarbeiter, für eine bestimmte Zeit (in Rahmen von Minuten) auf ein bestimmtes Datum (beispielsweise ein bestimmtes Postfach) mit einem bestimmten Befehlssatz zugreifen zu können. Die Genehmigung gibt dem Support-Mitarbeiter also keineswegs einen Freifahrtschein, mit den Kundendaten machen zu können, was er möchte. Alle Zugriffe werden dabei aufgezeichnet.

Ist Ihnen der Lockbox-Prozess nicht transparent genug, gibt es mit der *Kunden-Lockbox* eine Erweiterung dazu (siehe Abbildung 5.2).

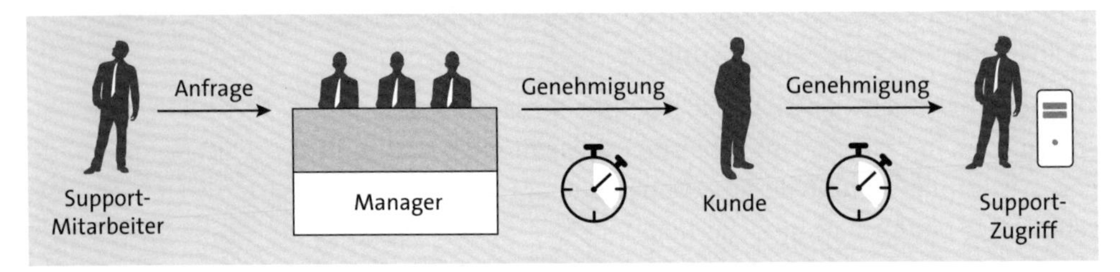

Abbildung 5.2 Kunden-Lockbox-Prozess

Auch in diesem Fall erstellt der Support-Mitarbeiter eine Anfrage im Lockbox-System, die von einem Microsoft-Manager genehmigt werden muss. Nach der Genehmigung durch den Microsoft-Manager kann der Support-Mitarbeiter aber nicht gleich loslegen, sondern Sie selbst als Administratorin beziehungsweise Administrator kommen jetzt ins Spiel: Sie erhalten eine Benachrichtigung über die Zugriffsanfrage (per E-Mail oder in der Administrationsoberfläche Ihres Mandanten). Diese können Sie überprüfen und gegebenenfalls selbst genehmigen. Und erst dann, nachdem der Microsoft-Manager und Sie selbst die Anfrage genehmigt haben, kann der Support-Mitarbeiter auf Ihre Daten zugreifen.

Der zusätzliche Verwaltungsaufwand der Kunden-Lockbox schlägt sich allerdings auch in den Kosten nieder: Der Prozess ist bereits im Lizenzpaket *Office/Microsoft 365 E5* enthalten. Bei kleinerer Lizenzierung muss jedoch dafür eine separate Lizenz erworben werden.

[+]

Auditierungen und Datenschutz

Dass die hier vorgestellten Prozesse in der Praxis funktionieren und auch wirklich eingehalten werden, muss Microsoft in regelmäßigen Auditierungen nachweisen. Mehr dazu finden Sie im *Microsoft Trust Center*:

www.microsoft.com/de-de/trustcenter

Das Trust Center ist auch eine gute Quelle für alle Fragen rund um das Thema Datenschutz. Hier erfahren Sie also beispielsweise, wie Microsoft als Ihr Dienstleister mit Ihren Daten umgeht. Es finden sich darüber hinaus auch Fragestellungen zur vertraglichen Konstellation (beispielsweise Regelungen zur *Auftragsdatenverarbeitung*), zum Zugriff außerhalb der EU (Stichwort *europäische Standardvertragsklauseln*), zu den Zertifizierungen etc.

5.1.2 Administrative Rollen

Die technische Verwaltung von Microsoft Teams obliegt den Administratoren. In ihrem Mandanten gibt es dabei ein Rollenkonzept. So stehen für unterschiedliche Tätigkeiten unterschiedliche administrative Rollen bereit, die dann die Verwaltung bestimmter Optionen ermöglichen. Dazu werden den Benutzerkonten der Administratoren eine oder mehrere Rollen zugewiesen. Die mächtigste Rolle ist dabei der *Globale Administrator*. So ausgestattete Benutzer können damit sämtliche administrative Funktionen aller Dienste im Mandanten (siehe Abschnitt 2.1.2, »Mandant«) nutzen. In wenigen Fällen macht es Sinn, jedem Benutzer, der eine administrative Tätigkeit durchführen muss, diese Rolle zuzuweisen. Gerade in größeren Umgebungen unterscheiden sich die Zuständigkeiten einzelner Personen recht stark. Nur weil eine Person aus dem Helpdesk Kennwörter zurücksetzen können muss, benötigt diese dazu nicht gleich die Rolle Globaler Administrator.

Für Microsoft Teams sind gleich vier administrative Rollen vorgesehen. Tabelle 5.1 gibt einen Überblick.

Rolle	Bedeutung
Teams-Dienstadministrator	Verwaltung des Microsoft Teams-Dienstes und Erstellen von Microsoft 365-Gruppen
Teams-Kommunikationsadministrator	Verwalten von Anruf- und Besprechungsfunktionen innerhalb des Microsoft Teams-Dienstes

Tabelle 5.1 Administratorrollen für Microsoft Teams

Rolle	Bedeutung
Support-Techniker für die Teams-Kommunikation	Ausführen einer Problembehandlung von Kommunikationsproblemen innerhalb von Microsoft Teams unter Verwendung erweiterter Tools
Support-Fachmann für die Teams-Kommunikation	Ausführen einer Problembehandlung von Kommunikationsproblemen innerhalb von Microsoft Teams unter Verwendung grundlegender Tools

Tabelle 5.1 Administratorrollen für Microsoft Teams (Forts.)

Eine detaillierte Beschreibung, was Benutzer im Einzelnen mit den jeweiligen Rollen ausführen können, finden Sie unter der folgenden Adresse:

https://docs.microsoft.com/de-de/microsoftteams/using-admin-roles

5.1.3 Office 365 Security & Compliance Center

Für die Bereiche Security und Compliance haben Sie in Ihrem Mandanten unterschiedliche Administrationsoberflächen zur Verfügung. Zunächst sei hier das *Office 365 Security & Compliance Center* genannt (siehe Abbildung 5.3). Sie erreichen es, wie die anderen Admin Center auch, über das Microsoft 365 Admin Center oder direkt unter folgender URL:

https://protection.office.com

Abbildung 5.3 Office 365 Security & Compliance Center

Daneben gibt es aber noch zwei separate Admin Center:

- *Microsoft 365 Security Center* unter *https://security.microsoft.com* (siehe Abbildung 5.4)
- *Microsoft 365 Compliance Center* unter *https://compliance.microsoft.com* (siehe Abbildung 5.5)

Abbildung 5.4 Microsoft 365 Security Center

Abbildung 5.5 Microsoft 365 Compliance Center

Die beiden Microsoft 365-Center trennen die beiden Bereiche Security und Compliance voneinander. Typischerweise werden diese Bereiche in größeren Unternehmen auch von unterschiedlichen Personengruppen genutzt. Die ursprünglich nur im Office 365 Security & Compliance Center vorhandenen Konfigurationsoptionen werden aktuell nach und nach auf die beiden spezialisierten Microsoft 365-Center aufgeteilt.

5.1.4 Sicherheitsbewertung

Die Konfigurationsmöglichkeiten hinsichtlich der Sicherheitsfunktionen in Office 365 und Microsoft 365 sind sehr vielfältig und über verschiedene Verwaltungsoberflächen und die Kommandozeile verteilt. Manchmal wäre es von Vorteil, wenn es eine Analyse der Sicherheitskonfiguration des eigenen Mandanten geben würde. Dafür müssen Sie nicht unbedingt einen externen Berater beauftragen, denn inzwischen kann direkt im Mandanten eine solche Analyse durchgeführt werden.

Auf Basis der möglichen Konfigurationsoptionen und der aktuellen Konfiguration wird eine Prozentzahl berechnet, die *Sicherheitsbewertung*. Grundsätzlich gilt: Je höher sie ist, desto besser ist es um die Sicherheit Ihres Mandanten bestellt. Allerdings geht es hier explizit nicht um das Erreichen der maximalen Punktzahl, denn mit den schärfsten möglichen Sicherheitseinstellungen sinkt auch die Produktivität Ihrer Anwender, wenn diesen aus Sicherheitsgründen bestimmte Funktionen nicht mehr zur Verfügung gestellt werden. Und bei zu vielen Einschränkungen suchen sich Anwender häufig alternative Wege, wie etwa die Nutzung von eigentlich nicht freigegebenen Cloud-Diensten. Entsprechend können zu scharfe Sicherheitseinstellungen auch zu einer geringeren Sicherheit des Unternehmens führen.

Interessant ist aber die Betrachtung der Veränderung der Sicherheitsbewertung über die Zeit hinweg. Somit erhalten Sie einen Eindruck davon, ob sich die Sicherheit Ihres Mandanten verbessert oder verschlechtert.

Sie finden die Sicherheitsbewertung auf der Startseite des Microsoft 365 Security Centers beziehungsweise des Office 365 Security & Compliance Centers oder über die URL des Centers (siehe Abbildung 5.6):

https://securescore.office.com

Dieser Bereich ist aufgeteilt in die Register ÜBERSICHT aus Abbildung 5.7, die VERBESSERUNGSAKTIONEN mit Vorschlägen zur Erhöhung der Sicherheit und den VERLAUF, der Ihnen die Veränderungen in der Vergangenheit aufzeigt.

Sie sehen auf dem Dashboard den aktuellen Secure Score und den möglichen Höchstwert. Der Höchstwert hängt davon ab, welche Dienste in Ihrem Mandanten zur Verfügung stehen. In anderen Mandanten kann er also entsprechend differieren.

Abbildung 5.6 Sicherheitsbewertung im Microsoft 365 Security Center

Microsoft-Sicherheitsbewertung

Letzte berechnete Punktzahl 09/10 ; 2:00 AM

Übersicht | **Verbesserungsaktionen** | Verlauf | Metriken und Trends

Maßnahmen, die Sie ergreifen können, um Ihre Sicherheitsbewertung von Microsoft zu verbessern. Es kann bis zu 24 Stunden dauern, bis Bewertungen aktualisiert werden.

Exportieren 12 Elemente Suchen Filter Gruppieren nach

Angewendete Filter:

Rang	Verbesserungsaktion	Bewertung...	Erzielte Punkte	Status	Verschlechter	Haben Sie eine Li	Katego
1	MFA für Administratorrollen anfordern	+17.24 %	0/10	EmpfängeradreNein		Ja	Identitä
2	Sicherstellen, dass alle Benutzer mehrstufige Authentifizierun...	+15.52 %	0/9	EmpfängeradreNein		Ja	Identitä
3	Richtlinie zum Blockieren von Legacyauthentifizierung aktivie...	+13.79 %	0/8	EmpfängeradreNein		Ja	Identitä
4	Kennwörter nicht ablaufen lassen	+13.79 %	0/8	EmpfängeradreNein		Ja	Identitä
5	Anmelderisikorichtlinie aktivieren	+12.07 %	0/7	EmpfängeradreNein		Nein	Identitä
6	Benutzerrisiko-Richtlinie aktivieren	+12.07 %	0/7	EmpfängeradreNein		Nein	Identitä

Benötigen Sie Hilfe? Feedback senden

Abbildung 5.7 Aktionen, mit denen Sie die Sicherheitsbewertung verbessern

Bei den VERBESSERUNGSAKTIONEN werden Ihnen empfehlenswerte Aktionen präsentiert. Dazu zählen beispielsweise die Aktivierung der mehrstufigen Authentifizierung und die Deaktivierung nicht verwendeter Benutzerkonten (siehe Abbildung 5.7).

Diese Aktionsliste können Sie nach unterschiedlichen Kriterien filtern, beispielsweise auch nach den zu erwartenden Beeinträchtigungen für Ihre Anwender. Von jeder Aktion aus können Sie weitergehende Informationen abrufen und dann entscheiden, ob die jeweilige Aktion für Ihren Mandanten wünschenswert ist oder nicht.

5.1.5 Bedrohungsmanagement

Ein weiterer wichtiger Baustein für eine hohe Sicherheit Ihres Mandanten ist das *Bedrohungsmanagement*. Es geht dabei um das Erkennen, Überwachen und Verstehen von Angriffen, die gegen Ihre Umgebung und die darin befindlichen Benutzer stattfinden. So erhalten Sie beispielsweise eine Analyse, welche Benutzer über welche Art von Angriffen (beispielsweise Phishing-E-Mails attackiert werden).

Leider ist das Bedrohungsmanagement nicht grundsätzlicher Bestandteil aller Office 365-Lizenzen, sondern ist nur im Lizenztyp *Office 365 Advanced Threat Protection Plan 2* (früher *Threat Intelligence* genannt) enthalten. Diese Lizenz wiederum ist auch Bestandteil des Office/Microsoft 365 E5-Lizenztyps.

Komponenten

Am Bedrohungsmanagement ist eine ganze Reihe von unterschiedlichen Komponenten beteiligt. Diese Komponenten finden Sie im Office 365 Security & Compliance Center im Bereich BEDROHUNGSMANAGEMENT:

- SICHERHEITSDASHBOARD

  Das Dashboard enthält eine Zusammenfassung der Bedrohungen aus den letzten Tagen. Dazu gehört beispielsweise die erkannte Schadsoftware und eine Weltkarte, auf der Sie gegebenenfalls die Ursprungsregionen der Angriffe sehen können (siehe Abbildung 5.8).

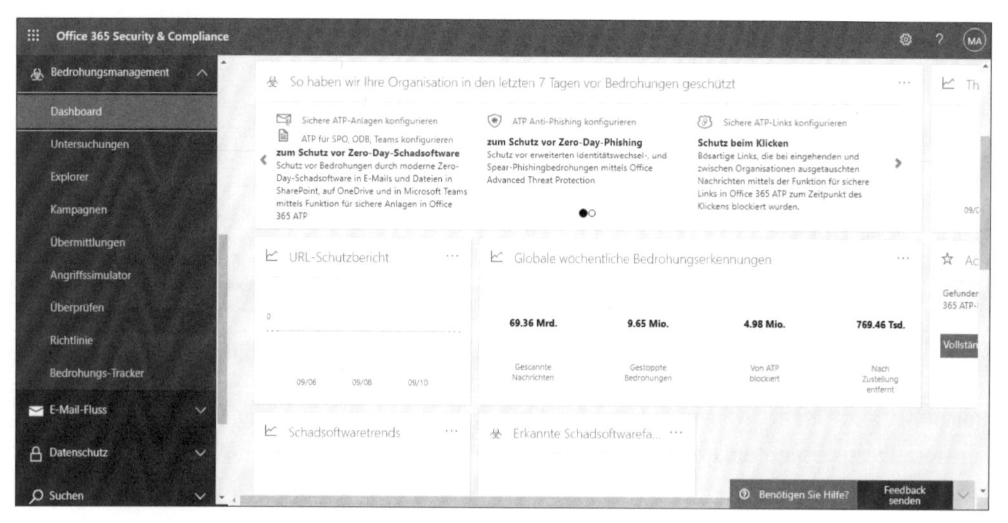

Abbildung 5.8 Sicherheitsrisiken-Dashboard

- ▶ Untersuchungen

  Die Liste enthält die einzelnen Vorfälle, über die Sie detaillierte Informationen erhalten und auf deren Basis Sie gegebenenfalls Gegenmaßnahmen einleiten können (siehe Abbildung 5.9).

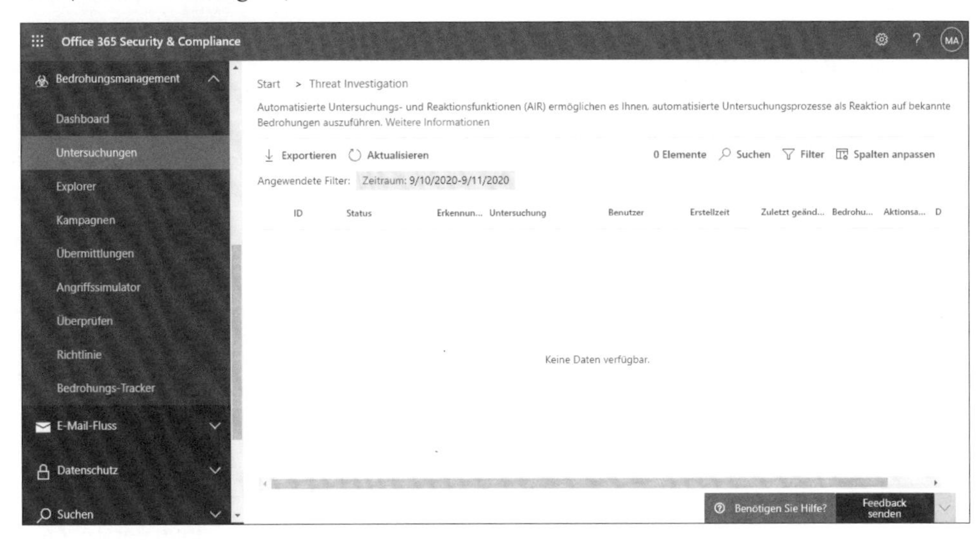

Abbildung 5.9 Untersuchungen im Office 365 Security & Compliance Center

- ▶ Explorer

  Den Explorer verwenden Sie zur Analyse von Vorkommnissen. Er enthält statistische Informationen zur Anzahl der Angriffe, die Angriffsarten, die dabei verwendete Infrastruktur etc. (siehe Abbildung 5.10).

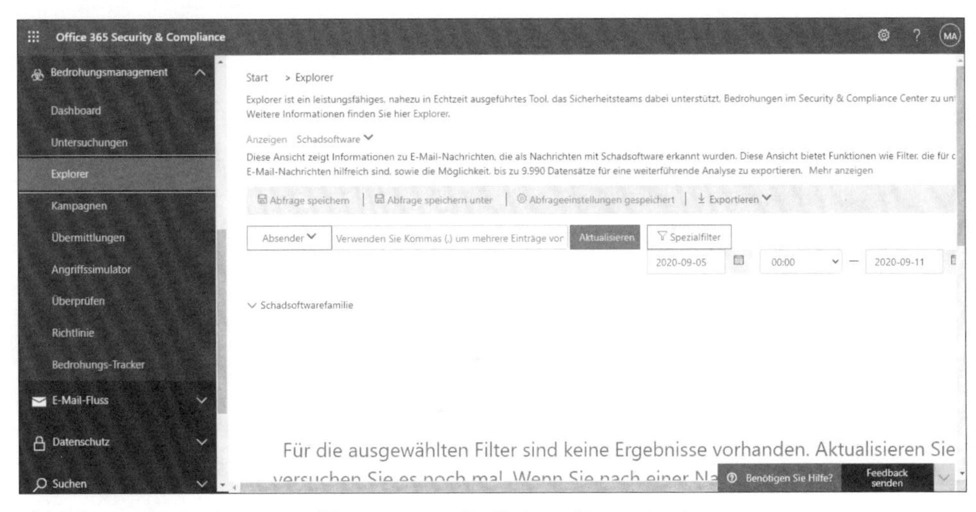

Abbildung 5.10 Explorer im Office 365 Security & Compliance Center

Eine detaillierte Beschreibung aller Komponenten würde den Rahmen dieses Buches sprengen. Deshalb verweise ich Sie hier auf die offizielle Dokumentation:

https://docs.microsoft.com/de-de/office365/securitycompliance/office-365-ti

5.2 Identitäten

Ein wichtiger Baustein im Bereich Sicherheit gilt den digitalen Identitäten der Anwender. Um einen Missbrauch der Identitäten vorzubeugen, stellt Microsoft 365 eine Reihe verschiedener Funktionen bereit, die wir in diesem Abschnitt diskutieren werden.

5.2.1 Mehrstufige Authentifizierung

Ein wichtiger Baustein bei der Absicherung der Identitäten ist die Aktivierung der mehrstufigen Authentifizierung. Diese können Sie für einzelne – oder besser für alle – Benutzerkonten aktivieren. Doch wozu soll das gut sein?

Geraten die Zugangsdaten eines Benutzerkontos in falsche Hände, beispielsweise, weil sie abgegriffen oder durchprobiert werden, kann großer Schaden entstehen. Aktivieren Sie die mehrstufige Authentifizierung, muss der Anwender bei der Anmeldung neben seinem Kennwort auch einen weiteren Faktor angeben (siehe Abbildung 5.11). Für die Art des zweiten Faktors gibt es einige Varianten: Beispielsweise ein Code, den der Benutzer per SMS erhält, oder er muss alternativ auf einen automatisierten Telefonanruf mit der Raute-Taste reagieren. Auch die Anmeldung mithilfe einer App für Mobilgeräte ist möglich. In diesem Fall können auch der gegebenenfalls vorhandene Fingerabdrucksensor oder die Gesichtserkennung zur Anwendung kommen.

Abbildung 5.11 Ein zweiter Faktor bei der Anmeldung ist erforderlich.

Gelangt bei aktivierter mehrstufiger Authentifizierung ein Kennwort in falsche Hände, ist damit allein keine Anmeldung möglich.

Bevor Sie sich daranmachen, die mehrstufige Authentifizierung zu aktivieren, sollten Sie einige Aspekte berücksichtigen:

- Die mehrstufige Authentifizierung wird für jedes Benutzerkonto separat aktiviert. Es handelt sich also nicht um eine globale Einstellung, die somit für alle Benutzerkonten gemeinsam gilt.
- Die lokal installierten Anwendungen des Office-Pakets und einige Microsoft-Apps auf mobilen Geräten unterstützen die mehrstufige Authentifizierung. Für Anwendungen, die die mehrstufige Authentifizierung nicht unterstützen (beispielsweise die diversen E-Mail-Apps auf Smartphones), können Sie App-Kennwörter anlegen. Das sind separate komplexe Kennwörter, die der Benutzer in die Anmeldedaten der inkompatiblen Apps einträgt – bei diesen ist dann keine mehrstufige Authentifizierung erforderlich. In diesem konkreten Fall wäre es ratsam, die Outlook-App zu verwenden, die es sowohl für iOS als auch Android gibt.

[+] Die mehrstufige Authentifizierung ist in unterschiedlicher Funktionalität verfügbar, je nachdem, über welche Lizenztypen Sie verfügen. In *Azure Active Directory Plan 1* (beispielsweise in Microsoft 365 E3 enthalten, nicht aber in Office 365 E3) wird die Basisfunktionalität erweitert durch die Kontrolle über die Authentifizierungsmethoden, die Anpassung von Telefonansagen, die Konfiguration von vertrauenswürdigen IP-Adressbereichen und die Anbindung lokaler Anwendungen.

Ein guter Startpunkt für die Konfiguration der mehrstufigen Authentifizierung ist die offizielle Dokumentation:

https://docs.microsoft.com/de-de/azure/active-directory/authentication/concept-mfa-howitworks

5.2.2 Bedingter Zugriff

Mit der Aktivierung der mehrstufigen Authentifizierung haben Sie im Vergleich zur ausschließlichen Abfrage von Benutzername und Kennwort schon ein gewisses Mindestmaß an Sicherheit für Ihre Identitäten erhalten. Allerdings beschränken sich die möglichen Funktionen des Azure Active Directorys nicht darauf. Ein weiterer wichtiger Baustein ist der *bedingte Zugriff*: Damit konfigurieren Sie Bedingungen, die im Anmeldeprozess und beim Zugriff auf Daten überprüft werden und zu vorgegebenen Aktionen führen, die dann beispielsweise den Zugriff erlauben oder blockieren. Die Bedingungen und Aktionen setzen Sie dabei in Richtlinien ein, die für bestimmte Benutzer und Gruppen und optional für bestimmte Apps gelten. So könnten Sie den Zugriff auf Microsoft Teams beispielsweise anders absichern als auf Yammer. Hier ein paar Beispiele:

- Der Zugriff auf Office 365 soll für administrative Benutzer nur dann möglich sein, wenn sich diese von einer als vertrauenswürdig konfigurierten IP-Adresse anmelden. Kommt der Zugriff eines solchen Benutzers von einer anderen IP-Adresse, erhält er die Meldung aus Abbildung 5.12.

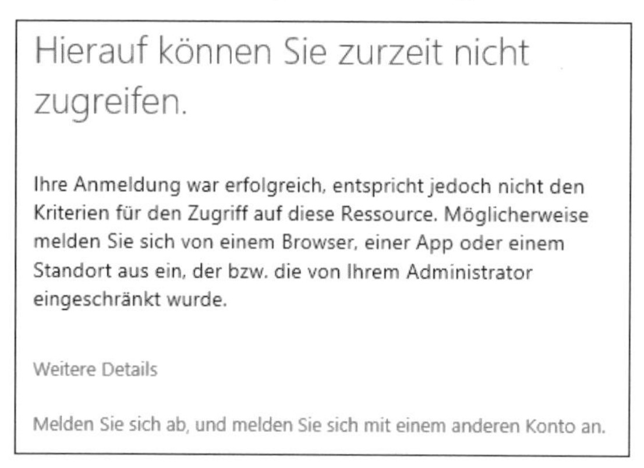

Abbildung 5.12 Zugriff unterbunden

- Ihre Anwender können auf Office 365 nur durch Angabe ihres Benutzernamens und ihres Kennworts zugreifen. Versuchen die Anwender jedoch, Microsoft Teams zu starten, wird die mehrstufige Authentifizierung durchgeführt.
- Der Download von Dateien soll nur auf Geräten möglich sein, die vom Unternehmen verwaltet werden. Greift ein Anwender von einem privaten Gerät aus auf Dateien zu, kann er sie nur im Browser anzeigen und bearbeiten, der Download ist jedoch unterbunden. Ein Beispiel dazu sehen Sie in Abbildung 5.13.

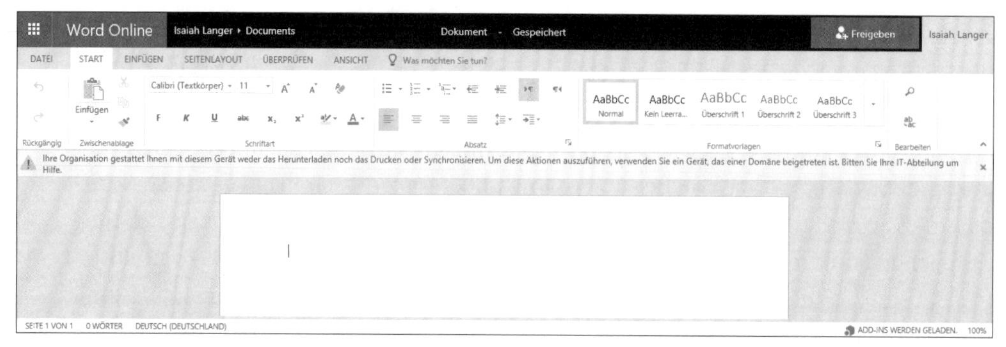

Abbildung 5.13 Die Datei kann nur im Browser bearbeitet werden.

Konfigurationsoptionen

In jeder Richtlinie für den bedingten Zugriff müssen Sie grundsätzlich vier Fragen beantworten (siehe Abbildung 5.14):

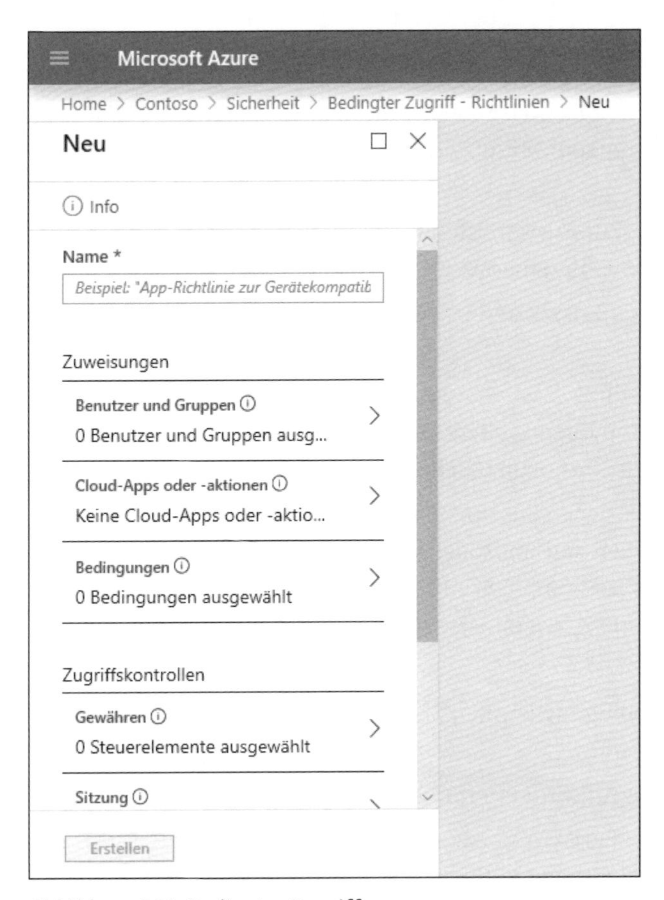

Abbildung 5.14 Bedingter Zugriff

- **Für wen gilt die Richtlinie?**

  Dabei können Sie Benutzer und Gruppen explizit einschließen, aber auch explizit ausschließen.

- **Für den Zugriff auf welche Apps soll die Richtlinie gelten?**

  Sie können dabei auf alle Apps verweisen, die mit dem Azure Active Directory Ihres Mandanten integriert sind – das sind nicht nur die Office 365-Dienste, sondern es könnten auch externe Dienste und Anwendungen sein.

- **Unter welchen Bedingungen soll die Richtlinie gelten?**

  Bei der Einstellung der Richtlinien stehen die folgenden Bedingungen zur Auswahl:

  – ANMELDERISIKO: Das Anmelderisiko wird beim Anmeldeprozess durch das Azure Active Directory bestimmt und steht für die Wahrscheinlichkeit, dass der Anmeldeversuch nicht von der berechtigten Person stammt. Allerdings sind dazu Lizenzen vom Typ *Azure Active Directory Plan 2* erforderlich. Das Anmelderisiko wird in den Stufen *Hoch*, *Mittel*, *Niedrig* oder *Kein Risiko* angegeben. Hoch ist das Risiko beispielsweise, wenn die Zugangsdaten des Benutzers öffentlich verfügbar sind, und Mittel, wenn die Anmeldung von einer anonymen IP-Adresse aus erfolgt.

- GERÄTEPLATTFORMEN: Zur Auswahl stehen die Betriebssysteme Android, iOS, Windows Phone, Windows und macOS.
- STANDORTE: Die Auswahl des Standorts betrifft vorgegebene IP-Adressbereiche.
- CLIENT-APPS: Die Richtlinie lässt sich hierbei auf den Zugriff über Browser, Mobile Apps und Desktop-Clients, Clients mit moderner Authentifizierung und das Exchange ActiveSync-Protokoll beschränken.
- GERÄTESTATUS: Hier beziehen Sie ein, ob das Gerät in das Azure Active Directory eingebunden werden soll und/oder konform mit ihm ist (abhängig von den vorgegebenen Geräte-Compliance-Einstellungen aus der Mobilgeräteverwaltung (siehe Abschnitt 5.4, »Geräte«).

▶ **Was soll passieren?**

Beim Einrichten einer Bedingung können Sie auch festlegen, wie das System im Falle des Falles reagieren soll:

- BLOCKZUGRIFF: Der Zugriff wird unterbunden.
- ZUGRIFF GEWÄHREN – ERFORDERT MEHRSTUFIGE AUTHENTIFIZIERUNG: Der Anwender muss die mehrstufige Authentifizierung entsprechend seiner Konfiguration durchführen. Lesen Sie hierzu auch Abschnitt 5.2.1, »Mehrstufige Authentifizierung«.
- ZUGRIFF GEWÄHREN – MARKIEREN DES GERÄTS ALS KOMPATIBEL ERFORDERLICH: Hierzu muss das Gerät in das *Mobile Device Management* (MDM) von Microsoft Intune aufgenommen worden sein, und es muss eine vorgegebene Konfiguration vorweisen (beispielsweise eine komplexe PIN und eine Geräteverschlüsselung). Details dazu finden Sie unter: *https://docs.microsoft.com/de-de/intune/introduction-intune*
- ZUGRIFF GEWÄHREN – GERÄT MIT HYBRID AZURE ACTIVE DIRECTORY-EINBINDUNG ERFORDERLICH: Diese Option erlaubt den Zugriff nur von Geräten, die in der lokalen Domäne registriert wurden. Diese Domäne muss mit dem Azure Active Directory synchronisiert sein.
- ZUGRIFF GEWÄHREN – GENEHMIGTE CLIENT-APP ERFORDERLICH: Der Zugriff wird hierbei nur von freigegebenen Apps aus erlaubt. Auch hier ist es erforderlich, dass das Gerät in das MDM von Microsoft Intune eingebunden wurde. Dort

können Sie Apps genehmigen. Mehr dazu lesen Sie unter: *https://docs.microsoft.com/de-de/intune/app-protection-policy*

- ZUGRIFF GEWÄHREN – APP-SCHUTZRICHTLINIE ERFORDERLICH: Aktuell wird diese Option nur von SharePoint Online, OneDrive for Business Online und Exchange Online unterstützt. Greift diese Einstellung, kann der Anwender Office-Dokumente in SharePoint Online und OneDrive for Business Online im Browser mithilfe von Office Online anzeigen und bearbeiten, jedoch nicht herunterladen, drucken und synchronisieren.

Der bedingte Zugriff ist bei den Office 365-Lizenztypen noch nicht enthalten. Möchten Sie die Funktion nutzen, benötigen Sie für jeden Benutzer eine Lizenz vom Typ *Azure Active Directory Plan 1* oder *Azure Active Directory Plan 2*. Diese sind auch in den Lizenzpaketen *Microsoft 365 E3* beziehungsweise *E5* enthalten.

5.2.3 Privileged Identity Management

Benutzerkonten, denen Sie eine administrative Rolle zugewiesen haben, erfordern einen besonderen Schutz. Das Azure Active Directory stellt dazu die Funktion *Privileged Identities* bereit. Die Idee dahinter ist, dass ein Benutzer, dem eine administrative Rolle zugewiesen wurde, die damit erlaubten Berechtigungen nicht gleich nach der erfolgreichen Anmeldung verwenden darf. Möchte der Benutzer eine administrative Tätigkeit durchführen, muss er die Berechtigungen zunächst freischalten. Dazu muss er auf jeden Fall die mehrstufige Authentifizierung durchlaufen. Anschließend gibt er an, warum er administrative Berechtigungen benötigt. Diese Angabe ist später auch noch einsehbar.

Je nach Konfiguration erhält der Benutzer dann die administrativen Berechtigungen direkt, aber nur für einen bestimmten Zeitraum. Nach dessen Ablauf müsste der Benutzer erneut die Berechtigungen freischalten. Statt der direkten Freigabe können Sie jedoch auch ein Genehmigungsverfahren einrichten. Dabei wird eine bestimmte Person oder ein bestimmter Personenkreis über die Anfrage des Benutzers informiert. Und erst nach einer Freigabe erhält der Benutzer die gewünschten Berechtigungen. Den Prozess sehen Sie in Abbildung 5.15.

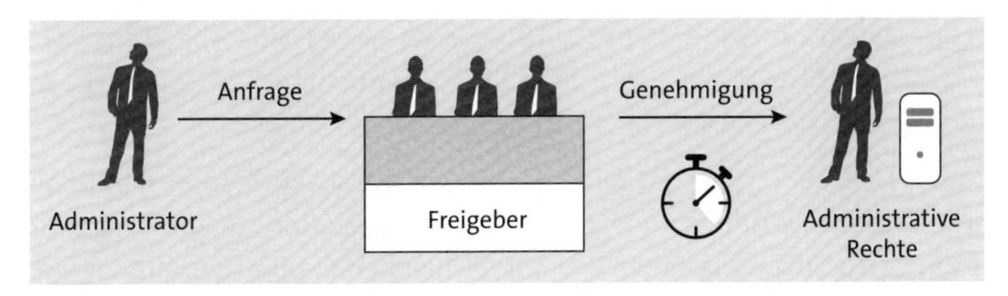

Abbildung 5.15 Prozessablauf

Durch diesen Prozess wird sichergestellt, dass kein Benutzer dauerhaft über administrative Berechtigungen verfügt.

Die Funktion Privileged Identities erfordert den Lizenztyp *Azure Active Directory Plan 2*.

5.3 Daten

Für eine sichere Umgebung ist es nicht ausreichend, nur die Identitäten abzusichern. Auch die Daten selbst müssen geschützt werden – idealerweise auch dann, wenn sie nicht mehr ausschließlich in einer geschützten Umgebung Ihres Unternehmens gespeichert sind, also auch dann, wenn sie die Unternehmensgrenzen verlassen.

5.3.1 Typen vertraulicher Information

Die Mitarbeiter in Ihrem Unternehmen arbeiten typischerweise mit verschiedenen schützenswerten Informationen. Je nachdem benötigen Sie daher vielleicht ein unterschiedliches Schutzniveau der Daten (beispielsweise in Bezug auf Zugriffsberechtigungen) oder eine unterschiedlich lange Aufbewahrung. Dabei können Sie sich in der Praxis nicht immer darauf verlassen, dass Anwender das passende Schutzniveau selbst erkennen und danach handeln. Einige der Microsoft 365-Funktionen, beispielsweise für die Aufbewahrung und Verschlüsselung, können automatisch bei Erkennen bestimmter vertraulicher Informationen bestimmte Mechanismen in Gang setzen. Doch wie werden vertrauliche Informationen erkannt? Dabei ist es mit einer Suche nur nach bestimmten Stichwörtern nicht getan. Eine Kreditkartennummer könnte damit nicht gefunden werden, und die Eingabe einer solchen kann zudem auch noch durch den Anwender unterschiedlich erfolgen, beispielsweise mit oder ohne Leerzeichen, mit Bindestrichen etc. Da ist es hilfreich, dass Microsoft 365 bereits mit einer Vielzahl von Erkennungsregeln für vertrauliche Informationen ausgeliefert wird. Dazu gehören Regeln für den persönlichen Bereich (beispielsweise die Nummern von Pässen, Sozialversicherungsnummern etc.) und den Finanzbereich (beispielsweise Kreditkartennummern, Kontonummern etc.). Diese Regeln finden Sie als Typen vertraulicher Informationen im Microsoft 365 Security Center unter KLASSIFIZIERUNG • TYPEN VERTRAULICHER INFORMATIONEN (siehe Abbildung 5.16) beziehungsweise im Office 365 Security & Compliance Center unter KLASSIFIZIERUNGEN • TYPEN VERTRAULICHER INFORMATIONEN.

Auch das Anlegen eigener Typen ist möglich, beispielsweise für branchentypische oder organisationsinterne Informationen. Diese Typen wiederum stehen im ganzen Mandanten zur Verfügung und werden von unterschiedlichen Diensten genutzt, wie wir im Verlauf dieses Kapitels und auch des nächsten Kapitels noch sehen werden.

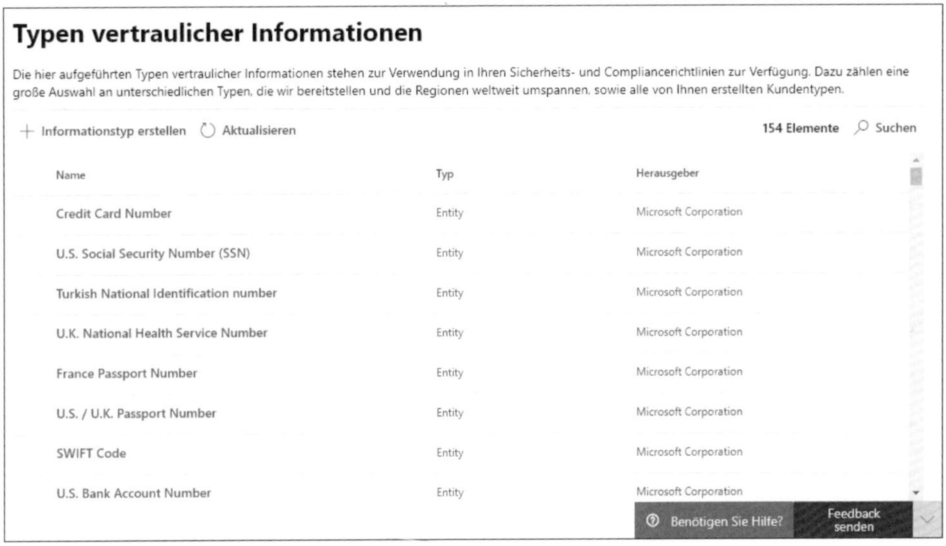

Typen vertraulicher Informationen

Die hier aufgeführten Typen vertraulicher Informationen stehen zur Verwendung in Ihren Sicherheits- und Compliancerichtlinien zur Verfügung. Dazu zählen eine große Auswahl an unterschiedlichen Typen, die wir bereitstellen und die Regionen weltweit umspannen, sowie alle von Ihnen erstellten Kundentypen.

+ Informationstyp erstellen   Aktualisieren   154 Elemente   Suchen

Name	Typ	Herausgeber
Credit Card Number	Entity	Microsoft Corporation
U.S. Social Security Number (SSN)	Entity	Microsoft Corporation
Turkish National Identification number	Entity	Microsoft Corporation
U.K. National Health Service Number	Entity	Microsoft Corporation
France Passport Number	Entity	Microsoft Corporation
U.S. / U.K. Passport Number	Entity	Microsoft Corporation
SWIFT Code	Entity	Microsoft Corporation
U.S. Bank Account Number	Entity	Microsoft Corporation

Benötigen Sie Hilfe?   Feedback senden

Abbildung 5.16 Typen vertraulicher Informationen

5.3.2 Verhinderung von Datenverlust

Bei der *Verhinderung von Datenverlust (Data Loss Prevention; DLP)* geht es um die zuverlässige Erkennung von sensiblen Inhalten und die angemessene Reaktion darauf.

Erkennung von sensiblen Informationen

Zunächst einmal sollen sensible Informationen automatisch ohne Benutzereingriff erkannt werden. Was genau zu den sensiblen Informationen gehört, ist Konfigurationssache. Beispiele betreffen etwa personenbezogene Daten, wie etwa Ausweisnummern und Sozialversicherungsnummern, Finanzinformationen, wie Kreditkartennummern und Kontonummern, aber auch unternehmensspezifische Dinge. Stellen Sie sich zu Letzterem etwa ein noch geheimes Produkt vor, das intern mit einem bestimmten Namen bekannt ist. Dieser Name soll aber nur einem gewissen Personenkreis zugänglich sein und darf keinesfalls das Unternehmen verlassen.

Um sensible Informationen zuverlässig zu erkennen, erstellen Sie Erkennungsregeln. Diese können Sie auf Basis vorhandener Vorlagen aufsetzen (siehe Abschnitt 5.3.1, »Typen vertraulicher Information«) oder auch frei definieren. Die Erkennung sensibler Informationen erfolgt dann anhand unterschiedlicher Datenquellen:

Dateien in SharePoint Online und OneDrive for Business (und damit auch in Microsoft Teams, da der Dienst Dateien ebenfalls in diesen beiden Diensten speichert)

- Dateien bei E-Mail-Anhängen in Exchange Online
- E-Mail-Text in Exchange Online
- Teams-Chat- und Kanalnachrichten

Doch mit der reinen Erkennung von sensiblen Informationen ist es nicht getan. Die Frage ist, was in einem solchen Fall passieren soll.

Reaktion auf sensible Informationen

Die Reaktion auf das Auffinden sensibler Informationen kann sehr unterschiedlich sein:

- **Der Benutzer wird informiert**

  Bei einem E-Mail-Datei-Anhang mit sensiblem Inhalt könnte der Benutzer in Outlook informiert und um Vorsicht gebeten werden. Dies könnte beispielsweise aussehen, wie in Abbildung 5.17 dargestellt.

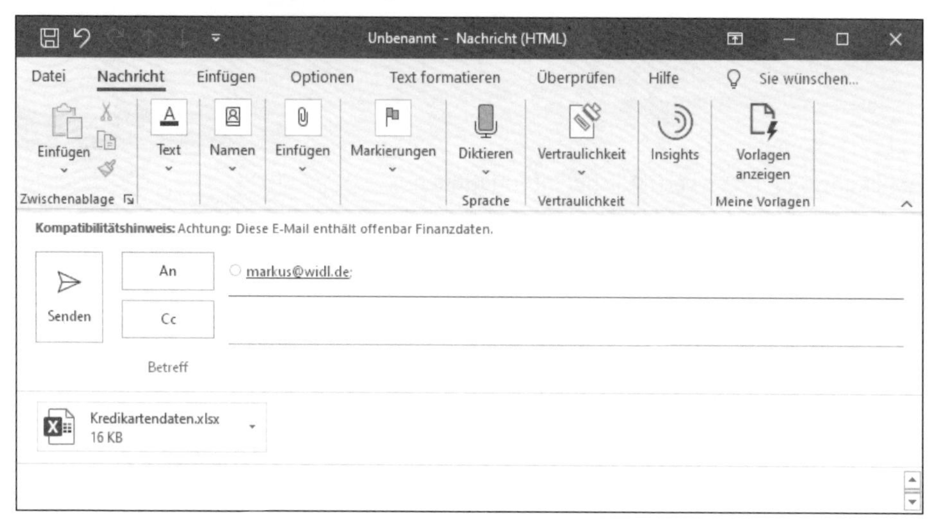

Abbildung 5.17 Hinweis auf sensible Informationen in Outlook

  Bei Dateien könnten auch die Office-Anwendungen einen entsprechenden Hinweis einblenden (siehe Abbildung 5.18).

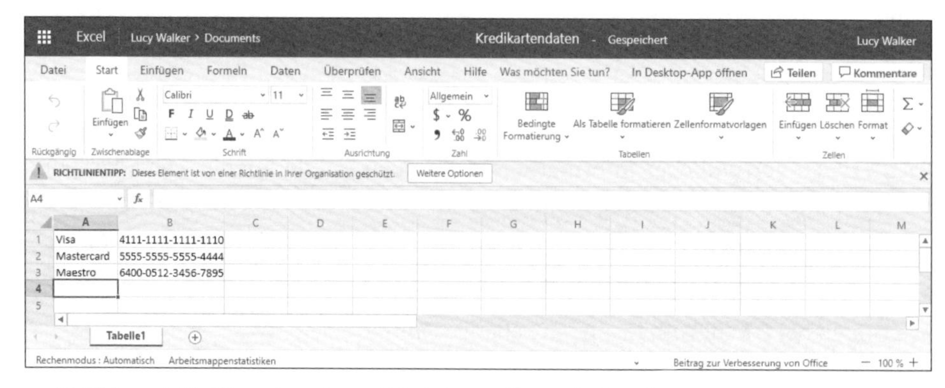

Abbildung 5.18 Hinweis auf sensible Informationen in Excel

- **Eine Genehmigung wird eingeholt**

  Auch hier ein Beispiel aus dem E-Mail-Bereich: Bevor eine E-Mail mit sensiblem Inhalt an einen externen Kontakt geschickt wird, wird die E-Mail zunächst an eine bestimmte dritte Person (beispielsweise den Vorgesetzten des Absenders) übermittelt, um von ihr eine Genehmigung für den Versand einzuholen.

- **Die Aktion wird unterbunden**

  Beispielsweise könnte eine E-Mail mit sensiblem Inhalt auch grundsätzlich nicht an externe Kontakte geschickt werden. Bei Bedarf könnte stattdessen auch eine Option für den Absender angeboten werden, die diesem die Möglichkeit gibt, eine Begründung zu formulieren und damit diese Blockade zu überwinden. Diese Begründung wäre aber im Nachhinein einsehbar. So würde es sich der Absender vielleicht noch einmal überlegen, ob der Versand der sensiblen Information wirklich gerechtfertigt ist.

  Bei Dateien in SharePoint Online und OneDrive for Business könnte auch die Freigabe an externe Personen unterbunden werden. Nehmen Sie an, es gibt ein Team, bei dem auch einige Gäste zugelassen sind. In einem Kanal aus diesem Team sind verschiedene Dateien gespeichert. In einer dieser Dateien sind sensible Informationen aufgefunden worden.

  Dies hat bei entsprechender Konfiguration zur Folge, dass die Gäste die betroffene Datei in der Dateiliste nicht zu sehen bekommen. Abbildung 5.19 und Abbildung 5.20 veranschaulichen diese Situation. Auch der direkte Zugriff auf die Datei über einen Link würde somit blockiert werden.

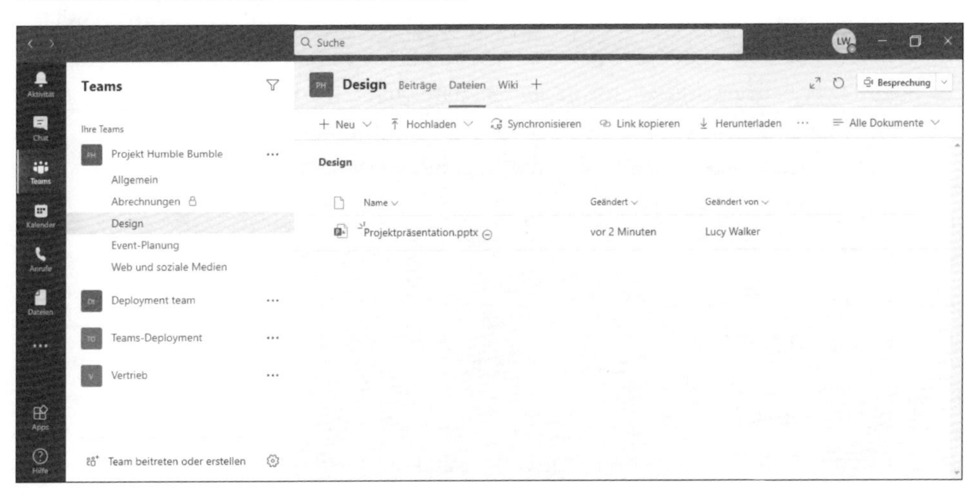

Abbildung 5.19 Interne Team-Mitglieder sehen die Datei ...

Bei einem Chat könnte die eingegebene sensible Information auch automatisch ausgeblendet werden (siehe Abbildung 5.21).

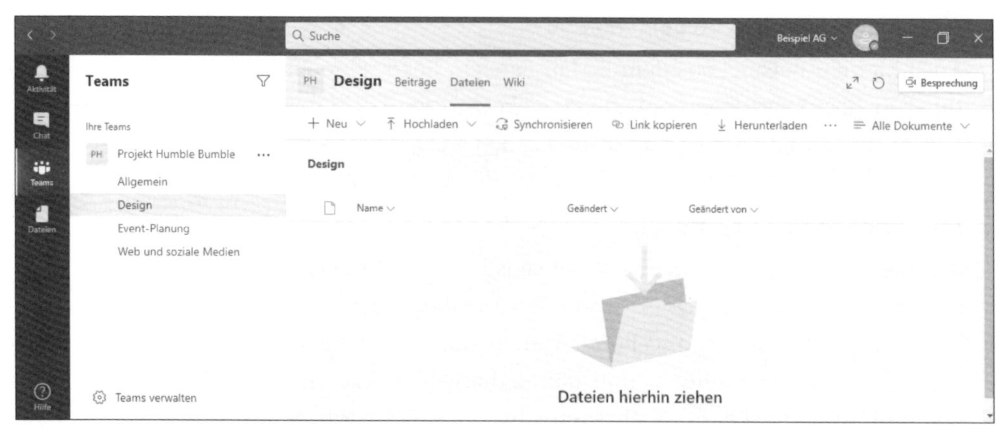

Abbildung 5.20 ... externe Team-Mitglieder dagegen nicht.

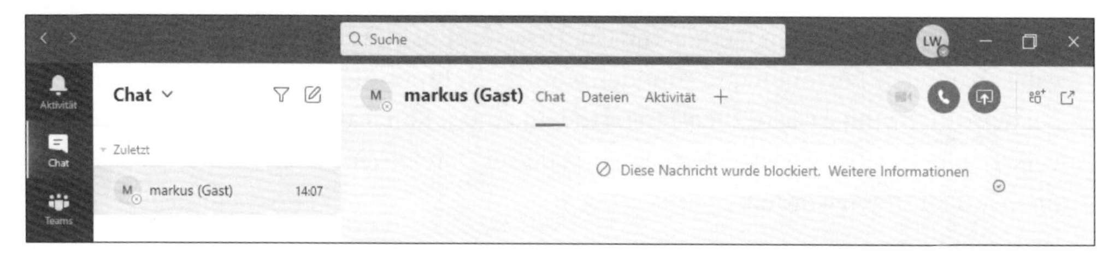

Abbildung 5.21 Sensible Informationen werden im Chat ausgeblendet.

Besonderheiten bei Microsoft Teams

Bei Microsoft Teams müssen Sie eine Besonderheit berücksichtigen, die den Lizenzbereich betrifft: Geht es Ihnen nur um den Schutz von Dateien, sind Lizenzen vom Typ *Office 365 E3* und *Microsoft 365 E3* ausreichend. In diesen Lizenztypen ist jedoch überraschenderweise DLP für Teams-Chat- und Kanalnachrichten nicht enthalten. DLP erhalten Sie erst über einen der folgenden Lizenztypen:

- *Office 365 Advanced Compliance*
- *Office 365 E5*
- *Microsoft 365 E5 Compliance*
- *Microsoft 365 E5*

DLP-Richtlinien

Um die Verhinderung von Datenverlust zu konfigurieren, erstellen Sie im *Microsoft 365 Compliance Center* unter RICHTLINIEN • VERHINDERUNG VON DATENVERLUST (siehe Abbildung 5.22) beziehungsweise im *Office 365 Security & Compliance Center* unter VERHINDERUNG VON DATENVERLUST • RICHTLINIE DLP-Richtlinien. Innerhalb dieser Richtlinien konfigurieren Sie die folgenden Punkte:

- **Was ist eine sensible Information?**

  Dazu konfigurieren Sie Erkennungsregeln auf Basis der *Typen vertraulicher Information* (siehe Abschnitt 5.3.1).

- **In welchen Speicherorten soll nach sensiblen Informationen gesucht werden?**

  Sie geben hier eine Auswahl der folgenden Orte an und können dabei auch einzelne Objekte gezielt ein- und ausschließen:

  - Exchange E-Mail
  - SharePoint-Websites
  - OneDrive-Konten
  - Teams-Chat- und Kanalnachrichten (aktuell wird DLP in privaten Kanälen noch nicht unterstützt – siehe Abschnitt 2.1.2, »Mandant«).

  Wollen Sie die Informationen (Chats und Dateien), die Ihre Mitarbeiter innerhalb von Teams austauschen, schützen, müssen Sie sowohl SharePoint-Websites, OneDrive-Konten als auch Teams-Chat- und Kanalnachrichten in die DLP-Richtlinie mit aufnehmen.

- **Betrifft die Richtlinie nur Informationen, die an externe Personen zugänglich gemacht werden sollen (per E-Mail oder Freigabe)?**

- **Soll bei wenigen und bei vielen sensiblen Informationen jeweils unterschiedlich vorgegangen werden?**

  Sie könnten es beispielsweise bei einer Datei, in der nur eine einzelne Kreditkartennummer gefunden wurde, bei einem Hinweis im Client belassen – jedoch bei vielen Kreditkartennummern die Freigabe oder den E-Mail-Versand blockieren.

- **Was soll passieren?**

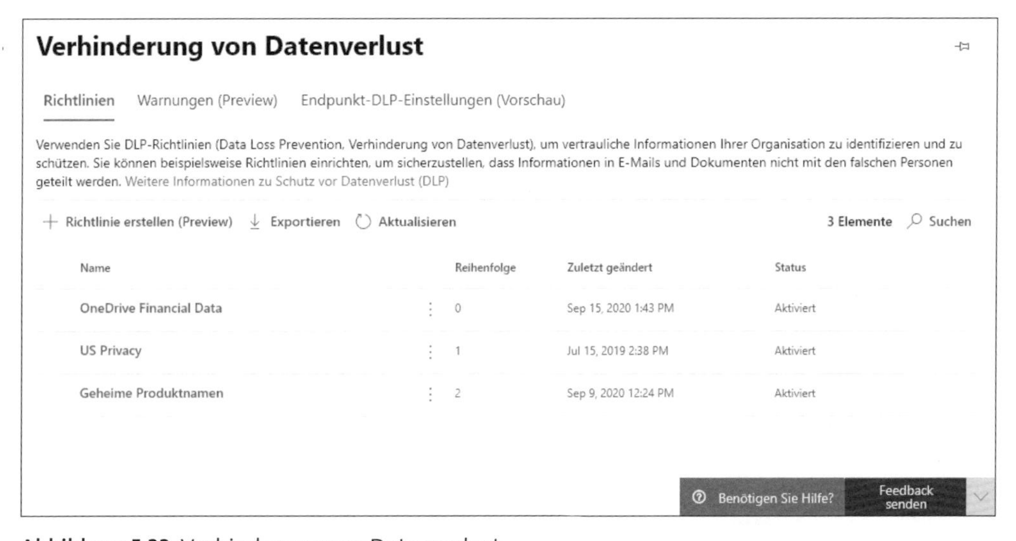

Abbildung 5.22 Verhinderung von Datenverlust

Somit können Sie mit der Funktion *Verhinderung von Datenverlust* eine versehentliche Weitergabe von sensiblen Informationen stark eindämmen. Natürlich ist das kein 100%iger Schutz – schon gar nicht gegen vorsätzlichen »Datenverlust«. Wenn ein Mitarbeiter Daten aus dem Unternehmen schleusen möchte, wird er einen Weg finden – und sei es mit einer in einem Zauberwürfel versteckten Speicherkarte.

[+] Beachten Sie bitte, dass es einige Minuten dauern kann, bis eine neue DLP-Richtlinie auch tatsächlich greift. Bei Dateien auf SharePoint und OneDrive werden die DLP-Richtlinien zudem nicht in Echtzeit ausgeführt. Es kann also ein wenig dauern, bis beispielsweise Richtlinientipps erscheinen oder eine Freigabe gesperrt wird. Auch bei Teams-Chat- und Kanalnachrichten dauert es mitunter einige Sekunden, bis die Nachrichten ausgeblendet werden.

5.3.3 Informationssicherheit

Bei der Verwendung digitaler Daten spielt die Berechtigung, wer was mit Ihren E-Mails und Dokumenten vornehmen kann, eine nicht zu vernachlässigende Rolle. Oftmals ist es mit reinen Dateirechten nicht getan, wenn Sie beispielsweise das Ausdrucken oder Weiterleiten von bestimmten E-Mails verhindern wollen. In der Praxis treiben Unternehmen mitunter sehr viel Aufwand bei der Planung von Sicherheitskonzepten für den lokalen Dateiserver und für SharePoint-Umgebungen. Wer inwieweit auf welche Dateien zugreifen kann, wird häufig bis ins Detail geplant. Doch greifen diese Konzepte nicht mehr, wenn Dateien die gesicherte Umgebung per E-Mail, Dateifreigaben, USB-Sticks oder auch Teams mit Gastzugriff verlassen. Eine zusätzliche Schutzebene ist hier erforderlich, die mit der Datei oder der E-Mail selbst weitergegeben wird. Sie können hier *Vertraulichkeits-Bezeichnungen (Sensitivity Labels)* einsetzen, um genau dieses Ziel zu erreichen.

Mit den Vertraulichkeits-Bezeichnungen erreichen Sie insbesondere zwei Punkte:

- **Verschlüsselung**

  Der Inhalt der E-Mails beziehungsweise Dateien wird verschlüsselt. Es wird überprüft, ob der entsprechende Benutzer zum Öffnen des Objekts berechtigt ist, und seine Freiheiten beim Umgang mit dem Objekt werden möglicherweise eingeschränkt (beispielsweise keine Berechtigung zum Drucken oder Weiterleiten). Die Verschlüsselung wird auf dem Objekt selbst angewandt, das heißt, die Objekte sind auch dann noch geschützt, wenn sie das Unternehmen verlassen (beispielsweise eine Datei auf einem USB-Stick oder ein Team mit Gästen).

- **Inhaltsmarkierung**

  Der Inhalt des Objekts wird wahlweise markiert über ein Wasserzeichen (nur bei Dokumenten) und/oder über Kopf- und Fußzeilen (auch bei E-Mails).

Die Verschlüsselung und die Inhaltsmarkierung können Sie dabei gemeinsam oder getrennt in Vertraulichkeits-Bezeichnungen hinterlegen, ähnlich wie bei den Aufbewahrungs-Bezeichnungen (siehe Abschnitt 6.2.3, »Aufbewahrungs-Bezeichnungen«). Jedem Objekt kann dann jeweils genau eine Bezeichnung vom Typ Vertraulichkeits-Bezeichnung und genau eine Bezeichnung vom Typ Aufbewahrungs-Bezeichnung zugewiesen werden.

Die Verschlüsselung der Vertraulichkeits-Bezeichnungen wird im Hintergrund über den Dienst *Azure Rights Management Services (ARMS)* durchgeführt. ARMS steht nicht immer zur Verfügung, sondern ist nur bei den Lizenztypen ab *Office 365 E3* enthalten. Für die anderen Typen gibt es die Lizenztypen *Azure Information Protection (AIP)*. ARMS ist Bestandteil dieser Lizenzen.

[+]

Übrigens können Sie die Bezeichnungen auch nutzen, um einzuschränken, was Anwender auf Ihren Windows-Geräten mit den Dateien machen dürfen. So könnten Sie beispielsweise verhindern, dass entsprechend ausgezeichnete Dateien in Dropbox hochgeladen werden. Im Hintergrund ist dafür die *Microsoft Information Protection (MIP)* zuständig. Auf diese gehe ich hier nicht näher ein, sollten Sie aber Interesse daran haben, ist diese Dokumentation ein guter Startpunkt:

https://docs.microsoft.com/de-de/Office365/SecurityCompliance/sensitivity-labels#protect-content-on-windows-devices-by-using-endpoint-protection-in-microsoft-intune

Bezeichnungen anlegen

Die Verwaltung der Vertraulichkeits-Bezeichnungen ist der Verwaltung der Aufbewahrungs-Bezeichnungen sehr ähnlich (siehe Abschnitt 6.2.3, »Aufbewahrungs-Bezeichnungen«). Auch hier legen Sie zunächst Bezeichnungen an, die Sie dann im Rahmen von Bezeichnungsrichtlinien veröffentlichen, um sie den Anwendern verfügbar zu machen. Im Gegensatz zu Aufbewahrungs-Bezeichnungen werden Vertraulichkeits-Bezeichnungen allerdings nicht für spezielle Speicherorte publiziert, sondern für Benutzer beziehungsweise Gruppen.

Beim Anlegen von Bezeichnungen stehen Ihnen dabei im Wesentlichen die folgenden Optionen zur Verfügung:

- **Soll der Inhalt verschlüsselt werden?**

  Es wäre durchaus möglich, Bezeichnungen zu verwenden, die selbst keine Verschlüsselung ausführen, sondern nur eine Markierung beispielsweise über Wasserzeichen.

- **Soll der Zugriff zu einem fest definierten Zeitpunkt ablaufen?**

  So wäre es denkbar, den Zugriff auf entsprechend markierte Objekte nur bis zu einem bestimmten Datum oder nur für einen gewissen Zeitraum, nachdem die Bezeichnung angebracht wurde, zuzulassen.

- **Ist ein Offline-Zugriff erlaubt?**

  Damit wird festgelegt, ob der Anwender auch offline auf das Objekt zugreifen darf (nachdem sein Zugriff bereits einmal erfolgreich überprüft werden konnte) und, wenn ja, wie oft der Zugriff überprüft werden soll (nie oder nach einer konfigurierbaren Anzahl von Tagen).

- **Wer soll zugriffsberechtigt sein?**

  Hier wird geregelt, was konkret welche Benutzer oder Gruppen mit dem Objekt tun dürfen: Dabei können Sie für unterschiedliche Benutzer auch unterschiedliche Berechtigungen vergeben. Berechtigen können Sie dabei jeden in Ihrem Mandanten (ausschließlich Gastbenutzer – beispielsweise aus Teams), bestimmte Benutzerkonten, E-Mail-aktivierte Sicherheitsgruppen, statische und dynamische Verteilergruppen, Microsoft 365-Gruppen sowie jede externe E-Mail-Adresse. Die Berechtigungen vergeben Sie dabei auf Basis vorgegebener Vorlagen (siehe Tabelle 5.2) oder völlig frei.

	Mitbesitzer	Mitautor	Prüfer	Anzeigender
Inhalte anzeigen	X	X	X	X
Rechte anzeigen	X	X	X	X
Inhalte bearbeiten	X	X	X	
Speichern	X	X	X	
Drucken	X	X		
Inhalte kopieren und extrahieren	X	X		
Antworten	X	X	X	
Allen antworten	X	X	X	
Weiterleiten	X	X	X	
Rechte bearbeiten	X			
Inhalt exportieren	X			
Makros zulassen	X	X	X	X
Vollzugriff	X			

Tabelle 5.2 Berechtigungsvorlagen für Vertraulichkeits-Bezeichnungen

- **Soll der Inhalt markiert werden?**

  Bei Bedarf aktivieren Sie eine Markierung der Dokumente mit Wasserzeichen, Kopf- und Fußzeile; E-Mails nur mit Kopf- und Fußzeile. Dazu geben Sie gegebenenfalls den gewünschten Text an.

- **Sollen Objekte automatisch diese Bezeichnung erhalten?**

  Sie können aktivieren, dass Objekte mit bestimmten Inhalten automatisch mit einer Bezeichnung versehen werden. Dies setzt jedoch eine gewisse Lizenz voraus: Die automatische Vergabe von Bezeichnungen setzt Lizenzen vom Typ *Azure Information Protection Plan 2* voraus (dieser Typ ist in keinem der Office 365-Lizenztypen enthalten, wohl aber in den Microsoft 365-Lizenztypen; darüber ist der Typ auch einzeln erhältlich). Folgende Automatismen sind denkbar:

  - Automatische Inhaltserkennung: Hier verwenden Sie die Typen vertraulicher Informationen (siehe Abschnitt 5.3.1).
  - Bedingungen: Sie haben die Wahl zwischen der automatischen Auszeichnung des Inhalts mit der Bezeichnung und der Empfehlung einer Bezeichnung für den Anwender. Möchte der Anwender sich über die Empfehlung hinwegsetzen, kann er eine andere Bezeichnung auswählen. Ist die neu gewählte Bezeichnung jedoch weniger streng (beispielsweise nur »geheim« statt »streng geheim«), können Sie bei den Bezeichnungsrichtlinien vorgeben, dass der Anwender eine Begründung dafür angeben muss.

Nachdem Sie die Bezeichnung angelegt haben, folgt die Veröffentlichung über eine Bezeichnungsrichtlinie.

Bezeichnungsrichtlinien anlegen

Bevor Ihre Anwender Bezeichnungen verwenden können, müssen Sie diese noch veröffentlichen. Dazu legen Sie Bezeichnungsrichtlinien an, in dessen Verlauf Sie angeben, für welche Benutzer beziehungsweise Gruppen die Richtlinie Gültigkeit haben soll. Eine Bezeichnungsrichtlinie kann dabei beliebig viele Bezeichnungen beinhalten. Auch können einzelne Bezeichnungen Bestandteil mehrerer Bezeichnungsrichtlinien sein.

Nach der Veröffentlichung dauert es einige Zeit, bis Ihre Anwender mit der Nutzung der Bezeichnungen beginnen können.

Bezeichnungen bei Dokumenten und E-Mails verwenden

Nachdem Sie Vertraulichkeits-Bezeichnungen angelegt haben, folgt nun die spannende Frage, wie die Anwender diese Bezeichnungen setzen:

- **Office für Windows**

  Die Integration der Vertraulichkeits-Bezeichnungen in die lokal installierten Office-Anwendungen für Windows (*Microsoft 365 Apps* – früher als *Office 365 ProPlus* und *Office 365 Business* bekannt) ist seit Version 1910 vorhanden. Office 2016 und 2019 werden nicht unterstützt. In den kompatiblen Office-Anwendungen finden Sie nach der Installation in den Office-Anwendungen auf der Registerkarte START die Schaltfläche VERTRAULICHKEIT (siehe Abbildung 5.23). Dort können Sie auf Wunsch auch mit dem Befehl LEISTE ANZEIGEN eine Leiste für die Bezeichnungen dauerhaft einblenden.

Abbildung 5.23 Integration in Word unter Windows

- **Office für macOS**

  Die lokal installierten Office-Anwendungen für macOS unterstützen bereits die Vertraulichkeits-Bezeichnungen seit Version 16.21. Auf der Registerkarte HOME wählen Sie SENSITIVITY (siehe Abbildung 5.24).

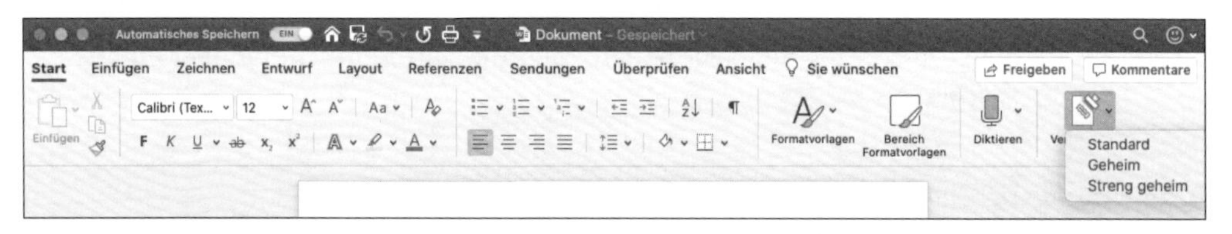

Abbildung 5.24 Integration in Word unter macOS

- **Office Online**

  Die Unterstützung von Vertraulichkeits-Bezeichnungen in Office Online ist möglich, muss jedoch von Ihnen als Administrator aktiviert werden, denn in der Standardkonfiguration ist diese Funktion ausgeschaltet (siehe Abbildung 5.25).

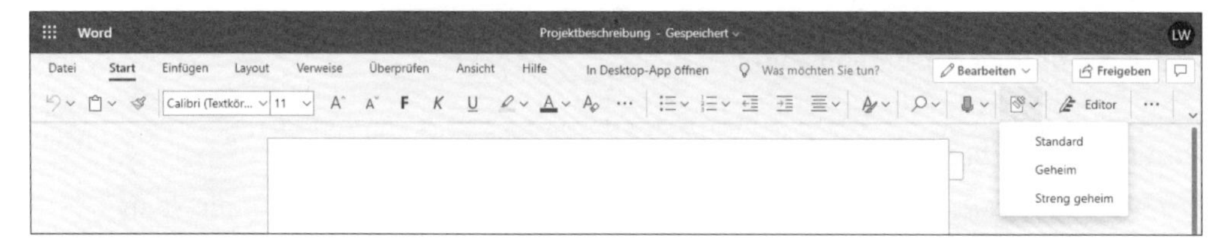

Abbildung 5.25 Integration in Word Online

- **Office Mobile**

  Eine Unterstützung der Vertraulichkeits-Bezeichnungen ist in den Office Mobile-Apps unter Android und iOS bereits integriert. Um eine Bezeichnung zu setzen, öffnen Sie das Menüband und wählen dort VERTRAULICHKEIT. Abbildung 5.26 zeigt exemplarisch, wie das in Word für iOS aussieht.

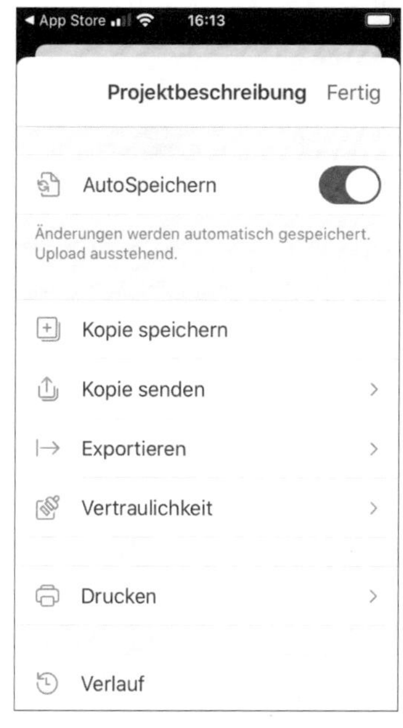

Abbildung 5.26 Integration in Word unter iOS auf dem iPhone

Bezeichnungen bei Teams verwenden

Vertraulichkeits-Bezeichnungen arbeiten nicht nur mit Dateien oder E-Mails. Inzwischen können Sie diese Bezeichnungen auch bei Microsoft 365-Gruppen, SharePoint-Websites und, für uns ganz wichtig, Microsoft Teams einsetzen. Beim Anlegen eines Teams wählen Sie dabei eine Bezeichnung aus. Wie das beim Erstellungs-Assistenten aussieht, zeigt Abbildung 5.27.

Im Gegensatz zu der in Abschnitt 7.7 beschriebenen Klassifizierung von Teams handelt es sich hierbei jedoch nicht nur um reine Kosmetik. Mit der Zuweisung einer solchen Bezeichnung wird das Team entsprechend den Vorgaben konfiguriert. Eine Bezeichnung hat Einfluss auf diese Punkte:

- **Öffentliches oder privates Team**

  Die Art des Teams wird vorgegeben, also ob es als öffentliches oder als privates Teams angelegt wird – der Anwender kann dies dann nicht mehr selbst entscheiden.

- **Zugriff von Gästen**

  Je nach Vorgabe in der Bezeichnung können Gäste, also externe Benutzer, zu dem Team hinzugefügt werden, oder diese Funktion ist blockiert.

- **Zugriff von nicht verwalteten Geräten**

  Sie legen fest, ob auf die Team-Inhalte von einem nicht verwalteten Gerät aus zugegriffen werden kann (siehe auch Abschnitt 5.4, »Geräte«).

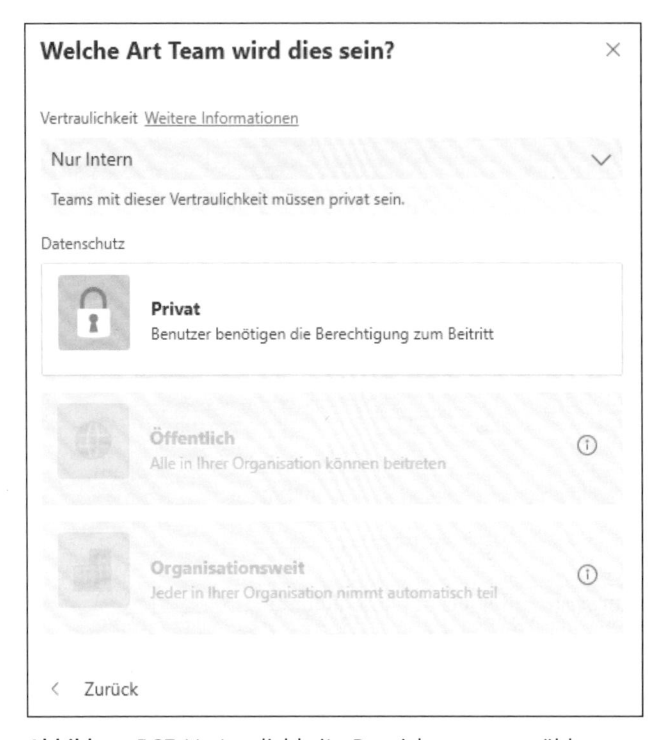

Abbildung 5.27 Vertraulichkeits-Bezeichnung auswählen

Weisen Sie einem Team eine Vertraulichkeits-Bezeichnung zu, haben aber auch nur diese drei Punkte eine Auswirkung. Sind in der Bezeichnung weitere Konfigurationen vorgenommen worden, wie beispielsweise ein Wasserzeichen, hat dies keinen Effekt – weder für das Team noch für dessen Inhalte. Die Inhalte des Teams erben also nicht die Bezeichnung des Teams. Sollen die Inhalte auch über eine Bezeichnung geschützt werden, müssen Sie separat dafür sorgen, dass dort eine geeignete Bezeichnung angewandt wird.

Analyse

Sind Sie daran interessiert, zu erfahren, wie Bezeichnungen auf die Inhalte Ihres Mandanten angewandt werden, finden Sie im Microsoft 365 Security Center unter KLASSIFIZIERUNG • ANALYSE DER BEZEICHNUNGEN (siehe Abbildung 5.28) beziehungsweise im Office 365 Security & Compliance Center unter DATA GOVERNANCE • DASHBOARD einen Überblick.

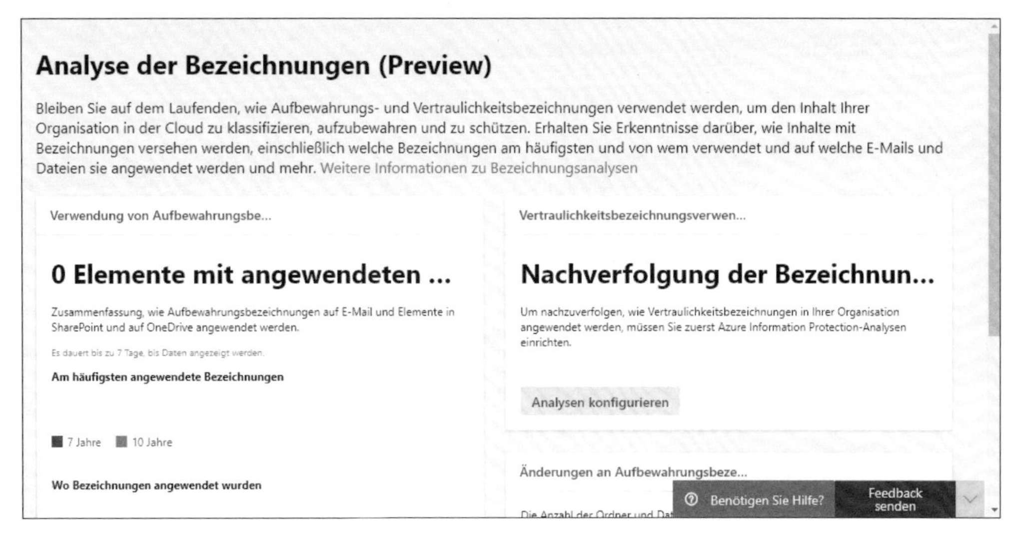

Abbildung 5.28 Analyse der Bezeichnungen

5.3.4 Schadcodeerkennung

Dateien, die Sie in SharePoint Online und den darauf basierenden Diensten wie OneDrive for Business und Microsoft Teams ablegen, werden über eine Schadcodeerkennungs-Engine überprüft – allerdings nicht unmittelbar nach dem Hochladen, sondern in einem asynchronen Prozess. So erhält der Anwender nicht gleich nach Abschluss des Uploads einen Hinweis, dass die Datei gegebenenfalls Schadcode enthält. Die Engine verwendet dabei Signaturen, erkennt also keine aktuell noch unbekannten Bedrohungen, da für diese noch keine Signatur bereitsteht.

Erkennt die Engine nun in einer Datei Schadcode, passiert Folgendes:

- Im Browser erscheint neben dem Namen der betroffenen Datei ein Warnsymbol (siehe Abbildung 5.29).
- Der OneDrive-Sync-Client synchronisiert die Datei nicht mehr, sondern zeigt einen Warnhinweis (siehe Abbildung 5.30).
- Die Datei kann vom Anwender nicht kopiert, verschoben oder geteilt werden.
- Die Datei kann im Browser nicht geöffnet werden.
- Die Datei kann gelöscht werden.
- Ob der Anwender eine solche Datei herunterladen kann, können Sie mit dem PowerShell-Befehl `Set-SPOTenant` selbst bestimmen (siehe *https://docs.microsoft.com/de-de/powershell/module/sharepoint-online/set-spotenant*). In der Standardkonfiguration wird der Download von infizierten Dateien erlaubt.

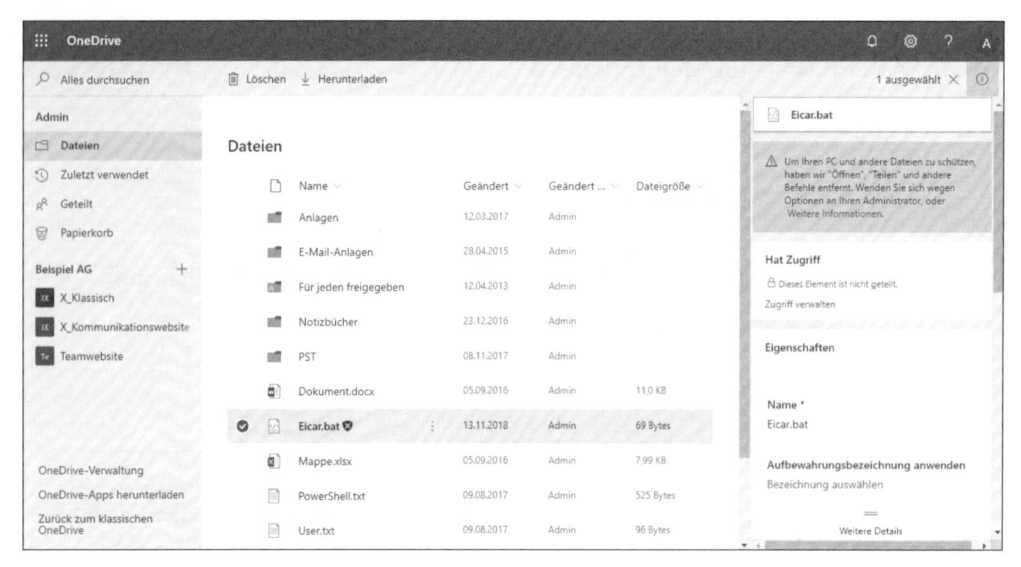

Abbildung 5.29 Infizierte Datei

Abbildung 5.30 Warnhinweis im OneDrive-Sync-Client

Microsoft Defender for Office 365

Der Basisschutz von Office 365 zur Schadcodeerkennung arbeitet mit Signaturen und kann dadurch gegen neue Bedrohungen, für die noch keine Signaturen bereitstehen, keinen Schutz bieten. Microsoft Defender for Office 365 erweitert den Basisschutz dagegen um eine Verhaltenserkennung. Im Folgenden nenne ich diesen Dienst einfach Defender – verwechseln sie ihn aber nicht mit anderen Diensten, die diesen Namen beinhalten.

Früher hieß dieser Dienst *Office 365 Advanced Threat Protection*.

Mit dem Defender werden noch unbekannte ausführbare Dateien (inklusive Office-Dateien mit Makros, Flash und Skripte) in einer virtuellen Maschine ausgeführt, und es wird anschließend deren Verhalten überwacht. Auf Basis dieses Vorgangs wird dann entschieden, ob es sich um eine gefährliche Datei handelt oder nicht. Der Defender arbeitet dabei nicht exklusiv mit Dateien, die in SharePoint Online, OneDrive for Business und Teams gespeichert sind, sondern sie kommt auch bei Exchange Online zum Einsatz.

Aktivieren Sie den Defender, ändert sich für den Endanwender im Vergleich zum Basisschutz nichts. Wird Schadcode erkannt, sieht der Endanwender wie beim Basisschutz ein entsprechendes Symbol in der Dateiliste und kann die Datei nur eingeschränkt verwenden.

Um den Defender nutzen können, müssen Sie Ihren Benutzern entweder eine Lizenz vom Typ *Office/Microsoft 365 E5* oder *Microsoft 365 Business* oder eine separat erhältliche Defender-Lizenz zuweisen. Die separate Defender-Lizenz können Sie auch mit den anderen Lizenzen aus der Business-Familie kombinieren.

Sowohl der Basisschutz als auch der Defender kann nur als solider Grundschutz angesehen werden. Beide Lösungen ersetzen nicht den clientbasierten Schutz. Auf den Clients sollte nach wie vor ein Virenscanner laufen, beispielsweise der in Windows 10 integrierte *Defender*.

[+] Denken Sie bei der Diskussion, ob der Defender für Ihr Unternehmen erforderlich ist oder nicht, immer auch daran, dass es hier nicht nur um die Dateien geht, die Sie intern untereinander austauschen. Auch externe Personen, die Sie zu Teams eingeladen haben, könnten potenziell gefährliche Dateien hochladen.

5.4 Geräte

Der Arbeitsplatz vieler Arbeitnehmer beschränkt sich heute nicht mehr nur auf den Schreibtisch im Bürogebäude des Unternehmens, sondern er wird zunehmend mobil. Diese mobile Arbeitswelt sorgt nun dafür, dass die Mitarbeiter oftmals eine »Armada« unterschiedlicher Geräte mit sich führen. Und diese Mobilität stellt Sie als

Administrator vor einige Herausforderungen, um den Zugriff auf Unternehmensdaten möglichst sicher zu gestalten. Die Problematik wird noch verschärft, wenn das Unternehmen den Mitarbeitern erlaubt, private Geräte geschäftlich zu nutzen. In diesem Fall lagern auf den Geräten neben den Familienfotos mitunter auch sensible geschäftliche Daten. Verlässt nun der Mitarbeiter das Unternehmen oder wird ein solches Gerät gestohlen oder auch nur verkauft, stellt sich dann die spannende Frage, wie das Unternehmen sicherstellen kann, dass keine geschäftlichen Daten auf dem Gerät zurückbleiben, die dann möglicherweise in falsche Hände gelangen könnten.

Über das inzwischen in die Jahre gekommene *ActiveSync*-Protokoll ist es mit Postfachrichtlinien möglich, einen gewissen Grundschutz auf den mobilen Geräten sicherzustellen, wie beispielsweise die Aktivierung der Geräteverschlüsselung und das Vorhandensein eines Kennworts. Auch wäre es möglich, ein Gerät aus der Ferne zu löschen, beispielsweise wenn ein Mitarbeiter das Unternehmen verlässt (dann wären allerdings auch die Familienfotos verloren, was bei privaten Geräten eher unerfreulich wäre). Doch hat dieser Ansatz einen gewaltigen Nachteil: Er kommt nur beim Zugriff auf das Postfach zum Tragen. Wird das Postfach gar nicht auf dem Gerät eingebunden, kommt ActiveSync auch nicht zum Einsatz.

Entsprechend ist ein anderer Ansatz erforderlich: Ein erster Ansatz wäre die Mobilgeräteverwaltung von Office 365 mit einigen grundlegenden Funktionen. Diese ist in den Office 365-Lizenzen bereits enthalten. Funktional handelt es sich dabei um eine Teilmenge der Funktionen, die Sie über Microsoft Intune zur Verfügung gestellt bekommen – das kostet zwar zusätzlich (beispielsweise über eine Microsoft 365-Lizenz), aber die Funktionalität beschränkt sich zum einen nicht nur auf Mobilgeräte, und zum anderen stehen damit auch leistungsfähigere Funktionen zur Verfügung.

Übrigens kann der bedingte Zugriff aus Abschnitt 5.2.2 ebenfalls zur Gerätesicherheit dazugerechnet werden.

5.4.1 Mobilgeräteverwaltung mit Office 365

Die von der Office 365-Mobilgeräteverwaltung abgedeckten Funktionen lassen sich ganz allgemein in drei Bereiche gliedern:

- **Gerätekonfiguration**

  Die Mobilgeräteverwaltung wird nicht für Geräte, sondern für Benutzer aktiviert. Sie gilt dann für alle Geräte, mit denen der Benutzer versucht, auf die Unternehmensdaten in Office 365 zuzugreifen. Beim ersten Zugriff von einem noch unbekannten Gerät aus muss der Benutzer es zunächst in der Mobilgeräteverwaltung registrieren. Das gilt sowohl für den Zugriff auf sein Postfach wie auch für die diversen Office-Apps. Dabei wird er auf seinem Gerät durch die erforderlichen Schritte geführt. Mit der Registrierung übergibt der Benutzer jedoch auch ein

Stück weit die Kontrolle an die Mobilgeräteverwaltung. Akzeptiert er dies, wird das Gerät entsprechend den von Ihnen gemachten Vorgaben konfiguriert, die der Benutzer selbst auch nicht ändern kann (es sei denn, er nimmt das Gerät aus der Mobilgeräteverwaltung heraus – damit verliert er aber auch den Zugriff auf die Unternehmensdaten). Somit können Sie bestimmte Gerätefunktionen bereits einrichten, wie etwa das Anfordern eines Kennworts mit einer gewissen Länge oder die Geräteverschlüsselung.

- **Compliance-Richtlinien**

  Neben den Gerätekonfigurationen, gegen die sich der Benutzer nicht wehren kann, können Sie aber auch die Konfiguration mancher Einstellungen dem Benutzer überlassen. Doch nur, wenn er die Einstellungen mindestens so streng setzt, wie Sie es wünschen, erhält er Zugriff auf die Unternehmensdaten. Beispielsweise können Sie es dem Benutzer überlassen, ein Kennwort zu vergeben. Doch nur, wenn er auch tatsächlich eines gesetzt hat, ist der Zugriff auf die Unternehmensdaten möglich. Deaktiviert er das Kennwort, wird auch der Zugriff auf die Unternehmensdaten gesperrt. Zu den Compliance-Richtlinien gehört auch die Überprüfung, ob das Gerät *gerootet* (bei Android-Geräten) oder *gejailbreakt* (bei iOS-Geräten) ist. Damit wäre das Sicherheitskonzept der Geräte durchbrochen, und es wäre damit besonders anfällig gegenüber Schadsoftware. Sollte eine solche Umgehung erkannt werden, kann der Zugriff auf die Unternehmensdaten automatisch gesperrt werden.

- **Selektives Löschen von Daten**

  Die Mobilgeräteverwaltung unterstützt das komplette Löschen eines Geräts, aber auch wahlweise das selektive Löschen. Bei Letzterem werden nur die Unternehmensdaten von dem Gerät entfernt, nicht aber die privaten Daten. Das geht sogar so weit, dass beispielsweise das OneDrive for Business des Anwenders aus der OneDrive-App entfernt wird, nicht aber sein privates OneDrive.

Die Dokumentation zur Geräteverwaltung mit Office 365 finden Sie hier:

https://support.office.com/de-de/article/einrichten-der-mobile-device-management-mdm-in-microsoft-365-dd892318-bc44-4eb1-af00-9db5430be3cd

5.4.2 Geräteverwaltung mit Microsoft Intune

Die Geräteverwaltung von Microsoft Intune geht um einige Punkte darüber hinaus. Hier die wichtigsten Punkte:

- **Desktop-Geräte**

  Mit Microsoft Intune erhalten Sie nicht nur eine Mobilgeräteverwaltung für iOS und Android, sondern auch eine Geräteverwaltung für Windows 10- und macOS-Geräte.

- **Erweiterte Gerätekonfiguration**

  Sie können beispielsweise WLAN-Profile, VPN-Profile, Zertifikate etc. auf die Geräte ausrollen.

- **App-Verwaltung**

  Hier wird häufig der Begriff *Mobile Application Management (MAM)* verwendet, jedoch müssen es bei Intune nicht immer Anwendungen für mobile Geräte sein, denn Intune unterstützt inzwischen auch Desktop-Betriebssysteme.

  Die App-Verwaltung selbst gliedert sich in zwei Bereiche:

  - App-Deployment: Hierbei konfigurieren Sie, welche Apps auf den Geräten installiert werden sollen.
  - App-Richtlinien: Mit unterschiedlichen Richtlinien steuern Sie das Verhalten der Apps auf den Geräten. Für die Konfiguration erstellen Sie App-Konfigurationsrichtlinien. Mit App-Schutzrichtlinien schränken Sie ein, was mit den geschäftlichen Daten auf den Geräten passieren darf. Darüber können Sie beispielsweise die Übertragung von geschäftlichen Daten über die Zwischenablage von einer Excel-Arbeitsmappe zur Facebook-App unterbinden.

Die Dokumentation zu Microsoft Intune finden Sie hier:

https://docs.microsoft.com/de-de/mem/intune

5.4.3 Geräteregistrierung

Nach Aktivierung der Mobilgeräteverwaltung von Office 365 (diese ist im Auslieferungszustand deaktiviert) müssen die Geräte im Azure Active Directory Ihres Mandanten registriert werden. Dies äußert sich beim Anwender beispielsweise so: Angenommen, ein Anwender lädt auf seinem neu gekauften Mobilgerät die Microsoft Teams-App herunter. Dabei wird festgestellt, dass das Gerät in der Mobilgeräteverwaltung noch nicht registriert wurde. Damit startet automatisch ein Prozess zur Aufnahme des Geräts. Unter iOS und Android bedeutet dies, dass der Anwender die Microsoft-App *Unternehmensportal* installieren muss. Die Unternehmensportal-App sorgt nun dafür, dass im Azure Active Directory ein Objekt für das neue Gerät angelegt wird. Das Objekt selbst wird von den Cloud-Diensten ausgelesen, um beim Zugriff des Geräts abzufragen, ob das verwendete Gerät die Zugriffsvoraussetzungen erfüllt. Die Voraussetzungen werden regelmäßig von der App überprüft und im Objekt hinterlegt. Wurde die Registrierung erfolgreich abgeschlossen und erfüllt das Gerät die Voraussetzungen, kann der Anwender auf die Unternehmensdaten zugreifen.

Etwas anders verhält es sich beim Hinzufügen eines Exchange Online-Postfachs in eine E-Mail-App über ActiveSync. In diesem Fall erhält der Anwender zunächst nur eine einzelne E-Mail. Unter iOS und Android wird er aufgefordert, die Unternehmensportal-App zu installieren und mit ihr das Gerät zu registrieren. Anschließend muss er noch auf einen Link in der Mail klicken, über den der E-Mail-Zugriff von dem verwendeten Gerät aus aktiviert wird. Danach beginnt die Synchronisierung des eigentlichen Postfachinhalts.

5.5 Überwachung

Zu einer runden Sicherheitslösung gehört auch das regelmäßige Überprüfen bestehender Berechtigungen – möglicherweise sind diese nicht mehr erforderlich und sollten deshalb entfernt werden. Doch wer kümmert sich darum? Auch bestimmte Ereignisse sollten im Eintrittsfall beachtet werden, wie beispielsweise die Erkennung von Schadcode in einem Office-Dokument.

5.5.1 Azure AD-Zugriffsüberprüfungen

Im Laufe der Zeit ändern sich naturgemäß die Mitgliedschaften Ihrer Teams. Dabei wachsen typischerweise die Mitgliederlisten der Teams an. Das ist auch nicht weiter verwunderlich, denn wenn ein Anwender Zugriff auf ein Team benötigt, muss er dessen Mitglied werden. Doch wer kümmert sich letztendlich darum, dass die Mitgliedsliste regelmäßig geprüft wird, um etwa schon lange überflüssig gewordene Zugriffsberechtigungen zu entfernen? Die Mitglieder können natürlich jederzeit Teams verlassen, die nicht mehr relevant für sie sind. Aber ist es von administrativer Seite aus sinnvoll, darauf zu vertrauen?

Noch spannender wird dieser Umstand, wenn externe Personen, also Gäste, in Teams eingeladen wurden. Möglicherweise haben externe Personen noch Zugriff auf Teams, in denen sie eigentlich nichts mehr zu suchen haben, und erhalten so versehentlich Zugang zu internen Informationen.

Um dieser Problematik wirkungsvoll zu begegnen, können Sie *Azure AD-Zugriffsüberprüfungen* einrichten:

Eine Zugriffsüberprüfung richten Sie für eine Microsoft 365-Gruppe ein. Sie entscheiden sich dann dafür, ob die Überprüfung alle Gruppenmitglieder betreffen soll oder nur die Gäste. Außerdem geben Sie an, wer die Überprüfung vornehmen soll:

- Das Mitglied selbst: In diesem Fall bekommt das Mitglied eine E-Mail mit einem Link. Über den Link gelangt es zu einer Website, auf der es angeben muss, ob der Zugriff auf die Gruppe weiterhin erforderlich ist oder nicht. Optional können Sie hier auch einen Grund anfordern (siehe Abbildung 5.31).

Abbildung 5.31 Überprüfung bei einem Benutzer

- Die Gruppenbesitzer: Dabei erhalten die Besitzer ebenfalls eine E-Mail mit einem Link. Dieser führt sie aber zu einer Liste der Gruppenmitglieder (siehe Abbildung 5.32). Für jedes Mitglied können Sie nun angeben, ob es weiterhin in der Gruppe verbleiben soll. Die Liste enthält bei Bedarf auch Empfehlungen, beispielsweise auf Basis des letzten Zugriffs.

Abbildung 5.32 Überprüfung durch Gruppenbesitzer

- Ein anderer Benutzer: In diesem Fall geben Sie andere Benutzer an, die den Link zur Überprüfung erhalten sollen.

Beim Einrichten der Zugriffsüberprüfung können Sie auch konfigurieren, was passieren soll, wenn der oder die Überprüfer nicht reagieren. So kann beispielsweise ein

Gast, der nicht reagiert (beispielsweise weil er den Arbeitgeber gewechselt hat und daher unter der ursprünglichen E-Mail-Adresse, unter der er einmal eingeladen wurde, nicht mehr erreichbar ist), automatisch aus der Gruppe entfernt werden.

Die Zugriffsüberprüfung kann dabei bei Bedarf, aber auch regelmäßig ausgeführt werden. Das führt zu einem eleganten Prozess, bei dem beispielsweise die Gruppenbesitzer turnusmäßig eine Liste der Mitglieder vorgelegt bekommen und diese genehmigen müssen. Damit ist die Gefahr von Berechtigungsleichen deutlich geringer als zuvor.

Allerdings gibt es auch eine Hürde, die Azure AD-Zugriffsüberprüfungen einzusetzen: Sie sind Bestandteil des Lizenztyps *Azure Active Directory Plan 2*, wie er beispielsweise in *Microsoft 365 E5* enthalten ist.

Die offizielle Dokumentation finden Sie hier:

https://docs.microsoft.com/de-de/azure/active-directory/governance/create-access-review

5.5.2 Warnungen

Nicht selten wäre es in der Praxis hilfreich, bei sicherheitsrelevanten Ereignissen oder Tätigkeiten Ihrer Anwender proaktiv darüber informiert zu werden, sodass Sie die Möglichkeit hätten, rechtzeitig entsprechende Maßnahmen durchzuführen. Im Office 365 Security & Compliance Center erstellen Sie im Bereich WARNUNGEN Richtlinien, mit denen Sie genau dies erreichen (siehe Abbildung 5.33). Für bestimmte Benachrichtigungen sind allerdings höherwertigere Lizenzen erforderlich, wie ich später noch erläutern werde.

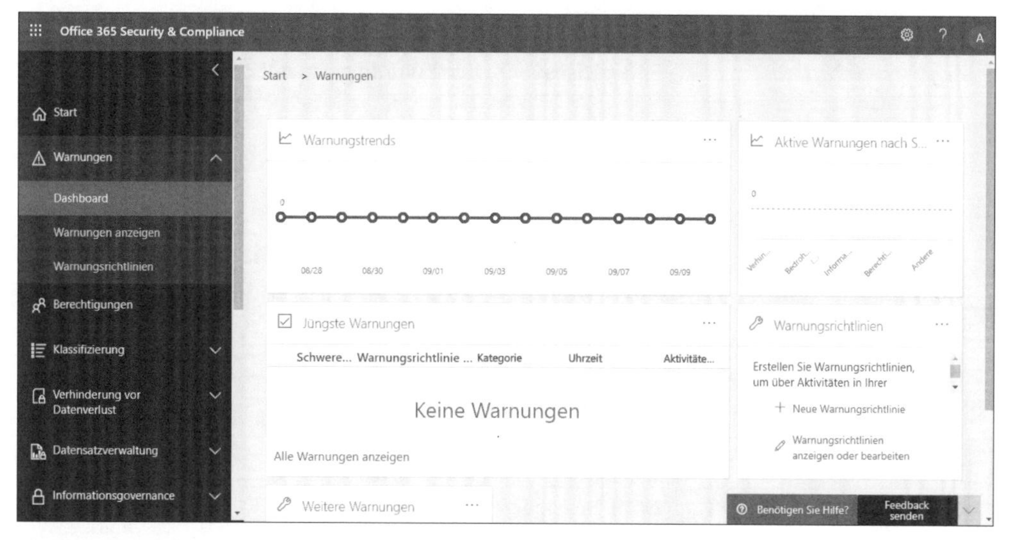

Abbildung 5.33 Warnungen

Die Benachrichtigungen erhalten Sie dann gesammelt unter WARNUNGEN ANZEIGEN und zusätzlich bei Bedarf auch per E-Mail. Um auch bei einer hohen Anzahl von Benachrichtigungen nicht den Überblick zu verlieren, geben Sie beim Erstellen der Richtlinien jeweils einen Schweregrad (*Niedrig, Mittel, Hoch*) und eine Kategorie (*Verhinderung von Datenverlust, Bedrohungsmanagement, Data Governance, Berechtigungen, E-Mail-Fluss, Andere*) an, nach denen sie später filtern können. Die Aktivitäten, die zu einer Benachrichtigung führen können, stammen aus den Bereichen, die Tabelle 5.3 auflistet.

Bereich	Aktivität
Allgemeine Benutzeraktivitäten	Benutzer hat E-Mail gesendet.
	Schadsoftware in Datei erkannt
	Datei oder Ordner geteilt
	E-Mail-Weiterleitungs-/Umleitungsregel erstellt
	Jede Datei- oder Ordneraktivität
	Datei oder Ordner geändert
	Datei extern geteilt
	Exchange-Administratorberechtigung erteilt
	Postfachberechtigung gewährt
	Externe Benutzerdateiaktivität
	DLP-Richtlinienübereinstimmung
	Eine eDiscovery-Suche wurde gestartet oder exportiert.
Datei- und Ordneraktivitäten	Zugriff auf Datei
	Datei eingecheckt
	Datei ausgecheckt
	Datei kopiert
	Datei gelöscht
	Auschecken der Datei verworfen
	Datei heruntergeladen
	Datei geändert

Tabelle 5.3 Aktivitäten

Bereich	Aktivität
	Datei verschoben
	Datei umbenannt
	Datei wiederhergestellt
	Datei hochgeladen
Dateifreigabe-aktivitäten	Zugriffsanforderung akzeptiert
	Freigabeeinladung akzeptiert
	Im Unternehmen teilbaren Link erstellt
	Zugriffsanforderung erstellt
	Anonymen Link erstellt
	Freigabeeinladung erstellt
	Zugriffsanforderung verweigert
	Im Unternehmen teilbaren Link entfernt
	Anonymen Link entfernt
	Datei, Ordner oder Website geteilt
	Anonymen Link aktualisiert
	Anonymen Link verwendet
Synchronisierungs-ereignisse	Computer darf Dateien synchronisieren.
	Computer darf Dateien nicht synchronisieren.
	Dateien auf Computer heruntergeladen
	Dateiänderungen auf Computer heruntergeladen
	Dateien in Dokumentbibliothek hochgeladen
	Dateiänderungen in Dokumentbibliothek hochgeladen
Websiteverwal-tungsaktivitäten	Agents für ausgenommene Benutzer hinzugefügt
	Websitesammlungsadministrator hinzugefügt
	Benutzer oder Gruppe zu SharePoint-Gruppe hinzugefügt

Tabelle 5.3 Aktivitäten (Forts.)

Bereich	Aktivität
	Benutzer darf Gruppen erstellen.
	Agents für ausgenommene Benutzer geändert
	Freigaberichtlinie geändert
	Gruppe erstellt
	»Senden an«-Verbindung erstellt
	Websitesammlung erstellt
	Gruppe gelöscht
	»Senden an«-Verbindung gelöscht
	Dokumentvorschau aktiviert
	Legacy-Workflow aktiviert
	Office on Demand aktiviert
	RSS-Feeds aktiviert
	Ergebnisquelle für Personensuche aktiviert
	Websiteberechtigung geändert
	Benutzer oder Gruppe aus SharePoint-Gruppe entfernt
	Website umbenannt
	Websiteadministratorberechtigung angefordert
	Hostwebsite festgelegt
	Gruppe aktualisiert
Allgemeine Mandantenaktivitäten	Einblick generiert
Allgemeine Endpunkt-Benutzeraktivitäten	Datei gedruckt
	Datei erstellt
	Vertrauliche Datei auf Wechselmedien kopiert
	Vertrauliche Datei auf Remote-Freigabe kopiert
	Vertrauliche Datei in Zwischenablage kopiert

Tabelle 5.3 Aktivitäten (Forts.)

Bereich	Aktivität
	Vertrauliche Datei in Drittanbieter-App oder -dienst hochgeladen
	Nicht autorisierte Apps haben auf vertrauliche Datei zugegriffen.

Tabelle 5.3 Aktivitäten (Forts.)

In der Standardkonfiguration gibt es bereits einige Benachrichtigungsrichtlinien, die Tabelle 5.4 auflistet.

Name	Schweregrad	Kategorie	Zweck	Erforderlicher Lizenztyp
Elevation of Exchange admin privilege	Niedrig	Berechtigungen	Ein Benutzer erhält neue/andere Exchange-Administratorberechtigungen.	E1/E3/E5
Email reported by user as malware or phish	Informativ	Bedrohungsmanagement	Ein Benutzer markiert eine E-Mail als Bedrohung in Outlook.	E1/E3/E5
eDiscovery search started or exported	Mittel	Bedrohungsmanagement	Eine Inhaltssuche (siehe Abschnitt 6.2.6) oder eine eDiscovery-Suche (siehe Abschnitt 6.4) wurde durchgeführt, oder das Ergebnis wurde exportiert.	E1/E3/E5

Tabelle 5.4 Standard-Benachrichtigungsrichtlinien

Name	Schweregrad	Kategorie	Zweck	Erforderlicher Lizenztyp
Creation of forwarding/ redirect rule	Niedrig	Bedrohungsmanagement	Ein Benutzer richtet die automatische Weiterleitung/Umleitung von E-Mails ein.	E1/E3/E5
User restricted from sending email	Hoch	Bedrohungsmanagement	Benutzer darf keine E-Mails mehr versenden.	E1/E3/E5
Messages have been delayed	Hoch	E-Mail-Fluss	Auslieferung von E-Mails ist nicht möglich.	E1/E3/E5
A potentially malicious URL click was detected	Hoch	Bedrohungsmanagement	Ein Benutzer klickt auf einen Link, der als schadhaft erkannt wurde.	E5 oder Office Microsoft Defender for Office 365 P2

Tabelle 5.4 Standard-Benachrichtigungsrichtlinien (Forts.)

Ausgelöste Benachrichtigungen finden Sie dann unter BENACHRICHTIGUNGEN • BENACHRICHTIGUNGEN ANZEIGEN. Dort sehen Sie die Details zur Benachrichtigung und können diese auflösen.

5.5.3 Überwachungsprotokoll

Auf Wunsch werden die Aktivitäten Ihrer Anwender und der Administratoren in Ihrem Mandanten sehr granular aufgezeichnet und in einem Überwachungsprotokoll durchsuchbar gemacht.

Die Überwachungsprotokollierung ist in der Standardkonfiguration ausgeschaltet. Möchten Sie diese einschalten, wechseln Sie zum Bereich SUCHEN • ÜBERWACHUNGSPROTOKOLLSUCHE (siehe Abbildung 5.34).

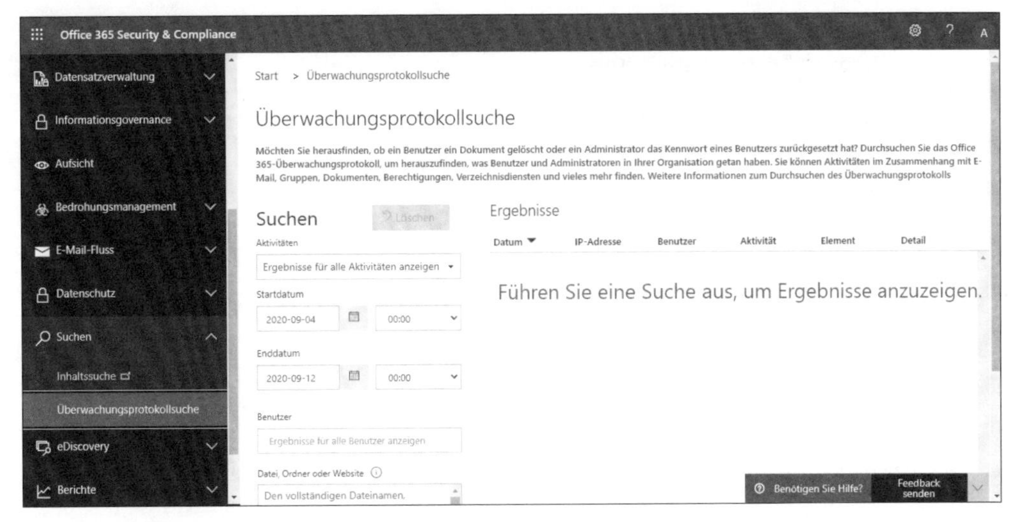

Abbildung 5.34 Überwachungsprotokollsuche

Die Aktivierung ist nur einmalig erforderlich, es dauert aber einige Stunden, bis die Protokollierung auch wirklich arbeitet.

Protokollierte Aktivitäten

Die protokollierten Aktivitäten sind sehr umfangreich und stammen aus den folgenden Bereichen:

- Datei- und Seitenaktivitäten
- Ordneraktivitäten
- Teilen- und Zugriffsanforderungsaktivitäten
- Synchronisierungsaktivitäten
- Siteberechtigungsaktivitäten
- Websiteverwaltungsaktivitäten
- Sway-Aktivitäten
- Benutzerverwaltungsaktivitäten
- Azure Active Directory-Gruppenverwaltungsaktivitäten
- Anwendungsverwaltungsaktivitäten
- Rollenverwaltungsaktivitäten
- Verzeichnisverwaltungsaktivitäten
- eDiscovery-Cmdlet-Aktivitäten
- Advanced eDiscovery-Aktivitäten
- Power BI-Aktivitäten

- Microsoft Workplace Analytics-Aktivitäten
- Microsoft Teams-Aktivitäten
- Dynamics 365-Aktivitäten
- Microsoft Flow-Aktivitäten
- Power Apps-App-Aktivitäten
- Microsoft Stream-Videoaktivitäten
- Microsoft Stream-Gruppenkanalaktivitäten
- allgemeine Microsoft Stream-Aktivitäten
- LabelExplorer-Aktivitäten

Eine genaue Auflistung finden Sie unter dieser URL:

https://docs.microsoft.com/de-de/office365/securitycompliance/search-the-audit-log-in-security-and-compliance

Protokoll durchsuchen

Nachdem die Aktivierung der Überwachungsprotokollierung abgeschlossen ist, können Sie das Protokoll durchsuchen. Beachten Sie dabei, dass die Protokolleinträge nur für einen gewissen Zeitraum aufbewahrt werden. Wie lange dieser Zeitraum maximal ist, hängt von der zugewiesenen Lizenz des jeweiligen Benutzers ab. Bei einer *Office/Microsoft E3*-Lizenz sind es 90 Tage, bei einer *Office/Microsoft E5*-Lizenz hingegen 365 Tage. Bei E3-Lizenzen können Sie den Zeitraum ebenfalls auf 365 Tage anheben, wenn Sie diesen Benutzern zusätzlich eine *Advance Compliance*-Lizenz erteilen.

Außerdem dauert es je nach Dienst unterschiedlich lange, bis eine Aktivität im Protokoll erscheint. Tabelle 5.5 gibt einen Überblick darüber.

Dienst	Nach 30 Minuten	Nach 24 Stunden
Advanced Threat Protection und Threat Intelligence	X	
Azure Active Directory (Benutzer-Anmeldeereignisse)		X
Azure Active Directory (Administratorereignisse)		X
Data Loss Prevention	X	
Dynamics 365 CRM	X	

Tabelle 5.5 Dauer bis zum Erscheinen von Aktivitäten im Überwachungsprotokoll

Dienst	Nach 30 Minuten	Nach 24 Stunden
eDiscovery	X	
Exchange Online	X	
Microsoft Flow	X	
Microsoft Forms	X	
Exchange Online	X	
Microsoft Project	X	
Microsoft Stream	X	
Microsoft Teams	X	
Power BI	X	
Security & Compliance Center	X	
SharePoint Online und OneDrive for Business	X	
Sway		X
Workplace Analytics	X	
Yammer		X

Tabelle 5.5 Dauer bis zum Erscheinen von Aktivitäten im Überwachungsprotokoll (Forts.)

Die Suchergebnisse können Sie bei Bedarf auch in eine CSV-Datei exportieren.

Es gibt zudem auch einen REST-basierten Webservice, mit dem das Überwachungsprotokoll abgefragt werden kann. Mehr dazu lesen Sie hier:

https://docs.microsoft.com/en-us/office/office-365-management-api/office-365-management-apis-overview

5.6 So geht es weiter

Nicht nur das Thema Sicherheit gehört zu den bei allen Diensten wichtigen Bereichen. Ebenso haben die Themen Compliance und Datenschutz einen hohen Stellenwert. Diesen beiden wichtigen Aspekten ist das nächste Kapitel gewidmet.

Kapitel 6
Compliance und Datenschutz

Mit den Compliance- und Datenschutzfunktionen, die wir hier in diesem Kapitel diskutieren werden, sorgen Sie für einen konformen Betrieb Ihrer Microsoft Teams-Umgebung.

Wie schon bei den Funktionen und den Diensten aus dem Sicherheitsbereich setzt Microsoft Teams bei den Themen Compliance und Datenschutz ebenfalls auf die Komponenten aus Office 365 und Microsoft 365.

In diesem Kapitel beschäftigen wir uns unter anderem mit Themen wie der dauerhaften Aufbewahrung von Inhalten, der Archivierung, den eDiscovery-Funktionen und der DSGVO. Auch die Datenspeicherung in bestimmten vorgegebenen geografischen Regionen wird eine Rolle spielen. Manche Unternehmen müssen hier gegebenenfalls bestimmte länderspezifische Vorgaben erfüllen.

[+] Auch manche der in diesem Kapitel beschriebenen Funktionen sind von einer Lizenzierung abhängig. In den entsprechenden Abschnitten werde ich darauf hinweisen, und in Abschnitt 8.2.3, »Compliance und Datenschutz« finden Sie einen Überblick.

6.1 Compliancebewertung

In Abschnitt 5.1.4 haben wir uns bereits mit der Sicherheitsbewertung auseinandergesetzt. Einer ähnlichen Idee folgt die *Compliancebewertung*. Je nach Art Ihres Unternehmens müssen Sie bestimmte allgemeine oder auch branchenspezifische Regulatorien einhalten, wie beispielsweise die *Datenschutz-Grundverordnung (DSGVO)*. Je nachdem, welche Regulatorien für Sie relevant sind, sollten Sie in Ihrem Mandanten bestimmte Konfigurationen durchführen, beispielsweise zur dauerhaften Aufbewahrung, oder bestimmte Prozesse im Unternehmen einführen. Die erforderlichen Tätigkeiten teilen sich dabei auf in Microsoft als technischen Betreiber Ihres Mandanten und Ihr eigenes Unternehmen.

Die Compliancebewertung hilft Ihnen nun dabei, die Regulatorien einzuhalten, und gibt dazu Empfehlungen. Dabei wird Ihr Mandant regelmäßig untersucht. Ob Sie die vorgegebenen Regulatorien einhalten, können Sie auf einen Blick anhand einer erreichten und einer maximalen Punktzahl sehen (siehe Abbildung 6.1).

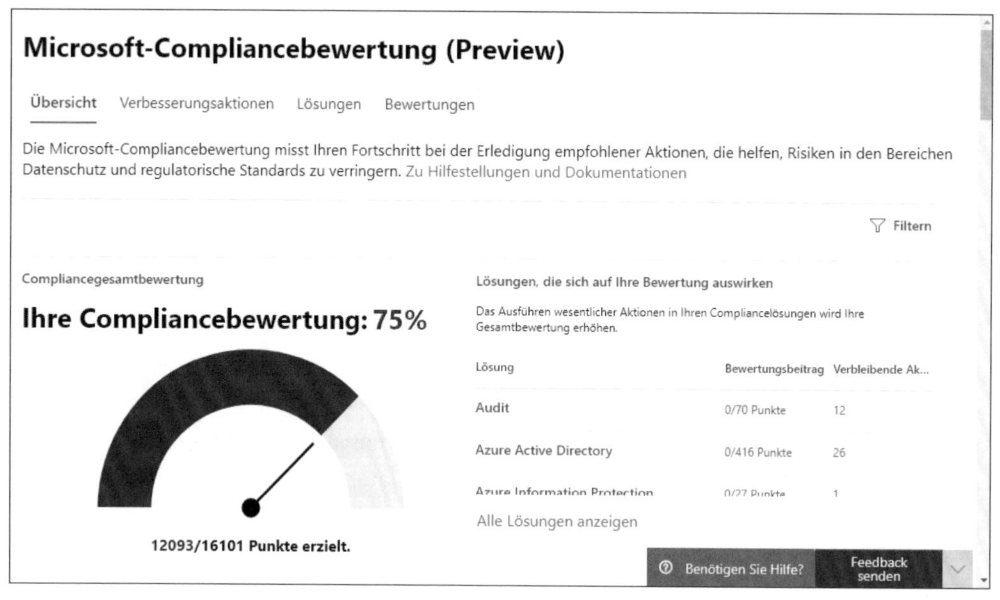

Abbildung 6.1 Compliancebewertung

Die Compliancebewertung teilt sich dabei auf in Punkte, die Sie erzielen können, und Punkte, die durch die Tätigkeiten von Microsoft beim Betrieb des Mandanten erreicht wurden. Wie bei der Sicherheitsbewertung erhalten Sie Verbesserungsvorschläge, um die Bewertung zu verbessern.

Ob Sie mit dem Erreichen der Maximalpunktzahl auch wirklich alle Erfordernisse der relevanten Regulatorien erfüllt haben, kann durch ein solches automatisiertes Werkzeug nicht 100%ig sichergestellt werden. Jedoch erhalten Sie durch die Compliancebewertung hilfreiche und nützliche Handlungsempfehlungen für die Praxis.

Aktuell unterstützt die Compliancebewertung dabei die folgenden Regulatorien:

- Brasilien – allgemeine Datenschutzgesetze (LGPD)
- California Consumer Privacy Act (CCPA) (Vorschau)
- Cloud Security Alliance (CSA) Cloud Controls Matrix (CCM) 3.0.1
- DSGVO der Europäischen Union
- Federal Financial Institutions Examination Council (FFIEC) Information Security Booklet
- FedRAMP Moderate
- HIPAA/-HITECH
- IRAP/Australian Government ISM (Vorschau)
- ISO 27001:2013
- ISO 27018:2014

- ISO 27701:2019
- Microsoft 365-Datenschutz Basis
- NIST 800-53 Rev. 4
- NIST 800-171
- NIST-Cyber-Framework (CSF)
- SOC 1
- SOC 2

Die Compliancebewertung finden Sie im Microsoft 365 Compliance Center. Der direkte Link lautet wie folgt:

https://compliance.microsoft.com/compliancescore

6.2 Aufbewahrung

Das Thema Aufbewahrung dreht sich insbesondere um diese Fragestellungen:

- Wie stelle ich sicher, dass bestimmte Daten während eines vorgegebenen Zeitraums abrufbar sind, auch wenn sie der Anwender bereits – vorsätzlich oder versehentlich – gelöscht hat?
- Wie stelle ich sicher, dass bestimmte Daten nach Erreichen einer gewissen Altersgrenze automatisch gelöscht werden?

Diese Fragestellungen sind dabei übergreifend anzusehen, betreffen also beispielsweise E-Mails genauso wie Dateien, die in OneDrive for Business, SharePoint oder in einem Team abgelegt sind oder waren.

Um diesen Fragestellungen effektiv zu begegnen, können Sie im Microsoft Compliance Center beziehungsweise im Office 365 Security & Compliance Center Aufbewahrungs-Richtlinien anlegen. Hinter diesen verbirgt sich die jeweils gewünschte Vorgehensweise, und Sie weisen ihnen bestimmte Speicherorte zu:

- SharePoint-Websites
- OneDrive-Konten
- Microsoft 365-Gruppen (und damit auch die darauf aufsetzenden Teams)
- öffentliche Exchange-Ordner
- Teams-Kanalnachrichten
- Teams-Chats (1:1- und Gruppenchats)

Es geht aber auch passgenauer, indem Sie *Aufbewahrungs-Bezeichnungen* (auf Englisch *Labels*) anlegen. Die Anwender selbst weisen diese Bezeichnungen Dateien oder auch E-Mails zu, die dann entsprechend verarbeitet werden. Typischerweise legen Sie eine Reihe von Bezeichnungen für unterschiedliche Datentypen fest, die unterschiedlich behandelt werden sollen (beispielsweise Aufbewahrung für sieben Jahre, dauerhafte Aufbewahrung, Löschen nach zehn Jahren etc.). Dabei kann jedem Objekt genau eine Bezeichnung für die Aufbewahrung zugewiesen werden (neben der Bezeichnung für die Aufbewahrung können Sie jedem Objekt auch noch eine weitere Bezeichnung aus dem Sicherheitsbereich zuweisen – lesen Sie hierzu Abschnitt 5.3.3, »Informationssicherheit«). Das Zuweisen der Bezeichnungen ist auch über diverse Automatismen möglich, und sie können bei SharePoint-Dokumentbibliotheken als Standard für alle darin befindlichen Dateien gelten.

Bei der Konfiguration können Sie allgemeine Aufbewahrungs-Richtlinien anlegen, die mandantenweit gelten. In diesen Richtlinien können Sie die betroffenen Speicherorte allerdings auch gezielt auswählen. Mandantenweite Richtlinien sind für den Anwender selbst nicht sichtbar.

Sollen Ihre Anwender jedoch die Auswahl zwischen verschiedenen Aufbewahrungs-Einstellungen (beispielsweise sieben Jahre, dauerhaft etc.) haben, legen Sie Aufbewahrungs-Bezeichnungen an.

Beide Verfahrensweisen sehen wir uns im weiteren Verlauf dieses Kapitels noch genauer an.

Hintergrundverarbeitung

Verwenden Sie Aufbewahrungs-Richtlinien oder -Bezeichnungen, passiert im Hintergrund Folgendes:

- Exchange Online: Wird ein Objekt in einem Postfach geändert oder gelöscht, wird es zuvor in seinem ursprünglichen Zustand in den für den Anwender nicht sichtbaren Ordner *Recoverable Items* aufgenommen. Dort verbleibt es, solange es der Zeitraum der Bezeichnung vorgibt. Nach Ablauf des Zeitraums wird es innerhalb von 14 Tagen gelöscht.
- SharePoint Online, OneDrive for Business, Dateien in Microsoft 365-Gruppen (und Teams): Wird eine Datei gelöscht oder geändert, wird zuvor die Datei in ihrem ursprünglichen Zustand in eine spezielle Bibliothek namens *Preservation Hold* aufgenommen. Ist diese Bibliothek nicht vorhanden, wird sie automatisch angelegt. Anwender haben auf diese Bibliothek keinen Zugriff. Dateien in dieser Bibliothek verbleiben dort, bis der in der Bezeichnung hinterlegte Zeitraum abgelaufen ist. Danach wird die Datei innerhalb von sieben Tagen gelöscht.

6.2.1 Lizenzierung

Für die Aufbewahrungsfunktionen benötigen die Benutzerkonten zugewiesene Lizenzen der Typen *Office/Microsoft 365 E3* oder *Office/Microsoft 365 E5* beziehungsweise alternativ die *Plan 2*-Lizenzen von *Exchange Online*, *SharePoint Online* und *OneDrive for Business Online*.

6.2.2 Mandantenweite Aufbewahrungs-Richtlinien anlegen

Die Anlage und Verwaltung von mandantenweiten Aufbewahrungs-Richtlinien finden Sie im Microsoft 365 Compliance Center unter RICHTLINIEN • AUFBEWAHRUNG (siehe Abbildung 6.2) beziehungsweise im Office 365 Security & Compliance Center unter INFORMATIONSGOVERNANCE • AUFBEWAHRUNG.

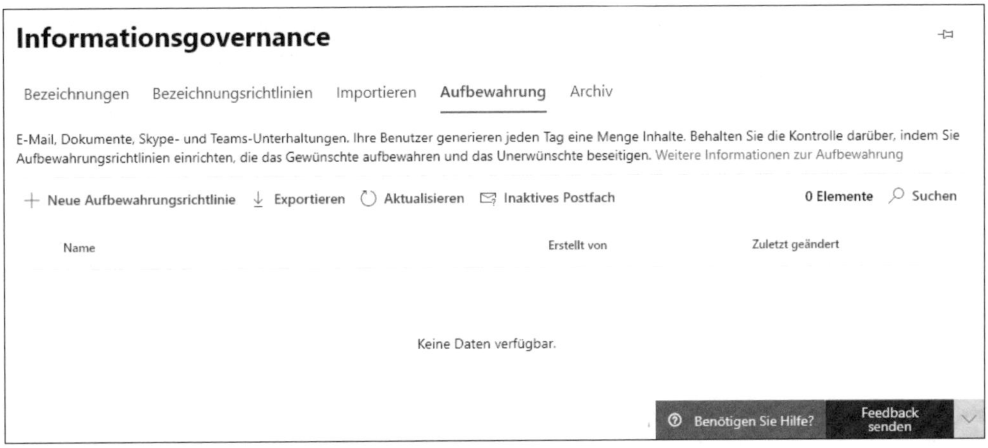

Abbildung 6.2 Aufbewahrung im Microsoft 365 Compliance Center

Beim Anlegen einer neuen Richtlinie stehen Ihnen im Wesentlichen diese Optionen zur Verfügung:

- **Wann soll aufbewahrt und/oder gelöscht werden?**

  Die Dauer der Aufbewahrung kann einen festen Zeitraum (beispielsweise zehn Jahre) umfassen oder auch endlos sein. Dabei startet die Berechnung wahlweise zum Erstellungsdatum oder zum letzten Änderungsdatum. Wählen Sie einen Zeitraum aus, entscheiden Sie außerdem, ob der Inhalt nach Ablauf der Zeit gelöscht werden soll oder nicht. Auch ohne Aufbewahrung können Sie das Löschen aktivieren. Hier geben Sie ebenfalls einen Zeitraum an, nach dessen Erreichen der Inhalt automatisch gelöscht wird.

  Optional können Sie auch die Richtlinie nur für Inhalte vorsehen, die bestimmte Wörter oder Ausdrücke enthalten oder in denen vertrauliche Informationen gefunden wurden (siehe Abschnitt 5.3.1, »Typen vertraulicher Information«).

- **Welche Speicherorte sollen aufbewahrt werden?**

  Dabei lassen sich die verschiedenen Speicherorte je nach Typ nicht nur auswählen, sondern es können beispielsweise auch bestimmte Postfächer, Microsoft 365-Gruppen etc. explizit in die Richtlinie eingeschlossen oder dort ausgeschlossen werden.

  Wählen Sie hier die Speicherorte TEAMS-KANALNACHRICHTEN oder TEAMS-CHATS, lassen sich keine weiteren Speicherorte auswählen.

Mit diesen Angaben legen Sie eine neue mandantenweite Richtlinie an. Nach dem Speichern ist sie bereits nach kurzer Zeit aktiv.

6.2.3 Aufbewahrungs-Bezeichnungen

Wollen Sie statt mit mandantenweiten Aufbewahrungs-Richtlinien lieber mit passgenaueren Aufbewahrungs-Bezeichnungen arbeiten, die Sie jedem Objekt einzeln zuweisen können, gehen Sie dabei grundsätzlich wie folgt vor:

1. Sie legen eine oder mehrere Bezeichnungen an, die Sie mit der gewünschten Vorgehensweise konfigurieren.
2. Sie legen Bezeichnungsrichtlinien an, denen Sie eine oder mehrere Bezeichnungen zuweisen. Die Bezeichnungsrichtlinien werden dann für unterschiedliche Dienste und Speicherorte publiziert, woraufhin sie vom Anwender verwendet werden können.
3. Die Anwender arbeiten mit den Bezeichnungen beziehungsweise Sie konfigurieren Automatismen zur automatischen Vergabe von Bezeichnungen.

Sehen wir uns die erforderlichen Schritte nun im Einzelnen an.

Bezeichnungen anlegen

Beim Anlegen einer neuen Bezeichnung stehen Ihnen im Wesentlichen diese Optionen zur Verfügung:

- **Wann soll aufbewahrt und/oder gelöscht werden?**

  Die Dauer der Aufbewahrung kann einen festen Zeitraum (beispielsweise zehn Jahre) umfassen oder auch endlos sein. Wählen Sie einen Zeitraum aus, entscheiden Sie außerdem, ob der Inhalt nach Ablauf der Zeit automatisch gelöscht werden soll. Hier stellt sich die Frage, ab welchem Zeitpunkt der Zeitraum gerechnet wird. Dazu wählen Sie eine der Optionen:

  - Erstellungsdatum des Inhalts
  - Änderungsdatum des Inhalts
  - Datum, an dem der Inhalt mit einer Bezeichnung versehen wurde
  - ein Ereignis (siehe Abschnitt 6.2.5)

- **Soll der Inhalt klassifiziert werden?**

  Sie geben an, ob mit der Auswahl der Bezeichnung der Inhalt als Datensatz klassifiziert werden soll. Entsprechend ausgezeichnete Inhalte können nicht mehr bearbeitet oder gelöscht werden, und es kann auch keine andere Bezeichnung mehr gewählt werden. Gehen Sie also vorsichtig mit dieser Option um.

Mit diesen Angaben legen Sie eine neue Bezeichnung an. Damit sie jedoch von Ihren Anwendern auch genutzt werden kann, muss sie zunächst veröffentlicht werden. Dies erledigen Sie über Bezeichnungsrichtlinien.

Bezeichnungsrichtlinien anlegen

Mit *Bezeichnungsrichtlinien* fassen Sie eine oder mehrere Bezeichnungen zusammen und veröffentlichen diese für bestimmte Speicherorte, sodass sie von den Anwendern verwendet werden können.

Beim Anlegen einer Bezeichnungsrichtlinie sind das die wesentlichen Optionen:

- **Welche Bezeichnungen gehören zur Bezeichnungsrichtlinie?**

  Einer Bezeichnungsrichtlinie können Sie mehrere Bezeichnungen zuordnen. Auch kann eine Bezeichnung in mehreren Bezeichnungsrichtlinien zum Einsatz kommen.

- **In welchen Speicherorten sollen die Bezeichnungen aus der Richtlinie angewandt werden?**

  Zur Auswahl stehen ALLE SPEICHERORTE, womit letztendlich Ihr kompletter Mandant gemeint ist, inklusive Exchange Online, Microsoft 365-Gruppen, SharePoint Online sowie OneDrive for Business. Darüber hinaus gilt dies auch für bestimmte Speicherorte, in denen Sie einzelne Dienste sowie bei Bedarf bestimmte Einschluss- und Ausschlusskriterien angeben.

Nach der Anlage einer Bezeichnungsrichtlinie heißt es warten: Bis die Bezeichnungen in allen Diensten angekommen sind und Ihre Anwender sie nutzen können, kann es einen Tag dauern. Typischerweise geht es bei SharePoint meist recht schnell, und bei Exchange dauert es häufig vergleichsweise lange (mehrere Stunden).

Bezeichnungen manuell vergeben

Nun stellt sich die Frage, wo genau der Anwender die veröffentlichten Bezeichnungen sieht und für Dateien auswählen kann:

- **SharePoint Online, OneDrive for Business, Dateien in Microsoft 365-Gruppen**

  Markieren Sie eine Datei und öffnen den Infobereich (mit einem Klick auf das I), sehen Sie bei den Eigenschaften AUFBEWAHRUNGSBEZEICHNUNG ANWENDEN. Ein Beispiel, wie das bei OneDrive for Business aussieht, sehen Sie in Abbildung 6.3. Dort können Sie eine Bezeichnung auswählen.

- **Outlook/Outlook im Web**

  Öffnen Sie beispielsweise das Kontextmenü einer E-Mail und wählen dort den Befehl RICHTLINIE ZUWEISEN, finden Sie die Bezeichnungen.

- **Office Online**

  Die direkte Anzeige und Auswahl der Bezeichnungen für Aufbewahrungen in Office 365 ist von Microsoft angekündigt, jedoch noch nicht umgesetzt.

- **Microsoft 365 Apps (lokal installiertes Office-Paket)**

  Wie auch bei Office Online ist die direkte Anzeige und Auswahl der Bezeichnungen für Aufbewahrungen hier noch nicht umgesetzt.

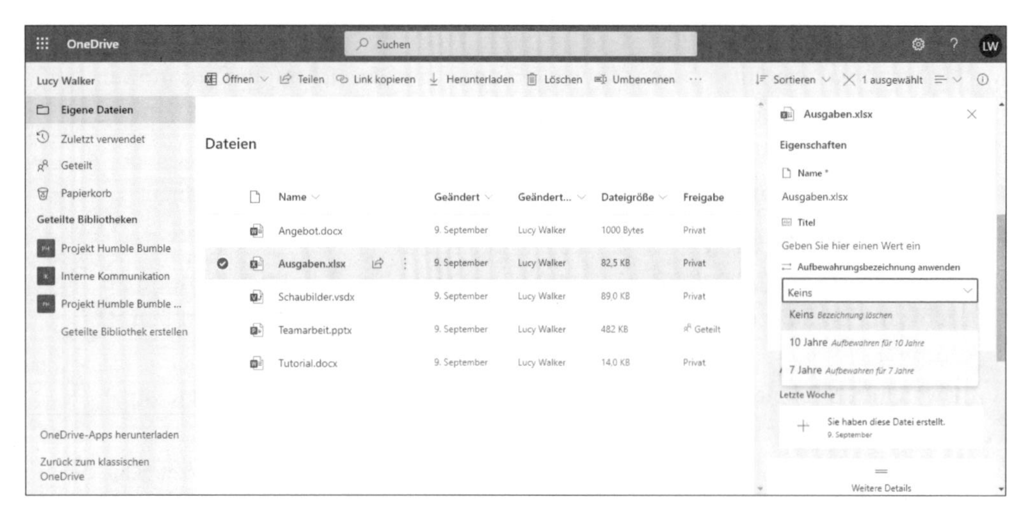

Abbildung 6.3 Bezeichnungen in OneDrive for Business

Bezeichnungen automatisch anwenden

Es ist zwar sehr lobenswert, dass Anwender die Möglichkeit haben, Bezeichnungen selbst auszuwählen, doch wer stellt letztendlich sicher, dass sie das auch tun? In letzter Konsequenz bedeutet es für die Anwender ja auch einen Mehraufwand, der ihnen auf den ersten Blick keinen Vorteil bringt. In vielen Fällen ist es da besser, wenn Bezeichnungen automatisch zugewiesen werden. Dabei haben Sie die folgenden Optionen:

- INHALT, DER VERTRAULICHE INFORMATIONEN ENTHÄLT

  Hier verwenden Sie die Typen vertraulicher Informationen (siehe Abschnitt 5.3.1).

- INHALT MIT BESTIMMTEN WÖRTERN ODER AUSDRÜCKEN

  Dabei geben Sie eine Abfrage ein, mit der geeignete Inhalte ausgewählt werden (siehe Kasten »Abfragen schreiben«).

[+] Beachten Sie dabei, dass es bis zu sieben Tagen dauern kann, bis Richtlinien zur automatischen Anwendung von Bezeichnungen auch wirklich greifen. Bei Postfächern werden die Bezeichnungen auch nur für neu versandte E-Mails angewandt und nicht für bereits im Postfach liegende.

[+] Bitte beachten Sie auch, dass Sie zur automatischen Anwendung von Bezeichnungen Lizenzen vom Typ *Office/Microsoft 365 E5* oder alternativ *Office/Microsoft 365 E3* zuzüglich *Advanced Compliance* benötigen.

Abfragen schreiben

Die Abfragen zur Suche nach bestimmten Daten schreiben Sie mithilfe der *KQL (Keyword Query Language)*. Mit ihrer Hilfe können Sie auch komplexe Abfragen definieren und dabei nicht nur Inhalte (beispielsweise den Text einer Datei), sondern auch Metadaten (beispielsweise den Empfänger einer E-Mail) miteinbeziehen. Sie könnten beispielsweise alle Besprechungsaufzeichnungen automatisch mit einer Aufbewahrungs-Richtlinie versehen. Die Abfrage dazu würde wie folgt lauten:

```
ProgID:Media AND ProgID:Meeting
```

Mehr zur Speicherung der Aufzeichnungen in OneDrive for Business und SharePoint Online lesen Sie in Abschnitt 2.4.2, »Speicherorte«.

Die KQL ist allerdings zu komplex, um sie hier zu beschreiben, deshalb verweise ich auf die offizielle Dokumentation. Hilfreich sind dabei insbesondere die beiden folgenden Seiten:

- Syntaxreferenz für die Keyword Query Language
  https://docs.microsoft.com/de-de/sharepoint/dev/general-development/keyword-query-language-kql-syntax-reference
- Stichwortabfragen und Suchbedingungen für die Inhaltssuche
  https://docs.microsoft.com/de-de/office365/securitycompliance/keyword-queries-and-search-conditions

6.2.4 Löschungsprüfung

Mit Bezeichnungen für die Aufbewahrung können Sie das automatische Löschen von Inhalt nach Ablauf einer gewissen Zeitspanne konfigurieren. Für manche Inhalte ist das automatische Löschen vielleicht doch zu heikel, und eventuell möchten Sie vor der tatsächlichen Löschung, dass sich jemand noch einmal des Inhalts annimmt, um dann zu entscheiden, was damit geschehen soll. Beim Anlegen der Bezeichnung würden Sie dafür die Option zur Löschungsprüfung aktivieren und einen Benutzer oder eine Gruppe hinterlegen, die nach Ablauf des Zeitraums benachrichtigt werden soll.

Dieser Benutzer oder die Gruppe erhält daraufhin eine entsprechende Benachrichtigung, um anschließend im Microsoft 365 Compliance Center beziehungsweise Office 365 Security & Compliance Center eine Entscheidung zu treffen, was mit dem Inhalt geschehen soll. Zur Auswahl stehen dabei:

- eine andere Bezeichnung anwenden
- den Zeitraum verlängern
- den Inhalt löschen

Damit die benachrichtigten Personen die Inhalte einsehen können, müssen sie auch die erforderliche Berechtigung haben, die nicht automatisch vergeben wird.

Die Löschungsüberprüfung finden Sie im Microsoft 365 Compliance Center unter INFORMATIONSGOVERNANCE (siehe Abbildung 6.4) beziehungsweise im Office 365 Security & Compliance Center unter DATA GOVERNANCE • LÖSCHUNGEN.

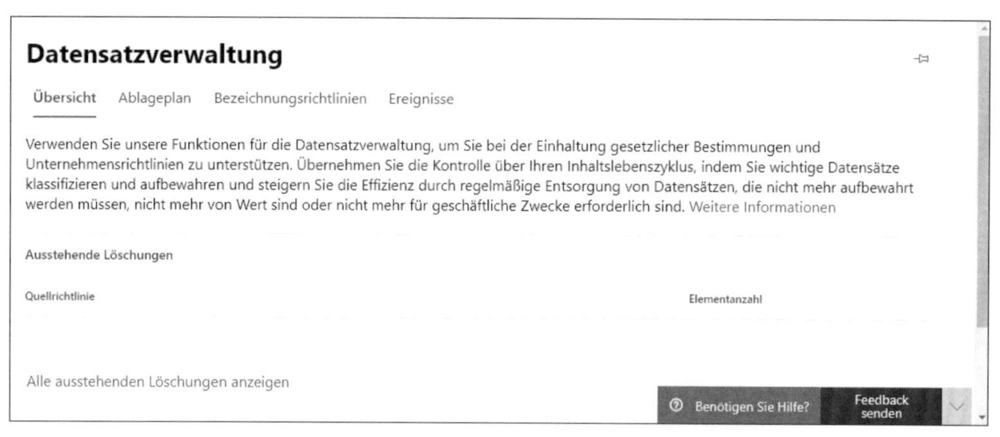

Abbildung 6.4 Löschungsüberprüfung in der Datensatzverwaltung

[+] Bitte beachten Sie dabei, dass zur Nutzung der Löschungsüberprüfungen Lizenzen vom Typ *Office/Microsoft 365 E5* oder alternativ *Office/Microsoft 365 E3* zuzüglich *Advanced Compliance* erforderlich sind.

6.2.5 Ereignisse

In manchen Szenarien soll der Zeitraum, wie lange ein Objekt aufbewahrt oder wann es gelöscht werden soll, erst mit dem Eintreten eines bestimmten Ereignisses beginnen. Ein Beispiel wäre hier der Austritt eines Mitarbeiters aus dem Unternehmen. Angenommen, zehn Jahre nach dem Austritt sollen alle Dateien, die ihn betreffen, gelöscht werden, könnten Sie dies mit Ereignissen realisieren. Dabei kommen in der Praxis auch oftmals die Löschungsprüfung (siehe Abschnitt 6.2.4) und die Klassifizierung als Datensatz zum Einsatz (das ist eine Option beim Anlegen von Bezeichnungen). Letztere sorgt dafür, dass an den entsprechend ausgezeichneten Objekten keine Änderungen mehr vorgenommen werden können.

Wollen Sie mit Ereignissen arbeiten, geben Sie beim Anlegen einer Bezeichnung an, dass diese auf einem Ereignis basieren soll.

Tritt nun ein Ereignis ein, legen Sie es über einen Assistenten an, wodurch die Bezeichnungen aktiviert und die ausgezeichneten Inhalten entsprechend der Konfiguration behandelt werden – also beispielsweise drei Jahre nach dem Ereignis gelöscht werden.

6.2.6 Suche in aufbewahrten Inhalten

Nachdem Sie konfiguriert haben, wie lange bestimmte Objekte in Ihrem Mandanten aufbewahrt werden sollen, stellt sich nun die Frage, wie Sie nach diesen Elementen suchen – im Zweifelsfall eben auch dann, wenn der Anwender sie vermeintlich schon vor Jahren aus seinem Postfach oder von SharePoint-Seiten entfernt hat. Hierzu finden Sie im Microsoft 365 Compliance Center beziehungsweise Office 365 Security & Compliance Center die Inhaltssuche, mit der Sie Suchen ausführen und im Bedarfsfall das Suchergebnis exportieren können.

Diese Suche betrifft dabei wahlweise die folgenden Dienste:

- Exchange E-Mail
- Öffentliche Exchange-Ordner
- Microsoft 365-Gruppen-E-Mail und -Websites
- Skype for Business
- Teams-Nachrichten und -Websites
- Aufgaben
- Sway
- Formulare
- MyAnalytics
- SharePoint-Websites
- OneDrive-Konten

Hier die grundsätzliche Vorgehensweise:

1. Öffnen Sie im Microsoft 365 Compliance Center unter INHALTSSUCHE (siehe Abbildung 6.5) beziehungsweise im Office 365 Security & Compliance Center den Bereich SUCHEN • INHALTSSUCHE.

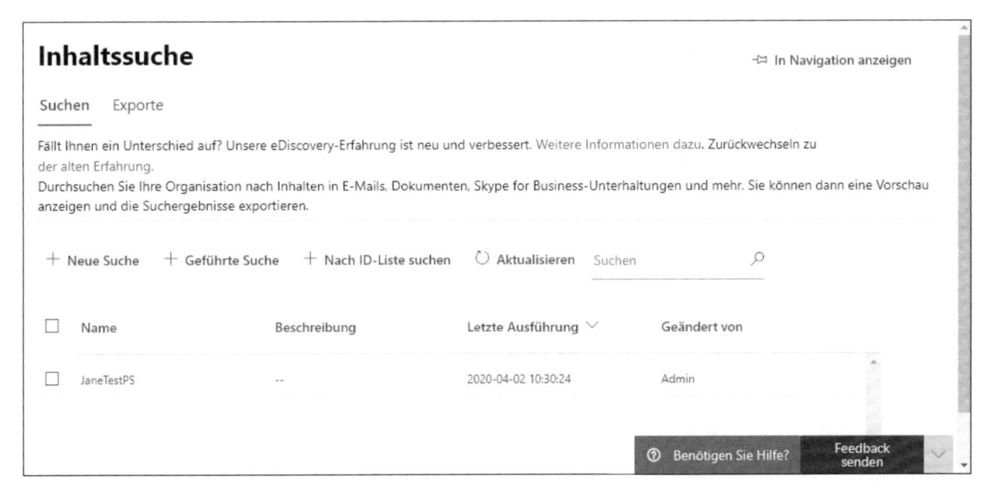

Abbildung 6.5 Inhaltssuche

2. Klicken Sie wahlweise auf die Schaltfläche NEUE SUCHE oder auf GEFÜHRTE SUCHE. Letztendlich führen Sie über beide Schaltflächen Suchen durch, im letzte-

ren Fall aber begleitet von einem Assistenten. In diesem Beispiel beschreibe ich den Weg über NEUE SUCHE. Es erscheint das Formular für die SUCHABFRAGE (siehe Abbildung 6.6).

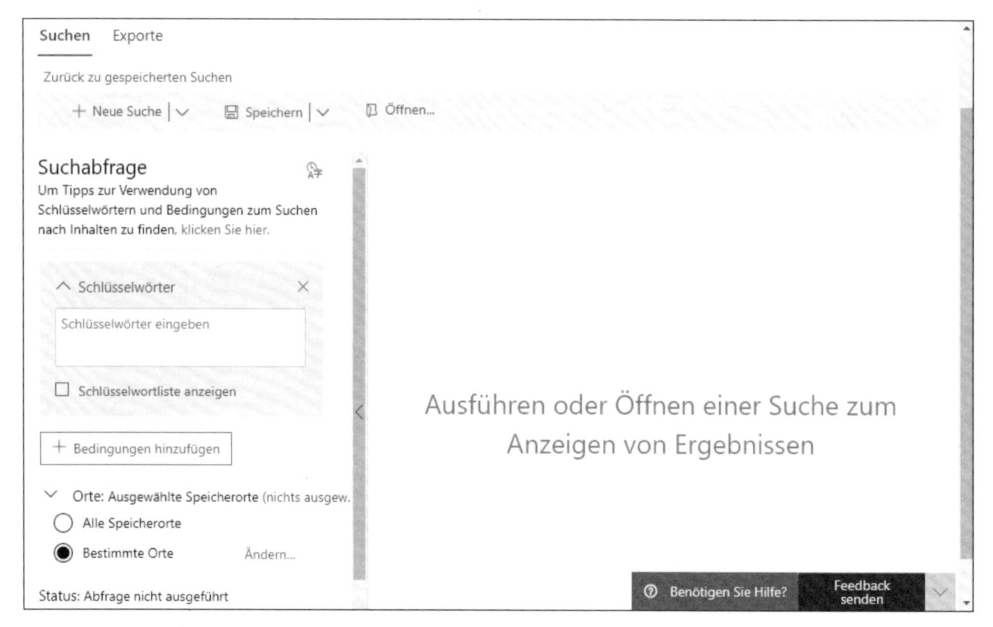

Abbildung 6.6 Suchabfrage

3. In das Textfeld SCHLÜSSELWÖRTER geben Sie die gewünschten Suchbegriffe ein. Statt nur einzelne Begriffe einzugeben, können Sie hier auch eine Abfrage auf Basis der KQL definieren (siehe Abschnitt 6.2.3, »Aufbewahrungs-Bezeichnungen«). Mit einem Klick auf SCHLÜSSELWORTLISTE ANZEIGEN erhalten Sie eine Tabelle, in der Sie einzelne Wörter hinzufügen können, die bei der Suche dann mit einer Oder-Abfrage verknüpft werden. Für jedes einzelne Schlüsselwort bekommen Sie in diesem Fall auch statistische Angaben zur Fundhäufigkeit.
4. Haben Sie eine KQL-Abfrage angegeben, dort aber noch keine Bedingungen definiert (beispielsweise Datumsbereich, Metadaten etc.), können Sie dies mit einem Klick auf die Schaltfläche BEDINGUNGEN HINZUFÜGEN nachholen (siehe Abbildung 6.7).
5. Dann folgt noch die Auswahl der SPEICHERORTE, wobei Sie Ihren kompletten Mandanten durchsuchen können oder nur BESTIMMTE ORTE (siehe Abbildung 6.8).
6. Klicken Sie dann auf SPEICHERN UND AUSFÜHREN, und geben Sie noch einen Namen und optional eine Beschreibung für die Suche an. Über den Namen greifen Sie später auf das Suchergebnis zu. Darüber hinaus können Sie bei Bedarf solche Suchen immer wieder ausführen, ohne die Suchkriterien erneut eingeben zu müssen.

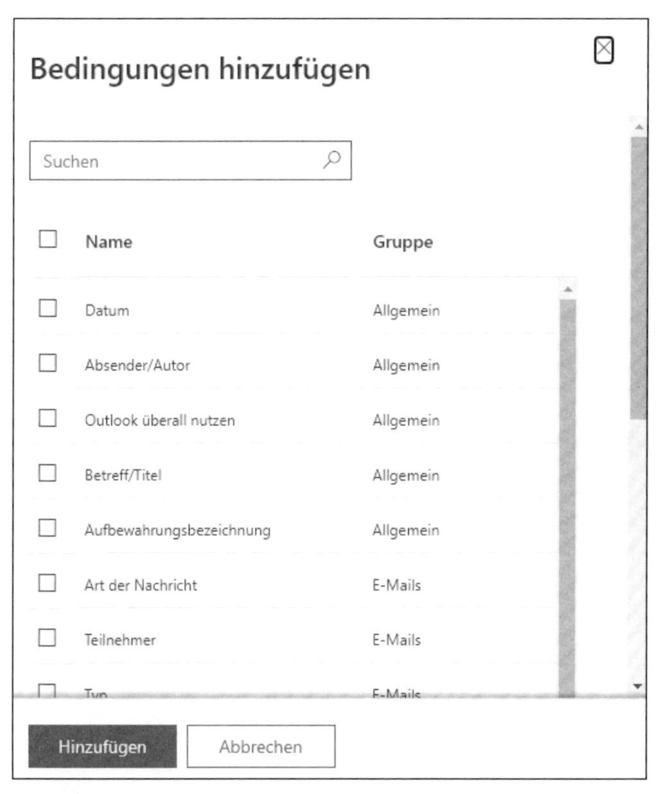

Abbildung 6.7 Bedingungen für Suchabfragen

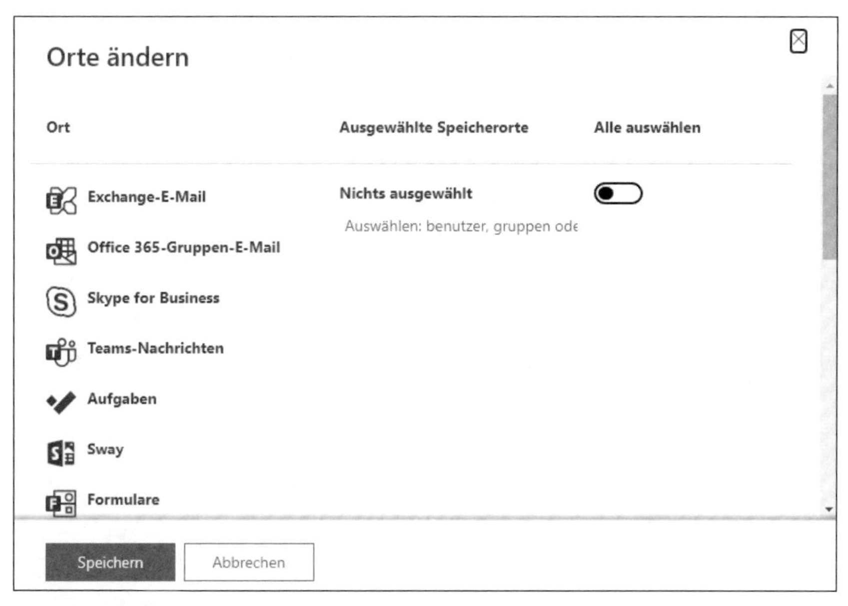

Abbildung 6.8 Speicherorte für Suchabfragen

Damit beginnt die Suche, die dann je nach Datenumfang unterschiedlich lange dauert. In Abbildung 6.9 sehen Sie die Suche und können von dort aus das Ergebnis aufrufen.

Abbildung 6.9 Suchergebnis

Über die Ergebnisliste lassen sich einzelne Elemente herunterladen. Das gesamte Ergebnis exportieren Sie über die Schaltfläche Mehr. Exchange-Elemente erhalten Sie dabei über PST-Dateien, SharePoint-Elemente dagegen über ZIP-Dateien. Klicken Sie auf Exportieren, beginnt nicht direkt der Download, sondern das Datenmaterial wird zunächst zusammengestellt, was wiederum einige Zeit in Anspruch nehmen kann. Über die Ansicht Exporte sehen Sie die Aufträge. Markieren Sie einen der Einträge, sehen Sie den Status und insbesondere einen Exportschlüssel. Diesen müssen Sie später beim eigentlichen Download angeben (siehe Abbildung 6.10).

Den Download selbst starten Sie über die Schaltfläche Ergebnisse herunterladen. Damit startet eine Anwendung, die sich um den Download kümmert (siehe Abbildung 6.11). Dort geben Sie auch den Exportschlüssel ein. Damit die Anwendung startet, benötigen Sie jedoch entweder Microsoft Edge oder den Internet Explorer.

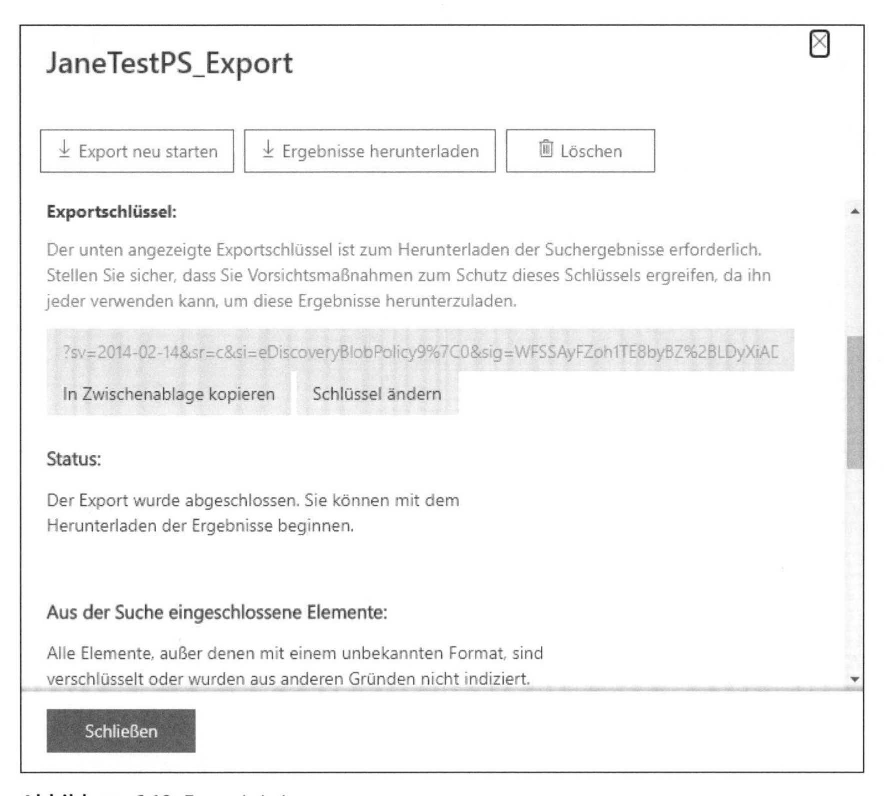

Abbildung 6.10 Exportstatus

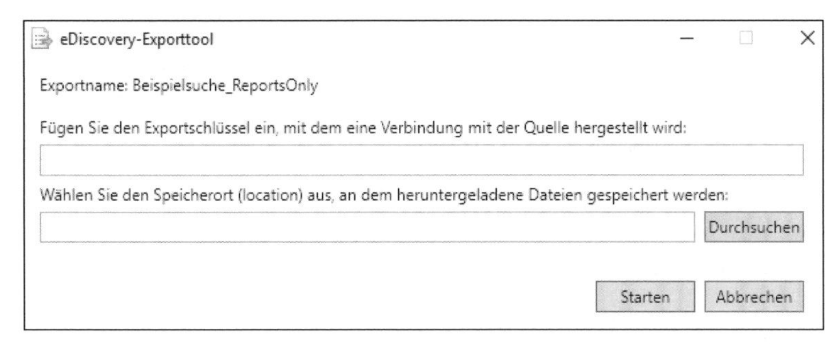

Abbildung 6.11 Download des Suchergebnisses

6.2.7 Analyse

Sind Sie daran interessiert, zu erfahren, wie Bezeichnungen auf die Inhalte Ihres Mandanten angewandt werden, finden Sie im Office 365 Security & Compliance Center unter INFORMATIONSGOVERNANCE • DASHBOARD der Bezeichnungen einen entsprechenden Überblick (siehe Abbildung 6.12).

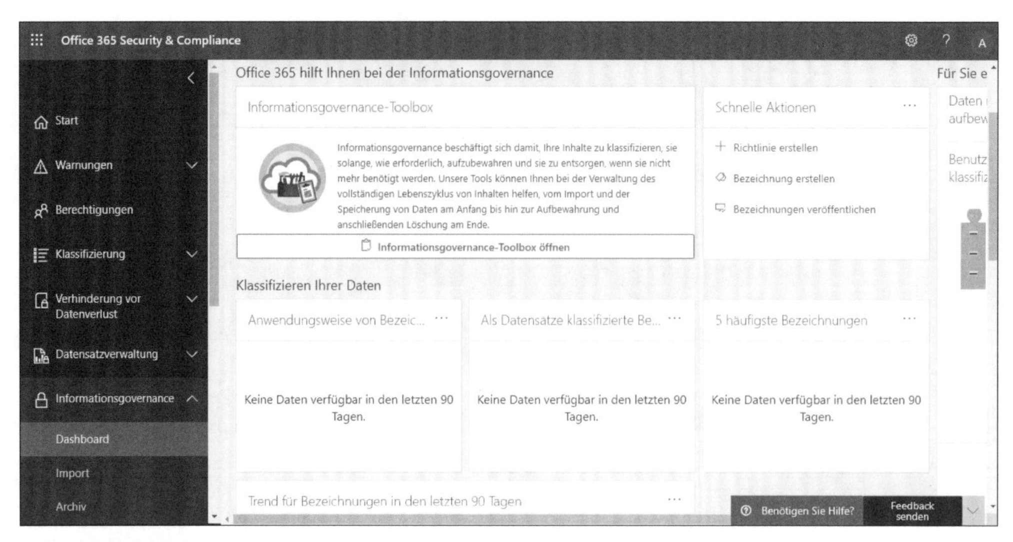

Abbildung 6.12 Analyse der Bezeichnungen

6.3 Archivierung

Der Begriff *Archivierung* bei Microsoft Teams lässt einigen Interpretationsspielraum zu. Gleich eines vornweg: Archivierung hat nichts mit der Aufbewahrung aus Abschnitt 6.2 zu tun. Bei der Archivierung geht es darum, ein vorhandenes Team mit seinen Inhalten in eine Art schreibgeschützten Zustand zu versetzen. Ein Anwendungsfall könnte hier beispielsweise dieser sein: Ein projektspezifisches Team will sichergehen, dass das Projekt inzwischen zwar abgeschlossen ist, die Inhalte aber dennoch zu Referenzzwecken bereitgehalten werden, ohne dass an den Inhalten noch Änderungen vorgenommen werden können.

Ein archiviertes Team verbleibt bei den Mitgliedern im Teams-Client ersichtlich, kann geöffnet und durchsucht werden. Auch können zu einem archivierten Team weiterhin Mitglieder hinzugefügt oder daraus entfernt werden.

Die Archivierung eines Teams können Sie dabei über mehrere Wege vornehmen:

- als Administrator im Microsoft Teams Admin Center im Bereich TEAMS
- als Besitzer eines Teams, indem Sie im Teams-Client am unteren Rand neben TEAM BEITRETEN ODER ERSTELLEN auf das Zahnrad klicken Daraufhin erscheint eine Liste Ihrer Teams, und über das Kontextmenü können Sie das jeweilige Team archivieren (siehe Abbildung 6.13).

Geben Sie den Befehl, werden Sie gefragt, ob die zum Team gehörende SharePoint-Website für die Team-Mitglieder ebenfalls schreibgeschützt sein soll, was wohl in den meisten Fällen Sinn macht.

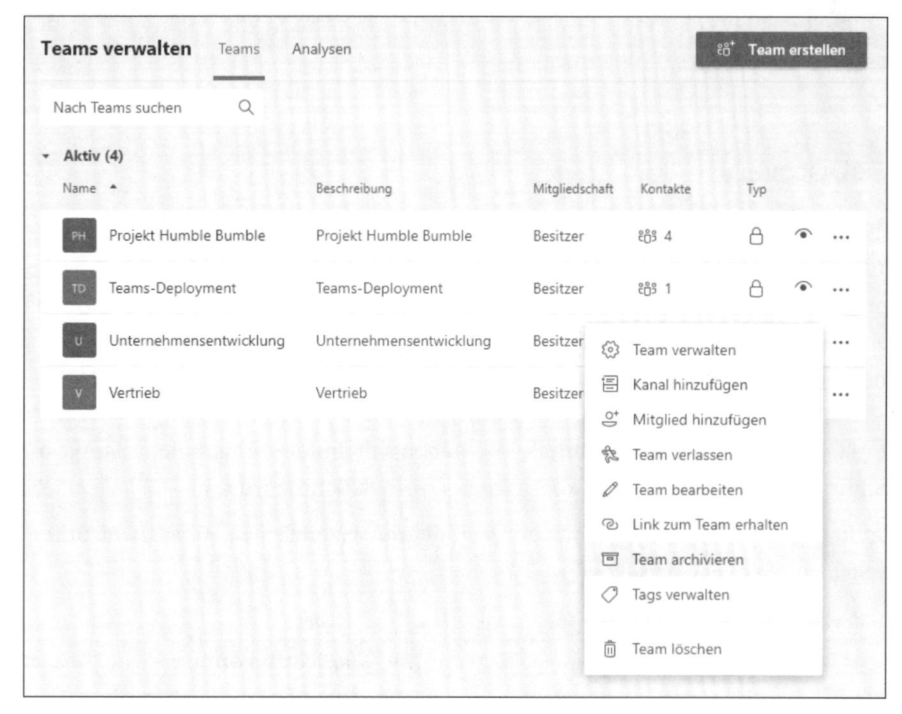

Abbildung 6.13 Team archivieren

Das Team erscheint daraufhin im Teams-Client am Ende der Liste bei den AUSGEBLENDETEN TEAMS mit einem zusätzlichen Symbol neben dem Team-Namen und einem Hinweis am oberen Rand des Clients (siehe Abbildung 6.14).

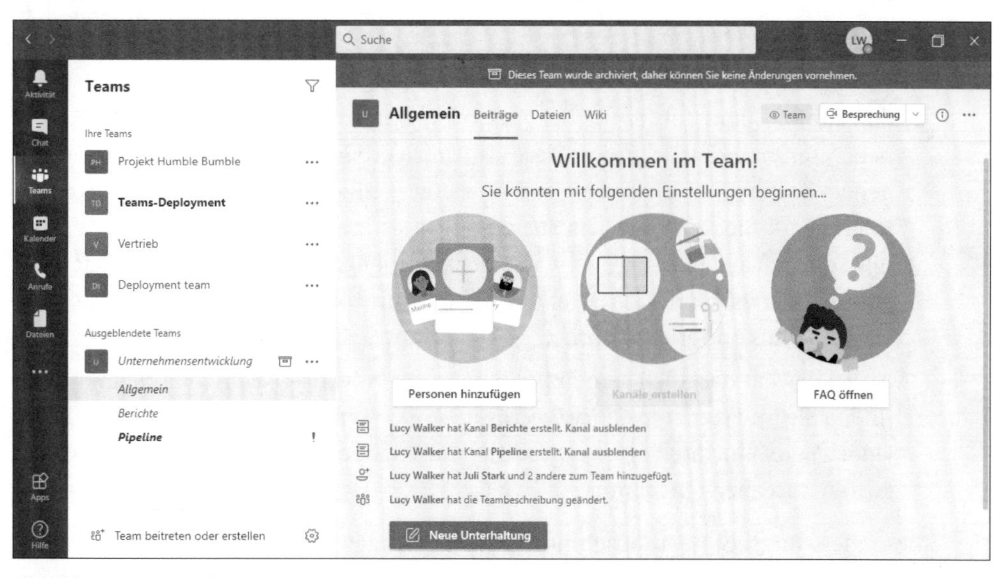

Abbildung 6.14 Archiviertes Team

Über dieselben Wege können Besitzer und Administratoren die Archivierung des Teams auch wieder rückgängig machen.

6.4 eDiscovery

Unter *eDiscovery* versteht man die Identifikation und Bereitstellung von relevanten Daten bei Rechtsstreitigkeiten oder Ermittlungen. Beispielsweise müssen bei einem entsprechenden Vorfall sämtliche E-Mails der Mitarbeiter sowie andere Daten wie Dokumente, Chat-Verläufe etc. zu einem Thema aus den verschiedenen Diensten gefunden und exportiert werden können. Für Office 365 bedeutet dies, dass Sie Funktionen benötigen, die über alle Dienste hinweg Daten finden müssen. In Abschnitt 6.2.6, »Suche in aufbewahrten Inhalten«, haben wir bereits eine solche Funktion betrachtet, die eDiscovery geht dabei aber noch einen Schritt weiter.

Office 365 verfügt, abhängig von den verfügbaren Lizenztypen, über zwei unterschiedliche eDiscovery-Ansätze:

- **Basis eDiscovery**

  In der Basis-eDiscovery erstellen Sie sogenannte *Fälle*. Darin können Sie bei Bedarf nach den gewünschten Daten suchen und diese gegebenenfalls auch in die Aufbewahrung (siehe Abschnitt 6.2) mit aufnehmen. Somit stellen Sie sicher, dass die Anwender gegebenenfalls relevantes Datenmaterial nicht mehr löschen können. Die gefundenen Ergebnisse lassen sich dann exportieren und separat weiterverarbeiten.

  Diese einfachen eDiscovery-Funktionen finden Sie in den Lizenztypen ab *Office/ Microsoft 365 E3*.

- **Advanced eDiscovery**

  Eine große Herausforderung bei eDiscovery-Fällen ist die Kapazität des gefundenen Datenmaterials. Je größer dieses ist, umso größer sind auch die damit verbundenen Kosten (beispielsweise für Anwälte). Unternehmen sind deshalb daran interessiert, die Kapazität des Suchergebnisses möglichst gering zu halten. Hier hilft die Advanced eDiscovery mit zusätzlichen Analyse-Tools, mit denen Sie zusammengehörende Daten erkennen und nicht relevantes Material aus dem Suchergebnis entfernen können.

  Allerdings hat das auch seinen Preis, denn die Advanced eDiscovery-Funktionen finden Sie im Lizenztyp *Office/Microsoft 365 E5*. Typischerweise können Sie dabei jedoch beim Eintreten eines eDiscovery-Falls dennoch im Vergleich bei den Folgekosten Ausgaben einsparen.

[+] Besonders in großen Unternehmen ist es selten gewünscht, dass eine Person, die eDiscovery-Funktionen nutzen darf, dieses Recht auch auf sämtliche Inhalte aller

Benutzer im Mandanten übertragen kann. Beispielsweise sollte eine solche Person nur die Daten eines bestimmten Standorts, eines Teilbereichs des Unternehmens oder eines bestimmten Landes durchsuchen dürfen. Eine solche Beschränkung ist durch die Einrichtung von *eDiscovery-Grenzen* möglich. Wie Sie dabei vorgehen, verrät Ihnen dieser Artikel:

https://docs.microsoft.com/de-de/microsoft-365/compliance/set-up-compliance-boundaries

Sehen wir uns im Folgenden die Arbeitsweise der beiden eDiscovery-Ansätze einmal genauer an.

6.4.1 Basis eDiscovery

Die Basis-eDiscovery-Funktionen finden Sie im Microsoft 365 Compliance Center beziehungsweise Office 365 Security & Compliance Center. Dort erstellen Sie eDiscovery-Fälle mit diesen Optionen:

- **Allgemeine Informationen**

  Diese sind für die Verwaltung wichtig. Sie beinhalten die betroffenen Personen, warum dieser Fall angelegt wurde etc.

- **Aufbewahrung**

  Sie geben Speicherorte und Abfragen an, über die Sie bestimmen, welche Daten aufbewahrt werden sollen und welche nicht. Ähnlich wie bei den Aufbewahrungs-Bezeichnungen wird der Anwender damit nicht am Ändern oder Löschen seiner Daten gehindert (siehe Abschnitt 6.2.3). Jedoch werden mit der Aktivierung der Aufbewahrung Revisionen der Daten und auch die gelöschten Daten selbst in einem separaten Speicherbereich vorgehalten, auf die der Anwender keinen Zugriff hat. So können Sie auch in den Datenbeständen suchen, von denen der Anwender möglicherweise glaubt, dass er diese bereits gelöscht hat.

  Was aufbewahrt werden soll, bestimmen Sie über die Auswahl der Speicherorte. Geben Sie Schlüsselwörter oder eine Abfrage ein, mit denen Sie die aufbewahrten Daten eingrenzen. Eine Abfrage definieren Sie dabei über KQL (siehe Abschnitt 6.2.3, »Aufbewahrungs-Bezeichnungen«).

- **Suchvorgänge**

  Sie führen Suchen über den Datenbestand aus. Gehen Sie dabei vor, wie in Abschnitt 6.2.6, »Suche in aufbewahrten Inhalten«, beschrieben.

- **Exporte**

  Die aufgefundenen Daten können Sie dann exportieren. Wie ein Export durchgeführt wird, lesen Sie ebenfalls in Abschnitt 6.2.6, »Suche in aufbewahrten Inhalten«.

6.4.2 Datenschutz-Grundverordnung (DSGVO)

Seit der Einführung der *Datenschutz-Grundverordnung (DSGVO)* müssen Sie in der Lage sein, Anträge auf die Erteilung einer Auskunft über personenbezogene Daten (*Data Subject Access Request; DSAR*) zu beantworten. Dazu benötigen Sie Zugriff auf alle Daten, die die anfragende Person betreffen. Im Microsoft 365 Compliance Center unter ANTRÄGE BETROFFENER PERSONEN (siehe Abbildung 6.15) beziehungsweise im Office 365 Security & Compliance Center finden Sie unter DATENSCHUTZ das *DSGVO-Dashboard*.

Abbildung 6.15 Anträge betroffener Personen

Hier erstellen Sie Suchen für DSGVO-Anträge. Dabei kommt im Hintergrund eine vereinfachte Variante der Basis-eDiscovery zum Einsatz. So können Sie beispielsweise keine Aufbewahrung der Daten konfigurieren. Aber die Suche und der Export funktionieren letztendlich analog.

Mehr dazu lesen Sie in dieser Dokumentation:

https://docs.microsoft.com/de-de/microsoft-365/compliance/manage-gdpr-data-subject-requests-with-the-dsr-case-tool

> **Datenabhängige Rechteanforderung (DSR)**
>
> Megan, eine Mitarbeiterin der Beispiel AG, möchte ihr von der *Datenschutz-Grundverordnung (DSGVO)* eingeräumtes Recht zur Datenauskunft (*Datenabhängige Rechteanforderung; DSR*) ausüben. Sie hätte gerne einen Überblick über alle gespeicherte Daten, die sie betreffen.

Da Robin das erste Mal eine solche Anforderung erhält, überlegt er, wie er diese mit überschaubarem Aufwand bearbeiten kann. Megans Daten sind ja auf unterschiedliche Dienste verteilt. Da findet er im Microsoft 365 Compliance Center die Funktion *Anträge betroffener Personen*. Er legt dort einen neuen Fall für Megans Benutzerkonto an. Robin ist vom Ergebnis überrascht, denn er muss nicht jeden Dienst einzeln berücksichtigen, da diese Funktion automatisch Postfächer und öffentliche Ordner, Teams-Unterhaltungen, To-do-Aufgaben, MyAnalytics, SharePoint- und Teams-Websites sowie OneDrives umfasst.

Übrigens: Das Ergebnis einer solchen Suche kann sich in der Standardkonfiguration noch nicht einmal der globale Administrator anzeigen lassen. Natürlich kann er sich als solcher diese Berechtigung selbst erteilen – nur ist es kein Standardrecht.

6.4.3 Advanced eDiscovery

Vorausgesetzt, Sie verfügen über die entsprechenden Lizenzen, finden Sie die Advanced eDiscovery im Microsoft 365 Compliance Center und im Office 365 Security & Compliance Center jeweils unter EDISCOVERY • ERWEITERT (siehe Abbildung 6.16).

Abbildung 6.16 Advanced eDiscovery

Die Vorgehensweise beim Erstellen eines Falles ist der Vorgehensweise bei Basis-eDiscovery ähnlich. Allerdings stehen Ihnen bei der Advanced eDiscovery deutlich mehr Optionen zur Verfügung. In Tabelle 6.1 werden die verfügbaren Bereiche aufgeführt.

Bereich	Funktion
HOME	Status zum Fall
CUSTODIANS	Benutzer, deren Daten in diesem Fall berücksichtigt werden sollen
COMMUNICATIONS	Nachrichtenverwaltung und Nachverfolgung bei der Kommunikation mit den beteiligten Personen, beispielsweise die Texte zur Benachrichtigung über die Aufbewahrung der Daten für juristische Zwecke
HOLDS	Für den Fall erforderliche Aufbewahrungen, sodass die vorhandenen Daten eingefroren werden
PROCESSING	Status zur Indexierung der betroffenen Daten
SEARCHES	Verwalten der Suchen über die Daten, die diesen Fall betreffen
WORKING SETS	Analyse der aufgefundenen Daten
EXPORTS	Verwalten der Exportvorgänge
JOBS	Übersicht über die Hintergrundaufgaben
SETTINGS	Allgemeine Einstellungen für den Fall, darunter eine Beschreibung, die Mitglieder und deren Berechtigungen etc.

Tabelle 6.1 Bereiche in einem Advanced eDiscovery-Fall

6.5 Informationsbarrieren

Wenig überraschend steht Microsoft Teams als Werkzeug zur Kommunikation und Zusammenarbeit in der Standardkonfiguration allen Benutzern zur Verfügung. Doch nicht immer ist das auch gewünscht. In manchen Szenarien möchten Sie unterbinden, dass bestimmte Benutzergruppen miteinander kommunizieren. Stellen Sie sich vor, Ihr Unternehmen ist im Bankenbereich angesiedelt, und Sie müssen sicherstellen, dass Ihre Wertpapierhändler nicht mit den Mitarbeitern aus der Marketingabteilung kommunizieren. Wohl aber sollen beide Mitarbeitergruppen durchaus mit der Personalabteilung in Kontakt treten können. Oder aber, Sie möchten sichergehen, dass die Mitarbeiter aus der Forschungsabteilung nicht mit der Produktion sprechen etc.

Um in solchen Szenarien den Informationsfluss innerhalb Ihres Unternehmens reglementieren zu können, gibt es in Microsoft 365 die sogenannten *Informationsbarrieren*. Dabei teilen Sie die Benutzer Ihres Unternehmens in unterschiedliche

Gruppen ein, die sogenannten *Segmente*. Auf Basis dieser Segmente wiederum erstellen Sie Richtlinien, in denen Sie vorgeben, ob zwei Segmente miteinander kommunizieren dürfen oder eben nicht. Dabei müssen Sie beide Kommunikationsrichtungen immer gleichzeitig berücksichtigen.

[+] Die Informationsbarrieren sind ein Konzept, das nur für Ihren eigenen Mandanten gedacht ist. Sie können also keine Informationsbarrieren mandantenübergreifend mit den Benutzern aus anderen Mandanten einrichten.

Die Informationsbarrieren arbeiten mit den Diensten Microsoft Teams, SharePoint Online und OneDrive for Business zusammen – aktuell aber noch nicht mit der E-Mail-Kommunikation.

Lizenzseitig sind die Informationsbarrieren auch nur in ausgewählten Lizenzpaketen enthalten. Aktuell sind das diese Pakete:

- *Microsoft 365 E5*
- *Office 365 E5*
- *Office 365 Advanced Compliance*
- *Microsoft 365 Compliance E5*
- *Microsoft 365 Insider Risk Management*

Informationsbarrieren mit Microsoft Teams

Angenommen, Sie haben zwei Segmente angelegt. In dem einen Segment befindet sich das Benutzerkonto von Lucy, in dem anderen das von Robin. Über eine Richtlinie haben Sie konfiguriert, dass diese beiden Segmente nicht miteinander kommunizieren dürfen. Aufseiten von Microsoft Teams hätte diese Konstellation folgende Auswirkungen:

- Lucy kann Robin über die Suche nicht finden.
- Ist Lucy Mitglied eines Teams, kann Robin zu diesem Team nicht hinzugefügt werden.
- Lucy kann Robin nicht anchatten.
- In einem Gruppen-Chat können nicht beide gemeinsam Mitglied sein.
- Ist Lucy in einer Besprechung, kann Robin nicht hinzugefügt werden.
- Lucy kann Robin nicht anrufen.

Die Punkte gelten natürlich auch in der umgekehrten Richtung.

Aktivieren Sie die Informationsbarrieren erst, nachdem Microsoft Teams in Ihrem Unternehmen bereits einige Zeit produktiv genutzt wurde, könnten Lucy und Robin in der Vergangenheit durchaus schon miteinander in Kontakt getreten sein. Die Aktivierung der eben beschriebenen Richtlinie hätte dann die folgenden Auswirkungen:

- Ein bestehender 1:1-Chat wird für beide schreibgeschützt, und eine weitere Kommunikation ist nicht möglich.
- Aus einem bestehenden Gruppen-Chat werden beide entfernt. Lucy und Robin können zwar den bisherigen Chat einsehen, sie können aber keine weitere Kommunikation darin durchführen.
- Sind beide Mitglied desselben Teams, werden beide aus diesem entfernt.

Die Informationsbarrieren werden nicht nur bei Chats umgesetzt, sondern sie gelten auch für die hinter Teams befindlichen Gruppen-Websites. Auf diesen können Lucy und Robin auch nicht gleichzeitig berechtigt sein.

[+] Da die Informationsbarrieren aber derzeit noch nicht für die E-Mail-Kommunikation gelten, könnten Lucy und Robin jedoch regen Kontakt miteinander über E-Mails pflegen.

Ein guter Startpunkt für die Konfiguration von Informationsbarrieren ist die offizielle Dokumentation:

https://docs.microsoft.com/de-de/microsoftteams/information-barriers-in-teams

6.6 Aufsichtsrichtlinien

Mit den *Aufsichtsrichtlinien* (auf Englisch *Supervision*) begeben wir uns in einen heiklen und sehr sensiblen Bereich. Die Idee dahinter ist, die Kommunikation bestimmter Benutzer auf die Einhaltung bestimmter Regulatorien hin zu untersuchen. Dabei sollen problematische Fälle wie inadäquate Sprache, Beleidigungen, aber auch sensible Kommunikationen beispielsweise hinsichtlich anstehender Käufe, Änderungen im Management, Insiderhandel etc. frühzeitig erkannt werden. In die Untersuchung aufgenommen wird die interne und/oder externe Kommunikation einzelner Personen oder Benutzergruppen aus den Bereichen *E-Mail* und *Teams*. Im letzteren Fall sind dabei sowohl Chat-Nachrichten als auch Unterhaltungen in Team-Kanälen betroffen. Die Untersuchungsergebnisse werden dann bestimmten Personen zur Verfügung gestellt, die nicht unbedingt aus der IT stammen müssen.

Um die Aufsichtsrichtlinien nutzen zu können, benötigen die zu untersuchenden Benutzer eine Lizenz vom Typ *Office/Microsoft 365 E5* oder vom Typ *Office/Microsoft 365 E3* mit einer zusätzlichen *Advanced Compliance*-Lizenz.

Die Konfiguration der Aufsichtsrichtlinien finden Sie im Office 365 Security & Compliance Center unter AUFSICHT (siehe Abbildung 6.17).

Auf die Konfiguration möchte ich hier nicht näher eingehen, Sie sollten aber zumindest wissen, dass es diese Funktion gibt. Wollen Sie Aufsichtsrichtlinien einsetzen und zunächst Näheres darüber erfahren, finden Sie hier eine entsprechende Erläuterung:

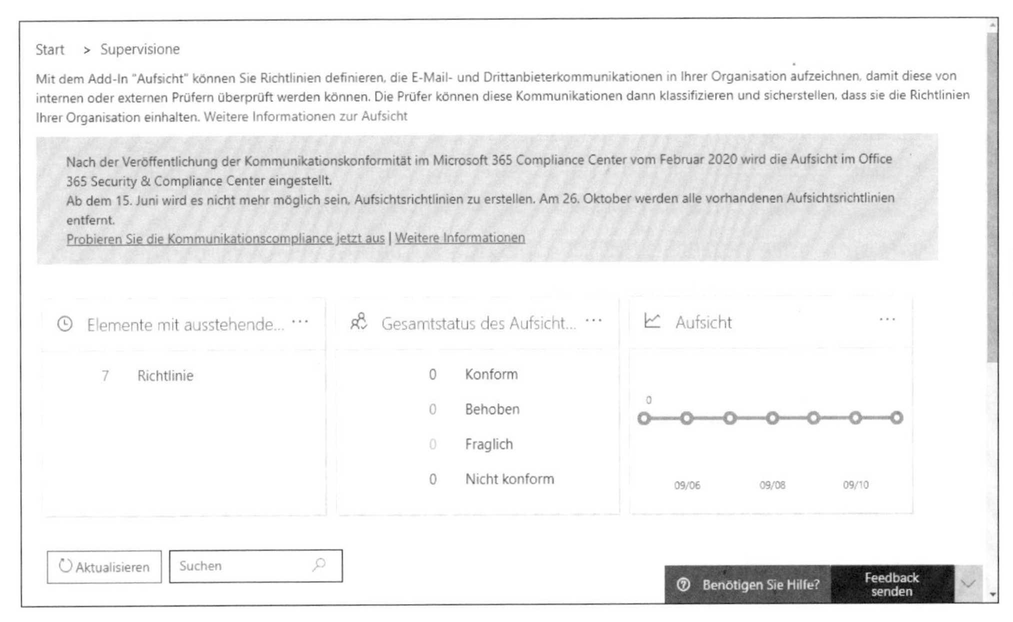

Abbildung 6.17 Aufsichtsrichtlinien

https://docs.microsoft.com/de-de/office365/securitycompliance/configure-supervision-policies

6.7 Compliance-Aufzeichnung

Manche Unternehmen müssen aus eigenen oder anderweitigen regulatorischen Vorschriften die Telefonate und Besprechungen bestimmter Mitarbeiter aufzeichnen. Ein Beispiel dafür sind manche Gespräche im Versicherungsbereich zwischen Berater und Kunde.

Der manuelle Start einer Aufzeichnung ist in solchen Fällen kaum ausreichend, da er zu leicht vergessen werden kann. Außerdem unterliegt die Aufzeichnung selbst keinerlei Beschränkungen, könnte also gegebenenfalls vom Anwender selbst auch wieder gelöscht werden.

An dieser Stelle greift nun die Compliance-Aufzeichnung. Dabei erstellen Sie eine Richtlinie über die Kommandozeile (*PowerShell*) oder per Skript und aktivieren die automatische Aufzeichnung aller Telefonate und Besprechungen eines Benutzers, der Mitglieder einer Gruppe oder auch aller Benutzer des Mandanten. Die Aufzeichnung selbst wird dann nicht über eine Microsoft Teams-eigene Funktion direkt durchgeführt, sondern über einen sogenannten *Recorder*. Dieser wird von zertifizierten Drittherstellern zur Verfügung gestellt. Diese Hersteller unterstützen dabei einen unterschiedlichen Satz an Funktionen. Immer gleich ist jedoch, dass bei den

Telefonaten und Besprechungen der betroffenen Benutzer automatisch ein auf Microsoft Azure-Funktionen basierender Bot hinzugefügt wird. Dieser Bot selbst ist für die Anwender nicht zu sehen, jedoch erfolgt nach wie vor ein Hinweis im Teams-Client auf die aktivierte Aufzeichnung. Wo die Aufzeichnung dann gespeichert wird, wie diese gegebenenfalls automatisch analysiert und wie lange sie aufbewahrt wird, ist dann jeweils Konfigurationssache des Dritthersteller-Recorders.

Die Compliance-Aufzeichnung ist dabei transparent für die Anwender, das heißt, sie müssen zur Aktivierung nicht selbst etwas tun. Auch ist sie unabhängig von den Teams-Clients, die der Anwender gegebenenfalls nutzt. Sie funktioniert also mit dem mobilen Teams-Client ebenso wie mit dem klassischen Desktop-Client.

Möchten oder müssen Sie die Compliance-Aufzeichnung in Ihrer Umgebung aktivieren, benötigen Sie einen (oder je nach Anwendungsfall auch mehrere) Recorder eines Drittherstellers. Welche Recorder aktuell verfügbar sind, finden Sie in der Dokumentation auf folgender Seite:

https://docs.microsoft.com/en-us/microsoftteams/teams-recording-policy

6.8 Multi-Geo

Microsoft betreibt weltweit eine große Anzahl von Rechenzentren. Diese Rechenzentren selbst sind wiederum in unterschiedliche Regionen aufgeteilt. Aktuell gibt es die folgenden Regionen:

- Asiatisch-pazifischer Raum
- Australien
- Deutschland
- Europäische Union (zu dieser Region zählen Europa, Naher Osten, Afrika)
- Frankreich
- Indien
- Japan
- Kanada
- Nord- und Südamerika
- Norwegen
- Schweiz
- Südafrika
- Südkorea
- Vereinigte Arabische Emirate
- Vereinigte Staaten
- Vereinigtes Königreich

Die Region *Deutschland* besteht beispielsweise aus den Rechenzentren in Frankfurt und Berlin und die Region *Europäische Union* aus den Rechenzentren in Irland, den Niederlanden, Österreich, Finnland und Frankreich.

[+] Die Rechenzentrumsregion Deutschland ist nicht zu verwechseln mit dem alten Angebot *Office 365 Deutschland*, das eine abgeschottete Umgebung ohne Verbindung zu den anderen Rechenzentrumsregionen bereitstellt und bei dem der Zugriff über einen Datentreuhändler geregelt wird. Office 365 Deutschland wird heute für Neukunden nicht mehr angeboten und findet in diesem Buch daher keine weitere Beachtung. Microsoft Teams wurde dort übrigens auch nie bereitgestellt.

Beim Anlegen Ihres Mandanten legen Sie die Rechenzentrumsregion fest, in deren Rechenzentren der Mandant angelegt wird. Interessiert es Sie genauer, wo die Daten welches Dienstes gespeichert werden, können Sie im Microsoft 365 Admin Center Ihres Mandanten unter EINSTELLUNGEN • EINSTELLUNGEN DER ORGANISATION • ORGANISATIONSPROFIL • DATENSPEICHERORT eine entsprechende Liste abrufen (siehe Abbildung 6.18).

Abbildung 6.18 Datenspeicherort

Auf der folgenden Website können Sie ein Land auswählen und sehen daraufhin eine Liste mit den jeweiligen Diensten pro Standort:

https://products.office.com/de-de/where-is-your-data-located

Für die Region Deutschland liefert die Website beispielsweise die Ergebnisse aus Tabelle 6.2.

Dienst	Standort
Exchange Online	Deutschland
OneDrive for Business	Deutschland
SharePoint Online	Deutschland
Skype for Business	Europäische Union
Microsoft Teams	Deutschland
Office Online & Mobile	Deutschland
EOP	Deutschland
Intune	Europäische Untion
MyAnalytics	Deutschland
Planner	Europäische Union
Sway	Vereinigte Staaten
Yammer	Europäische Union
OneNote Services	Deutschland
Stream	Europäische Union
Whiteboard	Europäische Union
Formulare	Europäische Union
Workplace Analytics	Vereinigte Staaten

Tabelle 6.2 Dienststandorte für einen Mandanten in der Region Deutschland

Zu dieser Tabelle noch einige Anmerkungen:

- Die Dienste sind zur Ausfallsicherung auf mehrere Rechenzentren verteilt. Ist in der Tabelle beispielsweise der Standort Deutschland aufgeführt, liegen die Daten räumlich sowohl in Berlin als auch in Frankfurt. So werden dieselben Daten in mehreren Rechenzentren gespeichert und sind auch selbst nach Naturkatastrophen oder bei einem großflächigen Stromausfall verfügbar.
- Die Daten zweier Dienste, nämlich Sway und Workplace Analytics, werden nicht in deutschen Rechenzentren gespeichert, sondern nur in den USA.
- Das *Azure Active Directory*, der zentrale Verzeichnisdienst Ihres Mandanten, in dem Sie beispielsweise alle Benutzerkonten, Gruppen und Kontakte verwalten, ist

in der Tabelle nicht aufgeführt. Hier gibt eine andere Website Auskunft zum Datenspeicherort:

https://go.microsoft.com/fwlink/p/?linkid=2092972

[+] Haben Sie Ihren Mandanten vor der Freigabe der Rechenzentrumsregion Deutschland Anfang 2020 angelegt, wurde er bei Kunden in unseren Breitengraden im Regelfall in der Region Europäische Union angelegt. Es ist davon auszugehen, dass Microsoft die Daten für deutsche Kunden nach und nach in die Region Deutschland überführen wird. Aktuelle Informationen dazu finden Sie hier:

https://docs.microsoft.com/en-us/office365/enterprise/moving-data-to-new-data-center-geos

[+] In China betreibt nicht Microsoft selbst Microsoft 365 beziehungsweise Office 365, sondern ein chinesisches Unternehmen namens *21Vianet*. Dies hat insbesondere rechtliche Gründe. Microsoft Teams ist dort aktuell jedoch nicht verfügbar.

6.8.1 Multinationale Unternehmen

So manches Unternehmen mit Niederlassungen in unterschiedlichen Ländern hat die gesetzliche oder regulatorische Vorgabe, die Daten der dort arbeitenden Mitarbeiter im jeweiligen Land zu speichern. Das oben vorgestellte Konzept steht dem aber zunächst entgegen: Angenommen, Sie legen Ihren Mandanten in der Rechenzentrumsregion Europa an, kommen auch die Rechenzentren in Europa zum Einsatz. Dort werden die Daten aller Mitarbeiter gespeichert, egal, wo auf der Welt sich diese befinden. Um diesen Anforderungen Rechnung zu tragen, hat Microsoft inzwischen das Multi-Geo-Konzept eingeführt. Dabei können Sie bei Bedarf Ihren Mandanten auf sogenannte *Satellit-Standorte* erweitern, beispielsweise um die Region Korea. Damit ist es nun möglich, die Postfächer und persönlichen Cloud-Speicher auf Basis von OneDrive for Business in den jeweiligen Satellit-Standort zu verschieben. Ebenso ist dies für gemeinsam genutzte Ablagen wie Websites auf Basis von SharePoint Online oder, was in unserem Fall besonders wichtig ist, Microsoft 365-Gruppen samt den darauf aufsetzenden Teams aus Microsoft Teams möglich.

[+] Das Multi-Geo-Konzept ist nicht dazu gedacht, eine Geschwindigkeitssteigerung beim Zugriff auf die Office 365-Daten zu erreichen, beispielsweise aus der Idee heraus, die Daten regional möglichst nahe beim Anwender zu speichern. Es geht hier ausschließlich um die Einhaltung von Aufbewahrungsbestimmungen. Suchen Sie nach einer Möglichkeit, die Zugriffsgeschwindigkeit zu erhöhen, sind andere Vorgehensweise viel wirksamer, wie beispielsweise die Anfragen auf möglichst schnellem Weg mit lokalen Internet-Breakouts in den Microsoft Backbone zu übertragen (siehe Abschnitt 9.1.2, »Netzwerk«). Der Microsoft Backbone verbindet weltweit die Rechenzentrumsregionen miteinander.

Aktuell unterstützen die folgenden Dienste Multi-Geo:

- Exchange Online
- OneDrive for Business
- SharePoint Online
- Microsoft 365-Gruppen (und darauf aufsetzende Dienste wie Microsoft Teams)

Zur Auswahl stehen dabei die folgenden Regionen:

- Asiatisch-pazifischer Raum
- Australien
- Europäische Union/Mittlerer Osten/Afrika
- Frankreich
- Indien
- Japan
- Kanada
- Korea
- Nordamerika
- Schweiz
- Südafrika
- Vereinigte Arabische Emirate
- Vereinigtes Königreich

Die Nutzung von Multi-Geo ist nicht kostenfrei (im Gegensatz zur Verwendung von nur einer einzelnen Rechenzentrumsregion). Sie benötigen dabei für jeden Benutzer, der in einer Satellit-Region aufgenommen werden soll, eine *Multi-Geo*-Lizenz. Diese Lizenzen erhalten Sie aktuell auch ausschließlich über Ihre Microsoft-Kundenbetreuung. Sobald die entsprechenden Lizenzen in Ihrem Mandanten gebucht wurden, erscheinen auch automatisch die jeweiligen Funktionen in den Administrationsoberflächen.

In welcher Region dann die Daten eines Benutzers liegen, entscheiden Sie über ein Attribut des jeweiligen Benutzerkontos, in dem Sie die gewünschte Region angeben. Pro Benutzer ist dabei immer nur die Angabe von genau einer Region möglich. Eine Aufteilung der Daten auf verschiedene Regionen ist nicht vorgesehen.

6.8.2 Multi-Geo mit Microsoft Teams

Da Microsoft Teams auf verschiedenen Office 365-Diensten aufsetzt, müssen wir für Multi-Geo auch die Vorgehensweise der jeweiligen Dienste mitberücksichtigen. Dazu gehören für die persönlichen Datenspeicher:

- das Postfach in Exchange Online
- der persönliche Dateispeicher in OneDrive for Business

Neben den persönlichen Datenspeichern ist aber auch die Speicherung der gemeinsamen Daten, etwa innerhalb von Teams, relevant. Dabei müssen wir, wie so oft, die zugrunde liegende Architektur der Microsoft 365-Gruppen betrachten.

Grundsätzlich nehmen Sie zunächst einige initiale Konfigurationen vor. Dazu zählen beispielsweise das Erstellen der Satellit-Regionen und natürlich die Lizenzierung. Ein guter Startpunkt für die offizielle Dokumentation befindet sich hier:

https://docs.microsoft.com/de-de/office365/enterprise/multi-geo-tenant-configuration

Persönliche Datenspeicher

Um die gewünschte Datenspeicherregion für die Daten eines Benutzers festzulegen, wird eine Eigenschaft des Benutzerkontos mit einem Kürzel der Region belegt. Man spricht hier vom *bevorzugten Datenspeicherort (Preferred Data Location; PDL)* des Benutzers. Legen Sie einen Benutzer unter Angabe des Datenspeicherorts neu an, werden sein Postfach in Exchange Online und sein persönlicher Dateispeicher in OneDrive for Business direkt in der jeweiligen Region angelegt. Aber auch Verschiebungen zwischen den Regionen sind nachträglich möglich. Für das Postfach ist es dazu ausreichend, den bevorzugten Datenspeicherort anzupassen. Bei OneDrive for Business muss der Verschiebeprozess von Ihnen als Administrator explizit angestoßen werden.

Gemeinsame Datenspeicher

Beim Anlegen eines neuen Teams (beziehungsweise der Microsoft 365-Gruppe) werden Sie nicht nach dem gewünschten Datenspeicherort gefragt. Stattdessen wird die SharePoint Online-Website der Microsoft 365-Gruppe (auf der dann die im Team geteilten Dateien gespeichert werden) automatisch in der Region des Benutzers erstellt, der das Team anlegt. Die Chats aus dem Team werden jedoch ausschließlich in der Region gespeichert, in der der Mandant ursprünglich angelegt wurde. Eine Speicherung der Chats in den Satellit-Regionen ist aktuell noch nicht möglich.

6.9 Eigene Datenschutzerklärung

Möchten Sie eine eigene Datenschutzerklärung in Microsoft 365 hinterlegen, die die Anwender bei Bedarf abrufen können, ist das mit wenigen Mausklicks möglich. Die Datenschutzerklärung muss dabei über eine URL abrufbar sein. Diese URL wiederum hinterlegen Sie als Administrator zunächst im Microsoft 365 Admin Center unter EINSTELLUNGEN • EINSTELLUNGEN DER ORGANISATION • SICHERHEIT UND DATENSCHUTZ • DATENSCHUTZPROFIL (siehe Abbildung 6.19).

Abbildung 6.19 Angabe einer URL zu den Datenschutzbestimmungen der Organisation

Hier geben Sie die URL und die E-Mail-Adresse des Datenschutzbeauftragten an.

Diese Informationen können die Anwender dann im Desktop-Teams-Client abrufen, indem sie auf ihr Profilbild in der rechten oberen Ecke klicken und im erscheinenden Menü dann den Befehl INFO • DATENSCHUTZ UND COOKIES auswählen. Haben Sie keine eigene Datenschutzerklärung hinterlegt, erscheint eine allgemeine Variante, die von Microsoft bereitgestellt wird und die Sie unter folgender URL einsehen können (siehe Abbildung 6.20):

https://privacy.microsoft.com/de-de/privacystatement

Abbildung 6.20 Von Microsoft bereitgestellte Datenschutzerklärung

Die Datenschutzerklärung wird in Teams dem Anwender auch zum Abruf angeboten, wenn in einer Besprechung die Aufzeichnung aktiviert wird (siehe Abbildung 6.21).

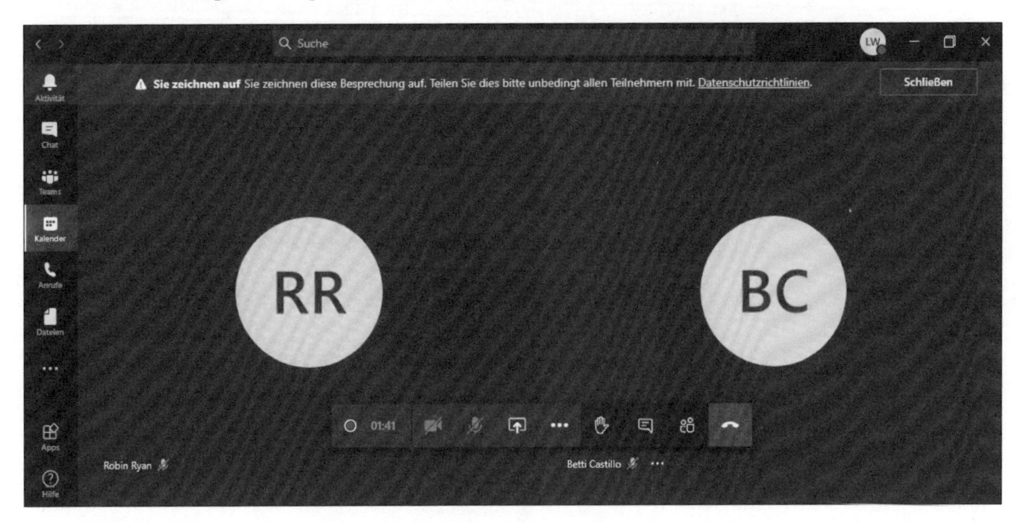

Abbildung 6.21 Hinweis auf Aufzeichnung der Besprechung

6.10 So geht es weiter

Nachdem wir uns in diesem Kapitel mit Compliance und Datenschutz beschäftigt haben, folgt im nächsten Kapitel die sogenannte *Governance*. Dazu gehören von Ihnen vorgegebene Richtlinien, was Ihre Anwender mit Microsoft Teams dürfen beziehungsweise wo Sie Einschränkungen oder bestimmte Regelungen vorsehen. Beispiele dafür sind Namenskonventionen, Provisionierungsprozesse für Teams etc.

Kapitel 7
Governance

Im siebten Kapitel beschäftigen wir uns mit Governance-Funktionen, um die Nutzung von Microsoft Teams bestmöglich an die Anforderungen Ihres Unternehmens anzupassen.

Nachdem wir nun die Bereiche Sicherheit, Compliance und Datenschutz diskutiert haben, folgt nun mit der (technischen) Governance ein weiterer wichtiger Bereich. Auf den ersten Blick mag er Ihnen vielleicht gar nicht so wichtig erscheinen. In so manchem Unternehmen liegt der Fokus auf der technischen Bereitstellung, und die Standardkonfiguration im Auslieferungszustand wird einfach übernommen. Und das, obwohl die Vorgaben im Governance-Bereich wesentlich daran beteiligt sind, ob es Ihnen gelingen wird, Microsoft Teams erfolgreich in Ihrem Unternehmen einzuführen. In der Praxis ist oft zu bemerken, dass sich die Mitarbeiter von Unternehmen ohne Governance-Strategie schwer damit tun, Microsoft Teams sinnvoll in ihre Alltagsabläufe zu integrieren.

In diesem Kapitel sehen wir uns die Governance-Funktionen von Microsoft Teams im Überblick an, sodass Sie diese in Ihren Planungen bei der Einführung des Dienstes bereits frühzeitig berücksichtigen können.

[+] Wie schon bei den vorangegangenen Bereichen Sicherheit, Compliance und Datenschutz sind auch im Bereich der Governance einige Funktionen von einer bestimmten Lizenzierung abhängig. Ich werde in den entsprechenden Abschnitten darauf hinweisen, und in Abschnitt 8.2.4, »Governance«, erhalten Sie einen etwas globaleren Überblick.

7.1 Warum Governance?

Unter *Governance* versteht man bei Microsoft Teams eine ganze Palette unterschiedlicher Konfigurationen, mit denen Sie bestimmte Vorgaben machen, wie beispielsweise eine Namenskonvention für die Benennung von Teams oder wer mit welchen Schritten berechtigt ist, ein neues Team anzulegen.

Governance brauchen wir nicht!

Die Geschäftsleitung macht dem Projektteam zur Einführung von Microsoft Teams zunehmend Druck. Die Einführung soll schnellstmöglich abgeschlossen werden. Vorhaben, die nicht ad hoc ausgeführt werden müssen, sollen zeitlich nach hinten verschoben oder erst nach der Einführung von Microsoft Teams diskutiert werden. Schnell gerät da der Governance-Bereich in den Blick. Darüber kann man sich doch wirklich auch später noch Gedanken machen, oder? Microsoft Teams funktioniert doch eigentlich auch mit den Standardeinstellungen recht zuverlässig. Wirklich? Robin versucht, darauf eine Antwort zu liefern.

Warum Ihre Überlegungen zu Governance so wichtig sind, zeigen exemplarisch die folgenden Beispiele:

- In der Standardkonfiguration darf jeder Benutzer neue Teams anlegen (sofern er mit einer geeigneten Lizenz ausgestattet ist). Dies hat zur Folge, dass die Anzahl von Teams explosionsartig steigt und häufig auch Teams für Zwecke angelegt werden, die man problemlos auch über einen (Gruppen-)Chat hätte lösen können. Nach der Einführung von Teams wollen die meisten Benutzer die neuen Funktionen selbst ausprobieren, und so werden unzählige Test-Teams erstellt. Und durch diese Vorgänge entsteht eine lange Liste an quasi inaktiven Teams, die unterschiedliche Probleme verursachen: So ist es sowohl für die Anwender (beispielsweise bei der Suche) als auch für das IT-Personal nur schwer zu erkennen, welche Teams noch relevant sind und welche nicht. Trotzdem müssen sie alle verwaltet werden.
- Beim Anlegen eines neuen Teams gibt der Ersteller einen Namen vor. Dieser Name kann dabei in der Standardkonfiguration frei gewählt werden. Die Folge sind unterschiedliche Teams mit dem gleichen Namen. Stellen Sie sich vor, Sie suchen nach »Marketing« und erhalten als Treffer drei Marketing-Teams. Welches mag wohl das für Sie richtige sein? Oder ein Benutzer erstellt ein Team unter dem Namen »Betriebsrat«, obwohl er überhaupt nicht zum Betriebsrat gehört. Möglicherweise fangen Mitarbeiter dann an, in diesem Team betriebsratsrelevante Dinge zu besprechen. Und noch ein Beispiel: Nehmen wir an, Ihr Unternehmen gehört zu einem Konzern, unter dessen Dach mehrere Marken zusammengefasst sind. Sie alle teilen sich denselben Mandanten. Ein Mitarbeiter aus Marke A legt nun das Team »Marketing« an. Für einen Mitarbeiter aus Marke B ist anhand des Namens nicht zu erkennen, dass dieses Marketing-Team für seine Marke gar nicht relevant ist.

- Ohne weitere Konfiguration ist es einem Team nicht anzusehen, ob es für die Speicherung von sensiblen Informationen geeignet ist. Anwender können also nicht erkennen, ob dort nun geheime Dokumente abgelegt werden dürfen. Eine Klassifizierung der Teams ist in der Standardkonfiguration nicht vorgesehen.
- Manche Teams folgen einem sich stets wiederholenden Einsatzzweck, beispielsweise je ein Team pro Projekt, in dem dann die Projektdaten liegen. Diese Teams sollen vielleicht immer identisch aufgebaut sein, die gleichen Kanäle beinhalten etc. Legt ein Benutzer ein neues Team an, kann er als Grundlage ein vorhandenes Team auswählen und so beispielsweise die Kanäle duplizieren. Vergisst er dies jedoch, ist das Team nach der Anlage leer und muss dann manuell mit der erforderlichen Struktur ausgestattet werden. Sie können sich sicher vorstellen, dass in diesem Fall die Konsistenz bei der Struktur mangelhaft ist. Besser wäre es, wenn Sie für typische Einsatzzwecke bereits Vorlagen für Teams anböten. Lesen Sie hierzu auch Abschnitt 7.5, »Vorlagen«.

Diese Liste könnte noch durch weitere Aspekte ergänzt werden. Sicher sind Ihnen beim Lesen auch eigene Beispiele eingefallen, die in der alltäglichen Praxis Schwierigkeiten bereiten. Auf jeden Fall sollte durch die genannten Beispiele deutlich geworden sein, dass die Governance, mit denen wir diesen Problemfällen begegnen können, einen hohen Stellenwert bei der Einführung von Teams haben sollte. Bei den Governance-Vorgaben gilt es jedoch immer, eine gute Balance zwischen einer Selbstverwaltung der Anwender und den strikten Vorgaben vonseiten der IT zu finden, um die Anwender auf der einen Seite nicht zu sehr einzuschränken und auf der anderen Seite die Übersichtlichkeit, Wartbarkeit (beispielsweise der Teams) und Benutzbarkeit sicherzustellen.

[+] Und noch ein wichtiger Punkt: Je früher Sie sich mit den Compliance-Einstellungen beschäftigen, umso besser. Der Grund: Manches lässt sich nachträglich nicht oder nur noch schwer in die richtigen Bahnen lenken, beispielsweise gilt die nachträgliche Einführung einer Namenskonvention nur für neue Teams. Oder die Umbenennung eines bestehenden Teams ändert nur den angezeigten Namen in den Clients – die URL zu den Inhalten bleibt die ursprüngliche etc. Auf diese Punkte gehe ich im weiteren Verlauf dieses Kapitels noch genauer ein.

Viele der hier vorgestellten Konfigurationen finden Sie weder im Microsoft Teams Admin Center noch im Microsoft 365 Admin Center, sodass sie nicht sofort ins Auge fallen. Umso wichtiger ist es, dass Sie sich mit den in diesem Kapitel vorgestellten Funktionen vertraut machen.

[+] Die meisten der in diesem Kapitel erläuterten Funktionen sind nicht in den Teams-Lizenzen selbst enthalten, sondern erfordern Lizenzen vom Typ *Azure Active Directory Plan 1* (oder *2*). Eine entsprechende Übersicht finden Sie in Abschnitt 8.2.4, »Governance«.

7.2 Teams-Richtlinien und -Einstellungen

Bei der Konfiguration von Microsoft Teams verwenden Sie Richtlinien und Einstellungen. Dabei gibt es einen wichtigen Unterschied: *Einstellungen* gelten immer für Ihren kompletten Mandanten, also etwa alle darin befindlichen Benutzer. Beispiele für Einstellungen sind die Gestaltung der E-Mail-Besprechungseinladungen und die Aktivierung des Tabs *Organisation* zur Anzeige des Organisationsdiagramms bei Chats.

Richtlinien können Sie jedoch mehrere anlegen und jedem Benutzer eine der unterschiedlichen Richtlinienarten zuweisen. Damit können Sie Benutzer unterschiedlich behandeln. Beispiele für Konfigurationen in Richtlinien sind das Zulassen von Freigaben und der Übersetzungsdienst.

[+] Die Unterscheidung zwischen Richtlinien und Einstellungen ist insbesondere auch dann für Sie wichtig, wenn in Ihrem Mandanten mehrere Unternehmen zusammengefasst sind (beispielsweise mehrere Marken eines Konzerns). So könnten Sie die Benutzer jeder Marke mit unterschiedlichen Richtlinien ausstatten, die sich völlig voneinander unterscheiden können. Dennoch müssen Sie bei den Einstellungen einen gemeinsamen Konsens finden – dann diese gelten für alle Benutzer im Mandanten.

Sehen wir uns die Optionen in den Richtlinien und Einstellungen genauer an, die Administratoren über das Microsoft Teams Admin Center verwalten (siehe Abbildung 7.1). Einen ersten Überblick gibt Tabelle 7.1.

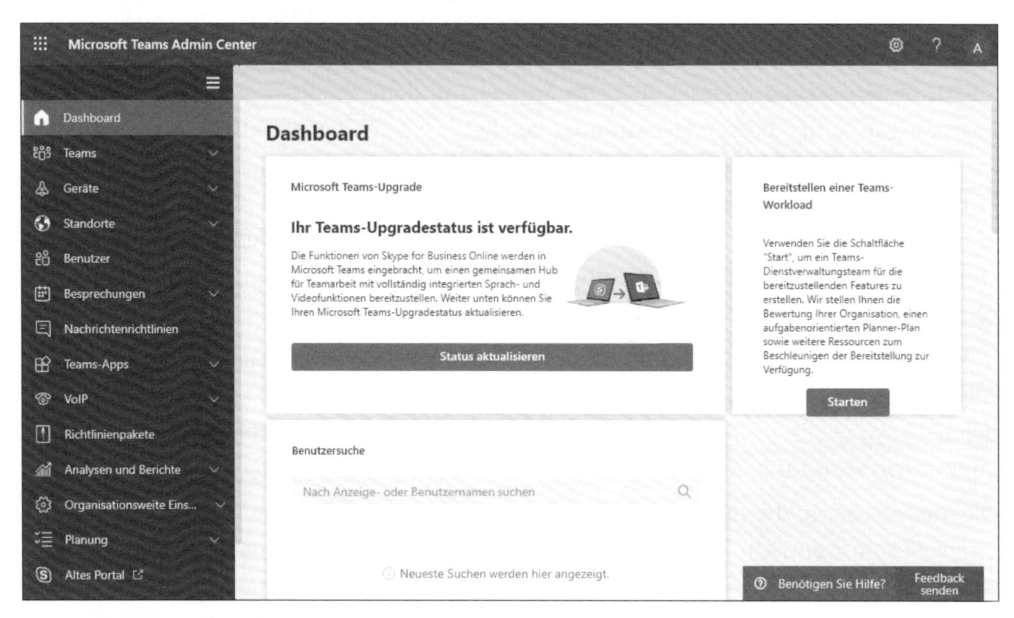

Abbildung 7.1 Microsoft Teams Admin Center

Bereich	Einstellungen/Richtlinien
Teams	Teams-Richtlinien
Besprechungen	▶ Besprechungsrichtlinien ▶ Besprechungseinstellungen
Liveereignisse	▶ Richtlinien für Liveereignisse ▶ Liveereigniseinstellungen
Nachrichten	Nachrichtenrichtlinien
Teams-Apps	▶ Berechtigungsrichtlinien ▶ Einrichtungsrichtlinien ▶ organisationsweite App-Einstellungen
VoIP (Telefonie)	▶ Notfallrichtlinien ▶ Richtlinien zum Parken von Anrufen ▶ Anrufrichtlinien ▶ Anrufer-ID-Richtlinien
Organisationsweite Einstellungen	▶ externer Zugriff ▶ Gastzugriff ▶ Teams-Einstellungen ▶ Teams-Upgrade

Tabelle 7.1 Übersicht Richtlinien und Einstellungen

Gruppenrichtlinienzuweisung

In der Vergangenheit konnten Sie Richtlinien nur einzelnen Benutzerkonten und nicht Gruppen zuweisen. Sicher können Sie sich vorstellen, dass dies in großen Unternehmen zu einem hohen Aufwand geführt hat. Natürlich war es auch in der Vergangenheit möglich, die Zuweisung beispielsweise über Skripte zu automatisieren, dennoch war diese Form der Verwaltung nicht ideal.

Inzwischen können Sie die Richtlinien auch Gruppen zuweisen (wechseln Sie dazu im Microsoft Teams Admin Center bei der jeweiligen Richtlinie zur Registerkarte GRUPPENRICHTLINIENZUWEISUNG).

Dort geben Sie eine Gruppe – dabei kann es sich um Sicherheitsgruppen, E-Mail-Verteilergruppen und auch Microsoft 365-Gruppen handeln – und die jeweils gewünschte Richtlinie für die Gruppenmitglieder an.

Hierbei kann es vorkommen, dass für einen Benutzer potenziell mehrere Richtlinien zutreffen, beispielsweise weil diese Person Mitglied mehrerer Gruppen ist, denen Sie unterschiedliche Richtlinien zugewiesen haben. Auch könnte es sein, dass der Benutzer Mitglied einer Gruppe mit Richtlinienzuweisung ist, Sie diesem Benutzer aber direkt eine andere Richtlinie zugewiesen haben, weil es sich bei der Person um einen speziellen Anwender mit besonderen Anforderungen handelt. In solchen Fällen gilt diese Reihenfolge:

1. **Direkte Zuweisung**

   Haben Sie einem Benutzerkonto direkt eine Richtlinie zugewiesen, gilt diese – auch wenn durch eine Gruppenzuweisung möglicherweise eine andere Richtlinie zur Anwendung kommen würde. Die direkte Zuweisung »gewinnt« also.

2. **Gruppenzuweisung**

   Ist das Benutzerkonto Mitglied mehrerer Gruppen mit unterschiedlicher Richtlinienzuweisung, gilt für dieses Konto diejenige Zuweisung, die den höchsten Rang (die kleinste Zahl hat). Beim Erstellen einer Gruppenzuweisung geben Sie immer einen *Rang* mit an. Die kleinste Zahl gewinnt.

3. **Standardrichtlinie**

   Haben Sie dem Benutzer weder eine Richtlinie direkt zugewiesen, noch ist diese Person Mitglied einer Gruppe mit Zuweisung, gilt für sie der organisationsweite Standard (die Richtlinie mit dem Namen *Global*).

Jedem Benutzerkonto wird somit also nach wie vor genau eine Richtlinie pro Art zugewiesen. Es können für einen einzelnen Benutzer also nicht gleichzeitig mehrere Richtlinien derselben Art gelten.

Ändern Sie die Mitgliedschaften in den Gruppen, erfolgt die Auswertung der für die Benutzerkonten anzuwendenden Richtlinien nicht in Echtzeit, sondern kann durchaus einige Stunden dauern.

Richtlinienpakete

Aufgrund der Vielzahl vorhandener Richtlinien kann die Verwaltung für Sie durchaus recht aufwendig werden. Um hier den Arbeitsaufwand ein wenig zu reduzieren, gibt es die sogenannten *Richtlinienpakete*. Dabei besteht jedes Paket aus einer unterschiedlichen Anzahl von Richtlinien. Sie können dann Benutzerkonten eine dieser Richtlinienpakete zuweisen, wodurch sämtliche darin enthaltenen Richtlinien für die Konten aktiv werden. Tabelle 7.2 zeigt die vorhandenen Richtlinienpakete und deren vorgesehenen Einsatzzweck (mit der originalen Beschreibung).

Aktuell können Sie jedoch keine eigenen Richtlinienpakete erstellen, sondern nur die vorhandenen an Ihre Anforderungen anpassen. Auch können Sie Richtlinienpakete derzeit keinen Gruppen, sondern nur Benutzern zuweisen.

Richtlinienpaket	Beschreibung	Enthaltene Richtlinien
Bildung (Hochschulstudenten)	Dieses Richtlinienpaket ist darauf ausgelegt, einen Satz von Richtlinien zu erstellen und diese Einstellungen auf Hochschulstudenten in Ihrer Organisation anzuwenden.	▸ Nachrichtenrichtlinie ▸ Besprechungsrichtlinie ▸ App-Setuprichtlinie ▸ Anrufrichtlinie ▸ Richtlinie für Liveereignisse
Bildungswesen (Grundschüler(in) verwendet Remote-Learning)	Dieses Richtlinienpaket dient dazu, eine Reihe von Richtlinien zu erstellen, die für Grundschülerinnen und -schüler gelten, um die Sicherheit und Zusammenarbeit der Schülerinnen und Schüler bei der Verwendung von Remote Learning zu maximieren.	▸ Nachrichtenrichtlinie ▸ Besprechungsrichtlinie ▸ App-Setuprichtlinie ▸ Anrufrichtlinie ▸ Richtlinie für Liveereignisse
Bildungswesen (Grundschullehrer(in) verwendet Remote-Learning)	Dieses Richtlinienpaket dient dazu, eine Reihe von Richtlinien zu erstellen, die für Grundschullehrerinnen und -lehrer gelten, um die Sicherheit und Zusammenarbeit von Schülerinnen und Schülern bei der Verwendung von Remote Learning zu maximieren.	▸ Nachrichtenrichtlinie ▸ Besprechungsrichtlinie ▸ App-Setuprichtlinie ▸ Anrufrichtlinie ▸ Richtlinie für Liveereignisse
Bildung (Grundschüler)	Dieses Richtlinienpaket ist darauf ausgelegt, einen Satz von Richtlinien zu erstellen und diese Einstellungen auf Grundschüler in Ihrer Organisation anzuwenden.	▸ Nachrichtenrichtlinie ▸ Besprechungsrichtlinie ▸ App-Setuprichtlinie ▸ Anrufrichtlinie ▸ Richtlinie für Liveereignisse

Tabelle 7.2 Richtlinienpakete

Richtlinienpaket	Beschreibung	Enthaltene Richtlinien
Bildung (Schüler weiterführender Schulen)	Dieses Richtlinienpaket ist darauf ausgelegt, einen Satz von Richtlinien zu erstellen und diese Einstellungen auf Schüler weiterführender Schulen in Ihrer Organisation anzuwenden.	▶ Nachrichtenrichtlinie ▶ Besprechungsrichtlinie ▶ App-Setuprichtlinie ▶ Anrufrichtlinie ▶ Richtlinie für Liveereignisse
Bildung (Lehrer)	Dieses Richtlinienpaket ist darauf ausgelegt, einen Satz von Richtlinien zu erstellen und diese Einstellungen auf Lehrer in Ihrer Organisation anzuwenden.	▶ Nachrichtenrichtlinie ▶ Besprechungsrichtlinie ▶ App-Setuprichtlinie ▶ Anrufrichtlinie ▶ Richtlinie für Liveereignisse
Vorgesetzter von Mitarbeitern in Service und Produktion	Dieses Richtlinienpaket dient dazu, eine Reihe von Richtlinien zu erstellen und diese Einstellungen auf Manager von Firstline-Mitarbeitern in Ihrer Organisation anzuwenden.	▶ Nachrichtenrichtlinie ▶ Besprechungsrichtlinie ▶ App-Setuprichtlinie ▶ Anrufrichtlinie ▶ Richtlinie für Liveereignisse
Mitarbeiter in Service und Produktion	Dieses Richtlinienpaket wurde entwickelt, um einen Satz von Richtlinien zu erstellen und deren Einstellungen Mitarbeitern in Service und Produktion in Ihrer Organisation zuzuweisen.	▶ Nachrichtenrichtlinie ▶ Besprechungsrichtlinie ▶ App-Setuprichtlinie ▶ Anrufrichtlinie ▶ Richtlinie für Liveereignisse
Klinikpersonal/Mitarbeiter im Gesundheitswesen	Dieses Richtlinienpaket ist darauf ausgelegt, einen Satz von Richtlinien zu erstellen und diese Einstellungen auf das Klinikpersonal in Ihrer Gesundheitswesenorganisation anzuwenden.	▶ Nachrichtenrichtlinie ▶ Besprechungsrichtlinie ▶ App-Setuprichtlinie

Tabelle 7.2 Richtlinienpakete (Forts.)

Richtlinienpaket	Beschreibung	Enthaltene Richtlinien
Information Worker im Gesundheitswesen	Dieses Richtlinienpaket ist darauf ausgelegt, einen Satz von Richtlinien zu erstellen und diese Einstellungen auf Information Worker in Ihrer Gesundheitswesenorganisation anzuwenden.	▶ Nachrichtenrichtlinie ▶ Besprechungsrichtlinie
Patientenzimmer	Dieses Richtlinienpaket ist darauf ausgelegt, einen Satz von Richtlinien zu erstellen und diese Einstellungen auf Patientenzimmer in Ihrer Gesundheitswesenorganisation anzuwenden.	▶ Nachrichtenrichtlinie ▶ Besprechungsrichtlinie ▶ App-Setuprichtlinie ▶ Anrufrichtlinie ▶ Richtlinie für Liveereignisse
Beauftragter für öffentliche Sicherheit	Dieses Richtlinienpaket ist darauf ausgelegt, einen Satz von Richtlinien zu erstellen und diese Einstellungen auf Beauftragte für öffentliche Sicherheit in Ihrer Organisation anzuwenden.	▶ Nachrichtenrichtlinie ▶ Besprechungsrichtlinie ▶ App-Setuprichtlinie ▶ Anrufrichtlinie
Kleine und mittelständische Unternehmensbenutzer (Business Voice)	Dieses Richtlinienpaket dient der Festlegung einer App-Setuprichtlinie, die die Apps für eine Spracherkennung umfasst.	App-Setuprichtlinie
Kleine und mittelständische Unternehmensbenutzer (ohne Business Voice)	Dieses Richtlinienpaket dient dazu, einen Satz von Richtlinien zu erstellen und diese Einstellungen auf kleine und mittelständische Unternehmen als Benutzer ohne Business Voice-Features anzuwenden.	App-Setuprichtlinie

Tabelle 7.2 Richtlinienpakete (Forts.)

7.2.1 Teams

Mit Teams-Richtlinien geben Sie vor, welche Teams-Einstellungen und Funktionen Ihre Benutzer vornehmen beziehungsweise ausführen können. Im Auslieferungszustand gibt es bereits die Richtlinie *Global*.

[+] Die Richtlinie *Global* ist die Standardrichtlinie, die bei neuen Benutzern voreingestellt ist. Sie können diese Richtlinie gegebenenfalls auch an Ihre eigenen Wünsche anpassen. Überlegen Sie sich das aber gut. Möglicherweise wäre es in diesem Fall sinnvoller, eine neue Richtlinie anzulegen, als die Standardrichtlinie zu modifizieren.

Tabelle 7.3 gibt einen Überblick über die verfügbaren Einstellungen.

Einstellung	Wert im Auslieferungszustand
Private Teams ermitteln	Ein
Private Teams erstellen	Ein

Tabelle 7.3 Teams-Richtlinien im Auslieferungszustand

7.2.2 Besprechungen

Im Bereich Besprechungen gibt es sowohl Richtlinien, als auch einige allgemein gültige Besprechungseinstellungen.

Besprechungsrichtlinien

Sie nutzen Besprechungsrichtlinien, um Ihren Benutzern bestimmte Funktionen innerhalb von Besprechungen zu erlauben oder zu verweigern. Diese Art von Richtlinien enthalten Optionen für den Audio- und Videobereich, zur Freigabe von Inhalten, zu Funktionen, die den Teilnehmern und Gästen der Besprechung zur Verfügung stehen, sowie einige allgemeine Optionen. Im Auslieferungszustand gibt es bereits einige Richtlinien für unterschiedliche Einsatzzwecke. Tabelle 7.4 gibt einen Überblick.

Option	Global	AllOff	Kiosk
Allgemein			
Sofortbesprechungen zulassen	Ein	Aus	Ein
Outlook-Add-In zulassen	Ein	Aus	Aus

Tabelle 7.4 Besprechungsrichtlinien im Auslieferungszustand

Option	Global	AllOff	Kiosk
Planung von Kanalbesprechungen zulassen	Ein	Aus	Aus
Planung privater Besprechungen zulassen	Ein	Aus	Aus
Audio und Video			
Transkription zulassen	Aus	Aus	Aus
Cloud-Aufnahme zulassen	Ein	Aus	Aus
IP-Video zulassen	Ein	Aus	Ein
Media-Bitrate (KBs)	50.000	50.000	50.000
Inhaltsfreigabe			
Bildschirmübertragungsmodus	Vollbild	deaktiviert	Vollbild
Zulassen, dass ein Teilnehmer die Steuerung erteilt oder anfordert	Ein	Aus	Ein
Zulassen, dass ein externer Teilnehmer die Steuerung erteilt oder anfordert	Aus	Aus	Aus
Teilen von PowerPoint zulassen	Ein	Aus	Ein
Whiteboard zulassen	Ein	Aus	Ein
Geteilte Notizen zulassen	Ein	Aus	Ein

Tabelle 7.4 Besprechungsrichtlinien im Auslieferungszustand (Forts.)

Option	Global	AllOff	Kiosk
Teilnehmer und Gäste			
Zulassen, dass anonyme Benutzer Besprechungen starten	Aus	Aus	Aus
Benutzer automatisch zulassen	alle in Ihrer Organisation	alle in Ihrer Organisation	alle in Ihrer Organisation

Tabelle 7.4 Besprechungsrichtlinien im Auslieferungszustand (Forts.)

Die beiden Richtlinien *AllOff* und *Kiosk* sind nicht änderbar. Kiosk steht dabei für Mitarbeiter im direkten Bereich, also beispielsweise Mitarbeiter in der Produktion oder Verkaufspersonal im Laden – im Unterschied zu den klassischen Büromitarbeitern. In der Richtlinie AllOff sind sämtliche Funktionen deaktiviert.

Möglicherweise finden Sie in der Liste der vorhandenen Besprechungsrichtlinien auch *AllOn*, *RestrictedAnonymousAccess* und *RestrictedAnonymousNoRecording*. Diese Richtlinien sind aus rein historischen Gründen vorhanden, und Sie sollten diese ohne Bedenken ignorieren.

Besprechungseinstellungen

Die Besprechungseinstellungen fassen einige wichtige Optionen zusammen, die für Ihre komplette Teams-Umgebung gelten und nicht für einzelne Benutzer ausgewählt werden können. Tabelle 7.5 fasst die Einstellungen mit dem jeweiligen Wert im Auslieferungszustand zusammen.

Einstellung	Wert im Auslieferungszustand
Teilnehmer	
Anonyme Benutzer können an einer Besprechung teilnehmen	Ein
E-Mail-Einladung	
Logo-URL	leer
URL für rechtliche Hinweise	leer
Hilfe-URL	leer
Fußzeile	leer

Tabelle 7.5 Besprechungseinstellungen im Auslieferungszustand

Einstellung	Wert im Auslieferungszustand
Netzwerk	
Markierungen für Quality of Service (QoS) für Mediendatenverkehr in Echtzeit einfügen	Aus
Portbereich für jeden Typ von Mediendatenverkehr in Echtzeit auswählen	Portbereiche festlegen
Audio	Ports 50.000 bis 50.019
Video	Ports 50.020 bis 50.039
Bildschirmübertragung	Ports 50.040 bis 50.059

Tabelle 7.5 Besprechungseinstellungen im Auslieferungszustand (Forts.)

7.2.3 Liveereignisse

Wie schon im Bereich Besprechungen gibt es auch bei den Liveereignissen sowohl Richtlinien, mit denen jeder Benutzer unterschiedlich konfiguriert werden kann, als auch allgemeine Einstellungen.

Richtlinie für Liveereignisse

Mit Liveereignissen führen Sie Veranstaltungen für einen großen Teilnehmerkreis durch. Mit den dazugehörigen Richtlinien konfigurieren Sie, welche Funktionen diejenigen Benutzer, die ein Liveereignis planen und durchführen, nutzen können.

Im Auslieferungszustand gibt es nur die Richtlinie *Global* mit den Einstellungen aus Tabelle 7.6.

Option	Global
Planung zulassen	Ein
Transkription für Teilnehmer zulassen	Aus
Teilnehmer an einem geplanten Liveereignis	ALLE IN DER ORGANISATION Weitere Optionen sind: ▸ JEDER ▸ BESTIMMTE BENUTZER ODER GRUPPEN

Tabelle 7.6 Richtlinie für Liveereignisse im Auslieferungszustand

Option	Global
Einstellungen für Aufzeichnungen	IMMER AUFZEICHNEN Weitere Optionen sind: ▶ NIE AUFZEICHNEN ▶ ORGANISATOR KANN AUFZEICHNEN

Tabelle 7.6 Richtlinie für Liveereignisse im Auslieferungszustand (Forts.)

Liveereigniseinstellungen

Mit den Liveereigniseinstellungen kontrollieren Sie mandantenweite Vorgaben, die für alle Liveereignisse gelten. Dabei stehen Ihnen die folgenden Optionen zur Verfügung:

- Support-URL (falls ein Teilnehmer den Support kontaktieren muss)
- Verteilungsdrittanbieter verwenden (Standard: Aus)

7.2.4 Nachrichten

Ähnlich wie Sie mit Besprechungsrichtlinien Funktionen innerhalb von Besprechungen für Ihre Benutzer freigeben, bestimmen Sie mit Nachrichtenrichtlinien, welche Funktionen Ihre Benutzer innerhalb von Chat- und Kanalnachrichten nutzen können. Im Auslieferungszustand gibt es nur die Richtlinie *Global* mit den Einstellungen aus Tabelle 7.7.

Option	Global
Besitzer können gesendete Nachrichten löschen	Aus
Benutzer können gesendete Nachrichten löschen	Ein
Benutzer können gesendete Nachrichten bearbeiten	Ein
Lesebestätigungen	benutzergesteuert
Chat	Ein
Giphys in Unterhaltungen verwenden	Ein
Giphy-Inhaltsbewertung	keine Einschränkung
Memes in Unterhaltungen verwenden	Ein
Aufkleber in Unterhaltungen verwenden	Ein

Tabelle 7.7 Nachrichtenrichtlinie im Auslieferungszustand

Option	Global
URL-Vorschau zulassen	Ein
Übersetzung von Nachrichten durch Benutzer zulassen	Aus

Tabelle 7.7 Nachrichtenrichtlinie im Auslieferungszustand (Forts.)

Giphys sind animierte Bilddateien, die bestimmte Emotionen oder Aussagen transportieren sollen. Sehen Sie sich dazu die folgende Webseite an:

https://giphy.com

7.2.5 Teams-Apps

In Abschnitt 2.8, »Erweiterungen«, haben wir uns die Erweiterungsmöglichkeiten des Teams-Clients bereits genauer angesehen. Dabei stellen sich in diesem Kontext nun einige Fragen, beispielsweise die folgenden:

- Welche Apps stehen meinen Benutzern zur Verfügung?
- Welche Apps werden in welcher Reihenfolge im Teams-Client angezeigt?

Die Antworten darauf treffen Sie mit Berechtigungsrichtlinien und Einrichtungsrichtlinien. Daneben gibt es noch eine Reihe von organisationsweiten App-Einstellungen.

Berechtigungsrichtlinien

Mit Berechtigungsrichtlinien konfigurieren Sie, welche Apps von Ihren Benutzern innerhalb von Microsoft Teams genutzt werden können. Im Auslieferungszustand gibt es wieder die Richtlinie *Global* mit den Einstellungen aus Tabelle 7.8.

Option	Global
Microsoft-Apps	alle Apps zulassen
Drittanbieter-Apps	alle Apps zulassen
Mandanten-Apps	alle Apps zulassen

Tabelle 7.8 Berechtigungsrichtlinie im Auslieferungszustand

Dabei steht der Begriff *Drittanbieter-Apps* für Apps, die nicht von Microsoft selbst stammen, aber zentral über Microsoft Teams bereitgestellt werden. Ein willkürliches Beispiel dafür wäre die App *Adobe Sign*.

Unter *Mandanten-Apps* versteht man dagegen Apps, die Sie (Ihr Unternehmen) selbst entwickelt haben und den Benutzern zur Verfügung stellen möchten.

Die möglichen Einstellungen für die entsprechenden Optionen sind diese:

- alle Apps zulassen
- bestimmte Apps zulassen und alle anderen blockieren
- bestimmte Apps blockieren und alle anderen zulassen
- alle Apps blockieren

Einrichtungsrichtlinien

Mit den Einrichtungsrichtlinien geben Sie nun vor, welche Apps in den Teams-Clients Ihrer Benutzer standardmäßig zu sehen sind (in der Navigation am linken Rand [beim Desktop-Client] beziehungsweise am unteren Rand [beim mobilen Client]).

In der Standardkonfiguration gibt es neben der Richtlinie *Global* bereits die Richtlinie *FirstLineWorker*, die sich wieder an Mitarbeiter im direkten Bereich richtet (beispielsweise Produktion oder Verkauf). Tabelle 7.9 zeigt die Optionen samt den Standardeinstellungen.

Option	Global	FirstLineWorker
Benutzerdefinierte Apps hochladen	Aus	nicht auswählbar
Anheften durch Benutzer zulassen	Ein	nicht auswählbar
Angeheftete Apps	Activity Chat Teams Calendar Calling Files	Activity Shifts Chat Calling

Tabelle 7.9 Einrichtungsrichtlinien im Auslieferungszustand

Organisationsweite App-Einstellungen

Neben den Richtlinien gibt es auch noch einige mandantenübergreifende Einstellungen im App-Bereich, die gegenüber gegebenenfalls anderweitig getätigten Einstellungen Priorität haben. So könnten Sie hier beispielsweise die Nutzung von Drittanbieter-Apps komplett verhindern. Hier die möglichen Optionen:

- Drittanbieter-Apps zulassen (Standard: Ein)
- alle im Store veröffentlichten neuen Drittanbieter-Apps standardmäßig zulassen (Standard: Ein)
- Interaktion mit benutzerdefinierten Apps zulassen (Standard: Ein)

7.2.6 VoIP (Telefonie)

Zum VoIP-Bereich gehört eine ganze Palette unterschiedlicher Richtlinien: Notfallrichtlinien, Richtlinien zum Parken von Anrufen, Anrufrichtlinien und Anrufer-ID-Richtlinien.

Notfallrichtlinien

Zu den Notfallrichtlinien zählen *Anrufrichtlinien* und *Richtlinien zur Weiterleitung von Anrufern*. Bei beiden ist jeweils eine Richtlinie mit der Bezeichnung *Global* vorhanden. Tabelle 7.10 und Tabelle 7.11 zeigen die Standardeinstellungen.

Option	Global
Benachrichtigungsmodus	nicht gesetzt
Nummer für externe Anrufe für Benachrichtigungen	nicht gesetzt
Liste der bei Notrufen zu benachrichtigenden Benutzer und Gruppen	nicht gesetzt

Tabelle 7.10 Anrufrichtlinie im Auslieferungszustand

Option	Global
Erweiterte Notfalldienste	nicht gesetzt
Notrufnummern	nicht gesetzt

Tabelle 7.11 Richtlinie zur Weiterleitung von Notrufen im Auslieferungszustand

Richtlinien zum Parken von Anrufen

Das *Parken von Anrufen* dient dazu, ein Gespräch zu pausieren und zu einem späteren Zeitpunkt weiterzuführen. Das könnte von einem anderen Gerät aus sein, oder das Gespräch wird an eine andere Person im Unternehmen weitergeleitet. Mit den zugehörigen Richtlinien bestimmen Sie, ob und wie diese Funktionalität genutzt werden kann. Im Auslieferungszustand gibt es nur die Richtlinie *Global* mit den Einstellungen aus Tabelle 7.12.

Option	Global
Parken von Anrufen zulassen	Aus
Bereichsanfang für Anrufannahme	10
Bereichsende für Anrufannahme	99
Park-Time-out (Sekunden)	300

Tabelle 7.12 Richtlinie zum Parken von Anrufen im Auslieferungszustand

Der in der Richtlinie anzugebende Bereich betrifft den Code, den der Anwender vom Teams-Client erhält, sobald er einen Anruf parkt. Dieser Code ist dann erforderlich, wenn der Anruf auf einem anderen Gerät fortgesetzt werden soll. Der Anwender wechselt dazu zur Kurzwahlanzeige.

Anrufrichtlinien

Mit dieser Richtlinienart steuern Sie, welche Funktionen bei Anrufen Ihren Benutzern zur Verfügung stehen. Im Auslieferungszustand gibt es bereits die Richtlinien *Global*, *AllowCalling* und *DisallowCalling*. Die beiden letztgenannten Richtlinien sind allerdings nicht anpassbar. Tabelle 7.13 gibt einen Überblick.

Option	Global	AllowCalling	DisallowCalling
Private Anrufe führen	Ein	Ein	Aus
Anrufweiterleitung und gleichzeitiges Klingeln bei Personen in Ihrer Organisation	Ein	Ein	Aus
Anrufweiterleitung und gleichzeitiges Klingeln bei externen Telefonnummern	Ein	Ein	Aus
Voicemail ist für die Weiterleitung eingehender Anrufe verfügbar	benutzergesteuert	benutzergesteuert	deaktiviert
Eingehende Anrufe können an Anrufgruppen weitergeleitet werden	Ein	Ein	Aus
Stellvertretung für ein- und ausgehende Anrufe zulassen	Ein	Ein	Aus
Gebührenumgehung und Senden von Anrufen über PSTN verhindern	Aus	Aus	Aus
Besetzt bei beschäftigt ist während eines Anrufs verfügbar	Aus	Aus	Aus
Allow web PSTN calling	Ein	Ein	Ein

Tabelle 7.13 Anrufrichtlinien im Auslieferungszustand

Bei der Option VOICEMAIL sind für die Weiterleitung eingehender Anrufe neben BENUTZERGESTEUERT auch die Einstellungen AKTIVIERT und DEAKTIVIERT möglich.

Anrufer-ID-Richtlinien

Unter *Anrufer-IDs* versteht man die bei der angerufenen Person angezeigte Rufnummer des Anrufers. Ob und welche Rufnummer angezeigt werden soll, steuern Sie über die Anrufer-ID-Richtlinien. Im Auslieferungszustand gibt es bereits die Richtlinie *Global* mit den Einstellungen aus Tabelle 7.14.

Option	Global
Eingehende Anrufer-ID blockieren	Aus
Die Anrufer-ID-Richtlinie außer Kraft setzen	Aus
Die Anrufer-ID ersetzen durch ...	Nummer des Benutzers
Die Anrufer-ID durch diese Dienstnummer ersetzen	nicht belegt

Tabelle 7.14 Anrufer-ID-Richtlinie im Auslieferungszustand

Bei der Option DIE ANRUFER-ID ERSETZEN DURCH bestehen folgende Wahlmöglichkeiten:

- NUMMER DES BENUTZERS
- DIENSTNUMMER
- ANONYM

7.2.7 Organisationsweite Einstellungen

Die organisationsweiten Einstellungen teilen sich in unterschiedliche Bereiche auf: Externer Zugriff, Gastzugriff, Teams-Einstellungen und Teams-Upgrade.

Externer Zugriff

Mit *Externer Zugriff* ist in Microsoft Teams die Möglichkeit gemeint, mit Benutzern aus anderen Mandanten in Kontakt zu treten, mit diesen also beispielsweise über einen direkten Chat kommunizieren zu können. Man spricht hier auch von einer *Teams-Federation* oder einem *Teams-Verbund*. Im entsprechenden Bereich im Microsoft Teams Admin Center haben Sie folgende Optionen:

- EXTERNER ZUGRIFF (Standard: EIN)
- BENUTZER KÖNNEN MIT EXTERNEN SKYPE-BENUTZERN KOMMUNIZIEREN (Standard: EIN)

Darüber hinaus können Sie über die darunter vorhandene Domänenliste bestimmte Domänen für den externen Zugriff explizit erlauben oder verbieten.

Gastzugriff

Beim Gastzugriff geht es um das Hinzufügen von unternehmensfremden Benutzern und deren Aktionsmöglichkeiten innerhalb Ihrer Teams.

Tabelle 7.15 zeigt eine Übersicht über die möglichen Einstellungen.

Einstellung	Wert im Auslieferungszustand
Gastzugriff in Microsoft Teams ermöglichen	Aus (bei Aktivierung erscheinen die weiteren Optionen)
Anrufen	
Private Anrufe führen	Ein
Besprechung	
IP-Video zulassen	Ein
Bildschirmübertragungsmodus	Vollbild
Sofortbesprechungen zulassen	Ein
Nachrichten	
Gesendete Nachrichten bearbeiten	Ein
Gäste können gesendete Nachrichten löschen	Ein
Chat	Ein
Giphys in Unterhaltungen verwenden	Ein
Giphy-Inhaltsbewertung	Mittel
Memes in Unterhaltungen verwenden	Ein
Aufkleber in Unterhaltungen verwenden	Ein

Tabelle 7.15 Einstellungen für den Gastzugriff

Neben den organisationsweiten Einstellungen, die für Ihren kompletten Mandanten gelten, können Sie für Gäste auch in jedem Team separat Einstellungen vornehmen, beispielsweise ob Gäste Kanäle anlegen und löschen können. Mehr dazu lesen Sie in Abschnitt 2.3.4, »Eigenschaften von Teams«.

Außerdem ist die erste Option GASTZUGRIFF IN MICROSOFT TEAMS ERMÖGLICHEN zwar eine mandantenweite Einstellung, doch heißt das nicht, dass damit in jedem Team Gäste zugelassen sind. Bei Bedarf können Sie in einzelnen Teams den Gastzugriff dennoch deaktivieren. Wollen Sie aber in nur einem Team den Gastzugriff zulassen, muss diese Option auf EIN stehen. Sie können sich diese Option auch als eine Art Master-Schalter vorstellen. Steht er auf AUS, ist in keinem Team der Gastzugriff (mehr) möglich.

Allerdings ist der Gastzugriff nicht nur von diesen organisationsweiten Einstellungen abhängig, sondern von einer ganzen Reihe weiteren Optionen. Lesen Sie dazu Abschnitt 7.9, »Gastzugriff«.

Teams-Einstellungen

Zu den organisationsweiten Einstellungen gehören auch Einstellungen speziell für Teams.

Tabelle 7.16 fasst die Einstellungen mit dem jeweiligen Wert im Auslieferungszustand zusammen.

Einstellung	Wert im Auslieferungszustand
E-Mail-Integration	
Zulassen, dass Benutzer E-Mails an eine Kanal-E-Mail-Adresse senden	Ein
Kanal-E-Mails werden nur aus den folgenden SMTP-Domänen angenommen	leer
Dateien (Zugriff auf Cloud-Speicher aus Teams heraus)	
ShareFile	Ein
Dropbox	Ein
Box	Ein
Google Drive	Ein
Organisation	
Registerkarte »Organisation« in Chats anzeigen	Ein

Tabelle 7.16 Teams-Einstellungen

Einstellung	Wert im Auslieferungszustand
Geräte	
Sekundäre Authentifizierungsform für Zugriff auf Besprechungsinhalte verlangen	kein Zugriff
Inhalts-PIN festlegen	erforderlich außerhalb geplanter Besprechung
Ressourcenkonten können Nachrichten senden	Ein
Suche	
Verzeichnissuche in Teams mit einer Exchange-Adressbuchrichtlinie (ABP) einschränken	Aus

Tabelle 7.16 Teams-Einstellungen (Forts.)

Hier noch eine Anmerkung zur letzten Einstellung: Bei den Sucheinstellungen können Sie mithilfe von *Exchange-Adressbuchrichtlinien (ABP)* eingrenzen, welche anderen Benutzer bei der Suche angezeigt werden. Damit können Sie die Benutzer aus Ihrem Mandanten segmentieren, beispielsweise wenn Sie dort die Benutzer aus unterschiedlichen Konzernmarken eines gemeinsam genutzten Mandanten verwalten und diese voneinander zumindest bei der Suche getrennt halten wollen. Mehr zu Exchange-Adressbuchrichtlinien lesen Sie hier:

https://docs.microsoft.com/de-de/exchange/address-books/address-book-policies/address-book-policies

Teams-Upgrade

Haben Sie bisher Skype for Business Online in Ihrem Mandanten eingesetzt und wollen zu Microsoft Teams wechseln, sind verschiedene Umstiegsszenarien denkbar – auch abhängig davon, ob Sie alle Benutzer zu einem bestimmten Zeitpunkt umstellen wollen oder ob dies gruppenweise erfolgen soll. Eine technische Beschreibung dessen würde den Rahmen dieses Buches sprengen, weshalb ich Sie hier auf die offizielle Dokumentation mit den möglichen Szenarien und Einstellungsoptionen verweisen möchte:

https://docs.microsoft.com/de-DE/MicrosoftTeams/migration-interop-guidance-for-teams-with-skype

7.3 Anlegen von Teams beschränken

Wie schon erwähnt, kann im Auslieferungszustand von Microsoft Teams jeder Benutzer mit passender Lizenz ein neues Team anlegen, wenn er der Meinung ist, ein solches zu benötigen. Wenn Sie nun genau das nicht möchten, um beispielsweise einen eigenen Provisionierungsprozess mit Freigabe zu etablieren, können Sie dem einen Riegel vorschieben. Beachten Sie dabei, dass diese Beschränkung nicht über Microsoft Teams konfiguriert wird, sondern über die Microsoft 365-Gruppen, auf denen jedes Teams aufsetzt. Lesen Sie hierzu auch Abschnitt 2.3.6, »Microsoft 365-Gruppen«.

Bei der Beschränkung stehen Ihnen zwei Stufen zur Verfügung:

1. Sie deaktivieren die Anlage von Microsoft 365-Gruppen durch die Benutzer

   Beachten Sie hierbei, dass dies eine Entscheidung ist, die sämtliche Dienste betrifft, die auf Microsoft 365-Gruppen aufsetzen, also neben Microsoft Teams beispielsweise auch Microsoft Planner, SharePoint Online (für Team-Websites) und Yammer. Mit der Deaktivierung können die Benutzer dann weder ein neues Team noch einen neuen Plan anlegen. Eine passgenauere Konfiguration, beispielsweise auf Diensteebene, gibt es nicht.

2. Sie deaktivieren die Anlage von Microsoft 365-Gruppen durch die Benutzer, erlauben allerdings die Anlage für die Mitglieder einer bestimmten Sicherheitsgruppe

   Dies ist quasi die Erweiterung zu Stufe 1: Zunächst deaktivieren Sie die Anlage von Microsoft 365-Gruppen für alle, geben dann aber eine Sicherheitsgruppe an, deren Mitgliedern die Anlage dennoch erlaubt wird.

Beide Stufen gelten allerdings nicht für Benutzer, denen die Rolle *Globaler Administrator* zugewiesen wurde. Solche Benutzer können jederzeit über jeden Dienst Microsoft 365-Gruppen anlegen. Diese Rolle gehört zu den allgemeinen administrativen Rollen Ihres Mandanten.

[+] Mehr zu eigenen Provisionierungsprozessen finden Sie in Abschnitt 11.4.1, »Eigener Provisionierungsprozess für Teams«.

7.3.1 Anlegen von Teams durch Benutzer deaktivieren

Leider gibt es in den grafischen Administrationsoberflächen keine Option, um das Anlegen von Teams zu deaktivieren. Das Azure Active Directory verfügt aber durchaus über eine Einstellung, mit der Sie bestimmen, ob Gruppen angelegt werden dürfen. Dazu ist ein Ausflug in die Kommandozeile erforderlich. Für Microsoft PowerShell gibt es eine Befehlserweiterung, mit der Sie das Azure Active Directory verwalten. Wie Sie dabei vorgehen, lesen Sie in der offiziellen Dokumentation:

https://docs.microsoft.com/de-de/azure/active-directory/users-groups-roles/groups-settings-cmdlets

Für die Administratoren unter Ihnen: Im Azure Active Directory erstellen Sie ein Konfigurationsobjekt vom Typ `Unified.Group`. Dieses enthält verschiedene Eigenschaften, mit denen Sie einige der hier vorgestellten Governance-Funktionen einstellen. Zum Deaktivieren der Anlage von Microsoft 365-Gruppen durch den Benutzer setzen Sie die Eigenschaft `EnableGroupCreation` auf `False`.

Sobald die Einstellung greift (in der Praxis dauert das ein paar Minuten), verschwindet bei den Clients der Benutzer die Schaltfläche zum Anlegen neuer Teams (siehe Abbildung 7.2).

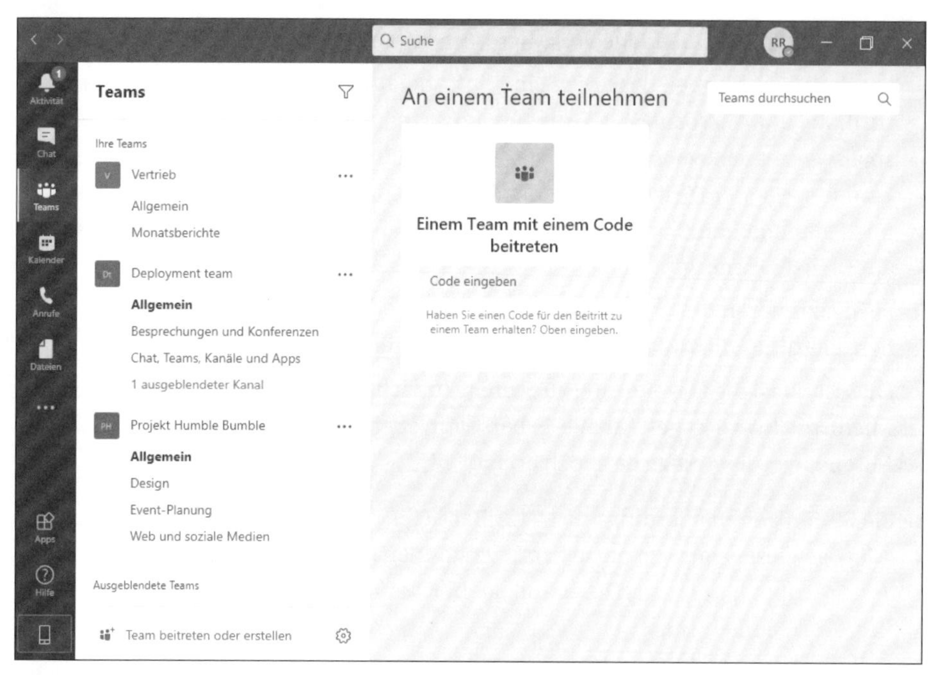

Abbildung 7.2 Neue Teams können nicht mehr angelegt werden.

7.3.2 Anlegen von Teams nur für bestimmte Benutzer aktivieren

Sollen nur bestimmte Benutzer Microsoft 365-Gruppen (und Teams) anlegen dürfen – beispielsweise das IT-Personal oder Benutzerkonten, die Sie für Dienste eingerichtet haben, die in automatischen Provisionierungsprozessen letztendlich die Teams anlegen –, gehen Sie wie folgt vor:

1. Erstellen Sie im Azure Active Directory eine Sicherheitsgruppe.
2. Nehmen Sie in dieser Sicherheitsgruppe alle Benutzerkonten als Mitglied auf, denen es erlaubt sein soll, neue Microsoft 365-Gruppen anzulegen.

3. Erlauben Sie den Mitgliedern dieser Sicherheitsgruppe im Azure Active Directory das Anlegen von Microsoft 365-Gruppen.

   Wie Sie dabei vorgehen, lesen Sie ebenfalls in der offiziellen Dokumentation:

   https://docs.microsoft.com/de-de/azure/active-directory/users-groups-roles/groups-settings-cmdlets

Leider gibt es auch diesmal (mit Ausnahme der Anlage und Verwaltung der Sicherheitsgruppe) keine Konfigurationsmöglichkeit in den grafischen Administratoroberflächen.

Auch hier ein Hinweis für die Administratoren unter Ihnen: In demselben Konfigurationsobjekt, wie in Abschnitt 7.3.1, »Anlegen von Teams durch Benutzer deaktivieren«, beschrieben, belegen Sie diesmal die Eigenschaft `GroupCreationAllowedGroupId` mit der *GUID (Globally Unique Identifier)* der Sicherheitsgruppe.

7.4 Namenskonventionen

Gerade in größeren Umgebungen wollen Sie wahrscheinlich für die Namensgebung der Microsoft 365-Gruppen (und damit für die darauf aufbauenden Teams) ein einheitliches Schema vorgeben, sodass auch mit einer großen Anzahl von Gruppen der Überblick nicht verloren geht. Dabei kann die Einrichtung einer Namenskonvention helfen, mit der Sie den eigentlichen Gruppennamen mit einem Präfix und einem Suffix einrahmen können. Mit der Namenskonvention können Sie darüber hinaus auch bestimmte Begriffe bei der Namensvergabe ausschließen, sodass Ihre Anwender beispielsweise nicht selbstständig eine Gruppe mit dem Titel *Personalabteilung*, *Betriebsrat* oder *Vorstand* anlegen können und dort dann Themen diskutieren, die Sie lieber an anderer Stelle aufgehoben wüssten.

Präfix und/oder Suffix bestehen dabei wahlweise aus einer festen Zeichenfolge und/oder einem Attributwert aus dem Benutzerkonto, mit dem die neue Microsoft 365-Gruppe angelegt wird. Zur Auswahl stehen dabei die folgenden Attribute:

- Department
- Company
- Office
- StateOrProvince
- CountryOrRegion
- Title

Auch eine Kombination wäre möglich, so könnte beispielsweise das Suffix aus festen Zeichenfolgen und mehreren Attributwerten bestehen. Abbildung 7.3 zeigt die Konfigurationsoberfläche im Azure Active Directory Admin Center unter GRUPPEN • BENENNUNGSRICHTLINIE.

Abbildung 7.3 Benennungsrichtlinie im Azure Active Directory Admin Center

Natürlich gibt es aber auch hier alternativ wieder die Konfiguration über die Kommandozeile. Die Dokumentation dazu finden Sie unter folgender URL:

https://docs.microsoft.com/de-de/azure/active-directory/users-groups-roles/groups-naming-policy

Für die Administratoren unter Ihnen: Wie bei der Anlagebeschränkung wird in demselben Konfigurationsobjekt, wie in Abschnitt 7.3.1, »Anlegen von Teams durch Benutzer deaktivieren«, beschrieben, diesmal die Eigenschaft `PrefixSuffixNamingRequirement` für Präfix und Suffix sowie die Eigenschaft `CustomBlockedWordsLists` für eine Liste nicht erlaubter Wörter gesetzt.

Übrigens gilt die Namenskonvention nicht für Benutzer mit der Rolle *Globaler Administrator*. So können Sie von administrativer Seite aus im Bedarfsfall auch Gruppennamen vergeben, die weder Präfix noch Suffix, dafür aber durchaus gesperrte Begriffe enthalten.

Eine eingerichtete Namenskonvention präsentiert sich dem Endanwender im Teams-Client bei der Anlage eines neuen Teams wie in Abbildung 7.4 gezeigt.

Abbildung 7.4 Neues Team mit Namenskonvention wird angelegt.

Suffix statt Präfix

Robin hat sich bei der Einrichtung einer Namenskonvention für ein Präfix entschieden. Die Team-Namen beginnen mit dem Land, dann folgen ein Unterstrich, der Name der Abteilung des Besitzers, dann wieder ein Unterstrich und zuletzt der eigentliche Titel.

Im laufenden Betrieb merkt Robin, dass die Entscheidung für ein Präfix in der Praxis doch einige Nachteile mit sich bringt:

- Bei der Suche: Sucht ein Anwender in seinem Teams-Client beispielsweise mit dem Begriff »Marketing« nach einem Team, würde das Suchergebnis zwar »Marketing_US« aufführen, nicht aber »US_Marketing«, da die Suche aktuell immer am Anfang des Namens startet.
- Auf Smartphones: Wenn dort mehrere Teams mit »US_NY_...« beginnen, leidet der Überblick aufgrund des begrenzten Platzes deutlich (siehe Abbildung 7.5).

Robin entscheidet sich deshalb, statt eines Präfixes ein Suffix in der Namenskonvention zu konfigurieren.

Abbildung 7.5 Präfixe auf einem Smartphone mit kleinem Bildschirm

7.5 Vorlagen

Je nachdem, wie Sie Microsoft Teams in Ihrem Unternehmen verwenden, verfolgen manche Teams ein ähnliches Ziel, nur in einem jeweils unterschiedlichen Kontext. Dazu gehören beispielsweise projekt-, produkt- und kundenbezogene Teams. Dabei wäre es in vielen Fällen sicher wünschenswert, dass der Aufbau dieser Teams grundsätzlich einem einheitlichen Schema folgt, damit die Arbeit darin für die Mitarbeiter vereinfacht wird. Nur wie kann ein solches einheitliches Schema erreicht werden?

Beim Anlegen eines neuen Teams können Sie bestimmen, dass das neue Team bestimmte Bestandteile eines bestehenden Teams übernehmen soll. Dazu starten Sie den Assistenten zum Erstellen eines Teams und wählen im ersten Schritt die Option ERSTELLEN AUS (siehe Abbildung 7.6).

Nach der Auswahl des gewünschten Teams definieren Sie, welche Bestandteile Sie übernehmen wollen (siehe Abbildung 7.7).

Abbildung 7.6 Neues Team anlegen

Abbildung 7.7 Team-Bestandteile übernehmen

Die Kanäle werden dabei immer übernommen. Wahlweise können Sie aber auch Apps, Registerkarten, Mitglieder und Team-Einstellungen übernehmen.

Das ist zwar in mancher Situation hilfreich, jedoch wäre ein weniger manueller Prozess wünschenswert, insbesondere dann, wenn Teams mit standardisiertem Aufbau nicht vom Anwender selbst, sondern in einem vorgegebenen Provisionierungsprozess angelegt werden sollen. Dafür gibt es zwei alternative Wege: Einer ist direkt über den Teams-Client erreichbar und einer über das programmatische Anlegen von Teams. Sehen wir uns beide Wege nun einmal etwas genauer an.

7.5.1 Vorlagen im Teams-Client

Bei Bedarf können Sie Ihren Anwendern beim Anlegen eines neuen Teams die Wahl zwischen einer Reihe von Vorlagen anbieten (siehe Abbildung 7.6 und Abbildung 7.8).

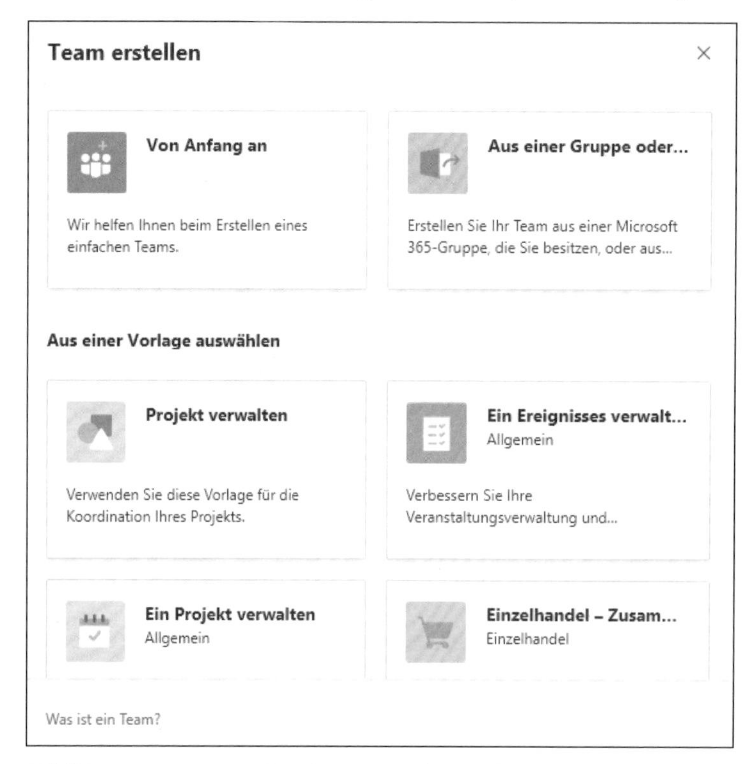

Abbildung 7.8 Team auf Basis einer Vorlage anlegen

Die Vorlagen selbst verwalten Sie im Microsoft Teams Admin Center unter TEAMS • TEAMVORLAGEN (siehe Abbildung 7.9).

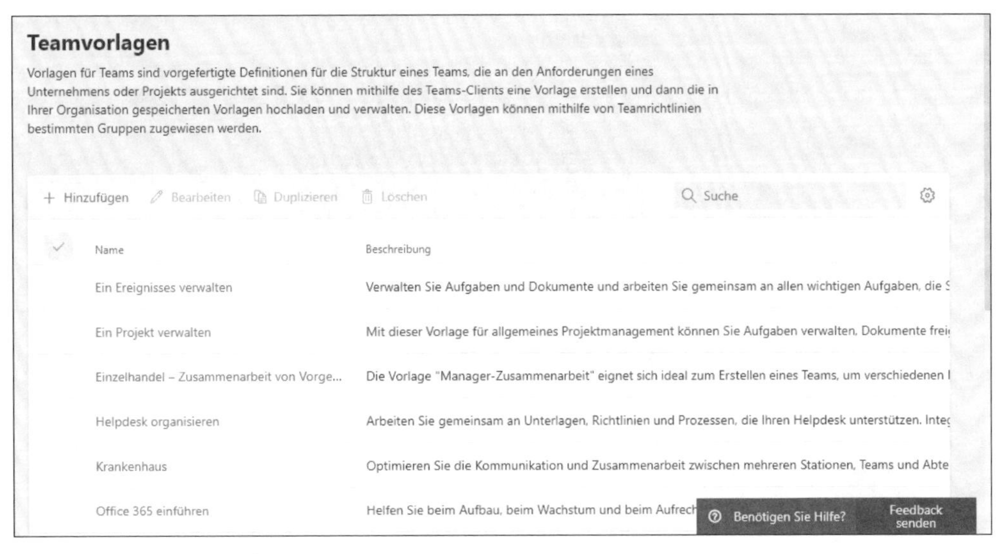

Abbildung 7.9 Teamvorlagen

Dort finden Sie bereits eine ganze Reihe vordefinierter Vorlagen, die Ihnen auch als Ideengeber für eigene Vorlagen dienen. Tabelle 7.17 listet die bestehenden Vorlagen auf.

Name	Beschreibung
Ein Ereignis verwalten	Verwalten Sie Aufgaben und Dokumente, und arbeiten Sie gemeinsam an allen wichtigen Aufgaben, die Sie für eine überzeugende Veranstaltung benötigen. Laden Sie die Gastbenutzer zu einer sicheren Zusammenarbeit innerhalb und außerhalb Ihres Unternehmens ein.
Ein Projekt verwalten	Mit dieser Vorlage für allgemeines Projektmanagement können Sie Aufgaben verwalten, Dokumente freigeben, Projektbesprechungen durchführen sowie Risiken und Entscheidungen dokumentieren.
Einzelhandel – Zusammenarbeit von Vorgesetzten	Die Vorlage »Manager-Zusammenarbeit« eignet sich ideal zum Erstellen eines Teams, um verschiedenen Managern die Zusammenarbeit über Geschäfte/Regionen etc. hinweg zu ermöglichen. Wenn Ihre Organisation z. B. in verschiedenen Regionen tätig ist, können Sie ein Team für die Zusammenarbeit für die Region Bayern erstellen, und alle Filialmanager dieser Region sowie den regionalen Manager für diese Region miteinbeziehen.

Tabelle 7.17 Teamvorlagen

Name	Beschreibung
Helpdesk organisieren	Arbeiten Sie gemeinsam an Unterlagen, Richtlinien und Prozessen, die Ihren Helpdesk unterstützen. Integrieren Sie Ihr vorhandenes Ticket-System, oder verwenden Sie unsere Vorlage zum Verwalten von Anfragen.
Krankenhaus	Optimieren Sie die Kommunikation und Zusammenarbeit zwischen mehreren Stationen, Teams und Abteilungen innerhalb eines Krankenhauses. Diese Vorlage enthält eine Reihe von Basiskanälen für Krankenhausabläufe und kann nach Bedarf erweitert werden, z. B. um Spezialgebiete miteinzuschließen.
Office 365 einführen	Helfen Sie beim Aufbau, beim Wachstum und beim Aufrechterhalten Ihres Experten-Community-Rollouts, indem Sie Ihre Kolleginnen und Kollegen von der neuen Technologie überzeugen und sie bei deren Verwendung unterstützen.
Onboarding von Mitarbeitern	Verbessern Sie Ihre Unternehmenskultur, und optimieren Sie das Onboarding Ihrer Mitarbeiter mit diesem zentralen Team für die Bereitstellung von Ressourcen, die Beantwortung von Fragen und für ein wenig Spaß.
Qualität und Sicherheit	Zentralisieren Sie die Kommunikation, den Zugriff auf Ressourcen und den Anlagenbetrieb mit einem Fertigungsteam. Schließen Sie Richtlinien und Dokumente zu Vorgehensweisen, Schulungsvideos, Sicherheitshinweise und Prozesse zur Schichtübergabe mit ein.
Shop-Organisation	Bringen Sie Ihre Einzelhandelsmitarbeiter an einem zentralen Ort zusammen, um Aufgaben zu verwalten, Dokumente freizugeben und Kundenprobleme zu lösen. Integrieren Sie zusätzliche Anwendungen, um Schichtabläufe zu optimieren.
Vorfallsreaktionsplan koordinieren	Zentralisieren Sie Kommunikation und kritische Ressourcen für das Team, das für Krisenmanagement und die Reaktion auf Vorfälle zuständig ist. Innerhalb dieses Teams können Sie viele verschiedene Dateitypen bereitstellen, um eine zentrale Stelle für alle Ihre Dokumente zu schaffen. Verwenden Sie Online-Besprechungen zur Verbesserung des Informationsflusses und der Situationswahrnehmung.

Tabelle 7.17 Teamvorlagen (Forts.)

Name	Beschreibung
Zusammenarbeit bei der Patientenversorgung	Optimieren Sie die Kommunikation und Zusammenarbeit im Gesundheitswesen innerhalb einer Station, eines Teams oder einer Abteilung. Die Vorlage kann verwendet werden, um die Verwaltung von Patienten und die betrieblichen Anforderungen einer Abteilung zu vereinfachen.
Zusammenarbeit im Fall einer globalen Krise oder eines Ereignisses	Zentralisieren Sie die Zusammenarbeit für Ihr Krisenteam unternehmensweit, erleichtern Sie das Erstellen von Plänen zur Geschäftskontinuität, teilen Sie remote Arbeitstipps, verfolgen Sie die Kundenkommunikation, und halten Sie alle mit Vorankündigungen auf Neuigkeiten auf dem Laufenden.
Zusammenarbeit in einer Bankfiliale	Zentralisieren Sie die Zusammenarbeit für Ihre Bankmitarbeiter in Kanälen für Brainstormings, Kundenbesprechungen und Geschäftsprozessen wie die Zusammenarbeit bei Hypotheken, und halten Sie alle mit Ankündigungen und Kudos auf dem Laufenden.

Tabelle 7.17 Teamvorlagen (Forts.)

Über einen in das Admin Center integrierten Editor erstellen Sie auf einfache Weise auch eigene Vorlagen, wobei Sie dort die gewünschten Kanäle, Tabs und Apps hinterlegen.

7.5.2 Programmatische Vorlagen

Erstellen Sie Teams nicht über den in den Teams-Client eingebauten Standardprozess, sondern automatisiert über eine separate App oder einen eigenen Provisionierungsprozess, können Sie neue Teams auch programmatisch auf Basis von Vorlagen anlegen.

Im *Microsoft Graph*, einer leistungsfähigen Entwicklerschnittstelle für Microsoft 365, ist bereits ein Kommando zum Anlegen eines Teams auf Basis einer Konfigurationsvorlage vorgesehen. Diese Vorlage wird in *JSON (JavaScript Object Notation)* geschrieben und beim Aufruf des Kommandos übergeben. Hier ein Beispiel für eine solche Vorlage, um einen Eindruck davon zu bekommen:

```
{
    "template@odata.bind": "https://graph.microsoft.com/beta/
teamsTemplates('standard')",
    "visibility": "Private",
    "displayName": "Beispiel-Team",
    "description": "Das ist ein Beispiel-Team",
```

```
    "channels": [
        {
            "displayName": "Training",
            "isFavoriteByDefault": true,
            "description": "Das ist ein Beispiel-Kanal",
            "tabs": [
                {
                    "teamsApp@odata.bind": "https://graph.microsoft.com/v1.0/
appCatalogs/teamsApps('com.microsoft.teamspace.tab.web')",
                    "name": "Teams-Website",
                    "configuration": {
                        "contentUrl": "/microsoftteams/microsoft-teams"
                    }
                }
            ]
        }
    ],
    "memberSettings": {
        "allowCreateUpdateChannels": true,
        "allowDeleteChannels": true,
        "allowAddRemoveApps": true,
        "allowCreateUpdateRemoveTabs": true,
        "allowCreateUpdateRemoveConnectors": true
    },
    "guestSettings": {
        "allowCreateUpdateChannels": false,
        "allowDeleteChannels": false
    },
    "funSettings": {
        "allowGiphy": true,
        "giphyContentRating": "Moderate",
        "allowStickersAndMemes": true,
        "allowCustomMemes": true
    },
    "messagingSettings": {
        "allowUserEditMessages": true,
        "allowUserDeleteMessages": true,
        "allowOwnerDeleteMessages": true,
        "allowTeamMentions": true,
        "allowChannelMentions": true
    }
    ]
}
```

Listing 7.1 Beispielvorlage

Wird ein Team auf Basis einer solchen Vorlage erstellt, können Sie es nach dem Anlegen auch weiter an Ihre Bedürfnisse anpassen – das Team ist also nicht in Stein gemeißelt, sondern die Vorlage fungiert als Startpunkt.

Aktuell können Sie folgende Komponenten in einer Vorlage definieren:

- Name
- Beschreibung
- Sichtbarkeit (öffentlich oder privat)
- Einstellungen (Mitgliederberechtigungen, Gastberechtigungen etc.)
- bevorzugte Kanäle
- installierte Apps
- angeheftete Tabs

Eine Anwendung einer solchen Vorlage finden Sie im Rahmen eines eigenen Provisionierungsprozesses für Teams in Abschnitt 11.4.2, »Beispiel Power Automate«.

Die hier genannten Komponenten sind längst noch nicht alle Bestandteile, die ein Team ausmachen. In Zukunft werden wir hier voraussichtlich auch noch weitere Komponenten finden, wie Mitglieder, Team-Bild, Connectors und auch Inhalte, wie etwa Dateien.

Die offizielle Dokumentation finden Sie an dieser Stelle:

https://docs.microsoft.com/de-de/microsoftteams/get-started-with-teams-templates

7.6 Nutzungsrichtlinien

Bei Bedarf können Sie den Anwendern beim Anlegen eines neuen Teams einen Link zu den Nutzungsrichtlinien bereitstellen. Dort können Sie dann Hinweise zur Nutzung des Teams geben oder auch weitere Einstellungen näher erläutern, wie etwa die Klassifizierungen aus dem nächsten Abschnitt. Diese Nutzungsrichtlinien sind dabei nicht statisch von Microsoft fest vorgegeben, sondern Sie konfigurieren lediglich eine URL, die beim Klick auf den Link geöffnet wird. Den Inhalt hinter der URL müssen Sie selbst bereitstellen – beispielsweise über eine Seite in Ihrem Intranet auf SharePoint Online-Basis.

Ist eine Nutzungsrichtlinie konfiguriert, sieht der Anwender im Assistenten zur Anlage des neuen Teams den Link im ersten Schritt unten (siehe Abbildung 7.10).

Die Nutzungsrichtlinien können die Team-Mitglieder auch später noch einsehen: Im Teams-Client öffnen Sie das Kontextmenü eines Teams und wählen dort den Befehl TEAM BEARBEITEN. In dem dann erscheinenden Fenster ist auch der Link zu den Richtlinien zu sehen (siehe Abbildung 7.11).

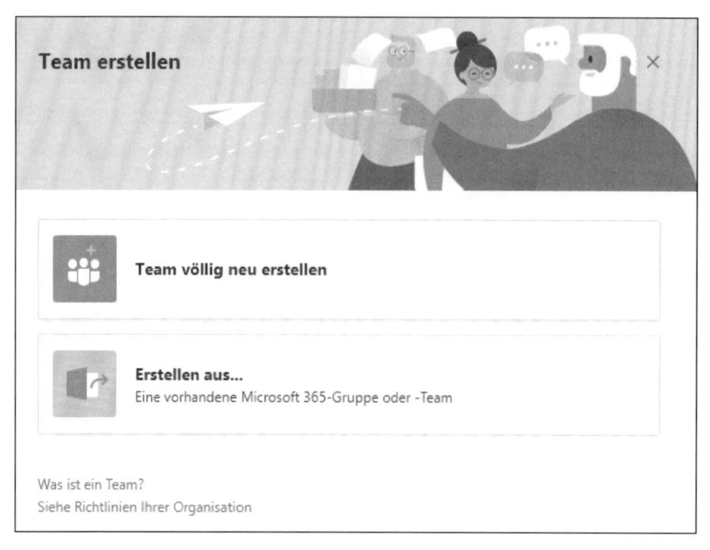

Abbildung 7.10 Nutzungsrichtlinien beim Anlegen eines neuen Teams

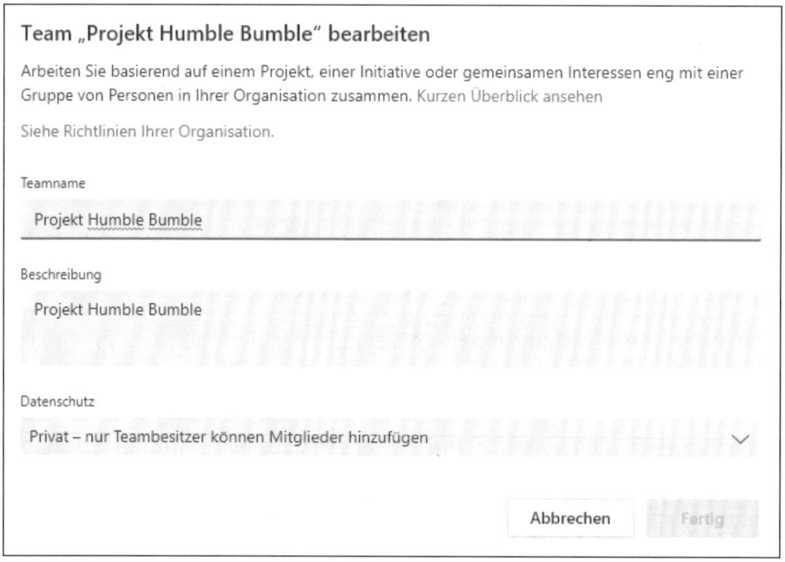

Team „Projekt Humble Bumble" bearbeiten
Arbeiten Sie basierend auf einem Projekt, einer Initiative oder gemeinsamen Interessen eng mit einer Gruppe von Personen in Ihrer Organisation zusammen. Kurzen Überblick ansehen
Siehe Richtlinien Ihrer Organisation.
Teamname
Projekt Humble Bumble
Beschreibung
Projekt Humble Bumble
Datenschutz
Privat – nur Teambesitzer können Mitglieder hinzufügen
Abbrechen
Fertig

Abbildung 7.11 Nutzungsrichtlinien beim Bearbeiten eines Teams

Die Konfiguration der Nutzungsrichtlinien erfolgt wieder über das Azure Active Directory. Als Administrator verwenden Sie dort dasselbe Konfigurationsobjekt für Microsoft 365-Gruppen und belegen die Eigenschaft `UsageGuidelinesUrl` mit der URL zu den Nutzungsrichtlinien. Die offizielle Dokumentation finden Sie hier:

https://docs.microsoft.com/de-de/azure/active-directory/users-groups-roles/groups-settings-cmdlets

7.7 Klassifizierung von Teams

Gleich ein Hinweis vornweg: Die Klassifizierung von Teams aus diesem Abschnitt ist eine eher alte Technik und wird derzeit durch Vertraulichkeits-Bezeichnungen für Teams ersetzt. Lesen Sie daher auch unbedingt Abschnitt 5.3.3, »Informationssicherheit«. Eine gemeinsame Nutzung der Vertraulichkeits-Bezeichnungen und der hier vorgestellten Klassifizierung ist nicht vorgesehen. Wenn Sie die Wahl haben, sollten Sie also eher zu den moderneren und viel leistungsfähigeren Vertraulichkeits-Bezeichnungen greifen.

Möglicherweise verwendet Ihr Unternehmen ein Klassifizierungssystem, wie beispielsweise gemäß den Geheimhaltungsstufen *Streng geheim*, *Geheim* und *Allgemein*. Solche Klassifizierungen können Sie auch für Microsoft 365-Gruppen (und damit für die darauf aufsetzenden Teams) verwenden. Beim Anlegen eines neuen Teams wird der Anwender dann gefragt, welche Klassifizierung für das Team gelten soll (siehe Abbildung 7.12).

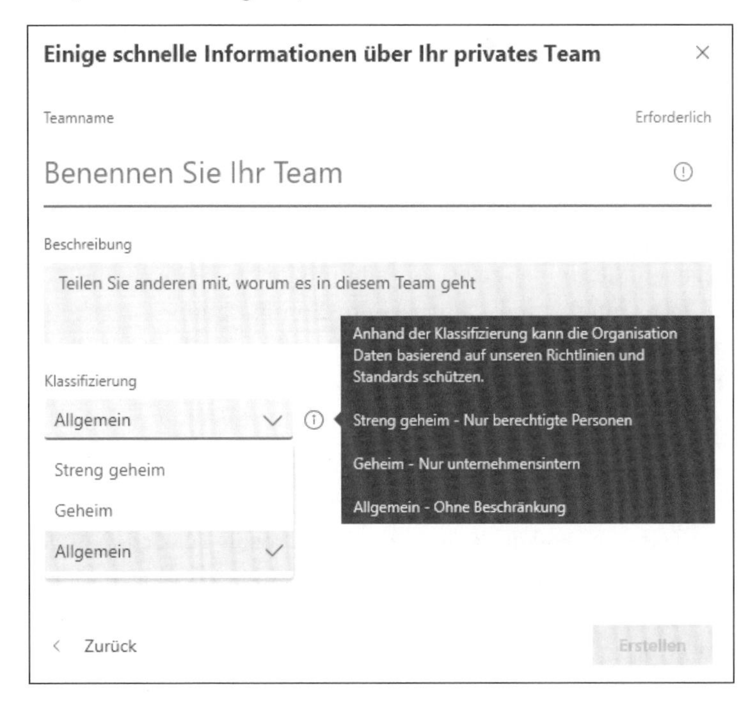

Abbildung 7.12 Klassifizierung beim Anlegen eines Teams auswählen

Mit welcher Klassifizierung ein Team angelegt wurde, sehen die Anwender im Teams-Client rechts oben (siehe Abbildung 7.13).

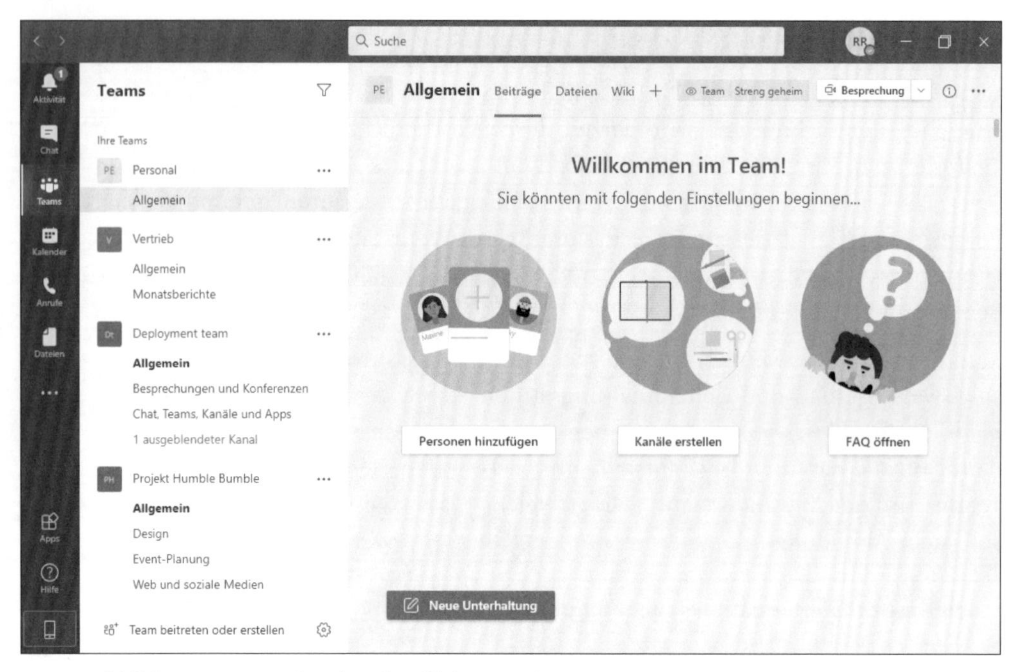

Abbildung 7.13 Anzeige der Klassifizierung eines Teams

Allerdings ist das im Prinzip nur Kosmetik, denn eine technische Auswirkung der Klassifizierung auf die Aktionen, die ein Anwender innerhalb eines Teams vornehmen kann, ist nicht gegeben. Sie können selbst von administrativer Seite aus die ausgewählte Klassifizierung ermitteln und dann weitere Konfigurationen oder Einschränkungen vornehmen. Ein Ansatz dabei wäre, regelmäßig über PowerShell die Klassifizierung der Teams auszulesen und darauf basierend weitere Einstellungen vorzunehmen, beispielsweise bei streng geheimen Teams das Hinzufügen von Gästen zu deaktivieren. Dabei müssen Sie jedoch beachten, dass sich im Laufe der Zeit die Klassifizierung eines Teams auch einmal ändern kann.

Technisch spannender wäre ein Entwickleransatz: Die Microsoft 365-Schnittstelle *Microsoft Graph* enthält eine Benachrichtigungsfunktionalität, bei der eigener Programmcode bei neu angelegten Gruppen oder bei Änderungen an bestehenden Gruppen automatisch erfolgt. Der Programmcode könnte dann die gewünschten Modifikationen an den Gruppen vornehmen.

Die Konfiguration, welche Klassifizierungsstufen es im Einzelnen gibt, und jeweils eine dazugehörige Beschreibung nehmen Sie wieder über die Kommandozeile im Azure Active Directory vor. Die offizielle Dokumentation dazu finden Sie hier:

https://docs.microsoft.com/de-de/office365/enterprise/powershell/manage-office-365-groups-with-powershell#create-classifications-for-office-groups-in-your-organization

Als Administrator verwenden Sie wieder wie in Abschnitt 7.3.1, »Anlegen von Teams durch Benutzer deaktivieren«, das Konfigurationsobjekt für Microsoft 365-Gruppen und belegen drei Eigenschaften:

- `ClassificationList`: mögliche Klassifizierungsstufen
- `ClassificationDescriptions`: kurze Beschreibungen zu jeder Klassifizierungsstufe
- `DefaultClassification`: die vorausgewählte Klassifizierungsstufe

7.8 Dynamische Mitgliedschaft

Möchten Sie die Mitglieder einiger Teams nach bestimmten Kriterien organisieren, ist die Verwaltung über das Hinzufügen und Entfernen einzelner Benutzer recht mühsam. Stellen Sie sich vor, Sie wollten für jede Abteilung ein eigenes Team anlegen, in dem die Mitarbeiter aus den jeweiligen Abteilungen Mitglied sind. Das würde zunächst bedeuten, dass bei jeder Einstellung eines neuen Mitarbeiters und bei jedem internen Abteilungswechsel die Gruppenmitgliedschaften manuell angepasst werden müssten. Hier können Sie über dynamische Mitgliedschaften viel Aufwand einsparen, indem Sie die Mitglieder über eine Abfrage auf Basis von Benutzerkontoeigenschaften bestimmen.

Auch hier steckt die eigentliche Funktionalität wieder im Background der Microsoft 365-Gruppen, die eine Mitgliedschaft vom Typ *Zugewiesen* unterstützen – was den Standardfall darstellt –, aber eben auch den Typ *Dynamisch*. Sie können diesen Mitgliedschaftstyp dabei sowohl bei bestehenden Gruppen (und damit Teams) ändern, als auch direkt neue Microsoft 365-Gruppen mit dynamischen Mitgliedschaftstypen anlegen. Allerdings steht dieser Weg nur Administratoren offen und nicht normalen Benutzern. Die erforderlichen Konfigurationsoptionen befinden sich im *Azure Active Directory Admin Center*. Dort geben Sie den gewünschten Typ an und in der dynamischen Variante die Abfrage. Ein Beispiel sehen Sie in Abbildung 7.14.

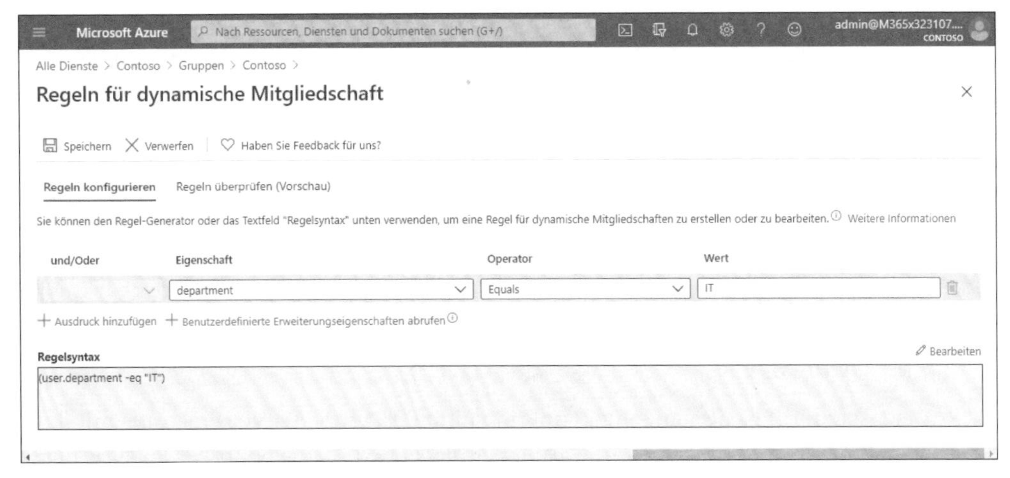

Abbildung 7.14 Abfrage für dynamische Mitgliedschaft

Die Abfrage der dynamischen Mitgliedschaft wird zwar nicht in Echtzeit, sondern in Intervallen ausgewertet, doch erreichen Sie damit beispielsweise, dass ein neuer Mitarbeiter aus der IT auch automatisch Mitglied im Team IT wird. Außerdem fehlt dann im Teams-Client im Kontextmenü der Befehl MITGLIED HINZUFÜGEN. Außerdem wird bei der Mitgliederverwaltung ein entsprechender Hinweis angezeigt (siehe Abbildung 7.15).

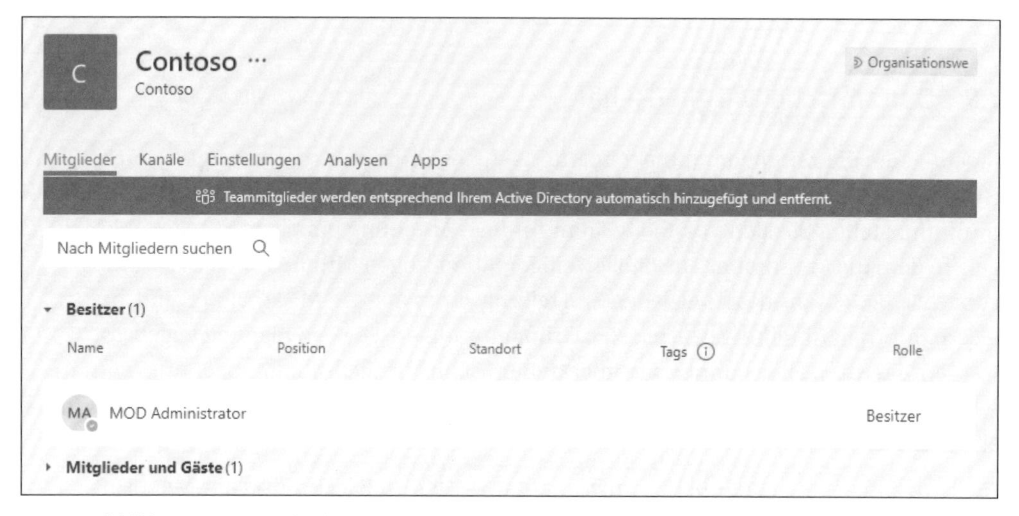

Abbildung 7.15 Mitgliederverwaltung

Die offizielle Dokumentation finden Sie hier:

https://docs.microsoft.com/de-de/microsoftteams/dynamic-memberships

7.9 Gastzugriff

Wie bereits in Abschnitt 7.2.7, »Organisationsweite Einstellungen«, erläutert, gibt es einige organisationsweite Einstellungen, mit denen Sie den Gastzugriff mandantenweit für Microsoft Teams steuern. Jedoch dürfen Sie den Gastzugriff nicht isoliert für Microsoft Teams betrachten, sondern müssen immer bedenken, dass hier viele weitere Dienste im Hintergrund agieren. Ist dabei der Gastzugriff bei einem der beteiligten Dienste deaktiviert, funktioniert er auch in Microsoft Teams nicht – egal, ob Sie ihn dort aktiviert haben oder nicht. Sehen wir uns den Zusammenhang nun etwas genauer an.

7.9.1 Azure B2B

Der Gastzugriff basiert auf einer Funktionalität des Azure Active Directorys mit dem Namen *Azure B2B* (*B2B* steht für *Business to Business*). Dabei benötigt der Gast nicht unbedingt ein eigenes Konto in einem Azure Active Directory, aber doch zumindest (ein kostenfrei erhältliches) *Microsoft-Konto* (früher auch *Live ID* genannt). Fügen Sie eine externe Person, also jemanden, der in Ihrem Azure Active Directory kein eigenes Benutzerkonto besitzt, zu einem Team hinzu, erhält dieser eine Einladung per E-Mail (siehe Abbildung 7.16).

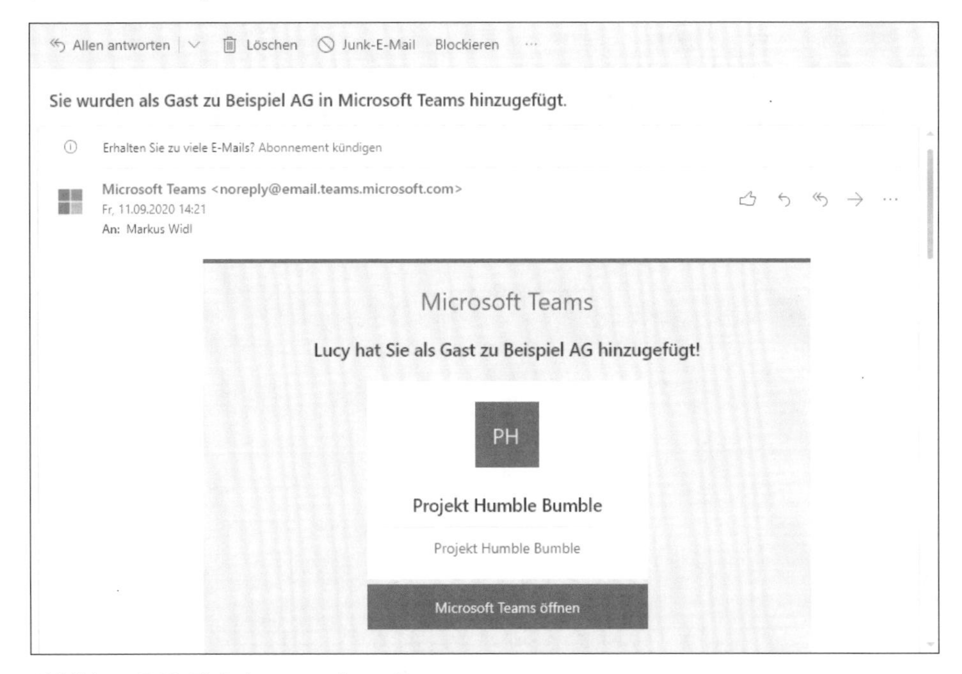

Abbildung 7.16 Einladung zu einem Team

Gleichzeitig wird im Azure Active Directory für den Gast ein spezieller Benutzerkontoeintrag vorgenommen (siehe Abbildung 7.17). Sie erkennen in der Benutzerverwaltung des Microsoft 365 Admin Centers Gäste in der Spalte STATUS und an der besonderen Form des Benutzernamens mit dem Zusatz #EXT#.

Markieren Sie einen der Gastbenutzer, können Sie für diesen bei Bedarf auch die Anmeldung über eine Multifaktorauthentifizierung voraussetzen, um die Sicherheit zu erhöhen (lesen Sie hierzu auch Abschnitt 5.2.1, »Mehrstufige Authentifizierung«).

[+] Verlässt ein Gast sämtliche Teams aus Ihrem Office 365-Mandanten, bleibt dieser Gastbenutzer-Eintrag im Azure Active Directory dennoch bestehen. Sie können ihn aber selbst daraus entfernen.

Klickt der Gast auf den Link in der Einladungs-E-Mail, wird automatisch überprüft, ob er über ein Konto in einem Azure Active Directory verfügt (mit einem Benutzernamen, der identisch ist mit der bei der Einladung verwendeten E-Mail-Adresse). Wenn ja, wird dieses Konto verwendet, wenn nein, wird automatisch überprüft, ob er über ein Microsoft-Konto verfügt. Wenn auch das nicht der Fall ist, wird automatisch ein

Konto für ihn erstellt (siehe Abbildung 7.18). Dabei muss der Gast noch einige Daten angeben, wie etwa gewünschtes Kennwort, Land und Geburtsdatum, und die Nutzungsbestimmungen akzeptieren.

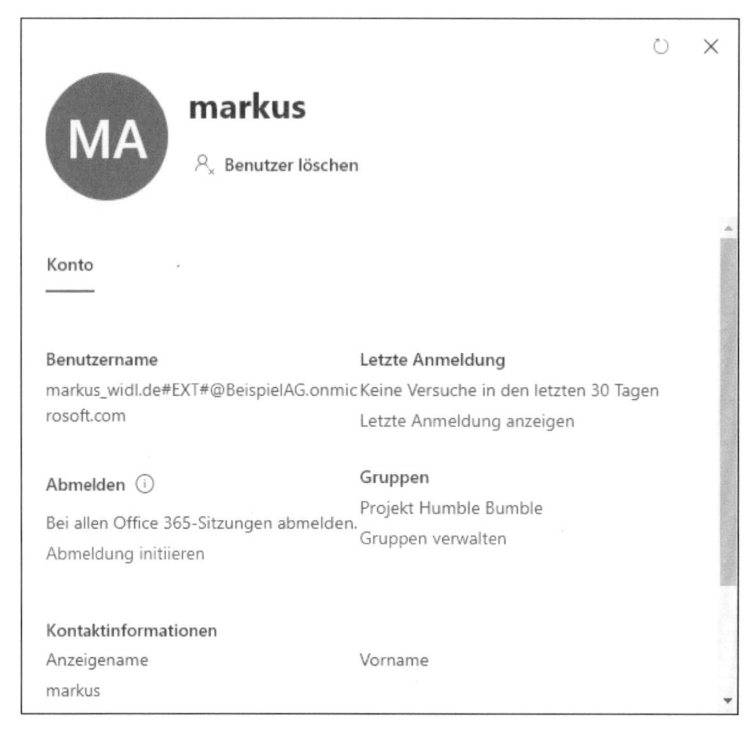

Abbildung 7.17 Gäste im Azure Active Directory

Abbildung 7.18 Erstellung eines Microsoft-Kontos für einen Gast

Über diesen Prozess wird es dem Gast recht einfach gemacht, ein geeignetes Benutzerkonto zu erhalten, sofern er noch keines hat.

Über Azure B2B könnte man ein eigenes Buch schreiben, daher kann eine detaillierte Erläuterung in diesem Buch keinen Platz finden. Für alle Funktionen, die ich hier in diesem Kapitel beschreibe, ist eine Änderung der Standardkonfiguration von Azure B2B nicht erforderlich. Wenn Sie sich näher mit diesem Thema auseinandersetzen wollen, finden Sie hier die offizielle Dokumentation:

https://docs.microsoft.com/de-de/azure/active-directory/b2b/what-is-b2b

7.9.2 Aktivierung

Damit der Gastzugriff in der Praxis auch funktioniert, überprüfen Sie am besten alle erforderlichen Ebenen, die für den Gastzugriff zusammenarbeiten:

- **Azure B2B**

  Im Azure Active Directory Admin Center könnte der Gastzugriff eingeschränkt sein. Im Auslieferungszustand sind jedoch alle Funktionen aktiv. Im Zweifelsfall können Sie aber dort nachsehen, und zwar unter Azure Active Directory • Benutzereinstellungen • Externe Einstellungen zur Zusammenarbeit verwalten mit der direkten URL (siehe Abbildung 7.19):

  https://aad.portal.azure.com/#blade/Microsoft_AAD_IAM/ActiveDirectoryMenuBlade/UserSettings

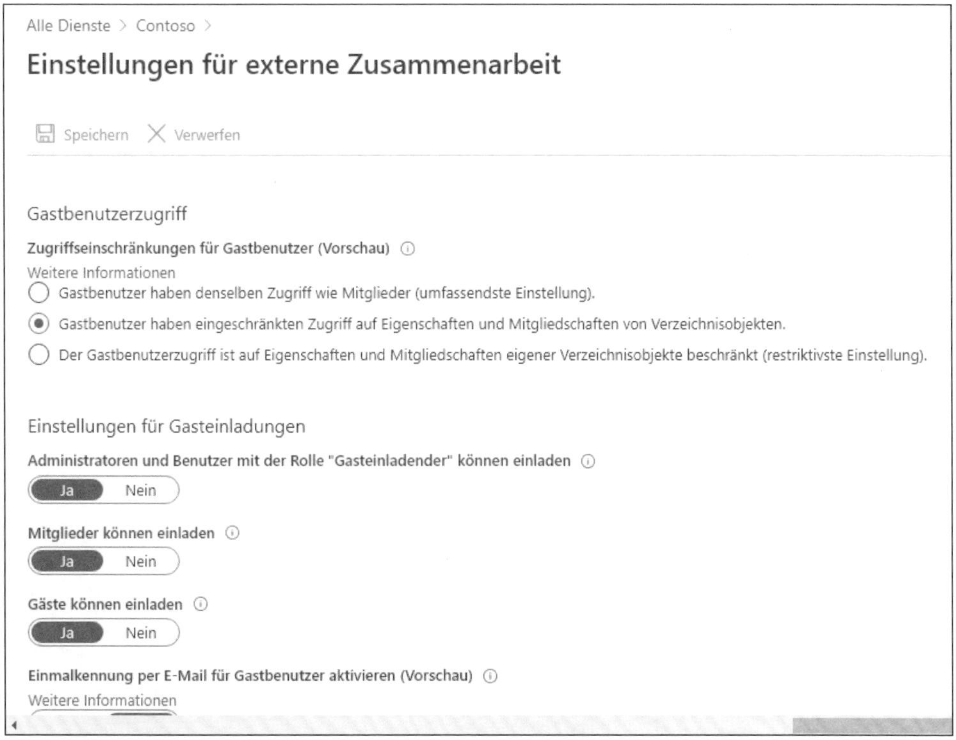

Alle Dienste > Contoso >
Einstellungen für externe Zusammenarbeit
Speichern
Verwerfen
Gastbenutzerzugriff
Zugriffseinschränkungen für Gastbenutzer (Vorschau)
Weitere Informationen
Gastbenutzer haben denselben Zugriff wie Mitglieder (umfassendste Einstellung).
Gastbenutzer haben eingeschränkten Zugriff auf Eigenschaften und Mitgliedschaften von Verzeichnisobjekten.
Der Gastbenutzerzugriff ist auf Eigenschaften und Mitgliedschaften eigener Verzeichnisobjekte beschränkt (restriktivste Einstellung).
Einstellungen für Gasteinladungen
Administratoren und Benutzer mit der Rolle "Gasteinladender" können einladen
Ja Nein
Mitglieder können einladen
Ja Nein
Gäste können einladen
Ja Nein
Einmalkennung per E-Mail für Gastbenutzer aktivieren (Vorschau)
Weitere Informationen

Abbildung 7.19 Einstellungen für externe Zusammenarbeit

▸ **Microsoft 365-Gruppen**

Da Microsoft Teams auf den Microsoft 365-Gruppen aufsetzt, sind die dortigen Einstellungen für Gäste ebenfalls relevant. Öffnen Sie im Microsoft 365 Admin Center den Bereich EINSTELLUNGEN • EINSTELLUNGEN DER ORGANISATION • MICROSOFT 365 GRUPPEN. Dort finden Sie zwei Optionen, die im Auslieferungszustand beide auf EIN stehen – und für den vollständigen Gastzugriff auch so eingestellt bleiben sollten (siehe Abbildung 7.20):

– ZULASSEN, DASS GRUPPENBESITZER PERSONEN AUSSERHALB IHRER ORGANISATION ALS GÄSTE ZU MICROSOFT 365 GROUPS HINZUFÜGEN KÖNNEN

– ZULASSEN, DASS GÄSTE EINER GRUPPE AUF GRUPPENINHALTE ZUGREIFEN KÖNNEN

Deaktivieren Sie die erste Option, könnten nur noch Team-Besitzer Gäste einladen. Beachten Sie aber, dass diese Option für sämtliche Microsoft 365-Gruppen (und damit Teams) in Ihrem Mandanten gilt.

Abbildung 7.20 Einstellungen für Microsoft 365-Gruppen

▸ **SharePoint Online**

Dateien, die Sie in Teams speichern, verwaltet der Dienst in SharePoint Online. Aus diesem Grund sind auch die Freigabeeinstellungen von SharePoint für Gäste relevant. Die relevante Einstellung finden Sie im neuen *SharePoint Admin Center* im Bereich RICHTLINIEN • TEILEN (siehe Abbildung 7.21). Dort darf die Option EXTERNES TEILEN für SHAREPOINT nicht auf NUR PERSONEN IN IHRER ORGANISATION gesetzt sein. Im Auslieferungszustand ist hier JEDER aktiviert. Haben Sie diesen Wert nicht geändert, besteht also kein Änderungsbedarf.

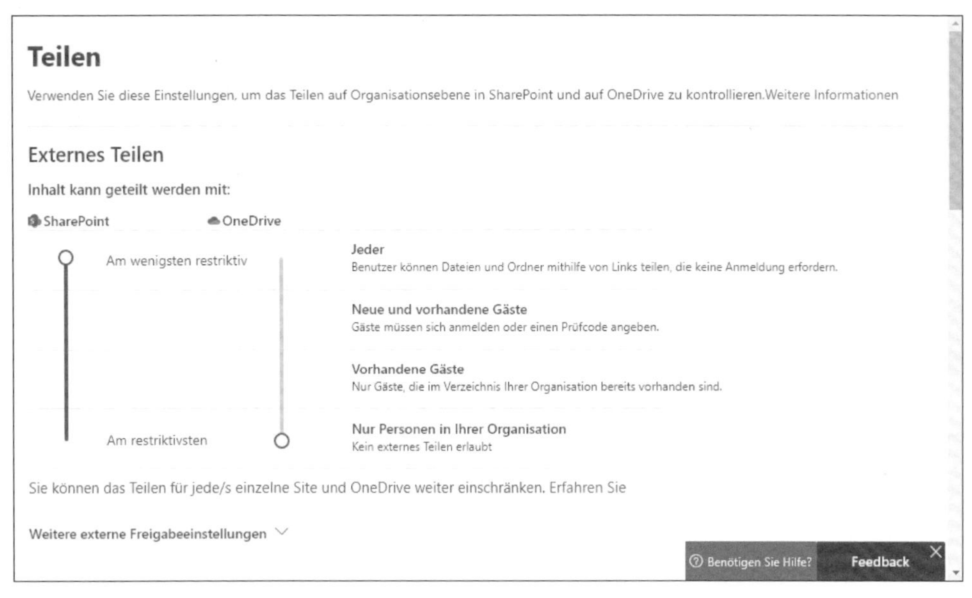

Abbildung 7.21 Einstellungen für Freigaben in SharePoint Online

- **Microsoft Teams**

  Zu guter Letzt fehlt noch die Aktivierung des Gastzugriffs in Microsoft Teams selbst. Im Auslieferungszustand ist der Gastzugriff deaktiviert, sodass Sie zumindest hier tätig werden müssen. Die Aktivierung des Gastzugriffs gehört zu den organisationsweiten Einstellungen, und Sie werden in Abschnitt 7.2.7, »Organisationsweite Einstellungen«, erläutert.

7.9.3 Gastzugriff für einzelne Teams deaktivieren

Nicht bei jedem Team ist es erwünscht, Gäste zuzulassen. Die organisationsweite Einstellung für den Gastzugriff lässt jedoch keine Beschränkung auf bestimmte Teams zu (siehe Abschnitt 7.2.7, »Organisationsweite Einstellungen«). Dennoch können Sie Gäste bei bestimmten Teams ausschließen, und zwar über alternative Wege:

- **Vertraulichkeits-Bezeichnungen**

  Mithilfe einer Vertraulichkeits-Bezeichnung, die direkt beim Anlegen des Teams ausgewählt wird, kann der Gastzugriff unterbunden werden (siehe Abschnitt 5.3.3, »Informationssicherheit«).

- **Kommandozeile**

  Über PowerShell-Kommandos können Sie den Gastzugriff für einzelne Teams deaktivieren (unabhängig von Vertraulichkeits-Bezeichnungen). Leider gibt es aktuell dafür keine Option in den grafischen Administrationsoberflächen. In der Dokumentation finden Sie die Vorgehensweise hier beschrieben:

https://docs.microsoft.com/de-de/microsoft-365/admin/create-groups/manage-guest-access-in-groups

Für die Administratoren unter Ihnen: Ähnlich wie bei der Anlagebeschränkung wird ein Konfigurationsobjekt vom Typ `Group.Unified.Guest` des Azure Active Directorys erstellt, die Eigenschaft `AllowToAddGuests` auf `False` gesetzt und für die Microsoft 365-Gruppe des Teams geschrieben.

7.10 Ablaufdatum

Damit die Anzahl an nicht mehr benötigten Teams nicht überhandnimmt, macht es in der Praxis oft Sinn, einen automatisierten Lebenszyklus für Teams einzurichten, sodass alte Teams automatisch gelöscht werden. Da Microsoft Teams auf den Microsoft 365-Gruppen aufsetzt, können Sie dafür die dort enthaltene Funktion zum Gruppenablauf aktivieren.

Mit der Ablauffunktion erhalten die Gruppen ein automatisch berechnetes Ablaufdatum, das zunächst für eine von Ihnen vorgegebene Zeitperiode ab dem Erstellen gesetzt wird. Diese Zeitperiode ist von Ihnen frei wählbar, muss jedoch mindestens 30 Tage betragen. Die Ersteller von Gruppen haben darauf keinen Einfluss.

Das Ablaufdatum wird bei bestimmten Aktivitäten der Mitglieder jeweils zurückgesetzt und neu berechnet – dazu gehören der Zugriff auf eine Datei, die im Team gespeichert ist (das Anzeigen des Dateiinhalts ist dabei bereits ausreichend), und das Aufrufen eines Kanals.

Ist das Ablaufdatum erreicht, geschieht Folgendes:

- 30 Tage vor dem Ablaufdatum erhalten die Gruppenbesitzer eine E-Mail, die sie über das bevorstehende Ablaufdatum informiert (siehe Abbildung 7.22). In der E-Mail ist ein Link enthalten, mit dem die Gruppenbesitzer die Gruppe erneuern können, wodurch das Ablaufdatum wieder neu berechnet wird. Außerdem werden die Team-Besitzer auch prominent im Teams-Client im Bereich *Aktivität* darauf hingewiesen. Von hier aus können Team-Besitzer das jeweils betroffene Team auch direkt erneuern.

  Reagieren die Gruppenbesitzer nicht, geht es so weiter:
- 15 Tage vor dem Ablaufdatum erhalten die Gruppenbesitzer ebenfalls eine Benachrichtigung.
- Einen Tag vor dem Ablaufdatum erhalten die Gruppenbesitzer ein letztes Mal eine Benachrichtigung.
- Gab es bis dahin von den Gruppenbesitzern keine Reaktion, wird davon ausgegangen, dass die Gruppe nicht mehr erforderlich ist. Die Gruppe wird dann gelöscht, kann aber bei Bedarf innerhalb von 30 Tagen wiederhergestellt werden.

Die Ablauffunktion können Sie kombinieren mit den Aufbewahrungsrichtlinien, um auch nach der Löschung einer Gruppe über einen langen Zeitraum auf deren Inhalte zurückgreifen zu können. Lesen Sie hierzu auch Abschnitt 6.2, »Aufbewahrung«.

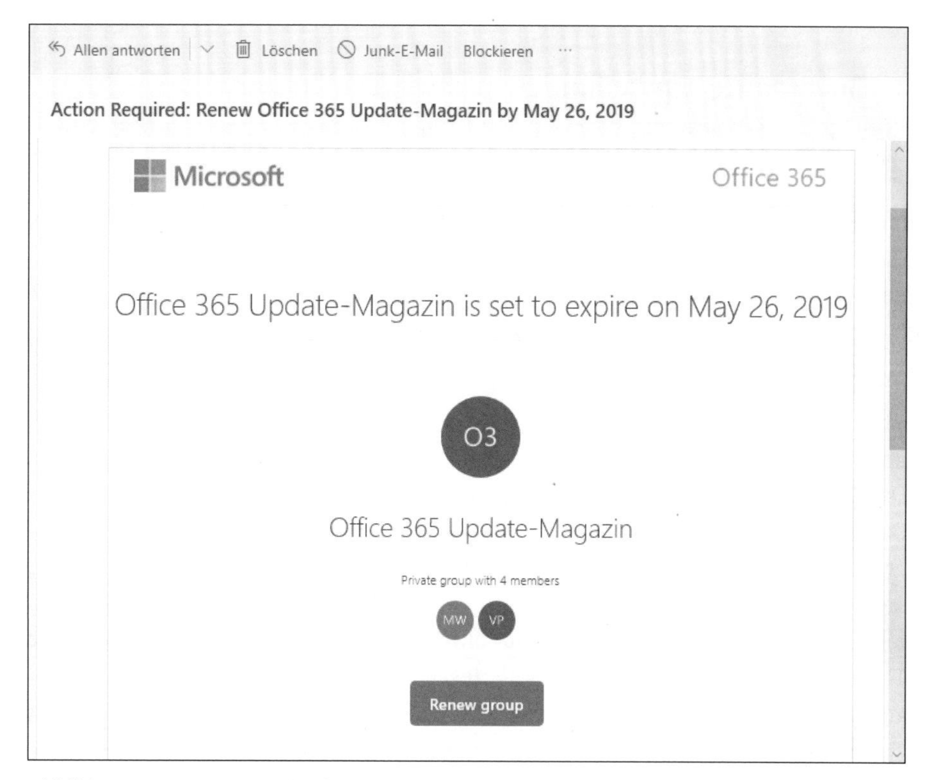

Abbildung 7.22 Ein Team läuft ab

Speichern Verwerfen

30 Tage, 15 Tage und 1 Tag vor Gruppenablauf werden Benachrichtigungen zur Verlängerung per E-Mail an die Gruppenbesitzer gesendet. Die Gruppenbesitzer müssen über Exchange-Lizenzen verfügen, um E-Mail-Benachrichtigungen zu erhalten. Wenn eine Gruppe nicht verlängert wird, wird sie mit den zugehörigen Inhalten aus Quellen wie z. B. Outlook, SharePoint, Teams und Power BI gelöscht.

Lebensdauer der Gruppe (in Tagen) *

E-Mail-Kontakt für Gruppen ohne Besitzer * — Geben Sie E-Mail-Adressen getrennt durch ein Semikolon (;) ein.

Der Wert darf nicht leer sein.

Ablauf für diese Microsoft 365-Gruppen aktivieren — Alle | Ausgewählt | Kein

Abbildung 7.23 Ablauffunktion im Azure Active Directory Admin Center

Die Konfiguration nehmen Sie im Azure Active Directory Admin Center vor. Dort geben Sie das gewünschte Zeitintervall an sowie für welche Gruppen es gelten soll.

Außerdem gibt es dort eine weitere wichtige Option: Wer soll benachrichtigt werden, wenn die Gruppe keinen Besitzer mehr hat (siehe Abbildung 7.23)? Dies kann etwa dann passieren, wenn der ursprüngliche Besitzer das Unternehmen verlassen hat und sein Benutzerkonto mittlerweile gelöscht wurde.

7.11 Governance-Einstellungen nachträglich ändern

Betreiben Sie Microsoft Teams in Ihrem Unternehmen nun schon längere Zeit, ohne im Vorfeld die für Sie geeigneten Governance-Einstellungen aus diesem Kapitel ermittelt und durchgesetzt zu haben, sollten Sie dies schnellstmöglich nachholen. Viele Einstellungen lassen sich ändern, jedoch sollten Sie dabei zwei Einstellungen besonders berücksichtigen, da eine Änderung daran gegebenenfalls unerwünschte Nebeneffekte mit sich bringt:

- **Anlegen von Teams beschränken**

  Grundsätzlich ist es ja wünschenswert, wenn sich Ihre Mitarbeiter selbst bei Bedarf mit einem neuen Team ausstatten und sofort produktiv loslegen können. Das entlastet nicht nur Ihr IT-Personal, sondern gefällt auch den Anwendern. Dabei sollten Sie jedoch bedenken, dass es sehr schwer bis unmöglich wird, eine große Anzahl von Teams nachträglich wieder zu konsolidieren. Die Dateien aus den Kanälen ließen sich ja noch zu geeigneten anderen Kanälen verschieben (mithilfe der SharePoint-eigenen Funktionalität), doch lassen sich beispielsweise die Chats aus einem Team nicht in ein anderes überführen. Auch können Kanäle nicht von einem in ein anderes Team verschoben werden. Deshalb sollten Sie sehr genau überlegen, wer Teams anlegen darf. Dabei geht es weniger darum, allen Mitarbeitern das selbstständige Anlegen zu verwehren und alles zentral über einen Provisionierungsprozess zu steuern, jedoch sollten die Mitarbeiter darin geschult sein, wann es Zeit ist, ein neues Team anzulegen oder ob nicht beispielsweise ein Gruppenchat oder ein neuer Kanal in einem bestehenden Team ausreichend ist. Überlegen Sie, ob es in Ihrem Unternehmen Sinn macht, das Anlegen von Teams nur für die Mitarbeiter zu ermöglichen, die eine Schulung durchlaufen haben.

  Die Beschränkung, wer Teams anlegen darf, habe ich in Abschnitt 7.3.1, »Anlegen von Teams durch Benutzer deaktivieren«, beschrieben. Beispiele für eigene Provisionierungsprozesse finden Sie in Abschnitt 11.4.1, »Eigener Provisionierungsprozess für Teams«.

- **Namenskonventionen**

  Natürlich können Sie die Namen von bereits angelegten Teams auch nachträglich ändern. Aber: Die URL zu einem umbenannten Team wird dabei nicht geändert. Dies betrifft zwar nur die SharePoint Online-Website, auf der alle Dateien des

Teams gespeichert werden, dennoch ist es manchmal irritierend, wenn die URL nichts mehr mit dem Namen des Teams zu tun hat.

Lesen Sie hierzu auch Abschnitt 7.4, »Namenskonventionen«.

Fazit: So schnell es geht, sollten Sie diese beiden Einstellungen so setzen, dass sie für Ihr Unternehmen passen, um später nicht zusätzlichen und unnötigen Aufwand betreiben zu müssen.

7.12 So geht es weiter

Nach der Diskussion des Governance-Bereichs folgt mit einer Betrachtung der Lizenztypen die letzte unverzichtbare Komponente.

Kapitel 8
Lizenzen

In diesem Kapitel verschaffen wir uns einen Überblick über die wichtigsten Lizenztypen.

Dieses Kapitel bietet Ihnen einen Überblick über die vielfältigen Lizenzvarianten bei Microsoft Teams. Ich habe dabei eine Trennung zwischen Lizenzen für Benutzer, Besprechungsräume und öffentliche Geräte vorgenommen. Bei den Lizenzen für Benutzer finden Sie dann noch eine weitere Unterteilung in die Bereiche Microsoft Teams, Sicherheit, Compliance und Datenschutz und Governance. Dort habe ich auch einige Beispiele aufgeführt, welche Lizenzen in den verschiedenen Szenarien erforderlich sind. Mit diesen Informationen ist es Ihnen hoffentlich schnell möglich, das richtige Set an Lizenzen für Ihr Unternehmen zu bestimmen.

8.1 Überblick über die Lizenzen

Wie im Microsoft-Umfeld üblich, können Sie aus einer Vielzahl unterschiedlicher Lizenztypen wählen, die jeweils einen anderen Funktionsumfang abdecken. Microsoft spricht hierbei übrigens von *Plänen*. Das hat auf der einen Seite den Vorteil, dass Sie sich Lizenzen aussuchen können, die möglichst genau Ihren Anforderungen entsprechen, und dass Sie nur für Funktionen zahlen müssen, die Sie auch benötigen. Auf der anderen Seite erhöht die gerade bei Office 365 und Microsoft 365 breite Palette an unterschiedlichen Lizenztypen nicht gerade den Überblick. Bevor Sie ein Lizenzabonnement abschließen, sollten Sie sich nicht von den vermeintlich günstigen Preisen der »kleinen« Lizenztypen verleiten lassen, sondern genau recherchieren, ob alle erforderlichen Funktionen enthalten sind, die Sie für Ihre individuellen Geschäftsanforderungen heute und in der Zukunft benötigen. Die Ausführungen in diesem Abschnitt sollen Ihnen dabei helfen.

Office 365- und Microsoft 365-Lizenzen erhalten Sie über verschiedene Wege:

- direkt über die Administrationsoberfläche in Ihrem Mandanten
- über Lizenzhändler im Rahmen von Volumenlizenzprogrammen
- über Microsoft-Partner, die gegebenenfalls die Lizenzen mit eigenen Dienstleistungen veredeln

- über Enterprise Agreements für Großunternehmen
- im stationären Handel im Pappkarton (dies ist ein Sonderfall und gilt nur konkret für den Lizenztyp *Microsoft 365 Business Standard*)

Je nach Bezugsweg unterscheiden sich gegebenenfalls der Preis und weitere Bedingungen, wie etwa die Laufzeit. Ein Vergleich lohnt sich hier durchaus.

Die hier gemachten Angaben entsprechen dem aktuellen Stand zu dem Zeitpunkt, zu dem diese Zeilen geschrieben wurden. Inzwischen kann es aber natürlich bereits zu Änderungen gekommen sein. Eine erste Quelle zur Übersicht über die verfügbaren Lizenzen finden Sie auf der offiziellen Produktseite *www.office365.de* und noch viel detaillierter in den Dienstbeschreibungen unter *www.office365sd.com*.

Bei der Lizenzierung müssen Sie zunächst verschiedene Kundensegmente unterscheiden, für die Office 365 beziehungsweise Microsoft 365 angeboten wird:

- Privatanwender
- Unternehmen
- Bildungsbereich
- Behörden
- gemeinnützige Organisationen

Für den Bildungsbereich (also beispielsweise Universitäten und Schulen), Behörden und gemeinnützige Organisationen hat Microsoft spezielle Lizenztypen vorgesehen, die teilweise auch vergünstigt oder sogar kostenfrei angeboten werden.

Auch für Privatanwender gibt es spezielle Microsoft 365-Zugänge, die im Wesentlichen aus dem Office-Paket und gegebenenfalls weiteren Zugaben bestehen, wie Skype-Telefonie-Guthaben und einer Erhöhung des verfügbaren OneDrive-Speicherplatzes (und inzwischen auch einer Familien-Variante von Microsoft Teams).

Sowohl den Bildungsbereich als auch die Lösungen für Behörden und gemeinnützige Organisationen haben wir in diesem Buch nicht näher betrachtet, sondern konzentrierten uns auf die Unternehmenslösungen. Das heißt aber nicht, dass Sie mit diesem Buch in solchen speziellen Umgebungen nichts anfangen könnten – die allermeisten hier beschriebenen Vorgehensweisen gelten dort genauso. Lediglich für reine Privatanwender ist dieses Buch nicht wirklich geeignet.

Lizenzen erhalten Sie über den Abschluss eines *Abonnements*. Darüber erhalten Sie eine gewisse Anzahl von Lizenzen eines bestimmten Typs für einen gewissen Zeitraum. Ein Abonnement besteht grundsätzlich aus den folgenden Komponenten:

- Lizenztyp
- Anzahl der Lizenzen
- Zeitraum
- Kosten

Abonnements sind das, was Sie bei Ihrem Lizenzhändler, bei Microsoft-Partnern oder direkt bei Microsoft einkaufen und bezahlen. Mit den Lizenzen aus den Abonnements füllen Sie einen Lizenzpool, aus dem Sie wiederum Ihre Benutzer lizenzieren. Innerhalb Ihres Mandanten kann es durchaus der Fall sein, dass mehrere Abonnements parallel laufen, gegebenenfalls auch mit unterschiedlichen Zeiträumen. Abbildung 8.1 zeigt den Zusammenhang zwischen Abonnements und Lizenzen in einem Schaubild.

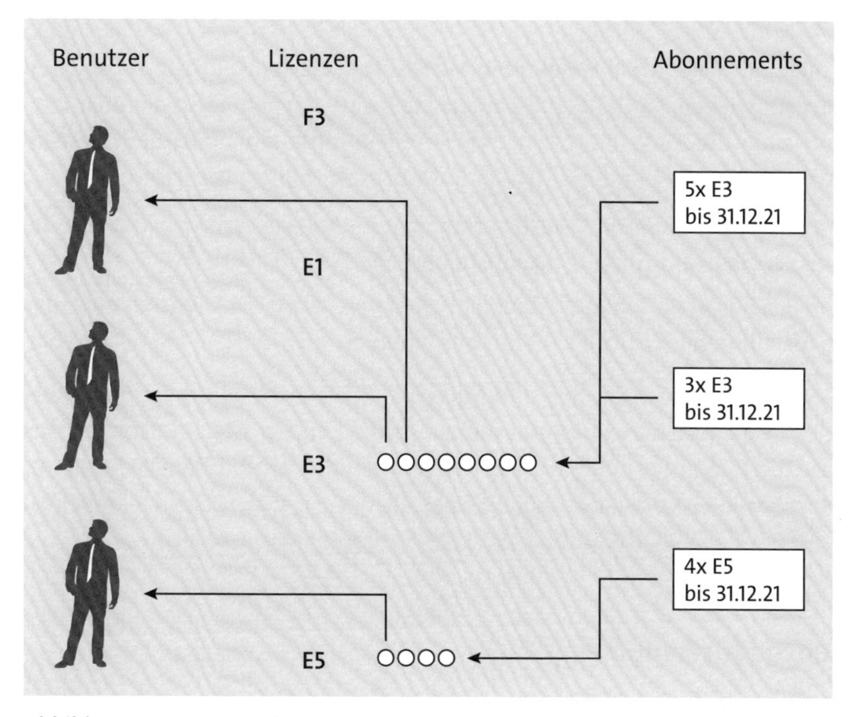

Abbildung 8.1 Lizenzpool

Bedenken Sie immer, dass Sie für Abonnements bezahlen, die ihrerseits wiederum Lizenzen beinhalten. Weisen Sie die Lizenzen keinem Benutzer zu, müssen Sie diese dennoch über das Abonnement bezahlen. Umgekehrt kann ein Benutzer grundsätzlich nicht arbeiten, wenn Sie ihm keine Lizenz zuweisen.

Microsoft 365 Business-Familie und Microsoft 365 Enterprise-Familie

Heute erhalten Sie Lizenztypen aus zwei Familien: *Microsoft 365 Business* und *Microsoft 365 Enterprise*. Grundsätzlich ist es so, dass die Lizenztypen aus der Business-Familie preisgünstiger, dafür jedoch funktional etwas weniger leistungsfähig sind als die Lizenztypen aus der Enterprise-Familie. Sie sollten sehr genau abwägen, welche Lizenztypen Ihren Anwendungsfall am besten abdecken. Allerdings können Sie aus der Business-Familie von jedem Lizenztyp maximal 300 Lizenzen einkaufen. Bei der Enterprise-Familie gibt es keine derartige Limitierung.

In Abschnitt 2.1.1, »Office 365 und Microsoft 365«, habe ich bereits erläutert, dass Microsoft 365 eine Kombination der folgenden Bereiche darstellt:

- Office 365
- Windows 10
- Enterprise Mobility + Security

[+] Grundsätzlich gilt dabei diese Regel: Eine Microsoft 365-Lizenz enthält Funktionen aus allen drei Bereichen. Doch hat diese Regel auch eine Ausnahme. In der Business-Familie enthalten die folgenden Lizenztypen nur Komponenten aus dem Bereich Office 365, nicht aber aus Windows 10 oder Enterprise Mobility + Security:

- *Microsoft 365 Business Basic* – stark vereinfacht enthält dieser Lizenztyp nur die Office 365-Dienste ohne das lokal zu installierende Office-Paket.
- *Microsoft 365 Business Standard* – hier ist neben den Office 365-Diensten auch das lokal zu installierende Office-Paket mit enthalten.

[+] Da die Lizenzierung von Office 365 und Microsoft 365 sehr vielfältig ist und dabei auch, je nach Kundenszenario, Besonderheiten gelten können, beschränken wir uns bei der Lizenzbetrachtung auf die wichtigsten Lizenztypen. Grundsätzlich empfiehlt es sich hier aber, den Kontakt zu einem Spezialisten bei Ihrem Lizenzhändler zu suchen.

8.2 Lizenzen für Benutzer

In diesem Abschnitt sehen wir uns die benutzerspezifischen Lizenzen für unterschiedliche Bereiche an:

- Microsoft Teams
- Telefonie mit der Enterprise-Familie
- Telefonie mit der Business-Familie
- Beispiele zur Teams-Nutzung
- Sicherheit
- Compliance und Datenverlust
- Governance

Im Unterabschnitt, der die Beispiele umfasst, finden Sie die passenden Lizenzen für konkrete Fragen, wie beispielsweise »Welchen Lizenztyp benötige ich zur Organisation eines Liveereignisses?« oder auch »Welchen Lizenztyp benötige ich, wenn ich meine Telefonanrufe weiterleiten lassen möchte?«

8.2.1 Microsoft Teams

Microsoft Teams ist grundsätzlich bereits in einer ganzen Reihe von Lizenztypen enthalten, nämlich in diesen:

- Enterprise-Familie
  - *Office 365 E1*
  - *Office 365 E3*
  - *Office 365 E5*
  - *Office 365 F3*
  - *Microsoft 365 F1*
  - *Microsoft 365 F3*
  - *Microsoft 365 E3*
  - *Microsoft 365 E5*
- Business-Familie
  - *Microsoft 365 Business Basic*
  - *Microsoft 365 Business Standard*
  - *Microsoft 365 Business Premium*

[+]

Dennoch gibt es darüber hinaus wichtige Punkte, die Sie auf jeden Fall berücksichtigen sollten:

- Liveereignisse sind nur in den Lizenztypen der Enterprise-Familie enthalten. Sie fehlen in den Lizenztypen der Business-Familie.
- Das Thema Telefonie werden wir in den nächsten Abschnitten gesondert betrachten. Grundsätzlich gilt: Telefonie-Funktionen sind nur in *Office 365 E5* und *Microsoft 365 E5* bereits enthalten – allerdings kommen dann, je nach Anwendungsszenario, noch weitere erforderliche Lizenzen hinzu. Die kleineren Lizenztypen können über zusätzliche Lizenzen mit Telefonie-Funktionen ausgestattet werden.
- Die Teams-Funktionen und Limitierungen in der Enterprise-Familie können Sie durch zusätzliche Zuweisung des Lizenztyps *Advanced Communication* erweitern:
  - Besprechungen können bis zu 1.000 Teilnehmer haben (statt 300).
  - Liveereignisse können bis zu 20.000 Teilnehmer haben (statt 10.000).
  - Eine Besprechung kann automatisch während der Durchführung in ein Liveereignis umgewandelt werden, sobald die Grenze von 1.000 Teilnehmern überschritten wird.
  - Die Startseite beim Besprechungseintritt lässt sich anpassen, beispielsweise mit dem Farbschema und dem Logo des Unternehmens. Diese Funktion ist für Ende des Jahres 2020 angekündigt.

[+] Stehen Ihnen keine passenden Lizenzen zur Verfügung oder wollen Sie Microsoft Teams zunächst ohne großen Lizenzkosten testen, können Sie auf Lizenzen vom Typ *Microsoft Teams Exploratory* zurückgreifen. Diese erhalten Sie von Microsoft unter bestimmten Rahmenbedingungen kostenfrei. Informationen zu diesem speziellen Lizenztyp erhalten Sie unter folgender URL:

https://docs.microsoft.com/de-de/microsoftteams/teams-exploratory

Telefonie mit der Enterprise-Familie

Die Lizenzierung im Umfeld der Telefonie ist etwas aufwendiger, da hier eine ganze Reihe an Lizenztypen für unterschiedliche Einsatzzwecke verfügbar ist. Verschaffen wir uns zunächst mit Tabelle 8.1 einen Überblick.

Lizenztyp	Beschreibung	Enthalten in Office 365 E5 und in Microsoft 365 E5
Telefonsystem	Mit diesem Lizenztyp erhalten Sie die Funktionen einer Telefonanlage innerhalb von Microsoft 365. Benutzer, die mit Microsoft Teams im regulären Telefonnetz telefonieren wollen, benötigen eine solche Lizenz (also nicht, wenn die Telefonate nur von Teams-Client zu Teams-Client erfolgen sollen, denn das wäre eine Besprechung).	ja
Anrufpläne	Soll der Benutzer über eine von Microsoft bereitgestellte Telefonnummer im Telefonnetz Anrufe tätigen oder auch entgegennehmen, benötigt er zusätzlich zu einer Telefonsystem-Lizenz eine Anrufplan-Lizenz. Diese gibt es wiederum in mehreren Ausprägungen: ▸ Inland: mit Inklusivminuten für Anrufe im Inland – wahlweise mit 120, 240 und 1.200 Minuten ▸ Inland und International: mit 1.200 Inklusivminuten für Inlandsanrufe und 600 Minuten für Auslandsanrufe	nein

Tabelle 8.1 Lizenztypen im Telefonie-Bereich

Lizenztyp	Beschreibung	Enthalten in Office 365 E5 und in Microsoft 365 E5
	Die Inklusivminuten gelten dabei jeweils monatlich und sind für den jeweiligen Benutzer nicht exklusiv, sondern die Summe aller Inklusivminuten steht für alle Benutzer in Ihrem Mandanten in einem gemeinsamen Pool zur Verfügung. Sollte der Pool an Inklusivminuten zur Neige gehen, können Sie ihn über *Guthaben für Kommunikationen* auffüllen. Unabhängig davon benötigen Sie ein solches Guthaben auch für die Anrufe zu Premium-Nummern. Bei der Variante Inland und International gibt es allerdings einen überraschenden Aspekt: Sind die Minuten für die Inlandsanrufe *oder* die Minuten für die Auslandsanrufe verbraucht, verfallen alle übrigen Minuten. Ein Beispiel: Angenommen, Ihnen stehen 12.000 Inlandsminuten und 6.000 Auslandsminuten zur Verfügung (die Summe aus zehn Lizenzen). »Verbrauchen« Ihre Anwender nun beispielsweise nur 1.000 der Inlandsminuten, aber sämtliche Auslandsminuten, verfallen auch die verbliebenen 11.000 Inlandsminuten. Wenn Sie die Telefonie über direktes Routing bereitstellen (siehe Abschnitt 2.6.2, »Anbindung an das Telefonnetz«), ist diese Lizenz nicht erforderlich. Dabei gibt es noch eine wichtige Einschränkung: Dieser Lizenztyp ist nicht in jedem Land für Rufnummern erhältlich. Ob ein bestimmtes Land darunterfällt, zeigt die unter dieser URL abrufbare Liste: *https://docs.microsoft.com/de-de/microsoftteams/country-and-region-availability-for-audio-conferencing-and-calling-plans/country-and-region-availability-for-audio-conferencing-and-calling-plans*	

Tabelle 8.1 Lizenztypen im Telefonie-Bereich (Forts.)

Lizenztyp	Beschreibung	Enthalten in Office 365 E5 und in Microsoft 365 E5
Audiokonferenzen	Eine Lizenz vom Typ *Audiokonferenzen* benötigen alle Benutzer, die eine Besprechung planen und dabei eine Einwahlnummer bereitstellen wollen. Dabei benötigt nur der Organisator eine solche Lizenz, die Personen, die die Einwahlnummer nutzen, benötigen diese dagegen nicht. Mit der Lizenz kann eine für den Anrufer kostenpflichtige Einwahlnummer ohne weitere Kosten bereitgestellt werden. Soll dagegen eine kostenfreie Nummer angeboten werden, dann ist zur Abrechnung *Guthaben für Kommunikationen* erforderlich. Lesen Sie hierzu auch Abschnitt 2.4.3, »Audiokonferenzen«.	ja
Guthaben für Kommunikationen	Mit *Guthaben für Kommunikationen* erwerben Sie Telefonie-Minuten für die folgenden Szenarien: ▸ Der Pool an Inklusivminuten Ihrer Benutzer ist erschöpft. ▸ für Benutzer, die einen Inlands-Anrufplan haben, jedoch Anrufe ins Ausland tätigen ▸ kostenfreie Einwahlnummern für Audiokonferenzen, automatische Telefonzentralen und Anrufwarteschleifen ▸ ausgehende Anrufe (ins Telefonnetz) aus Audiokonferenzen heraus Damit ein Benutzer eingekauftes Guthaben nutzen kann, muss ihm der gleichnamige Lizenztyp zugewiesen sein. Das Guthaben erwerben Sie wahlweise bei Bedarf einmalig, oder Sie können auch eine Regel definieren, nach der neues Guthaben automatisch erworben wird.	nein

Tabelle 8.1 Lizenztypen im Telefonie-Bereich (Forts.)

Telefonie mit der Business-Familie

Innerhalb der Business-Familie wird die Lizenzierung der Telefonie etwas anders gehandhabt. Dort gibt es zwei Lizenztypen, die Sie wahlweise zu den bestehenden Business-Lizenzen pro Benutzer hinzubuchen:

- *Microsoft 365 Business Voice*

  Verglichen mit den Telefonie-Lizenzen aus der Enterprise-Familie sind hier das Telefonsystem, ein Inlands-Anrufplan sowie Audiokonferenzen bereits enthalten. Wobei der Inlands-Anrufplan in den USA, in Kanada und Puerto Rico auf 3.000 Minuten und in allen anderen Ländern auf 1.200 Minuten pro Benutzer und Monat beschränkt ist. Einen International-Anrufplan können Sie hinzubuchen.

- *Microsoft 365 Business Voice ohne Anrufplan*

  Hier sind das Telefonsystem und Audiokonferenzen enthalten.

Darüber hinaus können Sie auch hier über *Guthaben für Kommunikationen* weitere Telefonie-Minuten einkaufen.

Beispiele zur Teams-Nutzung

Exemplarisch finden Sie in Tabelle 8.2 einige typische Beispiele für unterschiedliche Szenarien und die jeweils dafür erforderlichen Lizenztypen.

Ich möchte ...	Microsoft 365 Business Basic Microsoft 365 Standard Microsoft 365 Business Premium	Office 365 E1 Office 365 E3 Office 365 F3 Microsoft 365 E3 Microsoft 365 F3	Office 365 E5 Microsoft 365 E5	Bemerkungen
... an einer Teams-Besprechung im Browser oder in einem Teams-Client teilnehmen	ja			Die Teilnahme an einer Teams-Besprechung erfordert keine Lizenz. Dies gilt auch für externe Teilnehmer.
... eine Teams-Besprechung organisieren	ja			
... an einer Teams-Besprechung per Telefon teilnehmen	ja			Die Teilnahme an einer Teams-Besprechung per Telefon setzt die Existenz einer Einwahlrufnummer voraus (siehe nächstes Beispiel)

Tabelle 8.2 Beispiele zur Teams-Nutzung

Ich möchte ...	Microsoft 365 Business Basic Microsoft 365 Standard Microsoft 365 Business Premium	Office 365 E1 Office 365 E3 Office 365 F3 Microsoft 365 E3 Microsoft 365 F3	Office 365 E5 Microsoft 365 E5	Bemerkungen
... eine Teams-Besprechung mit Einwahlrufnummer organisieren	Erfordert zusätzlich entweder eine Lizenz vom Type *Audiokonferenz* oder *Microsoft 365 Business Voice*.	Erfordert zusätzlich eine *Audiokonferenz*-Lizenz.	ja	
... aus einer Teams-Besprechung heraus jemanden per Telefon anrufen	Die Teams-Besprechung muss dafür von einem Benutzer entweder mit einer Lizenz vom Typ *Audiokonferenz* oder *Microsoft 365 Business Voice* organisiert worden sein.	Die Teams-Besprechung muss dafür von einem Benutzer entweder mit einer Lizenz vom Typ *Audiokonferenz* oder *Office 365 E5* oder *Microsoft 365 E5* organisiert worden sein.	ja	
... bei einem Liveereignis teilnehmen	ja			Die Teilnahme an einem Liveereignis erfordert für externe Teilnehmer keine Lizenz.
... ein Liveereignis organisieren	nein	ja		
... im Telefonnetz anrufen und angerufen werden	Erfordert zusätzlich eine *Microsoft 365 Business Voice-Lizenz (mit Anrufplan)*	Erfordert zusätzlich eine *Telefonsystem*-Lizenz und ggf. einen *Anrufplan* (falls nicht direktes Routing genutzt wird)	Erfordert ggf. einen *Anrufplan* (falls nicht direktes Routing genutzt wird)	

Tabelle 8.2 Beispiele zur Teams-Nutzung (Forts.)

Ich möchte ...	Microsoft 365 Business Basic Microsoft 365 Standard Microsoft 365 Business Premium	Office 365 E1 Office 365 E3 Office 365 F3 Microsoft 365 E3 Microsoft 365 F3	Office 365 E5 Microsoft 365 E5	Bemerkungen
... einen Anrufbeantworter nutzen	Erfordert zusätzlich eine *Microsoft 365 Business Voice-Lizenz (mit Anrufplan)*	Erfordert zusätzlich eine *Telefonsystem*-Lizenz und ggf. einen *Anrufplan* (falls nicht direktes Routing genutzt wird)	Erfordert ggf. einen *Anrufplan* (falls nicht direktes Routing genutzt wird)	
... meine Anrufe weiterleiten lassen	Erfordert zusätzlich eine *Microsoft 365 Business Voice-Lizenz (mit Anrufplan)*	Erfordert zusätzlich eine *Telefonsystem*-Lizenz und ggf. einen *Anrufplan* (falls nicht direktes Routing genutzt wird)	Erfordert ggf. einen *Anrufplan* (falls nicht direktes Routing genutzt wird)	
... ein separates Tischtelefon mit integriertem Teams-Client nutzen	ja			

Tabelle 8.2 Beispiele zur Teams-Nutzung (Forts.)

8.2.2 Sicherheit

In diesem Abschnitt sehen wir uns die Lizenzvoraussetzungen speziell für die Funktionen aus Kapitel 5, »Sicherheit«, etwas genauer an.

[+] Ich verwende hier den Begriff *Azure Active Directory Plan 1* beziehungsweise *Azure Active Directory Plan 2* – auf Webseiten, und in anderen Quellen lesen Sie auch häufig Namen wie *Azure Active Directory Premium Plan 1* oder *AAD Premium Plan 1*. Diese Begriffe benennen alle denselben Lizentyp.

	Mehrstufige Authentifizierung	Bedingter Zugriff
Abschnitt	5.2.1, »Mehrstufige Authentifizierung«	5.2.2, »Bedingter Zugriff«
Bemerkungen	Erweiterbar durch Azure Active Directory Plan 1	Falls nicht vorhanden, durch *Azure Active Directory Plan 1/2* hinzufügbar
Microsoft 365 Business Basic	X	–
Microsoft 365 Business Standard	X	–
Microsoft 365 Business Premium	Erweiterte Funktionen, da Azure Active Directory Plan 1 enthalten ist	X
Office 365 E1	X	–
Office 365 E3	X	–
Office 365 E5	X	–
Office 365 F3	X	–
Microsoft 365 E3	Erweiterte Funktionen, da Azure Active Directory Plan 1 enthalten ist	X
Microsoft 365 E5	Erweiterte Funktionen, da Azure Active Directory Plan 2 enthalten ist	X
Microsoft 365 F3	Erweiterte Funktionen, da Azure Active Directory Plan 1 enthalten ist	X

Tabelle 8.3 Funktionen aus dem Bereich Sicherheit

	Privileged Identity Management	Verhinderung von Datenverlust
Abschnitt	5.2.3, »Privileged Identity Management«	5.3.2, »Verhinderung von Datenverlust«
Bemerkungen	Falls nicht vorhanden, durch *Azure Active Directory Plan 2* hinzufügbar	
Microsoft 365 Business Basic	–	–
Microsoft 365 Business Standard	–	–
Microsoft 365 Business Premium	–	–
Office 365 E1	–	–
Office 365 E3	–	X
Office 365 E5	–	X
Office 365 F3	–	–
Microsoft 365 E3	–	X
Microsoft 365 E5	X	X
Microsoft 365 F3	–	–

Tabelle 8.3 Funktionen aus dem Bereich Sicherheit (Forts.)

	Informationssicherheit	Schadcodeerkennung Basis
Abschnitt	5.3.3, »Informationssicherheit«	5.3.4, »Schadcodeerkennung«
Bemerkungen	Falls nicht vorhanden, *Azure Information Protection Plan 1/2* hinzufügbar	
Microsoft 365 Business Basic	–	X
Microsoft 365 Business Standard	–	X
Microsoft 365 Business Premium	X	X
Office 365 E1	–	X
Office 365 E3	–	X
Office 365 E5	X	X
Office 365 F3	–	X
Microsoft 365 E3	X	X
Microsoft 365 E5	X	X
Microsoft 365 F3	X	X

Tabelle 8.3 Funktionen aus dem Bereich Sicherheit (Forts.)

	Schadcodeerkennung unbekannter Code (*Microsoft Defender for Office 365*)	**Mobilgeräteverwaltung mit Office 365**
Abschnitt	5.3.4, »Schadcodeerkennung«	5.4.1, »Mobilgeräteverwaltung mit Office 365«
Bemerkungen	Falls nicht vorhanden, durch *Microsoft Defender for Office 365* hinzufügbar	
Microsoft 365 Business Basic	–	X
Microsoft 365 Business Standard	–	X
Microsoft 365 Business Premium	X	X
Office 365 E1	–	X
Office 365 E3	–	X
Office 365 E5	–	X
Office 365 F3	–	X
Microsoft 365 E3	–	X
Microsoft 365 E5	X	X
Microsoft 365 F3	–	X

Tabelle 8.3 Funktionen aus dem Bereich Sicherheit (Forts.)

	Geräteverwaltung mit Microsoft Intune	Azure AD-Zugriffsüberprüfungen	Benachrichtigungen
Abschnitt	5.4.2, »Geräteverwaltung mit Microsoft Intune«	5.5.1, »Azure AD-Zugriffsüberprüfungen«	5.5.2, »Benachrichtigungen«
Bemerkungen	Falls nicht vorhanden, durch *Microsoft Intune* hinzufügbar	Falls nicht vorhanden, durch *Azure Active Directory Plan 2* hinzufügbar	
Microsoft 365 Business Basic	–	–	X
Microsoft 365 Business Standard	–	–	X
Microsoft 365 Business Premium	X	–	X
Office 365 E1	–	–	X
Office 365 E3	–	–	X
Office 365 E5	–	–	X
Office 365 F3	–	–	X
Microsoft 365 E3	X	–	X
Microsoft 365 E5	X	X	X
Microsoft 365 F3	X	–	X

Tabelle 8.3 Funktionen aus dem Bereich Sicherheit (Forts.)

	Überwachungsprotokoll
Abschnitt	5.5.3, »Überwachungsprotokoll«
Bemerkungen	
Microsoft 365 Business Basic	X
Microsoft 365 Business Standard	X
Microsoft 365 Business Premium	X
Office 365 E1	X
Office 365 E3	X
Office 365 E5	X
Office 365 F3	X
Microsoft 365 E3	X
Microsoft 365 E5	X
Microsoft 365 F3	X

Tabelle 8.3 Funktionen aus dem Bereich Sicherheit (Forts.)

8.2.3 Compliance und Datenschutz

	Aufbewahrung
Abschnitt	6.2, »Aufbewahrung«
Bemerkungen	
Microsoft 365 Business Basic	–
Microsoft 365 Business Standard	–
Microsoft 365 Business Premium	–
Office 365 E1	–
Office 365 E3	X
Office 365 E5	X
Office 365 F3	–
Microsoft 365 E3	X
Microsoft 365 E5	X
Microsoft 365 F3	–

Tabelle 8.4 Funktionen aus den Bereichen Compliance und Datenschutz

	Archivierung	Basis-eDiscovery	Advanced eDiscovery
Abschnitt	6.3, »Archivierung«	6.4.1, »Basis-eDiscovery«	6.4.3, »Advanced eDiscovery«
Bemerkungen			
Microsoft 365 Business Basic	X	X	–
Microsoft 365 Business Standard	X	X	–
Microsoft 365 Business Premium	X	X	–
Office 365 E1	X	X	–
Office 365 E3	X	X	–
Office 365 E5	X	X	X
Office 365 F3	X	X	–
Microsoft 365 E3	X	X	–
Microsoft 365 E5	X	X	X
Microsoft 365 F3	X	X	–

Tabelle 8.4 Funktionen aus den Bereichen Compliance und Datenschutz (Forts.)

	DSGVO-Anträge	Informationsbarrieren
Abschnitt	6.4.2, »Datenschutz-Grundverordnung (DSGVO)«	6.5, »Informationsbarrieren«
Bemerkungen		Falls nicht vorhanden, durch *Office 365 Advanced Compliance* oder *Microsoft 365 E5 Information Protection and Compliance* hinzufügbar
Microsoft 365 Business Basic	X	–
Microsoft 365 Business Standard	X	–
Microsoft 365 Business Premium	X	–
Office 365 E1	X	–
Office 365 E3	X	–
Office 365 E5	X	X
Office 365 F3	X	–
Microsoft 365 E3	X	–
Microsoft 365 E5	X	X
Microsoft 365 F3	X	–

Tabelle 8.4 Funktionen aus den Bereichen Compliance und Datenschutz (Forts.)

	Aufsichtsrichtlinien	Aufzeichnung von Besprechungen
Abschnitt	6.6, »Aufsichtsrichtlinien«	6.7, »Aufzeichnung von Besprechungen«
Bemerkungen	Kann bei *Office 365 E3* und *Microsoft 365 E3* durch die *Office 365 Advanced Compliance*-Lizenz hinzugefügt werden.	
Microsoft 365 Business Basic	–	–
Microsoft 365 Business Standard	–	–
Microsoft 365 Business Premium	–	–
Office 365 E1	–	–
Office 365 E3	–	X
Office 365 E5	X	X
Office 365 F3	–	–
Microsoft 365 E3	–	X
Microsoft 365 E5	X	X
Microsoft 365 F3	–	–

Tabelle 8.4 Funktionen aus den Bereichen Compliance und Datenschutz (Forts.)

	Multi-Geo	Eigene Datenschutzerklärung
Abschnitt	9.8, »Multi-Geo«	9.9, »Eigene Datenschutzerklärung«
Bemerkungen	Kann optional aktiviert werden (erfordert *Multi-Geo*-Lizenzen).	
Microsoft 365 Business Basic	–	x
Microsoft 365 Business Standard	–	x
Microsoft 365 Business Premium	–	x
Office 365 E1	–	x
Office 365 E3	–	x
Office 365 E5	–	x
Office 365 F3	–	x
Microsoft 365 E3	–	x
Microsoft 365 E5	–	x
Microsoft 365 F3	–	x

Tabelle 8.4 Funktionen aus den Bereichen Compliance und Datenschutz (Forts.)

8.2.4 Governance

Die meisten der Funktionen aus diesem Kapitel sind nicht in den Teams-Lizenzen selbst enthalten, sondern erfordern Lizenzen vom Typ *Azure Active Directory Plan 1* (oder *Azure Active Directory Plan 2*). Lizenzen dieses Typs können Sie einzeln beziehen, doch sie sind auch Bestandteil diverser Lizenzpakete:

- *Microsoft 365 E3* enthält *Azure Active Directory Plan 1*.
- *Microsoft 365 E5* enthält *Azure Active Directory Plan 2*.
- *Microsoft 365 E5 Security* enthält *Azure Active Directory Plan 2*.

- *Microsoft 365 Business Premium* enthält *Azure Active Directory Plan 1.*
- *EMS E3* enthält *Azure Active Directory Plan 1.*
- *EMS E5* enthält *Azure Active Directory Plan 2.*

[+] Sollte Ihr Lizenz-Paket *Azure Active Directory Plan 1* oder *Azure Active Directory Plan 2* nicht enthalten, können Sie zu einem größeren Paket wechseln oder Lizenzen dieser Art einzeln beziehen.

Bevor wir uns die Optionen im Einzelnen ansehen, können Sie sich in Tabelle 8.5 vorab einen Überblick darüber verschaffen, für welche Funktion Azure Active Directory Plan 1 erforderlich ist.

Option	Azure Active Directory Plan 1 erforderlich	Wer benötigt Lizenz?	Abschnitt
Teams-Richtlinien und -Einstellungen	nein		
Anlegen von Teams beschränken			
▸ Anlegen von Teams durch Benutzer deaktivieren	nein		7.3.1, »Anlegen von Teams durch Benutzer deaktivieren«
▸ Anlegen von Teams nur für bestimmte Benutzer aktivieren	ja	▸ Administrator, der die Einschränkung einrichtet ▸ Mitglieder der Sicherheitsgruppe, denen es erlaubt sein soll, Teams anzulegen	7.3.1, »Anlegen von Teams durch Benutzer deaktivieren«

Tabelle 8.5 Governance-Optionen

Option	Azure Active Directory Plan 1 erforderlich	Wer benötigt Lizenz?	Abschnitt
Namenskonventionen	ja	▶ Administrator, der die Namenskonvention einrichtet ▶ Benutzer, der die Gruppe anlegt ▶ alle Gruppenmitglieder	7.4, »Namenskonventionen«
Vorlagen	nein		7.5, »Vorlagen«
Nutzungsrichtlinien	ja		7.6, »Nutzungsrichtlinien«
Klassifizierung von Teams	ja	▶ Administrator, der die Klassifizierung einrichtet ▶ Benutzer, der die Gruppe anlegt ▶ alle Gruppenmitglieder	7.7, »Klassifizierung von Teams«
Dynamische Mitgliedschaft	ja	▶ Administrator, der die dynamische Mitgliedschaft für die Gruppe aktiviert ▶ alle Gruppenmitglieder	7.8, »Dynamische Mitgliedschaft«

Tabelle 8.5 Governance-Optionen (Forts.)

Option	Azure Active Directory Plan 1 erforderlich	Wer benötigt Lizenz?	Abschnitt
Gastzugriff			7.9, »Gastzugriff«
▸ AllowToAddGuests	ja	▸ Administrator, der die Option setzt ▸ alle Gruppenmitglieder	
Ablaufdatum	ja	▸ Administrator, der das Ablaufdatum einrichtet ▸ alle Gruppenmitglieder	7.10, »Ablaufdatum«

Tabelle 8.5 Governance-Optionen (Forts.)

8.3 Lizenzen für Besprechungsräume

Verwenden Sie in Ihren Besprechungsräumen Geräte wie Teams-Raumsysteme, Collaboration Bars oder Surface Hubs, benötigen diese ein Dienstbenutzerkonto, dem eine geeignete Lizenz mit der erforderlichen Funktionalität zugewiesen wird. Die Lizenztypen für normale Benutzerkonten wären hier recht teuer. Günstiger ist der speziell für dieses Anwendungsszenario gedachte Lizenztyp *Besprechungsraum*. In diesem sind folgende Funktionen zusammengefasst:

- Microsoft Teams
- Telefonsystem
- Audiokonferenz
- Microsoft Intune

Gegebenenfalls können Sie dem jeweiligen Dienstbenutzer auch einen Anrufplan zuweisen, sodass Sie dem Gerät eine eigene Telefonnummer zuteilen können – sofern nicht direktes Routing zum Einsatz kommt (siehe Abschnitt 2.6.2, »Anbindung an das Telefonnetz«).

8.4 Lizenzen für öffentliche Geräte

Auch für Geräte mit Teams-Client, die an öffentlich zugänglichen Stellen platziert sind, wie etwa Tisch- und Konferenzraumtelefone, gibt es einen eigenen Lizenztyp. Er wird als *Telefon im öffentlichen Bereich* bezeichnet und umfasst die folgenden Funktionen:

- Microsoft Teams
- Telefonsystem

Auch hier können Sie die Lizenz über einen Anrufplan ergänzen, um die Telefonnummer bereitzustellen, oder alternativ direktes Routing einrichten (siehe Abschnitt 2.6.2, »Anbindung an das Telefonnetz«).

8.5 So geht es weiter

Nach der Diskussion der Lizenztypen kann es im dritten Teil dieses Buchs ernst werden mit der praktischen Einführung von Microsoft Teams im Unternehmen. Dabei beginnen wir mit wichtigen Vorbereitungen – nicht nur technischer, sondern insbesondere auch organisatorischer Natur.

TEIL III

Einführung im Unternehmen

Kapitel 9
Vorbereitungen

Im neuten Kapitel treffen wir sowohl technische als auch organisatorische Vorbereitungen für die Einführung von Microsoft Teams.

Jede erfolgreiche Einführung von Microsoft Teams startet mit einigen elementaren Vorbereitungen. Natürlich gehören dazu technische Vorbereitungen, beispielsweise hinsichtlich der Administration, des Netzwerks, des Mandanten, der Geräte etc.

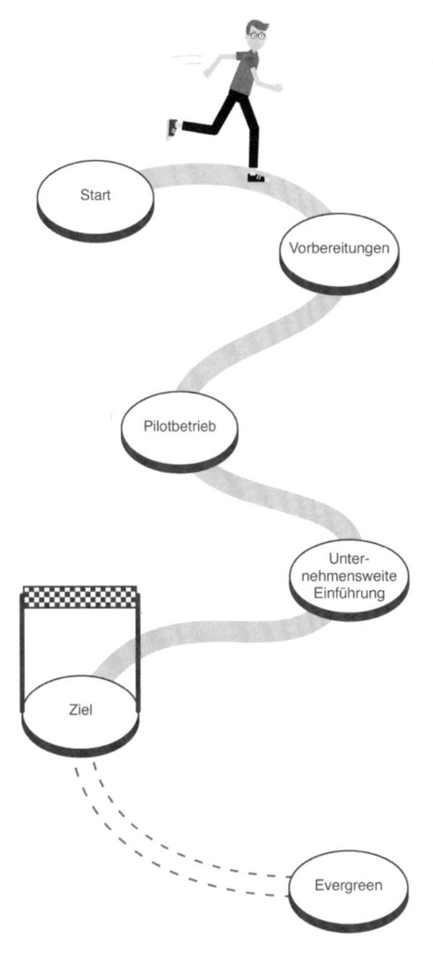

Abbildung 9.1 Ablaufplan der Teams-Einführung

Aber eine gute technische Vorbereitung allein reicht nicht aus. Ebenso wichtig sind organisatorische Vorbereitungen, mit denen Sie Ihr Einführungsprojekt auf ein solides Fundament setzen und wichtige Ressourcen zum richtigen Zeitpunkt miteinbeziehen sowie die Mitarbeiter Ihres Unternehmens auf den neuen Dienst einstimmen.

Am Ende des Kapitels werden wir dann nach Ihrer Vorarbeit eine ganze Reihe wichtiger Fragestellungen in einer Art Checkliste zusammenfassen. Diese Fragen finden Sie auch auf dem Poster, das diesem Buch beiliegt. Es soll Ihnen als Leitfaden dienen, welche Fragen Sie im Laufe Ihres Einführungsprojekts beantworten sollten, um möglichst nichts zu übersehen.

9.1 Technische Vorbereitungen

Die erfolgreiche Einführung von Microsoft Teams hängt natürlich zu großen Teilen von der geeigneten technischen Bereitstellung ab. In diesem Abschnitt diskutieren wir die von der technischen Seite aus erforderlichen Vorbereitungen für die Einführung.

9.1.1 Administration

Zu den technischen Vorbereitungen zählt zunächst einmal die Sicherstellung, dass das administrative Personal auch über die erforderlichen Fähigkeiten verfügt, Microsoft Teams im Unternehmen von technischer Seite aus einzuführen. Microsoft Teams stellt dabei die Königsklasse der Office 365-Dienste dar, da es quasi alle Bereiche berührt: Netzwerk, Identitäten, SharePoint, Exchange, Softwareverteilung, Sicherheit, Compliance etc. Umso wichtiger ist es, frühzeitig dafür zu sorgen, dass die beteiligten Personen über einen umfassenden Wissensstand verfügen.

In diesem Abschnitt möchte ich Ihnen einige Quellen nennen, die sich besonders gut als Anlaufpunkte für dieses Thema eignen.

Eigenständiger Wissenserwerb

Die folgenden Punkte eignen sich insbesondere zum eigenständigen Wissenserwerb oder auch zum Nachschlagen von bestimmten Funktionalitäten:

- **Offizielle Microsoft Teams-Administratordokumentation**

  Der Startpunkt für die technische Dokumentation für Microsoft Teams befindet sich hier:

  https://docs.microsoft.com/de-de/microsoftteams/

  Hier finden Administratoren die laufend aktualisierte Beschreibung und Konfigurationshinweise der Teams-Funktionalitäten.

- **Microsoft Teams-Administratorschulung**

  Microsoft stellt eine ganze Reihe an Schulungen für Administratoren bereit, darunter allgemeine Schulungen, aber auch auf bestimmte Themen fokussierte, wie etwa zur Unterstützung von Remote-Mitarbeitern oder zur Zusammenarbeit in Teams. Ein guter Startpunkt für diese Schulungen befindet sich hier:

  https://docs.microsoft.com/de-de/microsoftteams/training-microsoft-teams-landing-page

- **Microsoft Tech Community**

  Oft ist es hilfreich, nicht nur auf die vom Hersteller herausgegebene Dokumentation zurückzugreifen, sondern mit anderen Administratoren in Kontakt zu treten, um von deren Wissen zu profitieren. Hier eignet sich die Microsoft Tech Community, in der Sie Fragen stellen und eigenständig nach Lösungsansätzen suchen können. Die URL dieser Community lautet:

  https://techcommunity.microsoft.com/t5/microsoft-teams/ct-p/MicrosoftTeams

Zertifizierungen

Natürlich sind Zertifizierungen der Administratoren kein Muss, doch können diese mit einer Zertifizierung, am besten zusätzlich gepaart mit nachweisbarer praktischer Erfahrung, eine gewisse Kompetenz nachweisen. Microsoft bietet für Microsoft Teams eine Reihe verschiedener Zertifizierungen an:

- *Microsoft 365 Certified: Teams Administrator Associate*

  Hier müssen Kenntnisse in der Planung und Konfiguration einer Microsoft Teams-Umgebung genauso nachgewiesen werden wie die Verwaltung von Chats, Besprechungen und Anrufen sowie von Richtlinien und Einstellungen.

  https://docs.microsoft.com/de-de/learn/certifications/m365-teams-administrator-associate

- *Microsoft 365 Certified: Enterprise Administrator Expert*

  Diese Zertifizierung setzt auf der Associate auf und ergänzt die Themen Identitäten, Mobilität und Sicherheit – sie dreht sich nicht speziell um Microsoft Teams, sondern behandelt das komplette Microsoft 365-Portfolio.

  https://docs.microsoft.com/de-de/learn/certifications/m365-enterprise-administrator

FastTrack Center

Nur in wenigen Fällen haben Unternehmen die komplette erforderliche Kompetenz für die Einführung von Microsoft Teams im eigenen Haus. Da ist es gut, im Zweifelsfall auf Experten zurückgreifen zu können, die bereits viele Projekte abgeschlossen haben. Solche Experten finden Sie beispielsweise im *FastTrack Center*.

Haben Sie in der Vergangenheit Lizenzen für Microsoft-Produkte gekauft, waren Sie jedes Mal auf sich allein gestellt, ob und wie Sie diese Lizenzen in einem produktiven Betrieb einführen. Mit Office 365 verfolgt Microsoft nun eine andere Strategie: Neben den Diensten und Anwendungen, die Sie über den Einkauf von Lizenzen erwerben, erhalten Sie in vielen Fällen gleichzeitig auch Zugriff auf das FastTrack Center. Das FastTrack Center unterstützt Sie bei der Planung, der Einführung und der erfolgreichen Nutzung der Office 365-Dienste durch Ihre Anwender. Dies beginnt schon bei der Grundkonfiguration Ihres Mandanten, der Anbindung an die lokale Infrastruktur und der Anpassung der Office 365-Dienste. In manchen Fällen erhalten Sie sogar Unterstützung bei der Migration vorhandener Daten.

Ein weiterer großer Vorteil des FastTrack Centers ist, dass Sie dessen Unterstützung nicht nur einmalig, sondern durchaus mehrfach in Anspruch nehmen können. In vielen Unternehmen werden aus Zeit- und Ressourcengründen nicht alle Office 365-Dienste mit einem großen Knall bereitgestellt, sondern der eine oder andere Dienst wird erst im Laufe der Zeit relevant. Das FastTrack Center unterstützt Sie dabei auf Wunsch jedes Mal ganz individuell.

Weitere Kosten entstehen Ihnen dadurch nicht – die Unterstützung durch das FastTrack Center haben Sie bereits mit den Lizenzen gekauft, sofern bestimmte Voraussetzungen dabei erfüllt wurden. Um das FastTrack Center engagieren zu können, benötigen Sie mindestens 150 Lizenzen der Lizenztypen aus Tabelle 9.1.

Eine aktuelle Auflistung der Lizenztypen finden Sie hier:

https://docs.microsoft.com/de-de/fasttrack/eligibility

Mit 150 der entsprechenden Lizenzen erhalten Sie zunächst einmal Unterstützung beim Onboarding, also bei der grundlegenden Bereitstellung Ihrer Office 365-Umgebung und der Anbindung an die lokale Infrastruktur. Verfügen Sie über mindestens 500 solcher Lizenzen, unterstützt Sie FastTrack auf Wunsch zusätzlich auch noch bei der Migration vorhandener Daten zu Office 365 – auch dieser Vorgang ist standardisiert, beispielsweise welche Datenquellen und welche Ziele unterstützt werden.

Die Techniker des FastTrack Centers unterstützen Sie dabei grundsätzlich remote, kommen also nicht zu Ihnen ins Unternehmen vor Ort. Die Techniker konfigurieren auch nicht selbst Ihre Umgebung, sondern stellen entsprechende Ressourcen wie Tools und Beschreibungen bereit, mit denen Sie selbst die Konfiguration vornehmen können.

Das aktuelle Leistungsangebot können Sie hier einsehen:

https://docs.microsoft.com/de-de/fasttrack/o365-fasttrack-benefit-for-office-365

<table>
<tr><th>Microsoft 365-Familie</th><th>Office 365-Familie</th></tr>
<tr><td>
▸ Microsoft 365 Enterprise
Microsoft 365 E3
Microsoft 365 E5
Microsoft 365 E5 Security
Microsoft 365 E5 Compliance
Microsoft 365 E5 eDiscovery und Überwachung
Microsoft 365 E5 Information Protection und Governance
Microsoft 365 E5 Insider-Risikomanagement
Microsoft 365 F3
Microsoft 365 Apps for Enterprise
Microsoft 365 Apps for Enterprise (Gerät)
▸ Microsoft 365 Business
Microsoft 365 Business Basic
Microsoft 365 Business Standard
Microsoft 365 Business
Microsoft 365 Apps for Business
</td><td>
▸ Office 365 Enterprise
Office 365 Enterprise E1
Office 365 Enterprise E3
Office 365 Enterprise E4
Office 365 Enterprise E5
Office 365 Enterprise F3
▸ Exchange Online
Exchange Online Plan 1
Exchange Online Plan 2
Exchange Online-Kiosk
Exchange Online Protection
Office 365 Advanced Threat Protection
▸ Project Online
Project Online Essentials
Project Online Professional
Project Online Premium
▸ SharePoint Online
SharePoint Online Plan 1
SharePoint Online Plan 2
▸ OneDrive for Business
OneDrive for Business mit Office
OneDrive for Business Plan 1
OneDrive for Business-Plan 2
▸ Skype for Business Online
Telefonsystem
Anrufplan
Audiokonferenzen
Skype for Business Online Plan 1
Skype for Business Online Plan 2
▸ Yammer
Yammer Enterprise
</td></tr>
</table>

Tabelle 9.1 Berechtigte Lizenztypen

Speziell für Microsoft Teams finden Sie dort aktuell die folgenden Leistungen aufgeführt:

- Bestätigung der Mindestanforderungen in Exchange Online, SharePoint Online, Microsoft 365-Gruppen und Azure Active Directory zur Unterstützung von Teams
- Konfigurieren von Firewall-Ports
- Einrichten von *DNS (Domain Name System)*
- Sicherstellung, dass Teams auf Ihrem Microsoft 365-Mandanten aktiviert ist
- Aktivierung beziehungsweise Deaktivierung von Benutzerlizenzen
- Netzwerkbewertung für Teams:
  - Überprüfungen hinsichtlich der Ports und Endpunkte
  - Überprüfungen hinsichtlich der Verbindungsqualität
  - Schätzungen hinsichtlich der Bandbreite
  - Konfigurieren von Teams-App-Richtlinien (Microsoft Teams-Webanwendung, Teams-Desktop-App und Teams für iOS- und Android-App)
- Microsoft Teams-Raumgeräte:
  - Erstellung von Benutzerkonten, die für unterstützte Telefonie- und Konferenzraumgeräte erforderlich sind, die im Microsoft Teams-Gerätekatalog aufgeführt sind
- Aktivierung von Audiokonferenzen:
  - Organisationseinrichtung der Standardeinstellungen für Konferenzbrücken
  - Zuweisung der Konferenzbrücke zu lizenzierten Benutzern
- Telefonsystem:
  - Organisationseinrichtung der Standardeinstellungen
  - Leitfaden für Anrufpläne
  - Zuweisung von Nummern zu lizenzierten Benutzern
  - Anweisung zum Portieren lokaler Rufnummern über die Benutzeroberfläche bis 999 Stück
  - Unterstützung für das Portieren von lokalen Nummern über 999 hinaus
  - Leitfaden für das direkte Routing: Anleitung zum Einrichten der Organisation für das direkte Routing in von Partnern gehosteten Szenarien oder in kundenseitig bereitgestellten Szenarien für einen einzelnen Standort
- Aktivierung von Teams-Liveereignissen
- Einrichtung der Organisation und Integration in Microsoft Stream

Ein Engagement des FastTrack Centers läuft grundsätzlich in drei Phasen ab:

- **Strategie**

  In dieser Phase erfolgt die Planung des Einsatzes mit wichtigen Personen aus der IT und anderen Bereichen des Unternehmens. Es wird ein Team aufgebaut und das gemeinsam zu erreichende Ziel definiert. Dann wird ein Projektplan erstellt, der den Kunden, Microsoft und gegebenenfalls einen Partner umfasst.

- **Einrichtung**

  In dieser Phase werden bei Bedarf Workshops durchgeführt, beispielsweise zur Eignung der bestehenden Infrastruktur für Office 365. Dabei können Clients, DNS, Netzwerk, Infrastruktur, Active Directory etc. in Betracht kommen. Werden Problemfälle festgestellt, unterstützt das FastTrack Center bei deren Lösung. Es erfolgt die eigentliche Einrichtung der Office 365-Umgebung beziehungsweise der Dienste.

- **Wertschöpfung**

  Nach der erfolgreichen Einrichtung unterstützt Sie das FastTrack Center dabei, Ihren Anwendern die neuen Dienste und Anwendungen nahezubringen, sodass diese nicht nur ein neues Werkzeug erhalten, sondern auch befähigt werden, sinnvoll damit umzugehen. Dabei kommen die *FastTrack Adoption Services* zum Einsatz, die grundlegende Unterstützung beim Veränderungsmanagement bieten.

Wollen Sie das FastTrack Center beauftragen, starten Sie am besten auf dieser Seite:

https://www.microsoft.com/de-de/fasttrack/microsoft-365

Partner und externe Dienstleister

Um das FastTrack Center auch der breiten Masse von Office 365-Kunden bereitstellen zu können, sind die Leistungen standardisiert. Unternehmen, denen der Leistungskatalog nicht ausreicht, weil beispielsweise spezielle Anforderungen erfüllt werden müssen, ziehen häufig auch noch einen externen Dienstleister, oft einen Microsoft-Partner, hinzu. Dieser fungiert dann als Bindeglied zwischen dem Unternehmen und dem FastTrack Center. Auch Microsoft selbst hilft auf Wunsch bei individuellen Anforderungen mit Beratern der *Microsoft Consulting Services (MCS)* mit einer Spezialisierung auf *ACM (Adoption and Change Management).*

9.1.2 Netzwerk

Sehen wir uns die wichtigsten Punkte bei der Optimierung der Netzwerkinfrastruktur für Office 365 an. Um zu wissen, welche Optimierungen sinnvoll sind, ist es zunächst erforderlich, über das Microsoft Global Network zu sprechen.

Microsoft Global Network

Microsoft betreibt weltweit ein riesiges privates Netzwerk, über das alle Microsoft-Rechenzentren miteinander verbunden sind, das *Microsoft Global Network*. Dieses Netzwerk ist auf den Betrieb der Microsoft-Dienste optimiert. Das Microsoft Global Network verfügt weltweit verteilt über eine dreistellige Anzahl von Eintrittspunkten, die nicht nur an den Standorten der Rechenzentren bereitgestellt werden. Die Grundidee ist nun, Anfragen der Anwender-Clients so schnell wie möglich in das Microsoft Global Network zu überführen, um sie dort an die richtige Stelle, also beispielsweise das zuständige Rechenzentrum, weiterzuleiten. Dabei spielt die Lokation des konkreten Rechenzentrums nur eine untergeordnete Rolle. Sollten sich die Daten eines Anwenders beispielsweise in Europa befinden, der Anwender selbst aber gerade auf Geschäftsreise in den USA, sollte die Verbindung in das Microsoft Global Network idealerweise über einen Eintrittspunkt nahe seines Standorts in den USA erfolgen und nicht über das Internet nach Europa und dort in einen Eintrittspunkt nahe der Rechenzentren.

Bei der Anbindung an das Microsoft Global Network sollten Sie vier Grundprinzipien beherzigen:

- **Optimierung des Datenverkehrs zu Office 365**

  Um einen reibungslosen Datenverkehr zwischen den Clients Ihrer Anwender und Office 365 zu gewährleisten, müssen Sie dafür sorgen, dass Ihre Infrastrukturkomponenten wie Proxys und Firewalls keine der erforderlichen Verbindungen blockieren.

  Microsoft veröffentlicht dazu auf der folgenden Website eine (sehr lange!) Liste von Hostnamen, IP-Adressen, Protokollen und Ports, die von den jeweiligen Office 365-Diensten verwendet werden:

  https://aka.ms/o365ip

  Diese Liste dient als Grundlage für die Konfiguration Ihrer Komponenten. Bitte beachten Sie dabei, dass sich diese Liste im Laufe der Zeit auch ändern kann, beispielsweise wenn neue Dienste eingeführt oder neue Rechenzentren eröffnet werden. Entsprechend sollten Sie diese Liste im Blick haben. Sie können dazu auf der Website einen *RSS-Feed* abonnieren oder einen *REST*-basierten *Webservice* anfragen (REST steht für *Representational State Transfer* – dabei handelt es sich um eine standardisierte Programmierschnittstelle zur Kommunikation unterschiedlicher Systeme). Auch im Nachrichtencenter des Microsoft 365 Admin Centers erhalten Sie Hinweise auf Änderungen (siehe Abschnitt 4.3.3, »Kommunikation für alle Kunden«).

- **Lokale Netzwerkaustrittspunkte**

  Wie oben schon erwähnt, sollte es das Ziel sein, die Anfragen der Clients möglichst schnell ins Microsoft Global Network zu bringen. Dem steht aber nicht selten eine Netzwerkarchitektur im Wege, die heute historisch bedingt in vielen Unternehmen vorzufinden ist: Unternehmen, die mehrere Standorte haben, verbinden diese gerne über private Netzwerkverbindungen. Außerdem gibt es oft nicht an jedem Standort einen Austrittspunkt zum Internet. Ein Beispiel sehen Sie in Abbildung 9.2. Dies hat zur Folge, dass der Netzwerkverkehr von einem Standort ohne direkte Internetverbindung zunächst einmal zu einem anderen Standort übertragen werden muss und dann erst ins Internet gelangt.

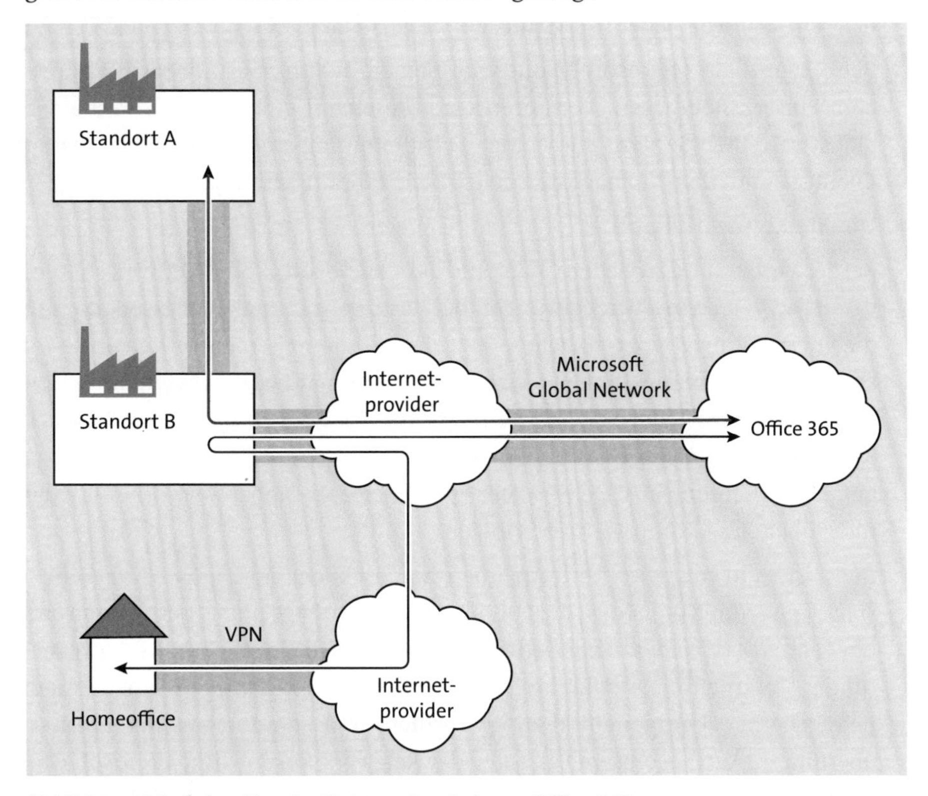

Abbildung 9.2 Suboptimaler Netzwerkverkehr zu Office 365

In diesem Fall erreicht der Client das Microsoft Global Network erst über einen Umweg, was zulasten der Geschwindigkeit geht. Idealerweise sollten also lokale Internetaustrittspunkte bereitgestellt werden. Die Performanz der Dienste spielt im Hinblick auf die Anwenderakzeptanz eine sehr große Rolle. Anwender sind es – im Privatleben – gewohnt, Cloud-Dienste mühelos, schnell, einfach und ortsunabhängig zu nutzen. Ist diese Erfahrung im Arbeitsleben erheblich schlechter, entsteht häufig Frustration. Dies kann die Akzeptanz und Nutzung erheblich hemmen und die Wahrscheinlichkeit der Ablehnung unter den Nutzern erhöhen.

[+] An dieser Stelle noch ein wichtiger Hinweis: Damit der Client auf den für ihn regional nächstgelegenen Eintrittspunkt ins Microsoft Global Network zugreift, ist es erforderlich, dass er einen DNS-Server in seiner Nähe abfragt. Hier ein Beispiel: Der Client fragt beim lokalen DNS nach der IP-Adresse einer der Microsoft 365-Dienste. Die Anfrage wird an das Microsoft-DNS weitergeleitet. Dieses antwortet in Abhängigkeit des Standorts des anfragenden DNS-Servers mit der IP-Adresse des nächstgelegenen Eintrittspunkts (dieses Verfahren nennt sich *Geo-DNS*). Fragt der Client jedoch bei einem weit entfernten DNS-Server nach der IP-Adresse, erhält er als Antwort einen weit entfernten Eintrittspunkt. Damit wird der Zugriff zwar möglich sein, aber eben eher suboptimal.

Beim Zugriff auf Microsoft Teams kommen darüber hinaus *Anycast*-IP-Adressen zum Einsatz. Bei diesem Verfahren wird dieselbe IP-Adresse bei verschiedenen global verteilten Servern verwendet. Das IP-Routing stellt dann sicher, dass der Client sich mit dem am nächsten gelegenen Standort verbindet.

- **Direkte Konnektivität**

  Bei der Verbindung zwischen Client und dem Microsoft Global Network sollten Sie darauf achten, keine Verzögerungen bei der Übertragung zuzulassen, die durch die Verwendung von zusätzlichen Netzwerkkomponenten entstehen. In so manchem Unternehmen wird beispielsweise der Internet-Netzwerkverkehr über verschiedene Sicherheitskomponenten geführt, wie *Proxys*, *Data Loss Prevention*-Systeme, *Packet Inspections* etc. Die damit verursachte Latenz wirkt sich negativ auf die Verbindung aus. Der Verkehr zum Microsoft Global Network sollte daher nicht über diese Komponenten erfolgen.

  Auch ist es in manchen Unternehmen heute üblich, den Netzwerkverkehr beispielsweise von Notebooks, die außerhalb des Firmengeländes betrieben werden, über ein *VPN* (*Virtual Private Network*) zunächst in die lokale Netzwerkinfrastruktur des Unternehmens zu leiten (typischerweise, um ihn mit den dort vorhandenen Sicherheitskomponenten zu überprüfen) und von dort aus ins Internet zu überführen. Auch in diesem Fall sollte der Netzwerkverkehr zum Microsoft Global Network separiert und nicht über das VPN geleitet werden. Man spricht hier von *Split-VPN*.

- **Modernisierung der Sicherheitsdienste für Office 365**

  Auch wenn lokal vorhandene Netzwerk-Sicherheitskomponenten für den Netzwerkverkehr ins Microsoft Global Network möglichst umgangen werden sollten, heißt das aber nicht, dass Sicherheit keine Rolle spielt. Allerdings sollten Sicherheitsfunktionen dort zum Einsatz kommen, wo sie am sinnvollsten sind. Bei der Nutzung von Office 365 bedeutet dies, dass Sie auf Dienste aus Office 365 und/oder Microsoft 365 setzen sollten, wie beispielsweise die mehrstufige Authentifizierung (siehe Abschnitt 5.2.1), den bedingten Zugriff (siehe Abschnitt 5.2.2), die *Microsoft Cloud App Security* (einen Dienst, mit dem Sie ungewöhnliches Verhalten erkennen und darauf reagieren können), die Verhinderung von Datenverlust (siehe Abschnitt 5.3.2) etc.

Zusammengefasst könnte das Ganze also wie in Abbildung 9.3 aussehen.

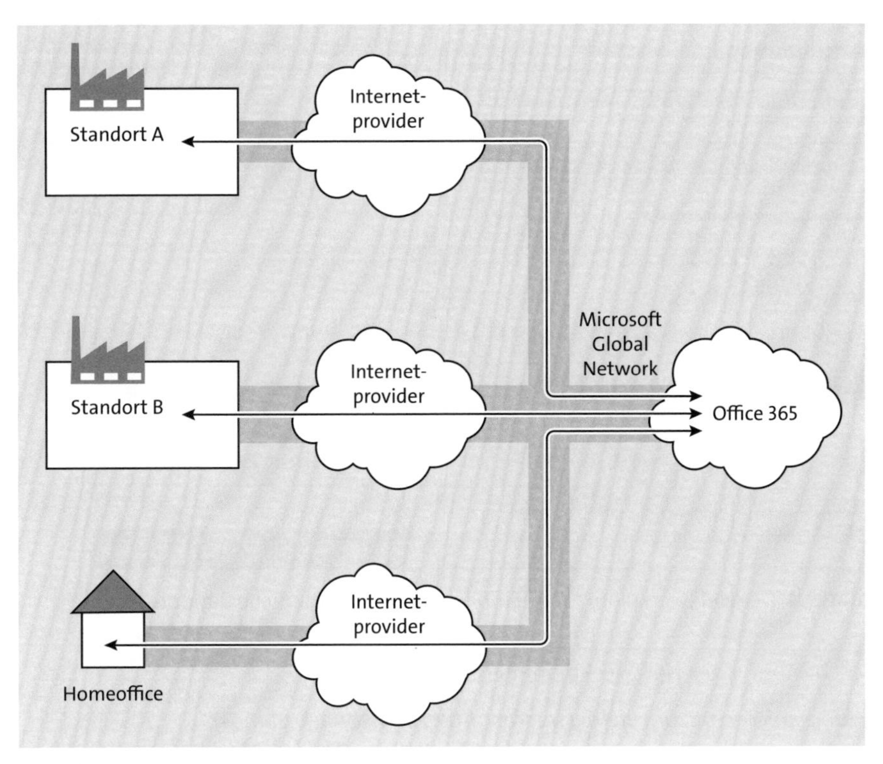

Abbildung 9.3 Optimierter Netzwerkverkehr zu Office 365

Dieser Abschnitt kann in diesem Buch nur einen ersten Überblick über die Netzwerkkonfiguration liefern. Wenn Sie oder Ihre Netzwerkmitarbeiter mehr Informationen benötigt, ist diese Seite ein guter Startpunkt:

https://docs.microsoft.com/de-de/office365/enterprise/office-365-network-connectivity-principles

Bandbreite

Insbesondere die Echtzeitkommunikation in Audio- und Videokonferenzen und natürlich bei der Telefonie stellen erhöhte Anforderungen an die verfügbare Netzwerkbandbreite. Damit Sie schon vor der Einführung von Microsoft Teams eine Einschätzung davon bekommen, wie viel Bandbreite in Ihrer Umgebung erforderlich sein wird, nutzen Sie einen Kalkulator, der auf Basis Ihres Nutzungsszenarios die entsprechende Bandbreite berechnen soll.

Dazu verwenden Sie einen *Netzwerkplaner*, mit dem Sie Ihre regionalen Strukturen, Benutzer und Nutzungsszenarien hinterlegen. Als Ergebnis erhalten Sie einen Hinweis auf die voraussichtlich erforderliche Bandbreite. Den Netzwerkplaner finden Sie als Bestandteil des Microsoft Teams Admin Centers in der Navigation unter PLANUNG • NETZWERKPLANER (siehe Abbildung 9.4).

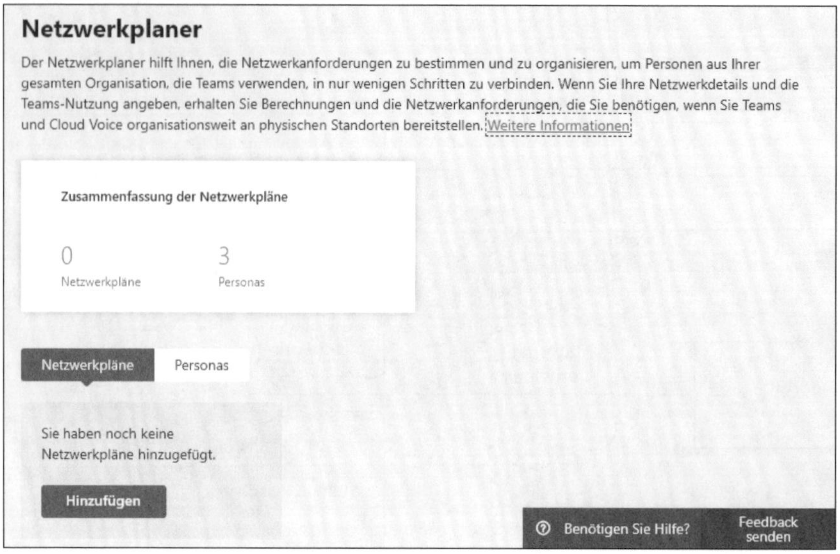

Abbildung 9.4 Der Netzwerkplaner gibt Einblicke in die erforderliche Bandbreite

Eine Beschreibung des Netzwerkplaners finden Sie hier:

https://docs.microsoft.com/de-de/microsoftteams/network-planner

Tabelle 9.2 enthält eine Übersicht über die von Microsoft Teams belegte Bandbreite für verschiedene Nutzungsszenarien. Ist weniger Bandbreite verfügbar als angegeben, verschlechtert sich die Qualität entsprechend.

Bandbreite (Upload/Download)	Szenario
30 Kbit/s	1:1-Audioanrufe
130 Kbit/s	1:1-Audioanrufe und Bildschirmübertragung
500 Kbit/s	1:1-Videoanruf bei einer Auflösung von 360p und 30 Bilder/s
1,2 Mbit/s	1:1-Videoanruf bei einer Auflösung von HD 720p und 30 Bilder/s
1,5 Mbit/s	1:1-Videoanruf bei einer Auflösung von HD 1.080p und 30 Bilder/s
500 Kbit/s / 1 Mbit/s	Gruppen-Videoanruf
1 Mbit/s / 2 Mbit/s	HD-Gruppen-Videoanruf bei einer Auflösung von 540p auf einem 1.080p-Bildschirm
5 Mbit/s	Liveereignis (Produzent)

Tabelle 9.2 Bandbreite pro Szenario

Die Werte aus der Tabelle stellen nur Beispiele dar. Es handelt sich also nicht um die jeweiligen Maximalwerte.

9.1.3 Mandant

In Abschnitt 2.1.2 haben wir uns bereits im Rahmen der Architektur von Microsoft Teams mit dem Mandanten beschäftigt, also Ihrer separaten Kundenumgebung für die Microsoft 365-Dienste. Bevor Sie beginnen, Microsoft Teams auszurollen, sollten Sie Ihren Mandanten in einigen Punkten überprüfen. Dazu gehören die Benutzerkonten, die Lizenzierung und gegebenenfalls die Anbindung an lokale Umgebungen wie Exchange, Skype for Business und SharePoint.

Benutzerkonten

In den meisten Unternehmen wird zur Koppelung eines lokal vorhandenen *Active Directorys (AD)* und des *Azure Active Directorys (AAD)* eine automatische Synchronisierung unter anderem von den Benutzerkonten eingerichtet (siehe Abbildung 9.5).

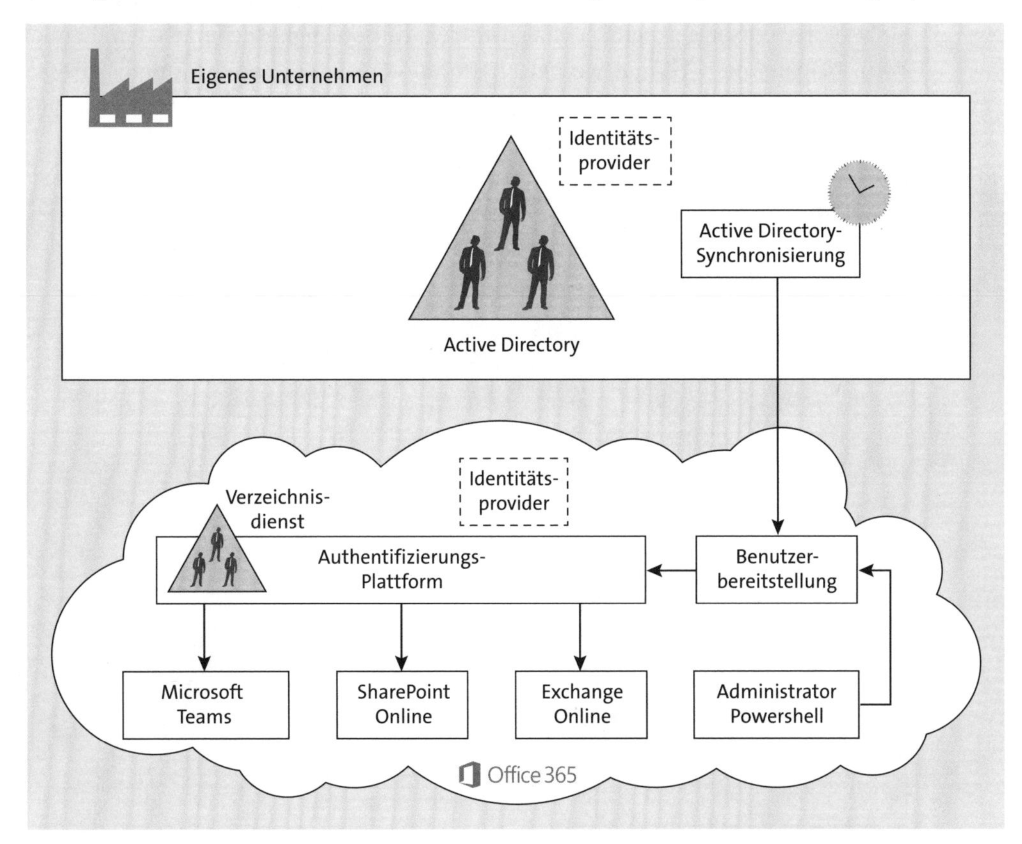

Abbildung 9.5 Synchronisierung zwischen Active Directory und Azure Active Directory

Mit der Einrichtung der Synchronisierung zwischen dem lokalen AD und dem AAD aus Ihrem Mandanten zurren Sie die Behandlung der Benutzerkonten – oder anders ausgedrückt der Identitäten – fest. Änderungen daran sind in der Praxis dann oftmals nur noch mit größerem Aufwand vorzunehmen. Warum ich das an dieser Stelle beschreibe? Bevor Sie Ihre Anwender mit den Diensten aus Office 365 (und dazu gehört ja auch Microsoft Teams) arbeiten lassen, sollte die Behandlung der Identitäten abschließend geklärt sein. Dazu gehören insbesondere die folgenden Fragestellungen:

- **Wie sehen die Benutzernamen aus?**

  Idealerweise ist der Benutzername (der sogenannte *Benutzerprinzipalname* oder auf Englisch *User Principal Name*) identisch mit der E-Mail-Adresse. Manche Unternehmen wollen aber aus Identitätsschutzgründen hier eine kryptische Kennung verwenden, oder es gibt technische Gründe dafür, dass der Benutzername eben nicht identisch mit der E-Mail-Adresse sein kann. Dies jedoch wird den Anwendern auf Dauer Schwierigkeiten bereiten. Beispielsweise sehen Sie in Abbildung 9.6 das Anmeldefenster des Microsoft Teams-Clients. Dort wird nach der ANMELDEADRESSE gefragt. Technisch korrekt müsste eigentlich nach dem Benutzerprinzipalnamen gefragt werden. Kann der Anwender seine Anmeldeadresse nicht dem Benutzerprinzipalnamen zuordnen, gibt er hier erfahrungsgemäß seine E-Mail-Adresse ein.

Abbildung 9.6 Anmeldefenster im Microsoft Teams-Client

Aus Anwendersicht ist eine einfache Anmeldung ein extrem wichtiger Punkt. Ziel sollte es sein, die Anmeldung so unkompliziert wie möglich zu gestalten, daher gilt die Empfehlung, die E-Mail-Adresse zu nutzen.

- **Wie soll mit den Kennwörtern umgegangen werden?**

  Auch hier gibt es mehrere Konfigurationsoptionen. Darunter eine Option, bei der die Kennwörter für die Benutzerkonten im AAD unterschiedlich sind zu den Benutzerkonten im AD. Dies würde vom Anwender dann ein ständiges Umdenken erfordern, in welcher Situation er jetzt welches Kennwort eintragen muss – inklusive der negativen Randerscheinungen, wie beispielsweise unterschiedliche Kennwortrichtlinien hinsichtlich der Komplexität, der unterschiedlichen Ablaufintervalle etc. Auch so etwas sollte in der Praxis möglichst vermieden werden. Das Ziel sollte sein, dass sich der Anwender – egal, ob bei einem lokalen Dienst wie einem Dateiserver oder einem der Cloud-Dienste – immer mit demselben Kennwort anmeldet.

  [+] In Zukunft wird die Bedeutung von Kennwörtern abnehmen und dafür die Bedeutung von biometrischen Daten zur Anmeldung steigen. Dies sorgt ebenfalls für ein einfacheres Anmeldeverfahren, und gleichzeitig wird die Sicherheit erhöht (beispielsweise weil das Erraten oder Ausprobieren der Kennwörter alleine nicht mehr ausreicht).

- **Werden alle erforderlichen Attribute synchronisiert?**

  Bei der Einrichtung der Synchronisierung zwischen AD und AAD kann der Administrator wählen, welche Attribute der Objekte synchronisiert werden sollen. Manches Unternehmen setzt hier auf falsch verstandene Datensparsamkeit und deaktiviert die Synchronisierung von Attributen, die für den Betrieb beispielsweise von Microsoft Teams erforderlich sind. Microsoft gibt auf der folgenden Seite an, welche Attribute für welche Dienste in der Standardkonfiguration synchronisiert werden:

  https://docs.microsoft.com/de-de/azure/active-directory/hybrid/reference-connect-sync-attributes-synchronized

Falsche Datensparsamkeit beim Synchronisieren

Robin ist vor der Aktivierung der Attributssynchronisierung in Kontakt mit der Sicherheitsabteilung. Seine Kollegen dort drängen ihn dazu, aus Gründen der Datensparsamkeit möglichst wenige Attributswerte vom lokalen AD in das Cloud-AAD zu synchronisieren.

Robin stimmt dem grundsätzlich zu, bittet aber zu bedenken, dass die Deaktivierung von einzelnen Attributen in der Praxis gründlich abzuwägen ist. Die Gefahr ist groß, ein Attribut abzuwählen, das heute oder in Zukunft von den Microsoft 365-Diensten benötigt wird, um eine korrekte Funktionsweise zu gewährleisten.

Er schlägt deshalb das folgende Vorgehen vor: Es soll nicht definiert werden, welche Attribute mindestens synchronisiert werden müssen, sondern welche Attribute unter keinen Umständen synchronisiert werden sollen. Diese Vorgehensweise minimiert die Gefahr von Folgeproblemen enorm – und siehe da: Die Liste der Attribute, die nicht synchronisiert werden sollen, ist sehr kurz.

- **Welche Sicherheitsdienste sollen mindestens aktiv sein?**

  Gerade an den Benutzerkonten hängt eine ganze Reihe an optionalen Sicherheitsdiensten, die Sie bei Bedarf aktivieren können und mit denen Sie die Sicherheit Ihrer Umgebung enorm erhöhen können. Die Anforderungen sind aber in jedem Unternehmen sehr individuell. Sie können dazu die Informationen aus Kapitel 5, »Sicherheit«, als Grundlage verwenden.

  [+] Tipp: Ein Dienst, auf den Sie beispielsweise nicht verzichten sollten, ist die mehrstufige Authentifizierung. Der Aufwand dafür ist überschaubar, und ein Identitätsdiebstahl ist für Angreifer zwar nicht gänzlich unmöglich, aber doch deutlich erschwert. Hier sollten Sie jedoch bedenken, dass – je nach Wahl des zweiten Faktors – gegebenenfalls ein Zweitgerät wie ein Mobiltelefon erforderlich ist. Allerdings verfügt nicht jeder Mitarbeiter in jedem Unternehmen über ein firmeneigenes Mobiltelefon. Dies macht es erforderlich, dass entweder den Anwendern für diesen Zweck der Gebrauch ihres Privattelefons erlaubt wird oder eine Authentifizierung ohne Mobiltelefon, beispielsweise durch Zusendung eines Codes an die E-Mail-Adresse, arrangiert werden sollte.

[+] Sprechen Sie also im Zweifelsfall lieber noch einmal ausführlich mit allen relevanten Personen, um die für Ihr Unternehmen jeweils richtige Strategie zu ermitteln, bevor Sie überstürzt den Mandanten und die Benutzerkonten anlegen und Ihre Anwender mit Microsoft Teams arbeiten lassen.

Lizenzierung

Der Punkt Lizenzierung betrifft indirekt auch wieder die Benutzerkonten selbst. Natürlich benötigen Sie eine ausreichende Anzahl von Lizenzen, die alle erforderlichen Dienste beinhalten (siehe auch Kapitel 8, »Lizenzen«). Allerdings geht es in diesem Abschnitt um etwas anderes: Wie in Abschnitt 2.1.2, »Mandant«, bereits erläutert, weisen Sie den Benutzerkonten im AAD Lizenzen zu, woraufhin die darin enthaltenen Dienste vom Anwender nutzbar werden. In den meisten Fällen greifen Unternehmen zu Lizenzpaketen, wie beispielsweise Office 365 E3. Dieses Paket enthält (neben vielen anderen) die Dienste Exchange Online, SharePoint Online, Microsoft Teams, Sway und das lokal zu installierende Office-Paket. Soll ein Benutzer einen bestimmten Dienst nicht nutzen dürfen, beispielsweise Sway, können die Administratoren diesen Dienst bei der Lizenzvergabe ausschließen. Abbildung 9.7 zeigt beispielsweise die Ansicht aus dem Microsoft 365 Admin Center mit einem Benutzerkonto, das zwar eine *Office 365 E3*-Lizenz bekommt, diese aber nicht alle verfügbaren Dienste freischaltet.

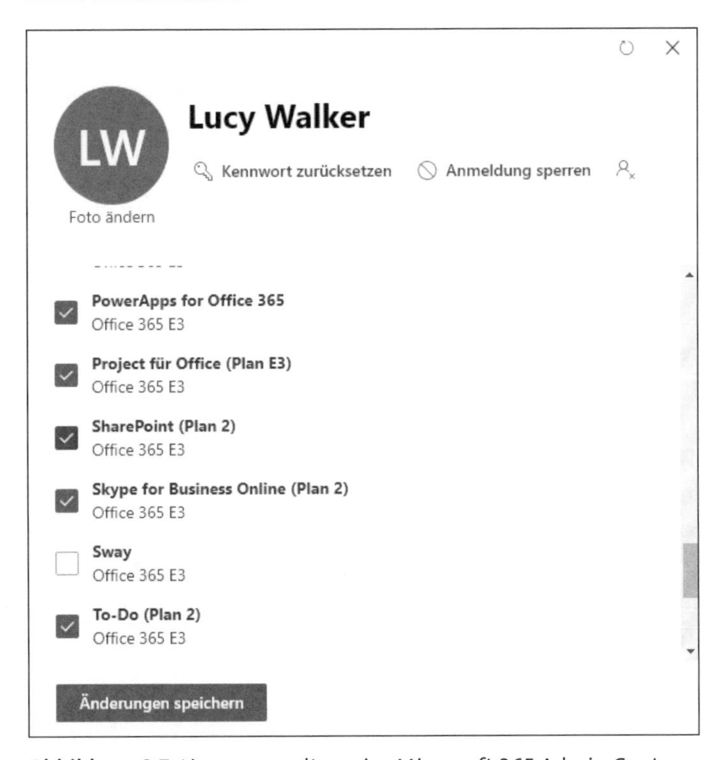

Abbildung 9.7 Lizenzverwaltung im Microsoft 365 Admin Center

Für den vollständigen Betrieb von Microsoft Teams sollten Sie überprüfen, ob bei den Benutzerkonten auch lizenzseitig alle Dienste aktiviert sind, auf denen Microsoft Teams basiert, also insbesondere diese (und gegebenenfalls weitere – je nachdem, welche Microsoft-Teams-Funktionalität Sie benötigen; lesen Sie hierzu auch Kapitel 8, »Lizenzen«:

- Microsoft Teams
- Exchange Online
- SharePoint Online (enthalten ist dabei auch OneDrive for Business – fehlt diese Lizenz, verfügt der Benutzer über keinen persönlichen Speicher und kann damit in Chats auch keine Dateien freigeben; aus Anwendersicht führt dies zu einer schlechten Nutzererfahrung)

- Office für das Web (zur Anzeige von Office-Dateiinhalten im Teams-Client; das Fehlen dieser Funktionalität würde auch wieder zu einer schlechten Nutzererfahrung führen)
- Microsoft Stream
- Microsoft Planner
- Skype for Business Online (sofern noch vorhanden; wird voraussichtlich am 31. Juli 2021 eingestellt)

Daneben können aber auch weitere Dienste relevant sein, beispielsweise für Workflows und Automatisierungen *Power Automate*, zur Anwendungsentwicklung *PowerApps* oder für Formulare *Microsoft Forms*. Beziehen Sie bei der Auswahl der Dienste möglichst früh Ihre Benutzer mit ein (lesen Sie hierzu auch Abschnitt 10.4, »Die ersten Anwender«).

Exchange Server

In Abschnitt 2.2.2, »Speicherorte«, haben wir bereits angesprochen, wie Exchange Online von Microsoft Teams genutzt wird. Was aber, wenn Sie eine Exchange Server-Organisation lokal betreiben? Damit Ihre Anwender Microsoft Teams problemlos verwenden können, müssen Sie hier eine sogenannte *Exchange-Hybridbereitstellung* einrichten. In diesem Fall kann Microsoft Teams mit der lokalen Exchange Server-Organisation kommunizieren, vorausgesetzt sie ist nicht zu alt (aktuell muss mindestens Exchange 2016 mit dem Cumulative Update 3 vorhanden sein). Ist diese Voraussetzung nicht erfüllt, sehen die Teams-Anwender mit einem lokalen Postfach beispielsweise im Teams-Client den Kalender nicht (da Microsoft Teams dann auf den lokalen Kalender nicht zugreifen kann) (siehe Abbildung 9.8). Aus Anwendersicht ein absolutes No-Go.

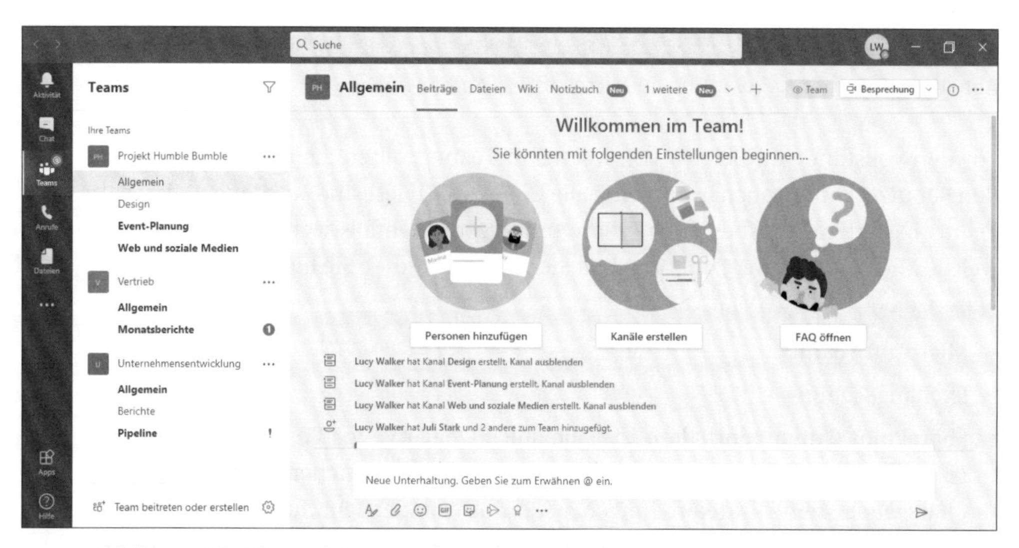

Abbildung 9.8 Microsoft Teams-Client ohne Kalender

Wie sich Microsoft Teams verhält, wenn die Postfächer der Anwender in der lokalen Exchange Server-Organisation angelegt sind, können Sie hier nachlesen:

https://docs.microsoft.com/de-de/microsoftteams/exchange-teams-interact

Skype for Business Server

Betreiben Sie lokal eine Skype for Business Server-Umgebung und sollen die Anwender auch (und in Zukunft idealerweise ausschließlich) Microsoft Teams benutzen, ist in den meisten Fällen eine *Skype for Business-Hybridbereitstellung* zwischen Skype for Business und Microsoft Teams erforderlich. Die Microsoft Teams-Benutzer werden in dieser Hybridbereitstellung dann zu Microsoft Teams verschoben und erhalten die modernen Funktionen. Eine Kommunikation zwischen Skype- und Teams-Benutzern wird damit aber auch bereitgestellt, sodass Teams- und Skype-Benutzer weiterhin gemeinsam chatten und Besprechungen durchführen können. Das ist vor allem in einer Übergangsphase von Skype for Business zu Microsoft Teams wichtig. Es sollte aber auch von Beginn an einen Zeitplan geben, und es sollte kommuniziert werden, wann der finale Umstieg konkret geschieht. Die Parallelnutzung von Skype und Teams sollte möglichst kurz gehalten werden. Von einer dauerhaften Parallelnutzung ist aber eher abzuraten, um eine Einheitlichkeit der Werkzeuge zur Zusammenarbeit innerhalb des Unternehmens zeitnah zu gewährleisten.

Die Benutzer aus beiden Welten teilen sich dabei einen sogenannten *SIP-Adressraum*. *SIP* steht für *Session Initiation Protocol* und ist, wie der Name schon andeutet, ein Protokoll zur Steuerung von Internet-Telefonie. SIP-Adressen sind vereinfacht gesagt die Telefonnummern bei SIP-basierten Diensten und sind ähnlich geformt wie E-Mail-Adressen. Im Idealfall ist die SIP-Adresse eines Benutzers identisch mit seiner E-Mail-Adresse. Mehr zum Einrichten einer Skype for Business-Hybridbereitstellung lesen Sie hier:

https://docs.microsoft.com/de-de/skypeforbusiness/hybrid/plan-hybrid-connectivity

Die Einrichtung einer Skype for Business-Hybridbereitstellung ist auch ein wesentlicher Schritt bei der Migration von Skype for Business zu Microsoft Teams. Behalten Sie das aktuell kommunizierte Support-Ende von Skype for Business 2019 am 14.10.2025 im Blick. Skype for Business Online (als Dienst in Office 365) endet voraussichtlich bereits am 31.07.2021.

SharePoint Server

Für den Betrieb von Microsoft Teams ist eine möglicherweise vorhandene lokale SharePoint Server-Umgebung nicht direkt relevant. Microsoft Teams arbeitet ausschließlich mit SharePoint Online, beispielsweise bei der Speicherung von Dateien, die in Teams freigegeben werden. Gibt ein Anwender eine Datei im Chat frei, erfolgt dies über sein OneDrive for Business (in der Cloud). Diese Prozesse haben wir bereits in Abschnitt 2.2.2, »Speicherorte«, besprochen.

OneDrive for Business ist aber auch genau der Punkt, an dem eine lokale SharePoint Server-Umgebung doch für den Betrieb mit Microsoft Teams interessant werden könnte, nämlich dann, wenn Sie den Anwendern in dieser Umgebung OneDrive for Business bereitstellen. Damit Ihre Anwender dann nicht irritiert sind, weil sie jeweils sowohl lokal als auch im Mandanten ein OneDrive for Business haben, sollten Sie gegebenenfalls eine hybride OneDrive for Business-Bereitstellung in Betracht ziehen. Damit werden im lokalen SharePoint 2013 alle Links auf OneDrive automatisch auf das Cloud-OneDrive umgeschrieben. Bei SharePoint 2016 und 2019 gilt das für die Kachel im App-Launcher. Wie eine OneDrive for Business-Hybridbereitstellung eingerichtet wird, lesen Sie hier:

https://docs.microsoft.com/de-de/sharepoint/hybrid/plan-hybrid-onedrive-for-business

9.1.4 Clients

Auf Microsoft Teams greifen Sie je nach Nutzungsszenario und persönlichen Präferenzen über einen von verschiedenen Clients zu. Zur Auswahl stehen Ihnen dabei die folgenden Optionen:

- Web-Client
- Windows-Client
- macOS-Client
- Linux-Client
- Mobile-Clients

Dabei ist die Funktionalität der Desktop-Clients bis auf wenige Ausnahmen identisch. Die mobilen Clients sind auf die Bedienung mit dem Finger ausgelegt und liefern die wesentlichen Funktionen für die Arbeit unterwegs.

Im Folgenden sehen wir uns die Clients samt Verwaltung und Einrichtung einmal genauer an.

Web-Client

Den Web-Client erreichen Sie über den App-Launcher oder über die direkte URL:

https://teams.microsoft.com

Offiziell werden dabei die folgenden Browser unterstützt:

- Microsoft Edge (sowohl die ursprüngliche als auch die aktuelle Chrome-basierte Variante)
- Chrome (die aktuelle Version und die beiden letzten Versionen)
- Firefox (die aktuelle Version und die beiden letzten Versionen)
- Safari ab Version 13

[+]

Firefox und Safari unterstützen zwar die Ansicht des Teams-Clients, stellen aber manche Funktionen aus den Bereichen Besprechungen und Telefonie nicht bereit. Beachten Sie dabei den jeweils aktuellen Stand:

- Browser-Unterstützung
  https://docs.microsoft.com/de-de/microsoftteams/limits-specifications-teams#browsers
- Microsoft Teams-Besprechungen in nicht unterstützten Browsern
  https://docs.microsoft.com/de-de/microsoftteams/unsupported-browsers

Windows-Client

Den Windows-Client erhalten Sie in zwei unterschiedlichen Varianten: EXE und MSI. Tabelle 9.3 zeigt die Unterschiede der beiden Varianten.

	EXE	MSI	Microsoft 365 Apps
Anwendungsfall	Installation durch den Anwender selbst	Installation über automatische Softwareverteilung	Installation zusammen mit den Office-Anwendungen
Administrative Rechte zur Installation erforderlich	nein	ja	ja
Automatisches Update des Clients	ja	ja	ja
64-Bit- und 32-Bit-Variante erhältlich	ja	ja	ja
Bezugsquelle	*https://teams.microsoft.com/downloads*	*https://aka.ms/teams32bitmsi* *https://aka.ms/teams64bitmsi*	über die Installation des Office-Pakets

Tabelle 9.3 Unterschiede Teams-Varianten

Wie in der Tabelle zu lesen ist, sind zur Installation der EXE-Variante keine administrativen Rechte erforderlich. Der Grund dafür ist einfach: Die Installation erfolgt nicht in einem der Systemordner, sondern in dem *AppData*-Ordner des Benutzers, auf dem er über die erforderlichen Schreibberechtigungen verfügt. Dies bedeutet jedoch auch, dass die Installation nur für den jeweiligen Benutzer durchgeführt wird, der die Installation startet. Aus diesem Grund sollten Sie die EXE-Datei auch nicht explizit unter einem Administrator-Benutzer ausführen, denn sonst erfolgt die Installation für diesen und nicht für den Benutzer, der den Client eigentlich erhalten sollte.

Im Gegensatz zur EXE-Variante benötigt die MSI-Variante bei der Installation administrative Berechtigungen. Im Gegenzug gilt die Installation nicht nur für den aktuellen Benutzer, sondern für alle Benutzer. Meldet sich ein Benutzer nach der Installation an, wird »sein« Teams-Client wie bei der EXE-Variante in den AppData-Ordner kopiert.

Da der Client auch bei der MSI-Variante automatisch aktualisiert wird, ist es nicht erforderlich, laufend neue MSI-Dateien bereitzustellen. Bei Bedarf können Sie den Teams-Client zusammen mit den (lokal installierten) Office-Anwendungen über Microsoft 365 Apps mit installieren. Das spart Aufwand für einen zusätzlichen Verteilungsprozess. Der Teams-Client verwendet in diesem Fall allerdings ebenfalls seinen eigenen Updatemechanismus, der vom Office-Paket unabhängig ist.

Bei allen drei Varianten gilt, dass der Teams-Client wahlweise in einer 64- und in einer 32-Bit-Variante verfügbar ist. Hier gilt die Empfehlung, die Variante zu wählen, die zum Betriebssystem passt. Wurde also Windows in der 64-Bit-Variante installiert, installieren Sie auch die 64-Bit-Variante des Teams-Clients.

[+] Bei der gemeinsamen Installation des Teams-Clients zusammen mit den Office-Anwendungen sollten Sie jedoch bedenken, dass der Teams-Client in der gleichen Variante installiert wird wie das Office-Paket. Installieren Sie also (beispielsweise aus Kompatibilitätsgründen bezüglich bestimmter Office-Add-Ins) die 32-Bit-Variante des Office-Pakets, installieren Sie damit auch die 32-Bit-Variante des Teams-Clients, obwohl die 64-Bit-Variante für ein 64-Bit-Windows die bessere Wahl wäre.

Virtual Desktop Infrastructure (VDI)

Der Teams-Client für den Windows-Desktop ist dabei auch unter VDI-Umgebungen lauffähig. Die Idee ist, dass der Teams-Client selbst auf der Server-Infrastruktur ausgeführt wird, wohingegen die Verarbeitung von Audio und Video auf dem Client des Anwenders vorgenommen wird. Offiziell unterstützt ist derzeit die VDI-Infrastruktur von *Citrix* – *VMWare* und *Azure Windows Virtual Desktop* werden folgen.

Zu den Besonderheiten des Betriebs von Microsoft Teams in einer VDI-Umgebung finden Sie hier in der Dokumentation weitere Informationen:

https://docs.microsoft.com/de-de/microsoftteams/teams-for-vdi

macOS- und Linux-Client

Die Clients für macOS und Linux erhalten Sie unter folgender URL (sofern Sie mit einem entsprechenden System darauf zugreifen):

https://teams.microsoft.com/downloads

Zur Installation benötigen Sie administrative Rechte.

Die Darstellung dieser Teams-Clients unterscheidet sich im Wesentlichen nicht von der Windows-Variante (siehe Abschnitt 2.1, »Architekturübersicht«). Abbildung 9.9 zeigt den macOS-Client und Abbildung 9.10 den Linux-Client.

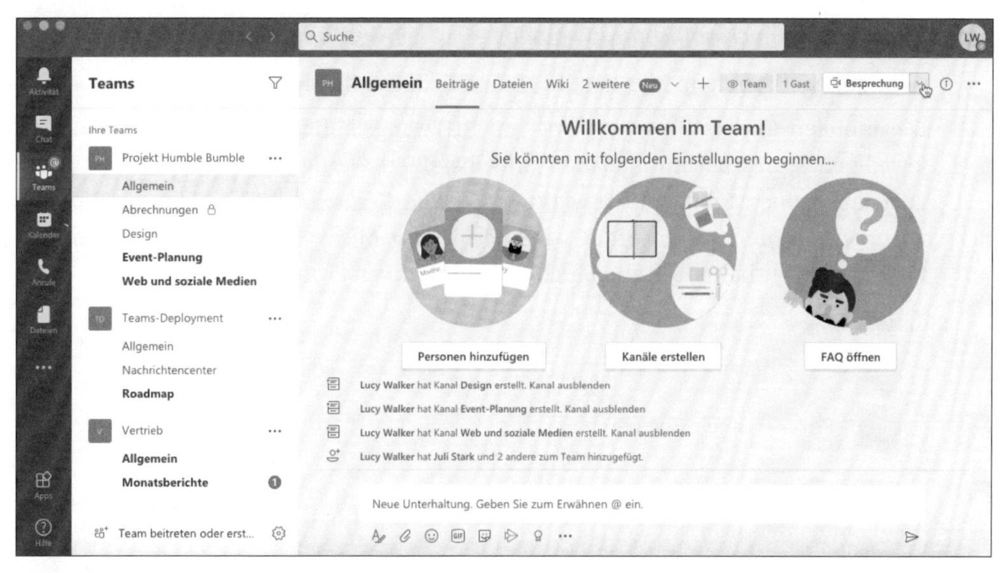

Abbildung 9.9 Teams-Client unter macOS

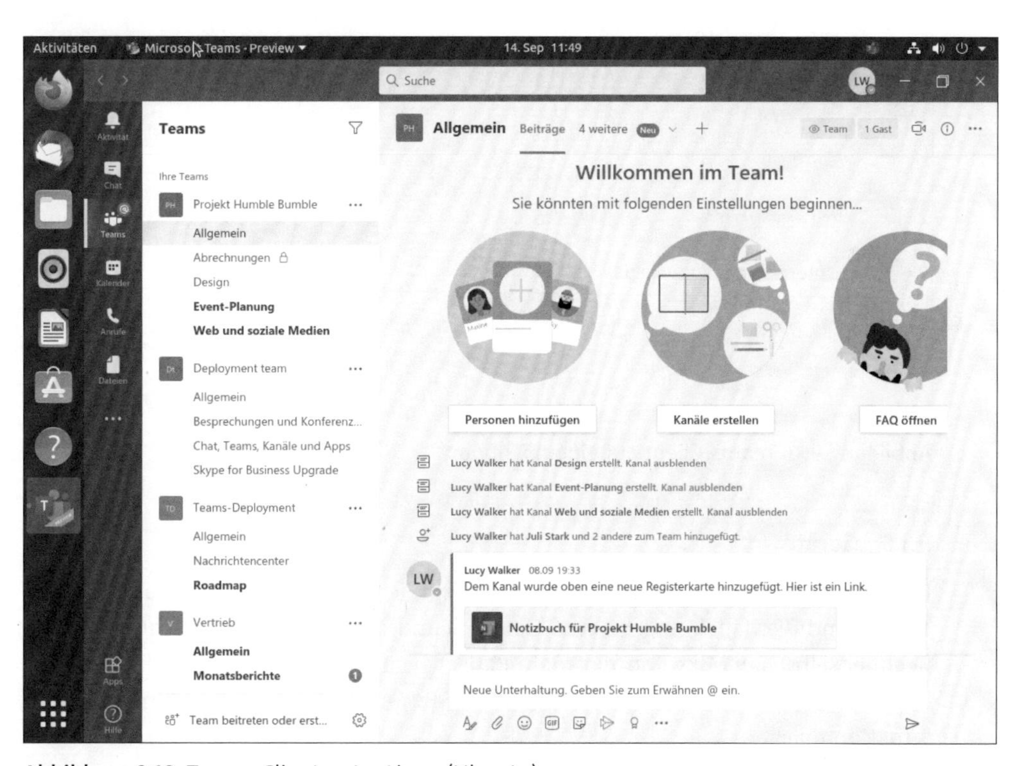

Abbildung 9.10 Teams-Client unter Linux (Ubuntu)

Mobile-Clients

Sowohl für iOS als auch für Android finden Sie unter der folgenden URL die Links zu den Apps in den nativen Stores:

https://teams.microsoft.com/downloads

Abbildung 9.11 zeigt ein Beispiel des Teams-Clients auf dem iPhone.

Die mobilen Clients müssen jedoch nicht zwangsläufig vom Anwender aus den jeweiligen Stores heruntergeladen und installiert werden. Sie können die Clients auch über eine Mobilgeräteverwaltung auf die Geräte verteilen. Das funktioniert natürlich mit dem Microsoft 365-eigenen Dienst *Microsoft Intune*, der bei einigen Lizenztypen enthalten ist, aber auch mit alternativen Produkten.

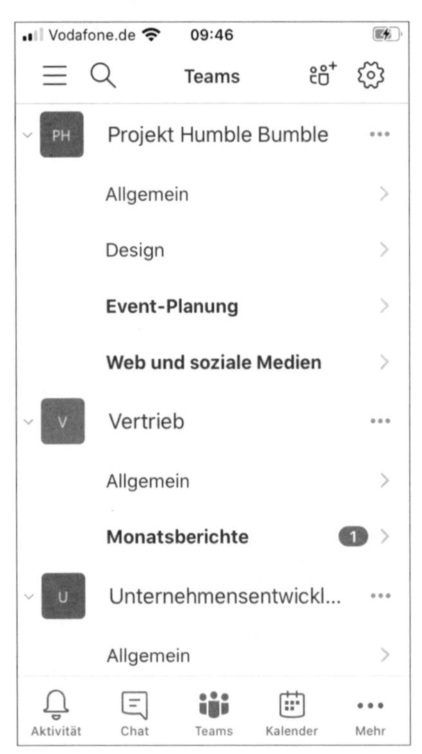

Abbildung 9.11 Teams-Client auf einem iPhone

9.1.5 Geräte

Ein nicht zu unterschätzender Faktor für erfolgreiche Besprechungen über Microsoft Teams sind die dabei eingesetzten Geräte – und damit meine ich nicht direkt die Rechner selbst. Ein Mikrofon, das mehr Rauschen als Sprache überträgt, eine Kamera, die nicht auf die Person fokussiert, kann jede Besprechung zu einer unangenehmen Situation machen.

Doch nicht nur Mikrofone und Kameras spielen eine Rolle: Für ein perfektes Teams-Erlebnis können Sie insbesondere Ihre Besprechungsräume mit Geräten ausstatten, die auch Gesprächspartner an anderen Orten optimal miteinbeziehen, und so mancher Manager besteht auch in Teams-Zeiten auf sein Telefon auf dem Schreibtisch. Fairerweise muss ich hier anmerken, dass Telefone nicht nur auf Manager-Schreibtischen zu finden sind, sondern diese auch an zentralen Stellen wie beim Empfang, in Pausenräumen und an anderen allgemein zugänglichen Orten ihre Berechtigung haben.

In diesem Abschnitt diskutieren wir verschiedene Gerätearten, die speziell für den Einsatz mit Microsoft Teams gedacht sind. Die Bereitstellung dieser Geräte und Hilfsmittel durch das Unternehmen spielt eine wichtige Rolle bei der Akzeptanz, Nutzung und den Erfahrungen der Anwender. Deshalb sollten Sie Ihr besonderes Augenmerk auf eine gute Ausstattung legen.

Headsets

In der Praxis kann der Einsatz eines Headsets die Sprachqualität enorm verbessern. Das gilt natürlich umso mehr, wenn Sie sich in einer ungünstigen Umgebung befinden, in der laute Hintergrundgeräusche oder auch ein starker Halleffekt verursacht wird. Auch sollen in vielen Fällen die ebenfalls anwesenden Personen nicht jedes Gespräch komplett mithören können, sodass die Nutzung eines Headsets für ein Mindestmaß an Privatsphäre sorgen kann. Mir selbst geht es auch so, dass ich das Umfeld besser ausblenden kann, wenn ich ein Headset auf beiden Ohren habe und ich mich so besser auf meine Gesprächspartner konzentrieren kann.

Da stellt sich dann die Frage, welches Headset denn für Microsoft Teams geeignet ist. Grundsätzlich können Sie jedes Headset verwenden, das mit Ihrem Rechner funktioniert, also beispielsweise auch die Geräte, die oftmals beim Kauf eines neuen Smartphones beigelegt werden. Ob diese (oftmals) eher günstigen Vertreter ihrer Gattung auch für ein gutes Audioerlebnis sorgen, sollte zumindest getestet werden.

Um hier den Käufern ein wenig Arbeit abzunehmen, testet und zertifiziert Microsoft auch Geräte für den Einsatz mit Microsoft Teams. Damit ist zumindest eine gewisse Mindestqualität sichergestellt. Allerdings gehören Geräte mit Zertifizierung typischerweise nicht zu den günstigsten Modellen. Dennoch kann sich deren Anschaffung durch eine hohe Audioqualität und zufriedenere Mitarbeiter und Kunden schnell indirekt rechnen.

Bei den zertifizierten Headsets finden Sie verschiedene Unterklassen, mit einer oder zwei Hörmuscheln, drahtlose und drahtgebundene Geräte, die ins Ohr gesteckt werden, und solche, die die Ohrmuschel komplett bedecken. Die Auswahl ist also recht breit gefächert, und es werden unterschiedliche Vorlieben und Anwendungsszenarien berücksichtigt. Manche der Geräte haben auch ein klappbares Mikrofon, mit dem Sie im Teams-Client bei hochgeklapptem Mikrofon auch automatisch stummgeschaltet werden. Dies ist insbesondere dann sehr hilfreich, wenn man spontan angesprochen wird und so nicht erst im Teams-Client nach der Schaltfläche suchen muss, um die Stummschaltung abzuschalten (weil man ausnahmsweise gerade mit etwas ganz anderem beschäftigt war).

Die Headsets mit einer Zertifizierung für Microsoft Teams finden Sie unter der folgenden Adresse:

www.microsoft.com/de-de/microsoft-365/microsoft-teams/across-devices/devices/category?devicetype=36

Drahtlos oder kabelgebunden?

Die Anwender der Beispiel AG legen viel Wert auf eine möglichst große Flexibilität. So fragen Sie bei Robin nach kabellosen Headsets, mit denen sie sich frei im Raum bewegen können, ohne ständig ein Kabel hinter sich herziehen zu müssen. Robin kann das gut verstehen, denn auch er läuft gerne bei Besprechungen im Raum umher. Insofern liegt es eher nahe, drahtlose Geräte zu verwenden.

Dennoch hat er Bedenken, denn in manchen Umgebungen kann es Schwierigkeiten geben: Gerade in großen Bürogebäuden mit vielen Mitarbeitern können die Frequenzen bei der Datenübertragung kabelloser Geräte (typischerweise über *Bluetooth*) schnell belegt sein. Und dann hilft auch das teuerste Headset nichts mehr. Liegt der primäre Einsatz also in solchen Umgebungen, gibt Robin eher kabelgebundene Geräte aus, um später keinen Problemen ausgesetzt zu sein.

Kameras

Heute verfügt so gut wie jedes Notebook über eine eingebaute Kamera. Unterwegs macht es durchaus Sinn, auf diese Kamera zurückzugreifen und nicht noch ein weiteres Gerät mit sich herumzutragen.

An stationären Arbeitsplätzen könnte es sich jedoch lohnen, über die Anschaffung einer separaten Kamera nachzudenken. Die im Rahmen der Notebooks eingebauten Kameras haben einen eher ungünstigen Blickwinkel, sodass die Gesprächspartner immer ein wenig von oben herab fokussiert werden. Ideal ist das nicht unbedingt.

Separate Kameras können da etwas geschickter am oberen Rand eines Monitors oder sogar mithilfe eines kleinen Stativs oder eines Schwanenhalses positioniert werden – sofern diese über ein entsprechendes Gewinde oder eine Klammer verfügen.

Einige Kameras verfügen auch über ausgefeilte Techniken, wie beispielsweise das automatische Ausrichten des Bildausschnitts, einen automatischen Fokus, die Verbesserung der Farbdarstellung etc.

Tipp: Es gibt auch Schwanenhälse mit einer eingebauten Lichtquelle, die die Szenerie von vorn beleuchtet und so für bessere Lichtverhältnisse sorgt.

Neben Kameras für einzelne Anwender gibt es auch Kameras für Besprechungsräume. Die haben dann typischerweise zusätzliche Funktionen, wie das automatische Zentrieren des Bildausschnitts auf die Person, die gerade spricht, oder leistungsfähige Mikrofonarrays, um einzelne Personen optimal aufzunehmen, während sie sprechen. Auch Kameras werden für Microsoft Teams zertifiziert. Welche das sind, finden Sie hier:

www.microsoft.com/de-de/microsoft-365/microsoft-teams/across-devices/devices/category?devicetype=3

[+] Wollen Sie die in Abschnitt 3.3, »Szenario: Moderne Besprechungen«, beschriebene Funktionalität nutzen, um den Inhalt eines an der Wand positionierten Whiteboards an die Besprechungsteilnehmer zu übertragen, sollten Sie Ihr besonderes Augenmerk auch auf die dafür verwendete Kamera legen, da nicht jede dafür geeignet ist. Auf dieser Seite finden Sie einige Empfehlungen:

https://docs.microsoft.com/de-de/microsoftteams/rooms/content-camera

Freisprecheinrichtungen

Führen Sie gerne spontan Besprechungen mit Personen, die gerade neben Ihnen sitzen, und anderen Personen, die Sie über Microsoft Teams dazuholen, lohnt sich möglicherweise die Anschaffung einer Freisprecheinrichtung. Ein Beispiel sehen Sie in Abbildung 9.12.

Diese kleinen Geräte stellen Sie bei Bedarf einfach vor sich auf den Tisch, und die Kommunikation kann dann mit den dort eingebauten Lautsprechern und Mikrofonen durchgeführt werden. Solche Geräte eignen sich besonders dann, wenn Sie sich mit Leuten treffen, bei denen Sie nicht wissen, ob eine geeignete Besprechungsausstattung verfügbar ist. So können Sie ohne großen Aufwand auch entfernte Personen zur Besprechung dazuholen.

Abbildung 9.12 Freisprecheinrichtung (Jabra Speak 510 MS) (Quelle: www.microsoft.com/de-de/microsoft-365/microsoft-teams/across-devices/devices/product?deviceid=131)

Einige Freisprecheinrichtungen haben auch eine Zertifizierung für Microsoft Teams erhalten. Welche das im Einzelnen sind, können Sie hier nachlesen:

www.microsoft.com/de-de/microsoft-365/microsoft-teams/across-devices/devices/category?devicetype=35

Teams Displays

Teams Displays sind eine recht neue Gerätegattung. Es handelt sich um Tischgeräte mit Bildschirm, Mikrofon, Kamera und Lautsprecher. Auf den Geräten läuft der Teams-Client. Ein Beispiel sehen Sie in Abbildung 9.13.

Abbildung 9.13 Teams Display (Lenovo ThinkSmart View) (Quelle: www.microsoft.com/en-us/microsoft-365/microsoft-teams/across-devices/devices/product?deviceid=434)

Diese Geräte sind für den persönlichen Einsatz gedacht und autark zu verwenden, benötigen also nicht zwangsläufig einen Rechner. Sind sie aber mit einem Rechner verbunden, kann der Anwender beide Geräte gemeinsam sperren und entsperren.

Teams Displays sind für Anwender gedacht, die für die intensive Microsoft Teams-Nutzung ein dediziertes Gerät bevorzugen. So bleibt der Rechner frei für andere Tätigkeiten, und der Anwender muss weniger zwischen Anwendungen hin- und herwechseln. Die Darstellung auf dem Display kann der Anwender an seine Anforderungen anpassen, beispielsweise hinsichtlich des Kalenders oder des Chats.

Die Geräte werden auch mit einer *Cortana*-Integration ausgeliefert, sodass beispielsweise die Teilnahme an einer Besprechung auch per Sprachkommando gestartet werden kann. Bei Cortana handelt es sich um die Sprachassistentin von Microsoft – in etwa vergleichbar mit *Siri* aus dem Apple-Universum.

Von administrativer Seite aus verwalten Sie die Geräte über das Microsoft Teams Admin Center – von dort stoßen Sie beispielsweise Updates an oder sehen Angaben zur Nutzung.

Eine Liste der aktuell verfügbaren Teams Displays finden Sie hier:

www.microsoft.com/de-de/microsoft-365/microsoft-teams/across-devices/devices/category?devicetype=34

Tisch- und Konferenzraumtelefone

Auch wenn die verschiedenen Teams-Clients ein herkömmliches Telefon ersetzen können, gibt es durchaus Situationen, bei denen ein Standgerät erwünscht ist – sei es an einem speziellen Arbeitsplatz, beispielsweise am Empfang Ihrer Organisation, oder doch »nur« als Statussymbol auf Managementebene. Verschiedene Hersteller bieten dabei eine ganze Palette unterschiedlicher Geräte an. Darunter sind klassische Tischtelefone, aber auch Konferenztelefone für den Einsatz in Besprechungsräumen, die aufwendige Mikrofone besitzen, damit alle Personen im Raum gut zu hören sind.

Diese Telefone enthalten einen integrierten Teams-Client, der es dem Anwender sehr einfach macht.

Haben Sie Geräte angeschafft, auf denen bereits der Teams-Client installiert ist, können Sie direkt loslegen. Andernfalls müssen Sie gegebenenfalls noch ein Firmwareupdate der Geräte durchführen, beispielsweise bei Geräten, die früher für den Einsatz mit Skype for Business vorgesehen waren. Mit ein wenig Glück bietet der jeweilige Hersteller eine Firmware für Microsoft Teams an.

Bei Geräten, die einer einzelnen Person zugeordnet sind (wie so oft bei Tischtelefonen), meldet sich der Anwender auf dem Gerät mit seinen Zugangsdaten an. Damit erhält er auch Zugriff beispielsweise auf seine Anrufe, seinen Anrufbeantworter und auf Besprechungen (siehe Abbildung 9.14).

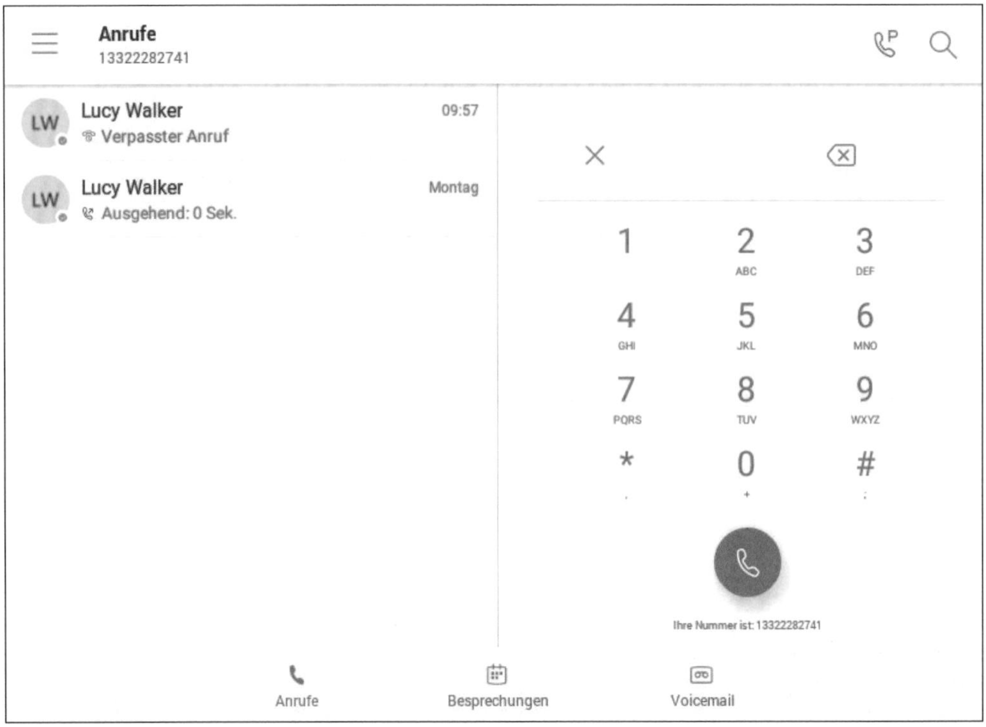

Abbildung 9.14 Oberfläche eines Tischtelefons

Bei Geräten, die von unterschiedlichen Personen genutzt werden, wie etwa im Konferenzraum oder auch im Empfangsbereich, meldet sich nicht der Anwender mit seinen Zugangsdaten an, sondern es wird ein separates Dienstbenutzerkonto verwendet. Diesem Benutzerkonto wird dann auch eine Lizenz mit der erforderlichen Teams-Funktionalität zugewiesen (beispielsweise neben der allgemeinen Teams-Lizenz auch eine Telefonsystem-Lizenz samt Anrufplan). Damit Sie hier keine der vergleichsweise teuren Lizenzen verwenden müssen, die für reale Personen gedacht sind, gibt es hier auch deutlich günstigere Gerätelizenzen. Mehr dazu lesen Sie in Abschnitt 8.3, »Lizenzen für Besprechungsräume«, und 8.4, »Lizenzen für öffentliche Geräte«.

Die Tisch- und Konferenzraumtelefone kann der Administrator über das Microsoft Teams Admin Center zentral verwalten. Dazu gehören Tätigkeiten wie die Konfiguration oder auch das Aktualisieren der Firmware und des Teams-Clients. In Abbildung 9.15 sehen Sie ein Beispiel.

Eine Liste zertifizierter Geräte finden Sie hier:

- Tischtelefone: *www.microsoft.com/de-de/microsoft-365/microsoft-teams/across-devices/devices/category?devicetype=34*

- Konferenzraumtelefone: *www.microsoft.com/de-de/microsoft-365/microsoft-teams/across-devices/devices/category?devicetype=16*

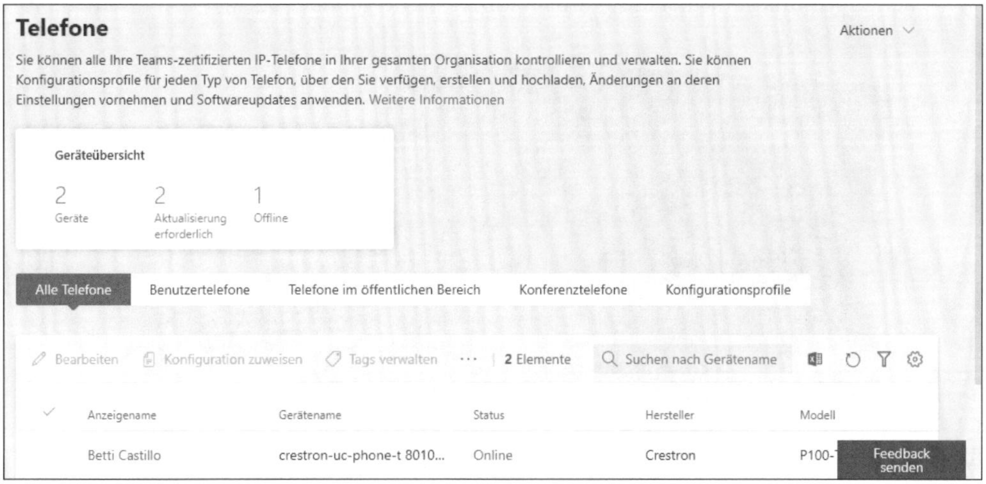

Abbildung 9.15 Geräteverwaltung im Microsoft Teams Admin Center

Übrigens arbeitet Microsoft gerade daran, dass auch ältere SIP-Telefone ohne Teams-Client mit Microsoft Teams genutzt werden können. Dies soll Anfang 2021 möglich sein.

Teams-Raumsysteme und Collaboration Bars

Und nun kommen wir zu zwei ganz besonderen Arten von Geräten, den Teams-Raumsystemen und den Collaboration Bars. Die grundsätzliche Idee dieser Geräte ist, den Mitarbeitern den Start einer Besprechung im Konferenzraum möglichst einfach zu machen – und dabei spielt es keine Rolle, ob die Besprechung nur mit Personen vor Ort oder auch mit anderen Personen stattfindet, also bei Audio- und Videokonferenzen. Sicher haben Sie in der Vergangenheit auch einmal Erfahrungen wie diese gemacht:

- Der Beamer hat nur einen Anschluss, für den Sie kein passendes Kabel dabeihaben.
- Ein Adapter ist nicht aufzufinden.
- Die Verbindung mit der Konferenzraumspinne streikt – es funktioniert kein Ton, kein Video oder sogar beides nicht.

Durch solche durchaus nicht selten auftretenden Probleme fangen Besprechungen oftmals einige Minuten später an, während die Teilnehmer ungeduldig warten und bereits mit der E-Mail-Bearbeitung beginnen, während der Blutdruck des Moderators immer weiter steigt. Wie wäre es denn, wenn eine Besprechung quasi mit einem Fingerdruck gestartet werden könnte? Genau hier setzen Teams-Raumsysteme und Collaboration Bars an.

Sehen wir uns zunächst die Teams-Raumsysteme genauer an (siehe Abbildung 9.16).

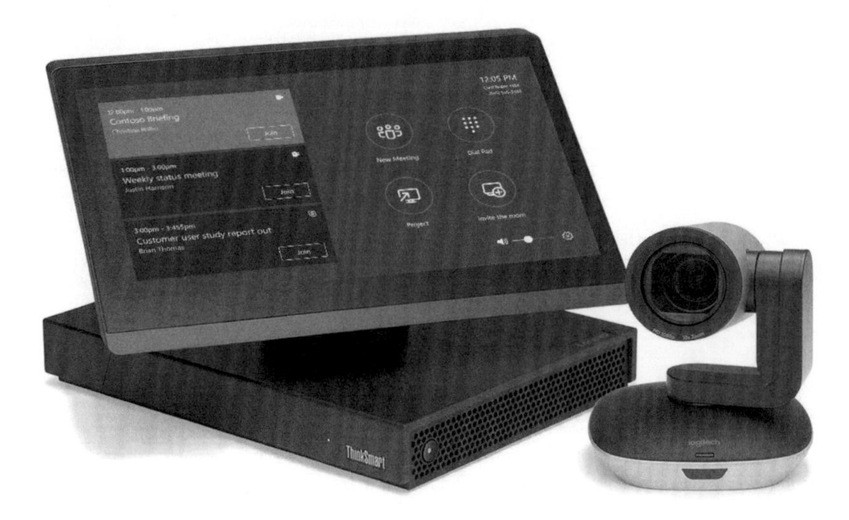

Abbildung 9.16 Microsoft Teams-Raumsystem (Lenovo ThinkSmart Hub 500 mit Logitech PTZ Pro 2) (Quelle: www.microsoft.com/de-de/microsoft-365/microsoft-teams/across-devices/devices/product?deviceid=144)

Ein solches Konferenzraumsystem steht im Besprechungsraum. Das System selbst besteht aus einem Rechner mit einem kleinen Bildschirm und einem Mikrofon.

An den Rechner sind bis zu zwei externe (große) Bildschirme oder Beamer angeschlossen, die als Präsentationsgerät fungieren. Bei zwei angeschlossenen Bildschirmen kann einer der Bildschirme für die Darstellung der Teilnehmer (mit oder ohne Video) und der zweite für die präsentierten Inhalte verwendet werden. Ebenso ist eine Kamera angeschlossen. Betritt eine Person einen derart ausgestatteten Raum, sieht sie auf dem kleinen Bildschirm ihre Besprechung (sofern sie bei der Planung des Raums mit eingeladen wurde) und kann mit nur einem Fingerdruck die Besprechung starten (siehe Abbildung 9.17).

Das extern angeschlossene Präsentationsgerät zeigt den Teams-Client mit den Freigaben etc. Der Rechner des Referenten kann darüber hinaus an das Konferenzraumsystem angeschlossen werden, um den Bildschirminhalt zu präsentieren – auf Wunsch per Kabel, aber auch kabellos.

An die Teams-Raumsysteme kann auch eine zusätzliche Kamera angeschlossen werden, die auf ein klassisches Whiteboard ausgerichtet ist. In einer Besprechung wird der Inhalt des Whiteboards gerade gestellt und der Kontrast erhöht. Falls eine Person direkt vor dem Whiteboard steht, wird sie transparent dargestellt (siehe Abbildung 9.18).

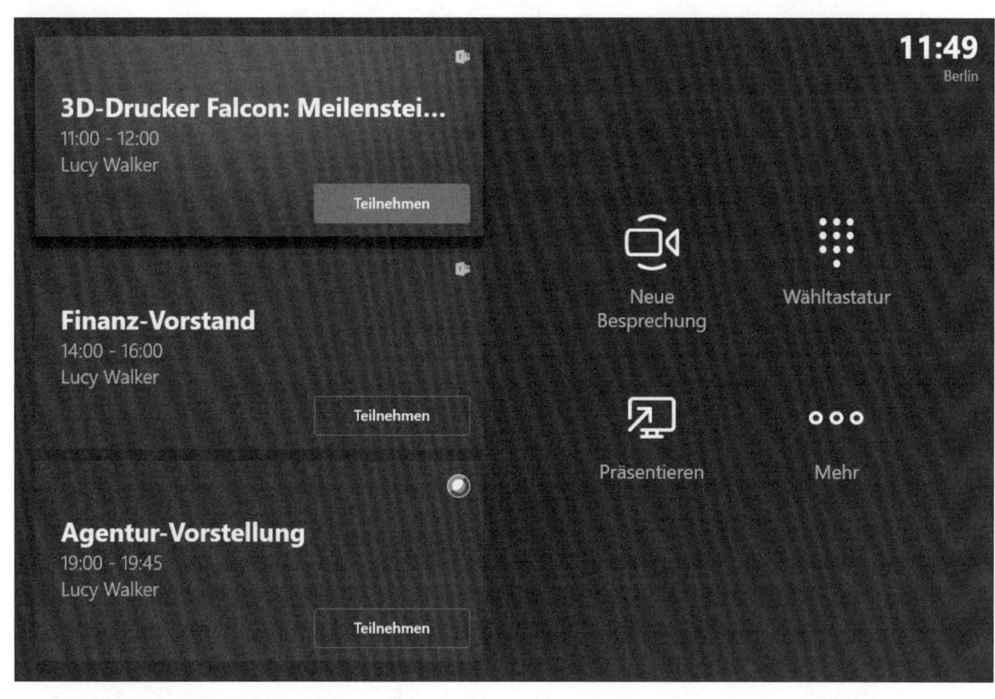

Abbildung 9.17 Besprechungsliste

Abbildung 9.18 Durchsichtige Person vor einem Whiteboard

Somit kann ein analoges Whiteboard auch sinnvoll in Besprechungen integriert werden, selbst wenn nicht alle Teilnehmer in demselben Raum anwesend sind.

Inzwischen funktionieren diese Geräte nicht mehr nur ausschließlich mit Besprechungen, die mit Microsoft Teams geplant wurden. Auch *Zoom*- und *Webex*-Besprechungen zeigen die Raumsysteme auf dem Bildschirm an und erlauben den direkten Zugang dazu.

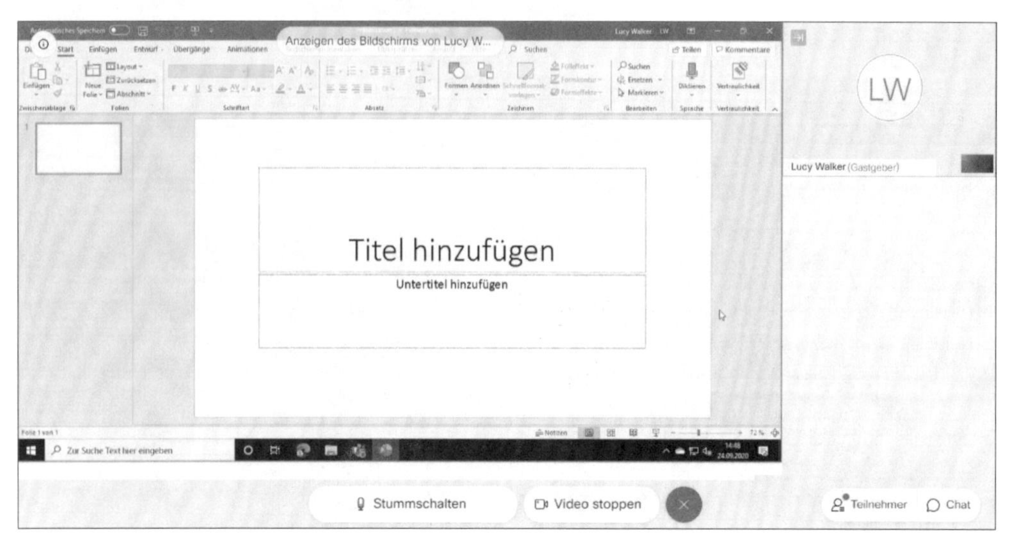

Abbildung 9.19 Anzeige von Besprechungen jenseits von Microsoft Teams (hier eine Webex-Besprechung)

Dies ist besonders hilfreich, wenn Ihre Anwender Einladungen aus diesen Diensten erreichen. So können diese auch in entsprechend ausgestatteten Besprechungsräumen an solchen Besprechungen teilnehmen und müssen dafür nicht auf einen Rechner zurückgreifen. Übrigens funktioniert dies dank einer Vereinbarung auch in umgekehrter Richtung: Neuere Zoom- und Cisco Room-Geräte erlauben die Teilnahme an Microsoft Teams-Besprechungen.

Die großen Vorteile dieser Geräte sind: die überschaubaren Kosten im Vergleich zu ähnlichen Systemen und die einfache Bedienbarkeit für den Anwender. Wie auch Tisch- und Konferenzraumsysteme kann der Administrator diese Gerätegattung inzwischen komfortabel zentral im Microsoft Teams Admin Center verwalten. Und auch hier verwenden Sie zur Anmeldung des Geräts kein Benutzerkonto einer realen Person, sondern einen Dienstbenutzer, dem Sie typischerweise eine günstige *Teams Room System*-Lizenz erteilt haben (siehe Abschnitt 8.4, »Lizenzen für öffentliche Geräte«).

Teams-Raumsysteme gibt es auch in unterschiedlichen Größen und von unterschiedlichen Herstellern. Sollten Sie sich für ein solches Gerät entscheiden, achten Sie darauf, eine geeignete Ausstattung für die jeweilige Größe des Besprechungsraums anzuschaffen. Hier eine Liste der verfügbaren Geräte:

www.microsoft.com/de-de/microsoft-365/microsoft-teams/across-devices/devices/category?devicetype=20

In besonders kleinen Besprechungsräumen, in denen ein Teams-Raumsystem zu groß oder in der Anschaffung zu teuer ist, können Collaboration Bars eine gute Lösung darstellen (siehe Abbildung 9.20).

Abbildung 9.20 Collaboration Bar (Poly Studio X50) (Quelle: www.microsoft.com/en-us/microsoft-365/microsoft-teams/across-devices/devices/product?deviceid=547)

Diese Geräte werden über oder unter einem beliebigen Bildschirm angebracht. Sie enthalten Kamera und Lautsprecher. Je nach Gerät ist ein Mikrofon direkt eingebaut, oder es gibt eines, das auf dem Tisch platziert wird. Die Kamera unterstützt dabei eine Funktion, mit der der aktuelle Sprecher automatisch im Bild zentriert wird. Die Collaboration Bars werden dann einfach per HDMI mit dem Bildschirm verbunden. Der Bildschirm ist frei wählbar, auch touchfähige Geräte werden unterstützt. Für die Toucheingabe werden die Geräte zusätzlich per USB miteinander verbunden. Die Netzwerkverbindung erfolgt entweder über WLAN oder Netzwerkkabel, wobei auch die Stromversorgung mithilfe *POE* (*Power over Ethernet*) über das Netzwerkkabel erfolgen kann. Die Collaboration Bars zeigen dann ähnlich den Teams-Raumsystemen eine Teams-Oberfläche auf dem Bildschirm an (siehe Abbildung 9.21). Bildschirmfreigaben der Teilnehmer können drahtlos vorgenommen werden.

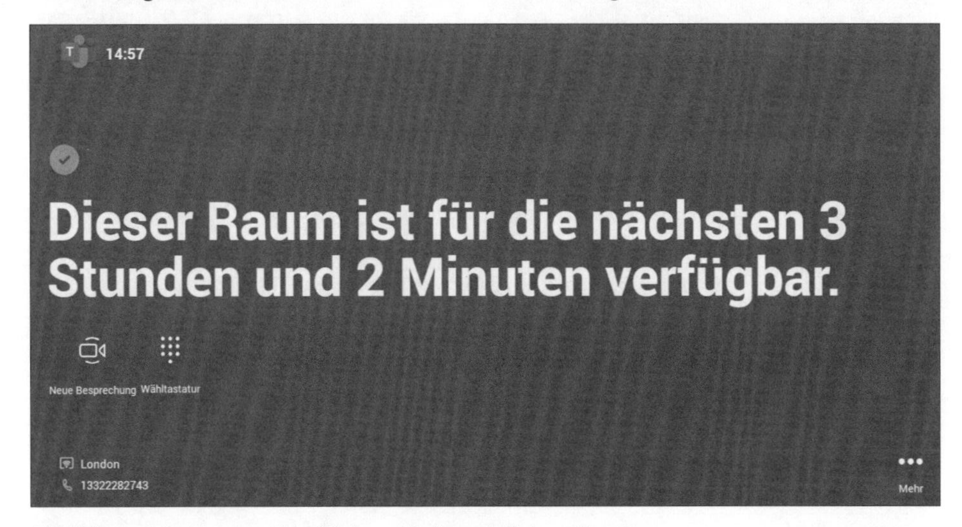

Abbildung 9.21 Teams-Oberfläche auf einer Collaboration Bar

Wie auch die Teams-Raumsysteme verwalten Sie die Collaboration Bars über das Teams Admin Center. Auf den Geräten verwenden Sie ebenfalls typischerweise einen Dienstbenutzer mit einer *Teams Room System*-Lizenz.

Eine Liste der verfügbaren Geräte finden Sie hier:

www.microsoft.com/de-de/microsoft-365/microsoft-teams/across-devices/devices/category?devicetype=16

[+] Sowohl Teams-Raumsysteme als auch Collaboration Bars bieten auch eine hilfreiche Funktion namens *Proximity Join*: Nehmen Sie gerade mit Ihrem Notebook oder Smartphone an einem Telefonat oder einer Besprechung im Teams-Client teil und merken dann, dass es vielleicht besser wäre, in einem Besprechungsraum fortzufahren, begeben Sie sich einfach in einen solchen Raum und übertragen dann einfach die Besprechung auf das dort vorhandene Raumsystem oder die Collaboration Bar. Der nächstgelegene Raum beziehungsweise die Collaboration Bar wird automatisch im Client angezeigt (siehe Abbildung 9.22). So können Sie an der Besprechung nahtlos von einem größeren Raum aus teilnehmen.

Abbildung 9.22 Proximity Join

Surface Hub

Der Vollständigkeit halber möchte ich an dieser Stelle auch noch das *Microsoft Surface Hub* ansprechen (siehe Abbildung 9.23). Es ist zwar nicht speziell oder ausschließlich für die Nutzung von Microsoft Teams gedacht, doch funktioniert es mit Teams ebenfalls hervorragend.

Abbildung 9.23 Surface Hub 2S mit Steelcase Roam-Geräteständer (Quelle: www.microsoft.com/de-de/p/surface-hub-2s/8p62mw6bn9g4)

Auf den ersten Blick handelt es sich um einen 50 Zoll großen Bildschirm, der per Fingereingabe bedient wird (es gibt ihn aber auch in einer Variante mit 85 Zoll). Ein Surface Hub ist aber noch sehr viel mehr: Die Haupteinsatzgebiete sind ein interaktives Whiteboard und eine moderne Konferenzplattform. Dazu läuft das Gerät unter einem angepassten Windows 10, es verfügt über eine Kamera, einen Eingabestift, Mikrofone und Lautsprecher. Man findet diese Geräte in Besprechungsräumen entweder an der Wand oder auf einem optionalen Rollständer positioniert, der auf Wunsch auch noch mit einem Akku ausgestattet werden kann, um einen mobilen Einsatz auch abseits von Steckdosen zu ermöglichen.

Mehr zum Surface Hub erfahren Sie hier:

www.microsoft.com/de-de/surface/business/surface-hub-2

Das richtige Gerät für den richtigen Raum

Hier einige Beispiele, wie Teams-Raumsysteme, Collaboration Bars und Surface Hubs in verschiedenen Räumen und Szenarien zum Einsatz kommen können:

- Kleine Besprechungsräume für ca. fünf Personen (siehe Abbildung 9.24)

  Aufgrund der kleinen Raumgröße ist hier in Regelfall eine Collaboration Bar ausreichend. Alternativ kann auch ein Teams-Raumsystem zum Einsatz kommen. Letzteres hätte den Vorteil, ein analoges Whiteboard an der Wand mit in die Besprechungen zu integrieren. Lässt das Budget es zu, kann hier auch alternativ ein Surface Hub eingesetzt werden.

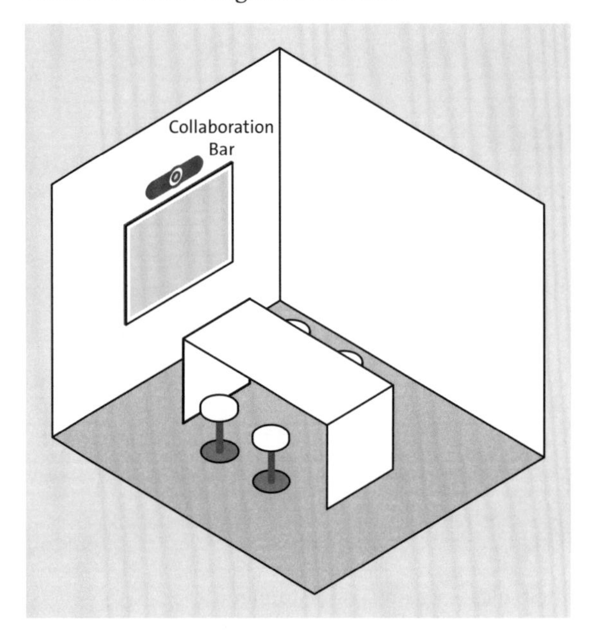

Abbildung 9.24 Kleiner Besprechungsraum

- Mittelgroße Konferenzräume für ca. zehn Personen (siehe Abbildung 9.25)

  Diese Räume sind eher zu groß für Collaboration Bars. Hier eignen sich Teams-Raumsysteme mit mehreren Mikrofonen, die über den Tisch verteilt sind, deutlich besser. Alternativ kann auch die kleine Variante des Surface Hub (50 Zoll) eingesetzt werden.

- Große Konferenzräume für ca. 20 Personen (siehe Abbildung 9.26)

  Um allen Personen einen guten Blick auf die Präsentation zu ermöglichen, sollten Sie hier alternativ über zwei Bildschirme mit einem Teams Room System oder einer Beamer-Projektion nachdenken. Als zusätzliches Gerät an der Seite kann auch ein Surface Hub (85 Zoll) als Ergänzung dienen.

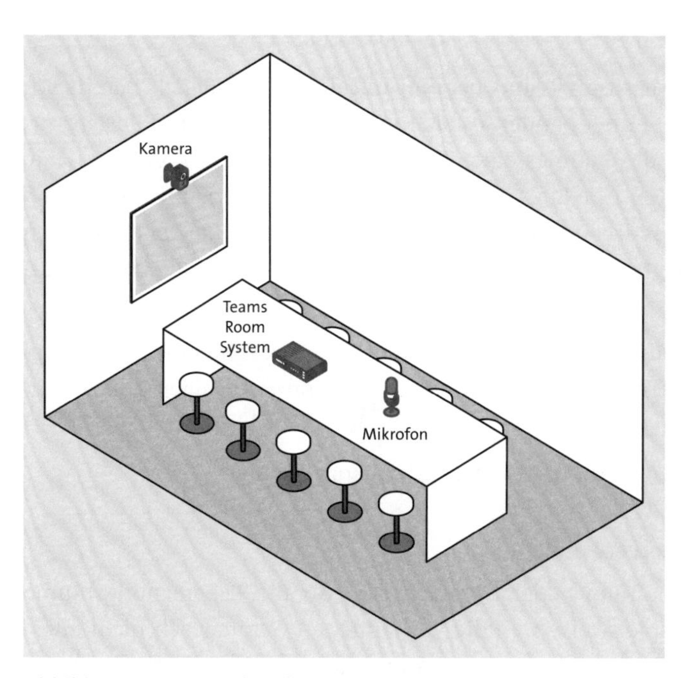

Abbildung 9.25 Mittelgroßer Besprechungsraum

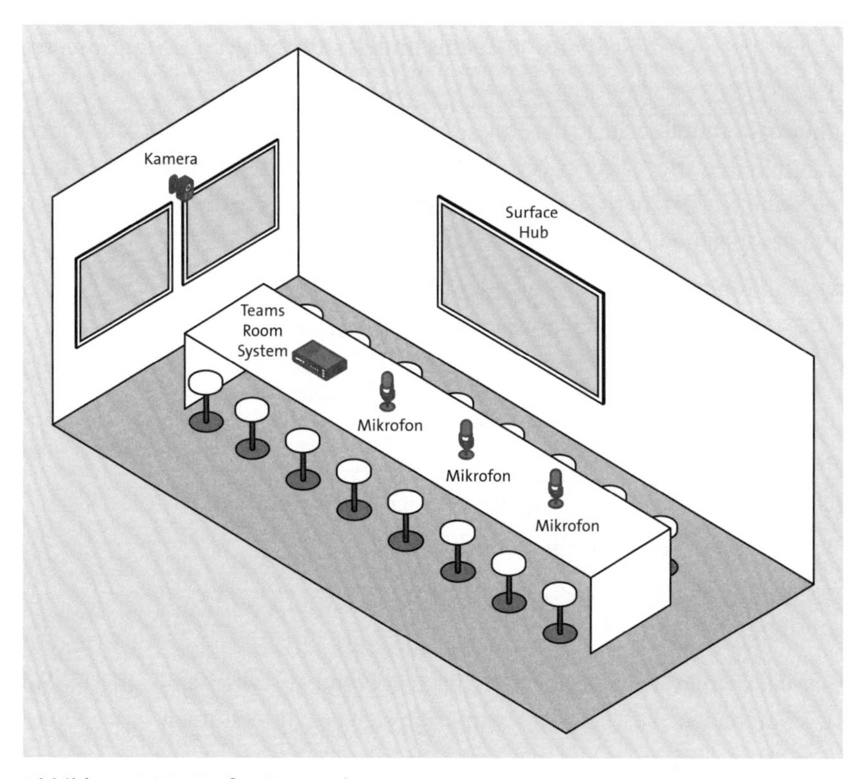

Abbildung 9.26 Großer Besprechungsraum

Teams Panels

Die Unterstützung von Microsoft Teams beginnt mit den Teams Panels bereits vor dem Besprechungsraum: Dabei handelt es sich um fingerbedienbare Bildschirme, die den Belegungsstatus des Raumes darstellen. Je nach Hersteller kommen dabei zusätzliche LED-Lichtleisten zum Einsatz, die schon von weitem erkennen lassen, ob der Raum belegt ist. Die Mitarbeiter können bei Bedarf über das Panel der Raum auch direkt buchen. Ist er belegt, zeigt das Panel alternative freie Räume auf einer Gebäudekarte an.

Darüber hinaus können die Teams Panels auch selbst entwickelte oder zugekaufte Apps ausführen, die unternehmensspezifische Informationen anzeigen und zusätzliche Funktionen bereitstellen.

Die Teams Panels sind derzeit für das 1. Quartal 2021 angekündigt.

Vorhandene Geräte weiterverwenden

Manchmal ist die Beschaffung neuer Gerätschaften für die Besprechungsräume selbst keine Option, beispielsweise weil die vorhandenen Geräte noch nicht abgeschrieben sind und kein Budget für neue vorhanden ist. Sind diese Geräte aber von Haus aus nicht in der Lage, Microsoft Teams zu unterstützen, können Sie über einen Zwischenservice viele Geräte weiterverwenden. Ein solcher Zwischenservice fungiert dann als Vermittler zwischen Microsoft Teams und der alternativen Lösung anderer Hersteller.

Diese Funktionalität finden Sie in der Dokumentation unter dem Begriff *Cloud Video Interop (CVI)*. Ein derartiger Dienst wird nicht von Microsoft selbst angeboten, doch gibt es eine Reihe von Partnern, die hier entsprechende Angebote im Portfolio haben. Aktuell sind das folgende:

- *Polycom RealConnect Service*
  www.poly.com/us/en/products/services/cloud/realconnect
- *Pexip Infinity for Microsoft Teams*
  www.pexip.com/microsoft-interoperability
- *BlueJeans Gateway for Microsoft Teams*
  www.bluejeans.com/products/integrations/microsoft-gateway
- *Cisco Webex Video Integration for Microsoft Teams*
  www.cisco.com/c/en/us/solutions/collateral/collaboration/webex-teams/at-a-glance-c45-743982.html

Idealerweise betrachten Sie einen solchen Dienst aber nur als Zwischenlösung, bis Sie Geräte erworben haben, die Microsoft Teams von sich aus unterstützen.

9.2 Organisatorische Vorbereitungen

Die technische Vorbereitung der Einführung von Microsoft Teams ist zwar sehr wichtig, doch sind die organisatorischen Vorbereitungen ebenfalls nicht zu unterschätzen.

9.2.1 Die Warum-Frage

Dass Sie in Ihrem Unternehmen Microsoft Teams einführen wollen, haben Sie vermutlich bereits entschieden, sonst hätten Sie vermutlich nicht dieses Buch gekauft und bis zu dieser Stelle durchgearbeitet. Trotzdem sollten Sie sich Zeit nehmen, um eine Antwort auf die Frage »Warum sollte Microsoft Teams in meinem Unternehmen eingeführt werden?« zu formulieren. Die Beantwortung dieser Frage hilft nicht nur Ihnen selbst, Ihr Ziel im Blick zu behalten, sondern ist auch bei der Kommunikation mit der Belegschaft enorm hilfreich, wenn es darum geht, die geplanten Änderungen zu verteidigen. »Verteidigen« ist hier auf den ersten Blick vielleicht ein zu hartes Wort, aber wohl in kaum einem Unternehmen wird ein Werkzeug, das die bestehende Kommunikation und lange eingefahrene Prozesse derart verändert, ohne Widerstand und Kritik von allen Mitarbeitern akzeptiert. Stellen Sie sich auf Argumente ein wie »Das ist doch reine Zeitverschwendung«, »Warum sollten wir etwas ändern, bisher hat doch alles auch so gut funktioniert«, »Schreiben Sie uns nicht vor, wie wir zu arbeiten haben« etc.

Die folgenden Ausführungen helfen Ihnen vielleicht bei der Beantwortung der Warum-Frage:

- **Was ist an der bisherigen Arbeitsweise weniger gut oder könnte optimiert werden?**

  Zu dieser Frage fallen Ihnen als Anwender bestimmt spontan einige Situationen ein, die in Ihrem Arbeitsalltag wiederholt eintreten. Es lohnt sich hier auf jeden Fall, Mitarbeiter aus allen Abteilungen zu interviewen und diese nach ihren Erfahrungen und insbesondere ihren individuellen Bedürfnissen zu befragen. Typischerweise fehlt den Mitarbeitern der IT-Abteilung hier meist ein unternehmensglobaler Blick auf die Anforderungen und Bedürfnisse der Mitarbeiter aus anderen Abteilungen. Und sicherlich gibt es in jedem Unternehmen Prozesse und Verfahren, die sich in der einen Abteilung als hilfreich erweisen, in einer anderen Abteilung aber scheitern würden.

- **Sind neue Dienste und Anwendungen erforderlich?**

  Auch wenn Ihr Unternehmen in den letzten Jahren mit der aktuellen Palette an Diensten und Anwendungen erfolgreich gearbeitet hat, ändern sich mit der Zeit die Anforderungen. Dieser Umstand wird beispielsweise schnell deutlich, wenn

Mitarbeiter vermehrt auf Dienste zurückgreifen, die eigentlich nicht vom Unternehmen dafür vorgesehen sind. Ein gutes Beispiel dafür ist die Nutzung von *WhatsApp* und *Dropbox*. Anwender handeln sicher nicht bewusst geschäftsschädigend, doch wenn sie das Bedürfnis haben, eine schnelle Kommunikation unternehmensintern und -extern durchführen zu können und das Unternehmen selbst nichts Adäquates bereitstellt, wird eben ein Dienst wie WhatsApp genutzt. Insbesondere auch, weil die komfortable und einfache Kommunikation eben auch aus dem privaten Umfeld bekannt ist. Gleiches gilt für die Nutzung von Dropbox. Möchten Anwender Dateien auch unternehmensextern teilen oder mit anderen Geräten synchronisieren, ist der Griff nach einem Dienst wie Dropbox nicht weit – insbesondere dann, wenn das Unternehmen einen entsprechenden Dienst nicht bereitstellt, aber beispielsweise trotzdem Dateien mit einer externen Agentur geteilt werden müssen, die zu groß sind, als dass sie als E-Mail-Anhang verschickt werden könnten. Die intensive Nutzung einer solchen *Shadow IT* ist ein guter Indikator dafür, dass Mitarbeiter zusätzliche oder modernere Dienste benötigen, als sie aktuell im Unternehmen von offizieller Seite aus vorhanden sind. Hinzu kommt, dass Fachbereiche sich nicht selten selbst Shadow IT aus eigenem Budget besorgen, wie etwa *Jira*, *Zoom* oder ähnliche Dienste. Nicht selten geschieht dies unter dem Radar der IT. Da ist es zu empfehlen, diese Nutzergruppen zuerst oder zumindest vorrangig mit Microsoft Teams auszustatten und ein besseres Verständnis für deren Bedürfnisse zu erhalten.

Und noch ein weiteres Beispiel: Junge Bewerber legen heute zunehmend Wert auf eine moderne Arbeitsumgebung. Fragt der Kandidat im Bewerbungsgespräch danach, sollte die Antwort möglichst nicht lauten: »Sie erhalten erst einmal ein von Ihrem Vorgänger übernommenes Notebook mit Windows 7 und Office 2016. Für E-Mails reicht das. Und so moderner Kram wie Teams und Touchbildschirme lenkt sowieso nur von der Arbeit ab.« Sollte der Bewerber die Wahl zwischen zwei ansonsten gleich attraktiven Arbeitgebern haben, kann die Arbeitsumgebung der entscheidende Aspekt sein. Nicht zuletzt ist die physische und digitale Arbeitsumgebung ein Ausdruck der Unternehmenskultur. Je altbackener diese wirkt, desto unattraktiver ist sie für die techniktalentierte Generation der *Millenials*.

- **Welche Herausforderungen gibt es derzeit im Unternehmen, bei denen Microsoft Teams helfen könnte?**

  Hier wird jedes Unternehmen eine unterschiedlich lange Liste aufstellen. Oft werden dabei aber auch diese Punkte genannt:

  - Schwierigkeiten bei der Einbindung externer Personen
  - unübersichtliches Teilen von Dateien
  - unzuverlässige Versionskontrolle

- hohes IT-Support-Aufkommen
- Shadow IT und damit einhergehende Sicherheitsbedenken
- keine zentrale Suche
- kein Zugriff auf Dateien und Informationen von außerhalb des Unternehmens
- Einbindung von privaten Geräten (Bring Your Own Device; BYOD)
- Einbindung von Mitarbeitern ohne Office-Arbeitsplatz, beispielsweise in der Produktion oder dem Verkauf
- Informationssilos in unterschiedlichen Anwendungen und Diensten
- Überbrückung von geografischen Unternehmensgrenzen
- Ermöglichung von Homeoffice (zu Zeiten von Covid-19)
- volle lokale Datenträger, Dateiserver, Postfächer, Archive etc.

▸ **Welche weiteren Gründe gibt es, die für die Einführung von Microsoft Teams sprechen?**

Dazu zählen beispielsweise zu erwartende Kosteneinsparungen, eine höhere Zufriedenheit der Anwender mit ihrer Arbeitsumgebung, aber auch andere Faktoren, wie beispielsweise das bevorstehende Ende des Support-Zeitraums für bisher eingesetzte Software etc.

▸ **Wie können die Mitarbeiter von der Einführung profitieren?**

Dazu können Aspekte gehören wie die Einführung moderner Kommunikationswerkzeuge, die Möglichkeit, ortsunabhängig zu arbeiten, die Verwendung beliebiger Gerätschaften, mehr Selbstverwaltungsmöglichkeiten beim Erstellen von Projekträumen, mehr Fokussierungszeit durch den Wegfall unwichtiger Tätigkeiten, die Vereinfachung der täglichen Arbeit, die Ermöglichung agiler Projektarbeit, die Unterstützung selbst organisierter Teamarbeit und ein zentraler Ort für die Zusammenarbeit im Team.

▸ **Was will das Unternehmen mit der Einführung erreichen?**

Insbesondere bei dieser Frage sollten nicht nur technische Aspekte berücksichtigt werden. Was soll sich im Unternehmen durch die Einführung verbessern? Welche Auswirkungen auf die Arbeitsweise der Mitarbeiter sind gewünscht?

▸ **Was will ich (gegebenenfalls in der Rolle als Projektleiterin oder Projektleiter) mit der Einführung von Microsoft Teams erreichen?**

Auch wenn grundsätzlich die Unternehmensbelange im Vordergrund stehen, sollten Sie sich selbst diese Frage auch einmal stellen.

Es ist sehr wichtig, dass auch die IT-Projektleiter, die die Einführung von Teams verantworten, ihre persönlichen Ziele an die Unternehmensziele anlehnen. Ein häufig anzutreffendes Problem dabei ist, dass die IT-Projektleiter in der Praxis häufig

»nur« an der Einhaltung von Zeitplan, Budget und Projektinhalt gemessen werden (beispielsweise die Anzahl migrierter Anwender in einem vorgegebenen Zeitraum). Die tatsächliche und nachhaltige Nutzerakzeptanz von Microsoft Teams wird dabei leider häufig nachrangig betrachtet.

Die Antwort auf die Warum-Frage ist typischerweise zweigeteilt – auf der einen Seite aus der Sicht des Unternehmens und auf der anderen aus der Sicht des einzelnen Mitarbeiters. Für beide Seiten sollten Sie die richtigen Antworten haben.

Nach der Beantwortung haben Sie ein erstes globales Bild vom aktuellen Zustand Ihres Unternehmens. Im nächsten Schritt sollten Sie sich über die Anwendungsfälle klar werden, die in Ihrem Unternehmen umgesetzt werden sollen.

Praxisbeispiel

Im Jahre 2015 rief ein weltweit führender Chemiekonzern das interne Unternehmensziel aus, die Marktbeherrschung mit einem bestimmten Produkt aufrechtzuerhalten. Ein wichtiger Faktor zur Erreichung dieses Ziels war eine engere unternehmensweite Zusammenarbeit innerhalb und zwischen den weltweit verstreuten Abteilungen. Synergieeffekte und neue Verbindungen von Experten im Unternehmen sollten Innovationskultur und Effizienzen ermöglichen. Der Konzern wollte zu einem »Connected Enterprise« werden. Der Konzern begann damals mit der Einführung von Office 365. Heute setzt er die Reise konsequent mit der Einführung von Microsoft Teams fort. Ein globales Netzwerk an Mitarbeitern hat die Aufgabe, der Belegschaft bei den neuen Arbeitsweisen zur Seite zu stehen und diese zu befähigen, die neuen Werkzeuge zur Zusammenarbeit sinnvoll zu nutzen. Dieses Netzwerk ist der Schlüssel für den Erfolg und die nachhaltige Einführung von Werkzeugen und Arbeitsweisen.

9.2.2 Anwendungsfälle ermitteln

Auch wenn wir in Kapitel 1, »Weshalb gerade Microsoft Teams?«, und Kapitel 3, »Nutzungsszenarien«, die Funktionen von Microsoft Teams bereits näher beleuchtet haben, stellt sich nun dennoch die Frage, wie diese auf konkrete Anwendungsfälle im Unternehmen abgebildet werden können. Ohne praktische Erfahrungen mit Microsoft Teams ist das oftmals nicht ganz einfach. Vielleicht lohnt es sich für Ihr Unternehmen auch, eine Vergleichstabelle zwischen der Beschreibung von konkreten Anwendungsfällen im Ist-Zustand und der Änderung an den Szenarien nach der Einführung von Microsoft Teams zu beschreiben. Tabelle 9.4 gibt ein Beispiel für fiktive Anwendungsfälle. Diese Fälle sind bewusst überspitzt und vereinfacht formuliert, sollen Ihnen aber als Anregung dienen.

Anwendungsfall	Ist-Zustand	Mit Microsoft Teams
Abteilungsübergreifend		
Gleichzeitiges Bearbeiten	Office-Dateien können nicht gleichzeitig von unterschiedlichen Personen bearbeitet werden. Eine sequenzielle Bearbeitung ist erforderlich.	Office-Dateien werden in Cloud-Speichern wie OneDrive for Business und SharePoint Online (Team-Ablage) gespeichert und von dort geteilt. Damit ist eine gleichzeige Bearbeitung durch mehrere Personen möglich.
Zugriff von außerhalb des Unternehmens	Der Zugriff von außerhalb des Unternehmens ist ausschließlich über ein VPN möglich. Zu Lastspitzen (beispielsweise freitags, wenn viele Mitarbeiter von zu Hause aus arbeiten), nimmt die Geschwindigkeit rapide ab.	Statt eines VPNs erfolgt die Absicherung beim Zugriff auf Unternehmensdaten von außerhalb über die Sicherheitsfunktionen von Microsoft 365, darunter der verschlüsselte Transportweg, die Multifaktor-Authentifizierung, der bedingte Zugriff etc.
Telefone	Jeder Mitarbeiter verfügt über ein Festnetztelefon auf seinem Schreibtisch im Unternehmensgebäude. Hat der Mitarbeiter einen auswärtigen Termin oder Ähnliches und hat beim Verlassen seines Büros vergessen, die auf seiner Festnetznummer eingehenden Anrufe auf sein Mobiltelefon umzuleiten, ist er nicht erreichbar.	Die Festnetztelefonnummern werden in Microsoft Teams eingebunden. Wird ein Mitarbeiter auf seiner Nummer angerufen, wird der Anruf auf all seinen Geräten mit Teams-Client signalisiert und er kann ortsunabhängig das Telefonat annehmen.
Mitarbeiterversammlungen per Videoübertragung	Mangels vorhandener Technik können Mitarbeiterversammlungen ausschließlich am Unternehmensstandort durchgeführt werden. Mitarbeiter, die nicht vor Ort sind, können nicht teilnehmen.	Mitarbeiterversammlungen werden über Liveereignisse per Video übertragen. Mitarbeiter, die nicht vor Ort sind, können so dennoch daran teilnehmen.

Tabelle 9.4 Beispiele für Anwendungsfälle

Anwendungsfall	Ist-Zustand	Mit Microsoft Teams
Kundendienst		
Kommunikation der Kundendienstmitarbeiter mit Produktspezialisten	Die Kundendienstmitarbeiter greifen zum Telefon und versuchen einen ihnen persönlich bekannten Produktspezialisten zu erreichen.	Für Anfragen an die Produktspezialisten wird ein separates Team eingerichtet. Dort gibt es für jedes Produkt einen separaten Kanal. Die Produktspezialisten werden bei neuen Einträgen automatisch benachrichtigt, um schnell reagieren zu können. Die Kundendienstmitarbeiter können die bisherigen Anfragen der Kollegen einsehen und finden oftmals direkt eine Antwort, ohne erneut eine Anfrage stellen zu müssen.
Planung der Schichten	Der Leiter des Kundendienstes hängt jeden Freitag einen ausgedruckten Schichtplan für die kommende Woche aus. Außerdem wird der Plan per E-Mail verschickt. Sollten sich einmal Änderungen ergeben, ist nicht sichergestellt, dass alle Mitarbeiter darüber informiert sind.	Mithilfe der Schichten-App (siehe Abschnitt 3.9, »Szenario: Stationärer Handel«) plant der Leiter des Kundendienstes die Schichten. Mitarbeiter des Kundendienstes sehen die Zeiten, für die sie eingeteilt sind im Teams-Client, und können dort auch direkt Änderungen anstoßen, falls sie verhindert sind – selbst unterwegs vom Smartphone aus.
Übergabe der offenen Fälle	Beim Eintreffen der Mitarbeiter der nächsten Schicht erfolgt ein kurzer mündlicher Austausch.	Eine in den Teams-Client integrierte Power App zeigt die Fälle der letzten Schicht. Alle Kundendienstmitarbeiter können auf diese App zugreifen. Offene Fälle sind deutlich hervorgehoben.

Tabelle 9.4 Beispiele für Anwendungsfälle (Forts.)

Anwendungsfall	Ist-Zustand	Mit Microsoft Teams
Produktentwicklung		
Erfahrungsaustausch der Mitarbeiter untereinander	Der Erfahrungsaustausch findet ungeplant zwischen den Mitarbeitern der Produktentwicklung statt. Neue Mitarbeiter haben es schwer, auf bestehende Erfahrungen zurückzugreifen.	Für die Produkte wird ein separates Team eingerichtet. Dort gibt es für jedes Produkt einen separaten Kanal. Auch die älteren Einträge sind für neue Mitglieder des Teams einsehbar.
Ablage von Dokumentation und Dateien	Die Dateien sind auf persönliche Laufwerke und das Abteilungslaufwerk der Produktentwicklung verteilt. Darüber hinaus werden Dateien per E-Mail-Anhang verschickt.	Dokumentation und Dateien werden zentral abgelegt, von wo aus sie für alle berechtigten Personen einsehbar und auch alle gemeinsam gleichzeitig bearbeitbar sind. Ein Versand per E-Mail-Anhang erfolgt nicht mehr. Es werden allenfalls Links auf die zentral abgelegten Dokumente verschickt.
Anwendung von Entwicklertools wie Azure DevOps	Die Produktentwicklung setzt eine Palette verschiedener Entwicklertools ein. Die Entwickler haben diese parallel geöffnet und springen zwischen ihnen hin und her.	Soweit möglich, werden die Entwicklertools in den Teams-Clients selbst oder mithilfe von Tabs in die Teams der Entwickler integriert. Somit werden Informationen konsolidiert, und das Springen zwischen Anwendungen wird verringert.
Finanzabteilung		
Konsolidierung und Analyse des Budgetplans	Die Daten des Budgetplans sind auf unzählige Excel-Dateien verteilt. Nur wenige Mitarbeiter der Finanzabteilung haben einen Überblick. Möchte der Vorstand eine aktuelle Übersicht, vergeht mitunter viel Zeit, bis diese bereitgestellt werden kann.	Die Excel-Dateien sind in einem Team der Finanzabteilung an einer zentralen Stelle abgelegt. Die Daten werden über ein Power BI-Dashboard aufbereitet. Das Dashboard kann der Vorstand jederzeit einsehen und beispielsweise die dort eingetragenen aktuellen Zahlen prüfen.

Tabelle 9.4 Beispiele für Anwendungsfälle (Forts.)

Anwendungsfall	Ist-Zustand	Mit Microsoft Teams
Ablage von Dokumentation und Dateien	Die Dateien sind auf persönliche Laufwerke und das Abteilungslaufwerk der Finanzabteilung verteilt.	In einem Team der Finanzabteilung werden themenspezifische Kanäle angelegt. Dort werden die Dokumentation und anderen Dateien themengerecht abgelegt, sodass alle Mitarbeiter problemlos die aktuelle Version finden und gemeinsam bearbeiten können.
Diskussion aktueller Trends und Nachrichten	Aktuelle Trends und Nachrichten werden innerhalb des Unternehmens über eine E-Mail-Verteilerliste geteilt und diskutiert.	Aktuelle Trends und Nachrichten werden in einem dafür vorgesehenen Kanal veröffentlicht. Mitarbeiter, die ein Interesse daran haben, lassen sich über neue Beiträge benachrichtigen und diskutieren im Kanal über die Neuigkeiten.
Personalabteilung		
Bereitstellen von Mitarbeiterinformationen	Mitarbeiterinformationen werden per E-Mail an die Belegschaft verschickt. Außerdem liegen wichtige Dokumente in einer Freigabe des Dateiservers, von wo aus sie von allen abrufbar sind. Dennoch finden viele Personen die Dateien nicht.	Die Mitarbeiterinformationen werden in einem Team veröffentlicht, in dem die gesamte Belegschaft als Mitglied eingetragen ist. Außerdem wird ein Bot im Teams-Client der Belegschaft eingerichtet, der allgemeine Fragen beantworten kann, beispielsweise wo die aktuelle Firmenwagenrichtlinie zu finden ist.
Wichtige Informationen für Neueinstellungen	Bei der Einstellung neuer Mitarbeiter erhalten diese von der Personalabteilung eine lange Liste an Links zu Dokumenten und Webseiten über das Unternehmen und zu internen Prozessen. Die neuen Mitarbeiter müssen sich selbstständig damit auseinandersetzen und erhalten keine Unterstützung.	Neu eingestellte Personen werden automatisch Mitglied eines organisationsweiten Teams, das von der Personalabteilung gepflegt wird. Dort finden sie alle erforderlichen Informationen übersichtlich aufbereitet und können auch Fragen stellen.

Tabelle 9.4 Beispiele für Anwendungsfälle (Forts.)

Anwendungsfall	Ist-Zustand	Mit Microsoft Teams
Bereitstellen von Schulungsvideos	Bisher war keine unternehmenseigene Videoplattform verfügbar, weshalb die Videos bei unterschiedlichen Diensten liegen. Einen Überblick darüber, wo welches Video mit welchem Stand liegt, hat niemand.	Schulungsvideos werden auf Microsoft Stream hochgeladen und die Videos über ein unternehmensweit zugreifbares Team eingebunden, das für die Mitarbeiterschulungen vorgesehen ist.
Marketingabteilung		
Koordination von Aufgaben für Kampagnen	Die Aufgaben für eine Marketingkampagne hängen, auf gelben Klebezetteln notiert, an einem mobilen Whiteboard. Dieses dient als Grundlage für die Aufgabenverteilung während der Marketingbesprechungen.	Die Aufgaben für eine Marketingkampagne werden in einem Plan auf Basis von Microsoft Planner erfasst. Der Plan ist in einem Team der Marketingabteilung eingebunden und dort für die Mitarbeiter einsehbar. Außerdem können die Mitarbeiter die ihnen zugewiesenen Aufgaben in der Aufgaben-App des Teams-Clients einsehen.
Gemeinsame Bearbeitung der Kampagneninhalte und Sammeln von Feedback	Die Dateien mit den Inhalten der Kampagne werden per E-Mail an die beteiligten Personen verschickt. Das zurückgespielte Feedback zu den Inhalten trägt der Marketingleiter in die Dateien ein und verschickt dann wiederum die jeweils aktuellste Version.	Die Dateien liegen in themenspezifischen Kanälen eines Marketingteams. Dort werden die Dokumentation und die anderen Dateien themengerecht abgelegt, sodass alle Mitarbeiter problemlos die aktuelle Version finden und gemeinsam bearbeiten können. Ein manuelles Konsolidieren des Feedbacks durch den Marketingleiter ist nicht erforderlich.
Zugriff auf Berichte der Analysewerkzeuge	Die Marketingabteilung setzt verschiedene Analysewerkzeuge ein, um den Erfolg einer Kampagne zu messen. Die Marketingmitarbeiter benötigen für dieses Werkzeug eine separate Anwendung.	Das Analysewerkzeug wird mithilfe eines Tabs in ein Team der Marketingabteilung integriert, von wo aus es einfach für die Mitarbeiter erreichbar ist.

Tabelle 9.4 Beispiele für Anwendungsfälle (Forts.)

Anwendungsfall	Ist-Zustand	Mit Microsoft Teams
Vertriebsabteilung		
Anfragen an das Produktmanagement	Der Vertrieb greift zum Telefon und versucht einen persönlich bekannten Produktspezialisten zu erreichen.	Für Anfragen an die Produktspezialisten wird ein separates Team eingerichtet. Dort gibt es für jedes Produkt einen separaten Kanal. Die Produktspezialisten werden bei neuen Einträgen automatisch benachrichtigt, um schnell reagieren zu können. Der Vertrieb kann bisherige Anfragen einsehen und findet oftmals eine Antwort, ohne erneut eine Anfrage stellen zu müssen.
Verbreiten von Verkaufserfolgen	Verkaufserfolge werden über eine E-Mail-Verteilerliste im Unternehmen veröffentlicht.	Verkaufserfolge werden in einem dafür vorgesehenen Kanal in einem organisationsweiten Team veröffentlicht. Mitarbeiter, die ein Interesse daran haben, lassen sich über neue Beiträge benachrichtigen.
Teilen der aktuellen Nachrichten über das Unternehmen, Produkte und Mitbewerber	Aktuelle Nachrichten werden innerhalb des Unternehmens über eine E-Mail-Verteilerliste geteilt und diskutiert.	Aktuelle Nachrichten werden in einem dafür vorgesehenen Kanal in einem organisationsweiten Team veröffentlicht. Mitarbeiter, die ein Interesse daran haben, lassen sich über neue Beiträge benachrichtigen und diskutieren im Kanal über die Nachrichten.

Tabelle 9.4 Beispiele für Anwendungsfälle (Forts.)

Eine solche Tabelle hilft auch bei der Diskussion zur Einführung von Microsoft Teams im Unternehmen. Denn wie konkrete Anwendungsfälle in der neuen Welt aussehen könnten, ist nicht für jeden Anwender automatisch ersichtlich. Im schlimmsten Fall suchen sich die Anwender dann einen eigenen Weg, der suboptimal oder so von Ihnen nicht vorgesehen ist.

Aus den von Ihnen ermittelten Anwendungsfällen können Sie dann einige für den Piloten auswählen, die dort gezielt getestet werden, um Erfahrungen zu sammeln, mögliche Schwachpunkte offenzulegen und Ansatzpunkte für Schulungsinhalte zu finden (siehe Kapitel 10, »Pilotbetrieb«).

[+] Microsoft stellt Ihnen eine Produktivitätsbibliothek zu ganz unterschiedlichen Bereichen als Grundlage zur Verfügung, darunter die Bereiche Finanzdienstleistungen, Gesundheitswesen, Fertigung, Finanzwesen, Marketing und Vertrieb. Sie finden die Produktivitätsbibliothek unter der folgenden Adresse:

https://aka.ms/productivitylibrary

9.2.3 Reihenfolge festlegen

Nachdem Sie die Ziele und Nutzungsszenarien festgelegt haben, die durch die Einführung von Microsoft Teams in Ihrem Unternehmen erreicht werden sollen, steht nun als Nächstes die Festlegung einer Einführungsreihenfolge an. Dabei entscheiden Sie, ob den Anwendern gleich von Beginn an sämtliche Funktionen von Microsoft Teams zur Verfügung stehen oder ob eine sanftere stufenweise Einführung mehr Erfolg verspricht und so nach und nach für die Anwender die Funktionen bereitgestellt werden.

Entscheiden Sie sich für eine stufenweise Einführung, hat sich in der Praxis die folgende Reihenfolge bewährt:

1. **Funktionen zur Zusammenarbeit**

   Dazu gehören die Teilbereiche Chat (damit sind der 1:1-Chat und der Gruppenchat gemeint) sowie Teams samt deren Inhalten, also Kanälen, Apps etc.

2. **Besprechungen und Konferenzen**

   Dieser Baustein hat seine eigene Komplexität und setzt gegebenenfalls auch neue Arbeitswege bei den Anwendern voraus, wie beispielsweise eine Besprechung geplant und durchgeführt wird.

3. **Telefonie**

   Zuletzt der technisch anspruchsvollste Baustein, was sowohl die Technik als auch die Sensibilität bei den Anwendern anbelangt. Da es Anwender seit Jahrzehnten gewohnt sind, (meist) reibungslos telefonieren zu können, darf sich dieser Zustand durch die Einführung von Microsoft Teams nicht verschlechtern. Umso wichtiger ist, dass die technische Seite einwandfrei umgesetzt wird und Anwender lernen, Telefonie problemlos über den Teams-Client oder die speziellen Teams-Geräte durchzuführen.

Diese Reihenfolge muss nicht unbedingt auch auf Ihr Unternehmen zutreffen. Je nachdem, wie Ihre Ziele aussehen, könnte auch eine andere Reihenfolge geeigneter sein. Gegebenenfalls passen Sie die Reihenfolge auch nach einem durchgeführten

Piloten (siehe Kapitel 10, »Pilotbetrieb«) noch einmal an, weil die dadurch gewonnenen Erkenntnisse eine Änderung nahelegen.

Unabhängig davon, für welche Reihenfolge Sie sich entscheiden, müssen Sie für jeden Schritt gewisse Fragen beantworten, die Ihnen die Einführung erleichtern. Mehr dazu lesen Sie in Abschnitt 9.3, »Wichtige Fragestellungen klären«.

9.2.4 Erforderliche Projektmitglieder

Die Einführung von Microsoft Teams lastet nicht nur auf den Schultern der IT-Abteilung. In den meisten Fällen macht es Sinn, auch Mitarbeiter anderer Abteilungen und Funktionsebenen miteinzubeziehen. Tabelle 9.5 gibt einen Vorschlag, wie das Einführungsprojekt personell ausgestattet werden könnte. Diese Zusammenstellung muss nicht unbedingt exakt so eingehalten werden. Sie dient aber als Diskussionsgrundlage, auf deren Basis Sie das für Ihr Unternehmen passende Team zusammenstellen können. Natürlich werden in kleineren Unternehmen die Aufgaben von mehreren Rollen bei wenigen Personen liegen, wohingegen in großen Unternehmen durchaus auch mehrere Personen pro Rolle infrage kommen.

Grundsätzlich empfiehlt es sich, das Kernteam mit internen Mitarbeitern auszustatten und das Ziel zu verfolgen, dieses (virtuelle) Team auch nach Abschluss des Projekts weiterhin aufrechtzuerhalten. Mithilfe von externen Experten kann dieses Kernteam ausgebildet und gecoacht werden, um von Erfahrungen aus anderen Unternehmenseinführungen zu profitieren. Auch sollten Sie in Betracht ziehen, dass sich Ihr Kernteam sicherlich mit anderen Teams aus ähnlichen Unternehmen austauscht. Hierzu bietet sich beispielsweise der *Modern Workplace Club* als Plattform an (früher war er unter dem Namen *Office 365 Club* bekannt). Hierbei handelt es sich um kostenlose Veranstaltungen für und von Unternehmen, die Microsoft 365 entweder bereits im Einsatz haben oder in Zukunft einsetzen wollen. Der Club findet (zu pandemiefreien Zeiten) jedes Jahr zweimal in den Räumlichkeiten von Microsoft in München statt. Die Hauptvorträge kommen jedoch nicht von Microsofts eigenen Referenten, sondern von Vertretern der Mitgliedsunternehmen. Dadurch erhalten Sie auch sehr praxisnahe Erfahrungen ohne Marketingbezug. Der Club wird von einer LinkedIn-Gruppe begleitet, diese Sie unter dieser Adresse finden:

www.linkedin.com/groups/8927498/

Rolle	Verantwortlichkeiten und Funktion	Abteilungs-zugehörigkeit
Executive Sponsor	Seine Aufgabe ist es, im Unternehmen die Vision, die mit der Einführung von Microsoft Teams verbunden ist, zu kommunizieren. Er sollte Antworten auf Fragen geben, wie beispielsweise »Warum ist diese Einführung erforderlich?«, »Was wird in Zukunft mit Microsoft Teams besser für mich als Anwender?«, »Was verspricht sich das Unternehmen mit der Einführung?«. Er sollte auch den zur Einführung gehörenden Projekten eine hohe Priorität und den beteiligten Personen den erforderlichen Freiraum dazu einräumen. Idealerweise arbeitet der Executive Sponsor auch selbst frühzeitig nach außen hin sichtbar mit Microsoft Teams, um hier eine Art Vorbildfunktion zu übernehmen.	Unternehmensführung
Success Owner	Sein Ziel ist es, die (hoffentlich) definierten Ziele bei der Einführung von Microsoft Teams zu erreichen. Zu den Zielen lesen Sie auch Abschnitt 9.2.1, »Die Warum-Frage«.	beliebig
Program Manager	Überblickt die gesamte Einführung von Microsoft Teams und sorgt für die Einhaltung von Budget, Projektinhalt und Zeitplan.	IT
Leiter Training	Es sollte eine zentrale Anlaufstelle geben, die sich um Anwendertrainings rund um Microsoft Teams kümmert. Dazu gehören die Bereitstellung geeigneter Trainings und die Kommunikation innerhalb des Unternehmens, wo und wie diese Trainings verfügbar sind. Trainings können Präsenztrainings genauso sein wie Video-Schulungen etc. Mehr dazu lesen Sie in Abschnitt 9.2.6, »Vorbereiten der Mitarbeiterunterstützung«.	IT oder abhängig von der Unternehmensstruktur

Tabelle 9.5 Wichtige Rollen bei der Einführung von Microsoft Teams

Rolle	Verantwortlichkeiten und Funktion	Abteilungs-zugehörigkeit
Abteilungs-leiter (oder dafür ausgewählte Repräsentanten)	Jede Abteilung hat durch ihre speziellen Prozesse unterschiedliche Anforderungen an die technischen Werkzeuge. Dies bedeutet, dass innerhalb von Abteilungen sehr unterschiedlich mit Microsoft Teams gearbeitet wird. Die Mitarbeiter der IT haben oftmals nicht den erforderlichen tiefen Einblick in die Arbeitsweise der jeweiligen Abteilungen (wer weiß schon, wie die Mitarbeiter aus der Finanzabteilung oder der Rechtsabteilung konkret miteinander arbeiten?). Deshalb ist es für die Einführung von Microsoft Teams wichtig, einen kollegialen Zugang zu den jeweiligen Abteilungen zu haben, um mehr über deren Arbeitsweise zu erfahren und diesen die konkrete Umsetzung via Microsoft Teams zu übertragen. Die Abteilungsleiter haben, wie die Executive Sponsors, darüber hinaus aber auch eine Vorbildfunktion bei der eigenen Nutzung des neuen Werkzeugs.	alle
IT-Spezialisten	Sind zuständig für alle IT-seitigen Aspekte bei der Einführung von Microsoft Teams. Dabei sollten Sie unbedingt bemüht sein, die oft in IT-Abteilungen vorzufindenden Themen-Silos aufzubrechen und eine Zusammenarbeit zwischen den Themengebieten zu ermöglichen. So müssen für die Einführung – und den laufenden Betrieb – die Spezialisten in den Bereichen Active Directory, Exchange, SharePoint und Netzwerk aktiv zusammenarbeiten.	IT
Leiter Kommunikation	Zuständig für die unternehmensweite Kommunikation rund um Microsoft Teams. Lesen Sie hierzu auch Abschnitt 11.5, »Kommunikation im Unternehmen«.	Unternehmens-kommunikation, IT oder entsprechend

Tabelle 9.5 Wichtige Rollen bei der Einführung von Microsoft Teams (Forts.)

Rolle	Verantwortlichkeiten und Funktion	Abteilungszugehörigkeit
Veränderungsmanagement	Zuständig für die Einführung neuer Strategien, Strukturen, Prozesse und Verhaltensweisen im Unternehmen	Entsprechend der Einbindung in die Unternehmensstruktur
Champions	Champions kommen nicht zwangsläufig aus der IT-Abteilung, sondern können aus beliebigen Abteilungen stammen. Sie helfen aktiv dabei mit, dass Anwender im Unternehmen erfolgreich mit Microsoft Teams arbeiten können, indem sie für Fragen zur Verfügung stehen und Erfahrungen mit den Anwendern und der IT teilen. Mehr zu den Champions lesen Sie auch in Abschnitt 10.9, »Champions-Programm aufbauen«.	verschiedene
Tester	Tester sind Personen zum funktionalen Testen von Microsoft Teams und daran durchgeführter Anpassungen unter Berücksichtigung der Anforderungen des Unternehmens. Idealerweise sind die Tester nicht identisch mit den Champions, damit bei Letzteren der erste Eindruck möglichst positiv ist, da Probleme bereits behoben wurden.	verschiedene

Tabelle 9.5 Wichtige Rollen bei der Einführung von Microsoft Teams (Forts.)

9.2.5 Umgang mit wichtigen Abteilungen und Personen

Auf einige Abteilungen beziehungsweise Personengruppen in Ihrem Unternehmen sollten Sie besonders achten, da der Erfolg Ihres Einführungsprojekts von Microsoft Teams zu wesentlichen Teilen von deren Unterstützung abhängt. Im Gegenteil – stellt sich eine dieser sensiblen Gruppen gegen Ihr Projekt, kann es theoretisch bereits scheitern, bevor es richtig angefangen hat. Es wäre beispielsweise nicht das erste Mal, wenn in einem Unternehmen der Betriebsrat nicht rechtzeitig in die Planungen einer solchen Cloud-Dienst-Einführung mit eingebunden wurde und daraufhin seine Zustimmung verweigert.

Betriebsrat zu spät informiert

Das IT-Projektteam der Beispiel AG hat mit Robin monatelang die Einführung von Microsoft Teams vorbereitet – sowohl aus technischer als auch aus organisatorischer Sicht. So dachten sie jedenfalls. Eine interne Kampagne ist bereits gestartet und kündigt den Countdown der globalen Bereitstellung des grandiosen neuen Arbeitsmittels an. Robin hat allerdings versäumt, den Betriebsrat über die genauen Anforderungen zu befragen, die für die Einführung eines derartigen Cloud-Dienstes im Unternehmen vorausgesetzt werden. So fehlen beispielsweise jegliche Nutzungsvereinbarungen sowie Richtlinien und Verfahren. Dies bedeutet, dass der sorgfältig geplante Start von Microsoft Teams bis auf Weiteres ausgesetzt werden musste, bis die fehlenden Dokumente erstellt und freigegeben wurden. Das führte zu einer sehr misslichen monatelangen Verzögerung.

Um Ihnen die Arbeit mit diesen Personengruppen ein wenig zu erleichtern, finden Sie in diesem Abschnitt wichtige Ressourcen mit Informationen, die hier typischerweise häufig angefragt werden.

Betriebsrat

Einen sehr guten Überblick über die Mitbestimmung beim Einsatz von Cloud-Diensten samt vielen hilfreichen Links zu den relevanten Informationen finden Sie in der digitalen Broschüre *Mitbestimmung beim Einsatz von Cloud-Diensten*. Diese Broschüre wurde von einigen Microsoft-Mitarbeitern mit extensiver Betriebsratserfahrung erstellt. Und obwohl es kein offizielles Angebot ist, haben die Inhalte schon so manchem Unternehmen bei der Diskussion mit dem Betriebsrat geholfen. Darin enthalten sind die folgenden Bereiche:

- Wie unterscheiden sich Cloud-Dienste von traditioneller Unternehmenssoftware?
- Welche Themen berühren die betriebliche Mitbestimmung?
- Wie kann eine Zusammenarbeit der Personalabteilung und der Betriebs- beziehungsweise Personalräte der IT aussehen?
- Auszüge aus einer Betriebsvereinbarung und einige Hinweise zu Office 365-Anwendungen
- Begleitende Maßnahmen während der Einführung von Microsoft 365 beziehungsweise Office 365

Sie finden die Broschüre unter der folgenden URL:

https://aka.ms/gutgemacht

Sicherheit, Datenschutz und Compliance

Auch für die Personengruppen dieser drei Bereiche gibt es eine sehr gute Quelle mit den relevanten Informationen, die im Idealfall alle Fragestellungen beantworten. Die Webseite trägt den Titel *Sicherheit und Compliance in Microsoft Teams* und ist unter dieser URL erreichbar:

https://docs.microsoft.com/de-de/microsoftteams/security-compliance-overview

Die Website ist dabei aufgeteilt in die folgenden Bereiche:

- **Sicherheit**

  Eine Beschreibung der allgemeinen Sicherheits- und Verschlüsselungsfunktionen sowie der Maßnahmen gegen Sicherheitsbedrohungen
- **Compliance**

  Auch die Compliance-Funktionalitäten sind enthalten. Darüber hinaus finden Sie eine Beschreibung der Verwendung von Standards wie *ISO 27001*, *ISO 27018*, *SSAE16 SOC 1* und *SOC 2*, *HIPAA* sowie *EU-Modelklauseln (EUMC)*.
- **Datenschutz**

  Dieser Bereich beschreibt den Umgang mit personenbezogenen Daten:
  - Welche Daten werden gesammelt?
  - Für welche Zwecke werden sie verwendet?
  - Welche Drittanbieter haben unter welchen Umständen Zugriff auf diese Daten?
  - Wo, wie und wie lange werden sie gespeichert?

  Außerdem finden Sie dort Kontaktinformationen zum *Datenschutzbeauftragten* von Microsoft.

Eine weitere wichtige Quelle ist das *Trust Center*, das ebenfalls relevante Informationen zu diesen Bereichen enthält – allerdings nicht speziell zu Microsoft Teams, sondern allgemein zu den Cloud-Diensten von Microsoft.
www.microsoft.com/de-de/trust-center

Zuletzt seien hier auch noch die *Bestimmungen für Onlinedienste (OST; Online Services Terms)* genannt, die ebenfalls wichtige Informationen zu den Bereichen enthalten.

www.microsoft.com/de-de/licensing/product-licensing/products.aspx

Beachten Sie hierbei auch die Informationen aus Kapitel 5, »Sicherheit«, und Kapitel 6, »Compliance und Datenschutz«.

Management

Die Mitglieder des Managements spielen bei der Einführung von Microsoft Teams eine nicht zu unterschätzende Rolle – auch dann, wenn sie nicht Bestandteil des Projektteams selbst sind. In Abschnitt 11.5, »Kommunikation im Unternehmen«, werden wir uns noch eingehender mit der unternehmensinternen Kommunikation während des Einführungsprojekts beschäftigen. Dort wird es darum gehen, dass für den einzelnen Mitarbeiter zwei Stimmen besonders wichtig sind: die des Vorstands oder Geschäftsführers (um die Vision und die Auswirkungen auf das Unternehmen zu verstehen) und die des direkten Vorgesetzten (für die durch die Einführung bedingten unmittelbaren Auswirkungen auf den Arbeitsalltag). Steht nun das Management nicht hinter der Einführung, wirkt sich das auf jeden einzelnen Mitarbeiter aus, und es werden Widerstände erzeugt, die nur schwer abzubauen sind. Achten Sie während des gesamten Projekts auf diesen Umstand, und sorgen Sie für eine möglichst positive Stimmung – idealerweise sogar Begeisterung – im Management für das Einführungsprojekt.

9.2.6 Vorbereiten der Mitarbeiterunterstützung

Wie Sie wissen, ist die Einführung von Microsoft Teams nicht nur eine technische Angelegenheit, sondern Sie müssen die Anwender Ihres Unternehmens mit ihren Bedürfnissen besonders im Auge behalten, um die gewünschten Ziele zu erreichen. In Unternehmen, die Microsoft Teams ohne die Berücksichtigung der Anwender einführen, ist oft zu beobachten, dass die eigentliche Nutzung recht gering ist. Die Einführungsprojekte sind in diesen Fällen als gescheitert zu betrachten. Denn Werkzeuge können noch so gut sein, wenn sie niemand nutzt, helfen sie dennoch nicht. Eine solche Situation ist in vielen Unternehmen nicht neu. Hier ein Beispiel: Vor einigen Jahren haben viele IT-Abteilungen den Dienst Microsoft SharePoint eingeführt – als Intranetlösung, Dokumentverwaltungssystem etc. Oftmals haben sich ganze Abteilungen ausgefeilte Informationsarchitekturen dafür ausgedacht – oftmals leider aber auch, ohne auf die Bedürfnisse der Anwender zu achten und diese in die Einführungsprojekte miteinzubeziehen. Die Folge war, dass viele Anwender nicht verstanden haben, wie und warum sie mit dem neuen Dienst denn jetzt umgehen sollten. Außerdem wurden dem Anwender häufig vermeintlich gut gemeinte Steine in den Weg gelegt. Die Wahrscheinlichkeit ist beispielsweise groß, dass ein Anwender, der beim Hochladen eines Dokuments zusätzlich ein Formular mit einem Dutzend Pflichtfelder ausfüllen soll, den Vorgang abbricht und das Dokument dann doch per E-Mail-Anhang verschickt.

Mit Microsoft Teams ergeben sich in den Alltagswerkzeugen in vielen Unternehmen weitreichende Änderungen bis hin zu einer neuen Kommunikationskultur. Auf Änderungen reagiert aber auch jeder Mensch anders, und deshalb sollten Sie auf unterschiedliche Anforderungen vorbereitet sein.

In der Praxis hat es sich als hilfreich erwiesen, die Mitarbeiter ganz allgemein in drei unterschiedliche Gruppen einzuteilen:

- **Early Adopter**

  Mitarbeiter dieser Gruppe sind immer daran interessiert, neue Technologien auszuprobieren, und typischerweise auch in einem gewissen Maße bereit, Ecken und Kanten in Kauf zu nehmen. Ihnen ist ein modernes Arbeitsumfeld wichtig, in dem sie neue Dinge entdecken können, und sie wissen sich im Zweifelsfall oft auch selbst zu helfen.

  Diese Gruppe ist in der Praxis am einfachsten zu bedienen. Meistens sind diese Anwender leicht von den neuen Arbeitsmitteln zu begeistern. Der Nachteil ist, dass diese Gruppe erfahrungsgemäß einen eher kleinen Anteil der Belegschaft ausmacht. Hinzu kommt, dass diese Gruppe dazu neigt, ungeduldig zu sein und sich nach einer gewissen Zeit auch schnell wieder zu langweilen. Um diese Gruppe bei Stimmung zu halten, sollten daher neue Funktionalitäten in regelmäßigen Abständen bereitgestellt werden. Einige dieser Personen können sich auch gut als Champions erweisen (siehe Abschnitt 10.9, »Champions-Programm aufbauen«).

- **Informierte Anwender**

  Diese Mitarbeiter springen nicht gleich auf jeden neuen Zug auf. Eine neue Technologie muss ihren praktischen Nutzen im produktiven Einsatz erst einmal beweisen, und sie muss ausgereift sein. Ist der Wert der neuen Technologie aber erkannt, wird sie von Mitarbeitern dieser Gruppe auch angenommen.

  Diese Gruppe sollten Sie in das Zentrum Ihrer Bemühungen stellen. Sie macht nicht nur üblicherweise den zahlenmäßig größten Anteil der Belegschaft aus, sie ist auch die erfolgversprechendste Gruppe, wenn es darum geht, eine nachhaltige Veränderung der Arbeitsweise zu erreichen.

- **Nachzügler**

  Die Mitarbeiter dieser Gruppe benötigen besondere Fürsorge, denn sie scheuen jede Änderung. Prozesse und Technologien werden von ihnen nur selten hinterfragt, auch wenn sie schon lange Bestand haben. Änderungen im Arbeitsablauf oder an den Werkzeugen werden als störend empfunden.

  Diese Gruppe stellt in der Praxis die »Problemkinder« dar. Allerdings sollte das nicht bedeuten, dass der Großteil Ihrer Bemühungen auf diese Gruppe fällt. Oft ist es von Vorteil, dieser Gruppe nach Möglichkeit so wenig wie möglich (sichtbare) Aufmerksamkeit zu schenken. Stattdessen ist die Strategie, möglichst viel positive Stimmung im Unternehmen zu verbreiten, oftmals erfolgversprechender, sodass diese *Laggards* gar nicht anders können, als mitzumachen.

  Dabei gibt es aber auch Ausnahmen: Bei Laggards, die großen (formellen oder informellen) Einfluss im Unternehmen haben, sollten Sie zielgerichtete Maßnahmen entwickeln, um deren Widerstand konstruktiv abzubauen.

Die Einteilung der Mitarbeiter in diese Gruppen muss dabei nicht namentlich erfolgen, aber eine zahlenmäßige Einteilung hilft, unterschiedliche Maßnahmen zu priorisieren. Ist die Gruppe der Early Adopter die deutlich größte, haben Sie es voraussichtlich bei der Einführung von Microsoft Teams in Ihrem Unternehmen leichter, als wenn die Gruppe der Laggards die meisten Personen stellt.

Verschiedene Lerntypen

Mit Microsoft Teams müssen Ihre Anwender neue Werkzeuge lernen, beispielsweise den Umgang mit dem Teams-Client. Daneben gilt es aber auch, neue Prozesse und Abläufe zu erlernen, wie beispielsweise lieber einen Chat zu beginnen, als eine E-Mail aufzusetzen, einen Bot zu kontaktieren, statt den Helpdesk anzurufen oder eine in den Teams-Client integrierte App aufzurufen, statt separat den Browser zu öffnen, sich an einer Website anzumelden etc.

Hierbei ist es wichtig, dass Sie unterschiedliche Lerntypen berücksichtigen, denn nicht jede Person lernt auf dieselbe Weise gleich effizient. Grundsätzlich werden dabei die folgenden Lerntypen unterschieden:

- **Selbstmotivierte Lernende**

  Ein selbstmotivierter Lernender ist in der Lage, sich Wissen selbstständig anzueignen. Er benötigt keine Präsenzschulung mit Kollegen, sondern nur geeignetes Material, das er bei Bedarf konsumieren kann. Dies kann Videomaterial genauso sein wie schriftlich verfasste Anleitungen.

- **Im Team und von anderen Lernende**

  Personen dieses Typs lernen gerne zusammen mit anderen, beispielsweise bei einer Präsenzschulung oder gemeinsam zu zweit vor dem Rechner, und bauen vorzugsweise auf dem Wissen und der Erfahrung anderer auf.

- **Personen, die an die Hand genommen werden wollen oder müssen**

  Diese Personen benötigen die meiste Betreuung, am besten nicht in einer Gruppe, sondern im persönlichen Umgang.

Oft kann eine Person nicht immer genau einem dieser Lerntypen zugewiesen werden. Ja nach konkretem Anlass und je nach Motivation der einzelnen Person kann auf sie auch jeweils ein anderer Typus zutreffen. Idealerweise bereiten Sie geeignetes Material und Maßnahmen für alle diese Lerntypen auf und stellen diese an einer geeigneten Stelle zur Verfügung.

Schulungskanäle

So unterschiedlich, wie die Lerntypen sind, so unterschiedlich sind auch die Kanäle, über die Sie geeignete Schulungsmaßnahmen anbieten können. Hier ein paar Ideen:

- **Präsenzschulungen**

  Hierbei handelt es sich um ein klassisches Schulungsformat. Sie laden die Mitarbeiter zu virtuellen oder realen Schulungen ein. Ein Schulungsleiter vermittelt dann das Wissen für bestimmte Aspekte.

- **Schulungsvideos**

  Neben Präsenzschulungen können Sie auch Schulungsvideos anbieten, die sich die Mitarbeiter bei Bedarf und je nach ihren zeitlichen Freiräumen ansehen können. Solche Videos können Sie selbst erstellen und auf der Office 365-eigenen Videoplattform *Microsoft Stream* hochladen (vergleichbar mit einem unternehmensspezifischen *YouTube* – siehe Abbildung 9.27).

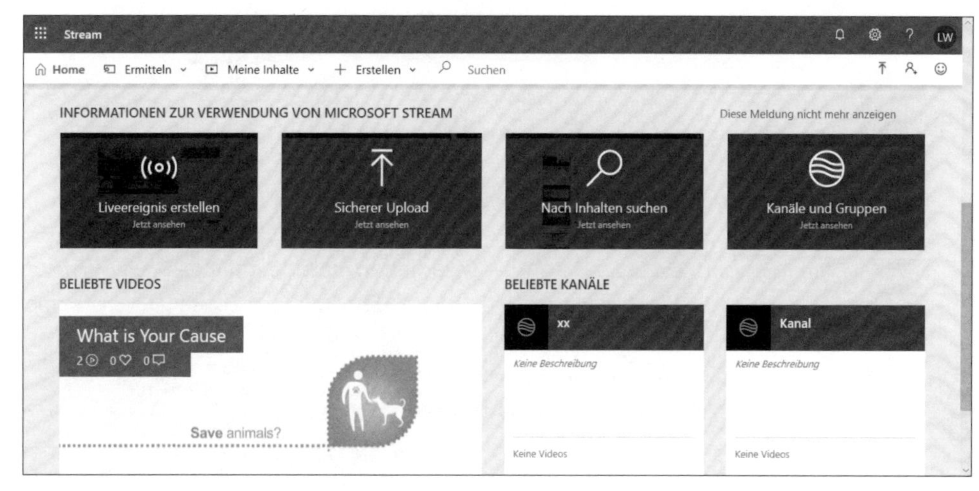

Abbildung 9.27 Microsoft Stream

[+]

Erstellen Sie selbst Schulungsvideos, sollten Sie darauf achten, diese in leicht verdauliche Häppchen aufzuteilen. Kaum jemand sieht sich konzentriert eine einstündige Aufzeichnung einer Schulung an (ohne nicht doch mal nebenbei die neuen Mails zu überprüfen). In der Praxis haben sich fokussierte Videos mit jeweils einer maximalen Länge von fünf Minuten als gut geeignet herausgestellt.

Auch Microsoft bietet eine Videoschulung für Anwender an, die automatisch an den jeweiligen Funktionsstand von Microsoft Teams angepasst wird. Diese Videoschulung finden Sie unter der folgenden Adresse (siehe Abbildung 9.28):

https://support.microsoft.com/de-de/office/microsoft-teams-videoschulung-4f108e54-240b-4351-8084-b1089f0d21d7

Wenn Sie dagegen mehr Einfluss auf die angebotenen Videos haben möchten oder möglichst auch andere Microsoft 365-Dienste berücksichtigen wollen, sind vielleicht die *Microsoft 365 Learning Pathways* für Sie eine geeignete Lösung (siehe den gleichnamigen Kasten).

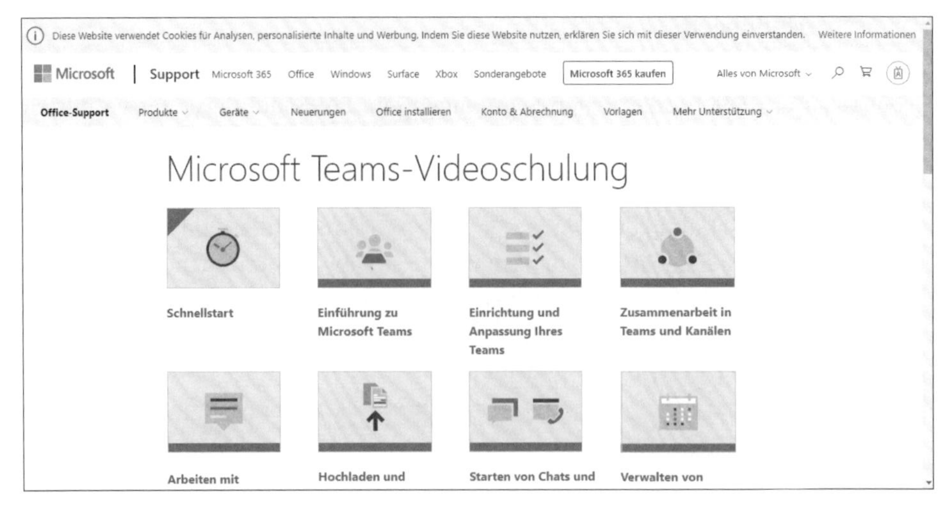

Abbildung 9.28 Videoschulung für Microsoft Teams

Microsoft 365 Learning Pathways

Mit den Microsoft 365 Learning Pathways erhalten Sie eine inhaltlich von Microsoft bereitgestellte und laufend aktualisierte SharePoint Online-Website (auf Basis einer Kommunikationswebsite) mit einer ganzen Reihe an fertigen Lernvideos. Das Schöne daran ist, dass die Videos nicht nur in englischer Sprache zur Verfügung stehen, sondern aktuell in neun Sprachen – darunter auch Deutsch.

Die Website der Learning Pathways erstellen Sie speziell für Ihren Mandanten. Anschließend können Sie diese in Ihr Intranet und/oder in den Teams-Client integrieren, um Ihren Anwendern eine zusätzliche Lernmöglichkeit zu geben.

Ein Beispiel sehen Sie in Abbildung 9.29.

Abbildung 9.29 Microsoft 365 Learning Pathways

Inhaltlich wird dabei nicht nur Microsoft Teams abgedeckt, sondern es werden auch andere Dienste aus Microsoft 365, wie OneDrive for Business, SharePoint und allgemein die Remote-Arbeit berücksichtigt. Welche Inhalte angeboten werden, können Sie von administrativer Seite aus bestimmen und so Dinge ausblenden, die für Ihr Unternehmen keinen Sinn machen, etwa weil bestimmte Dienste den Anwendern nicht zur Verfügung stehen. Auch können Sie eigene Playlisten erstellen, die für Ihre individuellen Anwendungsszenarien am besten geeignet sind.

Die Learning Pathways stellt Microsoft kostenfrei zur Verfügung. Wie Sie diese für Ihren Mandanten aktivieren und pflegen, wird auf folgender Seite erläutert:
https://docs.microsoft.com/de-de/office365/customlearning/

- **Hilfe im Teams-Client**

  Der Teams-Client für den Desktop enthält ebenfalls verschiedene Schulungsmöglichkeiten. Diese verbergen sich in der Navigation unter HILFE (siehe Abbildung 9.30).

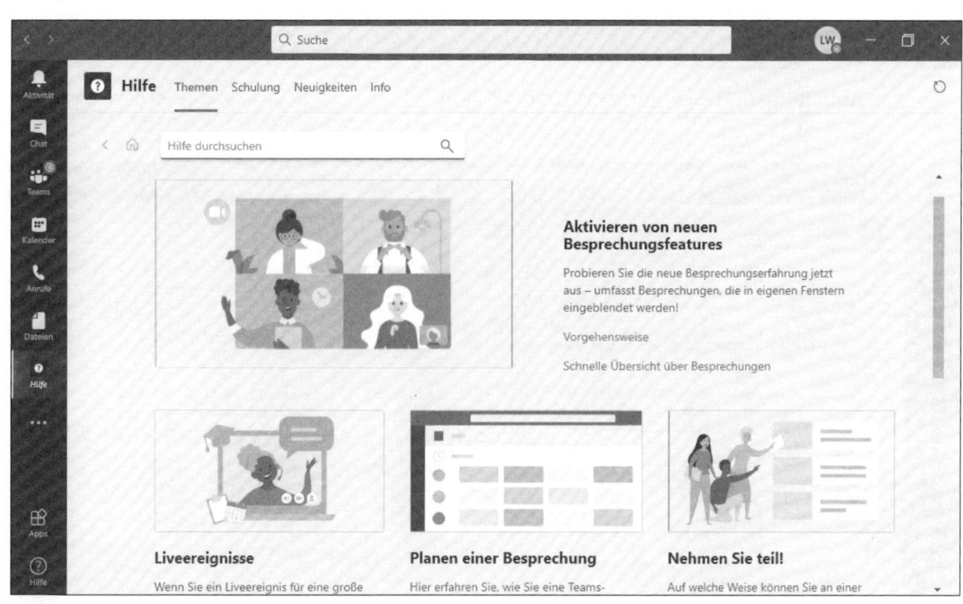

Abbildung 9.30 Hilfe im Teams-Client

Dort finden Sie themenbasierte Hilfe-Texte und können diese nach Stichwörtern durchsuchen. Über die Registerkarte SCHULUNG erhalten Sie auch Zugriff auf einige Videos (siehe Abbildung 9.31 – beachten Sie die Länge dieser Videos).

Zuletzt finden Sie über die Registerkarte NEUIGKEITEN eine kurze Beschreibung der letzten Änderungen (siehe Abbildung 9.32).

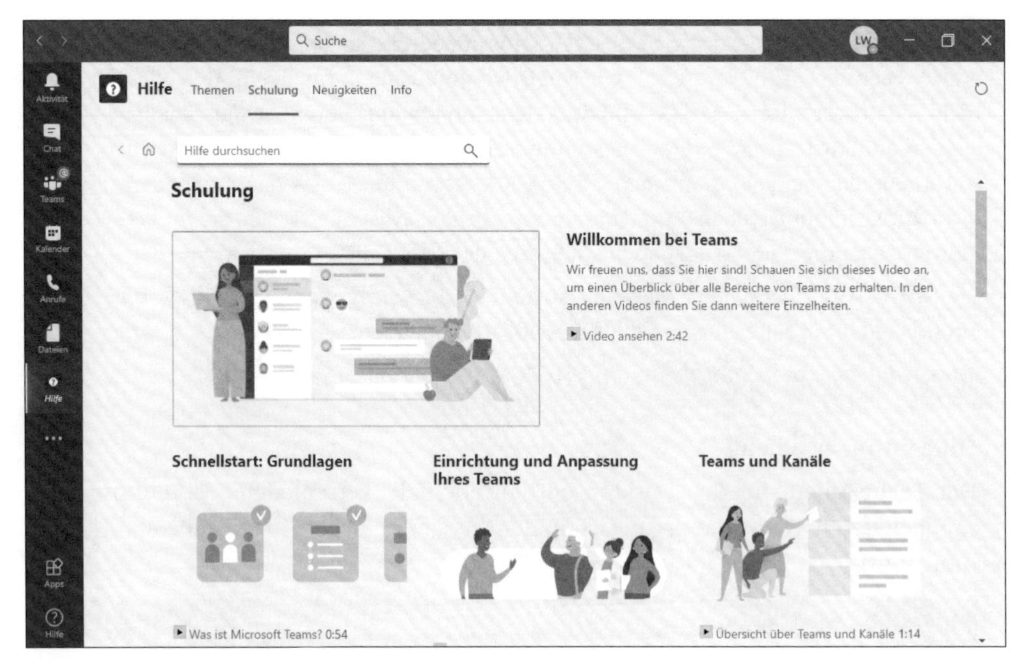

Abbildung 9.31 Schulung im Teams-Client

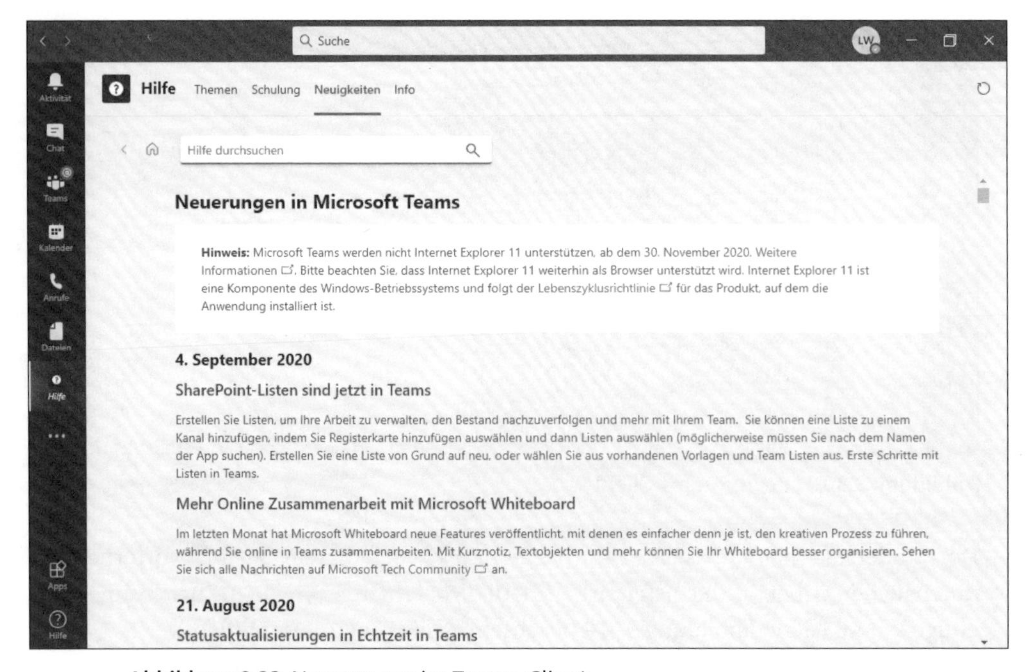

Abbildung 9.32 Neuerungen im Teams-Client

- **Besondere Schulungsmaßnahmen**

  Manche Unternehmen denken sich auch ganz besondere Schulungsmaßnahmen aus. Hier ein Beispiel: In einem Bereich, der von den Mitarbeitern häufig frequentiert wird, beispielsweise im Eingangsbereich der Kantine, werden einige Tische mit den erforderlichen Geräten für unterschiedliche Szenarien aufgebaut, beispielsweise ein typischer Büro-Arbeitsplatz, ein Tisch mit Smartphones für mobile Szenarien etc. An jedem Tisch steht eine Trainerin oder ein Trainer, der mit den potenziellen Interessenten in einem Zeitraum von wenigen Minuten ein vorbereitetes Szenario »spielt«.

  So ein Beispiel gehört nicht nur in die Kategorie Schulungsmaßnahmen, sondern kann auch ein Baustein der Unternehmenskommunikation zur Einführung von Microsoft Teams sein (siehe Abschnitt 11.5, »Kommunikation im Unternehmen«).

9

Bei der Umsetzung geeigneter Schulungsmaßnahmen spielt der Pilot (siehe Kapitel 10) eine wichtige Rolle bei der Bedarfsanalyse. Um viel Zeit und Aufwand zu sparen, sollte Lernmaterial bedarfsgerecht und gegebenenfalls konkret auf Nachfrage entwickelt werden. Zu versuchen, von Beginn an alle Lernmaterialen parat zu haben, um alle Lerntypen gleichermaßen bedienen zu können, ist eine echte Herausforderung.

Schnell veraltete Lernmaterialien

Robin entschied sich, für die Einführung von Microsoft Teams kleine Handbücher mit einer Beschreibung der einzelnen Funktionalitäten zu erstellen. Diese Handbücher hatten etwa einen Umfang von 40 Seiten und wurden als Vorbereitung auf den globalen Rollout in die zwölf gängigsten Unternehmenssprachen übersetzt. Leider hatte diese Herangehensweise ein Manko: Als die Handbücher zum Rollout veröffentlicht wurden, waren sie bereits veraltet, da sich die Oberfläche des Teams-Clients an einigen Stellen verändert hatte (siehe Kapitel 4, »Evergreen«). Robin versuchte daraufhin die Handbücher entsprechend anzupassen, doch auf Dauer erwies sich dies letztendlich als nicht praktikabel. Die Erstellung und Aktualisierung von Handbüchern wurde dann letztendlich eingestellt. Stattdessen setzt Robin nun auf alternative Mittel wie einseitige Anleitungen, Webinare und kurze Videoclips.

Eine empfehlenswerte Vorgehensweise folgt dabei dem Motto »Weniger ist mehr«. Hier einige Vorschläge:

- szenariobasierte Beschreibungen in Form eines Einseiters (anstatt ausführlicher Bedienungsanleitungen, die kaum jemand liest)
- Unterstützung durch Kollegen wie den Champions aus Abschnitt 10.9 (anstatt lang andauernder, aufwendiger Präsenzschulungen)
- Webinare (anstatt Präsenzschulungen)
- Videoanleitungen (anstatt eines ausführlichen und textlastigen Trainingsmaterials)
- Informationsgrafiken (anstatt eines langen Fließtexts)

Ihr Material sollten Sie auch vorab im Piloten testen, bevor die Massenproduktion startet. Idealerweise greifen Sie in einem ersten Schritt auf die bereits bestehenden Lernmaterialien zurück, bevor Sie anfangen, das Rad neu zu erfinden.

Support-Kanäle

Trotz spezieller Schulung werden beim Betrieb von Microsoft Teams bei den Mitarbeitern sicher Fragen auftreten, oder es ergeben sich technische Schwierigkeiten, die gelöst werden müssen – manche unmittelbar, andere haben grundsätzlich etwas mehr Zeit. Ihren Mitarbeitern sollten Sie für diese Fälle auch geeignete Support-Kanäle zur Verfügung stellen. Auch hier ein paar Beispiele, die in der Praxis häufiger zu finden sind:

- **Helpdesk**

  Ein wichtiger Anlaufpunkt für die Mitarbeiter ist natürlich der Helpdesk. Die Personen dort sollten für die Beantwortung der Fragen über das notwendige Wissen verfügen. Sie sind auch potenziell geeignete Kandidaten für die Teilnehmer im Piloten (siehe Abschnitt 10.4, »Die ersten Anwender«).
- **Selbsthilfe**

  Dazu gehören die im Teams-Client integrierte Hilfe und gegebenenfalls zusätzliche Materialien, die Sie den Anwendern zur Verfügung stellen, wie die bereits vorgeschlagenen Hilfe-Videos. Wichtig ist dabei, dass diese Materialien an einer einfach zugänglichen Stelle abgelegt sind und die Mitarbeiter auch wissen, wo sie zu finden sind.
- **Floor Walker**

  In manchen Unternehmen laufen zu vorher mit den Mitarbeitern kommunizierten Zeiten sogenannte *Floor Walker* durch die einzelnen Abteilungen. Die Mitarbeiter haben dann die Gelegenheit, Fragen zu stellen und direkt an ihrem Schreibtisch beantwortet zu bekommen. Dies macht natürlich nur dann Sinn, wenn die Beantwortung der Fragen ein wenig Zeit hat. Aber so mancher Mitarbeiter schätzt den direkten Kontakt. Floor Walker eignen sich insbesondere für die erste Zeit nach der Einführung von Microsoft Teams, wenn erwartungsgemäß viele Fragen auftreten werden.

- **Bot**

  Auch ein in Microsoft Teams eingebundener Bot kann in manchen Fällen Standardfragen der Anwender beantworten. Dies entlastet nicht nur den Helpdesk, sondern sorgt auch dafür, dass die Anwender unmittelbar und ohne Wartezeit Antworten auf ihre Fragen erhalten.

- **Champions**

  Auch die Champions, die wir uns in Abschnitt 10.9, »Champions-Programm aufbauen«, näher ansehen werden, stellen eine Form des Anwendersupports dar.

[+] Empfehlenswert ist es, die Anwender zu sensibilisieren, bei welcher Art von Fragen sie auf welchen Support-Kanal zugreifen sollten, beispielsweise bei technischen Fragen zum Helpdesk, bei fachlichen Fragen zum Floor Walker, zu einem Champion etc. Ansonsten kann es dazu führen, dass der Helpdesk kurz nach der Einführung von Microsoft Teams infolge der vielen Fragen sozusagen überläuft. Anwender denken nicht unbedingt darüber nach, ob ihre funktionelle Frage beim Helpdesk richtig platziert ist oder nicht. Sie wollen ihre Frage schlichtweg möglichst schnell beantwortet haben.

9.3 Wichtige Fragestellungen klären

Vor und spätestens im Laufe Ihres Einführungsprojekts sollten Sie die Antworten auf eine ganze Reihe verschiedener Fragestellungen erarbeiten. Darunter Fragen zu grundsätzlichen Aspekten wie zur Administration, zum Netzwerk, zu der Infrastruktur und zu einigen Limitierungen. Diese Fragen sollten Sie immer bearbeiten, ganz egal, in welcher Reihenfolge Sie die Funktionsbereiche einführen wollen (siehe auch Abschnitt 9.2.3, »Reihenfolge festlegen«). Die Bereiche Zusammenarbeit, Besprechungen und Konferenzen sowie die Telefonie werfen dann zusätzlich noch einige spezielle Fragestellungen auf. Um Ihnen hier die Arbeit ein wenig zu vereinfachen, finden Sie in Tabelle 9.6, in Tabelle 9.7, in Tabelle 9.8 und in Tabelle 9.9 die wichtigsten Fragen zusammengefasst. Die Tabellen beinhalten jeweils zwei Blöcke: zunächst grundsätzliche Fragen zu dem jeweiligen Bereich, die Sie möglichst frühzeitig beantworten sollten, und danach zusätzliche Fragen, die von Ihrem Anwendungsszenario abhängen und gegebenenfalls auch erst während der Einführung beantwortet werden können. Diese Fragen sind natürlich nicht in Stein gemeißelt, und die Tabellen erheben auch keinen Anspruch auf Vollständigkeit. Sie geben Ihnen aber eine gute Ausgangsbasis, um sie an die Anforderungen Ihres Unternehmens anzupassen.

[+] Die Fragestellungen als Checkliste finden Sie auch auf dem Poster, das diesem Buch beiliegt.

	Basis	
Grundsätzliches	Administration	
	☐	Wer ist für die Teams-Administration zuständig?
	☐	Sind die Administratoren für Microsoft Teams ausgebildet?
	☐	Welcher Teams-Administrator muss welche Aufgaben durchführen und bekommt entsprechend welche Administratorrolle?
	☐	Wer soll die Nutzungsberichte einsehen können, und verfügen diese Benutzer über die erforderlichen Berechtigungen?
	☐	Wer ist für die AAD-Administration in Teams-Fragen zuständig (beispielsweise hinsichtlich Gruppenfunktionen)?
	☐	Wer ist für die Exchange-Administration in Teams-Fragen zuständig (beispielsweise für die Hybridbereitstellung)?
	☐	Wer ist für die SharePoint-Administration in Teams-Fragen zuständig (beispielsweise für die Freigabeeinstellungen)?
	Netzwerk	
	☐	Wurde das Netzwerk für die Teams-Nutzung optimiert?
	☐	Wurden die lokalen Infrastrukturkomponenten (wie Firewalls und Proxys) für den Teams-Einsatz konfiguriert?
	☐	Wer kümmert sich um die laufende Pflege der Infrastrukturkomponenten (wie Firewalls) bezüglich der erforderlichen Freigaben für Hosts, IP-Adressen etc.?
	Infrastruktur	
	☐	Ist ein Microsoft 365-Mandant in der gewünschten Region vorhanden?
	☐	Wurde die Synchronisierung zwischen AD und AAD optimal eingerichtet (sofern erforderlich)?
	☐	Wurde eine Exchange-Hybridbereitstellung eingerichtet (sofern eine lokale Exchange Server-Umgebung vorhanden ist)?
	☐	Wurde ein hybrides OneDrive eingerichtet (sofern Anwender in einer lokalen SharePoint-Umgebung OneDrive genutzt haben)?
	☐	Wurde eine hybride Skype-Umgebung eingerichtet (sofern eine lokale Skype for Business Server-Umgebung vorhanden ist)?

Tabelle 9.6 Relevante Fragestellungen zur Basis von Microsoft Teams

Basis		
Zusätzliches	Limitierungen	
	☐	Wurde überprüft, ob die Limitierungen von Microsoft Teams gegebenenfalls relevant sind?
	Organisation	
	☐	Ist die Warum-Frage zur Teams-Einführung geklärt?
	☐	Welche Anwendungsfälle sollen mit Teams abgedeckt werden?
	☐	In welcher Reihenfolge sollen die Funktionsbereiche eingeführt werden?
	☐	Sind die erforderlichen Projektmitglieder definiert, und liegt deren Zusage vor?
	☐	Wurde die Freigabe von Betriebsrat, Sicherheit, Compliance und Datenschutz eingeholt?
	Administration	
	☐	Wurde FastTrack für die Unterstützung bei der Einführung kontaktiert?
	☐	Ist ein geeigneter Partner vorhanden?
	Sicherheit	
	☐	Wurde die Multifaktorauthentifizierung aktiviert?
	☐	Wurden Regeln für den bedingten Zugriff eingerichtet?
	☐	Sind weitere Sicherheitsfunktionen erforderlich?
	Compliance und Datenschutz	
	☐	Ist eine Multi-Geo-Konfiguration erforderlich?
	☐	Sind weitere Funktionen aus den Bereichen Compliance und Datenschutz erforderlich?
	Evergreen	
	☐	Wer kümmert sich um das Verfolgen der Entwicklung von Microsoft Teams?

Tabelle 9.6 Relevante Fragestellungen zur Basis von Microsoft Teams (Forts.)

Basis		
	Organisation	
	☐	Wie erfolgt die Kommunikation im Unternehmen über die Einführung von Microsoft Teams?
	☐	Wie erfolgt die Unterstützung der Belegschaft?
	☐	Wie wird die Nutzung von Microsoft Teams analysiert?

Tabelle 9.6 Relevante Fragestellungen zur Basis von Microsoft Teams (Forts.)

Zusammenarbeit		
Grundsätzliches	Lizenzierung	
	☐	Verfügen die betroffenen Benutzerkonten über eine geeignete Lizenz mit allen Funktionen, die gewünscht sind?
	Teams anlegen	
	☐	Soll es eine Namenskonvention geben, und wie sieht diese gegebenenfalls aus?
	Teams-Client	
	☐	Wie erfolgt die Bereitstellung des Teams-Clients auf den Geräten der Anwender?
	☐	Ist eine Anpassung der Client-Einstellungen erforderlich?
Zusätzliches	Governance	
	☐	Wie soll der Provisionierungsprozess aussehen?
	☐	Wer darf Teams anlegen?
	☐	Sind bestimmte Vorgaben gewünscht (beispielsweise mehrere Team-Besitzer)?
	☐	Ist eine Konfiguration des Teams-Lebenszyklus erforderlich?
	Compliance	
	☐	Ist die Konfiguration von Aufbewahrungsfristen erforderlich?

Tabelle 9.7 Fragestellungen zum Funktionsbereich Zusammenarbeit

Zusammenarbeit		
	Externer Zugriff	
	☐	Soll der externe Zugriff grundsätzlich erlaubt werden?
	☐	Sind Einschränkungen erforderlich (beispielsweise bestimmte Domänen)?
	Gastzugriff	
	☐	Soll der Gastzugriff grundsätzlich erlaubt werden?
	☐	Ist eine Anpassung der Funktionen, die Gäste nutzen können, erforderlich?
	☐	Ist eine Deaktivierung des Gastzugriffs bei bestimmten Teams erforderlich?
	Nachrichtenrichtlinien	
	☐	Ist eine Anpassung der Nachrichtenrichtlinie »Global« erforderlich?
	☐	Sind mehrere Nachrichtenrichtlinien erforderlich (für unterschiedliche Benutzergruppen)?
	Teams-Einstellungen	
	☐	Sind Änderungen an den Teams-Einstellungen erforderlich?
	Teams-Richtlinien	
	☐	Ist eine Anpassung der Teams-Richtlinie »Global« erforderlich?
	☐	Sind mehrere Teams-Richtlinien erforderlich (für unterschiedliche Benutzergruppen)?
	Standardanwendungen	
	☐	Ist eine Anpassung der Standardanwendungen erforderlich (beispielsweise die Schichten-App)?
	☐	Welche Apps sollen die Anwender nutzen können?
	☐	Sollen neu verfügbare Apps automatisch für die Anwender nutzbar sein?

Tabelle 9.7 Fragestellungen zum Funktionsbereich Zusammenarbeit (Forts.)

	Besprechungen und Konferenzen	
Grundsätzliches	Lizenzierung	
	☐	Verfügen die betroffenen Benutzerkonten über eine geeignete Lizenz mit allen Funktionen, die gewünscht sind?
	Teams-Clients	
	☐	Wie erfolgt die Bereitstellung des Teams-Client auf den Geräten der Anwender?
	☐	Ist eine Anpassung der Client-Einstellungen erforderlich?
Zusätzliches	Bandbreite	
	☐	Ist ausreichend Bandbreite für Besprechungen und Konferenzen vorhanden?
	Compliance	
	☐	Soll das Aufzeichnen von Besprechungen möglich sein?
	☐	Soll die Transkription möglich sein?
	☐	Soll ein Untertitel möglich sein?
	☐	Soll die Übersetzungsfunktion möglich sein?
	☐	Ist eine Compliance-Aufzeichnung erforderlich?
	Geräte	
	☐	Sind neue Geräte wie Headsets und Kameras für die Anwender erforderlich?
	☐	Sind neue Geräte für die Besprechungsräume erforderlich?
	☐	Ist die Einrichtung von Cloud Video Interop erforderlich?
	Administration	
	☐	Wer ist zuständig für die Überwachung der technischen Qualität von Besprechungen?
	Besprechungseinstellungen	
	☐	Ist eine Anpassung der Besprechungseinstellungen erforderlich?
	Audiokonferenzen	
	☐	Welche Einwahlnummer soll für welchen Benutzer als Standard angezeigt werden?

Tabelle 9.8 Fragestellungen zum Funktionsbereich Besprechungen und Konferenzen

Besprechungen und Konferenzen		
	Besprechungsrichtlinien	
	☐	Ist eine Anpassung der Besprechungsrichtlinie »Global« erforderlich?
	☐	Sind mehrere Besprechungsrichtlinien erforderlich (für unterschiedliche Benutzergruppen)?
	Richtlinien für Liveereignisse	
	☐	Ist eine Anpassung der Liveeregniseinstellungen erforderlich?
	☐	Ist eine Anpassung der Richtlinie für Liveereignisse »Global« erforderlich?
	☐	Sind mehrere Richtlinien für Liveereigenisse erforderlich (für unterschiedliche Benutzergruppen)?
	☐	Ist der Einsatz eines eCDNs erforderlich?

Tabelle 9.8 Fragestellungen zum Funktionsbereich Besprechungen und Konferenzen (Forts.)

Telefonie		
Grundsätzliches	Lizenzierung	
	☐	Verfügen die betroffenen Benutzerkonten über eine geeignete Lizenz mit allen Funktionen, die gewünscht sind?
	Teams-Clients	
	☐	Wie erfolgt die Bereitstellung des Teams-Clients auf den Geräten der Anwender?
	☐	Ist eine Anpassung der Client-Einstellungen erforderlich?
	Telefonsystem	
	☐	Ist eine Anbindung an eine lokale Telefonanlage erforderlich?
	☐	Wenn ja, ist diese mit Microsoft Teams kompatibel?
	☐	An welchen Standorten werden direktes Routing oder Anrufpläne eingesetzt?
	Rufnummern von Microsoft	
	☐	Ist die Portierung von bestehenden Rufnummern erforderlich?
	☐	Sind die erforderlichen Rufnummern bereits im Mandanten vorhanden?

Tabelle 9.9 Fragestellungen zum Funktionsbereich Telefonie

Telefonie		
Zusätzliches	Anrufbeantworter	
	☐	Soll der Anrufbeantworter angeboten werden?
	☐	Soll die Transkription der Anrufe durchgeführt werden?
	Anrufer-ID	
	☐	Ist eine Anpassung der Anrufer-ID erforderlich?
	Telefonsystem	
	☐	Sind Anrufwarteschlagen erforderlich?
	☐	Sind automatische Telefonzentralen erforderlich?
	Compliance	
	☐	Ist eine Compliance-Aufzeichnung erforderlich?
	Administration	
	☐	Wer ist zuständig für die Überwachung der technischen Qualität von Anrufen?

Tabelle 9.9 Fragestellungen zum Funktionsbereich Telefonie (Forts.)

9.4 Microsoft Teams-Ratgeber

In das Microsoft Teams Admin Center hat Microsoft den Teams-Ratgeber integriert. Sie finden ihn dort in der Navigation unter PLANUNG • TEAMS-RATGEBER (siehe Abbildung 9.33).

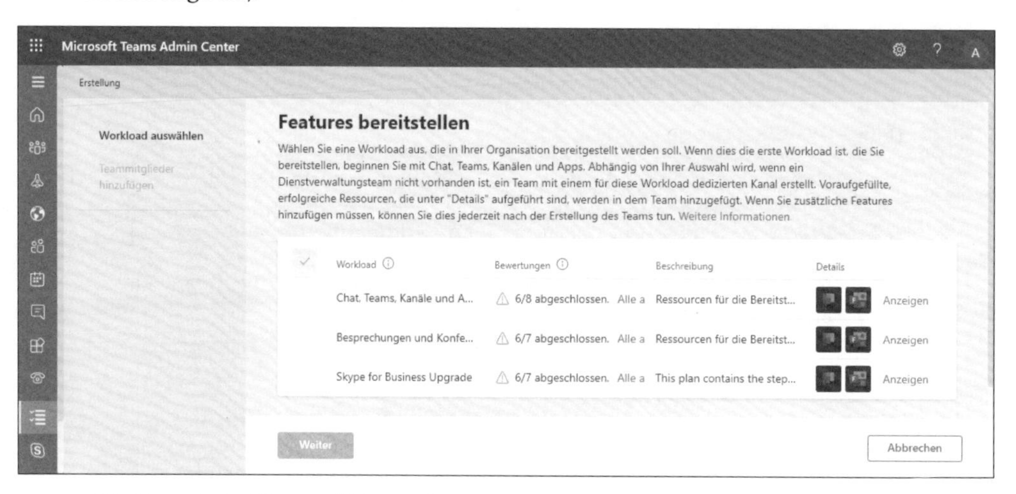

Abbildung 9.33 Microsoft Teams-Ratgeber

Dieser Ratgeber soll Sie ebenfalls bei der Einführung von Microsoft Teams unterstützen, und zwar durch folgende Aktionen:

1. Er nimmt eine Bewertung Ihres Mandanten bezüglich des Microsoft Teams-Einsatzes vor und gibt Ihnen gegebenenfalls Empfehlungen für typische Konfigurationen. Die Bewertung umfasst dabei Aspekte wie die Zuweisung der erforderlichen Lizenzen, aber es zählen hier natürlich auch technische Kriterien dazu, wie beispielsweise die Domänenkonfiguration und bestimmte Richtlinien (etwa zur Namenskonvention oder zu dem Ablaufdatum von Teams).
2. Der Ratgeber erstellt ein Team mit der Bezeichnung *Bereitstellungsteam*. Dieses wiederum enthält einen Kanal, der von Ihnen auswählbare Bereiche beinhaltet. Mögliche Bereiche sind dabei unter anderem:
   - Chat, Teams, Kanäle und Apps
   - Besprechungen und Konferenzen
   - Skype for Business Upgrade

   Ein Beispiel dazu sehen Sie in Abbildung 9.34.

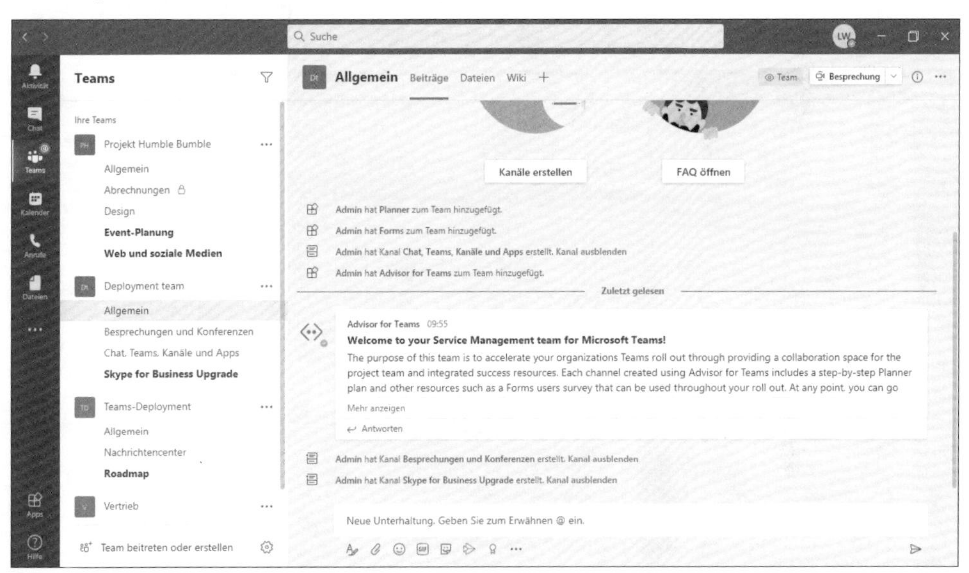

Abbildung 9.34 Bereitstellungsteam

In jedem dieser Kanäle wiederum finden Sie einen Plan auf Basis von Microsoft Planner mit wichtigen Aufgaben zur Bereitstellung des jeweiligen Bereichs. Abbildung 9.35 zeigt beispielsweise den Plan für Besprechungen und Konferenzen.

Neben dem Plan finden Sie in jedem Kanal auch ein Umfrageformular auf Basis von Microsoft Forms (siehe Abbildung 9.36). Anwender können dort Ihr Feedback zur Teams-Einführung geben.

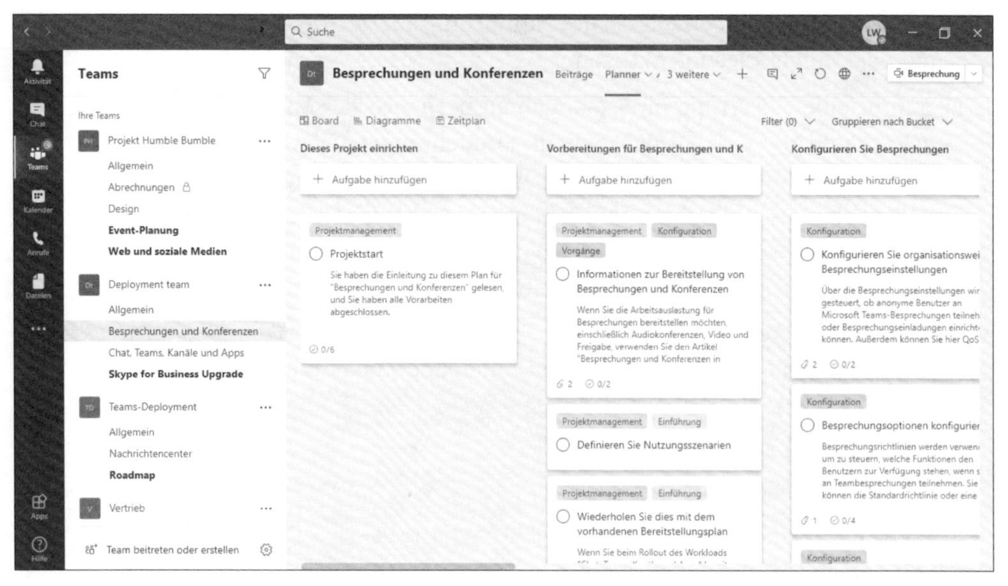

Abbildung 9.35 Plan für die Einführung von Besprechungen und Konferenzen

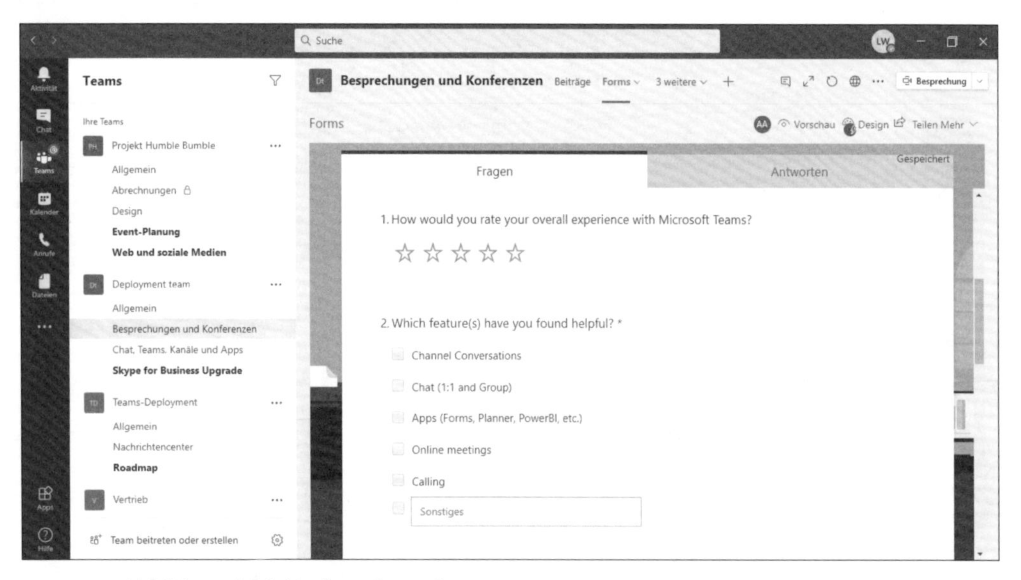

Abbildung 9.36 Umfrageformular

Sie können nun die beteiligten Personen aus Ihrem Einführungsprojekt als Mitglieder des Teams definieren und ihnen anschließend die entsprechenden Aufgaben zuweisen.

Das Bereitstellungsteam ist dabei nicht in Stein gemeißelt, sondern Sie können es an Ihre Anforderungen anpassen, also beispielsweise weitere Aufgaben hinzufügen oder für Ihre Umgebung nicht erforderliche entfernen. Genauso können Sie auch weitere Kanäle erstellen, wenn Sie dies für erforderlich halten.

9.5 So geht es weiter

Haben Sie sowohl die technischen als auch die organisatorischen Vorbereitungen durchgeführt und möglichst alle noch offenen Fragestellungen geklärt? Dann kann mit dem nächsten Kapitel der Pilot für den ersten produktiven Einsatz von Microsoft Teams in Ihrem Unternehmen starten.

Kapitel 10
Pilotbetrieb

Im zehnten Kapitel bereiten wir einen Pilotbetrieb vor, führen ihn durch und werten ihn anschließend aus, um wichtige Erkenntnisse daraus zu ziehen, die für die erfolgreiche Einführung von Microsoft Teams in der Praxis essenziell sind.

In den meisten Fällen lohnt es sich, Microsoft Teams nicht sofort für alle Mitarbeiter Ihres Unternehmens zu aktivieren. Stattdessen bietet sich ein begrenzter Pilot mit einer überschaubaren Anzahl an Personen an, mit dem Sie Microsoft Teams in konkreten produktiven Anwendungsfällen Ihres Unternehmens testen und Erfahrungen für den unternehmensweiten Einsatz sammeln können.

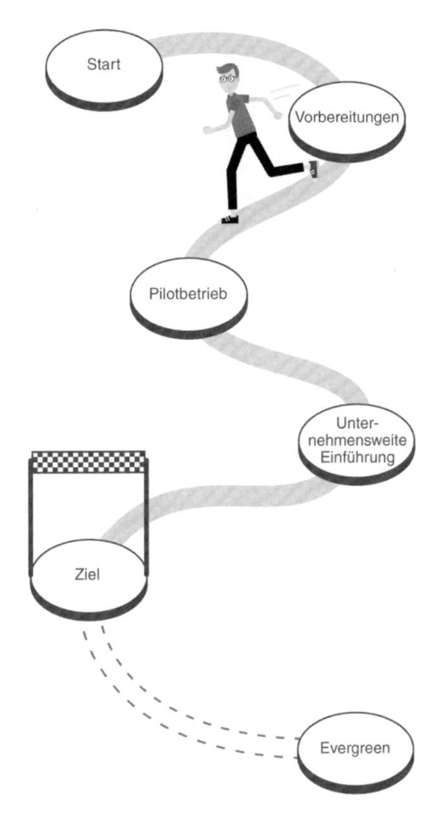

Abbildung 10.1 Ablaufplan

In diesem Kapitel diskutieren wir, warum ein Pilot sinnvoll sein kann, und ich gebe Ihnen einige Hilfestellungen für Ihren Piloten mit auf den Weg. Dazu gehören insbesondere die Auswahl von geeigneten Szenarien, eine passgenaue Zusammenstellung an Personen, erste Teams, der Aufbau eines Champions-Programms und die Auswertung nach Abschluss des Piloten.

10.1 Warum ein Pilot?

Aufgrund der Funktionsfülle und der Komplexität von Microsoft Teams ist es für die meisten Unternehmen von Vorteil, zunächst mit einem zeitlich begrenzten Piloten zu starten, bei dem Sie mit einer kleinen Gruppe von Anwendern Microsoft Teams produktiv in Ihrem Alltag nutzen, bevor jeder Anwender mit einem Zugang ausgestattet wird. Ein Pilot liefert unter anderem diese Erkenntnisse:

- Sie erhalten ein Gefühl für die produktive Nutzung von Microsoft Teams in Ihrem Unternehmen mit dessen speziellen Eigenschaften.
- Sie erhalten Ideen für den Einsatz in verschiedenen Szenarien, die speziell für Ihr Unternehmen geeignet sind.
- Sie sehen, an welchen Stellen die Anwender möglicherweise Schwierigkeiten haben oder Fragen entstehen, die Sie beim unternehmensweiten Einsatz bereits im Vorfeld klären oder denen Sie mithilfe von Schulungen oder Ähnlichem zeitnah begegnen können.
- Sie haben Gelegenheit, in einem gezielt geplanten Vorabszenario zu beobachten, wie die Anwender Microsoft Teams nutzen und welche Funktionen besonders wichtig für sie sind.
- Sie erhalten ein wertvolles Feedback, das Sie in die unternehmensweite Einführung mit einfließen lassen können – beispielsweise zur Konfiguration, zu notwendigen Kommunikationsmaßnahmen, fehlenden Funktionen etc.
- Die Admins lernen produktiv, Microsoft Teams zu konfigurieren und zu betreiben.
- Mögliche technische Schwachstellen werden aufgedeckt, beispielsweise hinsichtlich der flüssigen Videoübertragung bei Besprechungen und der Sprachqualität bei Telefonaten – vor allem auch von unterwegs und mit verschiedenen Geräten.
- Fehler in der Konfiguration lassen sich leichter erkennen, beispielsweise bezüglich Firewalls, Proxys, Authentifizierung etc. Außerdem lassen sich manche Schwachstellen bei der Internetanbindung eindeutiger identifizieren.
- Sie können die Support-Kanäle testen (siehe Abschnitt 9.2.6, »Vorbereiten der Mitarbeiterunterstützung«)

Idealerweise erhalten Sie mit den Teilnehmern des Piloten motivierte und aufgrund ihrer Erfahrungen überzeugte Kollegen, die dann als Botschafter in Ihrem Unternehmen Lust auf die Nutzung von Microsoft Teams machen und für Anwenderfragen zur Verfügung stehen. Lesen Sie hierzu auch Abschnitt 10.9, »Champions-Programm aufbauen«. Wie Sie die Teilnehmer des Piloten bestimmen können, diskutieren wir in den folgenden Abschnitten.

Technische Bereitstellung

In der Praxis findet man unterschiedliche Herangehensweisen, den Piloten technisch bereitzustellen:

- **Pilot in der produktiven Umgebung**

  Viele Unternehmen führen den Piloten in der produktiven Umgebung durch, also in dem sonst auch produktiv genutzten Mandanten. Dies hat einen großen Vorteil: Wenn die Anwender nicht produktiv und mit ihren realen Daten arbeiten, ist die Gefahr zu groß, dass die Erkenntnisse nicht nahe an der Realität liegen, weil Anwender sich nur gelegentlich in der Spielwiese einloggen und dort nur wenig Zeit mit unrealistischen Szenarien verbringen. Der zeitliche Aufwand für den Piloten wäre dafür verschenkt. Idealerweise richten Sie deshalb den Piloten von technischer Seite aus in Ihrer produktiven Umgebung ein.

- **Pilot in einer separaten Umgebung**

  Manche Unternehmen setzen für den Piloten jedoch auch auf eine separate Spielwiese, bereitgestellt in einem separaten Mandanten. Der Grund: Pilotanwender tendieren zum Ausprobieren. Das kann dazu führen, dass bereits zu Beginn Chaos entsteht (etliche Teams werden probeweise erstellt, Teams-Apps werden heruntergeladen und ausprobiert, Dokumente werden wahllos erstellt etc.). Da ist es von Vorteil, wenn der Pilot nach Beendigung einfach gelöscht werden kann.

So haben beide Herangehensweisen ihre Berechtigung. Ich empfehle jedoch eher, den Piloten produktiv aufzusetzen und im Anschluss daran nicht erforderliche Daten, Teams etc. zu löschen – dies sollten Sie jedoch den Pilotanwendern zu jeder Zeit deutlich kommunizieren, um Frust zu vermeiden.

10.2 Grundsätzlicher Ablauf

Um den Piloten durchzuführen, bieten sich einige Schritte an, die Abbildung 10.2 veranschaulicht.

Abbildung 10.2 Ablaufplan zur Durchführung eines Piloten

Diese Schritte betrachten wir im weiten Verlauf des Kapitels näher.

10.3 Auswahl der Szenarien und Zielsetzung

In Abschnitt 9.2.1, »Die Warum-Frage«, haben wir bereits die Zielsetzung bei der Einführung von Microsoft Teams diskutiert. Auch für Ihren Piloten sollten Sie ein separates Ziel definieren – und zu diesem Ziel eine passende Auswahl an Nutzungsszenarien, die in diesem Piloten besonders untersucht werden sollen. Dabei kann es auch ein projektinternes Ziel geben, das nicht unbedingt in die breite Masse nach außen kommuniziert wird (also vielleicht nur an das Projektteam und die ausgewählten Pilotanwender). Diese Ziele des Piloten können auch eher technischer Natur sein, oder die organisatorischen Maßnahmen sollen hinsichtlich ihrer Vollständigkeit und ihrer Effektivität und Effizienz bewertet werden. Nach außen wird in diesem Fall lediglich das offizielle Projektziel kommuniziert.

Idealerweise greifen bei der Auswahl der Szenarien für den Piloten zu solchen, die sich vollständig mit Microsoft Teams umsetzen lassen. Es sollten Szenarien sein, bei denen tatsächlich vorhandene Probleme mit Microsoft Teams gelöst werden. Idealerweise gibt es ein Szenario, dass gemeinsame Problemstellungen von mehreren Abteilungen löst. So fühlt sich jede Abteilung mit ihren individuellen Problemen und Bedürfnissen verstanden und angesprochen.

Entscheiden Sie sich möglichst auch für ein Szenario, das nicht zu komplex ist, um die Gefahr zu minimieren, sich während des Piloten im Detail zu verlieren. Vielleicht fällt Ihnen auch ein Szenario ein, mit dem Sie offensichtliche Probleme in der bisherigen Arbeitsweise leicht durch die Einführung von Microsoft Teams lösen können, beispielsweise bei der Ablage von Dateien in Teams und der gleichzeitigen Bearbeitung der Dateien.

[+] Üblicherweise wird vor der Einführung einer neuen Software zunächst ein Pilot durchgeführt. Bei der Einführung von Microsoft Teams muss das nicht unbedingt so sein. Abhängig davon, wie Sie die Einführung gestalten wollen, also etwa alle Dienste auf einmal den Anwendern zur Verfügung stellen oder in einer bestimmten Reihenfolge (siehe Abschnitt 9.2.3, »Reihenfolge festlegen«), könnte es sinnvoll sein, für jeden Abschnitt einen eigenen Piloten durchzuführen.

[+] Ein Ansatz wäre auch, den Piloten nicht als einmalige Phase bis zur vollständigen Einführung von Microsoft Teams zu sehen. Wie wir in Kapitel 4, »Evergreen«, bereits diskutiert haben, ändert sich die Funktionalität von Microsoft Teams permanent. Manche dieser Funktionen sind es wiederum wert, in einem Piloten getestet zu werden. In diesem Fall könnte es von Vorteil sein, das Prinzip das Piloten im Sinne von Evergreen langfristig bestehen zu lassen. Dies hätte den Vorteil, dass die Beteiligten auch langfristig denken und nicht an die Projektzeitplanung oder das Budget gebunden sind. Außerdem könnte es letztlich auch Kosten einsparen, da die Beteiligten nicht jedes Mal pro Pilot beziehungsweise Projekt wechseln und somit wertvolles Wissen und Erkenntnisse verloren gehen. Es zeugt auch von einem Commitment zu der neuen Arbeitsweise und zur modernen Unternehmenskultur, wenn ein Unternehmen in ein derartiges Eco-System investiert.

10.4 Die ersten Anwender

Eine wichtige Fragestellung bezieht sich auf die Teilnehmer Ihres Piloten. Hier sollten Sie nicht wahllos zufällige Anwender zu dem Piloten hinzuziehen, sondern eine gezielte Auswahl treffen. Die Auswahl sollte sich auch daran orientieren, welche Szenarien Sie im Piloten eingehend betrachten wollen.

10.4.1 Wer sollte teilnehmen?

Für den Piloten benötigen Sie eine passgenaue Auswahl an Teilnehmern, mit denen Sie die gewünschten Erkenntnisse gewinnen können. Dazu ist es auch erforderlich, dass die Teilnehmer aus Ihrem Unternehmen einen repräsentativen Querschnitt bilden, also aus den unterschiedlichsten Abteilungen kommen und nicht nur ausschließlich aus der IT. Legen Sie hier großen Wert darauf, da sich die Arbeitsweisen oft zwischen Abteilungen oder manchmal auch einzelnen Gruppen sehr unterscheiden können. So arbeitet ein Administrator beispielsweise anders als eine Mitarbeiterin aus der Finanzabteilung oder eine Anwältin. Auch die Assistenz der Managementebene hat ihre eigene Anforderungen. Streuen Sie die Teilnehmer also möglichst breit, um ein möglichst übertragbares Ergebnis des Piloten für das gesamte Unternehmen zu erhalten. Behalten Sie dabei aber auch immer die Szenarien und die Zielsetzung des Piloten im Auge.

[+] In der Praxis hat sich die Gruppe der Assistenzen mehrfach als äußerst wertvoll herausgestellt. Versuchen Sie daher, diese Gruppe zu priorisieren, denn wenn Sie es schaffen, sie von Microsoft Teams zu begeistern, dann ist das Wohlwollen der Unternehmensführung und des Managements nahezu gesichert. Es gilt das Motto: Ein glücklicher Assistent führt zu einer glücklichen Führungskraft.

Die Teilnehmer selbst sollten darüber hinaus ein paar Eigenschaften mitbringen, insbesondere diese:

- Sie sollten sich grundsätzlich für neue Technologien interessieren.
- Sie sollten bereit sein, mit neuen Werkzeugen zu arbeiten und nicht zwanghaft an eingefahrenen Arbeitsweisen festhalten.
- Sie sollten bereit sein, anfängliche Schwierigkeiten zu akzeptieren.
- Sie sollten offen für Verbesserungsmöglichkeiten in der eigenen Arbeitsweise und in den etablierten Prozesse sein.
- Sie sollten gerne mit anderen Leuten zusammenarbeiten.
- Sie sollten bereit sein, ihre Beobachtungen zu teilen und konstruktive Vorschläge zu machen.

Sicher haben Sie bereits einige passgenaue Kandidaten für Ihren Piloten im Auge. Ein bewährtes Mittel ist die Nominierung der Pilotanwender durch die Fachbereiche. Erfahrungsgemäß wissen die Abteilungen selbst am besten, wer sich als Pilotanwender für die gegebene Zielsetzung eignet. Diese Herangehensweise hat zudem den Charme, dass sich die Pilotanwender durch die Nominierung geschmeichelt fühlen. Sie sind meist stolz darauf, die Abteilung zu vertreten, und erhalten Aufmerksamkeit, die vor allem in großen Konzernen nur schwer im normalen Arbeitsalltag zu erreichen ist. Es ist auch ein Weg, Talente zu entdecken und zu fördern.

Manche Unternehmen stellen auch ein Formular bereit, in das sich potenzielle Interessenten eintragen können und dann gegebenenfalls für den Piloten vorgesehen werden. Idealerweise filtern Sie dabei alle Personen heraus, die nur an der neuen Technik selbst interessiert sind, aber weniger daran, mit anderen gemeinsam eine Lösung aufzubauen. Ein solches Formular könnte beispielsweise wie in Abbildung 10.3 aussehen – erstellt auf Basis von Microsoft Forms, ein Dienst der in vielen Microsoft 365-Lizenzen bereits enthalten ist.

Dieses Formular ist dem Bereitstellungsteam des Microsoft Teams-Ratgebers entnommen. Mehr dazu lesen Sie in Abschnitt 9.4.

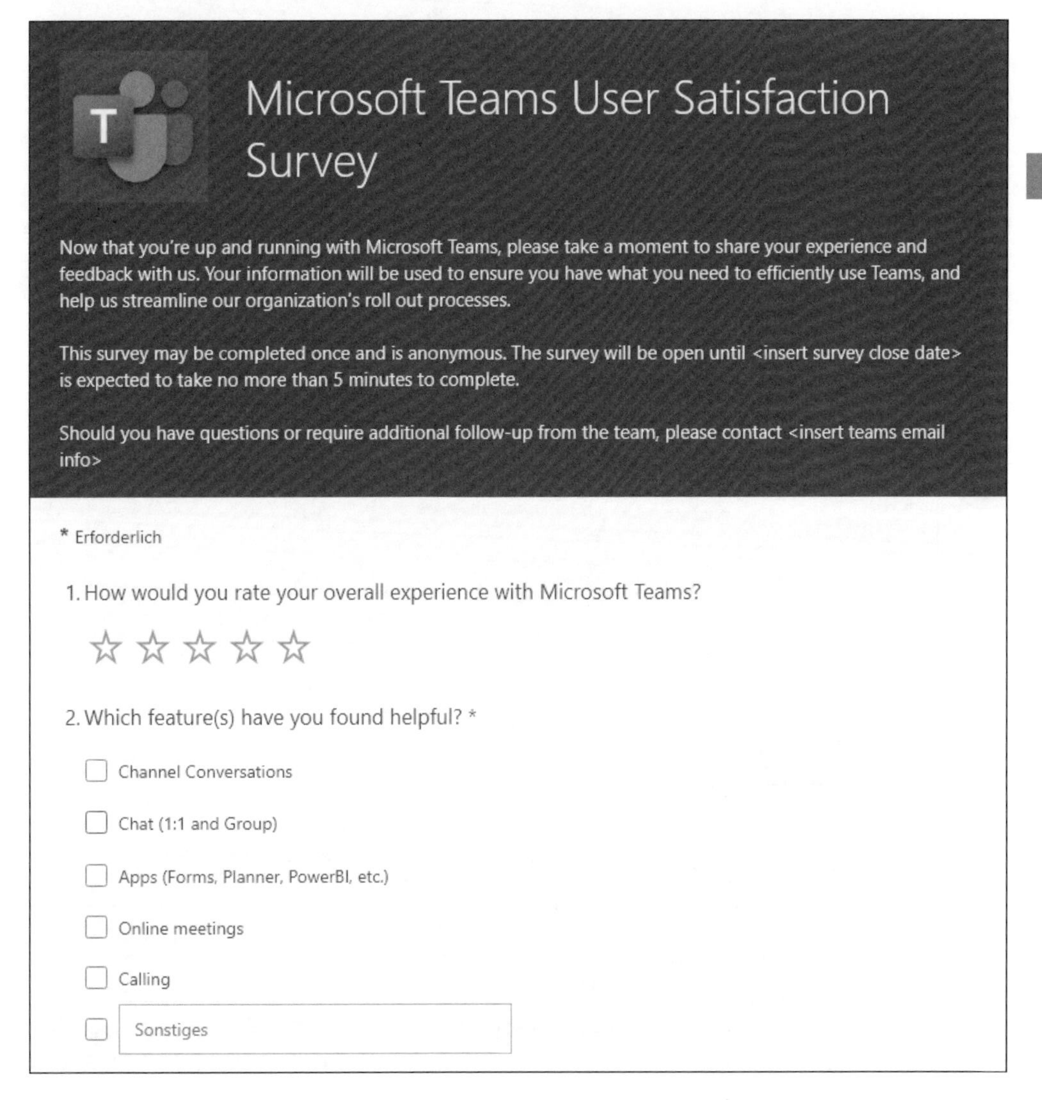

Microsoft Teams User Satisfaction Survey

Now that you're up and running with Microsoft Teams, please take a moment to share your experience and feedback with us. Your information will be used to ensure you have what you need to efficiently use Teams, and help us streamline our organization's roll out processes.

This survey may be completed once and is anonymous. The survey will be open until <insert survey close date> is expected to take no more than 5 minutes to complete.

Should you have questions or require additional follow-up from the team, please contact <insert teams email info>

* Erforderlich

1. How would you rate your overall experience with Microsoft Teams?

☆ ☆ ☆ ☆ ☆

2. Which feature(s) have you found helpful? *

- ☐ Channel Conversations
- ☐ Chat (1:1 and Group)
- ☐ Apps (Forms, Planner, PowerBI, etc.)
- ☐ Online meetings
- ☐ Calling
- ☐ Sonstiges

3. Indicate your comfort level performing the following activities in Teams. *

	Very comfortable	Somewhat comfortable	Neither comfortable nor uncomfortabl e	Not comfortable	Unsure	Not applicable
Use Teams for chatting with others	○	○	○	○	○	○
Use Teams for collaboration (teams and channels)	○	○	○	○	○	○
Use Teams apps (Forms, Planner, PowerBI, etc.)	○	○	○	○	○	○
Use Teams on my mobile device	○	○	○	○	○	○
Use Teams for online meetings	○	○	○	○	○	○
Use Teams for calling	○	○	○	○	○	○

4. How likely are you to recommend Microsoft Teams?

0	1	2	3	4	5	6	7	8	9	10

Not at all likely
Extremely likely

5. Please share any additional experience and feedback information. Do not include personal information.

Ihre Antwort eingeben

Absenden

Diese Inhalte werden vom Besitzer des Formulars erstellt. Die von Ihnen übermittelten Daten werden an den Besitzer des Formulars gesendet. Geben Sie nie Ihr Kennwort preis.

Unterstützt von Microsoft Forms | Datenschutz und Cookies | Nutzungsbedingungen

Abbildung 10.3 Abfrageformular für Pilotanwender

[+] Ein Nebenaspekt, der in der Praxis häufiger vorkommt, besteht in der Frage der »Freistellung« beziehungsweise »Budgetierung« der Aufwände für die Pilotanwender. Es gibt entweder die Möglichkeit, Pilotanwender auf reiner Freiwilligenbasis einzubinden oder quasi offiziell zu beauftragen. Ersteres hat den Vorteil, dass sicherlich von Natur aus motivierte Mitarbeiter teilnehmen werden. Allerdings kann es auch bedeuten, dass sich immer dieselben Kandidaten melden – also die typischen Early

Adopter, die ohnehin Begeisterung zeigen und denen es leichtfällt, mit neuer Technologie umzugehen. Wir wollen jedoch tatsächlich eine möglichst große Bandbreite an fachlicher Repräsentation, also auch querbeet Anwender- und Lerntypen im Piloten haben. Letzteres hat den Beigeschmack, dass die Anwender mehr oder weniger verpflichtet werden. Dies kann schlimmstenfalls die Motivation hemmen. Es hängt daher auch von der üblichen Herangehensweise im Unternehmen ab, ob die interne Beauftragung üblich ist oder nicht.

10.4.2 Pilotanwender schulen

Auch die Pilotanwender sollten Sie nicht ohne Vorbereitung mit Microsoft Teams arbeiten lassen, sondern ihnen zumindest ein paar Hilfestellungen mit auf den Weg geben. Das Thema Schulung haben wir bereits in Abschnitt 9.2.6, »Vorbereiten der Mitarbeiterunterstützung«, diskutiert. Zumindest sollten Sie den Pilotanwendern nach einer allgemeinen Einführung die von Microsoft selbst zur Verfügung gestellten Inhalte mit an die Hand geben. So bleibt der Aufwand für Sie zunächst überschaubar, und Sie bekommen auch ein Gefühl dafür, wie gut oder schlecht die Anwender damit zurechtkommen. Auf Basis dieser Erfahrungen können Sie dann die Schulungsmaßnahmen für die unternehmensweite Einführung ableiten.

10.5 Zeitraum

Die Frage nach dem Zeitraum des Piloten hängt von unterschiedlichen Faktoren ab, insbesondere auch von der Auswahl der Szenarien und der Zielsetzung. Aber auch die Größe und die Komplexität des Projekts gilt es zu beachten. In einem Großkonzern kann der Pilot durchaus mehrere Monate dauern, während in kleinen und mittelgroßen Unternehmen vielleicht bereits ein paar Wochen ausreichend sind.

Während der Laufzeit sollten Sie mit den relevanten Personen regelmäßige Statusbesprechungen ansetzen. Auch eine regelmäßige Abfrage der Erfahrungen und Wünsche der Pilotanwender ist wichtig. Machen Sie es den Anwendern dabei so einfach wie möglich, ihr Feedback abzugeben.

10.6 Kommunikationsplan

Überlegen Sie sich vorab, wie die Kommunikation mit den Anwendern bezüglich des Piloten vorgenommen werden soll.

- Soll das gesamte Unternehmen bereits in dieser Phase über Microsoft Teams informiert werden? Wenn ja, wie? Lesen Sie hierzu auch Abschnitt 11.5, »Kommunikation im Unternehmen«.

- Warum wird eine Einführung von Microsoft Teams in Betracht gezogen?
- Welche Verbesserungen erwartet das Unternehmen für sich als Ganzes und für jeden einzelnen Mitarbeiter?
- Um was geht es in dem Piloten? Wie lautet die konkrete Zielsetzung?
- Welcher Zeitrahmen ist für den Piloten vorgesehen?
- Welche Anwender werden gesucht?
- Welche Nutzungsszenarien werden getestet?
- Welche Vorteile hat eine Teilnahme am Piloten?
- Werden während des Piloten neue oder zusätzliche Geräte zur Verfügung gestellt?
- Mit welchem Zeitaufwand wird gerechnet?
- Wie werden die Teilnehmer während des Piloten unterstützt?
- Gibt es Schulungsmaßnahmen?
- Wer ist der zentrale Ansprechpartner?
- Wie werden die Rückmeldungen der Pilotanwender eingefordert? Gibt es Besprechungen? Fragebögen?
- Wie kann Feedback gegeben werden?
- Ist eine Zustimmung des Vorgesetzten erforderlich?
- Wie werden die Pilotanwender ausgewählt?
- Wie werde ich als Pilotanwender während des Piloten bei technischen und fachlichen Fragen unterstützt?
- Welcher Aufwand ist mit der Rolle des Pilotanwenders verbunden und für welche Dauer beziehungsweise Zeiträume genau?
- Werde ich als Pilotanwender von meiner täglichen Arbeit freigestellt?
- Was sind Kerntermine, beispielsweise für Projektmeilensteine und Projektveranstaltungen? Das ist insbesondere für Fachbereiche wichtig, die zu bestimmten Zeiträume keine Kapazitäten haben werden, wie beispielsweise die Finanzabteilung gegen Ende des Fiskaljahres.

10.7 Die ersten Teams im Piloten

In den meisten Fällen wird Ihr Pilot auch Szenarien zur Zusammenarbeit mit Teams umfassen. Hier sollten Sie überlegen, gegebenenfalls bereits vorab einige dazu passende Teams anzulegen. Neben den Teams für die Nutzungsszenarien bieten sich aber auch noch allgemeine Teams für den Pilotbetrieb an, die Sie gegebenenfalls auch nach dem Abschluss des Piloten weiter nutzen könnten.

10.7.1 Szenariospezifische Teams

Die Architektur von Teams haben wir bereits in Abschnitt 2.3 diskutiert. Darüber hinaus hier noch einige zusätzliche Tipps, die Sie bei den ersten Teams berücksichtigen sollten:

- Neben der technischen Unterscheidung von privaten, öffentlichen und organisationsweiten Teams können Sie auch noch folgende Unterscheidungen treffen:
  - »Harte« Teams: Darunter fallen Teams, die ähnlich wie die Organisationsstruktur aufgebaut sind, also beispielsweise pro Abteilung ein Team, in dem die jeweiligen Mitarbeiter Mitglied sind. Solche Teams werden typischerweise von der IT angelegt und nicht von den Anwendern – in etwa vergleichbar mit den E-Mail-Verteilergruppen. Auch organisationsweite Teams gehören in diese Kategorie.
  - »Weiche« Teams: Derartige Teams werden eher vom Anwender selbst angelegt (oder von einem Provisionierungsprozess – siehe Abschnitt 11.4.1, »Eigener Provisionierungsprozess für Teams«). Projektbezogene Teams gehören beispielsweise in diese Kategorie. Weiche Teams haben typischerweise auch eine kürzere Lebensdauer. Sie werden für ein bestimmtes Ziel angelegt. Ist dieses erreicht, verliert das Team an Bedeutung (was in diesem Fall mit dem Team passieren soll, können Sie konfigurieren – siehe Abschnitt 6.3, »Archivierung«).

  Behalten Sie dabei auch stets die Limitierungen von Microsoft Teams im Blick (siehe Abschnitt 2.7, »Limitierungen«).
- Starten Sie mit einer kleinen Anzahl von Teams, um die Anwender nicht gleich mit einer tiefgreifenden Informationsstruktur zu überfordern. Die Anzahl der Teams wird im Laufe des Projekts oder spätestens bei der im Anschluss an den Piloten erfolgenden unternehmensweiten Nutzung ohnehin noch sprunghaft ansteigen.
- Ein guter Indikator dafür, ob ein neues Team erforderlich ist oder ob es möglicherweise besser wäre, in einem bestehenden Team einen zusätzlichen Kanal anzulegen, ist bei den Team-Mitgliedern angesiedelt: Wären die Mitglieder bei dem neuen Team nahezu identisch, sollten Sie überlegen, ob das zusätzliche Team wirklich erforderlich ist.
- Bedenken Sie bei der Strukturierung Ihrer Teams immer, dass Unterhaltungen und Besprechungsinhalte nicht von einem in ein anderes Team verschoben werden können.
- Achten Sie bei der Benennung von Teams auf beschreibende Namen, wobei der wichtigste Teil des Namens weit vorn stehen sollte (denken Sie an den beschränkten Platz bei Mobilgeräten mit ihren eher kleinen Bildschirmen).
- Nutzen Sie den immer vorhandenen Kanal *Allgemein* insbesondere für folgende Punkte (bei den Beiträgen, aber auch über neue Registerkarten):
  - teamspezifische Ankündigungen
  - einen Überblick über die Ziele des Teams
  - Hinweise für neue Team-Mitglieder, was wo in dem Team zu finden ist

- Gegebenenfalls hilft es auch, dem Namen des Teams ein Symbol oder ein *Emoji* voranzustellen. Ebenso könnten Sie das Team mit einem eigenen Profilbild ausstatten.

Team-Namen mit Emojis

Die Anwender der Beispiel AG wollen gerne Robins Tipp befolgen und dem Namen der Teams jeweils ein prägnantes Emoji voranstellen. Doch unter Windows erscheint dies, im Vergleich zu den mobilen Clients, gar nicht so einfach: Wie wählt man denn beim Anlegen eines neuen Teams im Teams-Client ein Emoji aus?

Robin macht sich auf die Suche und findet eine Lösung: Unter Windows 10 können Sie mit der Tastenkombination [Win] + [.] eine virtuelle Tastatur zur Einfügung von Emojis aufrufen (siehe Abbildung 10.4).

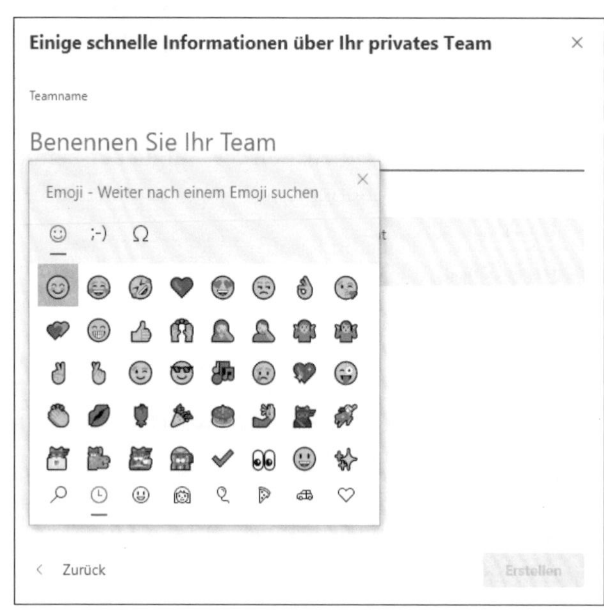

Abbildung 10.4 Virtuelle Tastatur für Emojis

10.7.2 Allgemeine Teams

Neben den szenariospezifischen Teams hat es sich bewährt, für den Piloten ein allgemeines Team als erste Anlaufstelle für die Pilotanwender zu erstellen. Dieses Team könnte beispielsweise den Namen *Teams kennenlernen* tragen und dem Aufbau aus Tabelle 10.1 entsprechen.

Kanal	Genutzt für	Registerkarten
Allgemein	Ankündigungen während des Piloten, Informationen zu neuen Funktionen, Teams, Änderungen am Zeitrahmen etc.	
Hilfe	Hier können die Anwender Fragen stellen und erhalten von den Team-Mitgliedern Antworten darauf.	Über weitere Registerkarten können Sie auf das möglicherweise vorbereitete Schulungs- und/oder Informationsmaterial für Ihre Organisation verweisen. Haben Sie solches Material nicht erstellt, können Sie auch auf die Microsoft-Materialien zurückgreifen. Hier die Links zu den Inhalten, die Sie jeweils über die Registerkarten-App Website einbinden könnten: ▸ Hilfe zu Microsoft Teams: *https://support.microsoft.com/de-de/office/hilfe-zu-microsoft-teams-1e8f580f-5baa-43ef-b056-7dbf9cc18357* ▸ Schulungs-Videos: *https://support.microsoft.com/de-de/office/schulung-1d5c12d3-37cb-44a0-ab21-5539ce9ccd5a* ▸ Neuerungen in Microsoft Teams: *https://support.microsoft.com/de-de/office/neuerungen-in-microsoft-teams-d7092a6d-c896-424c-b362-a472d5f105de* Eine bewährte Vorgehensweise ist auch, eine FAQ-Liste mit den häufigsten Fragen und Antworten zu erstellen und diese als separaten Tab in dem Kanal zu veröffentlichen.

Tabelle 10.1 Aufbau des Teams »Teams kennenlernen«

Kanal	Genutzt für	Registerkarten
Ideen für Teams	Anwender haben oft kreative Ideen für neue Teams, die sie in diesem Kanal vorbringen können und die dann von allen Mitgliedern diskutiert werden.	
Feedback	Die Anwender können hier ihr Feedback zu Microsoft Teams und zum Verlauf des Piloten abgeben. Hier können auch die wöchentlichen Umfragen zur Nutzung durchgeführt werden (siehe auch Abschnitt 10.10, »Auswertung«).	

Tabelle 10.1 Aufbau des Teams »Teams kennenlernen« (Forts.)

[+] Legen Sie ein solches Team an, sollten Sie auch klären, wer auf die Inhalte sein besonderes Augenmerk legen sollte. Stellen die Pilotanwender dort Fragen, sollte sichergestellt sein, dass diese in kurzer Zeit kompetent beantwortet werden. Achten Sie dabei jedoch auch darauf, dass Antworten für jeden Anwender verständlich formuliert sind. Sie sollten also möglichst wenig (technisches) Jargon beinhalten.

Ein Beispiel für ein solches Team sehen Sie in Abbildung 10.5.

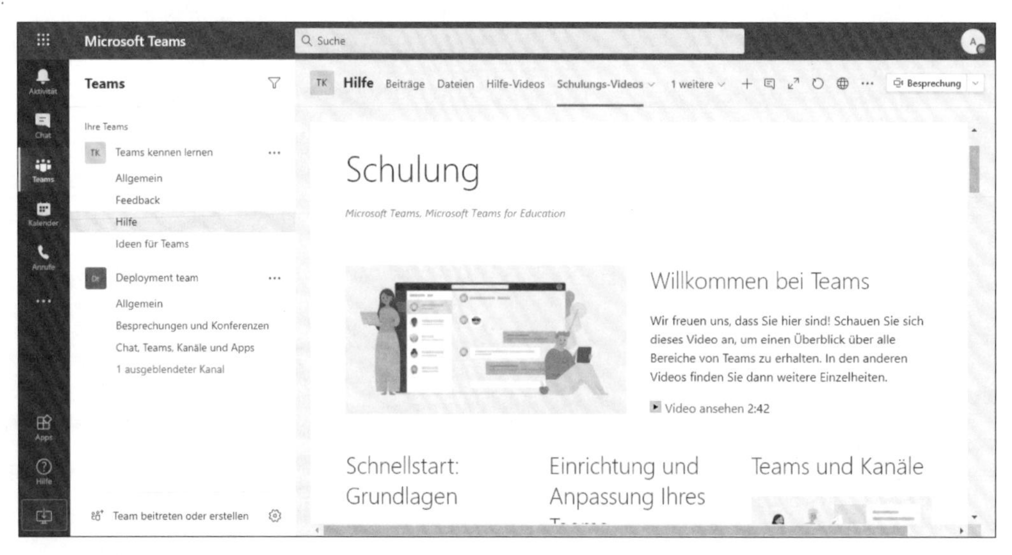

Abbildung 10.5 Das Team »Teams kennenlernen«

Denkbar wäre auch ein Team mit dem Namen *Spielfeld*, in dem Ihre Anwender Dinge ausprobieren können. Dieses Team wäre nicht für die produktive Zusammenarbeit gedacht, sondern würde einen separaten Ort darstellen, an dem die Anwender Funktionen testen, bevor sie diese in den wirklich wichtigen Teams umsetzen, beispielsweise das Hinzufügen von Tabs und Kanälen etc. Achten Sie hierbei jedoch darauf, dass die Governance-Einstellungen dabei schon nahe dem Zustand sind, den Sie später für den allgemeinen Betrieb im gesamten Unternehmen vorsehen – ansonsten könnte es sein, dass Sie Ihre Anwender frustrieren, wenn plötzlich lieb gewonnene Funktionen zukünftig nicht mehr vorhanden sind.

Beachten Sie auch die Teamvorlagen, die ich in Abschnitt 7.5.1, »Vorlagen im Teams-Client«, beschrieben habe.

10.8 Governance während des Piloten

In Kapitel 7, »Governance«, haben wir uns intensiv mit den Governance-Funktionen bei Microsoft Teams befasst. Da stellt sich uns nun die Frage, welche der dortigen Funktionen denn auch bereits für den Piloten berücksichtigt werden sollten. Die Antwort auf diese Frage müssen Sie sich im Hinblick auf die speziellen Besonderheiten Ihres Unternehmens selbst geben. Oftmals liegt die Beantwortung hier auch nicht nur beim Projektteam oder bei der IT, auch der Betriebsrat und die Mitarbeiter der Sicherheits- und Compliance-Abteilungen wollen dabei gern ein Wörtchen mitreden. Während es bezüglich Sicherheit und Compliance oftmals keinen großen Diskussionsbedarf gibt, weil bestimmte Richtlinien nun einmal schlichtweg eingehalten werden müssen, ist dies bei den Governance-Funktionen anders gelagert.

Nochmals zur Erinnerung: Zu Governance gehören insbesondere die folgenden Punkte:

- Teams-Richtlinien und -Einstellungen
- Einschränkungen, wer Teams anlegen darf
- Namenskonventionen
- Nutzung von Vorlagen
- Nutzungsrichtlinien
- Klassifizierung von Teams
- dynamische Mitgliedschaften
- Zugriff für Personen außerhalb des Unternehmens
- Einrichtung eines Ablaufdatums für Teams

Grundsätzlich empfiehlt es sich hier, für den Zeitraum des Piloten nicht zu restriktiv zu sein, beispielsweise bei der Frage, wer Teams anlegen darf. Während des Piloten stehen ja auch die Aspekte *Ausprobieren* und *Erfahrungen sammeln* im Vordergrund. Das ist jedoch nur möglich, wenn nicht alle Funktionen unzugänglich sind. Während des Piloten erhalten Sie ein Gefühl dafür, welche Governance-Funktionen in Ihrem Unternehmen Sinn machen könnten. Dies kann aber durchaus auch ein Knackpunkt sein. Es ist ein kleiner Spagat, im Piloten mehr Funktionalitäten als in der Produktivumgebung bereitzustellen. Denn immerhin haben Pilotanwender viele neue Funktionalitäten gesehen und gegebenenfalls Begeisterung und Vorfreude auf die Möglichkeiten entwickelt. Wenn diese Funktionen dann bei der Einführung unter Umständen nicht mehr vorhanden sind, kann die Enttäuschung groß sein. Damit würde die mühevoll gewonnene positive Stimmung einen Knacks bekommen, der nicht so leicht wieder zu beheben ist.

Beachten Sie bei Ihren Überlegungen, welche Governance-Funktionen bereits jetzt genutzt werden sollen, dass sich manche Dinge im Nachhinein nur mit einigem Aufwand ändern lassen. Diesen Punkt haben wir bereits in Abschnitt 7.11, »Governance-Einstellungen nachträglich ändern«, betrachtet. Sollten Sie beispielsweise während des Piloten eine große Anzahl an Teams anlegen, die am Ende des Piloten nicht gelöscht, sondern darüber hinaus dauerhaft genutzt werden, sollten Sie sich am besten bereits zu Beginn des Piloten auf eine Namenskonvention einigen. Lesen Sie hierzu auch Abschnitt 7.4.

10.9 Champions-Programm aufbauen

Viele erfolgreiche Einführungen von Microsoft Teams enthalten ein *Champions-Programm* – auch wenn es nicht in jedem Unternehmen genau so genannt wird. Begriffe wie *Key User Group* und *Change Agent Network* sind in der Praxis ebenfalls üblich.

Champions sind Mitarbeiter aus den Unternehmen, die sich durch eine besondere Expertise in der Anwendung von Microsoft Teams auszeichnen und die in besonderem Maße gewillt sind, mit ihrem Wissen die Kollegen bei konkreten Fragen und hinsichtlich allgemeiner Vorgehensweisen rund um die Nutzung von Microsoft Teams tatkräftig zu unterstützen.

Champions sind dabei nicht zwangsläufig identisch mit *Early Adoptern* (siehe Abschnitt 9.2.6, »Vorbereiten der Mitarbeiterunterstützung«). Während Early Adopter ein primäres Interesse haben, selbst möglichst schnell mit neuen Technologien arbeiten zu können, liegt bei den Champions die Wissensverbreitung und die Hilfsbereitschaft im Vordergrund. Nicht selten sind Champions auch gleichzeitig Early Adopter, aber umgekehrt gilt das nicht zwangsläufig.

Wenn Sie in Ihrem Unternehmen einen Piloten durchführen, ist das auch ein guter Zeitpunkt, ein Champions-Programm aufzubauen. Möglicherweise finden Sie bei den Pilotanwendern bereits einige gute Kandidaten für Ihr Champions-Programm.

10.9.1 Champions im Unternehmen

Champions im Unternehmen haben nur dann einen großen Mehrwert, wenn sie und das Programm an sich bei möglichst allen Anwendern bekannt sind. Idealerweise stellen Sie eine prominent platzierte Anlaufstelle zum Champions-Programm bereit – beispielsweise in einem speziellen Bereich des Intranets. Eine solcher Bereich hätte verschiedene Vorteile:

- Anwender können sich über das Champions-Programm allgemein informieren.
- Suchen Anwender einen Champion für eine konkrete Fragestellung oder Unterstützungsanforderung, können sie über eine solche Seite die passende Person ausfindig machen – beispielsweise durch Suchmöglichkeiten nach Abteilung, Standort, Sprache etc.
- Über die Seite können Anwender ihr Interesse bekunden, selbst eine Funktion als Champion auszuüben.

Oftmals reicht es aber nicht, nur auf einer Intranetseite über das Champions-Programm zu informieren – den Hinweis auf das Programm und dessen Mehrwert für jeden einzelnen Mitarbeiter sollten Sie geschickt in die offizielle Kommunikation rund um das Microsoft Teams-Projekt integrieren – und auch darüber hinaus, wenn Ihr Unternehmen Microsoft Teams bereits eingeführt hat. Lesen Sie hierzu auch Abschnitt 11.5, »Kommunikation im Unternehmen«. Gut geeignet sind hier auch sogenannte *Success Storys*, mit denen Sie beispielhaft zeigen können, wie ein Champion im Unternehmen bei dem einen oder anderen Mitarbeiter bereits helfen konnte. Ein sehr wirkungsvoller Weg, um einen Aufruf zu starten, besteht darin, sich die Unterstützung der Unternehmensführung zu sichern. So können über die üblichen Kanäle (CEO Blog, Newsletter, Mitarbeiterversammlungen etc.) sehr effektiv Kandidaten erreicht werden.

Sichtbarkeit

Champions sollten im Unternehmen auch unmissverständlich also solche zu erkennen sein. Es muss dabei nicht unbedingt das Superman-Kostüm sein (was in der Praxis aber auch schon vorgekommen sein soll), aber ein paar prägnante Erkennungsmerkmale sollten schon vorhanden sein. Hier zwei Beispiele:

- Angepasste Profilbilder

  Im Teams-Client haben die Profilbilder der Anwender eine wichtige Erkennungsfunktion bei der teaminternen Kommunikation. Idealerweise zeigen die Profilbilder auch ein einigermaßen aktuelles Foto der jeweiligen Person. Diese Profilbilder ermöglichen auch in Besprechungen (wenn ausnahmsweise die Kamera einmal ausgeschaltet ist) eine einfachere Wiedererkennung, als wenn nur die Initialen der Person sichtbar wären. In manchen Unternehmen werden die Profilbilder der Champions durch ein Signet ergänzt. Ein Beispiel sehen Sie in Abbildung 10.7.

Damit ist die besondere Funktion des Anwenders leicht erkennbar, und das Signet bildet einen guten Gesprächsöffner rund um das Champions-Programm.

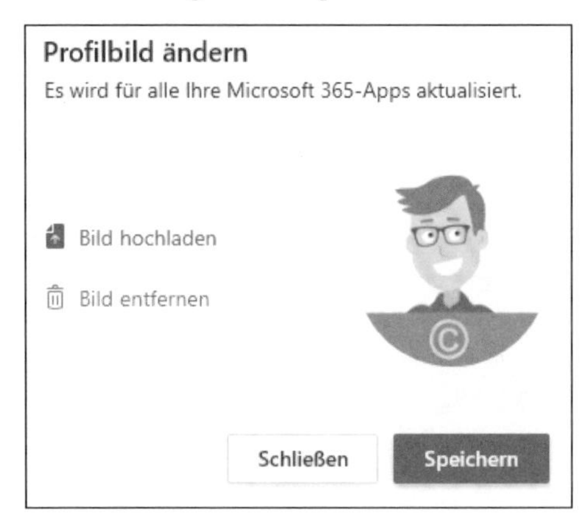

Abbildung 10.6 Profilbild mit Signet

- Notebook-Aufkleber

  Eine einfache, aber effektive Variante stellen auch Aufkleber für Notebook-Deckel dar, mit denen Champions ihre besondere Funktion nach außen hin verdeutlichen können. Diese Aufkleber machen sich besonders gut in Präsenzbesprechungen, wenn man sich gegenübersitzt.
- Aufsteller, Flaggen oder Banner, die Champions an ihrem Arbeitsplatz aufstellen können
- Namensschilder (auf der Bekleidung), die die Champions als solche zu erkennen geben und die zum Ansprechen einladen
- T-Shirts oder Polo-Hemden mit einem Aufdruck, der den Träger als Champion ausweist
- Gleiches gilt für Pins oder Buttons (auf Bluse, Hemd oder Shirt befestigt)

Sicher fallen Ihnen aber auch noch andere Möglichkeiten ein, wie Sie auf Ihre Champions hinweisen können.

10.9.2 Informationsversorgung

Ein Champions-Programm lediglich aufzusetzen und es dann sich selbst zu überlassen wird kaum den gewünschten Effekt erzielen. Umso wichtiger ist es, Ihre Champions laufend über die neuesten Entwicklungen rund um den Microsoft Teams-Einsatz in Ihrem Unternehmen zu informieren. Dies hat mehrere Vorteile: Ihre Champions fühlen sich in besonderem Maße respektiert, da sie einen Informationsvorsprung erhalten haben, und andererseits können Sie so auch bei Ihren Mitarbeitern punkten.

Regelmäßige Veranstaltungen für Ihre Champions sollten Sie auf jeden Fall in Ihr Champion-Programm mit aufnehmen. Naheliegend ist auch die Erstellung eines Teams für Ihre Champions zur internen Abstimmung und Informationsversorgung.

[+] Übrigens unterstützt Sie Microsoft auf Wunsch bei der Betreuung Ihrer Champions mit speziellen Inhalten, Veranstaltungen und dem Austausch untereinander (in englischer Sprache). Ihre Champions können sich dazu hier anmelden (siehe Abbildung 10.7):

www.microsoft.com/en-us/microsoft-365/success/champions

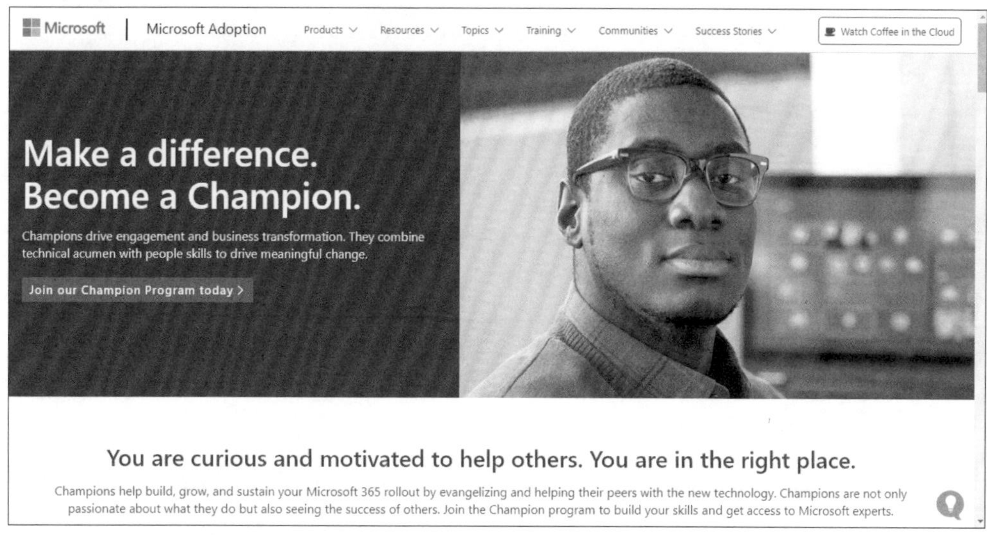

Abbildung 10.7 Microsoft-Programm für Champions

10.9.3 Anerkennung

Keinesfalls sollten Sie es versäumen, Ihren Champions gegenüber Ihrer Anerkennung Ausdruck zu geben. Im Regelfall üben die Champions ihre Tätigkeit ja zusätzlich zu ihren eigentlichen Aufgaben aus und betreiben dafür in der Regel einen nicht unerheblichen Zeitaufwand.

Eine beliebte Herangehensweise ist hier die *Gamification*. Durch ein Punktesystem »verdienen« sich Champions verschiedene Level (beispielsweise *Rockstar* oder *Roadrunner*) durch bestimmte Tätigkeiten. Daraus entstehen ein spielerischer Wettbewerb und ein Gruppenzugehörigkeitsgefühl unter den Champions.

10.10 Auswertung

Nachdem der Pilot abgeschlossen ist, folgt eine Auswertung der Ergebnisse. Dabei sollten Sie sich folgende Fragen stellen und diese ehrlich beantworten:

- Wurden die Ziele erreicht?
- Wenn nein, warum nicht?
- Welche Fragen wurden an den Helpdesk gestellt? Hier können Sie auch analysieren, wann diese Fragen gestellt wurden – eher am Anfang des Piloten oder gegen Ende? Wie oft wurde eine bestimmte Frage gestellt?
- Wie hoch war die Nutzung der Teams-Funktionen (siehe Abschnitt 11.7, »Nutzung analysieren«)?
- Welche Funktionen wurden als besonders hilfreich angesehen?
- Welche Funktionen waren eher irritierend?
- Welche Anpassungen sind für den weiteren Verlauf erforderlich?
- Wie gut fühlten sich die Pilotanwender von Anfang bis Ende begleitet und unterstützt?
- Wie zufrieden sind die Pilotanwender?
- Würden die Pilotanwender Microsoft Teams weiterempfehlen? Wenn ja, warum? Wenn nein, warum nicht? Was müsste sich ändern, damit die Pilotanwender eine Empfehlung aussprächen?

10.11 Aufräumen

Zum erfolgreichen Abschluss des Piloten gehört auch ein Überprüfen der angelegten Objekte, wie beispielsweise der Teams und der darin enthaltenen Strukturen. Bei Komponenten, die sich in der Praxis als weniger gut geeignet herausgestellt haben, sollten Sie überlegen, ob sie in der bestehenden Form weitergeführt werden sollen. Wenn nicht, stellt sich die Frage, ob eine Anpassung gegebenenfalls Nachteile mit sich bringt, wie beispielsweise die Problematik beim Umbenennen von Teams oder Kanälen (siehe Abschnitt 2.3.7, »Speicherorte«). Auch kann ein Team nicht per Mausklick einfach in mehrere Teams aufgespalten werden, genauso wenig, wie mehrere Teams in ein einzelnes überführt werden können. Dazu fehlen die entsprechenden Werkzeuge, mit denen die Chats übertragen werden könnten.

Übrigens helfen hier die von Drittherstellern angebotenen Migrations-Tools auch nur bedingt weiter. Mir ist kein einziges bekannt, das auch den Zeitstempel der Chats übertragen könnte.

So bleibt Ihnen nur die Abwägung, ob nicht langfristig betrachtet ein Löschen und anschließendes Neuanlegen der nicht mehr benötigten Komponenten der geeignetere Weg ist.

10.12 So geht es weiter

Mit dem Abschluss und der Auswertung Ihres Piloten haben Sie einen wichtigen Meilenstein bei der Einführung von Microsoft Teams in Ihrem Unternehmen erreicht. Es folgt nun mit dem nächsten Kapitel der letzte große Schritt: die unternehmensweite Einführung.

Kapitel 11

Unternehmensweite Einführung

Nachdem nun alle vorbereitenden Maßnahmen bezüglich der Technik und Organisation getroffen wurden, widmen wir uns im elften Kapitel eingehend der unternehmensweiten Einführung von Microsoft Teams.

Nachdem Sie die erforderlichen technischen und organisatorischen Vorbereitungen getroffen haben, erfolgreich einen Piloten durchgeführt und analysiert haben, folgt nun endlich die unternehmensweite Einführung von Microsoft Teams in Ihrem Unternehmen.

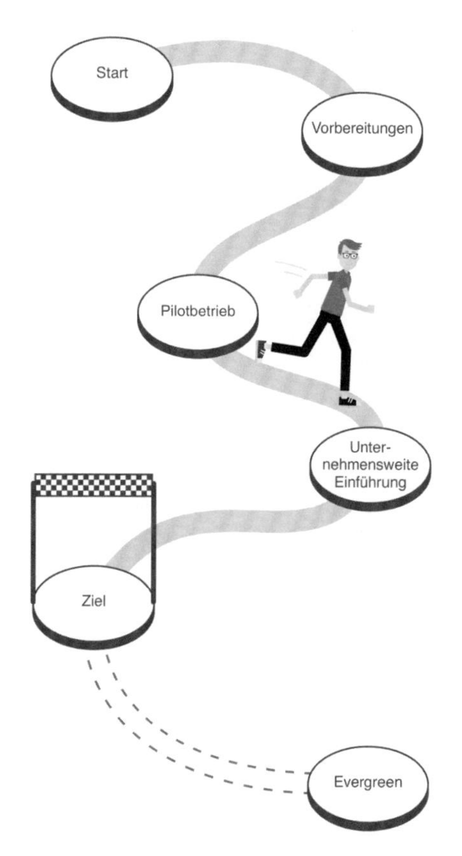

Abbildung 11.1 Sichtbarer Fortschritt im Ablaufplan

In diesem Kapitel beschäftigen wir uns mit der Einführungsreihenfolge, strukturieren ein erstes Set an Teams, mit denen Ihre Anwender starten können und legen wichtige Governance-Einstellungen fest. Doch auch die Kommunikation innerhalb des Unternehmens wird eine wichtige Rolle spielen, denn die Belegschaft sollte wissen, wann, was und warum etwas Neues auf sie zukommt und welche Rolle sie dabei spielen soll.

Außerdem gebe ich Ihnen in diesem Kapitel einige Empfehlungen für Ihre Anwender für die tägliche Arbeit im Teams-Client. Darunter finden Sie auch Vorschläge für eine Art Verhaltenskodex, mit dem Sie eine einheitliche Nutzung empfehlen.

Das Kapitel schließt dann mit einer laufenden Nutzungsanalyse der verschiedenen Teams-Funktionen, anhand derer Sie nachverfolgen können, ob in Ihrem Unternehmen Microsoft Teams so genutzt wird, wie Sie es sich erhofft haben – oder ob an der einen oder anderen Stelle noch Nachbesserungsbedarf besteht.

11.1 Grundsätzlicher Ablauf

Auch die unternehmensweite Einführung besteht aus mehreren aufeinander aufbauenden Schritten. Abbildung 11.2 veranschaulicht diese Schritte im Detail.

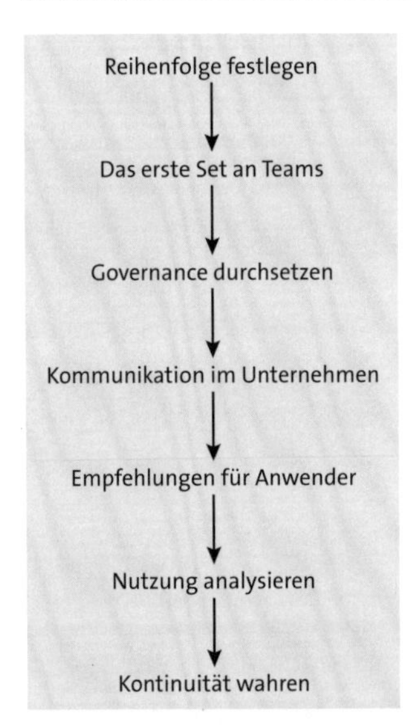

Abbildung 11.2 Ablaufplan zur unternehmensweiten Einführung

Diese einzelnen Schritte werden wir nun im weiteren Verlauf des Kapitels genauer betrachten.

11.2 Reihenfolge festlegen

Je größer Ihr Unternehmen ist, je mehr Mitarbeiter und Standorte Sie haben, desto wahrscheinlicher werden Sie Microsoft Teams nicht zu ein und demselben Zeitpunkt für alle Mitarbeiter aktivieren. Der Grund dafür sind neben logistischen Gründen, wie die begrenzte Kapazität von Schulungsressourcen, auch organisatorische Bedingungen. Planen Sie deshalb die Mitarbeitergruppen und den Zeitplan für die Einführung von Microsoft Teams sorgfältig. Hier folgen einige Kriterien, die Sie dabei berücksichtigen sollten:

- Suchen Sie nach den Anwendergruppen, die mit den bisherigen Werkzeugen zur Zusammenarbeit die meisten Probleme haben. Fragen Sie bei der IT oder dem Helpdesk, wer sich bisher am meisten darüber beklagt hat. Finden Sie heraus, welche Anwendergruppe sich am meisten über Microsoft Teams freuen würde.
- Priorisieren Sie die Anwendergruppen, die durch den Einsatz von Microsoft Teams am meisten profitieren würden, beispielsweise durch die vereinfachte Kommunikation, die neuen Möglichkeiten bei der Zusammenarbeit oder die integrierbaren Prozesse. Suchen Sie dabei nach Szenarien, bei denen die bisherige Arbeitsweise unnötig viel Zeit und Aufwand bedingt, beispielsweise weil die Mitarbeiter kein geeignetes Werkzeug für die Zusammenarbeit haben.
- Achten Sie darauf, dass Mitarbeiter, die regelmäßig zusammenarbeiten, möglichst gemeinsam zeitnah mit Microsoft Teams ausgestattet werden. So würde beispielsweise eine Aufteilung der Gruppen rein nach regionalen Gesichtspunkten dazu führen, dass die Mitglieder von Arbeitsgruppen, die über mehrere Standorte verteilt sind, zu unterschiedlichen Zeiten Microsoft Teams erhalten und dessen Funktionen gar nicht gemeinsam nutzen könnten.
- Prüfen Sie die aktuellen Herausforderungen der jeweiligen Mitarbeiter dahingehend, ob die Einführung zu einem bestimmten Zeitpunkt möglicherweise eine zusätzliche Belastung darstellen würde. So wäre es erfahrungsgemäß nicht besonders hilfreich, den Mitarbeitern der Finanzabteilung während der heißen Phase gegen Ende eines Geschäftsjahres Microsoft Teams vorzusetzen (und damit möglicherweise ein bekanntes Werkzeug wie Skype for Business zu ersetzen). Die meisten Mitarbeiter hätten für ein solches Vorgehen wohl eher weniger Verständnis.

Auf der Suche nach einer guten Reihenfolge

Robin macht sich mit seinem Team Gedanken, welche Anwendergruppen bei der Reihenfolge der unternehmensweiten Einführung von Microsoft Teams besonders profitieren würden. Dabei macht er die folgenden Gruppen ausfindig:

- Managementgruppen, die viel Zeit unterwegs und in Besprechungen verbringen. Durch die Nutzung von Microsoft Teams können bei ihnen Reisezeit und Reisekosten eingespart werden.
- Agile Teams im Unternehmen, die mehrere Tools nutzen (müssen), um ihre agile Arbeitsweise anwenden zu können.
- Arbeitsgruppen, die regelmäßig zeitkritische Leistungen liefern müssen, beispielsweise aus dem Vertrieb, der internen Kommunikation, dem Marketing und dem Eventmanagement. Robin freut sich bei diesen Gruppen über den positiven Nebeneffekt, dass die Mitglieder dieser Gruppen in der Lage sind, die Vorteile von Microsoft Teams im Unternehmen authentisch weiterzugeben, da sie in der Regel über weitreichende interne Netzwerke verfügen.
- Communitys im Unternehmen, die sich behelfsmäßig über Facebook, WhatsApp und andere, eigentlich in der Beispiel AG nicht freigegebene Werkzeuge organisieren und austauschen. Auch diese Gruppen sind optimale Multiplikatoren.

11.3 Das erste Set an Teams

Um den Anwendern einen möglichst guten Start beim Umgang mit Microsoft Teams zu bieten, lohnt es sich, bereits zu Beginn eine Reihe an Teams bereitzustellen, bei denen die Anwender direkt beim ersten Aufruf des Clients Mitglied sind. Somit dienen diese Teams als erste Orientierungshilfe, und die Anwender fühlen sich eher integriert, als wenn sie einen quasi leeren Client vorgesetzt bekämen. Die Teams selbst sollten, soweit möglich, auch bereits mit Inhalten gefüllt sein, also beispielsweise mit Tabs und Dateien. Hier hilft die Zusammenarbeit mit den Personen aus den jeweiligen Bereichen, um einen sinnvollen Bestand für den Start zu definieren.

Welche Teams zu Beginn bereits vorhanden sein sollten, hängt sehr stark davon ab, für welche Anwendungsfälle Sie Microsoft Teams in Ihrem Unternehmen vorgesehen haben. In Tabelle 11.1 diskutieren wir einige mögliche Kandidaten für Ihre ersten Teams.

Titel	Beschreibung	Kanäle	Mitglieder
Microsoft Teams-Einführung	Mit einem Team, das sich dem Einführungsprojekt in Ihrem Unternehmen widmet, können Sie eine Anlaufstelle anbieten, die erste Fragen beantwortet.	▶ neue Funktionen ▶ Schulungen ▶ Tipps zum Einsatz ▶ Vorschläge für neue Teams ▶ Fragen und Antworten ▶ Feedback ▶ Erfolgsgeschichten	alle
Name des Unternehmens	Hier könnten Sie allgemeine Informationen, die für alle Mitarbeiter gleichermaßen von Interesse sind, bereitstellen.	▶ Unternehmensnachrichten ▶ neue Mitarbeiter ▶ Mitarbeiterjubiläen ▶ Formulare (Reisekosten, Urlaubsanträge etc.)	alle
Unternehmensführung (ein geeigneter Begriff für den Kontakt zur Führungsebene beziehungsweise zum Management in Ihrem Unternehmen)	Ein separates Team, bei dem die Unternehmensführung einen direkten Draht zur Belegschaft aufrechterhalten kann. Die Belegschaft kann dort Fragen stellen und Vorschläge machen. Ein solches Team zeigt der Belegschaft auch, dass die Führung ebenfalls Microsoft Teams aktiv nutzt. Gegebenenfalls können Sie dieses Team auch mit dem zuvor genannten kombinieren.	▶ Fragen und Antworten ▶ Veranstaltungen	alle

Tabelle 11.1 Vorschläge für Teams

Titel	Beschreibung	Kanäle	Mitglieder
Marketingabteilung	Zentrale Anlaufstelle insbesondere für die Personen aus dem Marketing zur allgemeinen Zusammenarbeit	▸ Markteinführungen ▸ Öffentlichkeitsarbeit ▸ Event-Planung	Personen aus dem Marketing und aus anderen relevanten Bereichen, wie beispielsweise der Öffentlichkeitsarbeit
Vertriebsabteilung	Zentrale Anlaufstelle insbesondere für die Personen aus dem Vertrieb zur allgemeinen Zusammenarbeit	▸ Vertriebsmaterial ▸ Vertriebsplanung ▸ Ausschreibungen ▸ Vertriebserfolge ▸ empfohlene Vorgehensweisen ▸ Mitbewerber	Personen aus der Vertriebsabteilung und aus anderen relevanten Bereichen
Finanzabteilung	Zentrale Anlaufstelle insbesondere für die Personen aus dem Finanzbereich zur allgemeinen Zusammenarbeit	▸ Geschäftszahlen ▸ Finanzüberprüfungen ▸ Revision ▸ Governance und Compliance	Personen aus der Finanzabteilung und aus anderen relevanten Bereichen
Personalabteilung	Zentrale Anlaufstelle insbesondere für die Personen aus der Personalabteilung zur allgemeinen Zusammenarbeit	▸ Anwerbung ▸ Bewerbungsgespräche ▸ Beurteilungen ▸ Einarbeitung	Personen aus der Personalabteilung und aus anderen relevanten Bereichen
IT-Abteilung	Zentrale Anlaufstelle insbesondere für die Personen aus der IT zur allgemeinen Zusammenarbeit	▸ Deployment ▸ Vorfälle und Anpassungen ▸ Status und Berichte ▸ Support ▸ Governance	Personen aus der IT-Abteilung und aus anderen relevanten Abteilungen

Tabelle 11.1 Vorschläge für Teams (Forts.)

Titel	Beschreibung	Kanäle	Mitglieder
IT-Support	Ein separates Team für die Belegschaft, um dort aktuelle IT-bezogene Informationen zu erhalten und Unterstützung anzufordern	▸ Fragen und Antworten ▸ Geplante Ausfallzeiten ▸ aktuelle Projekte ▸ Formulare (z. B. zur Anforderung von IT-Material)	alle

Tabelle 11.1 Vorschläge für Teams (Forts.)

All diese Vorschläge sind nur grob skizziert und sollen Ihnen als Startpunkt für Ihre internen Diskussionen dienen. Je nach Anwendungsfällen können durchaus jeweils ein anderer Aufbau oder komplett unterschiedliche Teams für Ihr Unternehmen besser geeignet sein. Außerdem hängen die Teams nicht zuletzt ganz entscheidend vom Aufbau, von den Prozessen und der Art Ihres Unternehmens ab. Berücksichtigen Sie dabei auch die heutige Unternehmenskultur. Soll diese so bleiben und durch Microsoft Teams verstärkt werden, oder soll Microsoft Teams als eine Art Katalysator wirken, um eine Veränderung in der unternehmensinternen Zusammenarbeit herbeizuführen?

Beachten Sie bei der Planung der Teams auch Abschnitt 10.7, »Die ersten Teams im Piloten«, und die Teamvorlagen, die ich in Abschnitt 7.5.1, »Vorlagen im Teams-Client«, beschrieben habe.

11.4 Governance durchsetzen

In Kapitel 7, »Governance«, haben wir die Governance-Funktionalitäten von Microsoft Teams bereits diskutiert und in Abschnitt 10.8, »Governance während des Piloten«, haben wir erste Governance-Einstellungen während des Piloten besprochen. Spätestens jetzt sollten Sie sich in Ihrem Unternehmen auf die von Ihnen gewünschten Governance-Regelungen geeinigt haben. Ganz besonders gilt das für diese Aspekte:

- **Soll es eine Namenskonvention geben, und wie sieht diese gegebenenfalls aus?**

  Lesen Sie hierzu Abschnitt 7.4, »Namenskonventionen«.

- **Wie können Anwender neue Teams anlegen?**

  Die wesentliche Frage ist hier, ob Sie die Bordmittel der Teams-Clients verwenden, um die Anwender neue Teams anlegen zu lassen, oder ob Sie einen davon losgelösten Prozess bevorzugen, beispielsweise mit einem Genehmigungsprozess (siehe Abschnitt 11.4.1, »Eigener Provisionierungsprozess für Teams«).

- **Wer darf ein neues Team anlegen?**

  Soll das – wie in der Standardkonfiguration – jedem Anwender möglich sein oder nicht? Lesen Sie dazu auch Abschnitt 7.3.1, »Anlegen von Teams durch Benutzer deaktivieren«.

- **Wann soll ein neues Team angelegt werden?**

  Ist beispielsweise statt des Anlegens eines neuen Teams die Erweiterung eines vorhandenen Teams um einen Kanal die bessere Wahl? Und ist der Anwender in der Lage, die Entscheidung für ein Team oder für einen Kanal selbstständig zu treffen? Lesen Sie hierzu auch Abschnitt 11.6.4, »Empfohlene Vorgehensweisen«.

- **Sind bestimmte Vorgaben gewünscht?**

  Sollen beispielsweise immer mindestens zwei Teams-Besitzer bei der Anlage neuer Teams hinterlegt sein? Lesen Sie hierzu auch Abschnitt 11.6.4, »Empfohlene Vorgehensweisen«.

- **Wie sollen neue Teams strukturiert sein?**

  Sollen die Anwender bei der Anlage auf einen Satz an Vorlagen zurückgreifen können, um nicht für jedes Einsatzgebiet eine neue Struktur entwerfen zu müssen?

- **Wie soll mit alten oder ungenutzten Teams umgegangen werden?**

  Ist ein Ablaufdatum (siehe Abschnitt 7.10) oder eine Archivierung (siehe Abschnitt 6.3) erforderlich?

Mit Ausnahme der letzten beiden Fragen zielen alle Fragen auf einen separaten Provisionierungsprozess ab, bei dem die Anwender gegebenenfalls nicht die in die Teams-Clients integrierte Möglichkeit zur Anlage von neuen Teams verwenden, sondern einen – je nach Anwendungsfall – externen Prozess, der die gewünschten Besonderheiten berücksichtigt. Wir diskutieren diese Art von Prozessen im nächsten Abschnitt.

[+] Wägen Sie bei der Planung der Governance-Einstellungen immer ab, ob Sie Ihren Anwendern fest definierte Vorgehensweisen vorschreiben wollen oder ob Ihr Unternehmen den Mitarbeitern mehr Einfluss einräumen möchte. Letzteres bedeutet, dass das Unternehmen mehr Vertrauen in die Selbstverwaltungsfähigkeiten der Mitarbeiter legt und ihnen die Freiheit gewährt, Microsoft Teams in seiner vollen Funktionalität zu nutzen.

> **Teams unternehmensintern abrechnen?**
>
> In so manchem Unternehmen werden die Leistungen der IT mit denen anderer Abteilungen intern verrechnet. So wollte es Robin von der Beispiel AG auch angehen. Jedes Team wurde monatlich der Abteilung des jeweiligen Besitzers in Rechnung gestellt.

Doch mit einem hatte Robin dabei nicht gerechnet: Die Anwender kamen auf die Idee, keine weiteren Teams anzulegen, um Kosten zu sparen – obwohl dies für den gewünschten Einsatzzweck durchaus angebracht gewesen wäre. Stattdessen haben sie einfach in bestehenden Teams zusätzliche Kanäle angelegt und die Mitgliederliste der vorhandenen Teams stark erweitert – ungeachtet dessen, dass die neuen Mitglieder auf diese Weise auch auf die Informationen der anderen Kanäle zugreifen können.

Schnell wurde Robin klar, dass diese interne Verrechnung von Teams ungeahnte Probleme mit sich bringen würde. Anwender sollten nicht daran gehindert werden, Teams anzulegen, wenn dies für das gewünschte Nutzungsszenario sinnvoll ist.

11.4.1 Eigener Provisionierungsprozess für Teams

In der Standardkonfiguration ist es für Anwender sehr einfach, ein eigenes Team anzulegen: Alle Teams-Clients – auch die mobilen – zeigen die Option dazu an einer prominenten Stelle. Hat der Benutzer eine Lizenz für Teams, startet er den Assistenten, gibt Titel und Typ an, und schon ist das Team erstellt – ein Prozess, der insgesamt nur wenige Sekunden in Anspruch nimmt. Abbildung 11.3 zeigt den Ablauf dieses Prozesses.

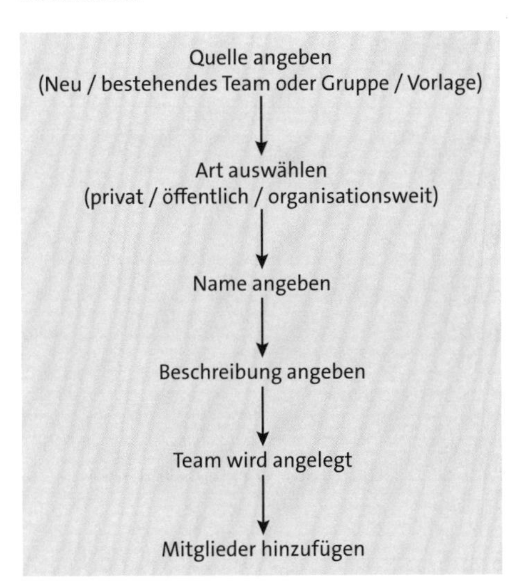

Abbildung 11.3 Standardprozess beim Anlegen eines neuen Teams

Mit Bordmitteln können Sie diesen Standardprozess durch die Aktivierung einiger Governance-Funktionen in gewisse Bahnen lenken (siehe Abbildung 11.4):

- Sie konfigurieren, welche Benutzer Teams anlegen dürfen (siehe Abschnitt 7.3.1, »Anlegen von Teams durch Benutzer deaktivieren«).
- Geben Sie eine Namenskonvention vor (siehe Abschnitt 7.4, »Namenskonventionen«).
- Geben Sie Nutzungsrichtlinien an (siehe Abschnitt 7.6, »Nutzungsrichtlinien«).
- Lassen Sie den Anwender eine Klassifizierung oder eine Vertraulichkeits-Bezeichnung auswählen (siehe Abschnitt 7.7, »Klassifizierung von Teams«, und Abschnitt 5.3.3, »Informationssicherheit«).

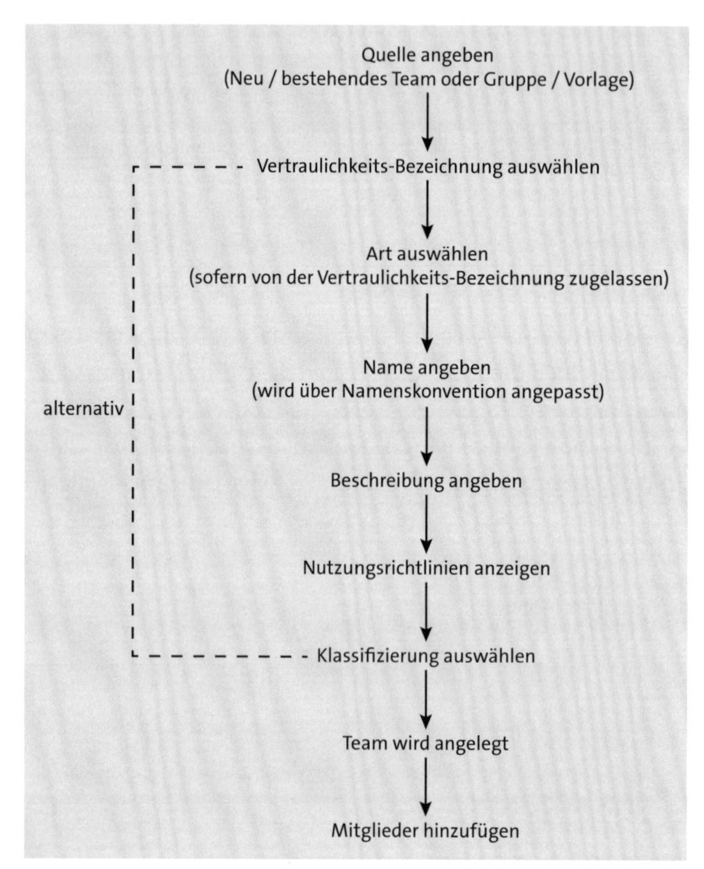

Abbildung 11.4 Standardprozess mit zusätzlicher Konfiguration

Auch in diesem Fall würde der Anwender über den normalen Weg im Teams-Client ein neues Team anlegen.

Vielleicht reicht Ihnen dieser angepasste Standardprozess in der Praxis dennoch nicht aus. Denken Sie dabei an die Fragestellungen aus dem vorangegangenen Abschnitt. Wollen Sie beispielsweise eine Genehmigungsschleife einbauen, bestimmte Konfigurationen sicherstellen, wie beispielsweise zwei Eigentümer etc., ist ein alternativer Weg erforderlich. Grundsätzlich gehen Sie bei alternativen Wegen so vor:

1. Sie konfigurieren Ihren Mandanten so, dass niemand Teams anlegen darf (mit Ausnahme vielleicht einzelne bestimmte Benutzer).
2. Statt der Standardfunktion zum Anlegen neuer Teams stellen Sie einen alternativen Weg bereit. Wie dieser genau aussieht, hängt von Ihrer Lösung ab. Beispiele wäre eine separate App, die in den Teams-Client integriert und über die Navigation am linken Rand aufgerufen werden kann. Genauso könnten Sie auf Ihrem SharePoint-basierten Intranet eine separate Seite zum Anlegen von Teams erstellen. Sie sollten den Ort, an dem die Anwender neue Teams anlegen, aber nicht zu sehr verstecken, sondern deutlich kennzeichnen, um den Anwendern hier nicht unnötige Stolpersteine in den Weg zu legen.

   Typischerweise startet der eigene Provisionierungsprozess mit einem Eingabeformular, das beispielsweise vom Anwender die folgenden Angaben verlangen könnte:

   - gewünschter Titel
   - Wozu wird das neue Team benötigt?
   - die Art des Teams (privat, öffentlich oder organisationsweit)
   - eine Klassifizierungsstufe oder eine Vertraulichkeits-Bezeichnung
   - Auswahl einer Vorlage (beispielsweise Projekt, Kunde, Produkt etc.)
   - die Angabe von zwei Eigentümern
   - die Angabe gewünschter Mitglieder
   - Sollen externe Benutzer (Gäste) zugelassen werden?
   - Welche Lebensdauer hat das Team voraussichtlich?
3. Nachdem der Anwender die erforderlichen Angaben gemacht hat, folgt gegebenenfalls eine Überprüfung durch eine dritte Person. Hier stellen sich dann diese Fragen:
   - Hat die anfragende Person eine Pflichtschulung durchlaufen?
   - Liegt das Einverständnis der Nutzungsbedingungen vor?
   - Ist ein solches Team gewünscht?
   - Gibt es möglicherweise bereits ein geeignetes Team, das entsprechend angepasst werden könnte?
   - Sind Änderungen an den Angaben des Anwenders erforderlich?
   - Wird die Anlage des Teams freigegeben (möglicherweise von der IT oder dem Vorgesetzten des Anwenders)?

4. Über eine separate Logik wird das Team auf Basis der Daten und gegebenenfalls vorhandener Regeln (wie einer eigenen Namenskonvention) angelegt und möglicherweise an geeigneter Stelle protokolliert. Die Anlage könnte dann über eine der folgenden Techniken vorgenommen werden:
   - Wird die Logik über einen *Flow* auf Basis von *Power Automate* ausgeführt, kann der Flow das Team über einen Aufruf einer Funktion aus dem *Microsoft Graph* anlegen. Der Microsoft Graph liefert eine leistungsfähige Schnittstelle für Entwickler und gegebenenfalls Administratoren, um über eigenen Skript- und Programmcode Daten aus dem Mandanten zu verwalten. Ein Beispiel dazu finden Sie in Abschnitt 11.4.2, »Beispiel Power Automate«.
   - Der Microsoft Graph lässt sich auch von einer programmierten Anwendung aus aufrufen.
   - Über die PowerShell-Erweiterung von Microsoft Teams kann das Team skriptgesteuert oder kommandozeilenorientiert angelegt werden.

Abbildung 11.5 fasst den Prozess beispielhaft zusammen.

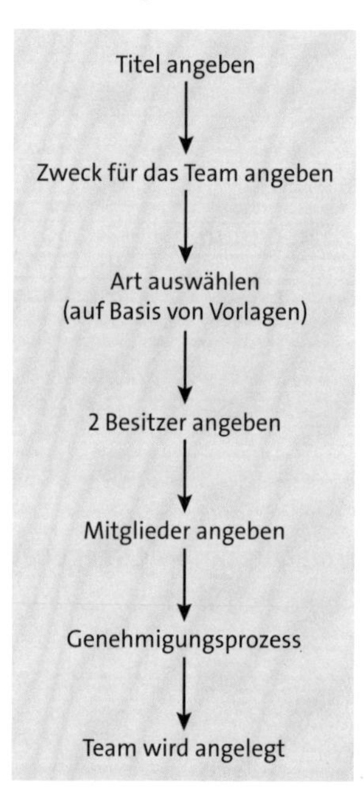

Abbildung 11.5 Eigener Provisionierungsprozess (Beispiel)

Egal, ob Sie sich für den Standardprozess (mit oder ohne zusätzliche Konfiguration) oder für einen eigenen Provisionierungsprozess entscheiden – beide haben ihre Vor- und Nachteile: Kann ein Anwender ein neues Team direkt im Client mit den Bordmitteln anlegen, ist die Hürde dafür am geringsten. Der Anwender legt einfach ein Team an, wenn er der Meinung ist, ein solches zu benötigen – ähnlich, wie er es von sozialen Apps, wie beispielsweise WhatsApp, kennt. Dieses Vorgehen überträgt ein großes Stück Verantwortung auf den Anwender. Dieser soll selbst entscheiden können, ob ein neues Team sinnvoll ist. Außerdem hat er die alleinige Entscheidungsgewalt, wie das Team aufgebaut ist, beispielsweise welche Kanäle und Registerkarten benötigt werden. Hier besteht die Gefahr, dass Anwender das Rad neu erfinden müssten, wenn sie jedes Mal neu überlegen, welcher Aufbau sinnvoll ist. Hier wäre es gegebenenfalls hilfreicher, wenn der Anwender aus einer Anzahl an vordefinierten Vorlagen auswählen könnte. Auf der anderen Seite kann ein zu striktes Vorgehen hier auch das Unternehmen unnötig lähmen. Vielleicht kennen Sie das aus alten SharePoint-Tagen in so manchem Unternehmen: Möchte der Anwender eine neue SharePoint-Website für ein Projekt, muss er einen Antrag bei der IT stellen. Da diese grundsätzlich überlastet ist, wird der Antrag in der Regel nicht direkt bearbeitet und muss darüber hinaus von mehreren Personen genehmigt werden. Bis der Anwender auf seine SharePoint-Seite zurückgreifen kann, vergehen so durchaus einmal bis zu vier Wochen. Das ist jetzt natürlich ein überspitztes Beispiel, aber genau so sollte es bei Teams nicht ablaufen, da eine der besonderen Stärken in Microsoft Teams genau in der schnellen und unkomplizierten Provisionierung liegt. Ihre Anwender werden es lieben, einfach und schnell ihren eigenen Arbeitsbereich für die Arbeitsgruppe zu erstellen und ihre tägliche Arbeit so zu verbessern.

11.4.2 Beispiel Power Automate

In diesem Abschnitt zeige ich Ihnen einen Weg, mithilfe des Dienstes *Power Automate* (ehemals *Microsoft Flow*) automatisiert neue Teams anzulegen. Dabei widmen wir uns den Administrationsoberflächen auch wesentlich intensiver, als Sie es von den anderen Abschnitten dieses Buches gewohnt sind. Das hat auch seinen Grund, denn der hier aufgezeigte Weg findet sich so nicht in der offiziellen Dokumentation. Das Beispiel hier soll Ihnen als Grundlage für eigene Anpassungen dienen, das heißt, es geht um die grundsätzliche Vorgehensweise und handelt sich nicht um eine komplett fertig entwickelte Anwendung. Aber auf jeden Fall bekommen Sie eine Idee davon, wie Sie vorgehen können.

Die grundsätzliche Vorgehensweise ist diese:

1. Über ein Formular trägt der Anwender die gewünschten Daten für ein neues Team ein.
2. Ein Flow in Power Automate startet, liest die Daten aus dem Formular aus und erzeugt das Team.

Diese Basis können Sie dann an Ihre Anforderungen anpassen und ergänzen, wie beispielsweise durch einen Genehmigungsprozess, in Form von Anpassungen der Angaben des Anwenders nach bestimmten Konventionen etc.

Lesen Sie hierzu auch Abschnitt 7.5.2, »Programmatische Vorlagen«. Dort finden Sie ein Beispiel für eine selbst definierte Vorlage, die hier zum Einsatz kommen kann.

Schritt 1: Vorbereitungen im Azure Active Directory

Beginnen wir zunächst mit einer Vorbereitung: Damit der Flow später automatisiert ein Team anlegen darf, benötigt er die entsprechenden Rechte dafür. Dazu registrieren wir im Azure Active Directory eine neue App mit den erforderlichen Berechtigungen. Über diese Registrierung kann der Flow dann das Team anlegen.

Für die App-Registrierung gehen Sie wie folgt vor:

1. Öffnen Sie im Microsoft App-Portal die App-Registrierungen Ihres Azure Active Directory (siehe Abbildung 11.6). Der direkte Link lautet:

   https://portal.azure.com/#blade/Microsoft_AAD_IAM/ActiveDirectoryMenu-Blade/RegisteredApps

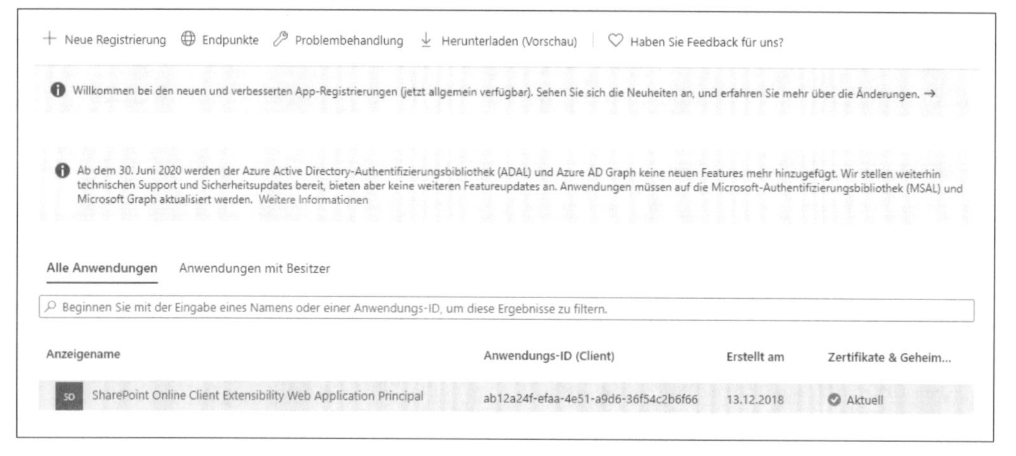

Abbildung 11.6 App-Registrierungen

2. Erstellen Sie eine neue Registrierung, und geben Sie einen eindeutigen Namen an, wie beispielsweise TEAMS-ERSTELLUNG ÜBER FLOW. Die anderen Optionen belassen Sie in der Standardeinstellung (siehe Abbildung 11.7).
3. Notieren Sie die ANWENDUNGS-ID (CLIENT) und die VERZEICHNIS-ID (MANDANT) – diese werden wir später im Flow benötigen (siehe Abbildung 11.8).

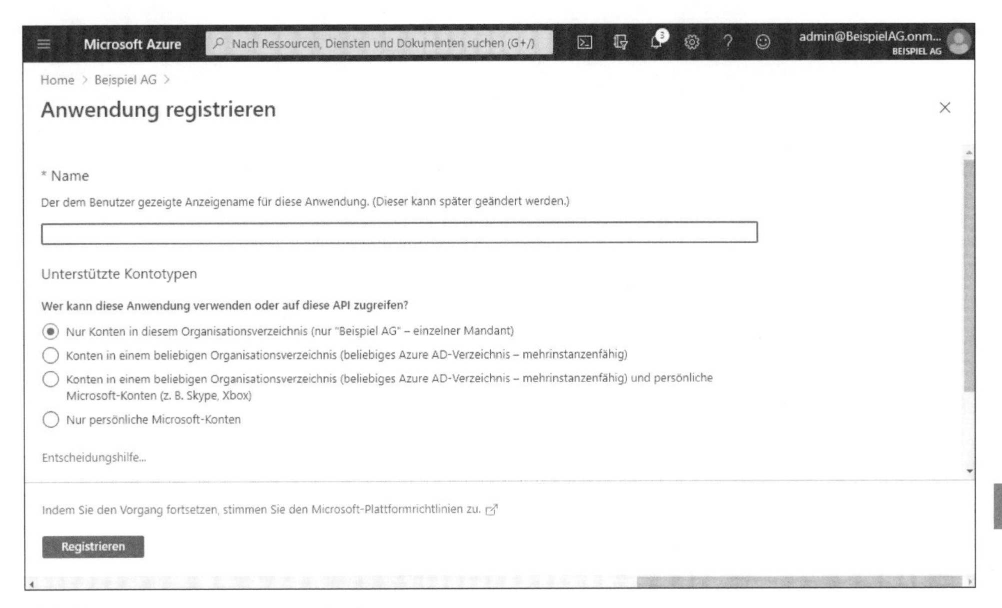

Abbildung 11.7 Neue App-Registrierung

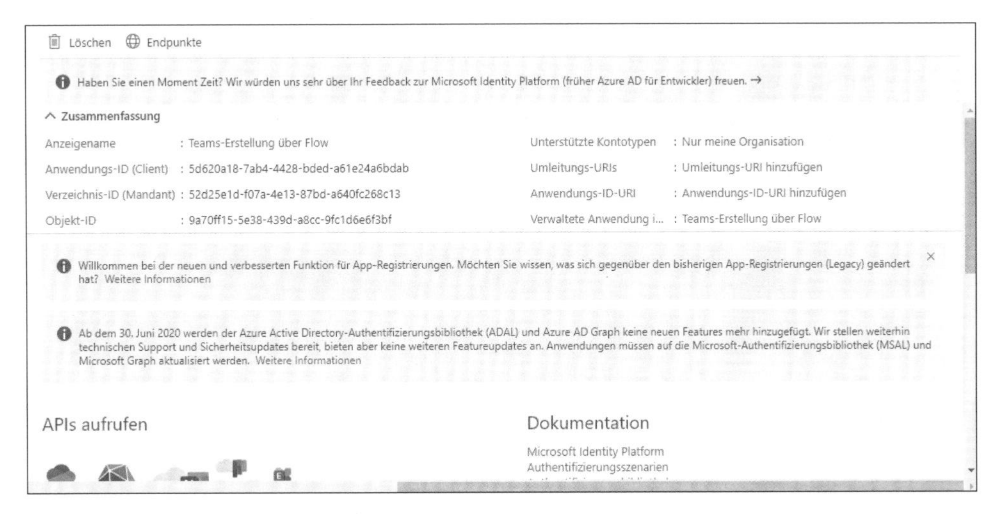

Abbildung 11.8 Anwendungs-ID kopieren

4. Unter API-BERECHTIGUNGEN wählen Sie die folgenden API-Berechtigungen (MICROSOFT GRAPH • ANWENDUNGSBERECHTIGUNGEN):
   - DIRECTORY.READWRITE.ALL
   - GROUP.READWRITE.ALL
   - USER.READ.ALL

   Die standardmäßig vorhandene Berechtigung USER.READ können Sie entfernen (siehe Abbildung 11.9).

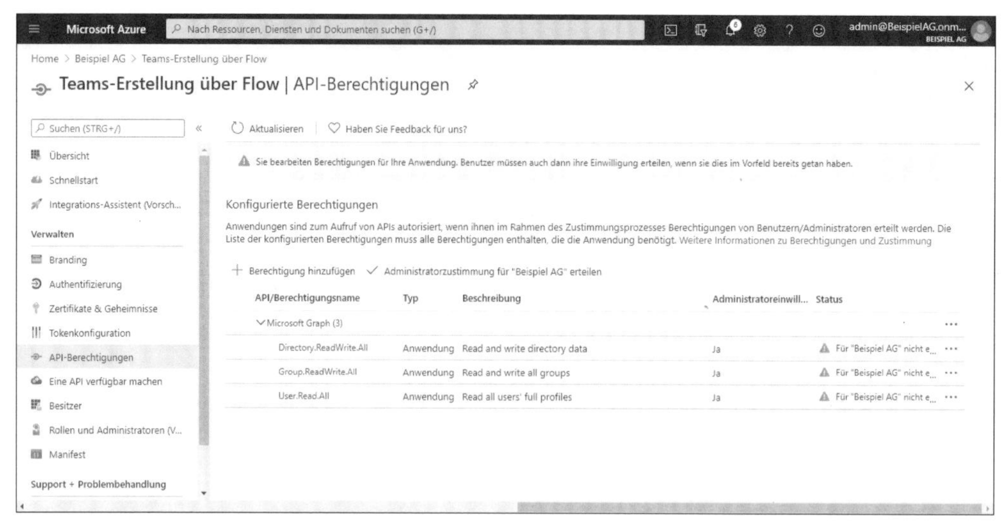

Abbildung 11.9 API-Berechtigungen

5. Klicken Sie auf die Schaltfläche ADMINISTRATORZUSTIMMUNG ERTEILEN, um die Berechtigungen zu aktivieren.
6. Wechseln Sie zu ZERTIFIKATE & GEHEIMNISSE (siehe Abbildung 11.10), und erstellen Sie einen NEUEN GEHEIMEN CLIENTSCHLÜSSEL.

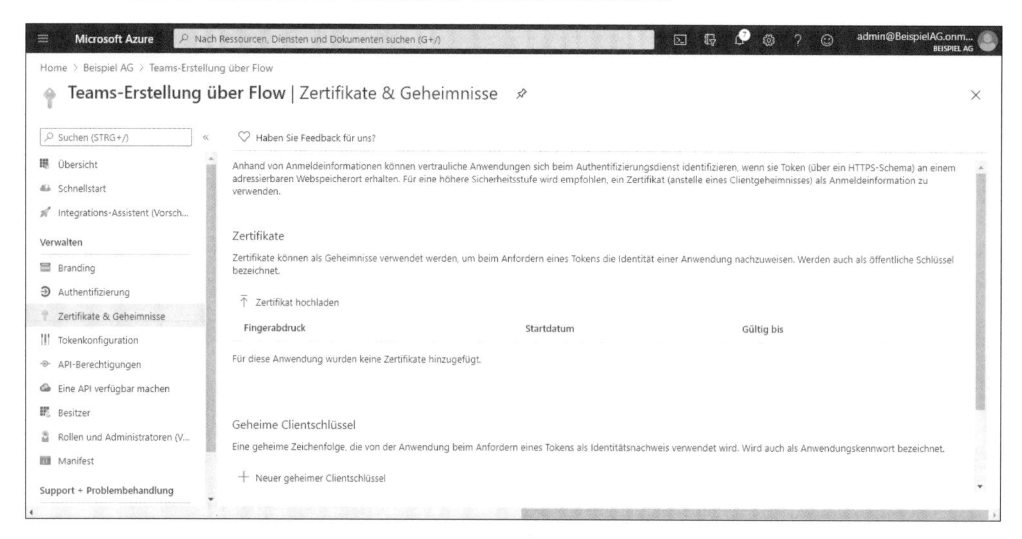

Abbildung 11.10 Zertifikate & Geheimnisse

Dabei vergeben Sie eine frei wählbare Beschreibung und einen Gültigkeitszeitraum. Notieren Sie den Wert des Client-Schlüssels – diesen benötigen wir später im Flow.

Damit können Sie das Microsoft Azure-Portal schließen.

Schritt 2: Das Formular

Das Formular, mit dem der Anwender die Daten für das neue Team angibt, kann über verschiedene Wege realisiert werden, beispielsweise als Liste auf einer SharePoint-Webseite, als PowerApp, als Formular in Microsoft Forms etc. Ich verwende hier einen einfachen Ansatz: eine Liste auf Basis des noch jungen Dienstes *Microsoft Lists*. Dabei wird im Wesentlichen im Hintergrund auch »nur« eine Liste auf einer SharePoint-Website erstellt, allerdings rückt die Komplexität von SharePoint dabei deutlich in den Hintergrund.

[+] Eine Einführung in Microsoft Lists finden Sie hier:

www.microsoft.com/de-de/microsoft-365/microsoft-lists

Da es hier nur um die grundsätzliche Vorgehensweise geht, bleibt die Liste mit zwei Spalten recht einfach:

- Spalte TITEL: Diese Spalte ist bei einer neuen Liste ohnehin vorhanden, und in dieser soll der Anwender den Namen des neuen Teams eintragen.
- Spalte BESITZER: Diese Spalte wird neu mit dem Typ PERSON angelegt. In ihr gibt der Anwender den jeweiligen Besitzer des neuen Teams an.

Abbildung 11.11 zeigt ein Beispiel dieser Liste.

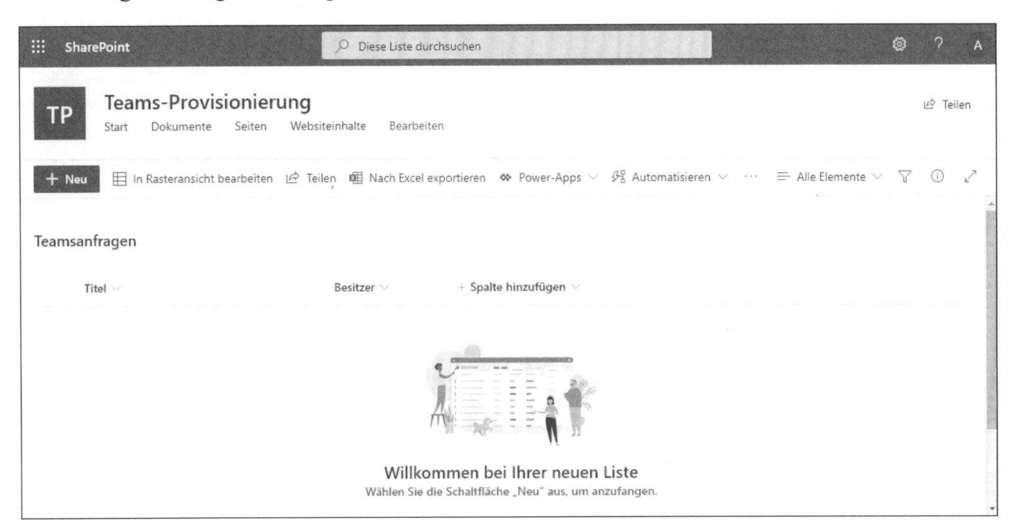

Abbildung 11.11 Liste in Microsoft Lists

[+] Bevorzugen Sie den klassischen Weg, eine Liste direkt in SharePoint anzulegen, finden Sie auf folgender Seite eine Beschreibung dazu:

https://support.microsoft.com/de-de/office/erstellen-einer-liste-in-sharepoint-0d397414-d95f-41eb-addd-5e6eff41b083

Schritt 3: Der Flow (Team anlegen in zwei Schritten)

Jetzt kommen wir zum spannendsten Punkt, nämlich zur Automatisierung über einen Flow in Power Automate. Sobald der Anwender einen neuen Eintrag in der Liste anlegt, soll der Flow automatisch starten und das Team anlegen. Den Flow können wir dabei direkt von der SharePoint-Liste aus anlegen über AUTOMATISIEREN • POWER AUTOMATE • FLOW ERSTELLEN. Es wird Ihnen daraufhin eine Liste mit Vorlagen zur Auswahl angezeigt (siehe Abbildung 11.12).

Abbildung 11.12 Auswahl einer Vorlage

Dort wählen Sie BENUTZERDEFINIERTE AKTION AUSFÜHREN, WENN EIN NEUES ELEMENT IN SHAREPOINT HINZUGEFÜGT WIRD. Danach werden Sie zu Power Automate weitergeleitet. Klicken Sie auf WEITER, erreichen Sie das Ablaufdiagramm für den Flow (siehe Abbildung 11.13).

Zunächst benötigen wir hier für drei unterschiedliche Werte jeweils die Aktion VARIABLE INITIALISIEREN. Damit belegen wir jeweils die Daten aus der App-Registrierung in Variablen, die dann im Flow genutzt werden. Legen Sie die Aktionen an, wie in Abbildung 11.14 und in Tabelle 11.2 beispielhaft gezeigt.

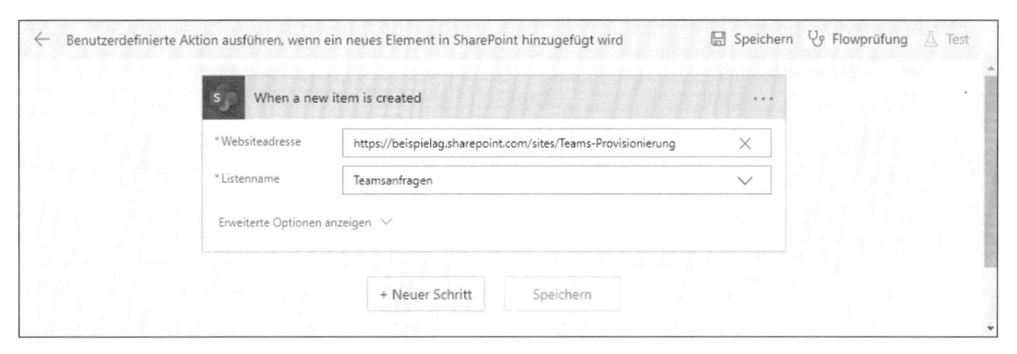

Abbildung 11.13 Ablaufdiagramm

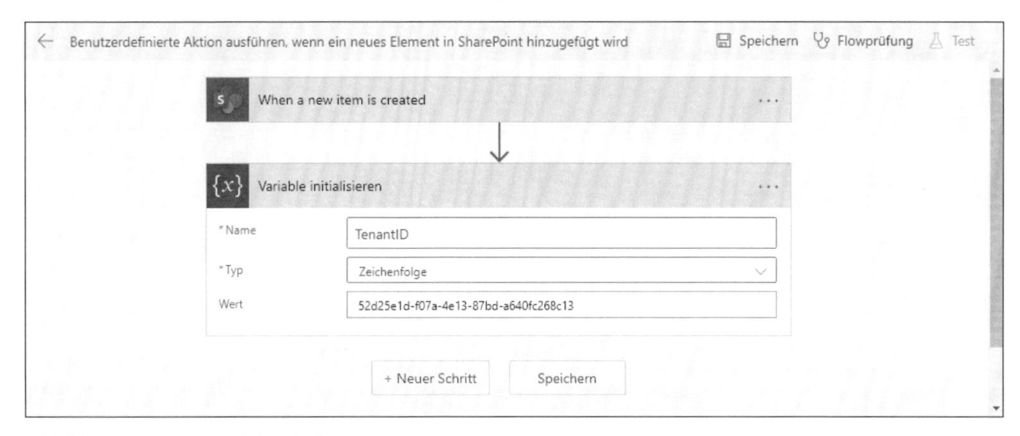

Abbildung 11.14 Variablendefinitionen

Name	Typ	Wert
TenantID	ZEICHENFOLGE	die VERZEICHNIS-ID (MANDANT) aus Schritt 1
ClientID	ZEICHENFOLGE	die Anwendungs-ID (Client) aus Schritt 1
Client Geheimnis	ZEICHENFOLGE	der geheime Client-Schlüssel aus Schritt 1

Tabelle 11.2 Variablendefinitionen

Damit können wir nun über den Aufruf einer Funktion aus dem Microsoft Graph eine Microsoft 365-Gruppe anlegen. Später folgt dann der Teams-Aufsatz für die Gruppe.

[+] Im weiteren Verlauf zeige ich Ihnen noch einen optionalen Flow, mit dem über eine andere Funktion aus dem Microsoft Graph ein Team (samt dahinterliegender Microsoft 365-Gruppe) direkt angelegt wird.

Um die Funktion aufzurufen, benötigen wir eine Aktion vom Typ HTTP, die Sie, wie in Tabelle 11.3 gezeigt, konfigurieren (siehe Abbildung 11.15). In der Tabelle sind nur die erforderlichen Optionen angegeben – die anderen Optionen belassen Sie in der Standardeinstellung.

Option	Einstellung
Name der Aktion	Gruppe anlegen
Methode	POST
URI	https://graph.microsoft.com/v1.0/groups

Körper	`{`
	`  "description": "@{triggerBody()?[`
	`'Title']} Description",`
	`  "displayName": "@{triggerBody()?['Title']}",`
	`  "groupTypes": [`
	`    "Unified"`
	`  ],`
	`  "mailEnabled": true,`
	`  "mailNickname": "@{triggerBody()?['Title']}",`
	`  "securityEnabled": false,`
	`  "owners@odata.bind": [`
	`    "https://graph.microsoft.com/v1.0/users/`
	`@{triggerBody()?['Besitzer']?['Email']}"`
	`  ]`
	`}`

Authentifizierung	Active Directory OAuth
Mandant	Variable TenantID
Zielgruppe	https://graph.microsoft.com
Client-ID	Variable ClientID
Typ der Anmeldeinformationen	Geheimnis
Geheimer Schlüssel	Variable Client Geheimnis

Tabelle 11.3 HTTP-Aktion zum Anlegen einer Microsoft 365-Gruppe

[+] Leider gehört dieser Aktionstyp zu den Premium-Funktionen, sodass Sie hier eine Power Automate Pro-Lizenz benötigen.

Die Platzhalter für die Variablenwerte und die Metadaten aus der SharePoint-Liste übernehmen Sie aus dem Fenster für dynamischen Inhalt, welches automatisch erscheint, wenn Sie in das Textfeld klicken.

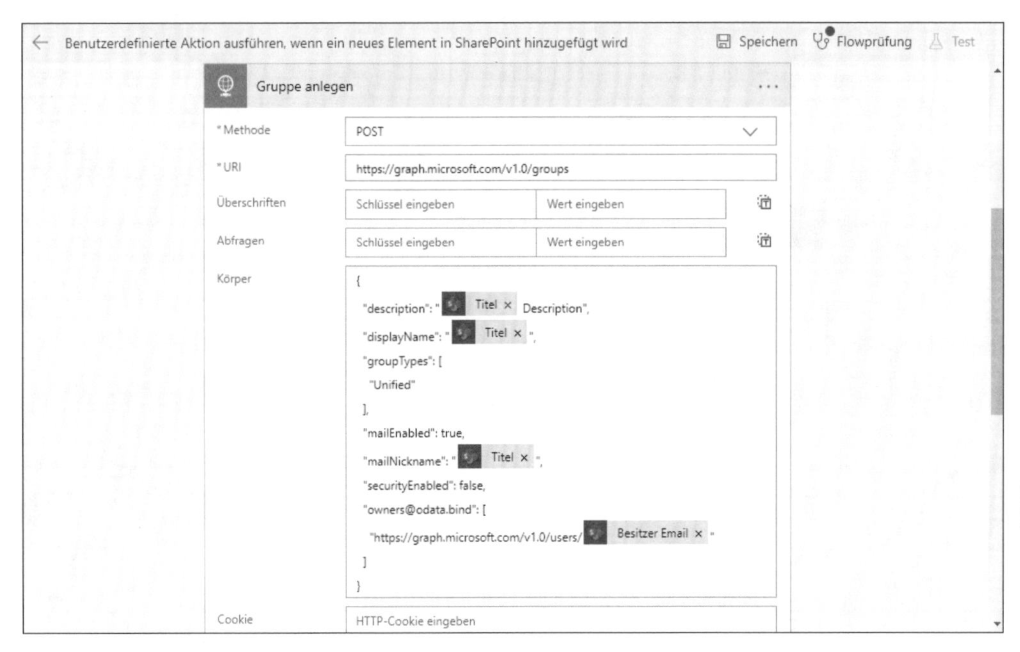

Abbildung 11.15 HTTP-Aktion zum Anlegen der Microsoft 365-Gruppe

Weiter geht es mit einer Aktion vom Typ JSON ANALYSIEREN. Mit ihr nehmen wir die Rückgabe des Funktionsaufrufs zum Anlegen der Microsoft 365-Gruppe vor und bereiten diesen so auf, dass die darin enthaltene ID der neuen Gruppen weiterverarbeitet werden kann. Konfigurieren Sie die Aktion, wie in Tabelle 11.4 gezeigt (siehe Abbildung 11.16).

Option	Einstellung
NAME DER AKTION	`JSON` analysieren
INHALT	`@{body('Gruppe_anlegen')}` (KÖRPER aus der vorangegangenen Aktion)

SCHEMA	`{`
	`    "type": "object",`
	`    "properties": {`
	`        "@@odata.context": {},`
	`        "id": {`
	`            "type": "string"`
	`        }`
	`    }`
	`}`

Tabelle 11.4 JSON auslesen

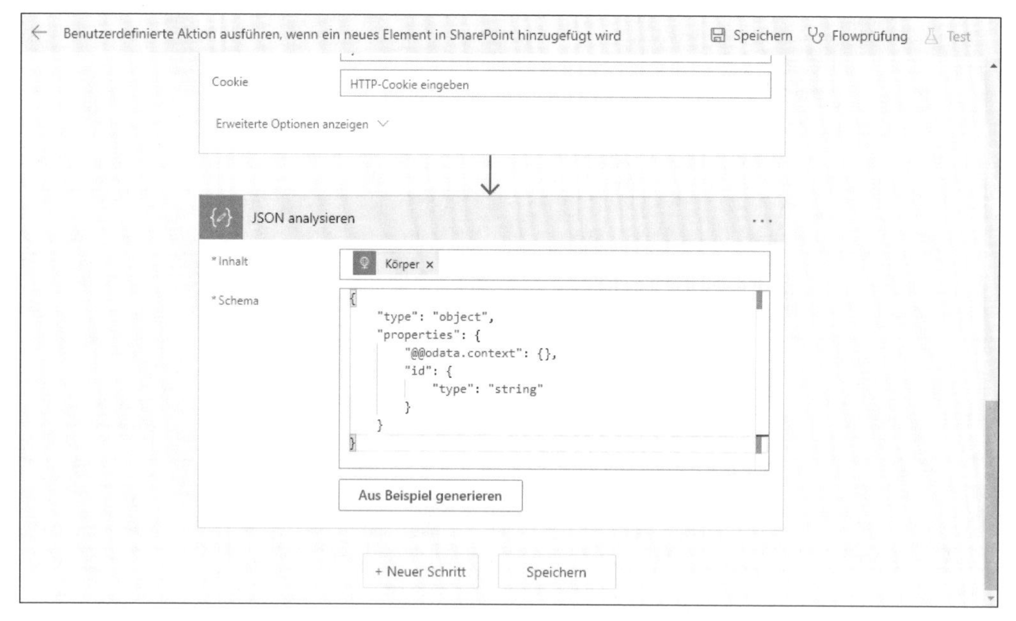

Abbildung 11.16 Aktion »JSON analysieren«

Bevor wir jetzt fortfahren und ein Team für die Microsoft 365-Gruppe aufsetzen können, heißt es warten. Mitunter vergehen einige Minuten, bis die neue Gruppe verfügbar ist und angesprochen werden kann. Dafür setzen wir die Aktion WARTEN ein und konfigurieren sie auf 15 Minuten (siehe Abbildung 11.17).

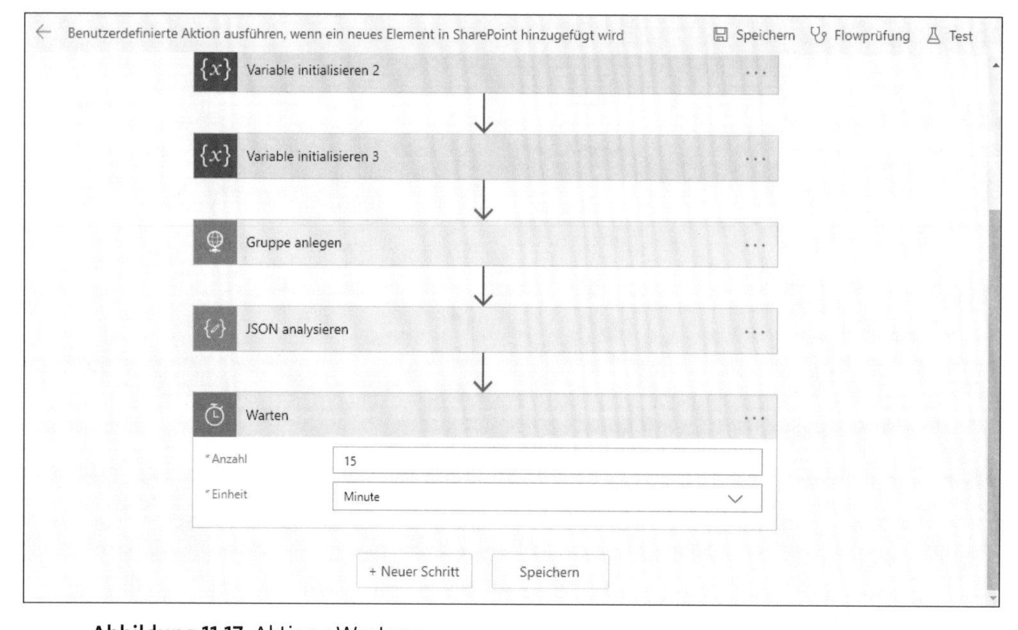

Abbildung 11.17 Aktion »Warten«

Nach der Zwangspause setzen wir erneut eine HTTP-Aktion ein, um das Team zu erstellen. In Tabelle 11.5 sehen Sie die Konfiguration zusammen mit einigen Teams-Einstellungen (siehe Abbildung 11.18). In der URI kommt als Platzhalter die ID aus der JSON-Auswertung zum Einsatz.

Option	Einstellung
Name der Aktion	`Team anlegen`
Methode	POST
URI	`https://graph.microsoft.com/v1.0/groups/` `@{body('JSON_analysieren')?['id']}/team`

Körper	`{`
	  `"memberSettings": {`
	    `"allowCreatePrivateChannels": true,`
	    `"allowCreateUpdateChannels": true`
	  `},`
	  `"messagingSettings": {`
	    `"allowUserEditMessages": true,`
	    `"allowUserDeleteMessages": true`
	  `},`
	  `"funSettings": {`
	    `"allowGiphy": true,`
	    `"giphyContentRating": "strict"`
	  `}`
	`}`

Authentifizierung	Active Directory OAuth
Mandant	Variable `TenantID`
Zielgruppe	`https://graph.microsoft.com`
Client-ID	Variable `ClientID`
Typ der Anmeldeinformationen	Geheimnis
Geheimer Schlüssel	Variable `Client Geheimnis`

Tabelle 11.5 HTTP-Aktion zum Erweitern der Microsoft 365-Gruppe

Und das waren dann auch schon alle Aktionen für das Grundgerüst. Testen Sie den Flow, indem Sie in der SharePoint-Liste einen Eintrag hinzufügen. Wie eingangs schon erwähnt, handelt es sich nur um das Grundgerüst für einen Provisionierungsprozess und nicht um eine fertige Lösung. Aber auf Basis dessen können Sie nun ein geeignetes Formular erstellen und die erforderliche Logik für beispielsweise Genehmigung, Protokollierung, Namenskonventionen etc. hinzufügen.

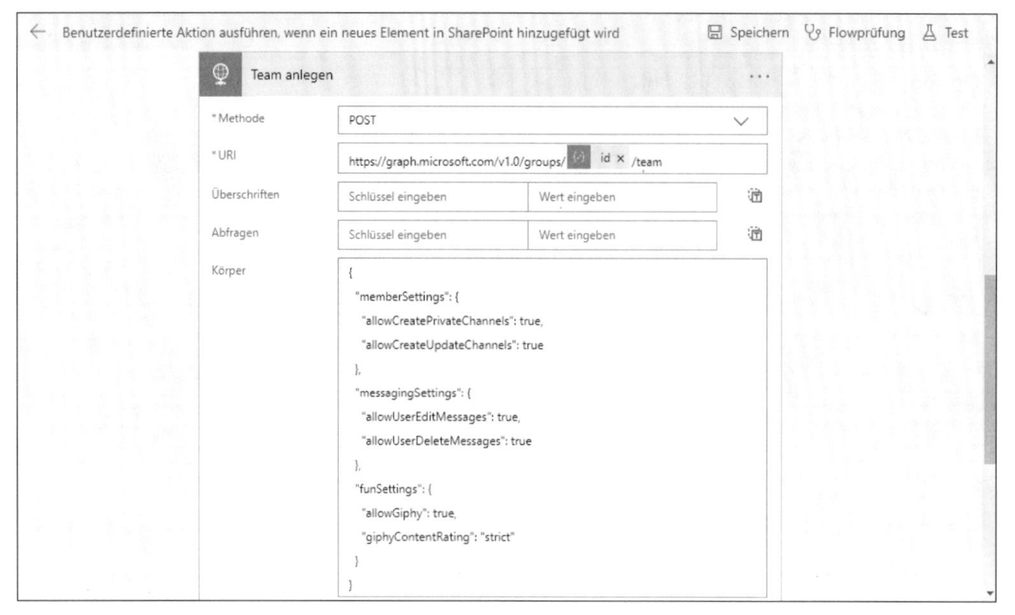

Abbildung 11.18 HTTP-Aktion zum Anlegen des Teams

Alternative zu Schritt 3: Der Flow (Team anlegen in einem Schritt)

Zunächst eine Microsoft 365-Gruppe anzulegen, dann 15 Minuten zu warten und anschließend das Team zur Gruppe zu erstellen, wie soeben gezeigt, ist zwar grundsätzlich ein gangbarer Weg, doch es funktioniert auch in einem einzigen Schritt. Ich zeige Ihnen hier die Alternative, bei der letztendlich die letzten drei Aktionen ausgetauscht werden:

1. Da bei der Erstellung des Teams die ID des zukünftigen Team-Besitzers angegeben werden muss, fragen wir diese zunächst ab – und zwar ebenfalls mit einem Aufruf einer Funktion im Microsoft Graph. Wir verwenden also erneut die HTTP-Aktion und konfigurieren sie, wie in Tabelle 11.6 gezeigt (siehe Abbildung 11.19).

Option	Einstellung
Name der Aktion	`Benutzer abfragen`
Methode	GET
URI	`https://graph.microsoft.com/v1.0/users/@{triggerBody()?['Besitzer']?['Email']}`

Tabelle 11.6 HTTP-Aktion zum Auslesen der Benutzer-ID

Option	Einstellung
AUTHENTIFIZIERUNG	ACTIVE DIRECTORY OAUTH
MANDANT	Variable `TenantID`
ZIELGRUPPE	`https://graph.microsoft.com`
CLIENT-ID	Variable `ClientID`
TYP DER ANMELDEINFORMATIONEN	GEHEIMNIS
GEHEIMER SCHLÜSSEL	Variable `Client Geheimnis`

Tabelle 11.6 HTTP-Aktion zum Auslesen der Benutzer-ID (Forts.)

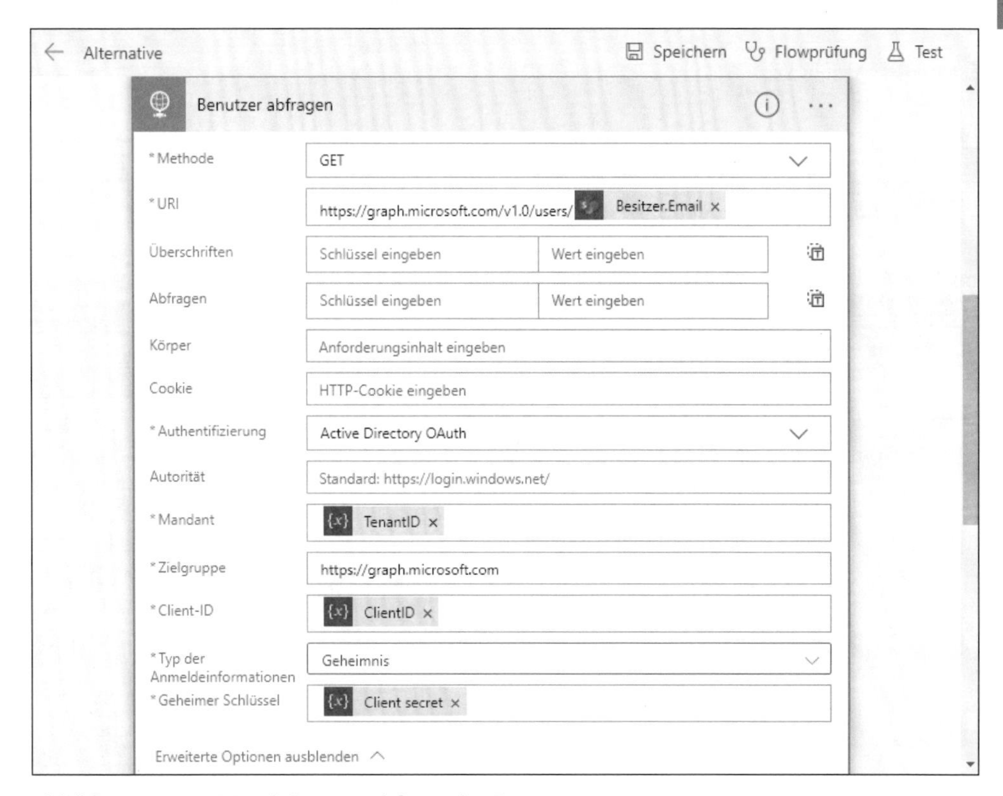

Abbildung 11.19 HTTP-Aktion zur Abfrage des Benutzers

2. Die Rückgabe der Funktion wird wieder mit der Aktion JSON ANALYSIEREN wie in Tabelle 11.7 vorbereitet (siehe Abbildung 11.20).

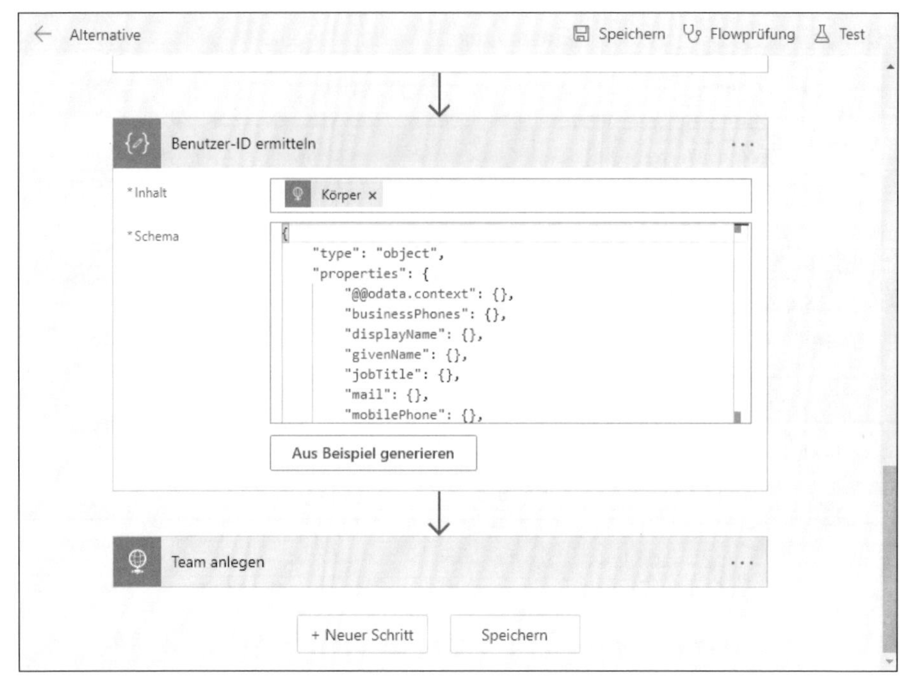

Abbildung 11.20 Aktion »JSON analysieren«

Option	Einstellung
Name der Aktion	`Benutzer-ID ermitteln`
Inhalt	`@{body('Benutzer_abfragen')}`

Schema	`{`
	`"type": "object",`
	`"properties": {`
	`"@@odata.context": {},`
	`"businessPhones": {},`
	`"displayName": {},`
	`"givenName": {},`
	`"jobTitle": {},`
	`"mail": {},`
	`"mobilePhone": {},`
	`"officeLocation": {},`
	`"preferredLanguage": {},`
	`"surname": {},`

Tabelle 11.7 JSON analysieren

Option	Einstellung

	"userPrincipalName": {},
	"id": {
	"type": "string"
	}
	}
	}

Tabelle 11.7 JSON analysieren (Forts.)

3. Zuletzt erfolgt der Aufruf der Funktion zum Anlegen des Teams mit einer HTTP-Aktion und den Angaben aus Tabelle 11.8 (siehe Abbildung 11.21).

Option	Einstellung
Name der Aktion	Team anlegen
Methode	POST
URI	https://graph.microsoft.com/v1.0/teams

Körper	{
	"description": "@{triggerBody()?['Title']} Description",
	"displayName": "@{triggerBody()?['Title']}",
	"template@odata.bind": "https://graph.microsoft.com/beta/teamsTemplates('standard')",
	"owners@odata.bind": [
	"https://graph.microsoft.com/beta/users('@{body('Benutzer-ID_ermitteln')?['id']}')"
	]
	}

Authentifizierung	Active Directory OAuth
Mandant	Variable TenantID
Zielgruppe	https://graph.microsoft.com
Client-ID	Variable ClientID
Typ der Anmeldeinformationen	Geheimnis
Geheimer Schlüssel	Variable Client Geheimnis

Tabelle 11.8 HTTP-Aktion zum Anlegen des Teams

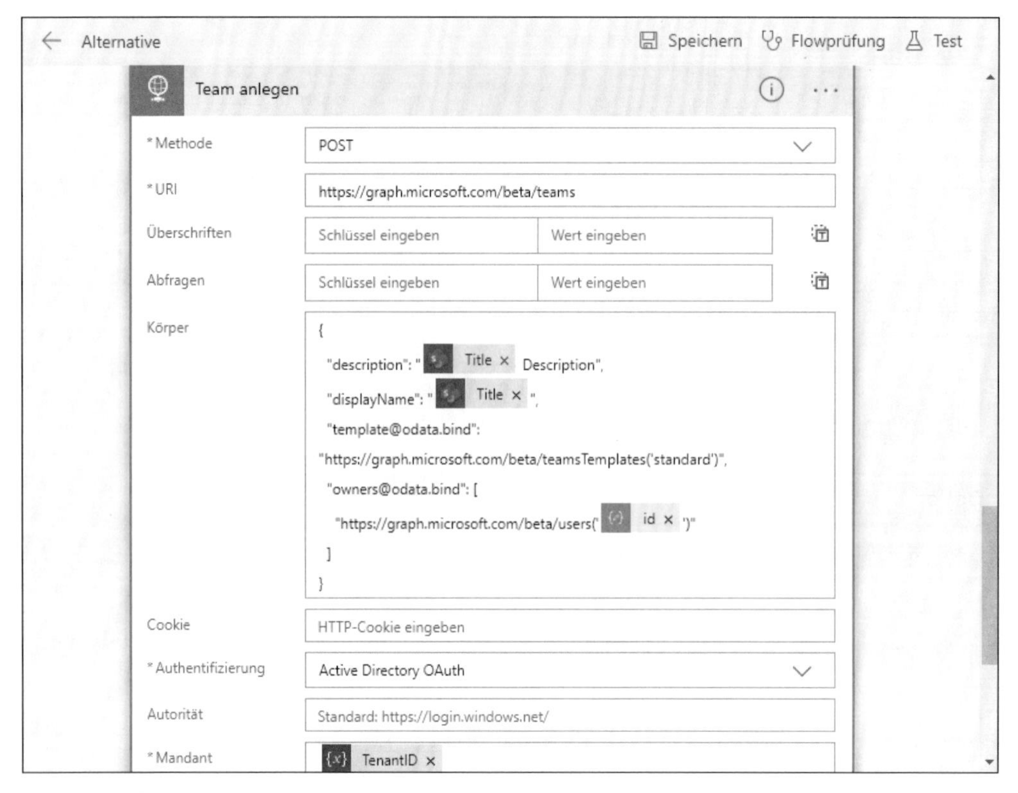

Abbildung 11.21 HTTP-Aktion zum Anlegen des Teams

Beachten Sie hier die URI in der Form von *https://graph.microsoft.com/beta* im Vergleich zu *https://graph.microsoft.com/v1.0*. Daran erkenn Sie Beta- und fertige Funktionen.

Zwar landen wir auch bei dieser alternativen Vorgehensweise bei drei Aktionen, doch fällt die Wartezeit von 15 Minuten zwischen dem Anlegen der Office 365-Grupp und dem Erstellen des eigentlichen Teams weg.

[+] Ein Beispiel, wie Sie beim Anlegen des Teams noch zusätzliche Einstellungen vornehmen können, finden Sie in Abschnitt 7.5.2, »Programmatische Vorlagen«.

11.4.3 Microsoft App Template

Für einen eigenen Provisionierungsprozess veröffentlicht Microsoft selbst eine App-Vorlage auf GitHub. Auch diese können Sie an Ihre eigenen Anforderungen anpassen, da Sie den Quellcode einfach herunterladen können.

Die Vorlage nennt sich *Request A Team* und bietet Ihnen unter anderem die folgenden Möglichkeiten:

- die Einbindung der App in die Navigationsleiste der Teams-Clients (ein Beispiel sehen Sie in Abbildung 11.22)
- Anwender geben die erforderlichen Daten für ein Team in einen Assistenten ein.
- einen integrierten Genehmigungsprozess, bei dem die Anfragen für neue Teams in einem separaten Team für die Genehmiger und Administratoren erscheinen und dort bearbeitet werden können
- Dashboards für Genehmiger und Anwender über den Status der Anfragen
- Die Teams werden im Hintergrund über eine *Azure Logic App* in regelmäßigen Intervallen angelegt. Mit Azure Logic Apps erstellen Sie wie bei Power Automate Ablaufdiagramme, jedoch für komplexere und entwicklungslastige Szenarien. Zielgruppe von Azure Logic Apps sind eher Entwickler, wohingegen es bei Power Automate eher Anwender sind.

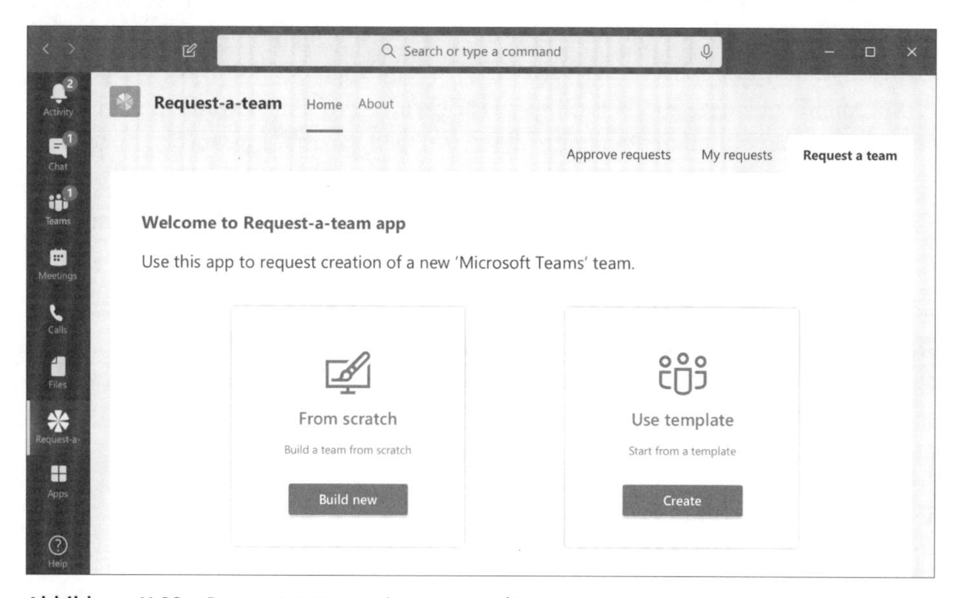

Abbildung 11.22 »Request A Team« im Teams-Client

Die App-Vorlage erhalten Sie hier:

https://github.com/OfficeDev/microsoft-teams-apps-requestateam

11.5 Kommunikation im Unternehmen

Mit der Kommunikation über die Einführung von Microsoft Teams mit den Mitarbeitern Ihres Unternehmens sollten Sie nicht erst dann beginnen, wenn der Client schon auf den Rechnern installiert wurde. Idealerweise informieren Sie die Anwender schon einige Zeit im Voraus, warum und was auf sie zukommen wird.

11.5.1 Wer kommuniziert?

Auch wenn Ihr Unternehmen über eine separate Kommunikationsabteilung verfügen sollte, sind üblicherweise zwei Personengruppen für jeden einzelnen Mitarbeiter besonders wichtig:

- **Geschäftsführung beziehungsweise Vorstand**

  Diese Personen sollten eine mit der Einführung von Microsoft Teams verbundene Vision haben. Dazu gehört auch, warum im Kontext der Unternehmensstrategie und -kultur ein Werkzeug wie Microsoft Teams eingeführt wird und welche Ergebnisse sich das Unternehmen davon erhofft.

- **Direkte Vorgesetzte**

  Die oder der direkte Vorgesetzte ist für jeden einzelnen Mitarbeiter wichtig, wenn es darum geht, die Bedeutung und die Vorteile der Einführung für dessen tägliche Arbeit zu erfahren. Der direkte Vorgesetzte kann, in Anlehnung an die Vision der Geschäftsführung beziehungsweise des Vorstands, eine Mission für die eigenen Mitarbeiter ableiten. Hierbei sollten die konkreten Problemstellungen der bislang zusammenarbeitenden Personen des jeweiligen Teams angesprochen werden und wie diese durch Microsoft Teams verbessert werden können.

  In der Praxis kann ein möglicherweise vorhandenes Kommunikationsteam die Kernbotschaften für die jeweiligen Abteilungen ausarbeiten und den Vorgesetzten coachen, diese den Mitarbeitern zu übermitteln.

Neben diesen konkreten Personen sind aber auch andere Personen, wie etwa aus der Kommunikationsabteilung und aus der Personalabteilung, sowie einzelne Projektmitglieder relevant.

11.5.2 Was wird kommuniziert?

Zu der Frage, was denn eigentlich konkret an die Mitarbeiter des Unternehmens kommuniziert werden sollte, finden Sie hier einige Aspekte, die Sie auf Ihre eigenen Vorstellungen anpassen können:

- Warum die Einführung von Microsoft Teams?
- Was ist die Vision dahinter?
- Welche Ziele werden verfolgt?
- Wie passt die Einführung zur Unternehmensstrategie?
- Was wird sich ändern?
- Wann wird es sich ändern?
- Was habe ich als Mitarbeiter davon?
- Was wird von den Mitarbeitern erwartet?
- Wie werden die Mitarbeiter bei der Einführung und darüber hinaus unterstützt?

- Welche Trainingsmaßnahmen sind angedacht?
- Wie kann Feedback gegeben werden?
- Wer sind die Ansprechpartner?
- Wie wird die laufende Kommunikation während der Einführung durchgeführt?
- Was wird von den Mitarbeitern erwartet?

Von Microsoft erhalten Sie ein ganzes Paket mit dem Namen *Microsoft Teams Customer Success Kit*. In diesem Paket sind Materialien zur Mitarbeiterkommunikation enthalten:

- Vorlagen für Texte mit Links zur Dokumentation oder Videos. Diese Inhalte können Sie per E-Mail verschicken oder in Ihrem Intranet oder in firmeninternen sozialen Netzwerken posten.
- Vorlagen für Poster und Flyer – ein Beispiel sehen Sie in Abbildung 11.23.

Abbildung 11.23 Poster aus dem Microsoft Teams Customer Success Kit

- Allgemeine Grafiken wie Banner, die Sie in Ihre Kommunikation einbetten können
- Hilfestellungen und Leitfäden für Anwender und Administratoren (siehe Abbildung 11.24)

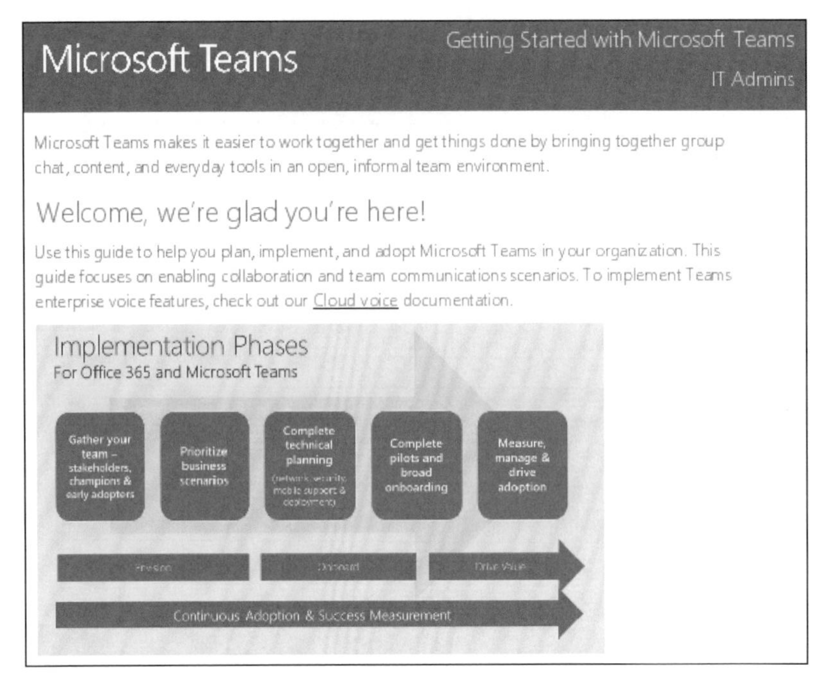

Abbildung 11.24 Leitfaden aus dem Microsoft Teams Customer Success Kit

Die meisten dieser Inhalte können Sie an Ihr Unternehmen anpassen und so beispielsweise Ihr *Corporate Design* mitberücksichtigen. Das Microsoft Teams Customer Success Kit finden Sie unter folgender Adresse:

https://aka.ms/TeamsCustomerSuccess

11.5.3 Wie wird kommuniziert?

Wie Sie in Ihrem Unternehmen Informationen rund um Microsoft Teams verbreiten, hängt natürlich auch von Ihren bisherigen Gepflogenheiten ab. Die Einführung von Microsoft Teams bietet aber vielleicht auch die Möglichkeit, neue Wege bei der Kommunikation zu beschreiten.

In der Praxis trifft man häufig neben den klassischen Kommunikationskanälen, wie Ansagen auf Veranstaltungen, E-Mails und Beiträgen im Intranet oder gegebenenfalls vorhandenen unternehmensinternen Netzwerken, auch kreativere Ansätze an. Hier ein paar Beispiele:

- Poster an prägnanten Stellen im Unternehmen, die auf Microsoft Teams hinweisen, Interesse wecken und oftmals einen einzelnen Aspekt besonders hervorheben. Hier könnte Sie auch Ihr Champions-Programm bewerben (siehe Abschnitt 10.9., »Champions-Programm aufbauen«) oder eine Erfolgsgeschichte daraus machen.
- Werbematerialien, wie Aufsteller an belebten Orten (wie etwa der Kantine). Manches Unternehmen hat sogar die Haltestellen auf dem Firmengelände und sogar die Busse selbst zu Werbeflächen für Microsoft Teams umfunktioniert.
- Auch ein netter Ansatz: ein »Adventskalender«, bei dem sich hinter jedem Türchen nicht nur Schokolade, sondern auch ein Link zur Beschreibung einer Teams-Funktionalität befindet – einfach abrufbar als *QR Code*, der mit dem Smartphone gescannt wird.
- Stände an belebten Laufwegen, bei denen die Mitarbeiter über dafür bereitgestellte Geräte selbst Hand anlegen und einzelne Funktionen ausprobieren können – geführt von einem Host, der den Stand betreut.
- *Gamification* zur Einführung: Hier wird der Spieltrieb der Anwender angesprochen: Für Aufgaben, die im Teams-Client umgesetzt werden, gibt es Punkte – und diese wiederum bedeuten höheres Ansehen bei der Belegschaft und vielleicht bei Erreichen einer bestimmten Grenze auch eine Belohnung.
- *Swag*, also Materialien mit den Farben oder dem Logo von Microsoft Teams, wie Stifte, Aufkleber, Tassen, Schlüsselanhänger etc.
- eine separate Umgebung für die Belegschaft zur Demonstration und zum Ausprobieren (siehe Kasten »Separate Umgebung für die Belegschaft zur Demonstration und zum Experimentieren«)
- Und nicht zuletzt seien hier die *Launch Events* genannt, mit denen die Einführung gefeiert wird.

Anregungen finden Sie auch hier wieder im Microsoft Teams Customer Success Kit, das wir im vorangegangenen Abschnitt betrachtet haben.

Separate Umgebung für die Belegschaft zur Demonstration und zum Experimentieren

Einige meiner (sehr großen) Kunden haben in der Vergangenheit separate Räume eingerichtet, die für die Demonstration der neuen Arbeitsweise mit Microsoft Teams vorbehalten waren. In diesen Räumen sind verschiedene Stationen mit entsprechenden Geräten und Möbeln eingerichtet, um die flexible Arbeitsweise präsentieren zu können. Im Hintergrund kommt noch eine Demoumgebung mit entsprechenden fiktiven Personen aus dem Kontext des Unternehmens als Protagonisten dazu. Die dafür verwendeten Benutzerkonten sind bereits mit einem geeigneten Datenbestand gefüllt, um ein möglichst praxisnahes Erlebnis zu ermöglichen. Manche Unternehmen verwenden dazu einen separaten Mandanten, andere den produktiven Mandanten, in dem Demobenutzer angelegt sind.

Zu Demonstration und Verbindung der Stationen gibt es dann eine Rahmenhandlung, die von einigen »Schauspielern« gezeigt wird. Genauso können aber auch Teilnehmer der Demonstration zu handelnden Personen werden, indem sie von einer Moderatorin oder einem Moderator angeleitet werden. Idealerweise wird die Demonstration auch von einem technischen Ansprechpartner begleitet, der mit helfender Hand unterstützen kann, falls doch einmal etwas nicht so funktioniert, wie es sollte, und der außerdem Antworten auf technische Fragen geben kann.

Um die Idee des Demonstrationsraums zu verdeutlichen, hier ein konkretes Beispiel, das in ähnlicher Form tatsächlich so umgesetzt wurde:

In einem recht großen Raum werden fünf verschiedene Stationen aufgebaut (siehe Abbildung 11.25):

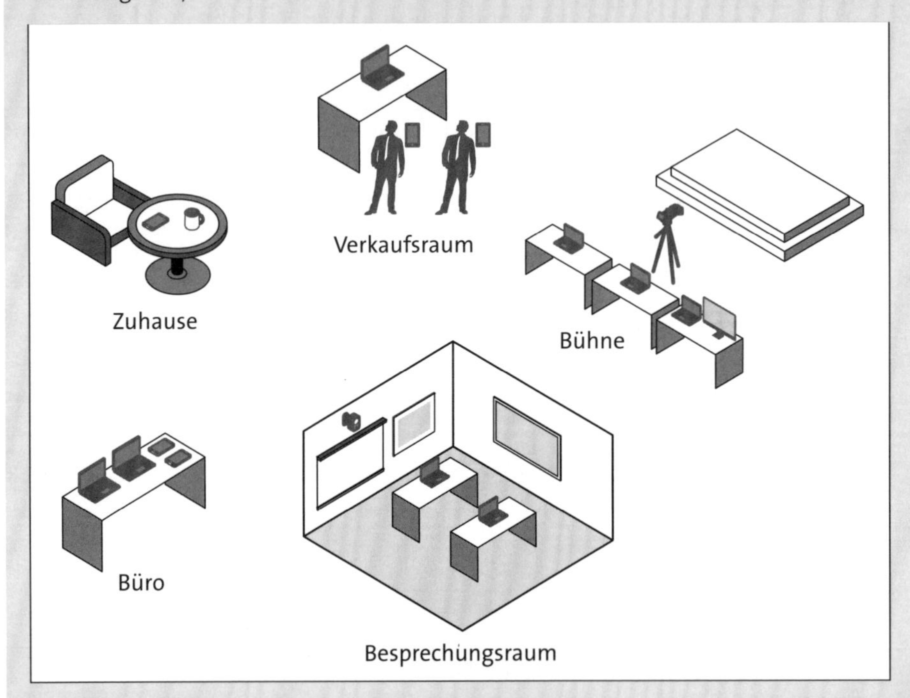

Abbildung 11.25 Raum mit verschiedenen Stationen

Als Rahmenhandlung gilt die Markteinführung eines neuen fiktiven Produkts. Die grundsätzlichen Stationen zeigt Tabelle 11.9.

Die Einrichtung und der Betrieb eines solchen Demonstrationsraums sind mit einem hohen Zeit- und Kostenaufwand verbunden. Diese Investition kann sich aber durchaus lohnen: Sie können so sehr eindrucksvoll zeigen, wie die Arbeit rund um Microsoft Teams praktisch aussehen könnte – abseits von nichtssagenden Foliendecks –, und sorgen somit für ein deutlich besseres Verständnis bei den Teilnehmern. Und dieses ist nicht nur, aber insbesondere bei Personen aus der Führungsebene, dem Betriebsrat, aus dem Bereich Datenschutz und bei anderen besonders sensiblen Gruppen hilfreich. Die Demonstrationen selbst können darüber hinaus beispielsweise in einem regelmäßigen Format interessierten Personen gezeigt werden. Gegebenenfalls macht ein solcher Demonstrationsraum nicht nur bei der Einführungsphase Sinn, sondern auch im laufenden Betrieb, um beispielsweise neue Funktionen und Dienste zu zeigen. Eine Alternative zum Demonstrationsraum ist eine mobile Roadshow:

Einige Moderatoren sind ausgestattet mit Geräten, Demoumgebung, Personas und Szenarien. Die Moderatoren wechseln von Abteilung zu Abteilung und stellen die neue Arbeitsweise anhand einer Livedemonstration samt anschließender Fragerunde vor (dies kann im Bedarfsfall natürlich auch virtuell erfolgen). Idealerweise sind die Moderatoren mit zielgruppenorientierten Anwendungsszenarien ausgestattet.

Station	Ausstattung	Handelnde Personen	Geschichtselemente
Zu Hause	▸ Sessel ▸ Tisch ▸ Smartphone ▸ Kaffeetasse	▸ Protagonistin (die Hauptperson in der Demonstration)	Die Protagonistin beginnt morgens ihre Arbeit zu Hause bei einer Tasse Kaffee. ▸ mobiler Teams-Client ▸ Zugriff auf Aktivitäten ▸ Chat ▸ Organisation einer Besprechung ▸ Videoanruf
Büro	▸ Tisch ▸ zwei Desktop-Rechner ▸ zwei Teams-Telefone	▸ Protagonistin ▸ Mitarbeiter	Im Büro angekommen, trifft sich die Protagonistin mit einem Mitarbeiter, um gemeinsam an einer Produktdokumentation zu arbeiten. ▸ Desktop-Teams-Client ▸ gemeinsame Dateiablage ▸ gleichzeitiges Bearbeiten von Dateien ▸ Telefonie mit Teams-Telefon ▸ Weiterleitungen am Teams-Telefon

Station	Ausstattung	Handelnde Personen	Geschichtselemente
Bespre-chungs-raum	▶ zwei Tische ▶ zwei Desktop-Rechner ▶ Surface Hub ▶ Teams Room System ▶ großer Bildschirm ▶ Whiteboard (an der Wand) ▶ Kamera	▶ Protagonistin ▶ Mitarbeiter (am besten mehrere)	Die Markteinführung des Produkts wird in einer Besprechung über mehrere Standorte besprochen (angedeutet durch die Tische). ▶ Funktionsweise Teams Room System ▶ Funktionsweise Surface Hub ▶ Starten einer Teams-Besprechung ▶ Einbindung des Whiteboards ▶ Freigabe von Inhalten in der Besprechung ▶ Einbindung externer Personen
Bühne	▶ Bühne ▶ Kamera ▶ Mikrofon-Headset ▶ drei Tische ▶ drei Desktop-Rechner ▶ großer Bildschirm	▶ Protagonistin (auf der Bühne) ▶ Mitarbeiter (Organisation und Produktion des Liveereignisses) ▶ Zuschauer (vor Bildschirm)	Das Produkt kann nun öffentlich in einer Keynote per Live-Stream präsentiert werden. ▶ Organisation und Durchführung eines Liveereignisses ▶ F&A
Verkaufs-raum	▶ Tisch ▶ Desktop-Rechner ▶ zwei Smartphones	▶ Protagonistin (am Desktop-Rechner) ▶ zwei Mitarbeiter (mit Smartphones)	Das Produkt steht im Verkaufsraum für Käufer bereit. ▶ Schichtenplanung ▶ Nutzen des mobilen Teams-Clients ▶ Schichtenverwaltung ▶ Schichtentausch durch Mitarbeiter

11.6 Empfehlungen für Anwender

Um Ihren Anwendern den sinnvollen Umgang mit Microsoft Teams zu erleichtern, bietet es sich meist an, einige Empfehlungen auszugeben. Dies gilt insbesondere auch dahingehend, dass Microsoft Teams auf unterschiedliche Arten genutzt werden kann und nicht direkt für alle Anwender auf einen Blick ersichtlich ist, wie die Nutzung gedacht ist. Hier können Sie eine allgemeine Richtung für Ihr Unternehmen vorgeben.

Nehmen Sie die Empfehlungen aus diesem Abschnitt allerdings nur als Vorschläge und passen diese an Ihr Unternehmen an, denn nicht jeder Punkt macht auch in jedem Unternehmen gleichermaßen Sinn.

11.6.1 Welcher Dienst für welche Anwendung?

Neue Anwender von Microsoft Teams stehen oftmals vor der Frage, wie sich dieser neue Dienst zwischen anderen vorhandenen Diensten positioniert. Mit der Einführung von Microsoft Teams fällt meist kein vorhandener Dienst weg (von Skype for Business einmal abgesehen), sondern es kommt einer dazu. Da stellt sich die Frage, wann denn nun welcher Dienst verwendet werden soll – in der Vergangenheit ist man ja auch ohne Microsoft Teams ausgekommen. In vielen Unternehmen hat der Anwender vereinfacht die Auswahl zwischen folgenden Diensten:

- historisch bedingt und naheliegend: E-Mail
- eine Kollaborationsplattform wie die klassischen Ordnerfreigaben auf einem Dateiserver, SharePoint-Websites, *IBM Connections* etc.
- ein soziales Netzwerk wie beispielsweise *Microsoft Yammer* – im Unternehmenskontext häufig als *Enterprise Social Network (ESN)* bezeichnet (damit hört sich das schon mehr nach seriöser Arbeit als nach Facebook an)
- neuerdings Microsoft Teams

Wann sollte der Anwender zu welchem Dienst greifen? Denn grundsätzlich könnte der Anwender ja mit jedem dieser Dienste eine Kommunikation beginnen oder Dateien mit anderen Personen austauschen. Sehen wir uns daher nun ein paar grundlegende Unterscheidungen etwas genauer an.

Microsoft Teams

Lassen wir die übergreifenden und universell einsetzbaren Telefonie- und Besprechungskomponenten von Microsoft Teams außer Acht, liegt der Fokus dieses Dienstes auf der Zusammenarbeit – wie der Name schon sagt: auf dem Team. Viele Teams werden zur Erreichung eines gewissen Ziels angelegt. Die Team-Mitglieder sind zahlenmäßig meist überschaubar, und in vielen Fällen kennen sich die Mitglieder untereinander. Microsoft spricht hier von *Inner Loop* und meint damit die Personen, die miteinander regelmäßig bei Projekten zusammenarbeiten. Hier steht die Zusammenarbeit im Vordergrund sowie die gegenseitige Abstimmung und Gruppendiskussionen.

Soziales Netzwerk

In einem sozialen Netzwerk verbinden sich die Mitarbeiter ungezwungen aus dem gesamten Unternehmen. Hier wird mit Personen diskutiert, oder es werden Informationen von Personen angefragt, die nicht zwingend miteinander bekannt sein müssen. Die Mitarbeiter können in unterschiedlichen Gruppen die Meinungen zu unterschiedlichen Themengebieten einsehen, Experten mit Spezialwissen auffinden und erreichen so auch Personen, die nicht zum direkten eigenen Arbeitsumfeld gehören. Microsoft bezeichnet dies als *Outer Loop*. Abbildung 11.26 soll das verdeutlichen.

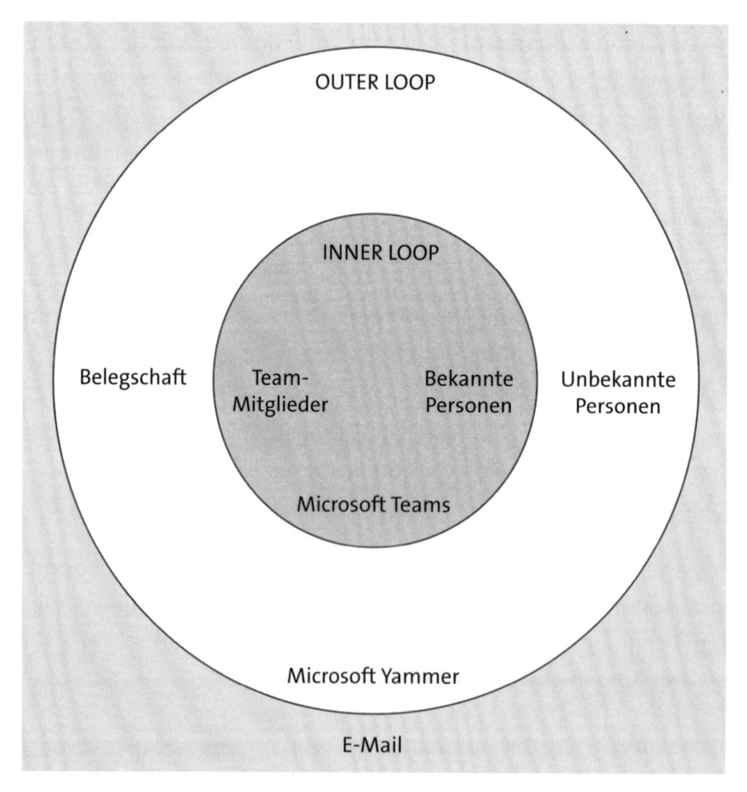

Abbildung 11.26 Inner Loop und Outer Loop

[+] Eine pragmatische Analogie, die den Unterschied etwas greifbarer macht, lautet: Wären Microsoft Teams und Microsoft Yammer reale Orte, dann wäre Microsoft Teams der Besprechungsraum und Microsoft Yammer die Konferenzhalle. Im

Besprechungsraum arbeiten sie mit wenigen, dafür bekannten Menschen an einem gemeinsamen Ziel. In die Konferenzhalle gehen Sie, um mit vielen, meist unbekannten Menschen zu diskutieren, sich deren Meinung anzuhören, neue Leute kennenzulernen und um sich über bestimmte Themen zu informieren. Je nachdem, was Sie vorhaben, begeben Sie sich in einen Besprechungsraum oder in eine Konferenzhalle. Natürlich können Sie Ihr Team auch in eine Konferenzhalle beordern statt in einen Besprechungsraum. Nur ist eine Konferenzhalle dafür nicht gedacht. Ähnlich verhält es sich mit Microsoft Teams und Microsoft Yammer.

E-Mail

E-Mails werden auch durch den Einsatz von Microsoft Teams oder eines sozialen Netzwerks nicht komplett von der Bildfläche verschwinden, auch wenn sich der Kern dieses Dienstes immer mehr verschiebt: weg von der primären Kommunikationslösung über Unternehmensgrenzen hinweg hin zu einer zielgerichteten formalen Kommunikation – primär auch dann, wenn mit Personen außerhalb des Unternehmens kommuniziert werden soll.

Im Vergleich zu Microsoft Teams und sozialen Netzwerken handelt es sich bei E-Mails grundsätzlich um eine *Push-Kommunikation*. Der Absender entscheidet, wer eine Nachricht erhalten soll. Die Nachrichten erhält der Empfänger prominent im Posteingang seines E-Mail-Clients, auch wenn findige Anwender hier mit Posteingangsregeln oder durch Nutzung des *Posteingangs mit Relevanz* (eine Funktion von Exchange Online) bereits eine Vorsortierung der Nachrichten vornehmen lassen. Bei Microsoft Teams und sozialen Netzwerken entscheidet jedoch grundsätzlich der Anwender selbst, welche Nachrichten er erhalten möchte – indem er Benachrichtigungen konfiguriert oder bei Bedarf selbstständig die interessanten Kanäle in den Teams verfolgt. Es handelt sich dabei also eher um eine *Pull-Kommunikation* – vom direkten Chat und von direkten Erwähnungen einmal abgesehen.

11.6.2 Welche Datei in welchem Dienst?

Neben der Auswahl des passenden Dienstes stellt sich für neue Anwender oftmals auch die Frage nach dem »richtigen« Speicherort für eine Datei – sollte diese in OneDrive, einem Team oder auf einer SharePoint-Website abgelegt werden?

- **OneDrive**: der persönliche Cloud-Speicher jedes Mitarbeiters, auf den nur er selbst Zugriff hat, aber Freigaben für bestimmte Personen erteilen kann
- **Team**: zur gleichberechtigten Zusammenarbeit an der Datei mit den Mitgliedern des Teams
- **SharePoint**: oft eingesetzt als Intranetlösung, für unternehmensinterne Portale, themenspezifische Websites und als *Content Management System (CMS)*.

Eine Datei kann dabei je nach aktuellem Bearbeitungsstand auch von einem Speicherdienst an den nächsten weitergegeben werden. Nehmen wir beispielsweise die Dokumentation für ein neues Produkt: Diese liegt vielleicht zunächst im persönlichen OneDrive des Produktmanagers. Gegebenenfalls gibt der Produktmanager die Datei seinem Assistenten frei, sodass dieser Ergänzungen vornehmen kann. Nach einer Zeit hat die Dokumentation einen so weit ausgereiften Stand erreicht, dass sie von der Produktgruppe diskutiert und ergänzt werden kann. Der Produktmanager verschiebt die Datei deshalb von seinem OneDrive in das entsprechende Team, wo alle Mitglieder der Produktgruppe daran arbeiten können. Er muss sich dann nicht mit den Zugriffsberechtigungen auf die Datei beschäftigen – alle aktuellen und zukünftigen Mitglieder des Teams sind automatisch berechtigt. Irgendwann ist das Produkt samt Dokumentation dann fertig, sodass die Datei über eine SharePoint-Website allen Mitarbeitern des Unternehmens zugänglich gemacht werden soll. Der Produktmanager kopiert den aktuellen Stand der Dokumentation aus dem Team auf die Website. Im Team verbleibt der aktuelle Stand, um dort weiter an dem Dokument arbeiten zu können. Abbildung 11.27 zeigt den Prozess.

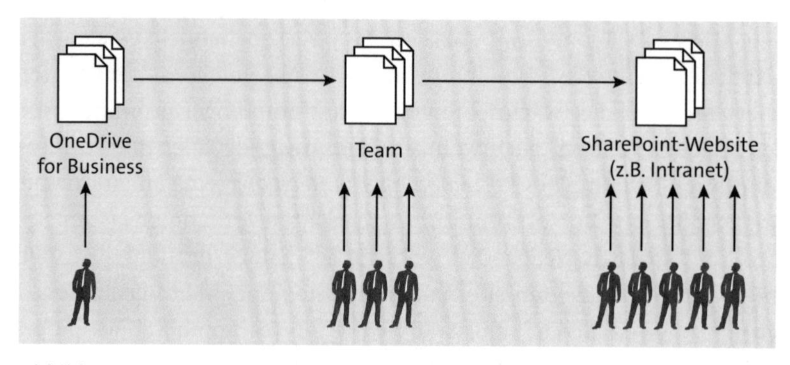

Abbildung 11.27 Datei in unterschiedlichen Speicherorten

11.6.3 Verhaltenskodex

In vielen Unternehmen hat sich herausgestellt, dass die Aufstellung eines Verhaltenskodexes rund um die Nutzung von Microsoft Teams positive Effekte auf die Zusammenarbeit haben kann. Es geht dabei um einige grundsätzliche Richtlinien für die Kommunikation miteinander, die eine bestimmte Erwartungshaltung festschreiben und der Zusammenarbeit einen gewissen Rahmen geben. Im Folgenden mache ich Ihnen einige Vorschläge für das Verhalten bei Besprechungen und im Chat.

In Besprechungen

Insbesondere in Besprechungen über Microsoft Teams, bei denen man sich nur virtuell gegenübersitzt, hilft es, wenn sich die beteiligten Personen an folgende Punkte halten:

- Als Besprechungsorganisator stellen Sie sicher, dass Sie nur relevante Personen einladen.
- Achten Sie bei der Auswahl des Zeitpunkts auf die Situation der Teilnehmer (beispielsweise wegen unterschiedlicher Zeitzonen) und reservieren einen angemessenen Zeitraum für die Besprechung.
- Sagen Sie beim Eintritt in eine Besprechung kurz »Hallo«, und begrüßen Sie die anderen Teilnehmer. Negativ fallen Personen auf, die kommentarlos erscheinen und sich den anderen nicht einmal kurz vorstellen.
- *Small Talk* ist gut, allerdings nur in Maßen. Small Talk eignet sich gut als Eisbrecher, bis sich alle Teilnehmer eingewählt haben. Sind Sie Besprechungsorganisator, ist es jedoch Ihre Verantwortung, den Zeitplan einzuhalten. Daher begrenzen Sie die Zeit für Gespräche, die nichts mit dem eigentlichen Thema der Besprechung haben.
- Wenn Sie nicht sprechen, schalten Sie Ihr Mikrofon stumm. Hintergrundgeräusche wirken sich sonst sehr störend auf die gesamte Besprechung aus. Hilfreich sind hier auch technische Hilfsmittel wie Headsets, bei denen mit dem Umklappen des Mikrofonbügels auch automatisch die Stummschaltung geregelt wird (siehe Abschnitt 9.1.5, »Geräte«).
- Achten Sie vor allem bei der Nutzung von Headsets in Großraumbüros oder öffentlichen Bereichen darauf, welche Lautstärke Ihre Stimme hat. So stören Sie andere Personen in Ihrer Umgebung nicht. Achten Sie auch besonders darauf, keine unternehmensinternen Informationen unbeabsichtigt zu veröffentlichen.
- Laden Sie ein Profilbild hoch, das Sie selbst zeigt und das einigermaßen aktuell ist. Fotos aus der Schulzeit, mit den eigenen Kindern oder aus dem letzten Urlaub sind hier eher ungeeignet. Ein Foto lässt sich von den Besprechungsteilnehmern viel besser zuordnen als die standardmäßig im Teams-Client angezeigten Initialen.

  Ein Profilbild laden Sie im Desktop- oder im Web-Client hoch, indem Sie rechts oben auf das aktuelle Profilbild klicken und dann BILD ÄNDERN wählen (siehe Abbildung 11.28).

Abbildung 11.28 Profilbild ändern

- Schalten Sie wann immer möglich Ihre Kamera ein (sofern es die Internetbandbreite zulässt). Ohne Kamerabild fehlt in der Kommunikation ein wesentlicher Kanal, sodass die Reaktionen des Gegenübers nur sehr viel schwerer einzuschätzen sind und leichter Missverständnisse entstehen können. Ist der Raum, in dem Sie sich befinden, ausnahmsweise gerade zu diesem Zeitpunkt in keinem repräsentablen Zustand, können Sie mit den Teams-Client-Funktionen den Hintergrund verwaschen oder ein alternatives Bild einblenden. So schaffen Sie auch bei Kundengesprächen ein seriöses Umfeld, beispielsweise mit dem Firmengebäude im Hintergrund.

  Die Optionen für den Hintergrund finden Sie bei jedem Eintritt in eine Besprechung (siehe Abbildung 11.29) und währenddessen unter WEITERE AKTIONEN (3 PUNKTE) • HINTERGRUNDEFFEKTE ANWENDEN.

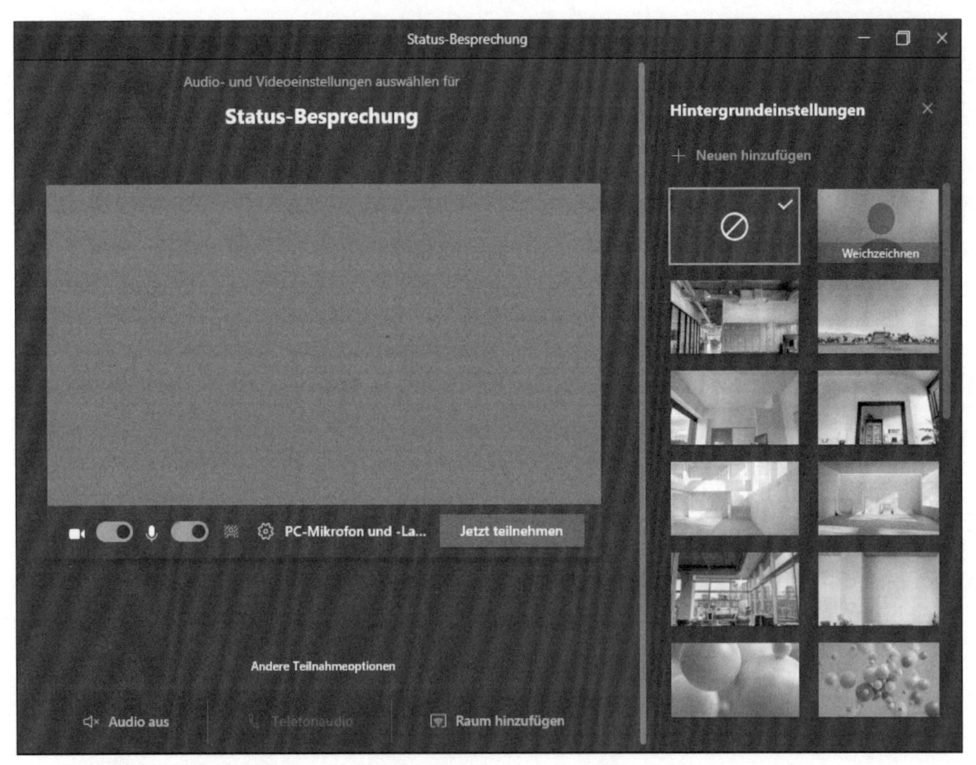

Abbildung 11.29 Hintergrundeinstellungen

[+] Böse Zungen behaupten ja, dass man sich durch eine während einer Besprechung aktivierten Kamera weniger durch Dinge ablenken lässt, die man sonst kurzerhand nebenbei erledigen könnte, wie E-Mails checken, Wäsche aufhängen oder schnell eine Online-Bestellung durchführen. Die Konzentration auf die Besprechungsinhalte könnte somit deutlich steigen.

Bei der Aktivierung der Kamera spielt das Verhalten der ranghöchsten Person in der Besprechung eine besondere Rolle. Wenn der oder die Vorgesetzte die Kamera aktiviert, machen das die anderen Personen regelmäßig auch. Deshalb sollten Vorgesetzte mit gutem Beispiel vorangehen.

- Schalten Sie die Kamera ein, achten Sie darauf, dass keinesfalls unbeabsichtigt weitere Personen im Hintergrund erfasst werden. Dies gilt insbesondere für öffentliche Umgebungen und Großraumbüros.
- Sind Sie die Moderatorin beziehungsweise der Moderator der Besprechung, achten Sie darauf, dass alle Teilnehmer zu Wort kommen, und moderieren Sie das Gespräch entsprechend, damit jede Person ihren Beitrag leisten kann.
- Besteht die Besprechung aus einer größeren Anzahl an Teilnehmern, sollte Folgendes gelten: Möchten Sie eine Frage stellen oder eine Anmerkung machen, fallen Sie niemandem ins Wort. Heben Sie stattdessen Ihre Hand und warten, bis man Ihnen das Wort erteilt. Sind Sie die Moderatorin beziehungsweise der Moderator, achten Sie darauf, wer die Hand hebt, und erteilen Sie derjenigen Person zu einem geeigneten Zeitpunkt das Wort.
- Müssen Sie die Besprechung verlassen, versäumen Sie es nicht, sich zu verabschieden. Möchten Sie dabei die laufende Diskussion nicht unterbrechen, nutzen Sie den Chat-Bereich. Ist Ihre Abwesenheit nur kurzzeitig (beispielsweise wegen eines Paralleltermins oder wegen des Paketboten vor der Tür), nennen Sie den Zeitpunkt der voraussichtlichen Rückkehr.
- Bitten Sie um Zustimmung, wenn Sie die Besprechung aufzeichnen wollen. Es ist zwar selbstredend, aber trotzdem ratsam, wenn Sie vorher die Teilnehmer um deren Zustimmung bitten und auch Ihre Intention und den Zweck der Aufzeichnung erläutern.

Beim Chat in Teams

Auch bei den Chat-Beiträgen in Teams gibt es einige Regeln, die für mehr Klarheit, Übersichtlichkeit und eine bessere Zusammenarbeit sorgen:

- Erstellen Sie einen neuen Chat-Beitrag, geben Sie einen Betreff an (ähnlich wie bei einer E-Mail). Dies hilft den Team-Mitgliedern, schnell zu erkennen, um was es in Ihrem Beitrag geht, und macht das spätere Auffinden des Beitrags sehr viel einfacher. Der Betreff sollte dabei möglichst konkret (beispielsweise »Umsatzzahlen 1. Quartal 2021«) und nicht allgemein sein (etwa »Wichtige Information«).

  Einen Betreff geben Sie an, indem Sie im Teams-Client auf die Schaltfläche FORMATIEREN klicken (die erste Schaltfläche unter dem Eingabefeld – siehe Abbildung 11.30).

  [+] Im direkten Chat-Bereich außerhalb von Teams gibt es keine Möglichkeit, den Betreff mit anzugeben.

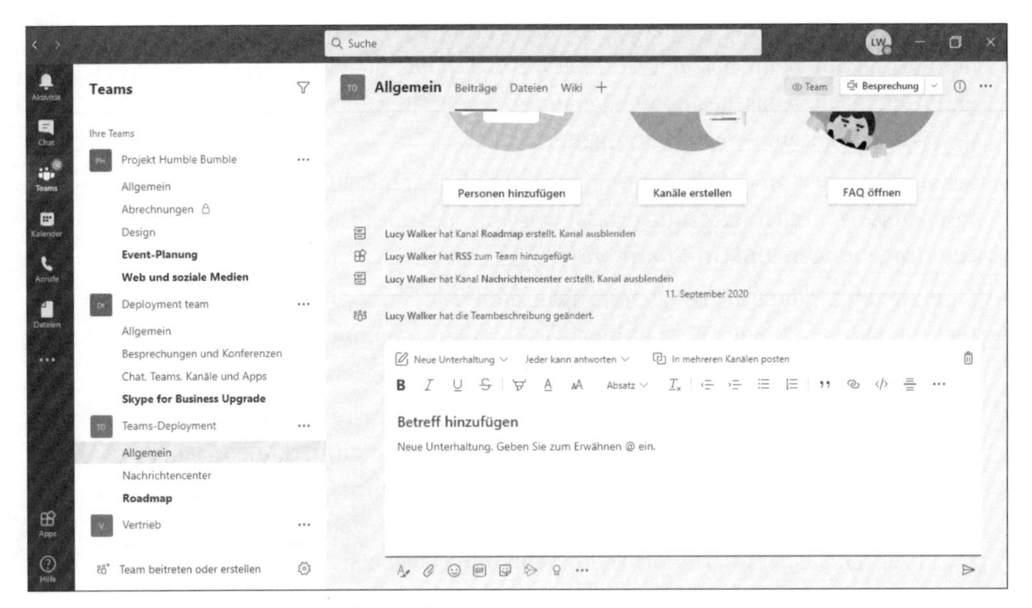

Abbildung 11.30 Betreff hinzufügen

- Fassen Sie sich in den Beiträgen grundsätzlich kurz und sachlich. Achten Sie auch auf die Rechtschreibung – dazu gehört es auch, grundsätzlich die Regeln der Groß- und Kleinschreibung sowie der Kommasetzung zu beachten. Das hört sich zwar etwas oberlehrerhaft an, aber die Lesbarkeit und Verständlichkeit der Beiträge steigt dadurch enorm an.
- Sprechen Sie in einem Beitrag eine einzelne Person direkt an, nutzen Sie die Erwähnungs-Funktion (siehe Abschnitt 2.3.4, »Eigenschaften von Teams«). Damit sorgen Sie für eine zuverlässige Benachrichtigung der angesprochenen Person. Gehen Sie nicht davon aus, dass die Person Ihren Beitrag auch zeitnah liest, wenn Sie die Erwähnungs-Funktion nicht nutzen.
- Nutzen Sie die Erwähnungs-Funktion für Kanal- oder Team-Namen nur dann, wenn es absolut erforderlich ist, dass alle Team-Mitglieder eine entsprechende Benachrichtigung erhalten. Überlegen Sie dabei, ob eine solche Benachrichtigung im konkreten Fall gerechtfertigt ist und was passieren würde, wenn alle Personen entsprechende Nachrichten auf diese Weise übermitteln würden. Die Erwähnung von Kanal- oder Team-Namen ist dabei vergleichbar mit der Nutzung eines E-Mail-Verteilers.
- Achten Sie bei der Nutzung von Emojis, Aufklebern und insbesondere Giphys, dass diese – je nach Kulturkreis – unterschiedlich aufgefasst werden könnten.
- Erhalten Sie eine E-Mail, die Sie mit den Team-Mitgliedern diskutieren wollen, leiten Sie diese nicht einfach wie früher per E-Mail direkt an die Personen weiter. Stattdessen übertragen Sie die E-Mail in einen passenden Kanal innerhalb Ihres

Teams (siehe Abschnitt 2.3.1, »Anwenderansicht«). Alternativ dazu können Sie in Outlook auch die Schaltfläche MIT TEAMS TEILEN nutzen (siehe Abbildung 11.31).

Abbildung 11.31 Mit Teams teilen

11.6.4 Empfohlene Vorgehensweisen

Neben einem Verhaltenskodex sollten Sie Ihren Anwendern auch einige Vorgehensweisen bezüglich der Anwendung von Microsoft Teams mitgeben. In diesem Abschnitt mache ich Ihnen einige Vorschläge, die Sie an die Anforderungen Ihres Unternehmens anpassen und ergänzen können.

Teams

Insbesondere dann, wenn die Anwender selbst in der Lage sind, neue Teams anzulegen, ist eine Hilfestellung sinnvoll, beispielsweise für die folgenden Fragestellungen, ob und wie ein Team angelegt werden sollte:

- **Wann sollte ich ein neues Team anlegen, und wann ist ein Gruppen-Chat ausreichend?**

  Bedenken Sie, dass ein Team typischerweise für die Erreichung eines Ziels oder das Lösen einer konkreten Problemstellung angelegt wird. Gruppen-Chats sind eher für die spontane, losgelöste Kommunikation gedacht, wobei keine dauerhafte und konkrete Zuordnung zu einem Thema erforderlich ist. Ein guter Indikator ist die Erforderlichkeit des Teilens und/oder gemeinsamen Bearbeitens von Dokumenten, die in einem bestimmten Zeitraum fertigzustellen sind. Nahezu alle projektähnlichen Arbeiten sind grundsätzlich ebenfalls für die Zusammenarbeit in Teams geeignet.

- **Gibt es bereits ein gleichartiges Team?**

  Könnte das bestehende Team für die Aufgabenstellung mit eingesetzt werden? Ist gegebenenfalls ein neuer Kanal ausreichend? Muss tatsächlich ein neues Team angelegt werden, und kann dabei der Aufbau des bestehenden Teams als Vorlage verwendet werden?

- **Gibt es bereits ein Team mit denselben eingeplanten Mitgliedern?**

  Sollte es bereits ein Team geben, das genau die Benutzer als Mitglieder hat wie das zu erstellende geplante Team, ist das oftmals ein Hinweis darauf, dass dieses Team für die Aufgabenstellung mit eingesetzt werden könnte, gegebenenfalls durch die Erstellung eines weiteren Kanals innerhalb des bestehenden Teams. Vermeiden Sie es allerdings grundsätzlich, eine zu große Anzahl von Teams mit denselben Mitgliedern anzulegen. Die Arbeitsschritte sind für die Anwender im Regelfall innerhalb eines einzelnen Teams mit mehreren Kanälen einfacher als in vielen Teams mit wenigen Kanälen.

- **Wann soll das Team privat und wann öffentlich angelegt werden?**

  Was sind die Merkmale, die ein privates Team rechtfertigen? Ist der Zugriff auf die Informationen so sensibel, dass ein privates Team gerechtfertigt ist? Oder ist ein öffentliches Team für das Unternehmen nicht eher von Vorteil, um andere Mitarbeiter nicht von den Informationen auszuschließen und damit für mehr Transparenz zu sorgen? Informieren Sie Ihre Anwender beim Anlegen eines privaten Teams darüber, dass der Name des Teams selbst nicht privat ist und deshalb keine sensiblen Informationen beinhalten sollte, beispielsweise noch geheime Projekt- oder Produktnamen.

  Bei der Frage, ob privates oder öffentliches Team, sind auch die gesetzlichen und möglicherweise unternehmensinternen Vorgaben zu berücksichtigen.

- **Wie viele Teams-Besitzer sind erforderlich?**

  In der Standardkonfiguration wird der Benutzer, der ein neues Team anlegt, automatisch zu dessen Besitzer. Grundsätzlich ist es sinnvoll, wenn es noch einen zweiten Besitzer gäbe, der beispielsweise Zugriffsanfragen genehmigen kann, wenn der erste Besitzer in Urlaub ist oder gar das Unternehmen verlassen hat. Über einen eigenen Provisionierungsprozess ließe sich eine solche Anforderung realisieren (siehe Abschnitt 11.4.1, »Eigener Provisionierungsprozess für Teams«).

  [+] Auch wenn auf den oder die Besitzer eines Teams nicht mehr zurückgegriffen werden kann – der Teams-Administrator kann jederzeit auch diese Teams im Microsoft Teams Admin Center verwalten und gegebenenfalls einen neuen Besitzer bestimmen.

An dieser Stelle sollten Sie Ihre Anwender auch darüber informieren, dass es von Haus aus keine Funktion gibt, um ein bestehendes Team in mehrere Teams aufzuspalten oder mehrere Teams in ein einzelnes Team zusammenzuführen.

Kanäle

Das Konzept von Kanälen ist für viele neue Anwender von Microsoft Teams zunächst einmal ungewohnt. Am ehesten lassen sich Kanäle noch mit Ordnern im Posteingang vergleichen – allerdings beschränken sich Kanäle ja nicht auf den Chat, sondern beinhalten auch Dateien und gegebenenfalls weitere Funktionen wie die Aufgabenliste und das Notizbuch. Wenigstens diese Punkte sollten Sie Ihren Anwendern daher mit auf den Weg geben:

- **Wozu sollte der immer vorhandene Kanal »Allgemein« genutzt werden?**

  Dieser Kanal ist in jedem Team vorhanden und lässt sich weder löschen noch umbenennen. Gegebenenfalls hilft eine Richtlinie, wozu dieser Kanal grundsätzlich genutzt werden sollte. Typische Anwendungsfälle sind Ankündigungen, die Vorstellung neuer Team-Mitglieder sowie wesentliche Änderungen am Team selbst, also beispielsweise an der Team-Struktur, die Möglichkeit, Gäste hinzuzufügen etc.

- **Wie behalte ich den Überblick?**

  Mit einer zunehmenden Anzahl an Teams und Kanälen wird es für die Anwender zunehmend schwierig, jeden einzelnen neuen Chat-Beitrag im Blick zu behalten. Um obwohl der Teams-Client Kanäle mit neuen Beiträgen in fett gesetzter Schrift darstellt, wäre es mit recht großem Aufwand verbunden, wenn sich die Anwender regelmäßig durch diese Kanäle klicken müssten. Empfehlen Sie Ihren Anwendern, die Benachrichtigungsfunktion entsprechend über die Kanäle zu setzen. So weist beispielsweise der Teams-Client auf neue Beiträge in wichtigen Kanälen extra hin. Die anderen Kanäle kann der Anwender dann bei Bedarf einsehen. Die Anwender können die Benachrichtigung für jeden Kanal separat einstellen. Dazu öffnen sie das Kontextmenü des jeweiligen Kanals (drei Punkte) und wählen den Befehl KANALBENACHRICHTIGUNGEN. Im Untermenü hat der Anwender dann die folgende Auswahl:

  - ALLE AKTIVITÄTEN (Beiträge, Antworten, Erwähnungen)
  - AUS (direkte Antworten, persönliche Erwähnungen ausnehmen)
  - BENUTZERDEFINIERT: Damit hat der Anwender zusätzliche Auswahlmöglichkeiten. Er kann wählen, ob er jedes Mal benachrichtigt werden möchte, wenn in dem Kanal ein neuer Beitrag veröffentlicht wird, und, wenn ja, ob die Benachrichtigung nur bei den Aktivitäten oder zusätzlich auch als Banner erfolgen soll. Die gleichen Optionen hat er für Kanalerwähnungen (siehe Abbildung 11.32).

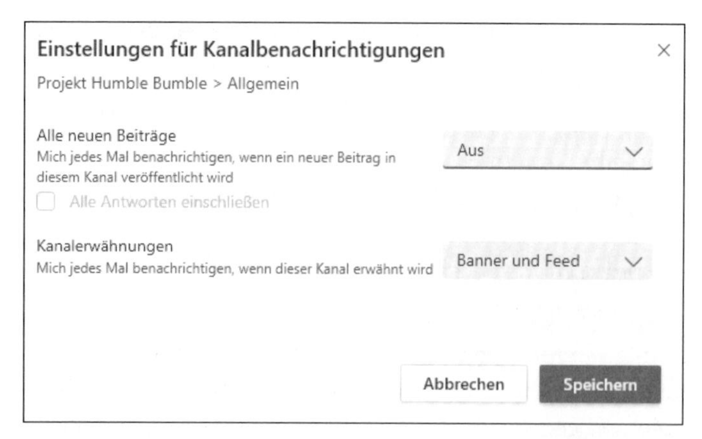

Abbildung 11.32 Benutzerdefinierte Kanalbenachrichtigungen

[+] Der Teams-Client stellt dem Anwender auch einige allgemeine Benachrichtigungsoptionen zur Verfügung. Sie finden diese bei den Einstellungen, wenn Sie auf Ihr Profilbild klicken (siehe Abbildung 11.33).

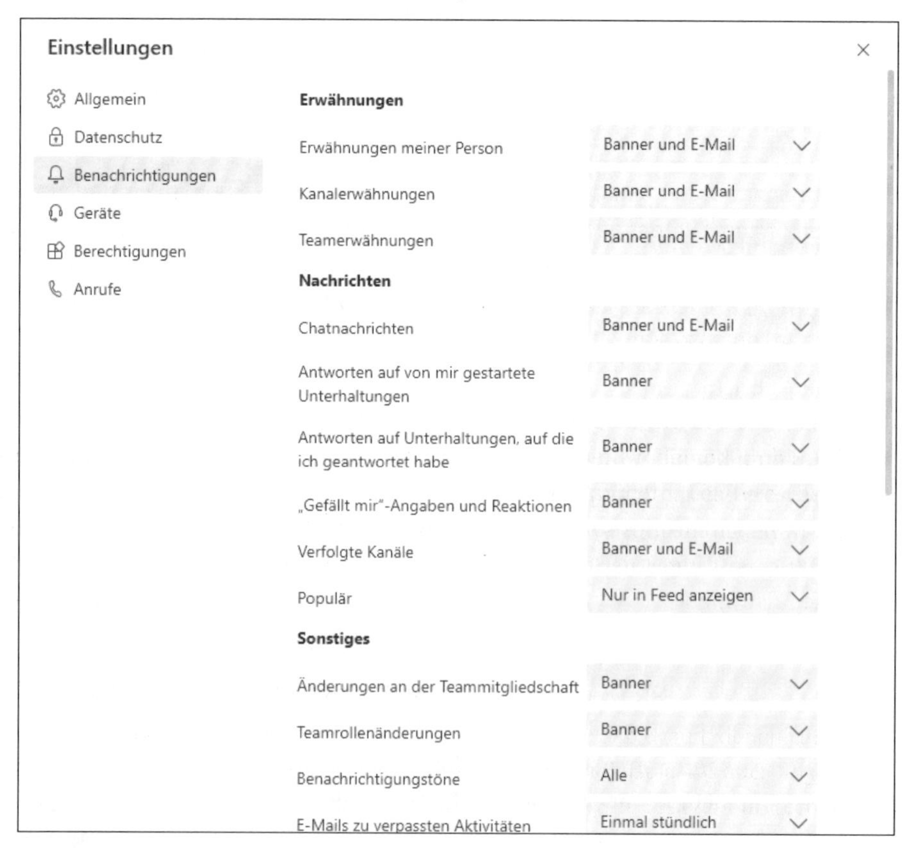

Abbildung 11.33 Allgemeine Benachrichtigungseinstellungen

Beim Aktivieren der Benachrichtigungen sollten die Anwender jedoch sehr selektiv vorgehen. Es macht in der Praxis keinen Sinn, wenn ständig neue Benachrichtigungen erscheinen – zum einen unterbricht das jedes Mal den Arbeitsfluss, und zum anderen werden die Benachrichtigungen dann zunehmend ignoriert, sodass ihr eigentliche Aufgabe verloren zu gehen droht.

- **Wie soll man mit privaten Kanälen umgehen?**

  Innerhalb von privaten Kanälen stellen Sie Informationen nur einem Teil der Team-Mitglieder zur Verfügung (siehe Abschnitt 2.3.1, »Anwenderansicht«). Die Praxis zeigt, dass in Teams mit vielen privaten Kanälen oftmals die Übersicht leidet und Anwender zunehmend Schwierigkeiten haben, zu erkennen, wer auf welche Informationen Zugriff hat. Achten Sie deshalb darauf, die Anzahl an privaten Kanälen sehr gering zu halten. Idealerweise verwenden Sie pro Team nicht mehr als ein oder maximal zwei private Kanäle.

- **Was bedeuten die Reaktionen?**

  Einzelne Beiträge in Kanälen (und ebenso bei 1:1- und Gruppen-Chats) können von den Anwendern mit einer Reaktion gekennzeichnet werden (siehe Abbildung 11.34). Dabei stellt sich insbesondere beim ersten *Emoji*, dem ausgestreckten Daumen, die Frage, was es bedeuten soll. Steht es für ein *Like* wie bei Facebook? Drückt es also (emotionale) Zustimmung aus, oder steht es für »Genehmigt«, »Mach das« etc.? Nicht in jedem Unternehmen ist die Nutzung dieses Emojis unmissverständlich.

Abbildung 11.34 Reaktionen bei Chat-Beiträgen

Likes als Lesebestätigung?

Robin gibt in der Beispiel AG die Empfehlung für die Anwender aus, jede Nachricht, die sie gelesen haben, mit dem Daumen-hoch-Emoji zu markieren. Damit wäre für alle einfach nachzuvollziehen, wer welche Nachricht gelesen hat.

Doch diese Empfehlung sorgte bei den Anwendern für einigen Unmut, da es ihnen viel zu aufwendig schien, jede einzelne gelesene Nachricht mit diesem Emoji zu markieren. So wurde diese Regel schnell missachtet. Stattdessen wird der nach oben gestreckte Daumen nun wieder als Like verwendet.

Besprechungen

Auch für Besprechungen gibt es einige empfehlenswerte Vorgehensweisen, insbesondere diese:

- **Besprechungsoptionen**

  Achten Sie besonders bei Besprechungen mit externen Teilnehmern darauf, geeignete Besprechungsoptionen zu setzen. Planen Sie den Termin mit Outlook, finden Sie dazu in der Symbolleiste die entsprechende Schaltfläche. Planen Sie den Termin dagegen mit dem Teams-Client, legen Sie zuerst die Besprechung an, öffnen diese erneut, und dann wird die entsprechende Schaltfläche angezeigt. Die Optionen erlauben dabei die folgenden Einstellungsmöglichkeiten (siehe Abbildung 11.35):

  - Wer kann den Wartebereich umgehen?
  - Anrufer den Wartebereich immer umgehen lassen
  - Ankündigen, wenn Anrufer der Besprechung beitreten oder sie verlassen
  - Wer kann präsentieren?

  Die letzte Option wirkt sich nicht nur auf die Möglichkeit zur Freigabe aus, sondern Sie legen damit die Referenten der Besprechung fest – nur diese können beispielsweise andere Teilnehmer stummschalten und Personen aus der Besprechung entfernen.

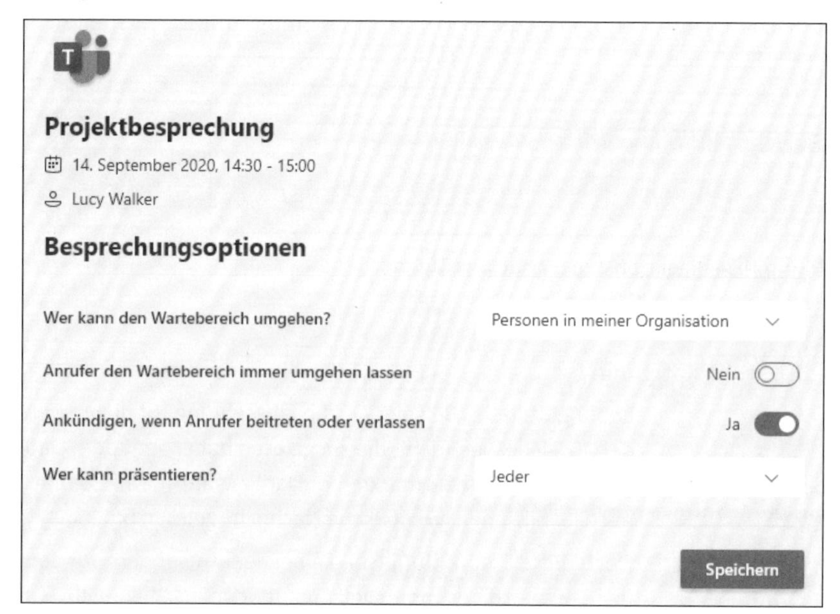

Abbildung 11.35 Besprechungsoptionen

- **Kanalbesprechungen**

  Wann immer es möglich ist, sollten Sie Kanalbesprechungen anlegen, bei denen der darin abgehaltene Chat, die Notizen und gegebenenfalls die Aufzeichnungen etc. direkt im bei der Planung angegebenen Kanal hinterlegt werden. Dies macht das spätere Auffinden der Inhalte für die Anwender deutlich einfacher (siehe Abschnitt 2.4.1, »Anwenderansicht«).

11.7 Nutzung analysieren

Nicht nur bei der Einführung von Microsoft Teams, sondern auch im laufenden Betrieb lohnt es sich für Sie, die Nutzung der Funktionen im Blick zu behalten. Berichte darüber, wie die Anwender Microsoft Teams nutzen, und die Veränderung über die Zeit helfen Ihnen, einen Überblick darüber zu erhalten, wie Microsoft Teams genutzt wird, und Sie können daraufhin besser entscheiden, ob bestimmte Maßnahmen getroffen werden sollten oder nicht. Legen die Zahlen beispielsweise offen, dass eine bestimmte Funktionalität weniger genutzt wird als erwartet, können Sie die Ursache hinterfragen und entsprechend darauf reagieren, beispielsweise mit Schulungen, die den Anwendern bestimmte Funktionen näherbringen.

Für die Nutzungsanalyse finden Sie in Microsoft 365 an unterschiedlichen Stellen bereits vorgefertigte Berichte, mit denen Sie einen guten Überblick erhalten. Es gibt zudem eine Variante zur Erstellung von Berichten, die ganz auf die Erfordernisse Ihres Unternehmens abgestimmt ist. Sehen wir uns in diesem Abschnitt die infrage kommenden Berichtsvarianten an.

11.7.1 Berichte im Microsoft 365 Admin Center

Im Microsoft 365 Admin Center erhalten Sie Zugriff auf einige Verwendungsberichte – nicht nur zu Microsoft Teams, sondern auch zu anderen Diensten aus Microsoft 365. Konzentrieren wir uns in diesem Abschnitt auf die Microsoft Teams-spezifischen Berichte.

Der Zugriff auf diese Berichte steht allerdings nicht allen Benutzern zur Verfügung, sondern nur Benutzern, denen eine der folgenden administrativen Rollen zugewiesen wurde:

- globaler Administrator
- Exchange-Administrator
- SharePoint-Administrator
- Skype for Business-Administrator
- globaler Leser
- Berichtleseberechtigter
- Teams-Dienstadministrator
- Teams-Kommunikationsadministrator

In der Navigation des Microsoft 365 Admin Centers finden Sie die Verwendungsberichte unter BERICHTE • VERWENDUNG (siehe Abbildung 11.36). Die direkte URL lautet wie folgt:

https://admin.microsoft.com/AdminPortal/Home#/reportsUsage

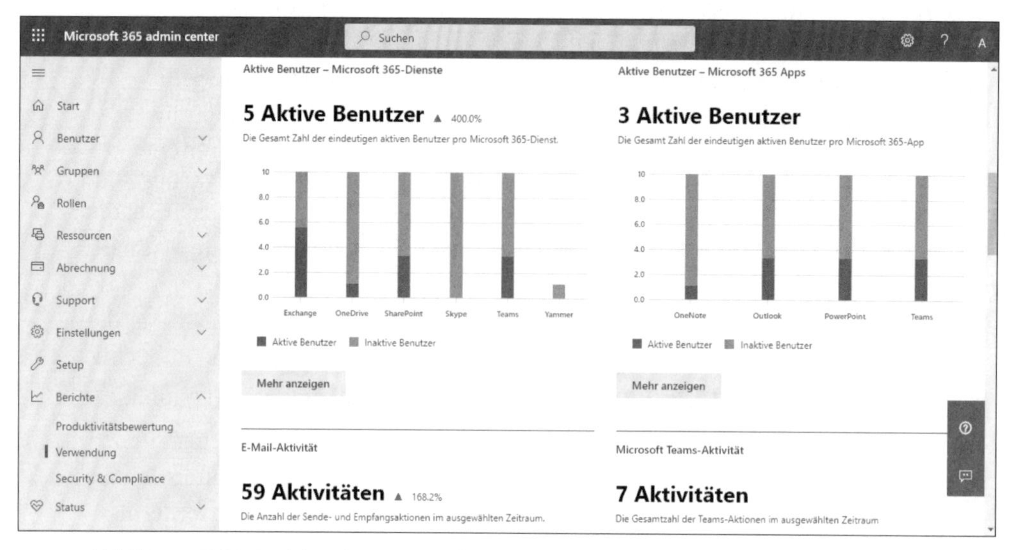

Abbildung 11.36 Berichte im Microsoft 365 Admin Center

Auf dieser Seite finden Sie die Kachel MICROSOFT TEAMS-AKTIVITÄT. Klicken Sie dort auf MEHR ANZEIGEN, und Sie erhalten Zugriff auf die beiden Microsoft Teams-spezifischen Berichte BENUTZERAKTIVITÄT und GERÄTEVERWENDUNG. Eine Anpassung der beiden Berichte ist nicht möglich.

In beiden Berichten können Sie als Datengrundlage die letzten sieben, 30, 90 oder 180 Tage auswählen. Die angezeigten Daten haben einen zeitlichen Versatz von etwa 48 Stunden. Die Daten aus länger zurückliegenden Zeiträumen sind bei diesen Berichten nicht verfügbar. Sollten Sie weiter in die Vergangenheit zurückgehen wollen, greifen Sie auf die *Microsoft 365-Verwendungsanalysen* zurück (siehe Abschnitt 11.7.3) – dort sind die Daten aus den letzten zwölf Monaten verfügbar.

Die Berichte bestehen jeweils aus einem Diagramm und einer dazugehörigen Tabelle. Die angezeigten Spalten können Sie anpassen und bei Bedarf als CSV-Datei exportieren (und beispielsweise in Excel zur weitergehenden Analyse öffnen).

Microsoft Teams Benutzeraktivität

Dieser Bericht besteht aus zwei Schaubildern (siehe Abbildung 11.37):

- AKTIVITÄT: Die Anzahl von Aktivitäten nach Typ, wobei die Aktivitäten wie folgt aufgeschlüsselt sind:

- Kanalnachrichten
- Chat-Nachrichten
- Einzelanrufe
- Besprechungen insgesamt

▶ BENUTZER: Die Anzahl der Benutzer nach Aktivitätstyp mit folgender Aufschlüsselung:
  - Kanalnachrichten
  - Chat-Nachrichten
  - Einzelanrufe
  - Besprechungen insgesamt
  - andere Aktivität (hierzu zählen beispielsweise das Liken, der Zugriff auf Apps, die Arbeit an Dateien, die Suche, das Folgen und Favorisieren von Teams etc.)

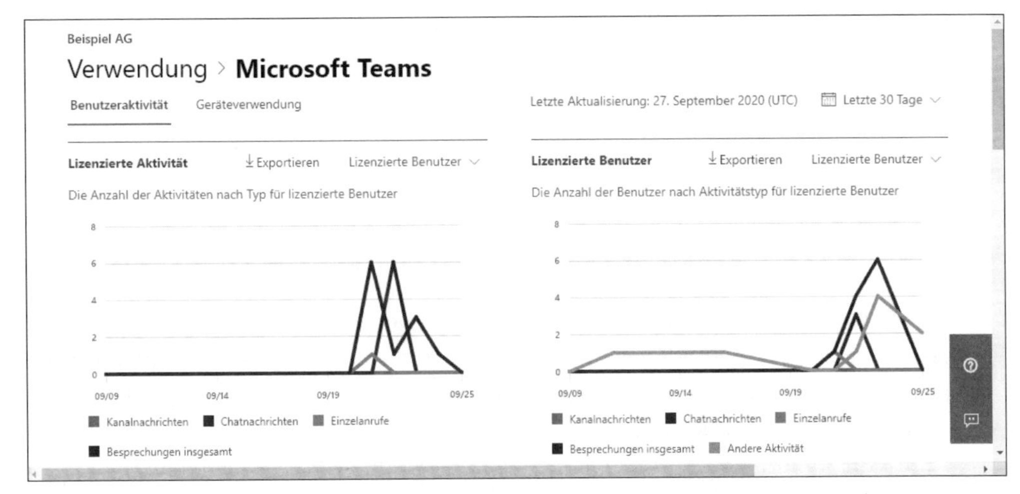

Abbildung 11.37 Microsoft Teams-Benutzeraktivität

Microsoft Teams Geräteverwendung

Auch in diesem Bericht haben Sie zwei unterschiedliche Schaubilder zur Verfügung (siehe Abbildung 11.38):

▶ BENUTZER: Die Anzahl der täglichen Benutzer nach Gerätetyp, wobei als Gerätetyp folgende Werte aufgeschlüsselt sind:
  - Windows
  - Mac
  - Web
  - iOS
  - Android-Smartphone

  - Chrome BS
  - Linux
- VERTEILUNG: Die Anzahl der Benutzer nach Gerätetyp im ausgewählten Zeitraum

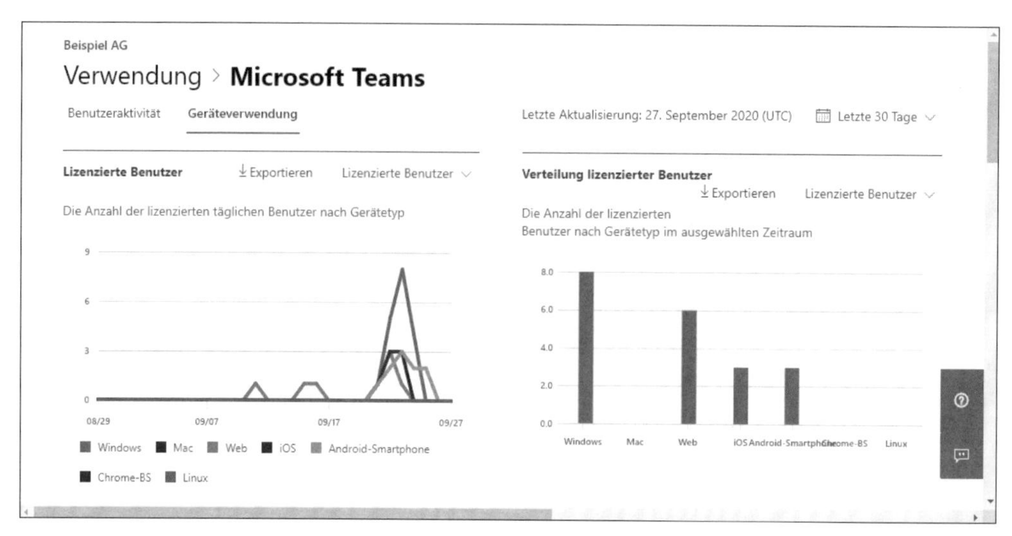

Abbildung 11.38 Microsoft Teams-Geräteverwendung

PSTN-Nutzungsdetails und PSTN-Minutenpools

Aus historischen Gründen sind aktuell zwei weitere für Microsoft Teams wichtige Berichte im Menü nicht unter dem Begriff Microsoft Teams, sondern unter der Bezeichnung Skype for Business-Aktivität zu finden. Wählen Sie dort den Bericht PSTN-VERWENDUNG, und wechseln Sie in das alte Skype for Business Admin Center (siehe Abbildung 11.39).

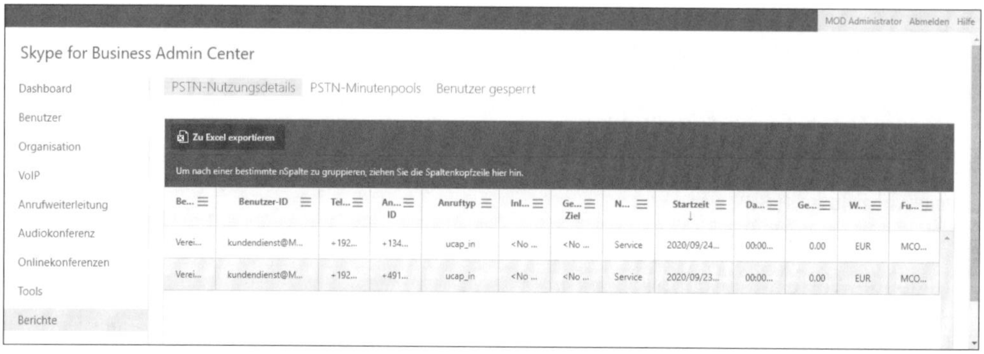

Abbildung 11.39 Skype for Business Admin Center

Auf der Registerkarte PSTN-NUTZUNGSDETAILS finden Sie eine Tabelle mit den Details zu Telefongesprächen. Die Registerkarte PSTN-MINUTENPOOLS zeigt die

Pools für Anrufpläne und Audiokonferenzen mit den im aktuellen Zeitabschnitt verbrauchten Minuten.

Die Daten beider Berichte können Sie bei Bedarf als Excel-Arbeitsblätter herunterladen und dort weiter analysieren.

11.7.2 Berichte im Microsoft Teams Admin Center

Neben den beiden Berichten aus dem Microsoft 365 Admin Center, die doch eher rudimentär gehalten sind, hält das Microsoft Teams Admin Center eine ganze Palette weiterer Berichte zum Abruf bereit, allerdings nur für Benutzer mit einer dieser administrativen Rollen (lesen Sie hierzu auch Abschnitt 5.1.2):

- globaler Administrator
- Teams-Dienstadministrator
- Teams-Kommunikationsadministrator
- Skype for Business-Administrator

Die Berichte finden Sie dann im Microsoft Teams Admin Center unter ANALYSEN UND BERICHTE • VERWENDUNGSBERICHTE (siehe Abbildung 11.40). Die direkte URL lautet:

https://admin.teams.microsoft.com/analytics/reports

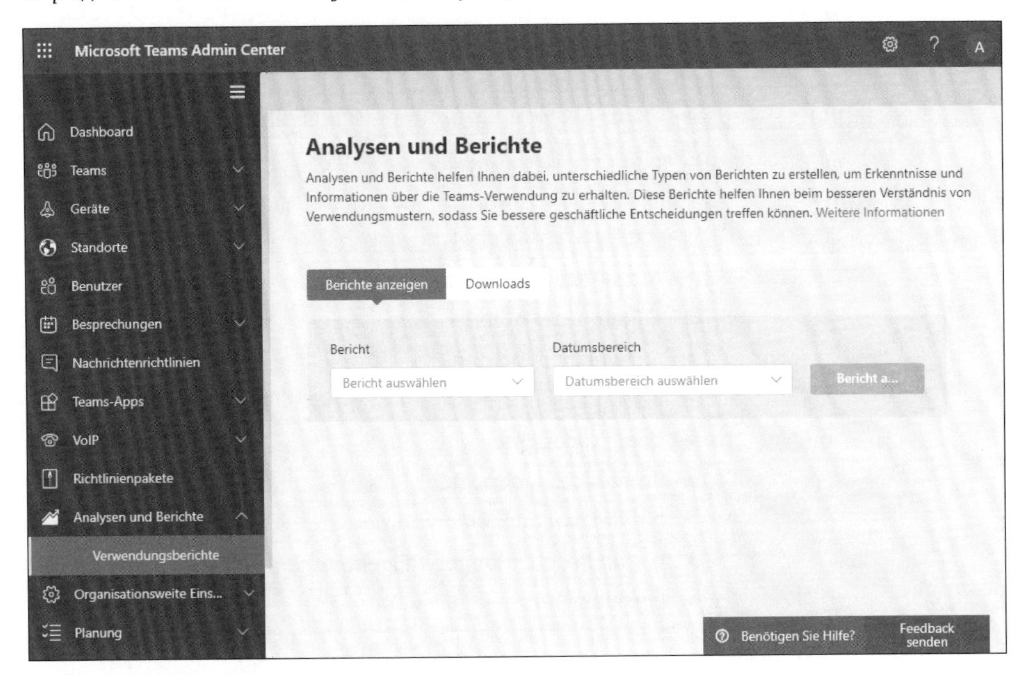

Abbildung 11.40 Verwendungsberichte im Microsoft Teams Admin Center

Zur Auswahl finden Sie dann die Berichte aus Tabelle 11.9. Je nach Bericht können Sie einen Zeitraum auswählen (im Regelfall sieben, 30 oder 90 Tage – oder einen benutzerdefinierten Zeitraum) und gegebenenfalls zusätzliche Filterkriterien wie einen Benutzernamen.

Bericht	Inhalt
TEAMS-NUTZUNG	Gibt Ihnen einen Überblick über die Nutzung von Microsoft Teams, inklusive der Anzahl aktiver Benutzer und Kanäle. So sehen Sie, wie viele Anwender Teams in Ihrem Mandanten nutzen. Diese Zahlen und Daten erhalten Sie für jedes Team: ▶ Team-Name ▶ aktive Benutzer ▶ Gäste ▶ aktive Kanäle ▶ Beitragsnachrichten ▶ Antwortnachrichten ▶ Kanalnachrichten ▶ dringende Nachrichten ▶ Reaktionen ▶ Erwähnungen ▶ hat Besprechungen organisiert ▶ Datenschutz ▶ letzte Aktivität (Datum)
TEAMS-BENUTZER-AKTIVITÄT	Gibt einen Überblick darüber, welche Arten von Aktivitäten die Benutzer in Microsoft Teams tätigen. Die Tabelle enthält folgende Daten pro Benutzer: ▶ Anzeigename (Benutzer) ▶ Kanalnachrichten ▶ Antwortnachrichten ▶ Beitragsnachrichten ▶ Chat-Nachrichten ▶ dringende Nachrichten ▶ hat Besprechungen organisiert ▶ hat an Besprechungen teilgenommen ▶ Einzelanrufe

Tabelle 11.9 Verwendungsberichte im Microsoft Teams Admin Center

Bericht	Inhalt
	► Gruppenanrufe ► Audiozeit ► Videozeit ► Bildschirmübertragungszeit ► letzte Aktivität (Datum)
TEAMS-GERÄTE-NUTZUNG	Gibt Aufschluss darüber, mit welcher Art von Gerät die Anwender auf Microsoft Teams zugreifen. Die Tabelle enthält folgende Daten pro Benutzer: ► Anzeigename (Benutzer) ► Windows ► Mac ► iOS ► Android-Telefon ► Chrome BS ► Windows Phone ► Linux ► letzte Aktivität (Datum)
NUTZUNG VON APPS	Liefert Ihnen Informationen, wie z. B. welche Apps von den Anwendern in Microsoft Teams genutzt werden. Die Tabelle enthält folgende Daten pro App: ► App-Name ► aktive Nutzer (Anzahl) ► App-Typ (Microsoft, eigene oder eingekaufte App) ► aktive Teams (Anzahl) ► Publisher ► Version Bei diesem Bericht haben Sie zusätzlich die Möglichkeit, nach einer bestimmten App zu suchen, was recht hilfreich ist, wenn in Ihrem Mandanten sehr viele unterschiedliche Apps genutzt werden.

Tabelle 11.9 Verwendungsberichte im Microsoft Teams Admin Center (Forts.)

Bericht	Inhalt
NUTZUNG VON TEAMS-LIVE-EREIGNISSEN	Bei diesem Bericht wählen Sie einen Datumsbereich und optional einen bestimmten Organisator. Der Bericht zeigt Informationen zu den Liveereignissen aus Ihrem Mandanten. Die Tabelle enthält folgende Daten pro Liveereignis: ▶ Ereignis ▶ Startzeit (Datum) ▶ Ereignisstatus ▶ Organisator ▶ Referenten ▶ Produzenten ▶ Ansichten ▶ Aufzeichnung ▶ Produktionstyp
PSTN-BLOCKIERTE BENUTZER	Der Bericht zeigt die Anzahl der Benutzer sowie die Benutzer selbst, die aus unterschiedlichen Gründen für die Telefonie ins Telefonnetz gesperrt sind. Die Tabelle enthält folgende Daten pro Benutzer: ▶ Anzeigename (Benutzer) ▶ Telefonnummer ▶ Grund für das Blockieren ▶ Blockieraktion ▶ blockiert am (Datum)
PSTN-MINUTEN- UND SMS-POOLS	Mit diesem Bericht erhalten Sie einen Überblick über die Minutennutzung bei Telefonanrufen und SMS ins Telefonnetz sowie über die Nutzung von Telefonaten bei Audiokonferenzen. Das Schaubild zeigt dabei die ungenutzten Minuten sowie die Minuten jeweils für Inlands- und Auslandsanrufe. Die Tabelle enthält folgende Daten: ▶ Land oder Region ▶ Beschreibung der Funktion ▶ Minuten oder SMS-Einheiten insgesamt ▶ Minuten oder SMS-Einheiten verwendet ▶ Minuten oder SMS-Einheiten verfügbar ▶ Funktion

Tabelle 11.9 Verwendungsberichte im Microsoft Teams Admin Center (Forts.)

Bericht	Inhalt
	Verwenden Sie diesen Bericht, um die Nutzung der Anrufpläne und Inklusivminuten einiger Audiokonferenz-Lizenzen im Blick zu behalten. In diesem Bericht ist die Nutzung von direktem Routing (siehe Abschnitt 2.6.2, »Anbindung an das Telefonnetz«) nicht enthalten.
PSTN-MINUTEN UND SMS-NUTZUNG	Dieser Bericht liefert einen Überblick über die Telefonie-Nutzung in das und aus dem herkömmlichen Telefonnetz sowohl bei Anrufen und SMS als auch bei Audiokonferenzen. Dabei sind sowohl die Anrufpläne als auch direktes Routing berücksichtigt. Die Tabelle liefert folgende Daten: ▸ Startzeit ▸ Anzeigename (Benutzer) ▸ Benutzername ▸ Telefonnummer ▸ Anrufer-ID ▸ Anruf-/SMS-Typ ▸ gewähltes Ziel ▸ Gebühr

Tabelle 11.9 Verwendungsberichte im Microsoft Teams Admin Center (Forts.)

Die Berichte bestehen wie auch im Microsoft 365 Admin Center aus einem Diagramm und einer Tabelle, deren angezeigten Spalten Sie ebenfalls auswählen können.

Auch bei diesen Berichten ist leider eine weitere Anpassung nicht vorgesehen und ein längerer Zeitraum nicht auswählbar. Benötigen Sie mehr Flexibilität, lesen Sie den folgenden Abschnitt zu den Microsoft 365-Verwendungsanalysen.

Die Berichte beziehungsweise die dahinterliegenden Daten können Sie als CSV-Datei zur weiteren Analyse exportieren. Klicken Sie dazu beim jeweiligen Bericht auf das EXCEL-SYMBOL. Die Datei wird dann generiert und liegt anschließend im Bereich DOWNLOADS zum Herunterladen bereit.

11.7.3 Microsoft 365-Verwendungsanalysen

Die bereits vorbereiteten Berichte aus dem Microsoft 365 Admin Center und dem Microsoft Teams Admin Center erlauben Ihnen ohne großen Konfigurationsaufwand einen schnellen Einblick in die Nutzung von Microsoft Teams in Ihrem Unternehmen. Doch decken diese Berichte nicht jeden Anwendungsfall ab. Möglicherweise benötigen Sie eine Zusammenstellung an Daten, die so in den Standardberichten nicht vorgesehen ist, beispielsweise wenn Sie auf die Entwicklung der Daten nicht nur auf die letzten 180 Tage (bei den Admin Center-Berichten), sondern auf bis zu einem Jahr zurückgreifen wollen. In diesem Fall sollten Sie sich die *Microsoft 365-Verwendungsanalysen* ansehen.

Die Verwendungsanalysen werden in keinem der Admin Center direkt aufgeführt. Es handelt sich dabei um eine auf Power BI basierende App, die Sie bei Bedarf in Ihrem Mandanten aktivieren können. Dieser Ansatz bietet Ihnen mehrere Vorteile:

- Sie erhalten vorgefertigte Berichte und Dashboards, die Sie direkt im Browser oder mithilfe der Anwendung *Power BI Desktop* an Ihre Bedürfnisse anpassen können.
- Sie haben Zugriff auf die Daten der letzten zwölf Monate (bei einem wöchentlichen Refresh der Daten).
- Die Berichte können in andere Anwendungen integriert werden (beispielsweise als Registerkarte innerhalb eines Teams oder auf einer Intranetseite auf SharePoint Online).
- Die Nutzungsanalyse ist anonymisierbar, sodass dort keine Benutzerdaten erscheinen.

Allerdings gibt es auch einen Nachteil: Die Microsoft 365-Verwendungsanalysen setzen eine Lizenz vom Typ *Power BI Pro* voraus, wie sie beispielsweise in den Lizenzen vom Typ *Office 365 E5* und *Microsoft 365 E5* enthalten ist. Diese Lizenz benötigen Sie nicht für alle Benutzer, aber doch für diejenigen, die die Verwendungsanalysen installieren, anpassen und verteilen wollen.

Einrichtung der Microsoft 365-Verwendungsanalysen

Um die Power BI-basierte App einzurichten, benötigen Sie neben der Power BI Pro-Lizenz eine der folgenden administrativen Rollen:

- globaler Administrator
- Berichtsleser
- Exchange-Administrator
- Skype for Business-Administrator
- SharePoint-Administrator

Die Einrichtung selbst beginnen Sie dann im Microsoft 365 Admin Center unter BERICHTE • VERWENDUNG in der dafür vorgesehenen Kachel. Folgen Sie dort den entsprechenden Anweisungen.

Inhalte der Microsoft 365-Verwendungsanalysen

Nach der Einrichtung erhalten Sie Zugriff auf das Dashboard (siehe Abbildung 11.41).

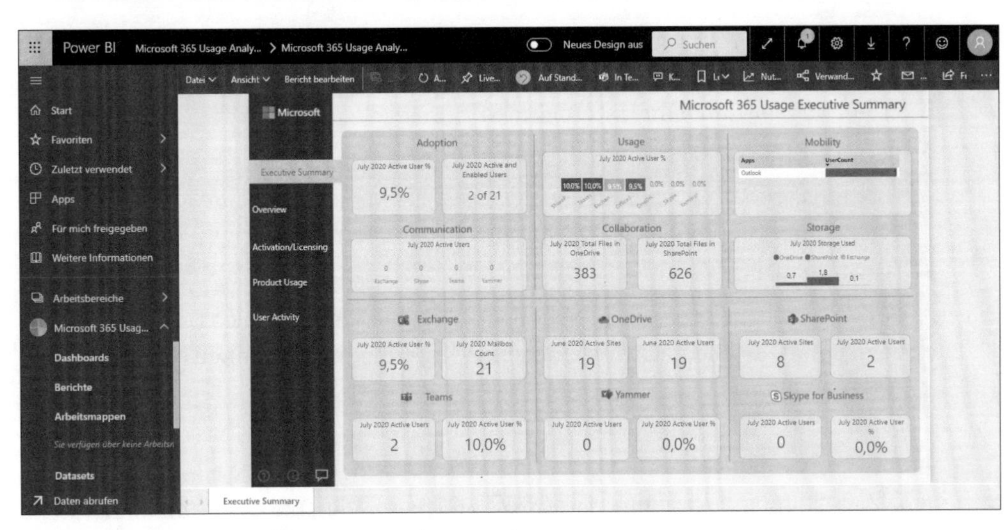

Abbildung 11.41 Microsoft 365-Verwendungsanalysen

Das Dashboard selbst ist in fünf unterschiedliche Bereiche gegliedert (in englischer Sprache):

- EXECUTIVE SUMMARY

  Diese Zusammenfassung ist speziell für die Managementebene gedacht. Dort sind die wichtigsten Kennzahlen zur Nutzung der Dienste, der Geräte, der Speicherbelegung etc. enthalten. Wichtig sind hier auch jeweils die Angaben zu den aktiven Benutzern, also wie viele der Benutzer (auch prozentual) welchen Dienst aktiv nutzen.

- OVERVIEW

  In diesem Bereich sind einige Unterbereiche über verschiedene Registerkarten aufgeführt:

  - ADOPTION: Trends bei der Nutzung diverser Dienste aus Microsoft 365
  - USAGE: Anzahl aktiver Benutzer und der wichtigsten Tätigkeiten in verschiedenen Diensten in den letzten zwölf Monaten
  - COMMUNICATION: Vergleich der Nutzungsgewohnheiten Ihrer Benutzer in Bezug auf Teams, Yammer, E-Mail und Skype
  - COLLABORATION: Übersicht über die Nutzung von OneDrive und SharePoint zum Speichern von Dateien
  - STORAGE: Die genutzte Speicherkapazität für Postfächer, OneDrive und SharePoint-Websites
  - MOBILITY: Übersicht darüber, welche Clients von den Benutzern für E-Mail, Teams, Skype und Yammer verwendet werden

- ACTIVATION/LICENSING

  Berichte über die Aktivierung der Office-Apps durch die Benutzer und über die Lizenzvergabe durch Ihr Unternehmen

- PRODUCT USAGE

  Hier erhalten Sie für verschiedene Dienste aus Microsoft 365 die Anzahl der aktiven Benutzer im Vergleich zur Gesamtzahl der Benutzer.

- USER ACTIVITY

  Für verschiedene Dienste aus Microsoft 365 liefert dieser Bereich Daten zur Benutzeraktivität, die Sie nach verschiedenen Kriterien filtern können, wie Abteilung, Land, Ort etc.

Anpassung der Berichte

Eine detaillierte Beschreibung der Anpassung dieser Berichte würde an dieser Stelle zu weit führen. Deshalb verweise ich Sie hier auf die offizielle Dokumentation:

https://docs.microsoft.com/de-de/microsoft-365/admin/usage-analytics/customize-reports?view=o365-worldwide

11.8 Produktivitätsbewertung

In Abschnitt 5.1.4, »Sicherheitsbewertung«, haben wir bereits die Sicherheitsbewertung diskutiert. Bei der Sicherheitsbewertung erhalten Sie als Ergebnis eine Zahl, die umso höher ist, je mehr Sicherheitsoptionen Sie in Ihrem Mandanten aktiviert haben. Einen ähnlichen Ansatz verfolgt die Produktivitätsbewertung im Microsoft 365 Admin Center unter BERICHTE • PRODUKTIVITÄTSBEWERTUNG (siehe Abbildung 11.42).

Wie bei der Sicherheitsbewertung erhalten Sie eine Punktzahl, die auf Basis von zwei Bereichen errechnet wird:

- **Mitarbeitererfahrung**

  Dieser Bereich setzt sich aus den Unterbereichen Kommunikation, inhaltliche Zusammenarbeit und Mobilität zusammen. Je mehr Funktionen Sie aus Microsoft 365 nutzen (genauer in den einzelnen Diensten Exchange, SharePoint, OneDrive, Teams, Word, Excel, PowerPoint, OneNote, Outlook oder Yammer), umso höher fällt die Bewertung aus.

- **Technologieerfahrung**

  Hierzu gehören die Endpunktanalyse, wie beispielsweise die Startzeit der verwendeten Geräte, und die Analyse der Netzwerkverbindung.

Zu allen Bereichen erhalten Sie nicht nur die Bewertung Ihres eigenen Mandanten, sondern sehen auch einen Durchschnitt von anderen Mandanten in ähnlicher Größenordnung.

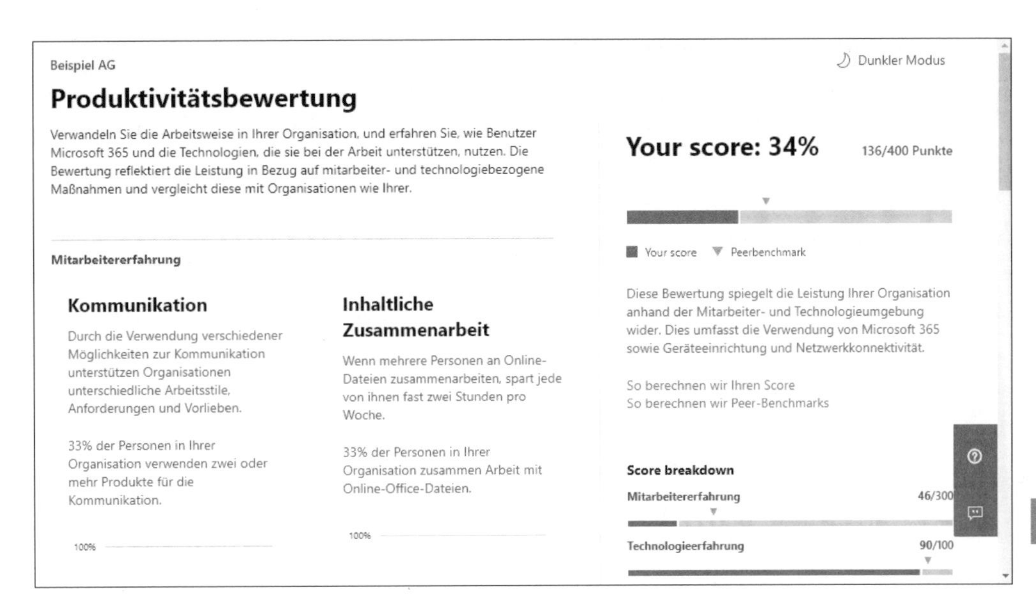

Abbildung 11.42 Produktivitätsbewertung im Microsoft 365 Admin Center

Mit der Produktivitätsbewertung erhalten Sie somit einen plakativen Überblick über die theoretische Produktivität der Anwender in Ihrem Mandanten und können Änderungen über die Zeit daran festhalten.

11.9 Kontinuität wahren

Haben Sie Microsoft Teams erst einmal eingeführt, bedeutet dies jedoch nicht, dass damit die Arbeit bereits beendet ist. Wichtig ist nun, dass die Anwender nicht in alte Verhaltensmuster zurückfallen, sondern immer mehr mit Microsoft Teams arbeiten. Nur so kann der volle Nutzen langfristig erzielt werden. Hier einige wesentliche Aspekte, die Sie dabei berücksichtigen sollten:

1. **Microsoft Teams entwickelt sich weiter**

   Da die Funktionen von Microsoft Teams laufend erweitert und aktualisiert werden – und diese im Standardfall automatisch den bestehenden Anwendern zugänglich gemacht werden –, ist es wichtig, dass Sie diesen Evergreen-Aspekt im laufenden Betrieb berücksichtigen. Lesen Sie hierzu insbesondere Kapitel 4, »Evergreen«.

2. **Bauen Sie weiter auf Champions**

   Haben Sie bei der Einführung bereits auf ein Champion-Programm gesetzt (siehe Abschnitt 10.9, »Champions-Programm aufbauen«), bauen Sie dieses weiter aus oder überlegen Sie noch einmal, ob ein solches in Ihrem Unternehmen nicht von Vorteil wäre. Ihre Anwender werden es Ihnen in vielen Fällen danken.

3. **Integrieren Sie weitere Anwendungen und Prozesse**

   Nicht nur Microsoft Teams entwickelt sich weiter, sondern auch Ihr Unternehmen. Denken Sie hierbei auch an die Unternehmensstrategie, -kultur und Vision für die Einführung von Teams. Muss diese Vision angepasst werden? Mit der Zeit werden weitere Anwendungen wichtig, Prozesse werden angepasst oder neue eingeführt. Diese Änderungen haben in vielen Fällen auch Auswirkungen auf die Arbeit mit Microsoft Teams. Überlegen Sie immer, wie diese Entwicklungen in Microsoft Teams sinnvoll umgesetzt werden können. Lesen Sie hierzu auch Abschnitt 2.8, »Erweiterungen«.

4. **Behalten Sie die Nutzung im Auge**

   Überprüfen Sie auch nach der Einführung regelmäßig die Nutzung von Microsoft Teams (siehe Abschnitt 11.7, »Nutzung analysieren«). Dies gibt Ihnen einen guten Einblick, ob die Nutzungszahlen in die gewünschte Richtung gehen. Genauso sehen Sie, ob es Auffälligkeiten gibt, deren Ursache Sie auf den Grund gehen sollten, um rechtzeitig gegenzusteuern.

11.10 Ende

Mit dem Kapitel zur unternehmensweiten Einführung sind wir am Ende dieses Buches angelangt. Herzlichen Glückwunsch!

Index

B

C

D

E

F

G

H

I

J

K

L

M

N

O

P

Q

R

S

T

U

V

W

Y

Z